개정판

마케팅개론

안동규 | 송기석 | 오광기 | 엄기수 공저

도서출판 두남

머리말

Preface

세상은 너무나 빨리 변한다. 우리들이 상상하는 것 이상으로……. 꿈에 그리는 완벽한 세상은 수 십년 뒤나 가능하겠지만 우리의 현실생활을 지원해주는 수준의 유비쿼터스는 지금 당장 우리 곁에 있으며, 이와 같은 현실에 처한 기업은 변화에 능동적으로 적응하고 더 나아가 끌어갈 수 있는 능력을 배양하여야 할 것이다.

기업은 소비자의 구매를 전제로 제품이나 서비스를 생산하게 되는데, 이러한 제품이나 서비스는 최종적으로 소비자의 욕구를 만족시키게 된다. 이렇게 소비자의 욕구를 만족시키는데 관련된 활동이 마케팅이다. 즉, 마케팅의 중요성이란 기업이 제품을 생산한 후 이 제품을 소비자들에게 알리고 소비자들로 하여금 선택을 이끌어 내기 위하여서는 마케팅을 하여야 하고, 만일 마케팅이 없다면 그 기업은 존재할 수가 없다. 소비자들이 제품을 선택하지 않으면 이미 기업의 존재 자체가 무의미해 지기 때문이다.

21세기의 시장을 선도하기 위하여 기업은 신제품을 개발하여 시장에 출시할 경우 세분시장과 마케팅 전략을 수행하여 제품 차별화를 철저히 하고 가격·제품·유통 및 촉진과 같은 마케팅 믹스 요소를 잘 사용하는 것이 중요한 요인이 된다. 좋은 제품으로 시장점유율을 높이기 위해서는 상당한 시간과 노력이 요구된다. 따라서 기업은 끊임없는 변화를 추구하게 되므로 신제품 개발과 동시에 마케팅 전략이 필요하다. 제품을 잘 만들고도 시장조사·소비자조사·경쟁사조사·유통전략·포트폴리오 전략 등의 마케팅 전략을 구사하지 못하여 성공하지 못하는 기업도 많이 있다.

새로운 기술의 경험을 새롭게 마케팅으로 고민할 때 해야 할 일은 무엇인가? 기존의 프로세스를 새로운 개념으로 엎어야 한다. 완전히 새로운 틀을 통해 기존의 것을 넘어선 생각을 만들어야 한다. 이러한 개념을 만들기 위해 기본 고객들의 다양한 마음들을 파악해야 한다. 그들이 무엇을 염원하고, 무엇을 생각하고 있는지를 통해 그들이 하고자 하는 것을 스스로 경험하게 해야 한다.

기술의 발전으로 인해 나타나는 소비자의 변화는 스스로 새로운 경험을 찾고자 하는 것이다. 이러한 새로운 경험을 테크피리언스(테크놀러지와 익스피리언스의 복합어)라 하는데 기업의 마케팅을 새롭게 구성하게 하고 있다. 기술과 경험의 합성어인 테크피리언스는 새로운 기술을 억지로 주입하는 것이 아니라 스스로 즐기면서 학습과 재미, 새로운 활용까지 만들어가는 것을 말한다. 이것이 현대 마케팅의 중요한 개념이 되고 있다. 이러한 테크피리언스의 경험을 통해 새롭게 부각되는 영역이 있다. 시니어·육아·유기농·건강·레저·여행·금융 등의 영역에서 테크피리언스가 결합되면서 새로운 시장이 만들어지고 있다. 기업이 새로운 시장을 필요로 할 때 이러한 영역을 무시할 수 없다는 측면에서 테크피리언스는 마케터가 반드시 고민해야 할 주제로 떠오르고 있다.

마케팅 부서의 주 업무는 고객의 소리를 청취하는 것이다. 다시 말해서, 고객 니즈needs와 욕구wants를 파악하는 것이다. 인터넷 시대 더 나아가 유비쿼터스 시대에는 고객의 목소리가 더욱 중요시 된다. 아울러 "팔리지 않는다고 걱정할 것이 아니라 팔 수 있는 방법을 찾아라" 이것이 곧 마케팅의 시작이다.

그리고 본 교재는 다음과 같은 순서로 묶어 놓았다.

- 마케팅 개요와 전략
- 마케팅 조사
- 마케팅 분석
- STP 전략
- 마케팅 믹스
- e 마케팅
- 유비쿼터스 마케팅

본 교재의 특징은 다음과 같다.

- 기본 이론과 사례 중심으로 저술하여 마케팅을 쉽게 이해할 수 있도록 하였다.

- 전문적인 마케팅 실무 경험자들이 전문분야별로 연구·집필하여 전문성과 실용성이 뛰어나다.
- 이론과 실제 사례를 연결하여 기술하였으므로 학생들과 기업실무자들의 마케팅 이해 및 활용에 이용할 수 있다.
- e마케팅, 유비쿼터스 마케팅 등 21세기 글로벌경영환경에 적응하는 새로운 마케팅 기법을 다루었다.

본 교재의 목적은 지식사회와 마케팅 영역 사이의 가교 역할을 하는 것이다. 그러나 이러한 것이 항상 가능한 것은 아니다. 새로운 프레임워크가 필요하다. 본 교재를 통하여 지식사회에 마케팅을 담당하고 준비하는 분들에게 실질적인 도움이 되기를 바란다. 끝으로 본서를 출판할 수 있도록 도와주신 전두표 사장님과 편집부 여러분들의 노고에 진심으로 감사를 표한다.

2016. 2. 저자 일동

차 례

PART 1 마케팅 개요와 전략

PART 2 마케팅 조사와 분석

PART 3 STP와 마케팅 믹스

PART 1

마케팅 개요와 전략

마케팅 신조어

'트윈슈머Twinsumer'와 '체리 피커Cherry Picker', '쿨 헌터Cool Hunter', '판타스티시즘 Fantasticism', '콘크리트 컨슈머Concrete consumer'를 주목하라.

"신세대 소비백서 5"라는 제목의 보고서에서 최근 국내외적으로 부각되고 있는 다섯 가지 마케팅 신조어를 통해 젊은 층의 소비유형을 분석하고, 이에 따른 기업의 마케팅 전략을 제시했다.

신세대들의 소비성향이 능동적 · 주체적으로 변하면서 이들의 소비 트렌드를 파악하는 것이 비즈니스 성공의 핵심 요인으로 등장했다.

■ 트윈슈머

트윈슈머란 다른 사람의 사용 후기를 참조해 상품을 구입하는 소비자를 일컫는다. 보고서가 인용한 인터넷 쇼핑업체 CJ몰의 내부 자료에 따르면 상품 후기가 인터넷에 게재된 상품의 지난해 매출액은 그렇지 않은 제품보다 평균 2.5배가량 많았다. 인터넷상의 입 소문에 대한 관리가 더욱 중요해지고 있다. 기업들이 인터넷 게시판 등을 적극 활용, 상품에 대한 정확한 정보 알리기에 주력해야 한다.

■ 체리 피커

기업의 허점을 노려 실속을 챙긴다. 집들이를 앞둔 신혼부부가 고가의 가구를 구입했다가 집들이가 끝나면 반품한다. 실제 홈쇼핑 업체들이 겪는 반품 사례이다. 체리 피커(Cherry Picker)는 기업의 상품 구매, 서비스 이용 실적은 좋지 않으면서 자신의 실속 챙기기에 만 관심이 있는 소비자를 의미한다. 기업 입장에서는 당연히 반갑지 않은 고객이다. 최근 국내 조사 업체의 설문 결과에 의하면 소비자가 제품과 서비스에 전문가 수준의 지식을 가지고 있다고 생각하는 비율이 30%나 된다고 한다. 이처럼 똑똑한(Smart) 소비자의 증가는 브랜드 커뮤니티 등을 통해 제품에 대한 신선한 아이디어를 제공하는 등 기업 활동에 도움을 주는 경우도 많다. 반면, 기업의 서비스 체계, 유통 구조 등에 있는 허점을 찾아내어 실속만 챙기는 체리 피커가 늘어 그에 따른 부정적 영향도 만만치 않다. 실제로, 홈쇼핑에서는 전체 물량의 10~25% 가량이 반품되는데, 그 중 경품을 노리고 무더기 주문을 한 뒤 당첨되지 않은 상품은 반품하는 체리 피커의 비중이 적지 않다고 한다.

■ 쿨 헌터

'쿨 헌터'는 기업에 고용된 일반 소비자로, 유행을 이끌어가는 계층을 일컫는다. 이들은 자신의 소비내역과 최신 시장정보를 기업에 제공하는 역할을 하며 기업은 이 정보를 바탕으로 신상품을 개발하고 서비스를 기획한다. 실례로 국내 화장품 제조업체인 태평양은 만 25세 전후의 스튜어디스로 구성된 '라네즈 EO클럽'이라는 조직을 활용, 전세계 화장품 시장의 트렌드를 파악하고 있다.

■ 판타스티시즘

보고서는 "현실에서는 이뤄질 수 없는 것들에 대한 실현욕구를 충족시키는 '판타스티시즘'을 추구하려는 경향이 현대인들 사이에서 뚜렷이 나타나고 있다"고 분석했다. 연구원은 따라서 기업들은 자사 브랜드나 상품에 가치와 의미를 부여, 소비자의 감성적 욕구를 충족시키는 '드림 마케팅'에 주력해야 한다고 주문했다.

■ 콘크리트 컨슈머

기업의 브랜드 커뮤니케이션 활동에 무감각해지고 있는 콘크리트 소비자들이 늘고 있다. 콘크리트는 외부 충격에 반응이 없다. 이러한 상황에서는 기업들이 쌍방향 커뮤니케이션 방안을 강구, 특정집단의 수요를 충족시키는 맞춤식 밀착 마케팅 활동을 펼쳐야 한다.

Chapter

01 마케팅 개요

제 1 절 마케팅이란?

1. 마케팅의 개념과 발전

1) 마케팅의 정의

오늘날 급변하는 국내외 기업환경 속에서 기업이 추구하는 여러 목표를 달성하기 위해서는 적극적이고, 능률적인 전략을 수립하고, 이를 추진해 나아가야 한다. 이와 같이 급변하는 환경에 효과적으로 적응하기 위해서는 '환경적응능력'과 함께 변화하는 기업환경을 통해 기업에 유리하도록 관리할 수 있는 '환경관리능력'이 필요하다고 할 수 있다.

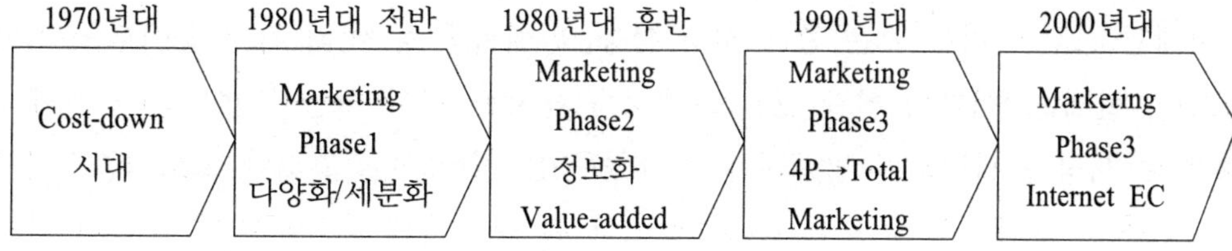

[그림 1.1] 마케팅 개념의 변화

일반적으로 기업이 제공하는 제품과 서비스 가격결정 유통경로형태 촉진활동 등은 개인 조직 그리고 사회의 의식과 행동양식에 중요한 영향을 미치고 있다. 마케팅이란 말은 이제 우리의 모든 일상생활과 접촉하고 있으며 마케팅활동은 기업의 경영의사결정에 영향을 크게 미치고 있는 상황이다. 예컨대, 시장조사는 신제품에 대한 의사결정에 주요한 영향을 미칠 것이며, 동시에 생산, 구매, 재무 등 기업의 모든 기능분야에도 영향을 미칠 것이다. 나아가 신제품이 소개되면서 나타나는 성과는 향후 장기간에 걸쳐서 기업의 존속과 성장에 영향을 줄 수도 있다. 실제로 기업의 존속은 마케팅활동의 성과에 의존하고 있다고 해도 과언이 아닐 것이다.

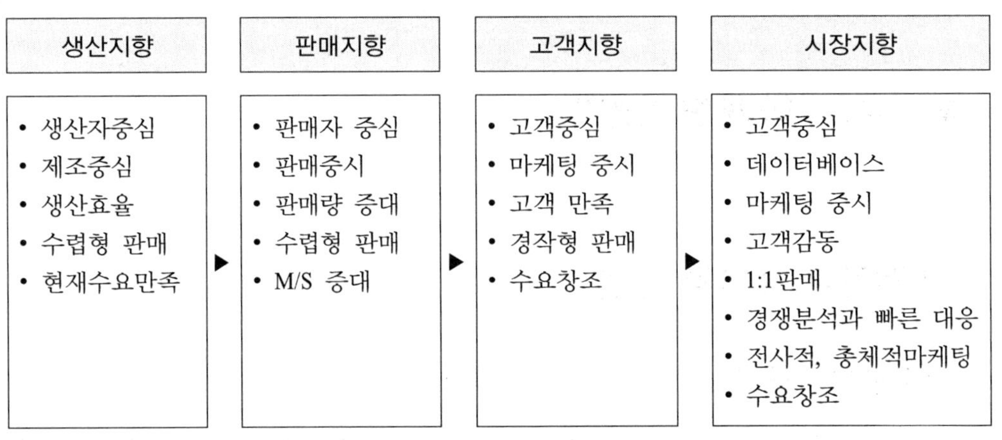

[그림 1.2] 마케팅의 활동변화

오늘날 마케팅 활동은 이와 같이 모든 환경내 구성요소와 연관이 되어있기 때문에 무엇보다도 중요한 기업경영의 한 기능이라고 인식되고 있는 상황이며, 특히 기업환경에 대한 올바른 이해를 통한 마케팅전략의 수립과 이의 효율적 추진이 중시되고 있다고 할 것이다.

마케팅Marketing이라는 말은 종래 시장 활동, 판매활동 등 여러 가지 용어로 쓰여져 왔으나, 현재는 '마케팅'이란 말을 그대로 사용하는 것이 일반화되어 있다. 마케팅은 바로 시장과 관련하여 발생하는 인간 활동을 의미한다. 그러나 고도대중소비사회로 들어선 현대사회에 있어서 마케팅이란 위에서 말한 정의에서 한걸음 더 나아가 '고객과 고객의 만족감을 창조하고 고객의 생활의 질을 높이기 위해 건전한 소비문화와 생활문화를 창조 · 보급하는 대고객활동'으로 이해하는 새로운 정의가 등장하고 있다. '마케팅'에 대한 1985년 미국 마케팅협회(AMA: American Marketing Association)의 개정된 정의는 마케팅의 변화된 의미를 뒷받침해 주고 있다. 마케팅이란 "개인

이나 조직의 목표를 만족시킬 수 있는 교환을 창조하기 위하여 아이디어 제품 서비스에 대한 구성, 가격결정 촉진 및 유통을 계획하고 실행하는 과정”이다.

[표 1.1] 기업의 현실과 마케팅 대책

순위	현황	원인	대책	
1	매출액감소	마케팅 활동 부진	마케팅 활동활성화	• 마케팅조사 • 마케팅믹스 • 판매조직과 인력관리의 합리화 • 마케팅 경비절감 • 마케팅 효율성의 증대
2	성장의 둔화	기업체의 능력 축소	마케팅 전략 강조, 마케팅 활동 확대	
3	소비자 구매행동 패턴의 변화	마케팅부서의 능동적 대책 미비	마케팅 조사와 전략 수립 및 실행	
4	시장의 경쟁심화	전통적·관습적 관념	적극적이고 장기적인 마케팅 전략 수립 및 집행	
5	마케팅 경비증가, 이익감소	소비자의 불만족	마케팅조사, 신제품 개발, 유통경로의 확대, 마케팅 인력 예산투입	

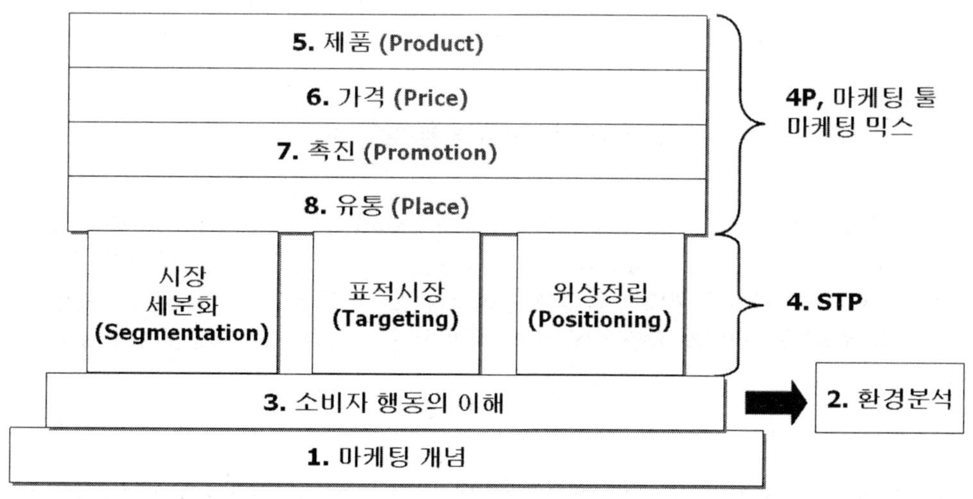

[그림 1.3] 기업 직능으로써의 마케팅

이에 대해 피터 드러커는 "마케팅의 목적은 과도한 판매활동을 방지하는 것으로 고객을 잘 알고 이해함으로써 고객의 욕구에 맞는 제품과 서비스를 개발하여 스스로 팔릴 수 있는 제품이 되게끔 하는데 있다."라고 하여 그 중요성을 강조했다.

[표 1.2] 마케팅의 정의

P. 코틀러	마케팅이란 선택된 고객층의 필요와 욕구를 이용하여 기업이 이익 추구를 목적으로 고객에게 투입할 기업의 자원, 정책 등 모든 활동을 분석·계획·조직·통제하는 것
M.P. 맥네어	미케팅이란 생활수준의 창조와 배달이다.
에드거 W. 넬슨	마케팅이란 소비자 만족이라는 궁극적인 목표를 향해 모든 노력과 주의를 지향하는 것
미국마케팅 협회(AMA)	마케팅이란 생산자로부터 소비자나 사용자에게 상품 및 용역을 유통시키는 기업활동의 수행

이런 점에서 마케팅이란 시장과 관련하여 표적시장을 대상으로 소비자의 기본적인 욕구Needs와 2차적 욕구Wants를 동시에 충족시키는 인간의 모든 교환활동을 의미한다. 이때 재화Things보다는 인간People의 정신적, 물질적인 욕구를 충족시키기 위한 모든 서비스 활동이라고 하여도 과언은 아니라는 점에서 시장 환경변화에 능동적으로 적응하여 경쟁력을 기르고 고객만족을 위한 조직 활동의 총체이다.

[표 1.3] 마케팅의 종합적인 개념

마케팅은 고객의 욕구를 찾는 단계에서부터 이 욕구를 해결해 줄 수 있는 상품을 개발하고, 상품의 적절한 가치를 규명하고, 가치와 어울리는 가격을 책정하고, 이를 판매라는 활동을 통해 유통시키며, 판매 후의 고객의 욕구와 만족과의 갭-만족과 불만족을 확인하고, 이를 해결하는 판매 후 활동-품질 보증, 서비스, A/S 등 판매 후 활동을 모두 포함하는 영역

마케팅 활동은 조직의 목적을 달성하기 위한 가치의 창출과 교환과 관련한 일련의 활동이라고 볼 수 있다. 편의상 이와 관련한 활동을 일정 범주로 나누는데 여러

가지 견해 중에서 맥카시 교수가 주장한 4개의 요소, 4P(Product, Price, Place, Promotion)에 대한 의사 결정과 시장에 대한 실행을 일반적으로 말한다.(최근에는 4C라는 개념으로 확장된 개념) 즉, 위와 관련된 모든 영역이 마케팅의 영역이다. 마케팅의 영역이 그만큼 넓다는 것이고, 그에 따라 실무에서 받아들여지는 개념도 각양각색일 수 있다.

[표 1.4] 마케팅의 발생과 발전과정

	판매	마케팅
제1목적	파는 것	고객만족
이익이란	기업이 구하고자 하는 것	기업노력의 결과
고객이란	파는 대상	만족시켜주는 대상
기업내에서의 위치	1개 부문	중심
거래는	판매시점에서 종료	고객이 만족함으로써 종료
의사결정으로서는	프로그램화 된다	프로그램화 되지 않는다
활동으로서는	교환활동	창조적 활동
상품이란	주어지는 것	창출하는 것

일반적으로는 시장에서 가장 많이 드러나는 부분이 광고, PR, 판매촉진, 이벤트 등의 프로모션Promotion 활동을 마케팅의 일부라고 할 수 있다. 또한, 시장에 적합한 Product를 설계하고, 시장에 출시하는 업무도 엄연히 마케팅이다. 즉 시장 분석가(리서처), 상품 기획자MD, 연구 개발자(순수 R&D의 개념보다는 R&D의 성과를 상품화 하는 P&D), 신제품 테스트를 하는 업무(물리적/시장적 테스트를 포함)도 마케팅의 일부이며, 이들도 마케터라고 부를 수도 있다. 유통점을 관리하고 또는 직접 세일즈를 담당하는 영업부 담당자(또는 영업 기획을 하는 담당자)도 마케팅의 기능을 담당하고 있으며, 이들도 마케터로 인식하고 있는 경우가 있다. 또한, 기업에 따라서는 영업부를 지원하는 기능이 강해서 협의의 프로모션, 즉, 판매촉진 활동(이벤트나 전시 이벤트, 영업지원 판매촉진 활동 등)을 지원하는 것을 마케팅으로 바라보는 경우도 있다. 이 모든 것의 접점에서 브랜드라는 기업 자산을 관리하는 브랜드 관리자도 역시 마케팅의 업무를 수행하는 마케터라고 할 수 있다. 넓게 보면 서비스 마스터 같은 서비스 관리자도 마케팅 기능과 관련 있는 마케터라고 할 수 있을 것이다. 위의 기능들을 수행하는 업무

를 하고 있다면 마케터라고 말할 수 있다. 마케팅은 위에 언급된 어떤 하나를 말하는 것이 아니라 이 모든 것이고 또한 그 이상을 말한다고 할 수 있다.

현대 기업에서는 기업이 시장이라는 이해 관계자와 상호 작용을 하는 일련의 프로세스 [그림 1.4]을 마케팅이라고 할 수 있다. 기업의 거의 모든 활동과 직 · 간접적으로 마케팅이 관련을 맺고 있다고 볼 수 있다.

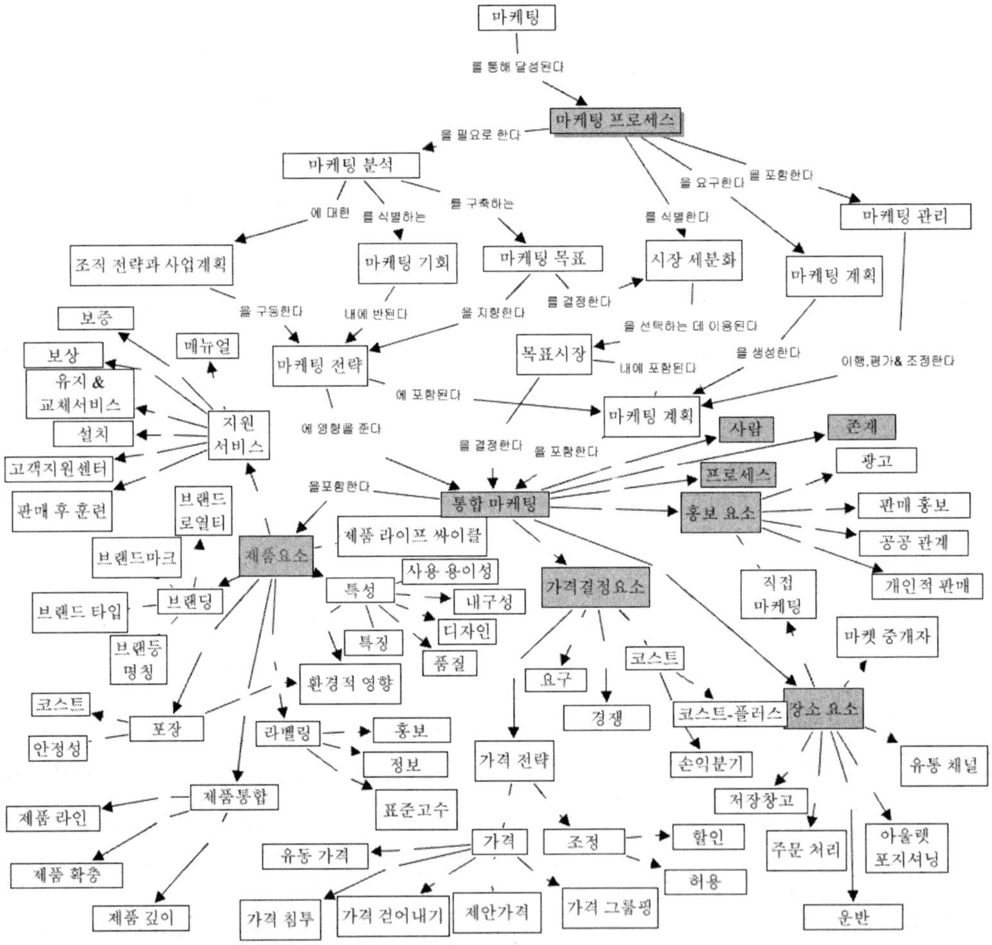

[그림 1.4] 마케팅 프로세스 과정

2) 마케팅 개념의 발전

마케팅개념은 생산개념단계Production Concept, 제품개념단계Product Concept, 판매개념단계Selling Concept, 고객지향개념(마케팅개념), 사회 지향적 마케팅개념Societal Marketing Concept으로 발전되어 왔는데 어느 한 회사에 전적으로 어느 개념에 속한다고 보기는 어려우며 복합적으로 속해 있다고 할 수 있다.

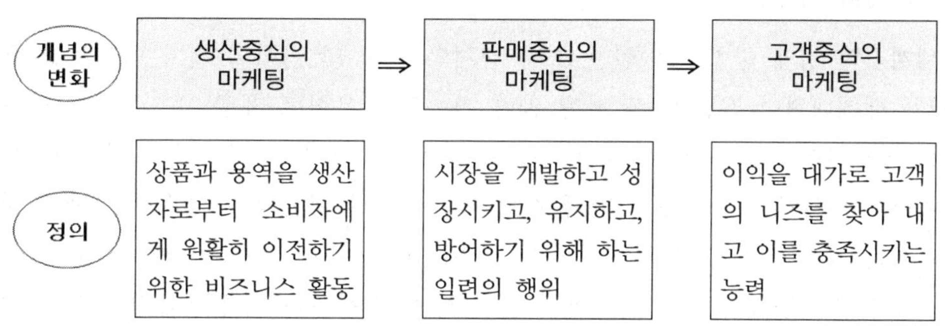

[그림 1.5] 마케팅 개념의 변화 및 마케팅의 정의

(1) 생산 개념Production Concept

생산개념마케팅은 소비자들이 제품을 쉽게 구입할 수 있는가, 그리고 가격은 저렴한가에 주로 관심을 기울인다고 보는 개념에서 출발한다. 따라서 가격이외의 제품차이에 대해 중요하게 생각하지 않고 유통효율을 높이는 것이 중요하다. 일반적으로 생산하기만 하면 판매가 가능한 개발도상국에서 나타나는 경우가 많고 경쟁이 치열한 산업 가운데 시장 확대에 최우선적인 전략을 두는 산업에 많이 나타난다. 우리나라의 예를 든다면 컴퓨터산업에 이러한 현상이 벌어지고 있어 기업 간의 가격경쟁이 치열하다. 또한 반도체산업에서도 마찬가지인데 국제적인 가격경쟁이 중요한 삼성반도체, 하이닉스 반도체 등 원가절감노력이 치열하다. 또한 근간의 벽걸이형 TV나 액정TV 등 시장을 넓히기 위해 지속적인 가격인하전략을 사용하고 있다.

(2) 제품 개념Product Concept

초과수요 상태는 어느 정도 해소 되었지만 소비자들은 여전히 좋은 품질과 성능, 그리고 혁신적인 특징만 있으면 그 상품을 좋아할 것이란 가정하에 기업이 채택한 개념이다. 이때에도 여전히 더 나은 상품과 더 나은 개선에 기업의 관심이 집중되어 있다. 품질만 좋으면 파는 것은 걱정하지 않아도 된다는 식의 사고방식으로 이때도 마케팅의 역할은 생산부 특히 품질관리 부서의 영향으로 여전히 중요성이 상대적으로 약하게 인식되던 시대적 개념이다.

(3) 판매 개념Selling Concept

세계적인 경제 공황으로 인한 소비 침체와 기술 및 과학이 점차 발전하고 특히 제2차 세계대전이 끝난 직후 전쟁 관련 기술의 상용화로 제품 제조기술이 비약적으로 발전하여 시장 공급이 시장 수요를 앞지르기 시작한 시기의 마케팅 관리 철학이다. 이 시기는 생산에 대한 문제보다 계속해서 생산되는 제품의 시장 소비를 촉진하는 것이 기업의 주요 관심사였다. 이러한 압력에 의해 강력한 판매 드라이브 즉, 강력한 판매 조직의 운영과 촉진 정책 특히 광고를 비롯한 대량 판촉을 실시해 제품 재고의 소화에 전력을 기울이는 시기이다. 이 시기는 마케팅에서 Hard-sell이 지배하던 시기로 아직 시장은 팔 수 있는 빈 공간이 많다는 것이 기본 가정이었다. 예를 들면 한때 세일즈맨이 우상으로 자리 잡았던 시대로 세일즈맨이 전국을 누비며 판매하던 시절로 세일즈 볼륨을 통한 이익의 추구가 주 관심사였다. 방문판매와 인적 영업에 의존하여 기업이 수익을 창출하던 시기이다. 마케팅의 역할이 영업 또는 판매를 지원하고 활성화시키는데 그 역할이 정의되었고, 광고의 초기 기법이나 철학이 탄생한 시기이기도 하다. 현재 우리나라 기업의-특히, 서비스업 보다는 제조업이나 유형재를 다루는 기업들-상당수가 마케팅을 이러한 관점으로 보는 경우가 많으며, 마케팅 기능의 하나의 구성 요소인 영업을 중심으로 마케팅 기능을 그 보조적인 지원 기능이나 판촉의 기능 정도로 인식하는 경우가 있다.

(4) 마케팅 개념Marketing Concept

위의 여러 단계를 거치면서, 그리고 경제 구조가 공급 과잉이 심화되고 경쟁이 치열해지는 환경 속에서 소비자의 욕구와 그들이 기대하는 만족을 경쟁자 보다 효율적으로 전달하는 것이 기업 목적을 달성하는데 중요하다는 것을 인식하면서 받아들여진 개념이다. 즉, 이때부터 비로소 소비자가 마케팅 활동의 중심에 놓이게 되었고 소비자의 만족을 통한 이익의 추구가 주요 개념이다. 따라서 만든 제품을

팔려고 노력하는 정도를 넘어서 시장이나 고객이 원하는 것을 찾는 것이 마케팅의 출발점이라고 인식하게 된다. 고객을(또는 고객 욕구를) 우선시 하고, 전사적 통합적 마케팅을 활용하고, 고객의 욕구를 충족시켜주는 대가로 기업 이익을 지향하게 된다. 이 개념은 아직도 우리 사회에서 지배적인 마케팅 관리 개념으로 인지되며, GE, 버거킹, British Airways, L.L. Bean 등등이 이러한 개념을 표현하고 있다.

(5) 사회지향적 개념Societal Marketing Concept

사회지향적 마케팅이란 개념은 기업이 마케팅활동에 대한 의사결정시 사회전체의 이익과 복지를 고려해야 한다는 개념으로 고객지향개념(마케팅 개념)의 마케팅 활동에서 소비자의 만족을 통한 이윤추구만 하다 보면 사회복지를 저해할 수 있다는 개념에서 출발하였다. 따라서 사회적 마케팅개념은 소비자 만족, 회사의 이익, 사회복지 등 세 가지를 만족시키는 개념으로 흔히 자원의 부족, 과잉인구, 교통문제, 환경오염, 소비자피해, 소외계층문제를 해결하기 위해 실행된다.

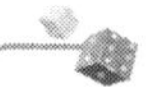

사례

우리나라에서는 유한킴벌리의 1984년부터 매출액의 1%를 환경보존을 위한 기금을 조성하는 우리강산 푸르게 푸르게 캠페인의 그린마케팅과 생명의 숲 가꾸기 운동을 통한 조림사업과 실업자들에게 취업기회 제공이 그 예이다. 기업은행은 1993년 녹색환경신탁통장을 시작하여 고객예금 이자의 1%, 은행 측이 2%를 부담하여 3%의 환경기금을 조성하고 있다. LG카드는 매출액의 일부를 환경보전기금으로 기탁하는 그린카드를 운영하고 있다. 삼성전자는 장애인 전용공장인 무궁화 전자를 설립하여 소외계층을 배려하고 있고 260여 개의 봉사팀에서 15,000여 임직원들이 사회봉사활동과 결식아동 돕기를 하고 있다. 애경은 퍼펙트라는 대한민국에서 가장 적게 쓰는 세제를 생산하여 환경 친화적인 제품을 판매하고 있으며 인터넷 홈페이지 등을 통해 소년소녀 가장돕기, 미아찾기 운동을 전개하고 있다. 현대자동차는 공해를 줄이기 위해 연료전지자동차를 개발 중에 있고 1사 1하천 정화운동, 1사1산 가꾸기 운동에 참여하고 있다. 이 밖에도 자원절약형 리필제품, 환경에 유해한 원재료나 용기의 사용회피 등 여러 가지의 사회지향적 개념의 마케팅이 전개되고 있다.(이 이외에도 각 사의 홈페이지 등을 참조하면 많은 사례를 수집할 수 있음)

2. 마케팅의 발달 과정과 도입필요성

1) 마케팅의 발달 과정

사회과학의 한 분야로서 마케팅은 그 학문의 속성상 끊임없이 변화해가는 가변성을 그 특징으로 하고 있다. 1950년대부터 본격적인 고객지향의 마케팅 컨셉트가 대두되기 시작하면서 마케팅은 기존의 유통distribution개념이나, 판매개념selling concept과는 다른 고객중심적 사고로 재무장하면서 마케팅 본연의 모습을 드러내기 시작하였다. 이러한 컨셉트에 입각하여 개별기업을 중심으로 한 1950년대의 경영적 마케팅managerial marketing은 4P's를 중심으로 주로 소비재 부문에서 많은 발전을 보여 왔고,

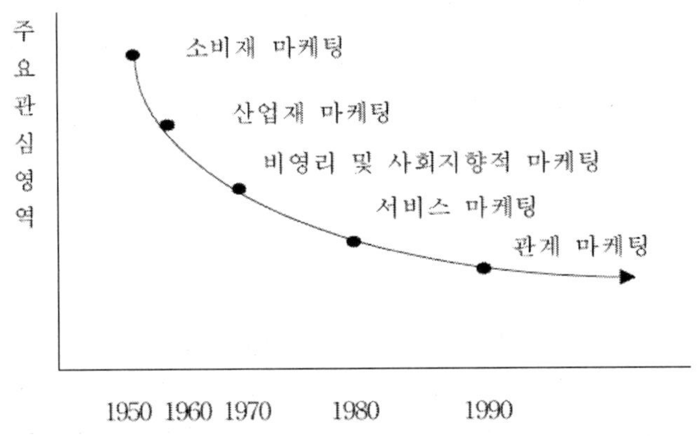

[그림 1.6] 마케팅의 주된 관심의 변화

1960년대부터는 산업재 시장으로 활동의 범위가 확대되어갔다. 1970년대에 들어오면서 기업의 사회적 책임이 강조되는 사회분위기 속에서 개별고객의 만족차원에서 사회구성원 전체의 만족차원으로 확대 발전됨으로써 사회 지향적인 마케팅 컨셉트가 전개되었고, 한편에서는 비영리조직으로 마케팅 컨셉트의 이입이 이루어지게 되었다.

이후 마케팅 컨셉트는 두 가지 부문으로 양분되어 계속적인 발전을 영위해 나가게 되었다. 그 가운데 한 부문은 사회 지향적 마케팅 컨셉트가 계승 발전되어 환경지향적 마케팅이 발전하게 되었는데 이는 오늘날 소비자들의 관심이 환경지향에 있다는 점에 기인한다. 다른 한부문은 1980년대부터 세간의 관심을 불러 모으기

시작한 서비스산업 부문에 대한 마케팅 컨셉트의 도입과 발전이며 이는 1990년대에 와서 마침내 관계마케팅Relationship Marketing이라는 새로운 차원으로의 마케팅 컨셉트로 발전되게 되었다. 이것은 다음과 같은 두 개의 관심사가 포함되어 있다.

① 거시적인 관점에서 마케팅은 고객시장, 종업원시장, 공급업자시장, 내부시장, 소개시장 및 정부나 금융시장과 같은 영향자시장을 포함하는 광범위한 범위까지 영향을 미치고 있다는 것이다.

② 미시적으로는 고객과의 상호관계의 본질이 변화하고 있다는 인식이다. 그래서 거래에 초점을 두는 것에서 관계에 초점을 두는 쪽으로 강조점이 변한다는 것이다. 이 변화는 다음과 같은 특성을 갖고 있다.

[표 1.5] 마케팅 초점의 변화

거래마케팅	관계마케팅
판매지향	고객유지지향
불연속적 고객접촉	연속적 고객접촉
제품 특성에 초점	고객가치에 초점
단기적	장기적
고객서비스를 약간 강조	고객서비스를 많이 강조
고객기대 부응에 한정된 관여	고객기대의 부응에 높은 관여
품질은 생산단계에서 관심	품질은 모든 분야에서 관심

2) 마케팅의 도입 필요성

기존의 고객지향적인 마케팅 컨셉트가 새로운 관계를 중심으로 한 마케팅 컨셉트로 그 개념의 변화 및 확대가 이루어지게 된 중요한 이유로서는 마케팅활동 수행과 관련하여 다음과 같은 필요성이 제기된 때문이다.

(1) 마케팅활동의 광범위성

과거에는 주로 마케팅관리라 하면 대외적인 관계 가운데 특히 고객에 대한 관계가 그 중심을 이루었다. 그러나 오늘날에 와서는 고객만족customer satisfaction의 개념이 점차 확대될 필요성이 제기되고 있다. 즉, 기업의 목적을 보다 효과적으로 달성하기 위해서는 고객을 포함하는 소비자시장 뿐만 아니라 조직 구성원으로서 종업원, 제품 및 원자재 공급업자, 자사의 제품 및 서비스의 유통의 촉진에 기여하는 소개자, 정부와 금융기관과의 관계 등 기업 활동에 영향을 미치는 제반 이행자 개인 혹은 집단들에 대해서도 장기, 신뢰 및 상호이익이 있는 관계를 구축할 필요성이 대두되게 된 것이다.

(2) 단기적 거래중심에서 장기적 관계 중심으로의 인식 변화

과거 마케팅 컨셉트에서는 고객만족을 통한 기업 이윤의 추구라는 기업목표를 갖게 함으로써 주로 개별거래의 창조적 측면에만 주된 관심을 두고 있었지 장기적인 고객 및 집단과의 가치가 있는 관계유지에 대한 관심은 상대적으로 미미한 편이었다. 그러나 오늘날에 와서는 고객 창조적 측면보다 고객 유지적 측면에서의 노력이 더욱 효율적인 마케팅활동 수행이라는 인식이 점차 대두되고 있다. 따라서 '한번 고객은 영원한 고객'이라는 고객과의 장기적 관계를 강조하는 새로운 방향으로의 기업노력이 강조되게 되었다.

특히 앞에서 지적한 이들 시장에서는 시장특성상 기업목적을 달성하기 위해서 단기적인 거래보다는 주로 장기적인 측면의 관계중심의 사고가 더 많은 중요성을 가지고 있으므로 관계 유지적 마케팅 컨셉트의 대두 필요성이 크게 부각되게 되었다.

(3) 마케팅 믹스의 4P' s의 한계

1950년대 출현한 고객 지향적 마케팅 컨셉트에서는 이를 실현시키기 위한 구체적 수단으로서 4P's에 대한 관리와 이들의 최적 믹스인 마케팅 믹스marketing mix를 강조하는 소위 경영적 마케팅managerial marketing을 구사해 왔다. 즉 '고객만족을 통한 기업의 이윤 추구'라는 마케팅의 이념을 실현하기 위해 기업이 주로 수행해야 할 마케팅활동은 바로 통제 가능한 요소인 제품product, 가격price, 경로place, 촉진promotion 등 4P's에 대한 최적의 믹스전략을 실행하는데 있다고 봄으로써 마케팅관리 활동의 초점을 주로 이들 4P's에 대한 최적 관리에 두게 되었던 것이다. 그러나 오늘날에 와서는 이러한 단순화된 4P's모델은 그 적용에 많은 한계점을 드러내고 있으며, 이들 이외의 추가적인 요소들이 마케팅 활동 수행에 고려되어야만 한다는 주장과 필

요성이 점차 설득력 있게 받아들여지게 되었다.

(4) 일대일 마케팅one-to-one marketing시대의 도래

기업의 마케팅활동 수행은 시대에 따라 변화해가기 마련인데 1950년대 출현한 마케팅 컨셉트에서는 대량마케팅에 의한 고객 만족을 추구하여 왔으나 그 후 1970년대에 와서는 시장세분화에 입각한 표적시장target market선정을 통해, 한정된 고객계층만을 중심으로 마케팅활동을 전개하는 차별적 마케팅전략을 추구하게 되었다. 그러나 오늘날에 와서는 컴퓨터 및 통신기술의 발달과 고객에 대한 개별적인 정보관리시스템이 크게 발달됨으로써 개별고객에 대한 데이터베이스화를 통한 소위 데이터베이스마케팅database marketing의 전개가 가능해지는 등의 고객관리에 대한 기술적 환경변화가 나타나게 되었다.

이렇듯 각기 다른 개별고객의 특성에 부합하는 별개의 마케팅전략을 수립할 필요성과 이를 실제적으로는 가능하게 하는 기술의 발달로 말미암아 실무적 차원에서 실제로 개별고객 지향적인 마케팅활동 수행의 노력들이 보다 강화되는 현상들이 나타나기 시작하였다. 즉 과거와 같은 대량 마케팅 혹은 차별적 마케팅전략과는 전혀 다른 고객과의 일대일의 관계마케팅을 통한 마케팅활동의 수행의 전개가 가능하게 되었다.

(5) 마케팅, 고객 서비스 및 품질에 대한 관심의 증대

마케팅은 기업과 고객 사이의 교환관계에 관심을 집중하게 되었다. 이러한 관계를 유지하기 위한 중요한 연결고리는 고객서비스와 품질이다. 기업이 고객과의 관계에 있어서 고객의 까다롭고 다양한 욕구에 적절히 부합하기 위해서는 특히 고객서비스 및 품질에 대한 개선 노력이 크게 요구되어진다.

고객과의 밀접성을 강조하는 오늘날에 있어서는 비단 서비스산업 뿐만 아니라 전산업 부문에서 고객서비스 및 품질에 대한 개선 노력이 보다 더 강조되어지고 있다. 과거에는 주로 이들 세 요소들이 서로 분리되어 무관한 것으로 인식되어 왔으나 오늘날에 와서는 기업이 당면하는 제반 문제 해결을 위해 이들의 연계성이 더욱 더 높아져가는 추세이다. [그림 1.7]은 마케팅, 고객서비스 및 품질의 연계성이 고객만족과 장기적 관계형성에 중요한 역할을 한다는 것을 나타내고 있다.

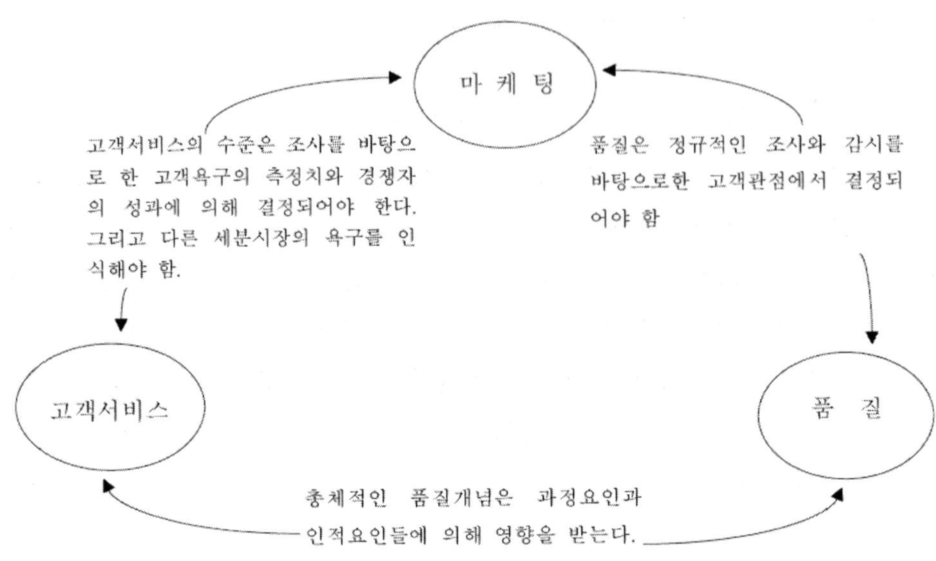

[그림 1.7] 마케팅, 고객서비스 및 품질간의 연계성

제 2 절 마케팅 패러다임의 변화

한 시대를 구성하는 가치관들의 총체를 패러다임이라고 한다. 과거에는 이런 패러다임이 변화하는데 수 백 년의 세월과 다양한 가치관의 탄생, 사회적 변화 등이 필요했다. 하지만 20세기 말부터 현재 21세기는 불과 몇 년 만에 새로운 패러다임들이 쏟아지고 있다. 그렇기 때문에 새롭게 탄생하는 패러다임을 어떻게 받아들이고 대처해 나가는가 하는 것은 기업의 생존과 발전, 그리고 경쟁력을 좌우한다고 볼 수 있을 것이다. 19세기 산업혁명 이후 20세기 말까지 절정에 달했던 생산위주의 기업 전략은 이제 그 바닥을 들어냈다고 볼 수 있다. 인터넷과 첨단산업의 혁명이 가져온 세계 경제구조의 변화는 국가를 초월함은 물론이고, 기업의 역사와 규모에 상관없이, 이 땅에 존재하는 이윤을 추구하는 모든 집단의 변화를 불러일으키고 있다. 수 만 명의 종업원을 거느린 거대기업의 이윤보다 그에 비해 상대적으

로 적은 수 백 명의 종업원을 거느린 IT기업의 이윤이 훨씬 더 높다는 사실은 이제 그리 놀랄 일도 아닌 것이 되어버렸다.

1. 21세기 기업 환경 변화와 패러다임

1) 21세기 이전의 기업 환경

18세기 중엽부터 19세기 초, 영국에서의 근대적 토지 소유재가 확립되고 농지이용의 합리화가 더욱 진전되어 농업 생산력이 급격하게 성장된 것을 농업혁명이라고 한다. 그 농업혁명을 발판으로 산업혁명의 꽃을 피운 19세기는, 기술혁신, 제조업의 발전, 기계도입에 따른 대량생산, 제품의 규격화의 시대였다. 그리고 20세기 산업혁명에 따른 산업자본주의의 성숙으로 지식 · 혁신능력의 축척 · 확산, 지역 · 국가 간의 거래증대, 지식근로 계층 형성 등으로 이어진다. 기존의 20세기 경영 패러다임은 이윤추구에 따른 매출의 중시, 문어발식 경영전략, 동업종 기업의 과다경쟁, 일반적인 판매전략 등으로 나타나게 된다.

2) 21세기 기업환경 변화와 패러다임

(1) 새로운 소비자 탄생

모든 기업들은 그들의 상품을 구입해주는 소비자를 통해 이윤을 추구한다. 즉 소비자의 선택이 기업의 생존을 결정짓는다 하여도 틀린 말이 아닐 것이다. 기존의 소비자들은 기업이 정해 놓은 구매형태에 따르며 제품의 만족도나 개인적 취향에는 관심이 덜했다. 그리고 소비자 자신이 제품을 평가할만한 정보나 지식도 많이 부족했다. 하지만 새롭게 등장한 인터넷을 통해 그들은 제품의 정보를 공유하거나 수집하고, 소비자 모임을 만들어, 제품을 비교하고 고 품격의 저가제품을 선택하기 위해 시간을 투자하기 시작했다. 그리하여 현재의 소비자들은 기존의 기업이 내놓은 상품을 과대광고나 입 소문만으로 구입하는 어리석은 짓을 하지 않는다. 단순히 고객을 왕으로 모신다는 기업의 광고에 넘어가는 소비자는 이젠 없다는 것이다.

과거의 소비자들은 일반적으로 주부나 경제력을 가진 성인남성이 주를 이루었지만, 이제는 모든 계층과 연령의 소비자가 다양한 형태의 소비를 하고 있다. 그리고 그들은 굳이 상점이나 백화점, 대리점 등을 방문하지 않고서도 자신의 가정, 혹은 직장에서 인터넷을 통해 다른 메이커의 상품을 가격비교에서부터 품질비교까지 할 수 있다. 그렇기 때문에 독창적이거나 혁신적인, 자신의 취향에 맞는 상품을 선호하는 새로운 소비자들은 대량으로 생산되고, 규격화 되어진 상품을 기피하는 경향을 가지고 있기 때문에 기업은 품질이 좋고 다양하며, 신뢰도와 새로운 소비자의 성향을 고려하여 상품을 만들어야 경쟁력을 가질 수 있다.

(2) 지식경영의 패러다임 등장

전통적인 농경사회가 산업혁명을 거쳐 산업사회로 변화한 것처럼 컴퓨터와 인터넷을 기반으로 한 정보혁명으로 21세기는 지식사회로 변해가고 있다. 지식경영이란, '21세기 지식사회에서 조직이 대처할 수 있는 중요한 경쟁원천은 지식이며 지식의 효과적인 관리와 축척이 무엇보다 중요하다'고 보는 새로운 기업경영의 패러다임이다. 서론에서 언급한 것과 같이 소규모 IT기업이 거대한 제조업체의 이윤을 능가한다는 사실은 지식을 바탕으로 하는 지식경영의 진정한 힘을 보여주는 사례라고 할 수 있다.

(3) 디지털 경제시대

20세기 말부터 정보기술의 발전과 인터넷으로 인해 한국인도 미국의 인터넷 쇼핑몰에서 상품을 구입할 수 있게 되었고, 반대로 미국사람이 인터넷을 통해 한국의 여러 제품을 상품을 이용할 수 있게 되었다. 그리고 21세기 그러한 정보기술의 꽃을 피우는 시기가 되었다. 전자상거래가 보편화됨에 따라 시장 환경이 변화되었기 때문에 생산자 - 중간 유통자-소규모 유통자-소비자로 이어지는 판매구도는 축소되고 생산자가 직접적으로 소비자에게 상품을 팔거나 정보를 제공하면서, 생산위주의 기업목표에서 고객을 중심으로 기업의 이익을 창출시키기 위한 목표로 전환되어 가고 있다. 그리하여 기업의 구조도 자연스럽게 바뀌고 나아가 시장 자체의 경쟁과 산업구조의 변화를 불러오고 있다.

이러한 디지털 경제시대의 전자상거래는 유통, 거래, 결재방식의 변화를 가져오고 시간적 · 공간적 · 물리적 한계의 극복을 없애고 있다. 다양한 욕구를 가진 소비자가 직접 생산에 참여하여 생산자와 소비자의 구분이 모호해지고 새로운 구매방

식을 이용해 이윤을 추구하는 기업들의 수없이 탄생하고 있다. 그리고 기존의 거대기업들에게 위축되어 있던 소규모의 단일제품 생산 기업들에게도 거대기업과 마찬가지의 기회를 제공할 수 있게 되었다.

잘 디자인된 웹사이트 홈페이지를 이용해 큰 기업인 것처럼 행동할 수 있게 해주며 큰 기업도 작은 기업처럼 민첩하게 판매활동을 할 수 있게 해준다. 하지만 한정된 시장에서의 기업 활동의 다양화는 과다한 경쟁으로 인해 기업들의 철저한 제품 신뢰성과 판매 시스템이 갖추어져 있지 않으면 기업은 쇠퇴의 길에 들어설 수 밖에 없을 것이다.

(4) 글로벌화와 기업간의 경쟁

21세기는 글로벌화가 급진적으로 되고 있다. 세계경제가 급진적으로 글로벌화되면서 기업 간의 경쟁이 더욱 치열해지고 있으며 기업들은 새롭게 변화된 환경 속에 새로운 경쟁구조 체제를 갖추기 위해 노력하고 있다.

전 세계의 무역구조에 큰 변화를 가져온 WTO체제는 새로운 무역 질서를 만들어서 국가 간의 교류를 크게 늘려 서로 다른 나라의 기업들 사이의 치열한 경쟁을 불러 일으켰다. 그리하여 새로운 경쟁력을 창출하기 위한 합병이 세계적인 추세로 확산되고 있다. 그리고 과거의 비경쟁관계에 있던 기업들 간의 제휴가 주류 이루었는데 최근에는 기존의 경쟁관계에 있는 기업들이 제휴를 통한 경쟁력 확보에 전념하고 있다. 즉, 경쟁자이자 동업자가 되는 것이다. 이런 현상은 특정사업 분야가 아닌 전 사업 분야에 걸쳐 나타나고 있는 현상이다.

(5) 초국적 기업의 탄생

무역의 증가를 촉진하면서 세계 각국을 생산, 마케팅, 합작, 전략적 제휴 등으로 긴밀히 연결시킨 것은 다양한 종류의 초국적기업이다. 전세계적으로 수많은 초국적기업이 활동하고 있었는데, 이들 기업은 세계 전체 GDP의 25-30%를 생산했다고 한다. 이것을 보면 세계화를 구체적으로 실현하는 자는 바로 수많은 초국적기업임을 확인할 수 있다. 이들 초국적기업들은 생산성을 향상하고 이윤을 극대화하기 위해 국적에 관계없이 세계 각국의 기업들과 하청생산, 기술협력, 합작, 부분적 합병 등의 다양한 전략적 제휴를 추진하고, 또 국적에 관계없이 연구, 생산, 판매의 최적지를 찾아 투자를 감행함으로써 세계 각지를 거미줄처럼 연결시키는 역할을 하고 있다.

특히 1970년대 이후 국제경기의 하락에 대응하기 위해 세계 각국이 규제완화와 민영화의 조치를 취하고, 또 1980년대 후반부터 구공산권이 몰락하면서 시장경제의 도입을 위한 개혁·개방정책을 취하게 되자 세계 곳곳에서 초국적기업의 활동을 촉진하는 좋은 여건이 조성되었다. 바로 이러한 상황에서 초국적기업들의 활동무대는 더욱 넓어지고 세계화도 더욱 촉진되는 역동적 변화가 일어나게 되었다.

(6) 엔터테인먼트 사업의 확대

21세기는 지식기반경제에 기초하여 고부가치를 창출하는 소프트웨어가 하드웨어를 지배하는 패러다임의 변화를 가져올 것으로 예상된다. 엔터테인먼트 산업은 이런 소프트 상품을 생산하는 대표적인 성장산업이다. 최근 엔터테인먼트 산업의 규모가 성장하고 지식기반산업이 국가 경쟁력에 미치는 중요성이 인식되면서 엔터테인먼트 산업에 있어서 체계적이고 과학적인 경영의 필요성이 부각되고 있다.

(7) 가속화되는 기업의 구조조정

구조조정이란 말이 우리나라에서 보편화 된 것은 불과 몇 년 안 됐지만 이미 미국, 유럽 등 선진국의 경우에는 1980년대부터 구조조정이 본격적으로 추진되어 왔다. 이처럼 구조조정이 전 세계적인 차원에서 광범위하게 진행되고 있는 것은 구조조정 노력이 무한 경쟁시대와 급변하는 21세기의 기업 환경에서 살아남을 수 있는 최선의 방책으로 인식되고 있기 때문이다. 이렇게 기존의 경제, 산업, 기업구조를 사회 환경이나 경제여건의 변화에 따라 새롭게 바꾸는 것을 구조 조정이라 할 수 있다.

즉, 구조조정이란 기업의 기존 사업구조나 조직구조를 보다 효과적으로 그 기능 또는 효율을 높이고자 실시하는 구조 개혁 작업을 말한다. 다시 말해, 기업이 현재 처한 경영난을 극복하기 위해, 또는 보다 수익성 있는 경영체제로 탈바꿈하기 위해 비효율적인 내부조직을 재정비하고 사업전략을 새로 짜는 등 새로운 경영 시스템을 갖추는 것이다.

2. 21세기 마케팅 패러다임

20세기 초 마케팅현상에 대한 학문적 관심이 나타난 이래 20세기 전반에 걸쳐 학문적 체계를 잡기 시작한 마케팅은 지난 반세기 동안 가장 두드러진 발전을 보인 학문의 하나라 할 것이다. 이제 새 밀레니엄을 앞두고 지난 마케팅의 흐름을 돌이켜보고 현재의 변화를 토대로 앞으로의 흐름을 내다보는 것은 의미 있는 일이다.

마케팅은 초기에 대량생산, 대량소비를 토대로 한 매스마케팅이 주류를 이루었으나 산업화가 진행됨에 따라 공급기능이 원활해지고 수요가 다양해지면서 시장세분화를 토대로 표적마케팅으로 전환하게 되었고, 그동안 개념이 더욱 정교화되면서 다양한 마케팅 전략들이 개발되어 왔다. 그 영역이 교육, 종교, 사회단체, 엔터테인먼트, 스포츠 등 영리조직과 비영리조직 전반에 걸쳐 확대되어 왔을 뿐만 아니라 근래에는 컬러마케팅, 향기마케팅, 기상마케팅, 음악마케팅 등 섬세한 기법까지 동원되고 있다. 온갖 마케팅이 난무하다 보니 가히 마케팅 전성시대로 돌입하는 느낌이다.

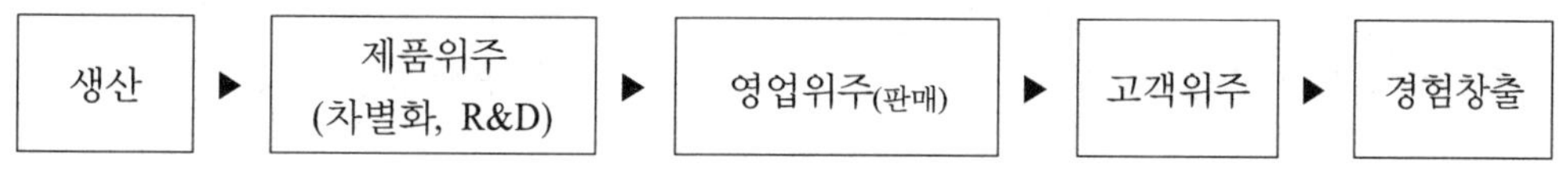

[그림 1.8] 마케팅 패러다임의 변화

이와 같이 마케팅이 광범위하게 적용분야를 넓혀 가고 매우 다양한 양상을 띠고 있으나, 궁극적으로 지향하는 바는 표적고객의 욕구만족 증진이다. 이러한 고객지향적 마케팅을 확대 강화시킨 것은 관계마케팅이다. 관계마케팅에서는 소비자의 개념을 확대하고 소비자와 공급자가 장기적으로 서로 만족스러운 관계의 구축을 강조한다. 지난 20년간 관계마케팅에 대해서 많이 논의되어 왔으나 현실적으로는 이제 비로소 관계마케팅의 단계로 접어든 느낌이다.

그동안 국내에서는 외환위기로 인해 초래된 불황을 극복하기 위해 구조조정을 실시하여 왔는데, 그 초점은 핵심역량을 발휘할 수 있는 사업의 유지와 수익성 중시에 있다 할 것이다. 과거의 매출액 중심, 시장점유율 중심에서 수익성 중심으로 전략의 초점이 옮겨진 것이다. 불황기에는 시장이 축소되므로 새로운 고객을 발굴하기보다는 기존고객을 중시하는 마케팅활동을 펴게 된다. 따라서 기업마다 고객을 강조하고 서비스를 강화하여 고객을 붙잡는 노력을 하는 것이다. 이러한 기업 활동을 통해 살아남은 기업도 결국 관계마케팅의 관점에서 성공한 것이라 하겠다. 관계마케팅은 바로 소비자 유지가 갖는 가치와 잠재수익성을 강조하기 때문이다.

[표 1.6] 마케팅의 변화

	매스마케팅 Mass Marketing	표적마케팅 Target Marketing	관계마케팅 Relationship Marketing
대상	대중	표적집단	개인
시장접근 방법	비차별적 마케팅 (Undifferentiated Marketing)	차별적 마케팅 (Differentiated Marketing)	일대일 마케팅 (One-to-One Marketing)
		집중마케팅 (Focus Marketing)	
마케팅 목표	시장점유율(Market Share), 매출액, 고객만족도		고객점유율(Customer Share)
경제원리	규모의 경제(Economies of Scale)		범위의 경제(Economies of Scope)
관리	제품관리(Product Management)		고객관리(Customer Management)
커뮤니케이션	일방향(One-Way)		쌍방향(Two-Way)

최근의 시장상황에서는 시장점유율 보다 고객점유율Customer Share이 중요해지고 있다. 이 역시 신규고객의 발굴보다 고객의 유지를 중시하는 전략이다. 이러한 전략하에서 기업은 보다 수익성이 높은 고객을 가려내어 이들에게 더 나은 서비스를 제공한다. 당장의 이익보다는 고객의 평생가치를 토대로 장기적인 이익을 도모하는 것이다. 이와 같이 고객중심, 고객가치를 지향하게 됨에 따라 기존의 마케팅활동에 변화가 생기고 있다. 기존의 엔지니어 중심 제품 개발에서 마케팅과 다른 부서도 참여하고 고객도 참여하는 제품개발이 이루어지고, 가격책정 시 마진을 임의적으로 결정하던 방식에서 고객이 지각하는 가치, 고객에게 전달된 가치를 토대로 결정하며, 광고나 판매원을 이용한 설득 중심의 촉진활동에서 보다 다양한 매체수단을 이용한 촉진활동으로, 단일 유통경로에서 복수 유통경로로, 기업이 독자적으로 운영되기 보다는 공급업자와 유통업자를 파트너로 인식하고 이들과 함께 우수한 고객가치를 전달하는 네트워크를 구축하는 방향으로 전환되어 오고 있으며 앞

으로도 이러한 변화는 지속될 것이다. 결국 소비자가 핵심이며, 다음 세기에도 이러한 다양하게 변화하는 고객의 욕구를 어떻게 충족시킬 것인가가 핵심과제로 이어질 것이다. 소비자는 계속해서 더 큰 가치를 제공하는 공급자를 찾아 움직인다. 따라서 기업도 소비자의 새로운 쇼핑패턴에 따라 기존의 마케팅전략을 변화시키는 변형마케팅Trans-formational Marketing을 구사해야 하는 것이다.

그러면 21세기에 마케팅은 어떻게 전개될 것인가? 이는 앞으로의 시장변화와 관련되어 있으며, 다양한 변화가 예상되고 있다. 그 가운데 다음 세기의 초두에 가장 강하게 영향을 줄 환경의 변화가 정보화임은 주지의 사실이다. 인터넷 시장이야말로 기존의 마케팅전략과는 다른 차원의 전략을 요구한다. 인터넷으로 인한 변화는 이미 일어나고 있는데, 소비 공간뿐만 아니라 놀이 공간, 생활공간의 개념마저도 바뀌고 있는 것이다.

이에 따라 인터넷 마케팅이 새 밀레니엄의 초두를 장식할 화두가 될 것으로 예상되고 있다. 인터넷 마케팅시대의 소비자는 누구인가? 실버소비자, 키드소비자 등 다양하게 거론되고 있으나 역시 가장 주목받는 소비자는 바로 N세대이다. N세대는 디지털매체에 대해 어느 정도 알고 있는 네티즌으로 20세 전후의 세대를 통칭한다. N세대는 기성세대와 다르다. 정보에 접할 수 있는 권리를 중시하고 미래에 대해 낙관적이며, 다양성에 대한 수용의 폭이 큰 특징을 지니고 있다. 최근 10대 시장의 규모가 커지면서 이들이 매우 중요한 표적고객으로 등장하고 이들에 초점을 맞춘 각종 마케팅활동들도 활성화되고 있다. 음반산업, 의류산업의 주 고객으로 등장한 이들 10대는 유통산업에서도 주요 고객이 되고 있어 이들 10대 전용매장이 속속 등장하고 있다. 서울의 신세계 영등포점은 '영웨이브', 현대 무역센터와 천호점은 '영라이브', 롯데 본점은 '영월드'라는 이름으로 기존의 성인 매장을 10대 전용 매장으로 바꾼 것이다. 따라서 10대의 소비패턴을 읽는 것이 매우 중요하게 되었다. 이 10대는 소위 Y세대나 N세대의 주축이 된다는 점에서 더욱 무게가 더해진다. N세대는 기존 세대들이 정보를 받아들이는데 수동적이었던데 반해 정보의 획득에 능동적이고 더 나아가 자신의 의견을 적극적으로 알리고 정보를 유통시킨다. 따라서 정보면에서 기성세대를 앞질러가는 면이 있다. 넷시대에 변화하는 소비자의 구매패턴에 대한 이해가 요구된다.

인터넷으로 인한 변화 가운데 우선적인 변화는 소비자가 제품, 상표, 가격, 품질, 특징 등 각종 정보에 손쉽게 접근하게 된다는 것이다. 이러한 정보를 과거에 제조

업자나 유통업자에게 의존하였으나 이제 소비자가 직접 정보를 획득하게 됨에 따라 소비자가 자신이 원하는 특징을 지닌 제품(고객화된 제품)을 제시하고 가격까지 제시하게 됨으로써 교환에서 소비자가 담당하는 역할이 더욱 커지고 있다. 이러한 역할 변화는 시장지배력이 현재 제조업자에서 유통업자로 넘어가고 있는 양상에서 다시 소비자에게로 넘어간다는 것을 뜻한다. 결국 시장을 움직이는 가장 핵심적인 요소로서 소비자의 존재가 더욱 무게를 더하고 있는 것이다.

인터넷상의 변화를 주도하는 디지털 기술의 발전은 컴퓨터기술과 연계되면서 광고의 혁명을 예고하고 있다. 즉 광고의 기획, 표현, 전달의 전 단계에 거쳐 기존의 개념과는 전혀 다른 변화를 보이는 것이다. 오디오와 애니메이션 기능이 결합하여 광고의 표현영역은 엄청나게 변화할 것이다. 앞으로 인터넷광고가 보편화됨으로써 쌍방향 의사소통이 주류를 이루게 되고 이에 따라 소비자의 역할은 더욱 커지게 될 것이다. 델(Dell)社는 홈페이지를 통해 제품을 고객이 원하는 사양으로 주문을 받는데, 일주일에 200만 명 이상이 방문하고 하루 평균 1천 4백만 달러의 주문이 들어온다고 한다. 델社는 생산에 필요한 부품을 직접 구매, 조립하고 직접 판매하면서도 비교적 싼 가격으로 소비자에게 판매한다. 재고비용을 최소화하고 유통비용을 줄이며, 인터넷 상점의 운영에 따른 인원을 최소화함으로써 가격경쟁력을 유지하는 것이다. 사이버 공간은 시간을 절약해 준다. 그동안 시간을 절약하기 위해 카탈로그를 이용한 우편주문, 전화주문 등의 통신판매가 발전하고 이제 인터넷으로 대표되는 컴퓨터 네트워크를 이용한 판매로 발전해가고 있다. 보험, 금융서비스, 증권거래, 여행 등의 분야로 급속히 확산되고 있는 것이다. 새턴은 피자를 주문하듯이 인터넷을 통해 자동차를 주문하면 얼마 후 자동차 열쇠를 배달하는 모습을 광고하기도 하였다. 이러한 추세에 따라 은행, 여행사, 자동차 딜러, 서점, 음악점, 비디오점 등은 쇠퇴할 것으로 예상되고 있고, 식품 등의 생필품을 구매하는 장소로서 수퍼마켓도 그 위치가 흔들릴 것으로 예상된다. 즉 교환방식에서의 혁명이 일어나고 있고 이로 인해 산업구조도 재편될 것이다. 인터넷은 양날을 지닌 칼로서 기회와 위협요인으로 동시에 작용하고 있는 것이다.

한편, 시장도 메타마켓Metamarket으로 변하고 있다. 고객이 제품을 구매할 때 관련된 제품이나 서비스가 동시에 고려되기 때문이다. 예를 들어 자동차 메타마켓의 경우 자동차 제조업체, 신차 및 중고차 딜러, 금융회사, 보험회사, 정비업자, 부품상, 자동차 잡지, 신문의 자동차광고 등 서로 다른 산업의 기업으로 구성되

는 것이다. 따라서 소비자는 이러한 다양한 산업의 제품과 서비스를 원활하게 구매하기 위한 도움이 필요하게 되고 이러한 니드는 메타미디어리Metamediary를 등장시키게 되는 것이다. 이와 같은 시장의 구조변화에 따른 욕구도 인터넷상에서 해결이 가능한데, 이러한 환경변화는 업계의 공동마케팅을 더욱 활성화시킬 것이다. 경쟁력을 확보하기 위해 필요한 자원이나 역량을 한 기업이 모두 갖춘다는 것은 매우 어렵다. 앞으로 더욱 다양하고 정교한 경쟁력 확보가 필요할 것으로 예상되는 바, 서로 보완이 될 수 있는 분야에서 공동으로 마케팅을 실시하는 것이 필요하다. 그럼으로써 제한된 자원을 핵심역량으로 키우는데 집중적으로 투입할 수 있는 것이다.

e 마케팅은 고객과의 관계지향적이다. 따라서 다음 세기에 강조될 마케팅의 흐름으로 인터넷과 관련하여 고객중심적 개념이 관계마케팅의 관점에서 더욱 정교화될 것이다. 관계마케팅에서는 고객과의 장기적이고 수익성 있는 거래관계의 구축을 강화한다. 이를 위해 보다 수익성 있는 고객, 제품, 경로에 초점을 맞춘다. 그러나 모든 고객이 다 동일한 가치를 지닌 것은 아니므로 고객의 평생가치를 토대로 차별적 마케팅을 해야 한다. 즉, 각 거래에서의 수익성보다 고객을 평생고객으로 만듬으로써 얻는 수익성을 중시하는 것이다. 이는 고객점유율을 중시하는 조류의 강화를 뜻한다. 기존 고객에게 보다 더 다양한 제품을 제공함으로써 고객점유율을 높여야 할 것이다. 이를 위해 표적마케팅, 마이크로마케팅이 더욱 심화되어 개별고객화가 강화되고, One-to-One 마케팅이 강화될 것이다. 동일 표적시장이라도 고객은 다를 수 있는데, 인터넷은 이러한 원투원 마케팅에도 강하다. 최근의 고객은 인터넷상에서 자신이 원하는 제품을 디자인할 수 있는 능력을 갖추어 가고 있다. 이러한 고객을 위해 메시지와 제품을 개별화하고 고객화 하는 것이 필요하다. 이러한 마케팅활동을 위해 고객데이터베이스를 통한 마케팅은 필수적이다.

이와 같은 추세는 기업이 제조중심 회사에서 마케팅중심 회사로 전환해야 함을 뜻한다. 제품을 어떻게 만들 것인가를 넘어서서 어떤 제품을 만들 것인가를 아는 기업이 강한 기업이 된다는 뜻이다. 주어진 디자인의 신발은 잘 만들지만 어떤 신발을 만들어야 하는지를 모른다면, 고안된 옷은 잘 만들지만 어떤 옷을 만들어야 하는지를 모른다면 결코 강한 기업이 될 수 없다. 나이키나 리복과 같은 회사는 바로 무엇을 만들어야 하는지를 아는 회사이다. 무엇을 만들 것인가를 알기 위해서는 시장이 어떻게 변하고 무엇이 요구되고 있는가를 파악해야 한다.

그래야 비로소 어떤 방향의 연구개발과 소재개발, 디자인이 이루어져야 하는지를 알 수 있게 된다. 결국 21세기에서는 마케팅이 강한 회사로 탈바꿈하여야 살아남을 것이다.

2010년 이후 우리는 지금 사용하고 있는 아날로그 TV로는 방송을 볼 수 없다. 모든 방송이 디지털화되고 아날로그 방송은 완전히 중단되는 것이다. 비즈니스와 마케팅 환경도 디지털 · 글로벌화 되고 인터넷, 모바일, 디지털 방송, DMB 등 새로운 디지털 미디어가 출현하여 광고마케팅의 틀이 다양해지며 복잡하게 변하고 있다.

세상에 변하지 않는 유일한 것은 세상이 변하고 있다는 사실뿐이라는 말처럼 우리 주변의 모든 것들이 달라지고 있는 것이다.

3. 인터넷으로 인한 마케팅 패러다임의 변화

인터넷은 유일한 상호작용적 마케팅 도구이다. 이 상호작용성은 마케팅에 있어서 새로운 패러다임의 전환을 가져다주었는데 그 이유는 지금까지 어떤 매체도 이러한 속성을 가질 수 없어 쉽게 접근할 수 없는 개념이었다. 인터넷의 도입은 시장의 세분화를 극단적으로 한명의 고객으로 정의하는 것을 가능하게 한다. 즉 한명의 고객을 대상으로 마케팅 활동을 전개할 수 있게 하는 것이다. 따라서 인터넷에서 적용되는 마케팅 전략은 한마디로 "일대일 마케팅 전략One-to-one Marketing Strategy"라고 할 수 있다. 일대일 마케팅 전략의 고객의 가치를 가장 중시하여 목표를 시장점유가 아니라 고객의 점유로 삼는다. 궁극적으로 일대일 마케팅에서 추구하는 것은 고객과의 충실한 관계 형성을 통해 장기적인 관점에서 이익을 극대화하고자 하는 것이다.

인터넷의 발전으로 인한 소비자의 집단적 요구와 참여는 과거 수백 년 동안 무너지지 않았던 대량생산, 대량판매, 매스 마케팅 체계에 본질적인 변화를 요구하고 있다. 인터넷마케팅이 폭발적으로 부각되고 있는 것은 비즈니스 환경이 변화하고 있기 때문이다. 인터넷이 보편화되면서 고객-고객, 기업-기업의 커뮤니케이션은 그 비용이 점점 감소하는 반면에 커뮤니케이션의 빈도는 점점 증가하고 있기 때문이다. 뿐만 아니라 고객 한명 한명에게 직접 반응을 유도할 수 있는 차별화된

서비스를 제공할 수 있다는 점은 과거에는 상상할 수 없었던 혁명에 가까운 소통 방식이다.

인터넷을 통한 마케팅 패러다임의 변화를 한마디로 정의 하자면 패러다임의 이동이다. 과거의 마케팅이 생산자 중심의 일방적인 메시지 전달이었다면 생산자의 판매 대리인인 유통구조를 거치며 "고객 지향적" 마케팅으로 변화하였고, 인터넷의 등장으로 소비자 중심의 "고객 중심"으로 전환되고 있다는 것이다. 그렇다면 이처럼 생산자 중심에서→고객 지향적 →고객 중심적으로 패러다임이 전환될 수밖에 없는 환경 변화를 살펴보자.

1) 시장 정보의 변화

과거에는 고객이 시장 정보를 수집하기 위해서는 많은 시간과 비용이 소요되었다. 설령 시간과 비용을 투자한다 해도 특정 제품에 대한 객관화 된 정보를 얻어내기란 쉽지 않은 일이었다. 그러나 고객층에 인터넷이 보급되기 시작하면서 시장 상황과 기업, 상품과 가격에 대한 정보를 쉽게 입수 할 수 있게 되면서 고객에게는 구매에 있어 보다 다양한 선택의 기회를 가지게 되었다. 또한 상품 유통의 주도권을 독단적으로 쥐고 있던 기업에서 그 권력이 소비자나 정보 중개자로 이양되면서 시장은 역전된 양상을 보이기 시작했다. 정보 중개자는 더 이상은 기업의 물량에 의해 생존하는 판매 대리인이 아니라 소비자의 구매를 대행해 주는 위탁자로서의 역할이 보다 부각되고 있다.

2) 고객 위상의 변화

고객들이 인터넷을 자유롭게 활용하게 됨에 따라 가장 곤욕스러워진 것은 다름 아닌 기업이다. 한 기업의 광고 카피처럼 "고객은 정말 냉정하다" 그런데 요즘 네티즌은 "더 냉정한 것 같다" 기업의 횡포가 조금이라도 눈에 띄면 곧바로 안티 사이트가 등장하기 마련이고, 제품에 약간의 하자가 발견된다면 집단적인 행동을 통해 자신들의 뜻을 관철시키고야 만다. 인터넷의 발전으로 인한 소비자의 집단적 요구와 참여는 과거 수백 년 동안 무너지지 않았던 대량생산, 대량판매, 매스 마케팅 체계에 본질적인 변화를 요구하고 있다.

3) 거래 장소의 변화

지금까지의 생산·유통체계는 수요를 예측한 후 생산하고 이를 소비자에게 전달하기 위해 중간상을 이용하는 방식이었다. 그러나 인터넷이 등장함으로써 소비자의 참여가 확대 되고 선주문 방식을 활용한 인터넷 상거래가 보편화되기 시작하였다. 이 같은 새로운 유통 공간의 등장은 지금까지 운영되어 왔던 오프라인 유통채널과 끊임없는 갈등과 제휴를 반복하며 생존경쟁을 야기하고 있다. 지금까지 마무리되지 못하고 오프라인 서점의 1일 폐업 사태를 불러온 도서 정가제의 문제 또한 인터넷이 가지는 장소(점포 유지비용)의 혜택이 그 문제의 시발점이었던 만큼 앞으로도 이러한 갈등은 계속될 것으로 보인다. 그렇다고 해서 단순히 가격이나 유통방식의 변화로 인해 중간상이 사라져 버리지는 않을 것이다. 인터넷 비즈니스 역시 점점 오프라인의 유통과정을 닮아가는 양상이 없지 않기 때문이다. 인터넷 비즈니스와 오프라인은 서로를 경계해 가며 서로의 장점을 닮아가고 있다. 향후에는 이 두 영역이 효과적으로 결합된 제3의 유통 공간이 등장할 것이다.

4) 마케팅 목표의 변화

(1) 마케팅 목표의 변화

인터넷에서 시장점유율이라는 것이 의미가 있으며 장기적으로 유지가 가능한 것인가? 또한 보다 본질적으로 시장점유율을 유지하는 것이 이익이 되는 마케팅 목표인가? 우선 인터넷에서 시장점유율을 유지하는 것은 대단히 어렵다. 인터넷은 기본적으로 비교쇼핑이 대단히 쉽게 이루어질 수 있는 데다 특정한 사이트에서 다른 사이트로 구입선을 변경하는 데 따른 비용도 매우 낮다. 따라서 시장점유율을 높이기 위해서는 각종 판촉활동 뿐 아니라 다른 기업에 비하여 지속적으로 가격을 낮추어야 한다.

또한 인터넷의 경우 진입장벽이 높지 않기 때문에 기업이 가격을 높일 경우에는 언제든지 다른 기업들이 치고 들어올 여지가 존재한다. 결국 인터넷에서는 시장점유율을 높이기 위해서는 엄청난 비용을 쏟아 부어야 할 뿐 아니라 한번 올라간 시장점유율이 현실세계에서와 같이 장기간 유지되지도 못한다. 시장점유율이란 기업의 장기적인 발전과 이익을 보장하는 지표가 되기 어려운 것이다. 그러면 어떤 지표를 활용해야 할까? 마케팅에서 원론적으로 언급되는 얘기를 상기할 필요가 있

다. 똑같은 매출을 올리는 데 있어 새로운 고객을 찾는 경에 비해 기존 고객을 활용하는 것이 비용이 훨씬 적게 든다는 것이다.

기존 고객에게 판매하는 것은, 이 고객에 대해 많은 정보를 갖고 있어 판매하기가 용이할 뿐 아니라, 고객이 이미 제품에 대하여 잘 알고 있으므로 서비스 비용이 절감되고, 이 고객이 다른 사람들에게 자기 제품을 소개함으로써 보다 많은 고객을 확보할 수 있게 한다.

결론적으로 시장점유율이 아니라 고객을 많이 확보하는 고객점유율을 높이는 것이 바람직하다. 장기적인 관점에서 고객의 가치를 판단하고 고객을 확보하고 유지하려는 노력은 시장점유율을 유지하려는 노력에 비해 비용이 적게 들 뿐 아니라 기업의 이익을 보다 높일 수 있는 방안이 되는 것이다.

(2) 마케팅 전략의 변화

기업의 입장에서 보았을 때 대중 마케팅Mass Marketing, 타겟 마케팅Target Marketing, 일대일 마케팅One-to-One Marketing 중 어느 것이 더 비용효과적일 것일까? 고객이 누구인지도 과연 구매할 의사가 있는지를 파악하지 않은 채 대중을 대상으로 무차별적으로 마케팅 활동을 수행하는 것 보다는 구매할 의사가 있는 고객들을 선별하여 이들을 대상으로 집중적인 마케팅 활동을 전개하는 것이 마케팅 활동의 효과를 높이는 방안이 될 것이다. 즉, 대중 마케팅 보다는 타겟 마케팅이 더욱 효과적인 마케팅이 될 수 있다. 또한 고객이 누구인지를 모르는 상태에서 전개하는 마케팅 활동보다는 고객이 누구인지를 알고 있는 상태가 마케팅 활동을 전개하기가 더욱 용이할 것이다. 이렇게 보면 고객이 누구인지를 정확히 알지 못하는 대중 마케팅이나 타겟 마케팅보다는 일대일 마케팅이 더욱 효과적일 수 있다.

특히 개성이 강조되고, 자기만의 세계를 중시하며, 보다 나은 생활의 질을 추구하는 현대사회에서는 고객들이 자기만을 위한 제품과 서비스를 요구하는 경향이 강하다. 이러한 고객들의 요구에 대응하기 위해서는 대중 마케팅이 아닌 고객 한 명 한명을 차별화시키는 마케팅 활동에 대한 요구가 강하다.

대중 마케팅보다는 타겟 마케팅이, 타겟 마케팅보다는 일대일 마케팅이 보다 효과적일 수 있다는 사실을 인정함에도 불구하고 이러한 마케팅 활동을 전개하기는 쉽지 않으며, 비용도 많이 들어 기업들이 선뜻 보다 나은 마케팅 전략을 구사하지 못하는 게 현실이다. 고객에 대한 정보를 체계적으로 수집하기도 어려우며, 수집된 고객 정보를 바탕으로 과연 어느 고객에게 어떤 제품과 서비스를 공급할 지를 결정하기도 어려운 것이다. 그런데 인터넷은 이러한 고객의 어려움을 보다 쉽게 극복할 수 있는 길을 열어주었다. 인터넷이 지닌 장점중의 하나인 상호작용성과 정보시스템에서 모든 활동이 이루어진다는 특성에 따라 웹사이트와 백엔드에 존재하는 정보시스템을 정비함으로써 고객에 대한 정보를 체계적으로 수집하고 마케팅에 활용할 수 있게 된 것이다. 이에 따라 기존의 마케팅 전략에 새로운 변화가 오고 있다. 대량생산, 대중매체, 대중마케팅이라는 과거의 패러다임은 이제 개인화된 제품, 특화된 광고, 고객과 상호작용할 수 있는 새로운 패러다임 즉, 일대일 마케팅으로 변화하고 있다.

조금 더 구체적으로 살펴보면 일대일 마케팅은 인터넷에서 제공하는 상호 작용성이라는 특성을 활용하여 고객이 과거에 무엇을 구매했고, 어떠한 구매행태를 보였으며, 구매후의 반응 등을 아주 정교하게 활용하는 마케팅 개념이다. 즉 일대일 마케팅은 고객과의 상호작용을 통해 "고객이 무엇을 원하는가"가 아닌 "그 고객이 무엇을 원하는가"에 대한 해답을 찾는 철저히 개인화된 마케팅 전략이다.

(3) 마케팅 과정의 변화

마케팅 과정이란 시장조사 및 제품기획으로부터 제품의 판매와 사후서비스에 이르는 일련의 마케팅 프로세스를 말한다. 인터넷마케팅의 목표와 전략이 변화함에 따라 마케팅 과정에도 변화가 이루어진다. 마케팅과정에서 중점을 두는 부분이 변화하게 된 것이다.

기존의 마케팅 과정에서는 시장점유율을 중시하는 대중 마케팅이 전개되면서 특정한 제품을 판매하는 과정에 초점을 맞추어 왔다. 어떤 형태로든지 기업이 생산한 제품을 보다 많이 판매하는 것을 중시하다 보니, 특정 제품을 보다 많은 고객들에게 판매하는 것이 무엇보다 필요했다. 거래를 중시하는 마케팅 과정에서는 고객만족도 향상을 위하여 사안별로 대응하는 것 외에는 기존의 고객에 대하여 특별한 관심을 두지 않았다. 그러나 고객점유율을 목표로 하고 일대일 마케팅 전략을 추구하는 마케팅 환경에서는 이러한 대중 마케팅 과정에서 중요시 하는 문제의 변화를 요구하고 있다. 이 패러다임 하에서는 제품을 보다 많은 고객에게 판매하는 것이 아니라 한명의 고객에게 다양한 제품을 반복적으로 판매하는 Cross Selling이 이루어지고, 이를 위해서는 고객과의 관계를 장기적으로 어떻게 형성할 것이냐가

중요한 문제로 부각되었다.

결론적으로 말하면 마케팅 과정에서 중심이 되는 이슈가 물건의 판매를 중시하는 거래에서 고객과 장기적인 관계를 맺기 위한 관계형성Relationship Building을 중시하는 방향으로 전환된 것이다.

마케팅 신조어(2)

와이브로, 피싱, 프로슈머, 준마넬라, 모피아 등은 21세기가 디지털 시대임을 보여주는 대표적인 언어다.

와이브로는 무선을 뜻하는 와이어리스(Wireless)와 대용량 고속 인터넷을 의미하는 브로드밴드(Broadband)의 합성어다. 무선으로 사용할 수 있는 초고속 인터넷을 지칭하는 말이다.

피싱(Phishing)은 '개인정보(private data)'와 '낚시(fishing)'의 합성어. 금융회사를 사칭하면서 낚시하듯 개인정보를 몰래 빼가는 신종 금융사기다. '메일 요청을 무시하면 귀하의 계좌가 잠정 중지된다'는 협박성 문구에서부터 접속유도를 위해 경품당첨, 계좌잔액 증가, 거래내역 변경 등을 허위로 알리는 식이다.

프로슈머(Prosumer)는 생산자(Producer)와 소비자(Consumer)의 합성어. 제품의 기획. 생산 단계에까지 영향을 미치는 마니아급 소비자를 뜻한다. 소비자 반응이 성패를 좌우하는 첨단 IT 제품의 경우 이들의 역할이 중요하다.

아줌마와 신데렐라의 합성어인 줌마렐라는 사회생활을 하는 기혼여성 가운데 자기관리가 뛰어난 여성들을 일컫는 신조어다. 통상적인 '미시족'보다 한수 위로 아름답고 건강한 외모에 적극적이고 진취적인 성격과 함께 경제적 능력을 갖춘 기혼여성을 일컫는 말이다.

재무 관료와 그 출신을 비꼬는 모피아(MOFIA). 재무부(MOF · Ministry of Finance)와 마피아(Mafia)를 합성한 말로 재직 중에는 선배가 후배를 챙겨주면서 '패밀리'를 형성하고, 퇴직 후에는 후배가 선배의 자리를 마련해 준다. 이러한 끈끈함이 마피아조직과 비슷하다고 해서 생긴 말이다.

요즘은 '퍼블리즌(Publizen)'이라는 말이 인터넷 세상을 뜨겁게 달구고 있다.

'공개(publicity)'와 '시민(citizen)'을 결합한 신조어인 퍼블리즌은 직업, 학력, 취미, 관심사를 인터넷에 올려 모든 사람이 볼 수 있게 하는 등 사생활 노출을 꺼리지 않는 사람을 말한다. 이들에게 개인정보보호는 의미 없는 말이다. 노출되는 것을 오히려 즐기기 때문이다. 사랑에 빠지거나 대학에 진학하는 것에서부터 섹스와 약물 경험 등 온갖 종류의 개인사를 웹 사이트나 블로그, TV 리얼리티쇼 등에서 알리는 것을 꺼려하지 않는다. e-메일이나 휴대폰 통화내용이 알려지는 것도 개의치 않고 있다. 자신의 홈페이지나 블로그를 통해 '나를 봐 달라. 나에게 클릭해 달라'며 안달할 정도니 두말할 나위가 없다.

실제로 미국의 모 대학 여자축구부원은 반라의 단체 사진을 공개해 커다란 반향을 일으켰고, 한 여성 컨설턴트는 자신의 사생활을 셀프 카메라로 찍어 자신의 블로그에 올렸다. 뿐만 아니라 TV 리얼리티 쇼에 출연하기 위해 수만 여명이 장사진을 치고 있다니 세상이 변해도 엄청 변한 것 같다. 이들에게 프라이버시는 낡은 개념이라고 한다. 도청과 개인정보 수집이 일상화되면서 숨길 것도, 숨길 수도 없는 세상이 됐는데 감출 필요가 있느냐는 것이다. 물론 사생활과 공적 생활영역의 구분 없이 자신의 삶과 생각을 적극적으로 알리고 전파하다 보니 손해를 보기도 한다.

합성어가 판을 치는 것이 어제 오늘의 일은 아니다. 생물과 기계장치의 결합체를 의미하는 사이보그(cyborg)란 말이 나온 것이 1960년이니 두말할 나위가 없다.

하루가 다르게 변하는 디지털 세상. 앞으로는 어떤 합성어가 만들어져 시대를 풍미하면서 우리를 즐겁게 할지 궁금하다.

Chapter

02 마케팅 전략과 계획수립

제 1 절 마케팅 전략수립 기반

1. 기업목표 수립

기업목표는 그 기업조직이 존재하는 이유와 무엇을 해야 하는지에 대한 근거를 제공한다. 기업은 이러한 목표에 근거하여 전략을 수립하고 평가한다. 그러므로 마케팅 전략 수립에 있어 가장 먼저 기업의 목표를 명확하게 수립해야 한다.

2. 기업목표 수립 절차

1) 내부적 상황과 외부적 상황 분석

예시안을 구성하는 질문들은 꼭 자신의 상황에 맞지 않을 수도 있다. 단지 사고과정의 흐름을 경험할 수 있도록 그 예시안을 제공한 것이다.

이 예시안의 목적은 자신의 상황을 평가하는 것이다. 어떤 장점을 소유하고 있는지를 알 필요가 있다. 어떤 약점이 자신의 조직체에 있는지도 알 필요가 있다. 어떤 기회가 자기에게 있는지를 알 필요도 있다. 또한 그런 기회를 사용할 수 없도록 방해하는 위협요인에 대해도 알 필요가 있는 것이다.

[표 2.1] 기업의 내부적 상황과 외부적 상황 예시안

내부적 상황		외부적 상황	
강 점	약 점	기 회	위 협
• 뚜렷한 능력? • 적절한 재정적 자원? • 경쟁력 있는 기술? • 소비자의 좋은 인식? • 인정받은 시장선도? • 인정받은 직무분야의 전략? • 심한 경쟁압력으로부터 차단(적어도 다소간) • 독점기술? • 비용 우위? • 경쟁 우위? • 제품혁신능력? • 인정받은 경영? • 기타?	• 분명치 않은 전략기획 방향? • 경쟁력 악화? • 시설퇴화? • 어떤(?) 이유로 인해 받아들일 수 없을 정도의 이윤성 하락? • 경영의 심도 및 재능의 부재? • 핵심기술 및 역량의 사라짐? • 전략수행의 낮은 실적? • 내부운영문제로 골몰? • 경쟁압력에 대해 취약? • 연구개발(R&D)에서 뒤처짐? • 생산라인이 너무 협소함? • 나약한 시장 이미지? • 경쟁열위? • 평균 이하의 마케팅 기술? • 전략 변화에 따른 재정 능력이 없다? • 기타?	• 추가 고객군의 확보? • 새로운 시장 혹은 지역으로 진입? • 증가된 수요에 따른 생산라인 확대? • 다른 관련 제품들로 다양화? • 보조제품의 추가? • 수직적 통합? • 더 훌륭한 전략그룹으로 이동 • 할 수 있는 능력? • 경쟁 업체와의 마찰 없음? • 시장상황의 빠른 호전? • 기타?	• 새로운 경쟁업체 등장 가능성? • 대체제품의 판매증가? • 시장상황이 나빠지고 있다? • 정부정책으로 불리해 진다? • 경쟁압력이 드세지고 있다? • 경기후퇴 및 사업주기에 따른 대응력이 약하다? • 고객 및 공급자의 협상력이 증가? • 잘 변하는 고객 요구 및 취향? • 불리한 인구 변화? • 기타?

2) 핵심가치평가

다음 단계는 회사의 핵심 가치에 대한 평가를 수행하는 것이다. 핵심 가치 기준은 회사의 초점이라 할 수 있다. 이것은 자신에게 중요한 그 무엇을, 그리고 자신과 협력할 핵심 당사자들에게 전할 그만큼 중요한 그 무엇을 나타낸다. 핵심 가치는 무한한 수의 영역과 주제에 걸쳐 있다. 어떤 가치들이 중요한지를 결정하기 위하여, 다음에 열거된 예들을 살펴보자. 이 예 또한 단지 독자의 사업에 대해 자신이 스스로 생각할 수 있는 기회를 주려고 한다.

(1) 고객 초점의 가치

- 고객이 우리의 생존에 대한 실질적인 중심이다. 우리는 우리 자신이 아니라 바로 고객에게 봉사함으로써 성공하게 될 것이다.
- 우리는 표어에 그치지 않고 우리가 만든 공약 정신을 꼭 지켜 나갈 것이다.
- 가장 엄격한 의미의 자신감을 갖고 고객과의 사무를 처리해 나갈 것이다(정직성).
- 우리는 고객서비스만족을 통하여 우리의 성공을 가늠할 것이다(고객 서비스에 대한 강조).

(2) 온전함에 기반을 둔 가치

- 우리는 가격과는 무관하게 그리고 잘못된 타협을 하지 않으면서, 모든 사람들에 있어서 자립, 정직, 품위를 지키고 또한 언제나 법과 규정을 준수할 것이다.

(3) 일반사람으로서의 시민이 갖게 될 가치

- 개인으로서 그리고 한 회사로서 우리는 우리의 천직, 업계, 시민공동체 및 정부에 대해 적극적이고 주도적으로 참여할 것이다.

(4) 품질 서비스에 기반을 둔 가치

- 우리는 가능한 한 최고품질의 제품(또는 서비스)을 조달할 것이다.

(5) 인간 지향의 가치

- 우리는 종업원, 회사 및 고객의 미래 성공을 보장하기 위하여 최선의 재능을 발휘, 발전시키고 또 그런 재능에 보상을 할 것이다.
- 우리는 수익을 남기고, 효율적이며 재정적으로 건실한 회사로 남음으로써 우리의 종업원들에게 안전하고 발전적인 미래상을 제공할 것이다.

(6) 행동 지향의 가치

- 우리는 사려 깊은 행동을 추구하며 동시에 신속히 처리하는 정신을 배양할 것이다.
- 우리는 종업원이 아이디어를 내놓고 그것을 이행하도록 장려하는 문화를 창

출함으로써 늘 혁신적인 자세를 견지할 것이다.

- 우리는 우리가 제공하는 서비스가 좀 더 현명하게 이루어질 수 있도록 계속 해서 우리 자신을 훈련시켜 나갈 것이다.

3) 목표에 대한 기술

자신이 성취하고자 하는 것들이 목표이다. 양적 목표와 질적 목표가 있다.

(1) 양적 목표

양적목표는 구체적이고 측정 가능한 것이다.

◆ 양적 목표의 예

- 12개월 동안에 원하는 매출량
- 원하는 연수익 증가율
- 원하는 순이윤

(2) 질적목표

질적 목표는 사업에 대한 자신의 비재정적인 바람을 나타낸다. 핵심가치기준처럼 자신의 노력을 촉구할 철학이나 전략을 반영하는 것이다.

◆ 질적 목표의 예

- 종업원들에게 혁신성과 성취시의 자부심을 조성하는 근무환경을 제공한다.
- 모든 사업거래에 있어서 정직과 온전함의 정신을 실제로 보여준다.
- 관련 공동체의 적극적이고 헌신적인 구성원이 된다.
- 좀 더 훌륭한 고객 서비스를 위해 끊임없는 노력을 집중시킨다.

4) 목표 기록안 작성

작성된 내용을 갖고 자신의 사업에 대한 목표 기록안을 만든다.

3. 마케팅 목표 설정

1) 기업 목표 및 마케팅 목표와 전략

기업목표란 기업이 가용자원을 활용해서 어떤 것을 성취하고자 하는 것으로, 이것은 희망하는 궁극적인 목표 결과물로서 기술되기도 한다. 목표를 달성하는 방법이 바로 전략이다. 흔히 기업은 수익을 기준으로 목표를 설정하는데, 이는 수익이 주주들의 욕구를 충족시키는 도구이자 효율성 측면에서 평가할 때 보편적으로 인정되는 기준이기 때문이다. 목표는 또한 판매나 수익을 기준으로 표시되는데, 이는 기업에서 수익이 고용을 유지해 주는 기초가 되기 때문이다.

구체적인 예를 들면 제품라인 확장, 새로운 이미지 창출, 매출증가율달성 등은 전략의 핵심을 형성하는 기업 목표들이다. 이것들은 또한 그 기업이 이익목표, 매출목표, 수익목표를 달성하는 수단이기도 하다.

특정 시장에서의 시장점유율 확대를 책임진 어떤 하위부서에서는 시장점유율 증대가 목표가 된다. 이 때문에 기업 차원의 전략은 다시 사업부 차원의 목표가 되기도 한다. 제품의 시장점유율을 증가시키는 목표를 어떻게 달성하는가 하는 것이 마케팅부서의 전략이다.

가장 좋은 전략은 달성이 가능하지만 매우 어려운 목표를 성취하는 데 초점을 맞추는 것이다. 가장 나쁜 전략은 달성 불가능한 목표를 설정하는 것, 그리고 기업의 잠재력에 비해 현저히 떨어지는 목표를 포함하는 것이다.

2) 마케팅 목표의 원칙

(1) 달성가능한 목표를 설정하라

목표 설정과 전략 수립은 마케팅 계획수립 과정에서 중요한 단계다. 기업은 주요 제품별 및 각 시장에서 현실적이며 달성 가능한 목표들을 설정해야 한다. 이 단계가 잘 진행되지 못하면 전체 계획수립 과정은 공허한 연습이 될 뿐이다. 달성하기 어려운 목표를 성취할 방법은 없고, 가능하지 못한 목표를 성취하는 명석한 계획을 수립함으로써 얻어지는 이익은 없다. 오히려 정확한 목표를 결정하는 것이 문제다. 잘못 설정된 목표를 명증시키고 얻어지는 이익 또한 없다. 일단 정확한 목표를 파악하고 이 목표를 달성하기 위한 전략을 수립해야 한다.

예) • 2016년도 OEM 방식에 의한 수출비중 : 45%
• 2017년도 OEM 방식에 의한 수출비중 : 36%
• 2018년도 OEM 방식에 의한 수출비중 : 25%
• 2019년도 OEM 방식에 의한 추출비중 목표치 : 20%

(2) 목표는 계량화 되어야 한다

- 효율성을 측정할 수 있는 특정 속성
- 속성을 측정할 수 있는 범주
- 기업이 추구하려고 하는 기준과 관련된 특정한 가치
- 목표 달성에 소요되는 시간표

예) 마케팅 목표 : "2020년까지 국내 출자시장에서 1위 시장점유율 확보"
→ 시장점유율은 속성이고 국내시장은 범주다. 그리고 1위는 가치이며 2020년은 소요되는 기간을 의미한다.

(3) 목표는 구체적이여야 한다

목표는 조직 구성원들에게 실질적으로 요청되는 행동에 대해 안내할 수 있을 정도가 되어야 하며, 성과를 측정할 수 있는 기준이 될 만큼 구체적이어야 한다. 목표는 관리자의 핵심적인 행동이며 계획에 대해 어떤 방향을 제시해 준다. 즉 미래의 어느 특정한 시기에 경영관리가 어떻게 되어야 한다는 전제하에 기업은 목표를 설정한다. 모호하고 불투명한 목표는 현명한 계획수립에 장애가 된다. '최적화한다', '최소화한다'라는 용어들을 목표에 활용할 수 있는지는 논란의 여지가 있다.

예) 마케팅 목표 : "2018년 국내시장에서 스틸롱테입 줄자 시장점유율을 50%로 향상"
(현재 A사는 스틸포켓 줄자, 스틸롱테잎 줄자, 유리섬유 줄자를 생산 판매하고 있으며, 스틸포켓 줄자는 시장점유율이 60%, 스틸롱테잎 줄자는 25%, 유리섬유 줄자는 10%를 유지하고 있다)

제 2 절 마케팅 전략의 수립절차

기업이 마케팅 활동을 효과적으로 수행하기 위해서는 먼저 마켓의 구성요소들에 대한 심도 있는 이해를 바탕으로 계획을 세우고, 계획을 달성하기 위한 실천이 필요로 된다. 마케팅 전략을 수립하기 위한 절차는 아래와 같다.

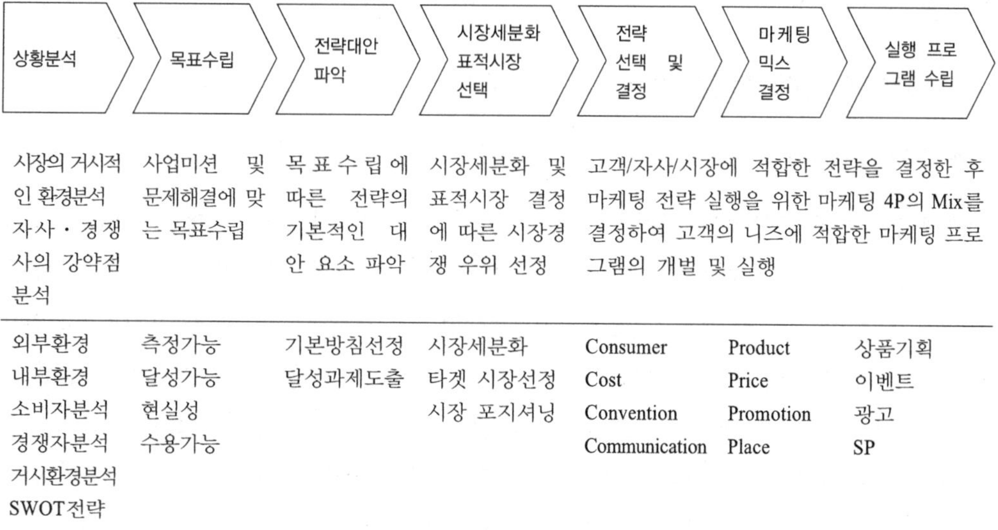

[그림 2.1] 마케팅 전략수립 프로세스

이상과 같은 절차가 효과적인 마케팅전략을 수립하기 위해 진행되어야 한다. 상당부분이 개략적으로 보여지지만, 실제로 마케팅전략을 수립하기 위해서는 상당한 노력을 요구하는 작업이다.

1. 마케팅 상황분석의 수행

어떠한 형태의 계획을 수립하든 모든 계획은 상황분석으로부터 시작되는데, 상황분석은 환경 분석에 비하여 좀 더 구체적인 관점에서 수행된다. 즉 마케터는 우선 마케팅활동의 초점이 되는 잠재고객들이 '원하는바'나 구매행동 특성의 현황 및 변화추세를 분석하고 둘째, 자신의 마케팅 활동과 관련된 외부적 환경요인들의 현황 및 변화추세를 분석해야 한다(환경분석). 셋째, 전체시장과 주요 세분시장별로 규모와 변화추세를 분석하고 넷째, 제품별 매출액이나 시장점유율의 변화추세도 분석한다.

2. 환경 분석

1) 외부 환경에 대한 분석

◆ SWOT분석

마케터는 상황분석에서 포착된 중요한 사항들로부터 새로운 마케팅기회Opportunities와 위협Threats이 되는 시사점들을 도출해 내야하며, 그러한 시사점들을 다시 마케팅 조직의 강점Strengths과 약점Weaknesses에 비추어 평가해야 한다. 그러나 이러한 과정에서 우리는 환경기회와 기업기회를 명확하게 구분해야 한다. 즉 환경요인들의 변화는 여러 가지 기회를 창출할 것인데, 그러한 모든 기회는 환경기회라고 부른다. 예를 들어, 취업주부의 증가라는 인구 통계적 요인의 변화는 가사대행 서비스, 탁아소, 노동 및 시간 절약 제품, 일회용품 등의 새로운 환경기회들을 창출한다. 그러나 모든 마케팅조직들이 이러한 환경기회들을 똑같이 활용할 수 있는 것은 아니며, 각 조직의 목적이나 강·약점에 비추어 볼 때 유용한 기회와 그렇지 못한 기회로 평가될 수 있다. 예를 들어, 탁아소라는 새로운 환경기회는 아마도 소아과 전문병원이나 노인정에게는 새로운 기회가 될지 몰라도 제철업자나 장의사가 성공적으로 활용하기에는 곤란할 것이다. 즉 모든 환경기회는 그것을 성공적으로 활용하기 위해 필요한 성공요건들을 갖고 있으며 그러한 성공요건에 부합되는 자원과 능력을 갖춘 기업들만이 차별적 우의를 가질 수 있는데, 이와 같이 차별적 우위를 갖는 기회만이 기업기회로 평가될 수 있는 것이다.

한편, 환경요인들의 변화가 야기시키는 위협이란 '환경요인에 있어서 비우호적인 추세나 부정적인 사태의 발생으로 야기될 문제점'으로 정의되는데, 발생가능성이 크거나 영향의 크기가 클수록 심각한 것으로 평가된다. 따라서 마케터는 각 환

경요인의 변화가 수반하는 모든 기회와 위협에 관한 평가를 종합하여 다음과 같은 기회-위협 행렬을 작성해야 한다.

◆ SWOT분석 방법

SWOT 분석은 사업의 분석을 돕는 일 부분적인 분석 방법이다. 너무 SWOT를 맹신하는 것도 문제가 있으며 모든 사업을 SWOT 분석만으로 해결하려고 하는 것도 어리석은 방법이다. 하지만 하나 확실한 것은 현재 우리가 사용하고 있는 분석 방법 중 가장 효과적인 분석 방법 중에 하나가 바로 SWOT 방법이라는 것이며 앞으로도 요긴하게 사용될 것이라는 것이다.

	S(강점)	W(약점)
O(기회)	SO전략	WO전략
T(위협)	ST전략	WT전략

[그림 2.2] SWOT 분석을 활용한 전략 도출

	Strength • 풍부한 경험으로 질 높은 서비스를 제공함 • Facilitator의 역량과 서비스의 질이 높음 • 학습자의 학습 효과가 높음	Weakness • Name Value가 떨어짐 • 브랜드 인지도가 약함 • 인적자원이 취약함 • 타사와 제휴관계가 약함
Opportunity • 경쟁사의 질 높은 서비스를 배울 수 있음 • 서비스 질에 대한 고객의 니즈가 높아짐	SO전략 • 경쟁사의 정보를 분석하여 고객에게 제공하는 서비스의 질을 향상시킴 - 기회를 활용하기 위해 조직의 강점이용	WO전략 • 자사의 인지도를 높임 • 전략적인 제휴관계를 수립함 - 약점을 최소화하고 기회를 최대화
Threat • 경쟁이 심해짐 • 시장을 독점할 우려가 있음 • On-site 교육시장이 줄어듬	ST전략 • 높은 서비스를 유지하여 고객의 이탈을 방지함 -위협에 대처하기 위해 조직의 강점 이용	WT전략 • 자사브랜드의 인지도를 높이고 경우에 따라 전략적인 제휴 관계를 수립함 - 약점과 위협 모두를 최소화

[그림 2.3] SWOT 분석을 활용한 전략 도출(예시)

(1) 경쟁사가 포함되지 않은 SWOT 분석

	S	W
O	①	②
T	③	④

일반적으로 많이 실시하고 있는 SWOT 분석은 오른쪽과 같은 형태를 갖고 있다. 이러한 틀에 따라서 ①에 해당이 되는 자사의 강점이면서 동시에 기회요인에 해당이 되는 전략이면 SO전략이고 ②에 해당이 되는 자사의 약점을 극복하면서 기회요인을 활용하는 전략이면 WO전략이라고 말을 하면서 SWOT 분석을 실시하고 있다. 이러한 분석에 있어서 가장 큰 문제점은 경쟁사에 대한 고려를 거의 하지 못한다는 것이다. 중소기업 컨설팅을 통하여 살펴보면

거의 모든 회사들은 이런 SWOT 분석 방법을 택하고 있다. 그리고 이들의 공통점은 이제까지 이렇게 해 왔고 책에도 그렇게 나와 있기 때문이라고 한다. 물론 환경적인 부분에 경쟁사에 대한 내용을 포함시켜서 하는 경우도 있지만 이는 외부환경요인과 내부 환경요인 그리고 경쟁사의 요인을 동일선상에 놓고 전략을 수립함으로써 경쟁사의 전략을 상당부분 무시하게 되는 결과가 나오게 된다. 또한 전략의 집중화가 요구되는 시기에 ④에 해당이 되는 약점과 위협을 동시에 극복을 해야 하는 필요성이 떨어지는 전략도 함께 수립을 해야 하는 단점이 있다.

(2) 경쟁사 고려한 SWOT 분석 방법

이러한 단점을 극복하기 위한 방안으로서 대기업의 마케팅 부서에서 최근 많이 사용을 하고 있는 SWOT분석은 왼쪽과 같은 형태를 갖고 있다. 이런 SWOT 분석 방법은 ①에는 자사의 강점 ②에는 자사의 약점을 기입하고, ③에는 경쟁사의 약점 ④에는 경쟁사의 강점을 기입하며, ⑤에는 환경부분에서의 기회요인 ⑥에는 위협요인을 기입하면 된다. 이와 같은 SWOT 분석은 먼저 경쟁사의 강점과 약점을 따로 작성을 하면서 자사의 강점과 약점을 좀 더 확실하게 파악을 할 수 있는 장점이 있다. 즉 첫 번째의 SWOT분석을 통해 발견하기가 힘들었던 경쟁사의 강/약점을 좀 더 면밀하게 파악을 함으로써 자사의 전략수립에 좀 더 객관성과 구체성 그리고 경쟁력을 확보할 수 있게 된다.

또한 본 SWOT 분석은 일관된 전략을 세우고 실시할 수 있도록 만든다. 즉 노란색으로 되어 있는 부분은 자사의 강점과 경쟁사의 약점 그리고 환경에서의 기회요인을 하나의 축으로 삼고 있다. 따라서 노란색 부분의 상황을 검토하면 가장 적극적인 마케팅전략을 수립할 수 있는 것이다. 경쟁사의 약점과 기회요인을 고려하였을 때에 자사의 어떤 강점을 활용할 수 있을 것인가에 대한 답을 얻을 수 있는 것이다. 그리고 파란색으로 되어 있는 부분은 자사의 약점과 경쟁사의 강점 그리고 환경에서의 위협요인을 하나의 축으로 삼고 있다. 이를 통하여

	S	W
자사	①	②
경쟁사	③	④
환경	⑤	⑥
	O	T

마케터는 경쟁사의 전략에 대해 어렵지 않게 예측이 가능하고 자사의 대비전략을 수립할 수 있는 장점이 있다. 이는 단순히 첫 번째의 SWOT 분석방법의 WT전략과는 다른 좀 더 적극적인 대응전략임을 알 수 있다.

2) 내부 환경에 대한 분석

(1) 내부자원과 핵심역량의 파악

마케팅 전략을 수립할 때 기업내부의 역량을 파악하고 시장에서 경쟁할 수 있는 핵심역량을 파악하는 것이 중요하다. 기업 내부의 역량과 핵심역량의 파악은 마케팅 전략을 지원할 수 있는 기업 리소스의 한계와 소비자 욕구에 대한 대응능력이 어느 정도인지를 규명하고, 경쟁상품과 비교하여 자사의 제품이 어떤 면에서 우월한지를 파악하여 경쟁에 대비할 수 있다.실례로 생산능력이 부족하고 생산과 관련한 자금이 부족한 기업이 공격적인 마케팅 계획을 세워 과감하게 광고 및 판촉활동을 벌여 자사 제품에 대한 소비를 이끌어내는 경우 제품의 재고가 부족하여 결국은 소비자들의 불만을 야기하고, 결과적으로 제품에 대한 불매운동으로까지 발전하는 경우도 있다. 이와는 반대로 상대기업의 경우 자사의 핵심경쟁 역량을 풍부한 자금력과 생산능력으로 규정하는 경우 제품을 대량으로 생산하여 저가격으로 공격적인 마케팅활동을 벌여 시장을 점유하는 전략을 펼칠 수 있을 것이다. 만약 이러한 기업이 자신의 핵심역량인 자금력과 생산능력을 무시하고 또는 파악하지 못하고 제품의 디자인과 품질에만 치중하는 경우 상대적으로 시장에서의 경쟁은 어려워질 수밖에 없을 것이다. 이렇듯 내부 자원의 역량과 핵심 경쟁역량을 파악하지 못하고 수립하는 마케팅 전략은 실제로 시장에서 실패할 확률이 높다고 할 것이다.

(2) 전략적 마케팅 목표의 설정

내부 분석과정에 다음으로 시행하여야 할 것은 기업의 마케팅 전략 구축과 관련한 전략목표의 설정이다. 사업의 목표와 마케팅 활동의 전략적 목표와의 차이점을 이해하여야 제대로 된 전략목표를 설정할 수 있을 것이다. 사업의 목표는 마케팅 활동의 목표 보다는 조금 더 광범위하고 거시적이다. 실례로 기업이 속한 산업에서 매출액 기준 1위를 고수한다거나, 매년 7-8%의 성장을 목표로 한다거나, 품질

관리 부문에서 가장 뛰어난 기업이 된다거나 하는 것이 기업의 사업과 관련한 목표설정이 될 것이다. 반면 마케팅 활동과 관련한 전략적 목표는 조금 더 세부적이고, 마케팅 활동을 벌이고 있는 특정 제품 또는 서비스와 관련된 목표를 말합니다. 전략 목표를 크게 나누어 보면, 투자Invest, 성장Grow, 선택Selectivity, 수익Earnings, 지속Hold, 수확Harvest, 처분Divest, 재편성Restructure 등으로 볼 수 있다. 성장과 관련된 전략의 예를 보면 최근 출시한 치약의 판매목표를 지난 해 출시한 치약 보다 10% 상향 조정한다거나, 서울시내 30개 대형 할인매장에 진열대를 확보한다거나 하는 등의 목표를 말한다. 만약 특정 기업의 관련 아이템이 수개인 경우 제품의 마케팅 활동과 관련한 목표는 수개를 넘어설 것이다. 따라서 마케팅 활동의 전략적 목표의 설정은 세밀하고 실현 가능한 것으로 설정하여야 한다는 것을 명심해야 할 것이다.

시장관련목표	제품관련목표
• 상반기 2위 시장 진입 및 전체 마켓 쉐어의 50% 이상 차지 • 경쟁사 매출대비 40%상승 및 마켓인지도 확보 • 서울경기지역 마켓 쉐어 60%확보 • 20~30대 고객 40% 확보 및 매출 20%상승유지	• 2005년까지 제품A와 B를 차별화하여 성장기시장에 진입 • 1년 동안 생산비를 3%로 절감함 • 1년 동안 서울지역에서 시장 침투율 7%를 증대한다. • 9개월 이내에 경기지역으로 확대하여 17%의 시장 점유율 차지

가격관련목표	촉진관련목표
• 2005년까지 제품A와 B를 차별화하여 성장기 시장에 진입 • 1년 동안 생산비를 3%로 절감함 • 1년 동안 서울지역에서 시장 침투율 7%를 증대한다. • 9개월 이내에 경기지역으로 확대하여 17%의 시장점유율 차지	• 연말까지 제품A와 B에 대한 잠재 고객 인지도 50%증대 • 20~30대 시장 공략을 통한 • 광고비 지출을 40%로 줄여 전체 제품개발에 투자 • 1년 동안 서울지역에서 시장 침투율 7%를 증대한다. • 9개월 이내에 경기지역으로 확대하여 17%의 시장점유율 차지

[그림 2.4] 마케팅 목표예시

마케팅 관련 목표	마케팅 목표 체크리스트
• 측정가능성 : 구체적인 비율로 매출액을 증대시키거나 구체적인 단위로 시장확대의 측정 가능한 범위를 규정 • 현실성 : 기업의 자원이나 시장 여건에 따른 현실적인 평가에 따른 마케팅 목표치 산출 • 달성가능성 : 계획기간 동안 합리적으로 달성 가능한 범위를 규정 • 결과지향성 : 결과를 도출할 수 있는 범위로 규정 • 수용가능성 : 기업 내 모든 부서가 수용가능해야 함	√ 이것은 현실적이며 달성 가능한 목표인가? √ 이 목표는 우리가 개발한 다른 목표들과 일관되는가? √ 이러한 목표들이 우리의 책임 영역 내에 있는가? √ 우리 소비자들의 욕구와 니즈를 철저하게 평가했는가? √ 경쟁사들로부터 어떤 반응을 기대할 수 있으며, 그것은 우리의 목표달성에 어떠한 영향을 미치는가? √ 이러한 목표 달성이 기업내 다른 제품, 부서, 기능에 어떤 영향을 미치는가? √ 우리의 제품들이 바람직한 마진을 얻기 위해 수명주기가 너무 진행되지 않았는가?

[그림 2.5] 마케팅 목표

3. 마케팅 계획

이상과 같은 분석과 평가를 통해 마케팅 전략가는 마케팅 계획을 수립하고 실천하게 된다. 마케팅 실행계획은 시장세분화를 통한 목표 시장을 설정하고, 이 시장에서 자사 제품이 어떠한 성격으로 자리매김할 것인가를 결정하여야 한다. 그리고 이러한 성격에 맞춘 제품을 공급하고 가격대를 결정하며, 이러한 제품과 가격을 소비자에게 원활히 알리기 위한 광고 및 판촉활동과 소비자의 구매를 돕기 위한 유통망을 연결하게 된다.

1) 전략적 시장 세분화segmentation

전략적 시장세분화의 개념을 살펴보면 먼저 단순히 동일한 성격을 가진 소비자들을 하나의 집단으로 묶는 과정을 말하며, 나아가 실행 가능한 마케팅 전략을 위

한 대상을 선정하기 위한 작업으로 이해할 수 도 있다. 이러한 시장세분화를 통해 얻을 수 있는 것은 소비자의 욕구에 대한 충실한 이해, 소비자들의 구매결정 기준과 의사결정 과정에 대한 이해를 높일 수 있으며, 지속가능한 경쟁우위의 확보와 시장 기회의 규명기회를 높일 수 있습니다. 그리고 명확한 전략의 설정과 실행계획을 세우는 데 도움이 되기 때문이다. 시장을 세분화하는데 필요한 기준으로는 먼저, 세분화된 시장 내 존재하는 소비자들이 명확히 규명가능하고 이들에게 도달할 수 있어야 한다. 그리고 선택된 시장의 소비자들이 명확한 욕구를 가지고 있어야 하며, 자사 제품의 특성에 명확히 반응할 수 있는 소비자군이어야 한다. 마지막으로 선택된 시장내의 소비자들이 전략적 목표로 설정될 만큼의 수적인 크기를 가져야 한다. 시장 세분화를 위한 바탕을 살펴보면 아래 그림에 명시된 것과 같다. 기업간 거래와 관련된 시장세분화 또는 일반 최종 소비자를 대상으로 한 시장세분화는 시장의 특성상 차이점이 존재한다.

Identification	Response Profile
Business to Business 시장 • 인구 • 사업기회에 대한 접근 • 응용 일반소비자 시장 • 인구 • 구매심리 • 관심 • 태도	• 활용시의 제품의 장점 • 가격 • 마케팅커뮤니케이션 • 유통 • 서비스 • 행동 • 고객 충성도

[그림 2.6] 시장 세분화의 토대

아래 표는 시장 세분화를 통해 규명된 시장 가운데 목표 시장을 선정하기 위해 활용할 수 있는 핵심역량과 이를 바탕으로 한 서비스들이 각기 다른 욕구를 가진 소비자군에게 미치는 영향과 그 효과 정도를 표시하고 있다. 시장 세분화를 통한 분석은 핵심 성공요인의 추출에 중요한 역할을 담당한다. 실례로 낮은 가격은 브랜드의 다양성을 원하는 소비자군에게 약 20%정도 어필하고 있으며, 상대적으로 가격에 민감한 소비자군도 가격에는 약 37%만이 반응하고, 그 외 요소인 브랜드와 제품의 다양성을 많이 참고하고 있음을 알 수 있다. 따라서 시장을 세분화하고 이에 따른 목표 시장을 설정할 때는 자사의 제품 또는 경영자원이 제공할 수 있는 강점을 파악하고, 이러한 강점들이 구매에 영향을 미칠 수 있는 소비자집단과 이들을 포함하고 있는 시장을 목표로 선정하여 진입하는 것이 효과적이다.

[표 2.2] 마켓 세분화

서비스결과물	브랜드 다양성/시연	집중지원	관계	가격민감도	제품 다양성/조언
관계/개인적인 방문	13	8	30	6	11
다양한 제품군/조언	13	8	13	7	29
지원/유지/신뢰성	23	58	29	33	32
브랜드 다양성	14	8	8	8	6
저 가격	20	9	10	37	12
제품 시연	17	9	10	9	10
합계	100	100	100	100	100
수익비중(%)	21%	26%	25%	15%	13%

2) 목표 선정targeting

목표 시장을 선정할 때 고려하여야 할 요소는 선택한 시장이 매출과 수익을 제공할 수 있는가? 향후 매출과 수익의 성장을 가져올 수 있는가? 회사의 무형자산을 키워갈 수 있는가? 이다. 아울러 이렇듯 선택된 목표시장이 경쟁으로부터 보호를 받을 수 있는지 여부도 중요한 판단 요인이다. 신규제품을 가지고 시장에 진입하는 회사는 명확한 전략을 가지고 진입하여야 하며, 선택한 시장에서 향후 진행될 과정에 대한 분명한 예측을 하여야 한다. 목표시장은 선정하는 방법은 크게 두 가지 형태로 나누어진다. 먼저, 특정 대상에 집중하기 보다는 포괄적으로 접근하는 방식이다. 이러한 방식은 시장 세분화의 토대가 미약한 경우와 세분된 시장규모가 너무 작거나 시장 내에 강력한 경쟁자가 존재하고 있는 경우에는 선정된 시장에 다수의 제품 또는 전체의 제품을 가지고 접근하게 된다. 그러나 이러한 접근은 일

반적으로 실패할 가능성이 매우 높다. 다음으로는 집중화된 방법을 사용하는 경우입니다. 하나 또는 소수의 시장에 집중하여 시장을 선정하는 것이다. 상대적으로 실패할 가능성이 낮은 형태의 접근이다

3) 포지셔닝Positioning

시장 세분화를 통한 목표 시장의 선정 이후 시장에서 출시한 제품 또는 서비스의 판매를 위한 유리한 위치를 차지하기 위한 노력이 매우 중요하게 된다. 이러한 노력을 포지셔닝이라고 하는데, 이를 위해서는 선정한 시장의 특성과 제품 자체의 특성을 결합하여 최종 소비자에게 줄 수 있는 독특한 이미지를 형성해야 한다. 포지셔닝을 위해서는 때때로 제품 자체의 수정이 필요로 되거나 또는 제품의 수정이 없이 시장 내 존재하는 다른 소비자를 목표로 재설정되기도 한다. 포지셔닝을 위해 고려되는 요소들을 살펴보면 아래 그림에서와 같이 자사 제품이 선정한 시장에서의 경쟁우위를 가지고 있는지? 소비자들이 이 제품에 대한 구매 욕구를 가지고 있는지? 회사 입장에서는 안정적인 공급과 서비스를 위한 충분한 재원과 경쟁업체와 경쟁할 핵심경쟁 역량을 가지고 있는지? 등을 고려하여 제품을 포지셔닝시켜야 한다. 이러한 포지셔닝에 맞춰 시장에서의 유통망과 가격 그리고 이를 알리기 위한 활동을 펼치게 되는 것이다.

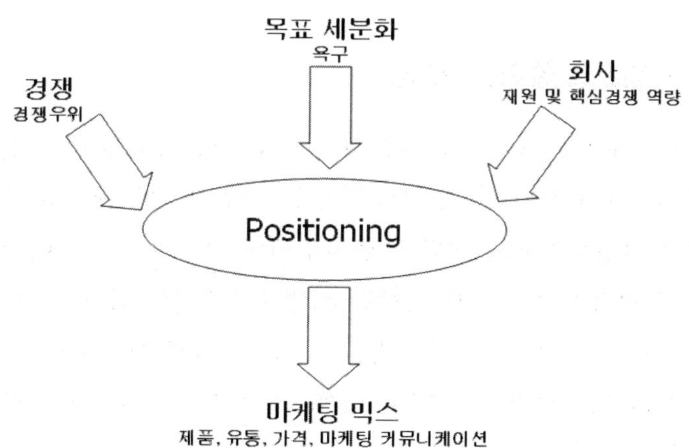

[그림 2.7] 제품의 포지셔닝

제품 또는 서비스를 포지셔닝하기 전에 시장에서 활동중인 경쟁제품 또는 대체제품의 위치를 파악하여 자사 제품의 포지셔닝을 위한 자료로 활용한다. 특히 소비자들의 결정권이 큰 시장에서의 경쟁은 포지셔닝 맵을 활용하여 자사 제품의 성격을 설정하게 된다. 이러한 절차는 초기에 그치는 것이 아니라 제품이 판매되는 과정에 경쟁제품의 변경 또는 조정에 따라 자사 제품의 포지셔닝을 지속적으로 변경하게 된다. 포지셔닝맵을 그리기 위한 기준(X축, Y축)은 제품의 특성과 소비자의 욕구에 맞춰 활용하게 된다.

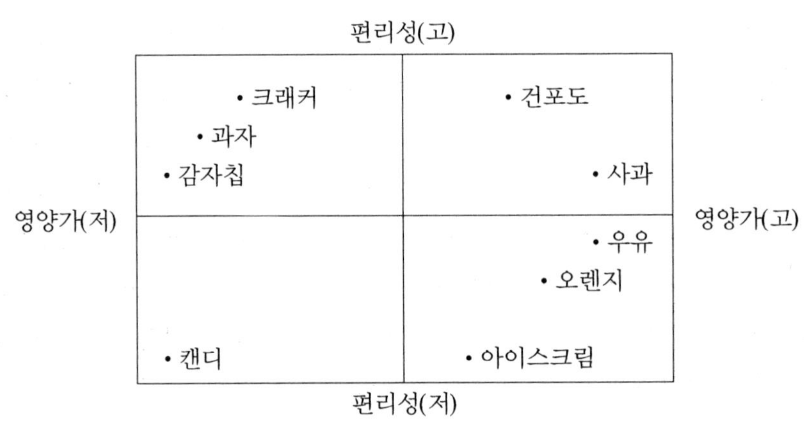

[그림 2.8] 포지셔닝 맵

4) 전략적 사업포트폴리오 설계

포트폴리오란 본래 '증권이나 채권에 대하여 투자한 자산의 목록'을 의미하지만, 사업포트폴리오란 마케팅조직을 구성하고 있는 사업단위나 제품의 집합을 말한다. 따라서 마케터는 환경요인들의 현황과 변화추세에 적응하기 위하여 자신의 강점과 약점을 면밀하게 평가한 후, 그에 적합한 사업포트폴리오(최적의 사업포트폴리오)를 설계하고 각 사업단위별로 대응전략을 수립해야 하는데 이러한 일은 첫째, 현재의 사업포트폴리오를 평가하는 일과 둘째, 필요하다면 새로운 사업단위를 추가하고 각 사업단위에 적합한 성장전략을 수립하는 일로 나뉜다.

(1) BCG Boston Consulting Group의 성장-점유율 모형

◆ 점유율 분석

점유율분석은 회사 내 여러 사업들을 시장성장률과 시장점유율이라는 두 변수를 양축으로 하는 2차원 공간상에 표시하여 각 사업의 상대적 매력도를 비교한다.

[표 2.3] 점유율 분석

의문표 (question)	높은 시장성장률과 낮은 상대적 시장점유율의 사업단위. 시장점유율을 유지·증가하는데 있어 많은 현금이 필요하다. 경쟁력이 있는 사업단위는 시장점유율 증대를 위해 현금 지원을 하고, 경쟁력이 낮은 사업단위는 처분해야 한다.
별(star)	높은 시장성장률과 높은 상대적 시장점유율의 사업단위. 자체 사업을 통해 많은 현금을 벌어들이지만, 급속히 성장하는 시장에서 시장점유율을 유지·증대시키기 위해 많은 자금을 필요하다.
현금젖소 (cash cow)	낮은 시장성장률과 높은 상대적 시장점유율의 사업단위. 낮은 투자지출로 인해, 많은 이익을 벌어들인다. 기업의 다른 사업들에게 자금을 공급한다.
개(dog)	낮은 시장성장률과 낮은 상대적 시장점유율의 사업단위, 대체로 수익성이 낮고 시장전망이 어둡다.

⬆ 시장 성장률 ⬇	Question • 시장성장률은 빠르지만 아직 시장점유율을 높이지 못해 이익이 적음 • 장래가 불확실	Star • 성장률과 점유율이 모두 높음. • 성장률이 높기 때문에 기술개발, 생산 시설 확충, 시장개척 등에 많은 투자가 필요. • 자금 수요가 큼
	Dog • 시장성장률도 낮고 시장점유율도 낮음 • 경쟁력이나 시장전망이 어두움	Cash Cow • 성장은 느리지만 시장점유율이 높음 • 새로운 투자에 대한 수요는 적고 이익은 큼 • 현금흐름의 중요한 역할
	낮음 ← 시장점유율 → 높음	

[그림 2.9] 성장-점유율 분석: BCG 매트릭스

◆ **BCG 매트릭스상의 4가지 유형에 적용될 수 있는 전략**

확대전략(build)	시장점유율을 증가시키는 전략으로, 사업을 확장하여 별로 이동시키기로 결정한 물음표에 적절한 전략
유지전략(hold)	현재의 시장점유율을 유지하는 것으로, 많은 현금흐름을 창출하는 강한 자금젖소에 적절한 전략
수확전략(harvest)	사업단위의 현금흐름을 증가시키는 것으로 장래가 어두운 약한 자금젖소나 물음표에 적절한 전략
철수전략(divest)	사업단위를 처분하는 것으로, 경쟁력이 없는 것으로 판단된 물음표나 전망이 어두워 기존의 시장점유율을 유지하는 것이 무의미한 개에 적용됨

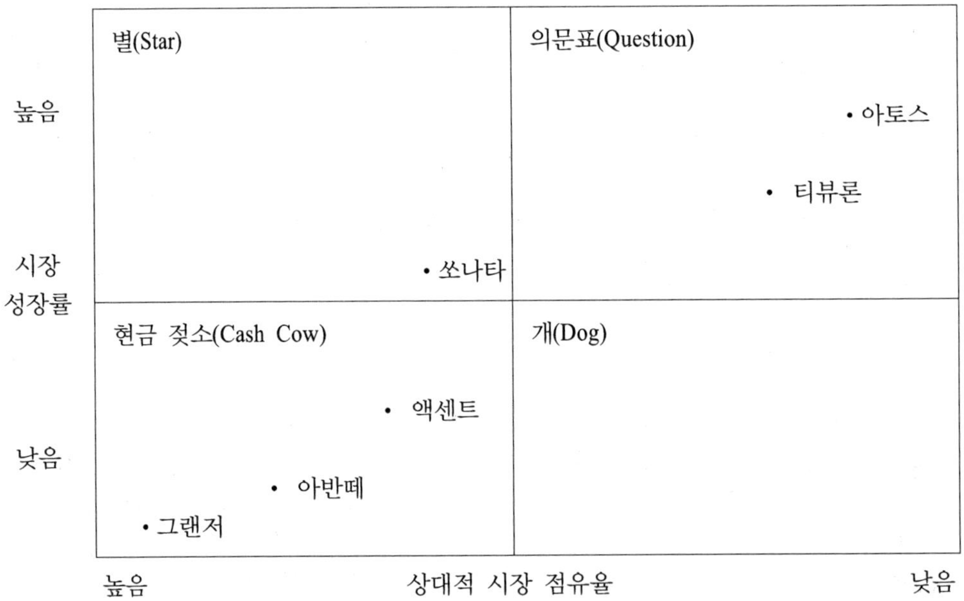

시장 성장률	높음	낮음
높음	별(Star) • 쏘나타	의문표(Question) • 아토스 • 티뷰론
낮음	현금 젖소(Cash Cow) • 액센트 • 아반떼 • 그랜저	개(Dog)

높음 상대적 시장 점유율 낮음

[그림 2.10] 현대자동차 승용차제품에 대한 BCG매트릭스

◆ **사례분석**

BCG 성장-점유율 모형은 시장매력도를 나타내는 시장성장률과 경쟁력을 나타내는 상대적 시장점유율을 근거로 하여 [그림 2.11]과 같이 나타낸다. [그림 2.11]은 [표 2.4]에 제시된 자료를 근거로 하여 작성된 것이다.

[표 2.4] C기업의 사업단위별 매출액, 경쟁기업 매출액과 시장점유율 예제

사업단위	매출액(단위:억)			시장성장률(%)
	C기업	경쟁기업(A)*	경쟁기업(B)*	
아이언(Ⅰ)	40	25	10	18
우드(드라이버)(Ⅱ)	8	20	40	15
퍼터(Ⅲ)	40	30	5	8
신발(Ⅳ)	16	20	40	5
볼(Ⅴ)	32	16	40	16

* 사업단위에 따라 경쟁기업 (A), (B)는 다른 기업이거나 동일기업일 수 있음. 따라서 본 내용은 예제임.

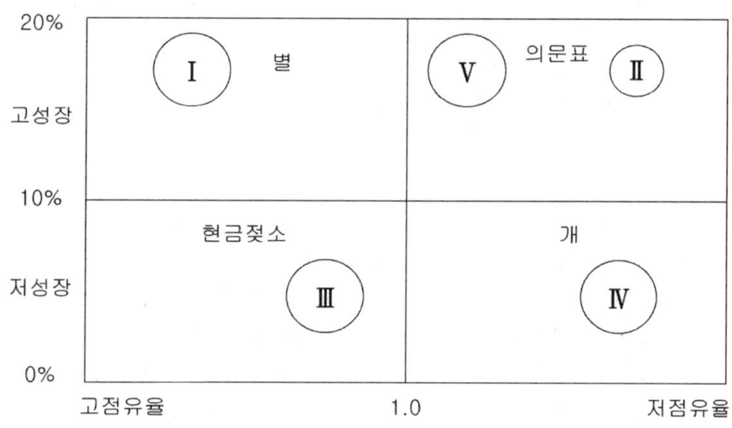

[그림 2.11] BCG 성장-점유율 모형

[그림 2.11]에서 각 원의 크기는 각 사업단위의 크기를 나타내며, 위치는 성장전망과 상대적 시장점유율의 측면에서 평가한 각 사업단위의 매력도를 나타내는데, 크게 네 범주로 구분된다. [표 2.4]의 자료를 근거로 하여 C 기업이 보유하고 있는 사업단위들의 상대적 시장점유율을 계산하면, 사업단위 Ⅰ인 아이언은 1.6(40÷25), 사업단위 Ⅱ인 우드(드라이버 포함)는 .2(8÷40), 사업단위 Ⅲ인 퍼터는 1.3(40÷30), 사업단위 Ⅳ인 신발은 .4(16÷40), 그리고 사업단위 Ⅴ인 볼은 .8(32÷40)이다. 이 자료와 각 사업단위의 시장성장률의 자료를 근거로 각 사업단위를 BCG 모형 상에 표시한 것이 [그림 2.11]이다. 예를 들면, 사업단위 Ⅰ인 아이언은 상대적 시장점유율 1.6과 시장성장률 18%의 값을 표시한 것이다.

[표 2.5] 분석과 전략

사업단의 위치	분석과 전략
Star(별)	시장성장률과 시장점유율이 높아 희망적이다. 시장점유율 유지를 위한 적극적인 투자가 필요하다. 자금 수요가 크다.
Cash Cow(현금 젖소)	시장성장률은 낮지만 시장점유율이 높다. 시장성장률 낮아도 시장점유율이 커서 이익이 크다. 시장성장률이 낮으므로 신규투자 자금이 많이 필요 없다. 현금 흐름이 좋아 기업의 자금원 역할을 한다.
Question (물음표)	시장성장률은 높지만 시장점유율은 낮다. 이익을 기대하기 힘들고 장래가 불투명하다. 시장점유율 확대를 위한 투자 전략이 필요하다.
Dog(개)	시장성장률도 낮고 시장점유율도 낮다. 수익성이 낮고 투자의 필요도 없다. 경쟁력이나 시장전망이 어둡다.

시장 성장률	높음	낮음
높음	별(Star)(MGR 높고 RMS 높음)) 높은 MGR을 따라가기 위해 많은 현금 유출. 또한 높은 RMS에 의해 많은 현금 유입. • 수익 : 높고 안정적임 • 현금흐름 : 중립적 • 전략 : 성장을 위한 지속적 투자	물음표(Question) (MGR 높고 RMS 낮음)) 높은 MGR을 따라가기 위해 많은 현금 유출. 반면 낮은 RMS에 의해 적은 현금 유입. • 수익 : 낮고 불안정함 • 현금흐름 : (-) • 전략 : 사업을 확대하여 별(Star)로 이동시킬 것인지 혹은 철수할 것인지를 결정
낮음	Cash Cow(현금 젖소) (MGR 낮고 RMS 높음) 낮은 MGR에 속해 있으므로 상대적으로 적은 현금 유출. 반면 높은 RMS에 의해 많은 현금 유입. • 수익 : 높고 안정적임 • 현금흐름 : 높고 안정적임 • 전략 : 현상유지	Dog(개)(MGR 낮고 RMS 낮음) 낮은 MGR에 속해 있으므로 상대적으로 적은 현금 유출. 낮은 RMS에 의해 적은 현금 유입. • 수익 : 낮음 • 현금흐름 : 중립적 혹은 (-) • 전략 : 철수

높음 상대적 시장 점유율 낮음

[그림 2.12] 예시

① 물음표question는 성장전망이 밝지만 아직은 상대적 시장점유율이 낮은 사업 단위들을 포괄하는 범주로서 대체로 신제품들이 이러한 범주에 속한다. 즉 마케팅조직은 성장전망에 따라 신제품을 출시하지만 후발진출의 경우라면 잠재고객들이 충분히 인지하지 못하고 구매가 왕성하게 일어나지 않기 때문에 경쟁자를 좇는 모든 후발신제품은 이러한 범주로부터 출발한다. 이러한 범주에 속하는 사업 단위들은 시장점유율을 높이기 위하여 많은 자금투자를 필요로 한다. 만약 기업에 투자여력이 있다면 생산시설의 확충, 가격인하, 그리고 광고, 인적판매 등과 같은 촉진비용의 증대 등의 지원을 통하여 육성전략을 취할 수 있다. 의문표에 속한 사업단위들을 지원하기 위한 자금은 현금젖소에 속한 사업단위들로부터 지원될 수 있지만 그러한 여력이 없다면 제거될 수 있다. 이 경우 사업단위를 매각한다면 자금이 기업에 일시적으로 유입될 수 있다.

② 별star은 고성장시장에 있으면서 시장점유율이 높은 사업단위로서 시장성장의 기회가 좋은데다 경쟁우위가 있기 때문에 계속적인 지원이 바람직하다. 별에 속한 사업단위들은 높은 시장점유율로 인한 경험곡선효과에 의하여 마진이 증대되는데 이 결과 많은 자금유입이 가능하게 된다. 그러나 성장하는 시장에서 시장점유율을 유지하거나 늘리기 위해서는 연구개발, 새로운 시설투자, 촉진활동육성, 유통경로개척 등을 위하여 많은 자금을 사용하게 된다. 특히 시장성장률이 아주 높고 경쟁력이 그리 강하지 못한 별에 속한 사업 단위들의 경우 자금유입보다 자금소모가 더 많을 수도 있다.

③ 현금 젖소cash cow는 저성장시장에서 높은 점유율을 가진 사업 단위로서 대체로 환경요인들이 부정적인 방향으로 변화함에 따라 별에 속하던 사업 단위들이 이러한 범주로 이동된 것이다. 마케터는 투자를 확대하여 다시 별의 범주로 이동시키기 보다는 일단 전체시장의 성장전망이 밝지 않기 때문에 투자를 중단하고 현재의 상태를 유지hold하거나 회수harvest하는 전략을 취하는 것이 바람직하다.

④ 개dog는 저성장시장에서 약한 경쟁력을 가진 사업단위로서 대체로 현금젖소에 속하였던 사업단위에 대하여 투자를 중단하고 적극적으로 자금을 회수하는 전략을 취할 경우에 이동한 사업 단위들이다.

이와 같은 각 사업단위에 관련된 내용을 [표 2.4]와 [그림 2.11]에 나타낸 C 기업의 예를 중심으로 살펴보면 다음과 같다. C 기업은 별, 현금젖소, 개의 사업단위를 각각 1개, 그리고 의문표의 사업단위를 2개 가지고 있다. 먼저, C 기업은 의문표에 속한 볼과 우드의 사업단위 중 어느 하나를 지원할 것인가, 둘 다를 지원할 것인가, 아니면 둘 다를 제거할 것인가를 결정해야 한다. 두 개의 사업 단위들 중 사업단위 Ⅱ인 우드 사업단위에 비하여 사업단위 Ⅴ인 볼 사업단위는 고성장시장에 있으며, 보다 큰 경쟁력을 확보하고 있다. 또한 매출액도 4배에 해당한다. 그런데 C 기업에는 비교적 큰 현금젖소인 퍼터 사업단위가 있으므로 이로부터 유입되는 자금으로 사업단위 Ⅴ인 볼 사업단위에 대하여 우선적으로 지원하는 육성전략을 취할 수 있다. 만약 자금여력이 충분하다면 사업단위 Ⅱ인 우드사업을 지원할 수 있으나 그렇지 않은 경우 제거를 적극적으로 고려할 수 있다. 지원은 하지 않더라도 유지하는 것이 바람직하다면 수확전략을, 신속히 제거하는 것이 바람직하다면 철수전략을 취할 수 있다.

별에 속하는 사업단위 Ⅰ인 아이언 사업은 매우 고성장시장에 있으며 경쟁력 또한 매우 강하다. 높은 시장점유율에 비하여 유입되는 자금은 상당히 많아 시장점유율 유지나 증대에 필요한 자금을 자체적으로 조달할 수 있을 것이다. 사업단위 Ⅲ인 퍼터사업은 현금젖소로서 상대적으로 저성장시장에 있으므로 자금소모는 그리 많지 않은 반면에 높은 시장점유율에 의하여 유입되는 자금이 많을 것이며, 이 중 상당부분을 사업단위 Ⅴ인 볼 사업을 지원하는데 사용하거나, 경우에 따라 사업단위 Ⅱ인 우드나 Ⅳ인 신발사업을 지원하는데 사용될 수도 있다. 그리고 여유자금이 있다면 연구개발 투자에 사용하여 신제품을 개발하거나 다른 사업단위를 인수할 수 있다.

끝으로 개에 해당하는 사업단위 Ⅳ인 신발사업단위는 시장성장률이 매우 낮고, 경쟁력이 매우 취약한 상태로서 수확 혹은 철수전략을 우선적으로 고려할 수 있으나 자금여력이 큰 경우에는 유지전략도 고려할 수 있다.

이상과 같이 살펴 본 보스톤 컨설팅 그룹이 제안한 모형은 각 사업단위별로 경쟁적 지위와 매력도를 평가함으로써 마케팅조직 내의 자원할당과 미래의 전략방향을 제시해주는 장점을 갖고 있다. 그러나 시간과 비용이 많은 소요될 뿐만 아니라 성장전망을 예측하는 일 자체에 불확실성을 내포하고 있으며, 미래의 전략방향을 수립하기 위한 구체적인 절차를 제시해주지 못하는 단점이 있다. 이와 유사한 모

형으로서 앞에서 언급한 GE사와 매킨지 컨설팅그룹이 개발한 시장매력도-사업경쟁력 모형이 사업포트폴리오 모형이 있다.

한편, 포트폴리오 모형만으로 사업단위수준의 전략을 효과적으로 수행하기 어려워 많은 실무자들과 학자들은 PIMS 모형Profit Impact of Market Strategy, 경험곡선효과 등의 분석도구를 이용하여 효과적인 전략수행을 하는데 경영자가 고려해야 하는 여러 경쟁, 시장, 그리고 기업자신에 관한 요인들을 체계적으로 분석하고 이 결과를 전략에 반영하고 있다

(2) 새로운 성장기회의 발견

마케터가 현재 사업포트폴리오의 내용을 변경하든가 새로운 전략적 사업단위를 추가하여 사업포트 폴리오를 확대하기 위하여는 우선 마케팅 환경요인이 제공하는 새로운 성장기회를 포착해야 할 것인 데, 그러한 성장기회는 Ansoff가 제안한 제품 · 시장 확장행렬을 이용하여 탐색될 수 있다. 즉 그는 제품을 기존제품과 신제품, 시장을 기존시장과 신시장으로 구분하여 다음과 같은 제품 · 시장 확장행렬을 제안하였는데, 마케터는 다음과 같은 네 가지의 새로운 성장기회를 고려함으로써 기존 사업단위에 대한 성장전략을 개발하거나 새로운 사업단위를 자신의 사업포트폴리오에 추가할 수 있다.

[표 2.6] 제품 · 시장 확장행렬과 새로운 성장기회

시장 / 제품	기존시장	신시장
기존제품	시장침투	시장개척
신 제 품	제품개발	다 양 화

① 시장침투

시장침투란 기존의 시장 내에서 기존제품의 성장기회를 모색하는 일이다. 즉 현재 표적시장으로 규정된 집단 내에서 모든 구성원들이 실제로 제품을 구매하고 있지는 않기 때문에 마케터는 우선 새로운 성장기회로서 이들의 구매를 유도하거나 경쟁상표의 구매자로 하여금 상표대체를 하도록 유도할 수 있다. 또한 기존의 고

객들에게 사용빈도나 사용율을 증대시키도록 유도할 수도 있으며 기존제품의 새로운 용도를 개발할 수 있다. 마케터가 시장침투의 전략을 추구하기 위하여는 물론 새로운 사업단위가 필요하지 않으며 대체로 가격인하, 촉진활동의 강화, 유통망의 확충 등 마케팅믹스 요소 중 제품을 제외한 3P에 마케팅노력을 집중시킨다.

② **시장개척**

시장개척이란 기존제품을 그대로 새로운 시장에 적용시킴으로써 성장기회를 모색하는 일이다. 즉 시장은 대체로 지역을 기준으로 하여 분할되지만 마케터는 자신의 표적시장을 정의할 때 연령, 직업, 소득수준의 인구 통계적 특성을 기준으로 규정하거나 구매목적에 따라 생산자시장, 정부시장, 기관시장 등으로 규정하기도 한다. 따라서 마케터는 이제까지 마케팅노력을 집중하지 않았던 지리적 및 인구 통계적 특성이나 구매목적을 갖는 새로운 세분시장을 표적시장으로 선정함으로써 성장기회를 모색할 수 있다. 예를 들어, 내수에 치중하던 베이비오일의 마케터는 해외시장을 개척함으로써 새로운 지역시장에 진출하거나 표적시장을 청소년에까지 확대하여 새로운 인구 통계적 시장에 진출할 수 있으며, 여군(女軍)에게 납품한다면 기관시장에 진출하는 것이다.

③ **제품개발**

제품개발이란 신제품을 개발하던가 기본제품을 수정하고, 기존 시장에서 성장기회를 모색하는 일이다. 이미 설명한 잠재적 수요의 상태에서 마케팅과업은 바로 이러한 성장기회를 암시하는 것이지만 간혹 제품의 규격이나 포장, 상표의 변경만으로도 제품개발의 효과를 누릴 수 있다.

④ **다양화**

다양화란 간혹 다각화라는 용어와 혼용되고 있으며, 새로운 시장에 새로운 제품을 제공함으로써 성장기회를 모색하는 일이다. 점차로 많은 마케터들이 전통적인 제품분야에서 기존고객들을 확보하기 위해 경쟁하기 보다는 새로운 시장에서 신제품을 찾아냄으로써 성공하고 있는데 성공적인 마케팅조직들은 대체로 진취적인 아이디어를 잘 활용하고 있다.

5) 마케팅 전략의 구축

(1) 제품Product

전략마케팅 전략의 한 축을 이루는 제품과 관련한 전략은 목표 소비자의 욕구를 충족시킬 수 있는 제품을 설계하고 생산하여 제공하는 것이 중요하다. 기업은 항상 새로운 제품을 개발하여 제공하기 보다는 때로는 기존제품을 보완하거나 개선하여 제공하며, 제품의 수명주기에 따라 자연스럽게 신제품으로 대체하기도 한다. 그러나 제품전략과 관련하여 기업은 소비자는 항상 변화하고 있으며, 경쟁자 또한 자사 제품의 승승장구를 허락해주지 않으므로 현재 제품이 시장에서 물러날 때를 대비하여 신규상품을 준비하여야 한다는 것이다. 이러한 제품 수명주기를 그림으로 그려보면 아래와 같다.

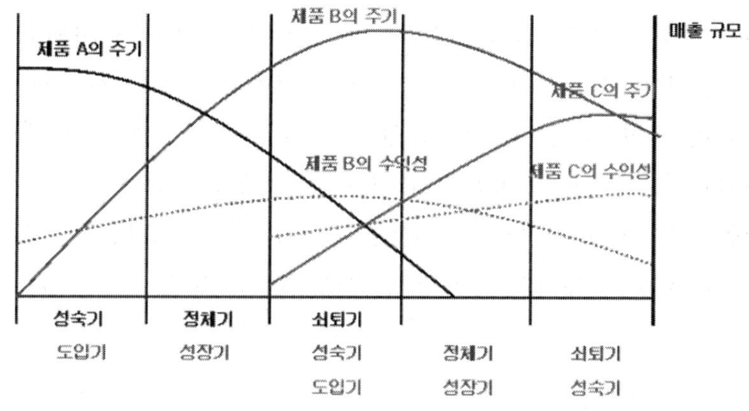

[그림 2.13] 제품수명주기

이렇듯 제품의 수명주기를 고려하는 이유는 기업의 이윤확보와 관련이 깊다. 초기에 세밀한 마케팅 계획을 세워 신제품을 출시하는 경우 성장기와 성숙기를 거치면서 기업의 수익성에 상당한 도움을 주게 된다. 그러나 정체기와 쇠퇴기에는 시장에서 격해지는 경쟁과 상대 기업제품의 경쟁력 향상 등으로 우월적인 지위를 점차 상실해가고 이는 결국 기업의 수익성 악화로 이어지게 된다. 따라서 기업은 제품의 수명 주기에 따라 관리해가는 포트폴리오를 구축하게 된다.

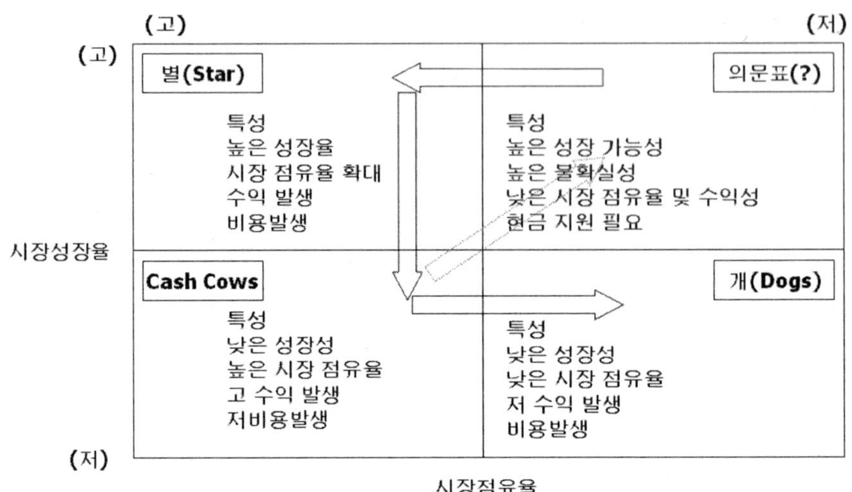

[그림 2.14] 제품 포트폴리오

최근 들어 기술이 발전하면서 기술 의존형 제품들이 많이 출시되고 있다. 일반적으로 알려진 바에 의하면 첨단기술이 적용된 제품은 시장에 진입하는 것이 일반적인 제품에 비해 어렵다고 평가받고 있다. 실제로 소비자들이 이러한 제품을 구매하여 사용하기를 망설이기 때문이다. 때문에 마케팅 측면에서는 소비자들을 이러한 제품에 대한 'Mania', '초기 소비군', '초기의 다수 소비군', '후발 소비군', '회의적 소비군'으로 분류하여 마케팅 활동을 벌이고 있다.

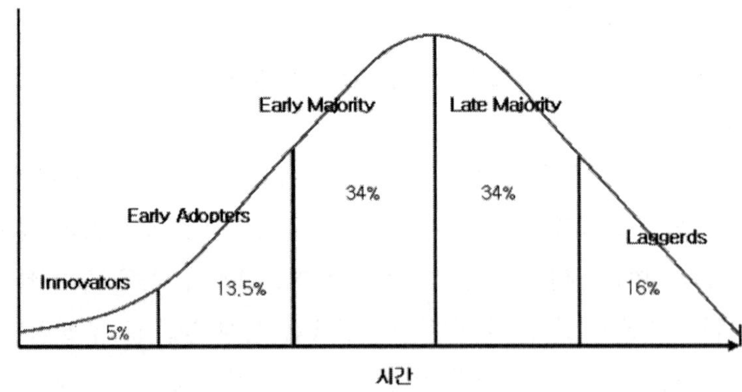

[그림 2.15] 기술제품 소비주기

(2) 가격Pricing

전략마케팅 전략의 수립과정에서 가격전략은 독특함을 가지고 있다. 그 속성상 가장 쉽게 시장과 경쟁사의 변화에 대응할 수 있는 수단이지만 가격의 변화는 상대적인 경쟁사의 가격의 변동을 촉발할 수 있다. 최초 신상품을 시장에 출시하는 과정에서의 가격 결정은 내부적인 고려요소인 마케팅의 목표, 원가, 판매조직 등을 고려하여야 하며, 외적으로는 시장과 소비자의 특성, 그리고 경쟁현황 등을 고려하여 결정하여야 한다.

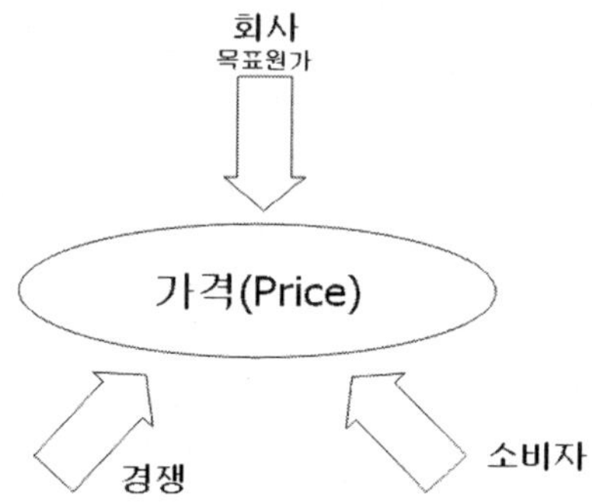

[그림 2.16] 제품의 가격결정

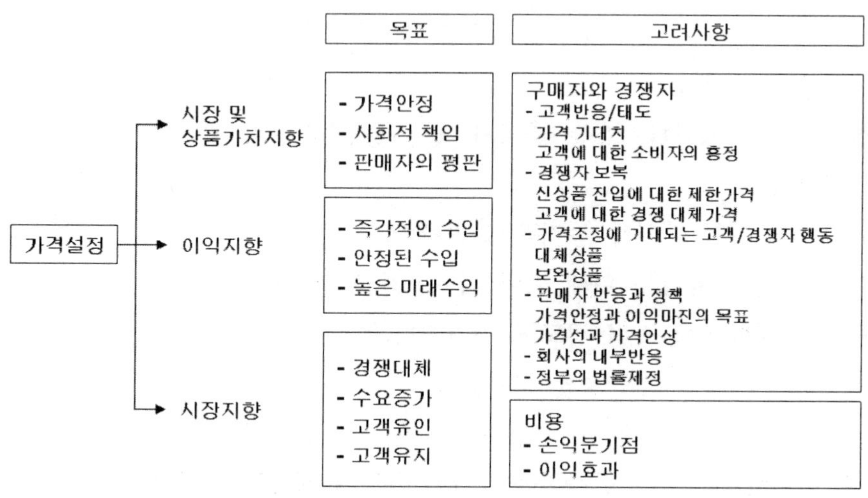

[그림 2.17] 가격설정의 목표와 고려점

가격의 설정을 잘 못하는 요인으로는 ㉠지나치게 원가에 의존할 때 ㉡시장의 변화를 제대로 반영하지 않았을 때 ㉢마케팅 전략 또는 제품의 포지셔닝을 감안하지 않았을 때 등이다. 실제로 기업은 제품의 가격을 결정할 때 ㉠원가 중심 ㉡수요 중심 ㉢경쟁 중심 등으로 가격을 결정한다. 가격결정은 1번에 끝나는 것이 아니라 시장 변화에 따라 주의 깊게 변경을 하여야 한다.

(3) 유통Distribution

전략유통이란 제품이 생산자로부터 소비자에게 연결되는 과정을 말하며, 유통과정에 종사하는 이해관계자들은 시장에 대한 조사, 판매의 촉진, 고객의 발견, 물적유통 등의 기능을 담당하고, 그 대가로 이익을 취하는 전 과정을 말한다. 유통경로는 제품의 판매경로와는 차이를 가져올 수 있다. 효과적인 유통전략을 구축하기 위해서는 소비자의 욕구변화에 따른 유통과정의 변화를 수용하여야 한다. 아래 그림은 소비자의 욕구를 반영하여 효과적인 마켓체인으로 변화되는 절차를 보여준다.

유통체계를 구축할 때는 유통과정에 참여하고 있는 이해당사자들에 대한 심도있는 이해를 필요로 한다. 각기 다른 성격을 가진 제품의 유통에는 각기 다른 목표시장에서 활동하고 있는 다른 유통 관계자들을 활용하여야 한다. 어떤 유통 관계자들이 특정의 목표시장에 적합한지를 판단하기 위해서는 다음과 같은 기준을 근거로 하여 평가를 실시한다.

- 유통 관계자들이 목표시장에 대응할 수 있는지, 그리고 소비자의 욕구에 맞는지를 판단한다.
- 현재 활용되고 있는 유통 관계자 또는 향후 확보할 관계자들의 역학관계를 고려한다.
- 유통 관계자들의 완충 능력을 고려한다.
- 이러한 관계 형성을 위해 소비되는 시간을 고려한다.
- 변화에 대한 수용능력 정도를 평가한다.
- 최종 소비자와의 접근성을 평가한다.

실제로 견고한 유통망을 구축하는 데에는 유통 관계자들이 시장에서 확보하는 이윤의 크기가 중요한 역할을 수행한다. 이들이 어떻게 이윤을 높일 수 있는 지에 대한 이해를 하여야 보다 안정적이고 도움이 되는 유통 관계자들을 끌어들일 수 있는

것이다. 일반적으로 이러한 유통 이윤의 구조는 아래 수식과 같이 표현될 수 있다.

(4) 촉진과 커뮤니케이션

전략마케팅 전략의 일환인 판촉 전략은 단순한 의미의 '판촉'만을 포함하기 보다는 광고, 판촉, 판매, 홍보를 모두 포함하게 된다. 이러한 구성요소들의 효과적인 배합은 훌륭한 판촉 전략을 구사할 수 있는 밑바탕이라 할 수 있다. 연구조사에 따르면 단지 광고에 의존하는 판촉 전략의 효과는 매우 제한적이며 광고와 개별 판매를 동시에 수행하는 경우 그 효과가 높다고 알려지고 있다. 광고의 의미는 커뮤니케이션 매체를 통하여 불특정 다수에게 전달을 목적으로 수행되며, 판촉은 단기적 판매증가를 목적으로 목표고객의 구매의욕을 강력하게 자극하는 수단이다. 홍보는 광고와는 달리 대가의 지불 없이 매체를 통하여 기업 및 제품에 대한 정보를 전달하는 것이다.

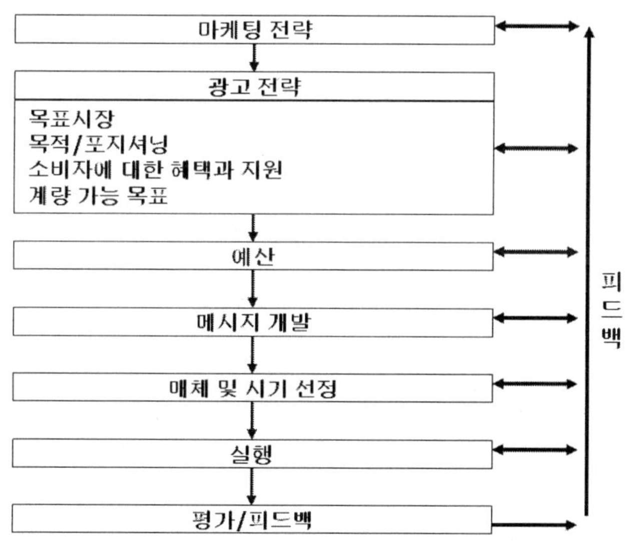

[그림 2.18] 광고 의사결정 과정

효과적인 광고 및 판촉전략은 세밀한 환경 평가 및 소비자 분석에 그 토대를 둔다. 또한 이러한 전략은 제품 또는 서비스에 대한 전반적인 마케팅 전략을 통합한 것이라고 평가할 수 있다. 따라서 광고 및 판촉전략은 독립적으로 수립 및 수행되어서는 안 될 것이다.

PART 2

마케팅 조사와 분석

롯데 '자일리톨' 껌

마케팅은 고객의 욕구를 만족시켜 기업의 목적을 달성코자 하는 가장 효율적인 수단이다. 따라서 식품 및 유통기업들은 '고객만족'을 제1의 목표로 삼고, 새로운 마케팅 기법을 속속 발굴해 경영활동을 펴나가고 있다. 새로운 역발상 마케팅 기법으로 시장을 장악하거나 차츰 영역을 넓혀나가고 있는 사례들을 집중 분석해본다.

'얘야, 껌 씹고 자는 거 잊지 마라.'

30초짜리 역발상 TV광고 한 편이 껌시장을 발칵 뒤집어놓았다.'껌=충치'란 고정관념을 깬 롯데제과의 자일리톨껌 광고였다. 자일리톨껌은 이 광고 한 편으로 센세이션을 일으켰고 껌, 음료, 발효유, 우유 등의 식품업계에 자일리톨 신드롬을 탄생시켰다. 이 광고가 처 음 등장할 때만 해도 자일리톨껌이 껌시장을 송두리째 뒤집어놓을 것이라곤 아무도 생각하지 못했다. 자일리톨껌을 개발한 연구소 직원은 물론 마케팅 부서의 베테랑 임원도 그랬다. 그러나 자일리톨 껌은 이 같은 예상을 완전히 벗어났다. 자일리톨껌의 매출은 시판 초기만 해도 일반껌과 별차이가 없었으나 작년 7월 자일리톨 성분이 100% 들어간 알약 형태의 코팅껌이 등장하면서 상황은 180도 달라졌다.

올해 매출은 1월 40억 원, 3월 60억 원, 7월 85억 원, 8월 95억원, 9월 105억원이고 이달엔 120억 원이 예상된다. 자일리톨 껌은 그동안 최단 기간 1위 브랜드, 100억 원 매출 돌파 등 여러 가지 신기록을 수립하고 있다. 유통가엔 유사상품이 봇물처럼 쏟아져 나왔지만 자일리톨껌 시장(1320억 원 추정)에서 차지하는 롯데의 점유율 70%대는 요지부동이다.

껌시장은 물론 제과시장에서도 어느 누구도 넘볼 수 없는 '빅브랜드'로 자리매김 한 것이다.

실패에서 출발한 성공

자일리톨껌은 지난 97년 이미 자일리톨F란 이름을 달고 나왔었지만 큰 호응을 얻지 못했다. 식품의 효능을 광고하지 못하도록 한 광고규제법이 시행되고 있었기 때문이다. 300원짜리 껌이 대부분이던 껌시장에 500원짜리 제품을 선불리 내놓았던 것도 가격저항을 불러왔다. 포장방법이나 중량, 크기 등이 300원짜리 일반껌과 똑같은데 뭐가 잘나서 500원씩이나 받느냐는 것이다.

롯데제과는 2년여 동안 실패의 원인을 하나 둘씩 찾아냈고, 그 해결책 을 마련했다. 품질 개선은 물론 포장 디자인, 색상 등 다양한 각도에서 아이이어를 짜냈다. 시장조사, 소비자 반응, 이벤트 등의 마케팅 전략도 처음부터 다시 설계했다.

차별화된 상품=케이스형, 알약형….
자일리톨껌은 일반 제품과 모양부터 달랐다.

머리부터 발끝까지 차별화 전략을 철저히 적용한 것이다. 특히 병모양을 한 코팅껌은 모양뿐 아니라 타깃도 일반껌과는 전혀 달랐다. 치아건강에 가장 민감한 치과의사와 환자를 주타깃으로 개발된 제품이다.

자일리톨 성분이 58% 함유된 케이스 제품은 휴대하기 편하고 한입에 쏙 들어가도록 포장재는 납작하고 세련되게 만들었다.

내용물도 타블릿 형태다. 자일리톨껌의 상징이 된 시원한 느낌의 초록색도 롯데가 계획했던 차별화 전략 가운데 하나다.

Chapter

03 마케팅 조사

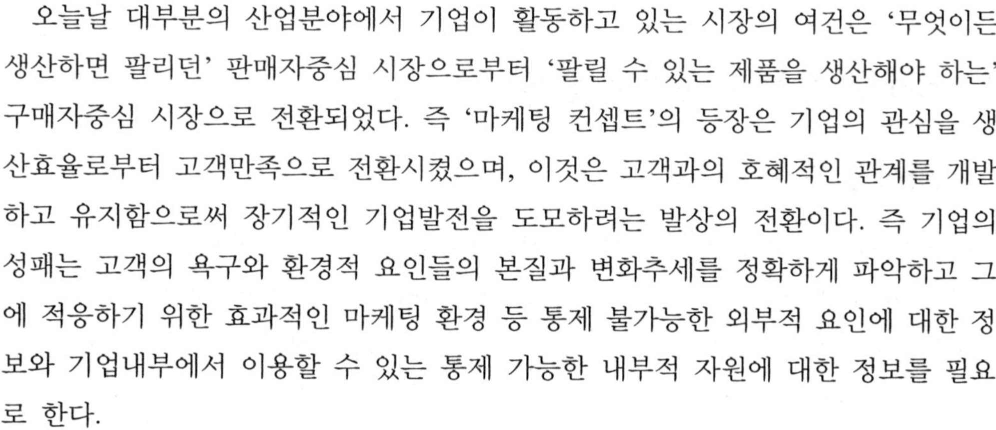

오늘날 대부분의 산업분야에서 기업이 활동하고 있는 시장의 여건은 '무엇이든 생산하면 팔리던' 판매자중심 시장으로부터 '팔릴 수 있는 제품을 생산해야 하는' 구매자중심 시장으로 전환되었다. 즉 '마케팅 컨셉트'의 등장은 기업의 관심을 생산효율로부터 고객만족으로 전환시켰으며, 이것은 고객과의 호혜적인 관계를 개발하고 유지함으로써 장기적인 기업발전을 도모하려는 발상의 전환이다. 즉 기업의 성패는 고객의 욕구와 환경적 요인들의 본질과 변화추세를 정확하게 파악하고 그에 적응하기 위한 효과적인 마케팅 환경 등 통제 불가능한 외부적 요인에 대한 정보와 기업내부에서 이용할 수 있는 통제 가능한 내부적 자원에 대한 정보를 필요로 한다.

즉 기업의 마케팅 활동을 관리하기 위하여 다양한 정보들이 의사결정에 투입요소로 고려되어야 하는데, 그러한 정보는 바로 마케팅 조사의 영역으로 간주될 수 있다. 물론 마케팅 조사는 마케팅 실무를 위하여 합리적인 의사결정 을 지원할 뿐 아니라 새로운 이론과 기법을 개발하는 데에도 기여한다. 이러한 마케팅 조사의 유용성은 각 기업-물론 비영리기업이나 개인을 배제하지 않지만, 이 마케팅 컨셉트를 관리이념으로 수용하여 고객지향성을 추구하게 되었다는 점과 다양한 컴퓨터 프로그램과 계량적 기법의 발전에 힘입어 더욱 증대되고 있다.

제 1 절 마케팅조사의 개요

모든 기업은 기업운영에 필요한 정보를 수집하기 위하여 시장상황의 변화와 소비자 욕구를 지속적으로 파악하려고 한다. 이러한 과정에서 마케팅조사는 기업과 소비자 간 의사소통을 담당하는 기능을 한다. 마케팅조사는 시장과 소비자에 대한 정보를 체계적으로 수집, 분석, 해석하는 객관적이고 공식적인 과정이다.

1. 마케팅 조사의 정의와 중요성

1) 마케팅 조사의 정의

미국 마케팅 학회AMA는 마케팅 조사를 "제품과 서비스를 마케팅 하는 데에 관련된 문제에 대해서 정확하고 객관적이며 체계적인 방법으로 자료를 수집 · 기록 · 분석하는 일"이라고 정의하고 있다. 그러나 이러한 정의는 어떠한 정보를 수집 · 기록 · 분석할 것인지를 결정하기 위한 조사 전 활동을 포함하고 있지 못하므로 충분하다고 할 수 없다.

즉 마케팅 자체가 그의 환경과 교호작용을 하고 있으며, 의사결정을 위해 유용한 정보는 구체적인 의사결정에 따라 다르게 규정되어야 한다는 일반적인 전제 하에서 새로운 정의가 필요하게 된다. 따라서 마케팅 조사란 "우선 의사결정자의 정보욕구를 진단하고, 그러한 정보에 관련되는 변수들을 선정한 후, 유효하고 신뢰성 있는 자료를 수집 · 기록 · 분석하는 일"이라고 정의하는 편이 적절하다고 할 수 있다. 마케팅 조사의 이러한 성격을 고려한 또 다른 정의는 마케팅 조사를 "마케팅 분야에 있어서 문제 확인과 해결에 관련된 정보를 획득 · 분석 · 종합하기 위한 체계적이며 객관적인 과정"이라고 정의하고 있다.

마케팅 조사를 시작하기에 앞서서 의사결정자의 정보욕구를 진단하는 일이 중요하다는 사실은 예를 들어, 의사결정자가 "종합전시장"을 찾을 때 조사자에 따라서는 종합전시장의 전화번호를 알려주거나, 종합전시장에 가기 위한 버스노선을 알려주거나, 종합전시장의 주소를 알려줄 수도 있을 것이다. 그러나 각 정보가 의사

결정을 위해 얼마나 유용한지는 결국 정보이용자의 정보욕구(필요)에 따라 결정되는 것이라는 점에서 잘 알 수 있다. 또한 관련된 변수란 예를 들어, 화장품을 많이 사용하는 사람들의 교육수준을 알고자 할 때에는 당연히 화장품의 구매액과 교육 년수가 될 것이며, 마케팅 조사는 이러한 변수에 대한 자료를 수집해야 할 것인데 관련된 변수들은 마케팅 이론, 선행연구, 탐색적 조사, 사전신념을 근거로 하여 선정될 수 있다. 따라서 이러한 정의는 전자에 비해 기업과 시장 간의 관계에 관련된 의사결정자의 정보욕구를 강조하고 있으며 수집된 자료를 근거로 취해지는 마케팅 조치에 대한 분석 및 평가도 포함하고 있는 것이다.

2) 마케팅 조사의 중요성

시장여건에 따라 가장 효과적인 마케팅 관리이념은 생산 컨셉, 제품 컨셉, 판매 컨셉, 마케팅 컨셉, 사회적 마케팅 컨셉으로 구분되지만, 시장의 여건은 대체로 판매자[중심] 시장과 구매자[중심] 시장으로 대별하여 생각할 수 있다. 판매자 시장sellers' market의 여건에서는 수요수준에 비해 공급이 절대적으로 부족하여 대량으로 생산하고 유통의 효율성을 개선하는 일만으로도 생산된 제품을 얼마든지 판매할 수 있으며, 판매자는 소비자의 욕구에 관심을 보이거나 만족여부에 아랑곳하지 않고도 자신의 사업을 영위할 수 있었다. 따라서 어떠한 특성의 제품을 얼마나 어디에서 어느 가격에 팔 것인지를 대체로 판매자가 임의로 결정할 수 있었으며 소비자에 대한 정보제공과 설득활동은 별로 없었다.

그러나 오늘날 대부분의 제품분야에 있어서는 다수의 공급자가 판매를 위해 경쟁하고 있으며, 더욱이 시장에 대한 제품공급이 현저하게 증가하여 수요수준을 넘어서게 됨에 따라 기업의 문제는 '충분한 양의 제품생산'으로부터 '충분한 고객만족을 보증하는 제품생산'으로 바뀌었고, 기업들은 자신이 보다 많은 소비자로부터 선택을 받음으로써만 번창할 수 있다는 사실을 깨닫게 되었다.

이제는 어떠한 제품도 시장에 공급되는 대로 거의 자동적으로 판매될 수가 없으며, 쉽게 판매되기 위해서는 우선 소비자가 원하는 특성을 갖추고 소비자가 원하는 장소에서 그들이 기꺼이 지불하려는 가격에서만 판매될 수가 있을 뿐이다. 또한 자사 제품에 대한 수요를 환기시키기 위해서 적절한 매체를 통하여 잠재고객에게 유용한 정보를 제공하고 설득해야 하는데, 이러한 모든 과업을 효과적으로 수행하기 위해서는 소비자에 대한 조사를 필수적인 기업 활동의 일부로 받아들이지 않을 수 없게 되었다. 이와 같이 소비자의 욕구나 '원하는바'가 기업 활동의 초점으로 부각된 것은 마케팅 컨셉이 마케팅 관리이념으로 등장한 것과 맥을 같이 하고 있다. 마케팅에 관한 최근의 정의는 마케팅을 "개인과 조직의 목표를 달성시키려는 교환을 야기 시키기 위해서 아이디어, 제품, 서비스에 관한 개념, 가격, 촉진, 유통을 계획하고 실행하는 과정"이라고 정의하고 있는데, 이는 마케팅이 결국 마케팅 의사결정들의 적절한 조합(마케팅 믹스)을 통해 시장에서 고객과의 교환이 원활하게 일어나도록 하는 일임을 암시한다.

여기서 마케팅 의사결정들의 내용은 마케팅 컨셉으로부터 파악될 수 있는데, 마케팅 컨셉이란 "우선 충족되지 않은 소비자의 욕구를 발견하고, 그것을 충족시켜 줄 수단(결국 마케팅 믹스)을 개발하여 제공함으로써 고객을 만족시키고 그 대가로 장기적인 기업이윤을 달성하려는" 마케팅 관리이념이다. 즉 오늘날 경쟁에서의 승리는 자신이 경쟁자보다 소비자의 욕구나 기호를 얼마나 잘 충족시키느냐 하는 문제에 달려 있고, 이를 위해 기업은 소비자를 포함하여 여러 가지 환경요인에 대한 이해를 필요로 하게 되었으며 마케팅 조사의 중요성도 부각되었다.

2. 마케팅 조사의 목적

일반적으로 마케팅 조사는 대체로 두 가지의 목적을 위해 실시된다. 즉 실무계에 있어서 마케팅 조사의 목적은 마케터의 합리적인 의사결정을 위해 필요한 자료를 수집하고 분석함으로써 정보이용자(의사결정자)가 보다 나은 의사결정을 내릴 수 있도록 지원하는 것이며, 학계에서 마케팅 조사의 목적은 시장현상을 연구함으로써 새로운 마케팅 이론과 기법을 개발하려는 것이다. 예를 들어, 신제품에 대한 소비자의 반응계층은 혁신수용모델로 요약할 수 있는데 그러한 모델이 신제품에 관한 인지, 관심, 대안평가, 시용, 수용이라는 단계를 순차적으로 포함한다는 사실은 결국 시장현상에 대한 조사를 근거로 개발된 것이며, 이는 다시 마케팅 이론과 기법의 한 부분을 구성하고 있다. 또한 구전커뮤니케이션에 있어서도 정보원천으로부터 직접 수신자에게 전달되지 않고 의견 선도자가 개재할 수 있다는 2단계 정보흐름모델도 역시 시장현상에 대한 마케팅 조사를 근거로 하여 제안된 것임을 알 수 있다.

최근 들어 마케팅 조사는 대부분 기업의 마케팅 활동에서 대단히 중요한 스탭 기능으로 부각되었으며, 정부기관이나 공공단체 등 비영리조직에서도 경영관리의 필수적인 지원도구로서 자리를 굳혀가고 있다. 이러한 현상은 무엇보다도 기업이든 비영리조직이든 조직 자체가 경쟁 속에서 생존하고 효과적으로 목표를 달성하기 위해서는 고객 지향적으로 전환하지 않을 수 없다는 인식에 따라 나타난 것이며, 중요한 마케팅 의사결정의 빈도와 복잡성, 그에 따른 의사결정의 불확실성이 증대됨에 따라 더욱 두드러질 것으로 예상된다.[1]

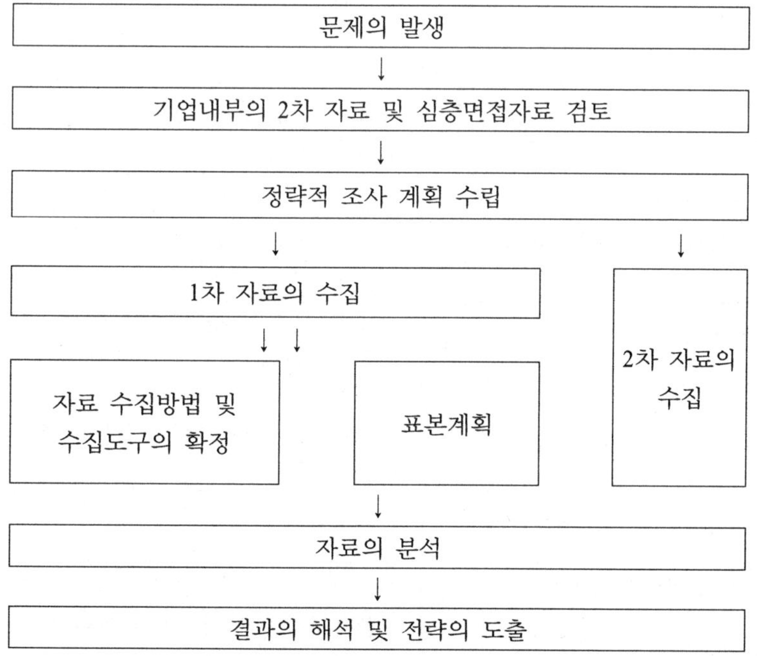

[그림 3.1] 마케팅조사의 일반적 절차

3. 마케팅조사의 유형

마케팅조사의 범위는 대단히 광범위하다. 마케팅조사는 소비자가 기업, 제품, 광고에 대하여 어떻게 생각하고 느끼는 가를 설문조사하는 것 이외에도 다양한 방법

1) http://www.hrc.co.kr/renewal/default.asp

으로 이루어진다. 소비자조사와 집단심층면접방법이 가장 많이 사용되는 마케팅조사 방법이지만 이 이외에도 관찰법, 실험조사, 내용분석, 전문가 인터뷰 등 다양한 방법으로 실행된다.

[표 3.1] 마케팅 조사의 적용범위

의사결정의 유형	조사문제의 내용
시장을 세분한다.	소비자들의 특성을 근거로 동질적인 집단들을 분리해 낸다.
표적시장을 선정한다.	각 세분시장의 규모, 성장전망, 경쟁강도를 평가한다.
환경적 기회와 위협을 확인한다.	환경요인들의 현황과 변화추세를 분석한다.
기업의 기회를 규정한다.	환경적 기회와 위협에 대비하여 기업의 강점과 약점을 평가한다.
마케팅 활동의 방향과 규모를 결정한다.	세분시장별 및 제품별 시장수요를 예측한다.
마케팅 노력을 기간별로 할당한다.	수요의 계절지수를 구한다.
제품특성을 결정한다.	제품개념들을 창출하고 가치를 분석한다.
상표명을 결정한다.	상표대안들을 창출하고 이미지를 평가한다.
포장특성을 결정한다.	포장의 디자인이나 색상에 대한 소비자반응을 평가한다.
유통방식을 결정한다.	경로대안들을 창출하고 접근가능성과 유통효율을 평가한다.
점포(또는 창고)의 위치를 결정한다.	소비자들의 구매행동특성과 지리적 분포를 분석한다.
적정한 재고수준을 결정한다.	재고회전율과 그에 대한 영향요인을 평가한다.
유통경로를 변경한다.	기존유통경로의 성과를 평가하고 새로운 경로의 가능성을 분석한다.
가격수준을 결정한다.	수요특성과 가격탄력성을 평가한다.
적절한 할인과 공제정책을 결정한다.	할인과 공제 유형별 소비자반응을 평가한다.
지역적 및 심리적 가격정책을 결정한다.	각 가격정책에 대한 세분시장별 반응도를 평가한다.
가격 이외의 거래조건을 결정한다.	거래조건들에 대한 소비자반응을 평가한다.
광고주제, 매체, 문안을 결정한다.	각 대안에 대한 수신자반응을 평가한다.
최적의 광고물을 결정한다.	세분시장별 광고물에 대한 반응을 평가한다.
촉진전략의 성과를 결정한다.	수신자의 태도나 구매량을 분석한다.
예산의 적정성을 결정한다.	지역시장별 및 제품별 이익기여도와 시장 성장전망을 평가한다.

4. 마케팅조사의 역할

주지하는 바와 같이 진정한 의미의 마케팅개념을 도입하여 이를 활용하려면 고객의 욕구와 필요를 충족시키는 것으로부터 기업 활동의 출발점이 되어야 한다. 마케팅관리자가 고객의 욕구를 충족시키기 위해서는 여러 가지 요소를 통제할 수 있을 것이다. 이른바 마케팅 믹스(제품, 가격, 유통경로 및 촉진활동) 중의 변수들을 적절하게 결합하여 마케팅활동을 수행할 수 있는 것이다. 따라서 마케팅관리자가 행하여야 할 기본적인 과업은 그러한 변수들을 효율적으로 결합하여 마케팅 믹스를 구성하고 있는 모든 요소들이 유기적인 관계를 맺고 통합적으로 시행될 수 있는 마케팅 프로그램을 개발하는데 있다.

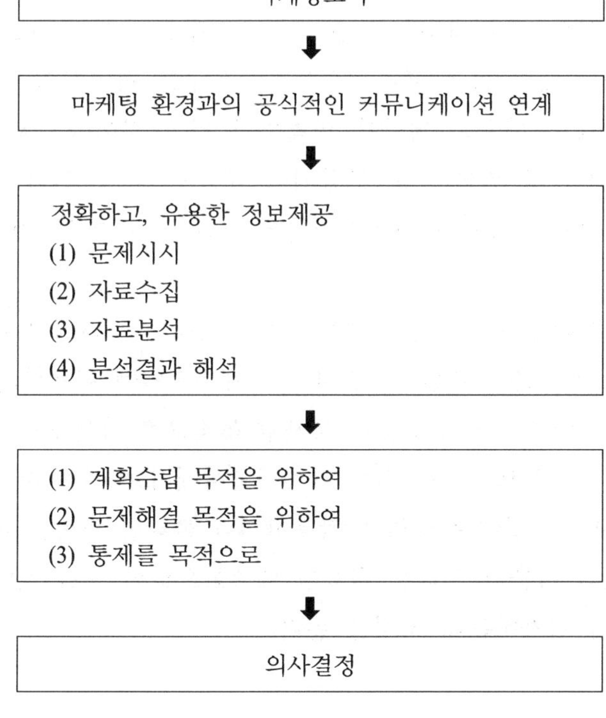

[그림 3.2] 마케팅조사의 역할

고객의 욕구를 충족시키는데 영향을 미칠 수 있는 이러한 요소들을 마케팅관리자가 통제할 수 있거나 그러한 요소들을 변경시킴으로써 발생하게 되는 소비자들의 반응을 예측할 수 있다면 마케팅관리자의 과업은 훨씬 쉬울 것이다. 그러나 이러한 상황이 실제로 발생하는 일은 거의 없다. 개별 소비자들의 행동은 예측하기가 매우 어려울 뿐만 아니라 마케팅관리자가 통제할 수 없는 많은 요소들이 마케팅활동에 영향을 미치기 때문이다. 마케팅관리자가 통제할 수 없는 요소란 예컨대 당해기업의 목적과 보유자원, 경영상대 그리고 기술, 경제, 문화, 사회, 정치 및 법률적 측면에서의 외부환경의 변화 등을 말한다.

따라서 마케팅관리자는 이와 관련되는 정보가 절대적으로 필요하며, 마케팅 조사활동은 이러한 정보를 제공하는 기능을 수행하는 책임이 부여된다. 다시 말하면 기업의 마케팅계획과 전략을 성공적으로 수행하는 데 영향을 미칠 수 있는 외부환경에서 발생하는 정보를 파악하고 분석하는 데 그 의의가 있다.

[표 3.2]는 미국마케팅협회(American Marketing Association)에서 마케팅 조사활동의 범위에 관하여 행한 조사를 요약한 것이다. 표에서 알 수 있는 바와 같이 조사분야별로 분류하여 표시되어 있으나 그 내용을 보면 모두 [그림 3.2]의 범주에 속한다고 할 수 있다. 마케팅 조사활동의 많은 부분이 고객의 욕구를 파악하기 위한 내용이거나 마케팅 믹스의 변동이 미치는 영향을 파악하기 위한 것이다. 그러나 외부환경이 미치는 영향을 조사하기 위한 것도 포함되어 있음을 알 수 있다. 예컨대 광고 및 촉진활동에 대한 법률적 규제나 사회가치관에 관한 조사, 기업전망분석 등이 이에 속한다.

한편 마케팅 조사활동은 입수된 정보를 경영관리적인 측면에서 어떻게 이용되는가에 따라서도 그 유형을 분류할 수 있다. 즉, 계획수립에 이용하기 위한 조사, 경영 문제를 해결하기 위한 조사, 그리고 통제를 목적으로 하는 조사 등이 그것이다. 계획을 수립하려는 목적으로 이용되는 마케팅조사에서는 주로 마케팅기회를 파악하는 문제를 다룬다. 기업에 유리하게 작용하거나 불리한 영향을 미칠 수 있는 기회를 파악하는 것과 아울러 그러한 기회를 예측함으로써 이를 개발하는데 필요한 기업의 보유자원을 평가하는데 초점을 둔다.

[표 3.2] 마케팅 조사의 유형

	비율 (%)	마케팅 조사부에서 행함	다른 부서에서 행함	기업외부에서 행함
광고조사				
A. 동기유발조사				
B. 광고문안조사				
C. 매체조사				
D. 광고효과조사				
경기 및 기업조사				
A. 단기예측(1년이내)				
B. 장기예측(1년이상)				
C. 기업전망분석				
D. 가격조사				
E. 공장 및 창고위치에 관한 연구				
F. 기업합병조사				
G. 수출 및 국제경제조사				
H. 경영정보시스템				
I. 계량경영(OR)				
J. 종업원 문제연구				
기업의 사회적 책임에 관한 조사				
A. 소비자의 권리에 관한 연구				
B. 생태계에 미치는 영향에 관한 연구				
C. 광고 및 촉진에 관한 법률적 제한에 관한 연구				
D. 사회적 가치관과 정책에 관한 연구 제품조사				
A. 신제품 수용과 잠재력				
B. 경쟁제품에 관한 연구				
C. 기존 제품에 관한 시험				
D. 포장 및 디자인에 관한 조사				
판매 및 시장조사				
A. 시장잠재력 측정				
B. 시장점유율 분석				
C. 시장특성 분석				
D. 판매분석				
E. 판매할당 분석				
F. 유통경로 연구				
G. 시험판매 및 점포감사				
H. 소비자 여론분석				
I. 판매보상 분석				
J. 판매촉진방안에 관한 연구				

경영 문제를 해결하기 위한 마케팅조사에서는 마케팅 믹스의 각 요소들에 관한 장·단기의 의사결정을 내리는데 필요한 정보제공에 주안점을 둔다. 통제를 목적으로 하는 조사에서는 경영상의 문제점을 추출하여 현행의 경영활동과 보조를 맞출 수 있는 자료를 제공하려 한다. 경영관리의 측면에서 보는 이러한 유형의 마케팅 조사내용의 예를 들면 다음과 같다.

[표 3.3] 마케팅 조사내용의 예

계획수립을 목적으로 하는 경우	① 경제전망은 어떠하며, 우리의 제품시장에 어떠한 영향을 미칠 것인가? ② 고객들의 구매활동에 어떠한 변화가 있을 것으로 기대하는가? 그러한 변화의 원인은 소득, 소비자의 기호와 가치관, 유통경로의 변동 등의 요소 중에서 어떠한 요소가 중요한 변수로 작용할 것인가? ③ 판매원, 지점, 기타의 유통부문은 어느 정도의 규모로 필요할 것인가? ④ 새로운 시장을 개척할 여지가 있을 것인가? 그러한 시장의 수요에 맞추어 어떠한 유형의 제품이나 서비스를 제공할 것인가? 그러한 시장은 유망한 것으로 판단되는가? ⑤ 현재의 제품을 판매하는 데 보다 효율적인 유통경로가 있는가? 어떠한 유형의 유통기구가 새로 출현할 것인가? ⑥ 타국에의 수출가능성은 어떠한가?
문제해결을 목적으로 하는 경우	(1) 제품 ① 어떠한 유형의 새로운 디자인과 특징을 지닌 제품이 가장 유망할 것인가? ② 포장과 용기, 그리고 색깔은 어떠한 것이 좋은가? ③ 현재의 판매실적이 부진한 것은 제품 자체에 결함이 있기 때문인가 혹은 서비스가 부족한 때문인가? 그렇다면 어떠한 조치가 필요한가? ④ 경쟁자의 신제품 제공에 대항하여 어떠한 조치가 필요한가? (2) 가격 ① 신제품의 가격은 어느 수준에서 결정하여야 할 것인가? 저가격으로 시장 점유율을 확대할 것인가 혹은 고가격으로 이익을 조속히 거두어들일 것인가? ② 다종류의 제품을 판매하는 경우 각 제품의 가격을 어느 정도로 달리 책정할 것인가? ③ 생산비가 절약되는 경우 가격을 인하할 것인가 혹은 품질을 높일 것인가? ④ 우리 제품의 수요곡선은 어떠한 형태를 보이고 있는가? (3) 유통경로 ① 각 유통경로상에서 어떠한 유형의 중간상을 어느 정도로 이용할 것인가? ② 거래처에 제공할 할인율과 수수료는 어느 정도로 정할 것인가? ③ 생산 및 창고시설은 어느 규모로 어느 위치에서 운영할 것인가?

<table>
<tr><td></td><td>④ 어느 형태의 수송망을 이용할 것인가?
⑤ 제품을 보관할 창고에 재고를 어느 정도로 유지할 것인가?
(4) 촉진
① 촉진예산은 제품별, 지역별, 촉진형태별(광고, 인적판매, 판매촉진 등)로 각각 어느 정도로 할당할 것인가?
② 각 촉진전략에서 제품의 특징과 소비자가 얻게 될 혜택은 어떻게 표현할 것인가?
③ 판매촉진에서는 증정품, 쿠폰, 견본 등의 수단을 어느 정도로 제공할 것인가?
④ 광고에서는 각 매체(TV, 신문, 라디오, 잡지 등)의 이용비율을 어느 수준으로 결정할 것인가?
⑤ 우리의 제품을 소비자에게 인식시키고 판매를 증가 시키는데 있어서 광고는 어느 정도로 효과가 있었는가? 회사의 이미지를 높이는 데에는 어느 정도로 효과적이었는가?</td></tr>
<tr><td>통제를 목적으로 하는 경우</td><td>① 지역별, 고객의 유형별로 제품판매액과 시장점유율은 각각 얼마인가?
② 잠재 고객 수에 비하여 충분한 정도로 시장에 침투하고 있는가?
③ 기존의 고객이 당사에 대하여 지니고 있는 이미지는 어떠한가? 잠재고객은? 중간상은?</td></tr>
<tr><td rowspan="2">계획수립 목적을 위하여</td><td>기업의 마케팅 기회요인과 문제점을 파악하고 분석하여, 기업의 기회를 예측함으로서 이를 개발하는데 필요한 기업의 보유 자원을 평가하는 목적으로 실시되는 조사.</td></tr>
<tr><td>(1) 마케팅조사의 내용
① 경제전망은 어떠하며 우리의 제품시장에 어떠한 영향을 미칠 것인가?
② 고객들의 구매활동에 어떠한 변화가 있을 것으로 기대하는가? 그러한 변화의 원인은 소득, 소비자의 기호와 가치관, 유통경로의 변동 등의 요소 중에서 어떠한 요소가 중요한 변수로 작용할 것인가?
③ 판매원, 지점, 기타의 유통부문은 어느 정도의 규모로 필요할 것인가?
④ 새로운 시장을 개척할 여지가 있을 것인가? 그러한 시장의 수요에 맞추어 어떠한 유형의 제품이나 서비스를 제공할 것인가? 그러한 시장은 유망한 것으로 판단되는가?
⑤ 현재의 제품을 판매하는 데 보다 효율적인 유통경로가 있는가? 어떠한 유형의 유통기구가 새로 출현할 것인가?
⑥ 타국에의 수출가능성은 어떠한가?
(2) 계획수립 목적
① 우리 제품을 구매하는 소비자의 인구통계적 특성은 어떠한가?
② 향후 경제전망은 어떨 것이며 우리 제품시장에 어떤 영향을 미칠 것인가?
③ 우리 제품의 시장은 앞으로 확대될 것인가 축소될 것인가?</td></tr>
</table>

	④광고에 대한 소비자들의 견해는 긍정적인가 혹은 부정적인가?
문제해결 목적	① 우리 회사의 광고는 얼마나 효과적인가? 목표한 타켓에 도달하고 있는가? 경쟁 회사와 비교하여 우리 회사의 광고는 어떠한가? ② 쿠폰, 컨테스트, 할인, 견본제공 등 여러 가지 판매촉진 방법 중 어느 방법을 사용할 것인가? ③ 광고에서 신문, 잡지, 텔레비전, 라디오 등 여러 가지 매체의 이용 비율을 어떻게 하는 것이 가장 효과적인가?

제 2 절 마케팅조사의 과정

모든 마케팅조사의 진행절차는 여섯 단계로 나누어 질 수 있다. 마케팅조사가 효율적으로 수행되어 유용한 정보를 얻기 위해서는 조사단계별로 효과적인 관리가 이루어져야 한다.

1. 마케팅조사의 진행과정

의사결정시 불확실성을 줄이는데 필요한 유용한 정보를 제공하는 마케팅조사의 진행과정은 [그림 3.3]과 같이 i) 문제 발견과 문제 정의, ii) 조사설계, iii) 표본선정, iv) 자료수집, v) 자료 분석, 그리고 vi) 조사보고서 작성의 6단계로 구성된다.

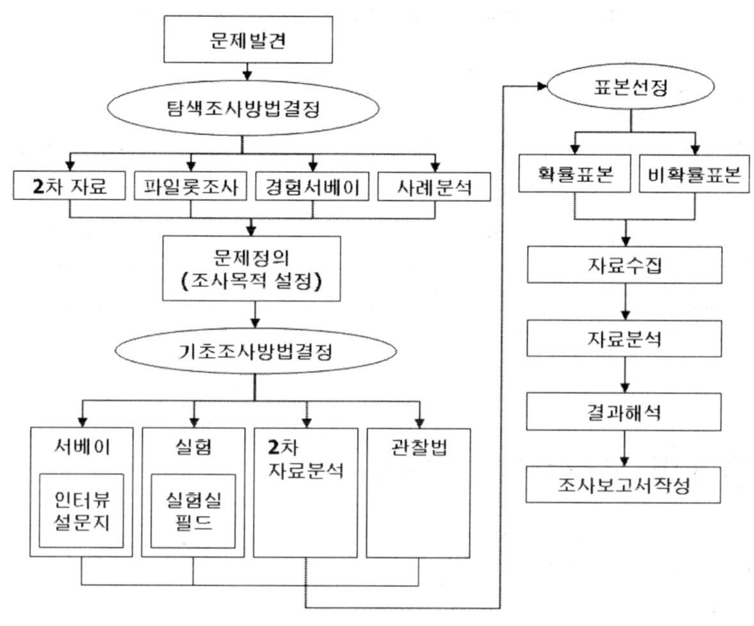

[그림 3.3] 마케팅조사의 일반적 절차

(1) 제1단계 : 현재 기업이 처한 문제점을 명확히 진단하고, 마케팅조사의 방향설정을 위한 조사목적을 규명하는 단계
(2) 제2단계 : 조사목적에 가장 적합한 조사 설계를 하는 단계로 서베이, 실험, 관찰법, 2차 자료 분석 등과 같은 조사방법을 선정하는 과정
(3) 제3단계 : 제2단계의 조사 설계에 따라 자료수집방법이 결정되면 표본추출의 대상과 범위, 표본추출과정, 표본의 크기를 결정하는 단계이다. 이 단계에서는 조사대상자를 전수 조사할 것인가 혹은 표본 조사할 것인가를 결정하고, 표본조사를 할 경우 확률표본과 비확률표본 중 어떤 표본 방법을 선택할 것인가를 결정하며, 그리고 표본의 크기를 결정한다.
(4) 제4단계 : 제2단계와 제3단계를 거쳐 조사설계 방법과 조사대상자가 결정된 후 실제로 자료를 수집하는 실사 과정
(5) 제5단계 : 수집된 자료를 분석하는 과정으로 자료의 편집, 코딩, 통계분석을 하는 과정을 모두 포함함
(6) 제6단계 : 1단계에서 5단계에 걸쳐 이루어진 조사결과와 결론을 요약하여 마케팅의 사결정자의 의사결정에 도움을 줄 수 있는 조사보고서를 작성하는 단계

마케팅조사는 일반적으로 이러한 6가지 단계의 순서를 거쳐 이루어진다.

[표 3.4] 우리나라의 대표적 마케팅조사기관

기관명	주요업무	홈페이지
미디어 서비스 코리아	TV 시청률조사	www.msknet.co.kr
TNS	TV 시청률조사	www.tnsmk.com
한국갤럽	여론조사, 시장조사	www.gallup.co.kr
한국리서치	시장조사, 여론조사	www.hrc.co.kr
한국 A.C.Nielsen	소매점패널, 시장조사	www.acnielsen.co.kr

2. 조사단계별 고려해야할 사항

1 단계 : 문제 규정 단계(고려사항)
조사의 목적은 무엇인가? - 문제를 풀기 위한 것인가? 기회를 포착하기 위한 것인가? 얼마나 많은 사항을 이미 알고 있는가? 추가적인 배경정보가 필요한가? 정보를 어떻게 이용할 것인가? 무엇을 측정해야 하는가? 어떻게 측정해야 하는가? 자료를 수집할 수 있는가? 조사를 수행해야만 하는가? 가설을 설정할 수 있는가?
2 단계 : 조사설계 선정 단계(고려사항)
어떤 형태의 설문이 필요한가? 기술적 조사결과 혹은 인과적 조사결과가 필요한가? 정보원은 무엇인가? 사람들에게 질문을 하여 객관적인 응답을 얻을수 있는가? 얼마나 빨리 정보를 필요로 하는가? 설문문항의 문구는 어떻게 작성되어야 하는가? 어떻게 실험 조작을 해야 하는가?
3 단계 : 표본선택 단계(고려사항)
자료를 제공할 사람은 누구인가? 타겟 전체 리스트의 입수가 가능한가? 표본조사를 할 필요가 있는가?

표본은 얼마나 정확하게 선정되어야 하는가? 확률표본이 필요한가? 전국적 표본이 필요한가? 표본의 크기는 얼마나 되어야 하는가? 표본은 어떻게 선정되어야 하는가?
4 단계 : 자료수집 단계(고려사항)
누가 자료를 수집할 것인가? 자료수집 기간은 얼마나 될 것인가? 자료수집을 하는데 있어서 어느 정도의 감독이 필요한가?
5 단계 : 자료 분석 및 평가 단계(고려사항)
표준화된 편집과 코딩 절차를 사용할 것인가? 자료는 어떻게 분류될 것인가? 어떤 통계 패키지를 사용할 것인가? 자료의 특성은 무엇인가? 얼마나 많은 변인을 한꺼번에 분석할 것인가? 성과 평가 기준은 무엇인가?
6 단계 : 조사보고서 형태 결정 단계(고려사항)
누가 보고서를 읽을 것인가? 기업 경영을 위한 추천 안이 제시되어야만 하는가? 얼마나 많은 그래프와 도표가 필요한가? 조사보고서는 어떤 형태로 만들어질 것인가?
7 단계 : 전반적인 평가(고려사항)
조사에 들어가는 비용은 얼마인가? 주어진 시간 내에 조사를 완료할 수 있을 것인가? 외부의 도움이 필요한가? 결정한 조사설계로 조사목적을 달성할 수 있을 것인가? 언제 조사를 시작할 것인가?

3. 문제 발견과 문제 정의

마케팅조사의 첫 번째 단계는 기업이 처한 문제가 무엇인가를 명확하게 찾아내는 것으로부터 시작된다. 제품, 가격, 촉진, 유통 등 여러 가지 마케팅 변인들이 상호 연관되어 있기 때문에 기업이 해결해야할 문제점이 무엇인가를 명확하게 발견하는 것은 쉽지 않다. 그렇기 때문에 조사의 초기 단계에서 기업의 문제를 발견하려는 노력은 대단히 중요하다. 만일 정확하게 문제가 규명되지 않는다면 마케팅조사를 실시하더라도 문제해결을 위한 유용한 정보를 얻는 것은 어렵기 때문이다. 마케팅 문제를 파악하면 마케팅 문제를 마케팅조사 문제로 전환하여야 한다. 마케팅 문제를 마케팅조사 문제로 전환하는 과정은 [그림 3.4]와 같이 6단계를 거쳐 이루어진다.

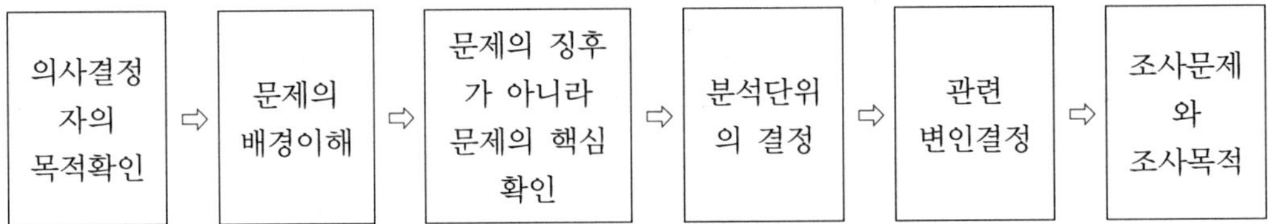

[그림 3.4] 마케팅 문제 정의의 6단계

마케팅문제를 조사문제와 조사목적으로 전환한 예는 [표 3.5]와 같다.

(1) 의사결정자의 목적 확인

(2) 문제의 배경 이해

(3) 문제의 징후가 아니라 문제의 핵심 확인

(4) 분석 단위의 결정

(5) 관련 변인 결정

(6) 조사문제와 조사목적 결정

[표 3.5] 마케팅 문제를 조사목적으로 전환

마케팅관리 문제의 예	조사 문제	조사 목적
1. 소매 체인점이 인터넷을 이용하여 홈쇼핑을 제공해야만 하는가?	* 소비자들은 인터넷 홈쇼핑을 인지하고 있는가? * 홈쇼핑 시스템에 관한 소비자의 반응은 어떠한가?	* 보조회상을 이용한 소비자 인지도 파악 * 홈쇼핑 시스템에 관한 소비자의 태도와 신념의 측정
2. 어떤 형태의 홈쇼핑 서비스를 제공할 것인가?	* 홈쇼핑 시스템 A안, B안, C안에 대한 소비자의 반응은	* A안, B안, C안의 점수 및 순위 결정

	어떠한가? * 각 서비스별로 소비자가 인지하는 혜택은 무엇인가?	* A안, B안, C안에 대한 소비자의 인지된 혜택과 반감의 확인
3. 어떤 집단을 타켓으로 할 것인가?	* 소비자들은 홈쇼핑 서비스를 이용할 것인가? * 소비자들은 홈쇼핑 서비스를 얼마나 자주 사용할 것인가? * 이 질문에 대한 소비자의 반응이 인구통계적 집단별로 어떻게 다른가? 어떤 집단이 가장 많이 이용할 것인가?	* 구매의향 측정 * 사용정도의 추정 * 인지도, 구매의향, 평가의 집단별 비교

[표 3.6] 마케팅 의사결정 문제와 조사문제의 예

마케팅 의사결정 문제	마케팅 조사문제
① 신제품의 가격 전략 구상 ② 신제품의 포장 개발 ③ 지역별 광고비 할당 ④ 새로운 상점의 개설을 통한 판매량 증가 ⑤ 시장 침투 방송광고의 증대	① 현재의 자사 제품과 유사한 타사 제품의 가격 정착 평가 ② 여러 가지 가능한 포장형태의 효율성 평가 ③ 지역별 시장 침투 수준의 조사 ④ 유망지역의 평가 ⑤ 방송매체별 효율성의 평가

4. 마케팅조사의 진행과정 사례

제화업계의 환경변화에 대응하기 위해 한 제화업체는 마케팅전략수립을 위한 마케팅조사를 실시하였다. 이 제화회사의 마케팅기획실에 근무하는 김과장이 마케팅 조사 기간 동안에 메모한 자료를 토대로 마케팅조사의 전반적인 진행과정을 살펴보자.

1) 문제의 발생

① 2006년 12월 00일

J제화 기획실의 김과장은 오전 동안 사장실에서 있었던 특별회의에 참석하였다. 오전회의의 주제는 94년 초로 예정된 상품권자율화에 대비한 제화시장의 변화를 예측하고 이에 대한 대책을 세우는 것이었다. 현재 J제화는 우리나라의 다른 제화업체들과 마찬가지로 매출의 상당부분을 상품권의 판매에 의존하고 있다. 제화업계는 76년 이후 법률에 의하여 규제된 상품권을 편법으로 유통시킴으로써 지속적인 시장성장을 이룰 수 있었다. 즉 선물에 있어서 다른 대체상품이 별로 없는 상황하에서 많은 기업들이 구두회사의 상품권을 명절이나 연말에 선물의 수단으로 이용하였던 것이다. 그러나 만약 94년부터 상품권이 자율화되면 구두상품권을 주로 이용하였던 상당수의 기업들이 백화점상품권과 같이 보다 다양한 제품의 구매가 가능한 상품권으로 전환될 것으로 예상된다. 따라서 J제화 박사장은 기획실의 김과장에게 상품권 자율화의 파급효과와 이의 대응책에 대해 조사하도록 지시하고, 3일 이내에 향후 업무에 대한 진행계획서를 작성·보고하도록 하였다. 지금 현재 김과장이 속해 있는 기획실은 연말연시 대목으로 인하여 직원 7명 중 6명이 판매부서에 지원 나가 있으며, 입사 6개월째의 신입직원만이 자리를 지키고 있는 상황이다. 따라서 기획실 독자적인 시장조사와 대책의 수립은 현실적으로 어려우므로 외부의 마케팅조사 전문기관에 프로젝트를 의뢰할 수밖에 없는 상황이다.

2) 프로젝트의 착수

② 2006년 12월 26일

어제의 회의에서 외부 마케팅조사회사에 마케팅조사용역을 의뢰하는 것을 주 내용으로 한 보고에 대해 사장의 전격적인 결재가 이루어졌다. 김과장은 작년 매출액 기준 상위 5개 조사회사에게 연구제안서를 12월 30일까지 제출해 달라고 요청하였다.

③ 2007년 1월 5일

시무식 후 지난 연말에 조사 회사들로부터 제출된 연구제안서를 검토한 후 제안서의 내용, 과거 마케팅조사 경험 등을 고려하여 이들 중 3개의 조사업체를 선정하였다. 김과장은 선정된 3개 조사업체들에게 1월 8일 조사계획에 대한 프리젠테이션을 해줄 것을 요청하는 FAX를 보냈다. 기획실은 이들 중 한 업체를 최종으로 결정

하기 위한 선정기준을 결정하였다. 주요 선정기준으로는 프리젠테이션 내용의 전문성과 성실성, 업체의 과거 연구수행경력, 회사의 규모, 제시된 예산 등이 고려되었으며 이를 토대로 업체별 심사표가 작성되었다.

④ 2007년 1월 10일

1월 8일에 실시된 경쟁조사업체들의 프리젠테이션에 대한 평가를 통하여 D조사업체를 선정하였다. J제화는 이 업무를 전담할 담당자로 김과장과 또 한명의 대리급 직원을 선정하여 조사회사와 긴밀한 협조하에 조사를 할 수 있도록 하였다.

3) 조사계획의 수립

⑤ 2007년 1월 12일

2007년 1월 12일 김과장은 조사회사의 프로젝트 담당 조사원들과의 면담을 통하여 현재의 제화산업 및 J사의 전반적 상황을 설명하고, 어떠한 내용의 조사가 이루어져야 하며 어떠한 조사결과를 기대하는지 등 조사의 전반적 방향에 대하여 상의를 하였다. 구체적으로 김과장은 i) 상품권 자율화에 따른 상품권시장의 변화 및 제화시장에 미치는 영향, ii) 소비자들(일반 소비자 및 기업체)의 상품권 선정방법, iii) J사의 향후 마케팅전략과 같은 조사목적에 대하여 조사회사의 담당자들에게 설명을 하였다.

4) 자료수집방법 및 수집도구의 확정

⑥ 2007년 1월 17일

조사회사는 소비자들에 대한 심층면접을 실시하였다. 조사회사내에 준비된 표적집단 면접실에는 8명의 20대 이상 남자고객들이 참석하였다. 이번 조사팀의 팀장인 조과장은 면접참가자들에게 구두의 구매과정, 상품권 사용정도, 향후 상품권 자율화시의 반응들을 차례로 질문하고 이에 대해 자유롭게 의견을 표시하도록 하였다. 조사팀은 이들의 대화내용을 기록하고 면접실의 천정에 부착된 카메라로 면접과정을 녹화하였다. J제화의 김과장은 일방거울(one-way mirror)의 반대편에서 면접진행과정을 살펴보았다. 여자 고객들과 기업의 구매담당자들에 대한 표적 집단 면접도 있었으며, 김과장은 계속 면접과정을 지켜보았다. 두 번의 표적 집단 면접과정을 통해 현재 구두상품권 판매의 약 90% 이상을 차지하는 기업체의 상품권구매에서 상품권의 할인율이 가장 중요한 구매결정 요인임을 알게 되었다.

⑦ 2007년 1월 29일

표적집단 면접결과를 참고로 하여 조사팀이 작성한 소비자조사와 기업체 조사를 위한 설문지를 제출받은 김과장은 조사회사 직원들과 설문지의 내용을 검토하였다. 질문방식, 척도개발 등의 전문적인 내용은 주로 조사회사의 담당과장으로부터 설명을 들었다. 김과장은 기업체 조사의 경우 백화점상품권에 대한 구매여부를 할인율을 다르게 하여 질문해 달라고 요청하였다. 또한 소비자조사에 대해서는 어떤 계층에서 상품권사용의 비중이 높은지에 대한 문항을 추가하도록 요청하였다.

5) 표본의 선정

⑧ 2007년 1월 30일

2007년 1월 30일 설문지를 수정한 후 조사팀은 소비자조사 및 기업체조사에 대한 표본추출방법에 대한 상의를 하였다. 소비자조사의 경우 서울 및 전국 5개 직할시 및 4개의 중소도시를 선정하여 총 1,200명의 소비자를 조사하기로 하였다. 연령, 성별, 그리고 지역별로 표본을 할당하였으며 판매에 방해를 주지 않도록 점포 앞에서 나오는 손님들을 대상으로 실시하기로 하였다. 지역별로 할당된 이들 소비자를 다시 세 집단으로 나누어 자사 점포 및 2개의 경쟁점포 앞에서 조사를 실시하도록 하였다.

6) 자료의 수집

⑨ 2007년 2월 4일

그동안 조사팀은 자료수집을 위한 면접조사원교육을 실시하였고 조사회사는 오늘부터 자료수집에 착수하기로 하였다. 2월 1일자로 조사대상지역의 점포들에 공문을 보내 조사에 대한 협조를 의뢰하였다. 이는 지점들에 통보를 하지 않고 조사를 함으로써 발생될 수 있는 문제의 발생을 예방하기 위해서였다. 김과장은 오후에 명동의 본점에 나가 조사원들이 어떻게 조사를 하는지를 지켜보았다. 날씨가 추워서 손님들이 조사원의 부탁을 거절하는 경우가 많았고 조사원들은 손님들이 조사에 응해 줄 경우 점포앞의 제과점에 가서 손님에게 따뜻한 음료를 대접한 후 조사를 하였다. 조사시간은 약 30분 정도가 소요되었으며 조사가 끝난 후에는 사은품을 주었다. 조사원 중 한명이 김과장에게 조사를 의뢰하였으나 거절하고 회사로 돌아왔다.

⑩ 2007년 2월 6일

오늘은 날씨가 너무 춥고 눈이 내려 조사가 진행되지 못한다는 연락을 받았다. 오후에 조사회사에 잠깐 들렀는데 조사팀은 면접조사원들이 수집한 설문지에 대한 검증작업을 하고 있었다. 설문지 뒤에 기록한 전화번호를 이용해 응답자에게 전화를 하고 실제로 조사에 응하였는지와 두세 가지의 설문내용을 물어보았다.

7) 자료의 분석

⑪ 2007년 2월 14일

김과장은 조사팀으로부터 실사가 완료되었고 현재 자료의 코딩 및 펀칭 작업이 진행되고 있다는 연락을 받았다. 기초적인 자료는 약 2월 20일경에 나올 예정이며 이에 대한 내용을 분석한 후 2월 말경에 모임을 갖기로 하자는 제안을 받고 이를 수락하였다.

8) 결과의 해석 및 전략의 도출

⑫ 2007년 3월 2일

오전에 조과장으로 부터 분석결과가 나왔으며 구체적인 전략의 도출에 대한 상의를 위하여 만나자는 연락을 받았다. 오후 2시에 회사를 방문한 조과장은 조사결과에 대하여 김과장에게 설명을 하였다. 우선 상품권의 자율화는 J사 뿐만이 아니라 모든 제화업체들의 매출에 타격을 주게 될 것임을 구체적인 수치를 들어 설명해 주었다. 이러한 예측은 현재 기업내부에서 예상하고 있는 것과 큰 차이가 나지는 않았다. 현재 상품권판매의 90% 이상을 차지하는 기업구매에서 할인율이 상품권선택의 중요한 기준이며, 백화점 상품권은 연중 세일기간의 제약으로 인하여 상품권의 할인판매가 금해져 있기 때문에 백화점 상품권의 영향을 어느 정도 극복할 수 있을 것으로 설명하였다. 특히 각 상품권할인 %별로 기업들의 구두회사, 백화점 및 기타 제조회사의 상품권에 대한 선택확률이 어떻게 달라질 것인지에 관한 정보를 제시하였다.

다음으로 상품권의 할인판매 시 발생하는 수익의 감소를 줄이기 위하여 현금판매의 비중이 높은 세분시장에 대한 마케팅활동을 강화하도록 제안하였다. 주로 젊은 여성고객층의 현금구매의 비중이 상대적으로 높은 것으로 나타나, 이 세분시장을 표적시장으로 하여 마케팅노력을 집중할 것을 제시하였다. 지금까지 이 세분시장은 구두를 많이 사는 다량 사용자층으로 알려져 있으나 유행에 강한 제품들을 선호하여 대규모 제화업체들에게 취약한 소비자집단이었다. 마지막으로 시장잠재력이 높은 세분시장의 특성 및 이들에게 접근하기 위한 제품디자인, 가격, 판촉방법 등의 구체적 마케팅믹스 전략에 대해 설명하였다. 김과장은 조사결과와 제안사항들은 현재 회사가 처한 문제를 타개하는데 크게 도움이 될 것으로 판단하였다. 김과장은 조과장에게 보다 세부적인 전략대안들을 수립한 후 최종 구두발표 전에 마케팅 담당 이사 및 마케팅 관련부서들과 협의를 가질 것을 부탁하였다.

⑬ 2007년 3월 10일

조사회사의 프로젝트 담당팀과 J제화의 마케팅관련 부서의 담당자들은 4시간에 걸친 토의를 통하여 조사팀이 제안한 마케팅전략의 개선점 및 앞으로의 진행방향에 대해 논의를 하였다. 몇 가지 사항들을 보완하여 3월 20일경 최종 구두발표를 실시하기로 하였다.

⑭ 2007년 3월 20일

조사결과에 대한 최종 구두발표가 있었다. 사장을 포함한 임원진들과 마케팅 관련부서의 직원들이 참석하였다. 구두발표 후 개최된 오후의 사내회의에서 박사장은 부서별 책임자에게 보고서 내용을 토대로 마케팅전략의 구체적인 실행방법에 대한 계획을 수립하라는 지시를 내렸다.

⑮ 2007년 3월 28일

J제화 마케팅담당자들은 본 프로젝트가 매우 성공적이었다는 평가를 내렸다. 기획실 담당자들과 조사회사의 조사팀들은 함께 저녁식사를 하였으며 조사 진행과정에서 일어났던 뒷이야기를 하며 3달간의 프로젝트로 누적된 스트레스를 풀었다.

위의 사례는 마케팅조사 중 가장 일반적인 서베이조사의 일반적 조사진행과정을 설명하였다. 실제로 마케팅조사에는 서베이조사 이외에 실험실내 제품시험조사, 패널조사 등의 다양한 조사방법들이 있다. 다양한 유형의 조사방법들은 자료의 수집과정이나 표본의 관리 등에서 약간의 차이가 있으나, 일반적으로 ① 문제의 파악과 조사에 대한 전반적 계획수립, ② 자료의 수집(측정도구의 작성, 조사대상의 선정, 자료의 수집), ③ 자료의 분석 및 ④ 최적대안의 도출과 적용이라는 기본적 절차를 따른다.[2)]

2) http://www.elcanto.co.kr/

사우스웨스트 항공사의 독특한 서비스

(서비스 프로세스의 표준화)

운영 측면에서 볼 때 안전관련 문제를 제외하고 사우스웨스트 항공은 종래의 틀에 박힌 항공사 경영방식에 따르기를 거부한다. 다음은 사우스웨스트 항공만의 독특한 서비스이다.

1. 타 항공사와의 연계운영

상호간에 보완적인 노선을 가진 항공사들은 통과여객 티켓을 제공하여 서로간의 항공사를 도와주곤 한다. 그러나 이는 모든 탑승객들로 하여금 타 항공기의 정시 운항에 의존하도록 하기 때문에 사우스웨스트 항공은 그와 같은 전략은 도입하지 않고 있다. 자사 항공편이나 타사 항공편 간에 짐을 이동시키지 않는 점은 다소 어색해 보일 수도 있지만 이착륙 시간 사이의 소요시간을 줄일 수 있는 좋은 방법이다. 동일한 노선 운항에 있어 서 타 항공사 티켓을 받지 않는 것은 사우스웨스트 항공의 회계 처리 업무를 단순화시켜준다. 1989년 타 항공사의 연계운영을 없앰으로써 연간 약 $2,500만을 절약할 수 있었다.

2. 지정좌석제 폐지

사우스웨스트 항공에 예약할 때는 창가나 통로 자리를 따지지 말아야 한다. 왜냐하면 예약하는 곳에서 좌석을 정해줄 수 없기 때문이다. 사우스웨스트 항공은 먼저 오는 순서대로 우선 탑승을 시킨다. 탑승권은 플라스틱 카드로 번호가 적혀 있는데 맨 처음 체크인한 승객이 카드 번호 1번을 받아서 첫 번째 탑승하여 좌석 선택권도 최우선이 된다. 만약 맨 뒤의 카드번호를 받으면 하는 수 없이 남은 자리에 앉아야 한다. 비행기에 탑승하면서 내고 간 카드는 수백 번 재활용되므로 환경보호의 한 방법이다.

무엇보다도 중요한 것은 사우스웨스트 항공은 예약 시스템에 좌석을 지정해 놓을 필요가 없고 종이 탑승권 을 프린트하기 위한 장비가 필요하지 않으며 체크인할 때 좌석배치를 확인하지 않아도 된다. 결과적으로 종업원들에게는 절차가 단순화되고 창구에서 보다 빠른 서비스를 제공할 수 있으므로 비용을 줄일 수 있다.

3. 식사 제공 폐지

국제선의 1등석과 비즈니스석의 기내 서비스 광고를 보면 보통 푸짐한 식사를 보여주지만 사실 대부분의 국내 선 3등석 음식은 그저 그런 수준이다. 그러나 음식 저장, 보온, 제공 등을 하려면 대형 취사실과 무거운 음식 카트가 필요하게 되고 때에 따라서는 안전 기준이 요구하는 것보다 더 많은 기내 승무원이 필요하게 된다. 비행기가 이륙하기 전 음식을 준비하려면 시간이 걸리며 착륙지에 가서는 그만큼 내려야 할 문건들이 많아진다. 이 모든 것이 많은 비용이 든다. 잘 해봐야 평범한 수준의 음식인데 불필요하게 경쟁할 필요가 없다. 또한 사우스웨스트 항공의 기내 승무원은 간단한 음료와 땅콩이나 스낵만을 제공하므로 승객을 돌보아 줄 시간을 더 갖게 된다.

4. 중심기지 시스템보다는 공항 기점 간 시스템

거대한 중심기지 방식(hub-and-spoke)시스템을 운영함으로써 항공사들은 중심기지에서의 연결노선을 통해 탑승객들에게 다양한 노선을 제공해 준다. 중심도시 공항에서 많은 비행기들이 떼를 지어 활주로에 착륙하고 나면, 탑승객들은 비행기를 갈아탄다. 탑승이 끝나고 나면, 항공기들은 차례대로 이륙하기 시작한다. 그러나 지상서비스 수행능력, 비행장탑승구, 현장 인부, 이동 트랩이 한창 분주한 성수기를 기준으로 하여 결정된다는 점이 취약점이다. 비행기 한 대가 지연 도착될 경우 이륙 예정이었던 나머지 모든 비행기들은 갈아

타는 승객들을 보호하기 위해서 출발시간이 연기되어야 한다. 결과적으로, 인력과 장비가 모두 낭비된다. 기점과 기점을 연결하는 항공편은 하루 종일 보다 균일하게 운항할 수 있으며 이에 따라 어느 한 항공편으로 인 하여 다른 항공편이 묶여 있는 경우를 피할 수 있다.

5. 소규모공항

대개 크고 혼잡한 공항은 북새통을 이루기 마련이다. 운항시간이 지연되기도 하고 공항이나 활주로에서도 지연되는 경우가 많다. 사우스웨스트 항공은 소규모 공항을 이용하기 때문에 정시에 출발하며 비행기가 활주로에서 빠르게 회전하기에도 수월하고 교통편이 불편하고 공항이 혼잡하다는 이유로 대형 공항이용을 기피하는 고객을 끌어들이고 있다.

(이유재, 서비스마케팅)

Chapter

04 소비자 분석

제 1 절 소비자행동개요

1. 소비자 행동개념

소비자행동이란 소비자가 제품을 구매하기 전부터 구매한 후까지의 행동을 말한다. 즉 소비자가 자신의 욕구충족을 위해 제품이나 서비스를 구매하기까지의 과정에서 나타난 행동이다. 이러한 영향을 분석해서 효율적 마케팅 활동에 필요한 정보를 수집하고 이것을 기업의 마케팅 전략에 활용하는 것이 소비자행동을 연구하는 목적이다. 소비자행동은 크게 구매행동과 소비행동으로 구분된다. 구매행동은 소비자들의 구매의사결정이나 구매행위 등을 말하고 소비행동은 소비자들의 사고, 행동 등과 재화가 소비되는 과정을 말한다.

[표 4.1] 소비자행동 분석에서 파악해야 할 것

Who are they? (구매자와 사용자의 일치 여부)
What do they buy? (구매한 제품 또는 브랜드)
Where do they buy it? (구매 장소)
When do they buy it? (구매 시점)
How do they buy? (구매의사결정과정 및 여기에 영향을 미치는 변수들)
Why do they select a particular product? (선호 이유)

소비자행동 분석은 시장세분화의 기초 자료로 활용할 수 있다. 소비자의 개인적 특성, 심리적 특성, 사회문화적 특성 등 구매결정 요인을 분석함으로써 소비자의 구매행태를 유형별로 분류하여 시장을 세분화하고 이를 바탕으로 표적시장을 선정한다. 또한 이를 바탕으로 신제품 개발의 방향을 잡고 마케팅 전략을 세울 수 있다.

마케팅 활동		소비자의 행동분석		소비자의 반응
- 마케팅의 수단 : 제품, 가격, 유통, 광고, 판촉 등 - 기타환경 : 정치, 경제, 사회, 문화 등	▶	- 소비의 특성 - 구매의사결정 과정	▶	- 제품선택, 상표선택 - 유통선택 - 구매시기, 구매량 등 반응의 특징, 패턴

- 소비자의 이질성(heterogeneity) : 고객의 수가 많고 원하는 것이 같지 않을 경우에는, 세분시장별로 특징을 분석해야 한다.
- 소비자 심리의 중요성 : 소비자의 행동을 이해하고 예측하려면, 겉으로 드러나는 행동뿐만 아니라 겉으로 드러나지 않는 심리적인 과정도 분석해야 한다.

[그림 4.1] 소비자행동의 개요

2. 소비자 행동의 유용성

소비자 행동에 관한 지식들은 합리적인 소비활동, 마케팅 계획수립, 마케팅 전략의 평가, 비영리 조직의 마케팅에 유용하게 활용될 수 있다.

1) 합리적인 소비활동

소비자는 많은 시간을 구매활동에 직접 할애할 뿐 아니라 제품에 관해 생각하고 이웃과 이야기하며, 제품에 관한 광고를 보거나 듣는 데에 소비한다. 그러므로 소비자 행동에 대한 검토는 소비자의 입장에서 그가 보다 현명한 소비활동을 계획하고 욕구를 효과적으로 충족시킬 수 있도록 도와준다. 또한 기업의 사회적 책임이 강조되는 추세에 따라 기업들도 단순히 매출극대화를 추구하기 보다는 유용한 제품정보 및 가격비교 정보를 제공하는 등 소비자들의 합리적인 소비활동을 지원하

기 위한 활동을 설계하고 실행해야 한다.

2) 마케팅 전략의 수립

(1) 시장기회의 분석과 예측

마케팅 환경은 끊임없이 변화하면서 기업에게 새로운 기회와 위협을 제공하고 있으며, 소비자가 '원하는바'도 역시 변화하므로 마케터는 새로운 마케팅 기회와 위협을 확인하기 위하여 마케팅 환경의 현황과 변화추세를 검토해야 한다. 즉 마케팅 기회의 분석은 기업을 둘러싸고 있는 인구 통계적, 경제적, 자연적, 기술적, 정치적 및 법적, 사회적 및 문화적, 경쟁적 환경 등에 대한 분석을 포함하여 소비자의 라이프스타일이나 소득수준과 같은 일반적인 시장여건과 추세에 관한 검토로부터 시작된다.

예를 들어, 건강에 대한 관심이 증대됨에 따라 정적 휴식으로부터 동적 휴식으로 소비자의 기호가 변하고 있으며 이는 새로운 마케팅 기회를 암시한다. 또한 에너지의 비용 상승은 절수 샤워장치나 열효율이 높은 히터 등의 새로운 마케팅 기회를 제공한다.

한편, 소비자 행동에 관한 연구는 마케팅 환경과 소비자 기호의 변화추세뿐만 아니라 소비자의 미래 행동을 예측하는 데에도 이용된다. 소비자의 욕구, 지각, 태도가 구매와 밀접하게 관련된다면, 이러한 특성들은 그들의 미래행동을 예측하기 위한 근거로 이용될 수 있으며 그러한 예측은 마케터가 매출 잠재력이나 매출액 변화를 추정하는 데 도움이 될 것이다.

(2) 시장세분화와 표적시장의 선정

전체시장을 구성하는 소비자들이 '원하는바'는 서로 다를 수 있는데, 그들에게 하나의 마케팅 믹스만을 제공하여 '원하는 바'를 충족시키려는 일은 비효율적이며 경쟁력을 갖기 어렵다. 따라서 마케터는 전체시장을 '원하는바'가 유사한 세분시장(하위집단)들로 구분하고(시장세분화), 각 집단에게 독특한 마케팅 믹스를 제공함으로써 소비자를 보다 잘 만족시킬 수 있다. 물론 마케터는 각 소비자 집단의 반응특성이나 경제성을 근거로 하여 하나 또는 소수의 세분시장을 표적시장으로 선정하여 마케팅 노력을 집중할 수도 있는데, 아무튼 전체시장을 세분하고 적절한 표적시장을 선정하기 위해서는 소비자 행동에 관한 지식이 절대적으로 필요하며 그러한 절차에 따른 표적 마케팅전략은 마케터로 하여금 소비자를 더 잘 만족시키도록 도와줄 수 있다.

(3) 마케팅 믹스의 구성

마케팅 믹스란 주고객으로 선정된 "표적시장이 '원하는바'를 충분히 만족시키고 교환이 원활하게 일어나도록 하기 위한 마케팅 의사결정들의 조합"을 말하는데, 소비자 행동에 관한 지식을 활용할 수 있는 마케팅 의사결정 분야는 다음과 같이 4P(product, price, place, promotion 등 마케팅 믹스의 구성요소)로 요약된다.

① **제품과 서비스의 특징을 결정한다.**(제품의사결정(들))

- 제품의 규격, 형태, 특징은 어떠해야 하는가?
- 어떻게 포장되어야 하는가?
- 제품계열 내의 모델을 몇 가지로 해야 하는가?
- 어떤 형태의 보증이나 서비스가 제공되어야 하는가?

② **제품에 대하여 부과할 가격과 이러한 가격의 조정방안을 결정한다.**(가격의사결정(들))

- 유사한 제품에 대해 소비자가 수용하는 가격범위는 어떠한가?
- 소비자들이 가격 차이에 대해 어느 정도 민감한가?
- 신제품 도입과 판매촉진을 위해 어느 정도의 가격인하가 필요한가?
- 현금 거래자에게 어느 정도의 할인이 제공되어야 하는가?

③ **제품과 서비스에 대한 가용성availability과 접근성accessability을 개선하며 제품 자체와 소유권을 소비자에게 이전시키기 위한 방안을 결정한다.**(경로의사결정(들))

- 어떤 형태의 점포에게 제품을 취급시킬 것인가?
- 점포는 어디에 위치(입지)해야 하며 그 수는 몇으로 할 것인가?
- 점포당 재고수준을 어느 정도로 할 것인가?
- 효율적인 물적 유통의 방안은 무엇인가?

④ **소비자에게 기업과 제품에 관한 정보를 제공하고 바람직한 행동을 취해 주도록 설득하기 위한 방안을 결정한다.**(촉진의사결정(들))

- 어떠한 정보를 어떻게 제공할 것인가?
- 소비자를 설득하기 위한 소구점appealing points, selling points은 무엇으로 할 것인가?
- 어떠한 매체가 표적시장에게 메시지를 효과적으로 노출시킬 것인가?
- 광고물이 얼마나 자주 반복되어야 하는가?

3) 마케팅 전략의 평가

마케팅 전략의 성과는 근본적으로 소비자 반응을 측정함으로써 평가될 수 있는데, 적절한 측정방법을 선택하고 적용하기 위해서는 소비자 행동에 관한 지식이 필요하다. 마케터가 마케팅 전략을 평가하기 위해 실시하는 조사는 대체로 다음과 같은 사항에 관한 것들이다.

- 제품이 소비자가 '원하는 바'를 충족시키고 있는가?
- 제품에 관한 소비자의 지각이 마케팅의 목표와 일치하는가?
- 메시지가 표적시장의 소비자들에게 제대로 노출되고 있는가?
- 제품이 계획대로 판매되고 있는가?
- 소비자의 반응이 반복구매를 일으킬 정도로 충분히 긍정적인가?

4) 비영리 조직의 마케팅

마케팅 개념의 확대적용이라는 관점에서 보면, 비영리 조직들도 일반대중에게 제공할 서비스나 아이디어를 갖고 있다. 여기서 비영리 조직들은 정부기관, 박물관, 교회, 사회단체, 대학 등을 포함하며 시민이나 회원, 일반대중, 학생은 그들의 고객인 셈이다. 즉 비영리 조직들도 역시 존재가치를 인정받고 번영을 누리려면 사회 내의 어떤 욕구와 필요를 충족시키거나 문제를 해결함으로써 상대방들의 호응(참여와 지지)을 얻어내야 하므로 소비자 행동에 관한 지식을 활용해야 한다.

3. 관여도

소비자의 행동은 관여도에 따라 매우 달라진다. 그러므로 소비자행동을 이해하기 위해서는 관여도에 대한 이해가 무엇보다 선행되어야 한다.

1) 관여도(involvement)의 정의

관여도는 여러 의미를 내포하는 다소 복잡한 개념인데, 대체로 소비자가 어떤 대상을 중요시 여기는 정도나 대상에 대해 관심을 갖는 정도level of perceived personal importance and/or interest를 말한다. 또는 특정대상과 소비자 자신과의 관련성 지각정도perceived personal relevance를 의미한다.

2) 관여도의 특성차원

(1) 관여도의 수준

관여도는 전형적으로 높다/낮다로 구분되어 왔는데 Krugman은 제품이나 소비자, 상황의 세 가지 측면에 대하여 언급했다. 첫째, 관여도가 높은 제품high-involvement product이란 앞에서 가격이나 제품의 복잡성, 품질차이, 지각된 위험, 자아 이미지에 대한 영향 등으로 인하여 개인적인 관련성이 큰 제품들을 말한다. 둘째, 관여도가 높은 소비자high-involved consumer란 상표들 사이의 차이에 매우 관심이 많은 소비자인데, 이러한 관심은 광고에 대한 주의를 증대시킬 뿐 아니라 상당한 양의 능동적인 정보탐색을 야기 시킨다. 즉 관여도가 높은 소비자들은 정보를 단지 수동적으로 받아들이기 보다는 능동적으로 탐색하고 획득된 정보의 시사점들을 신중히 평가하는 경향이 있으며, 구체적인 상표에 관한 태도도 그러한 평가를 근거로 형성한다. 셋째, 관여도의 수준은 구매상황 또는 학습상황에 따라서도 달라질 수 있다. 즉 소비자들이 관여도가 낮은 여건에서 활동할 때 그들은 결국 대체적 상표에 관한 정보들을 적극적으로 탐색하지 않고 수동적으로 받아들일 뿐이다. 따라서 상표인지나 이해의 수준이 대단히 낮으며 더욱이 소비자들은 그러한 정보로부터 상표들에 관한 명확한 태도를 개발하지도 않는 경향이 있다.

(2) 관여도 수준에 따른 반응계층

소비자가 마케팅 노력에 대하여 보여주는 반응계층은 관여도 수준에 따라 달라진다. 즉 다음에서와 같이 고관여도 반응계층에 있어서 인지는 획득된 정보로부터 소비자가 도출한 상표들에 관한 지식과 신념을 말하는데, 정보의 탐색과 능동적 학습을 통하여 형성된다. 이 때 소비자는 그가 이미 갖고 있는 상표지식 및 신념과의 일관성에 따라 이러한 정보를 신중히 검토하는데, 기존신념과 불일치하는 정보는 비판적으로 해석되든가 거부되며, 일치하는 정보는 강력히 지지되어 상표에 관한 기존의 신념들을 보강한다. 고관여도 반응계층에 있어서 두 번째 단계가 암시하듯이 신념들에 관한 평가는 소비자로 하여금 상표에 대한 태도를 형성하고 그들의 상대적 요망성을 결정하도록 하며, 그 후 야기되는 행동(구매)은 이러한 태도로부터 크게 영향을 받는다.

한편 저관여도 반응계층에 있어서 인지는 관여도가 높은 여건에서의 경우와 상당히 다르다. 즉 소비자는 상표에 대한 태도를 형성하기 위하여 정보를 처리하려는 의도가 거의 없기 때문에 주의의 수준이 대단히 낮고 반복노출과 수동적 학습을 통하여 상표친숙도가 형성될 뿐이다. 결국 상표에 관한 신념들은 뚜렷하지 않고 상표태도를 형성할 만큼 강하지도 않다.

그러나 관여도가 낮은 여건에서 광고물에 대한 반복노출은 소비자를 상표에 친숙하게 만들어 쇼핑중 그것을 재인하도록 유도하는데, 만일 소비자가 어떠한 상표에 대하여도 강한 태도를 갖고 있지 않다면 이러한 친숙성은 구매에 대한 충분한 이유가 될 수 있다. 따라서 저관여도 반응계층의 두번째 단계가 보여주듯이 구매행동은 강한 상표태도가 형성되기 이전에 친숙도만을 근거로 하여 일어나며, 오히려 제품을 구매하여 사용한 후 그에 관한 평가와 태도를 형성한다.

4. 소비자 정보처리과정

소비자가 마케팅자극에 노출되어 주의를 기울이고 내용을 이해하여 제품에 대한 신념과 태도를 형성(혹은 변화)하기까지의 과정을 정보처리과정information processing이라고 한다.

마케터의 역할은 소비자의 정보처리과정을 이해하여 자사상표에 대한 소비자의 태도가 우호적으로 형성되게 하기 위해 [그림 4.2]와 같은 과정의 단계별로 적절한 마케팅 자극을 체계적으로 집행하여야 한다.

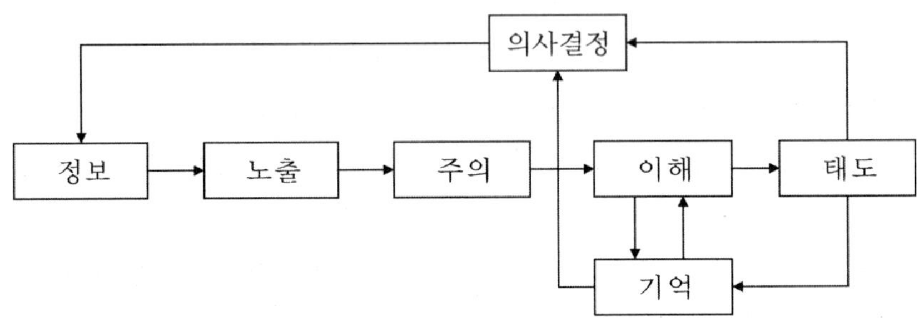

[그림 4.2] 소비자 정보처리과정

1) 노출

노출exposure이란 광고물이 시야에 들어오는 것과 같이 개인의 감각기관이 어떤 자극에 당면하는 현상을 말한다. 따라서 한 자극이 소비자에게 노출되기 위해서는 그의 환경 내에 놓여 질 필요가 있는데, 그렇다고 환경 내의 모든 자극에 소비자가 노출되는 것은 물론 아니다. 예를 들어, 소비자는 기껏해야 한 번에 한 방송의 TV만을 시청하거나 하나의 잡지나 신문만을 읽고 있을 것이기 때문에 현재 그가 시청하거나 읽고 있지 않는 매체를 통하여 제공되는 광고물에는 노출될 수 없게 된다. 즉 소비자는 자신의 환경 내에 주어지는 자극들 중에서도 일부에만 노출될 뿐이므로 노출은 선택적selective이라고 할 수 있다.

(1) 자발적 노출

지금 당신이 왜 이 책을 읽고 있는가? 분명히 어떤 이유를 갖고 있을 것이다. 대체로 소비자들에게 노출되고 있는 자극들은 자기 스스로 어떤 목적을 갖고 선택한 것인데, 소비자는 다음과 같은 자극에 기꺼이 노출되려는 경향을 보인다.

- **자신의 문제를 해결하는 데 도움이 될 것으로 판단하는 자극** : 아파트를 새로 마련하려는 소비자는 부동산 뱅크라는 아파트 매물정보지나 신문내용 중에서도 아파트 분양광고 부분을 스스로 선택하여 노출된다.
- **자신이 현재 갖고 있는 신념이나 태도를 강화해 줄 수 있는 자극** : 유권자들은 자

신이 지지하는 후보의 정치메시지에 자발적으로 노출되며 월남전을 반대하는 내용의 영화 관람객들은 대체로 반전성향을 갖고 있는 사람들이었다.

- **배고품이나 호기심과 같은 단기적인 동기에 관련되는 자극** : 배가 고픈 사람은 배고픔을 해결해 줄 수 있는 수단인 음식물에 관한 자극에 기꺼이 노출되려고 노력하면서 다른 자극에는 별로 관심을 보이지 않을 것이다.

이와 같은 능동적 탐색을 통해 야기되는 노출은 자발적 노출이라고 하는데, 자발적 노출은 반드시 외부적 자극에 대하여만 일어나는 것이 아니다. 즉 의사결정 문제를 인식한 소비자의 능동적 정보탐색의 첫 번째 단계는 손쉽게 수행할 수 있는 내부적 탐색인데, 현재 당면하고 있는 문제를 해결하는 데 도움이 되는 정보를 자신의 기억 속에서 찾는 일이다. 물론 소비자가 기억 속에 저장해 갖고 있는 정보는 이전의 능동적/외부적 탐색을 통하여 획득했거나 수동적 수용을 통하여 축적된 것이다.

(2) 비자발적 노출

소비자는 일상생활을 영위하는 가운데 의도적으로 찾고 있지 않은 많은 외부적 자극에 노출될 수 있는데 예를 들어, 소비자는 자동차를 운전하면서 우연히 여러 간판에 노출되거나, 친구와 대화할 때 우연히 새로운 방열벽에 관한 이야기를 들을 수 있다. 이러한 노출은 소비자가 환경 내의 자극을 수동적으로 받아들인 결과이므로 비자발적 노출이라고 한다. 따라서 비자발적 노출이란 소비자가 당면한 문제의 해결이라는 구체적인 목표를 갖고 능동적으로 찾고 있지 않는 자극에 노출될 때 일어나며, 소비자는 환경 내 자극을 수동적으로 수용하고 반응할 뿐이다. 이러한 점에서 비자발적 노출이 선택적이 되도록 하는 원인은 소비자의 일상생활 패턴이다. 예를 들어, TV를 자주 시청하는 소비자가 TV를 통하여 많은 자극에 노출되는데 반하여 전혀 TV를 시청하지 않는 소비자는 TV를 통하여 제공되는 자극에 노출될 수 없는 것이 당연하다.

현실적으로 소비자는 여러 가지 제품의 존재나 효익 및 속성 등에 관한 정보들을 비자발적 노출(수동적 수용)을 통해 학습한다. 마케팅 시사점 마케터는 자신의 노출 기회를 증대시키기 위하여 소비자들의 매체습관(신문, TV 등)이나 활동 패턴(쇼핑 패턴, 출퇴근길 등)을 검토해야 하며 소비자의 기호, 관심, 라이프스타일과 같은 측정치를 근거로 하여 노출 패턴을 예측하게 된다.

2) 주의(Attention)

소비자는 자신의 환경 내에서 수많은 자극에 노출되고 있으나 그중 일부만을 인지할 수 있는데, 그것은 노출과 감각이 모두 정보처리를 위하여 자극을 선택적으로 여과할 뿐 아니라 추가적인 선택과정이 다시 존재함을 암시한다. 이 때 외부로부터 유입되어 감각된 자극이 인지되기 위하여 통과해야 하는 관문은 주의 메커니즘이다.

즉 소비자들은 그들이 처리할 수 있는 것보다 수천 배에 달하는 많은 자극에 끊임없이 노출되는데 예를 들어, 대형 슈퍼마켓은 1만여 품목을 취급하고 있어서 소비자가 모든 품목에 주의를 기울이는 일이 대단히 곤란하므로, 일부 품목에만 선택적으로 주의를 기울이게 된다. 또한 일반적으로 소비자는 자신이 노출된 광고물 중에 단지 5% 내지 25%에만 의식적으로 주의하는 것으로 추정되고 있다.

소비자의 주의는 역시 선택적으로 이루어지는데, 이러한 선택적 과정에 영향을 미치는 요인은 무엇인가? 현재 당신은 이 책에 쓰여진 단어들에 주의를 하고 있다. 만일 당신이 밖으로 주의를 돌려보면 자동차 소음을 인지하게 될 것이며, 주의를 다른 곳에 돌림으로써 배고픔이라는 내부적 자극을 인지하게 될 수도 있다. 이와 같이 자동차의 소음이나 배고픔 등의 자극들은 이미 당신의 환경 내에 존재하며 감각되고 있었지만 방금 전까지만 해도 인지되지 못했던 것들이다.

또한 당신이 아무리 이 내용에 주의를 집중하고 있을지라도 밖에서 들려오는 비명소리나 갑작스런 충격은 당신의 주의를 끌 수 있을 것이다.

(1) 자발적주의

자발적 주의voluntary attention란 현재 소비자가 당면하고 있는 문제에 대한 관련성 때문에 특정한 자극에 자발적으로 주의하는 현상인데 예를 들어, 전자레인지를 구매하려는 소비자는 그러한 제품의 광고물에 주의하고 신중히 검토할 것이다. 더욱이 소비자는 현재 자신이 갖고 있는 신념이나 태도에 일관되는 자극을 주의하고 상반되는 자극에 주의하지 않는 경향이 있는데 예를 들어, 소비자들에게 여러 상표를 평가하여 하나를 선물로 고르도록 한 후, 각 상표의 특성을 언급하도록 하였을 때

그들은 선택된 상표의 긍정적 특성과 거부된 상표의 부정적 특성에 주의를 집중하였다.

(2) 비자발적주의

이에 반하여 비자발적 주의involuntary attention란 비록 현재 당면하고 있는 문제와는 관계가 없지만 어떤 면에서 재미있거나 두드러진, 신기하거나 예상외라는 특성 때문에 특정한 자극이 주의를 끄는 현상으로서 평상적이지 않은 광고물들에 대한 주의가 이러한 범주에 속한다.

이러한 두 가지 형태의 주의는 모두 소비자에게 유용한 역할을 수행한다. 즉 자발적 주의는 당면한 문제와 관련되는 자극에 주의를 기울이고 다른 자극들을 여과해 보냄으로써 소비자의 문제해결을 단순화시키며, 비자발적 주의는 소비자로 하여금 그의 관심에 잠재적으로 관련되는 자극을 인지케 함으로써 소비자로 하여금 환경에 관하여 일반적인 지식을 갖도록 허용한다.

3) 이해Comprehension

이해는 감각기관에 유입된 정보의 내용을 조직화하고 그 정보의 의미를 해석하는 과정이다. 한 대상에 대한 소비자들의 해석은 매우 주관적이어서 동일한 내용의 제품 설명이나 광고에 노출되더라도 소비자마다 해석 결과는 얼마든지 다르다.

(1) 지각적 조직화perceptual organization는 자극물을 구성하는 여러 요소에 대하여 따로따로 의미를 부여하지 않고 전체적으로 통합하여 의미를 부여한다는 것이다.

(예 Kellogg사의 고속도로 입간판 광고를 Kellog로 표시한 사례)

(2) 지각적 범주화perceptual categorization는 소비자가 유입정보를 기억 속의 기존 스키마schema와 관련짓는 것이다. 제품스키마는 특정제품에 관련된 개념들 간의 네트워크이다. 포지셔닝positioning과 밀접한 관련이 있는 개념이다.

(예 7up - “uncola”)

4) 태도

(1) 태도의 정의와 특성

① 태도의 정의

태도Attitudes는 어떤 대상에 대해 일관성 있게 호의적 또는 비호의적으로 평가하는 '학습된 선유경향'predisposition이다. 과거의 단일차원 관점에서는 태도가 특정한 대상을 '좋아한다.'로부터 '싫어한다.'에 이르는 전반적인 평가척도 상의 한 점을 취하는 것으로 간주되어 왔지만, 최근의 다차원 관점에서는 소비자가 다수의 속성에 대한 개별적인 지각들을 통합하여 전반적인 평가를 형성하고 행동성향을 결정함으로써 태도를 형성하는 것으로 파악한다.

따라서 다차원 관점에서의 태도는 각 속성에 대한 신념인 인지적 요소, 그러한 신념들이 자신의 욕구기준에 대해 야기 시키는 감정적 반응들을 종합평가한 감정적 요소, 그에 따라 반응할 준비상태인 행동적 요소 등 세 가지 요소로 구성된다. 예를 들어, 한 소비자는 식품의 구매에 있어서 영양, 체중조절, 자연성분의 세 가지 효익을 원할 수 있는데, 이러한 효익들은 비타민함량, 칼로리량, 밀기울함량과 같은 다수의 평가속성들로 전환되며, 각 상표에 대한 태도는 각 상표가 이러한 속성들을 갖고 있는 정도와 각 속성들에 부여되는 가중치(중요성)에 의해 결정된다.

② 태도의 특성

첫째, 태도는 대상을 필요로 하는데, 태도대상은 자전거나 파출부와 같은 제품 및 서비스는 물론이고 소비자 보호운동과 같이 추상적인 개념이나 제품구매와 같은 행위도 포괄한다. 또한 구체적인 한 상표이거나 집합적인 제품범주를 대상으로 할 수도 있다.

둘째, 태도는 方向(대상에 대하여 우호적인가 또는 비우호적인가?), 程度(대상을 얼마나 좋아하거나 싫어하는가?), 强度(대상에 대한 태도진술을 얼마나 확신하고 있는가?) 등의 세 가지 측면을 가진다.

셋째, 한 개인이 여러 대상에 대해 갖고 있는 태도들은 그의 가치 및 자아 이미지를 중심으로 하여 求心性을 가지며, 구심성이 큰 태도일수록 의사결정에 많은 영향을 미친다.

넷째, 한 개인이 현재 갖고 있는 태도들은 서로 관련되어 있기 때문에 그들간에

는 어느 정도의 '공존성'이 있어야 하며, 전체로서 일관성을 갖는 안정적인 구조를 이루고 있다.

다섯째, 태도는 학습된다. 즉 태도들은 가족과 동료집단, 친구나 판매원, 뉴스 매체로부터의 정보와 개인적 경험, 퍼스낼리티 등으로부터 영향을 받으며, 학습된다.

(2) 태도의 기능과 구성요소

① 태도의 기능

• 실리적 기능

태도는 소비자로 하여금 즐겁거나 보상적인 대상에 대해 우호적으로 반응하도록 작용함으로써 보상을 극대화하려는 실리적 기능을 수행한다. 예를 들어, 안전성과 즉각적인 구원이 진통제를 선정하는 데 가장 중요하다고 생각하는 소비자는 이러한 욕구기준을 충족시킨다고 여겨지는 상표에 대해 우호적인 태도를 가짐으로써 환경으로부터의 보상을 극대화할 수 있다.

한편, 많은 광고들은 제품 효익을 부각시키기 위한 메시지에서 다음(태도의 기능에 소구하는 메시지 주제들)에서와 같이 태도의 기능을 잘 활용하고 있다. 즉 "Crest whitens teeth."라는 메시지는 실리적 기능을 근거로 하여 Crest에 대한 소비자의 우호적인 태도를 형성시키려는 예가 될 수 있는데, 만일 소비자가 하얀 치아를 원한다면 그들은 Crest가 제공한다는 제품 효익을 가치 있게 평가하여 우호적인 태도를 가질 것이며, 그러한 태도는 다시 소비자에게 실리를 제공할 것이다.

• 자아 방어적 기능

태도는 소비자로 하여금 자아에 대한 위협을 제거해 주는 대상에 대해 우호적으로 반응하도록 작용함으로써 자아 방어적 기능을 수행한다. 즉 소비자는 사회적 수용과 자신감, 성적 요망성과 관련하여 자아방어에 도움이 되는 대상에 대해 우호적인 태도를 가질 것인데 그러한 태도는 소비자의 자아가 손상되는 것을 방어해 주는 기능을 수행한다. 예를 들어, 구강청정제에 대한 우호적인 태도는 제품의 非使用이 가져오는 위협(사회적 제재)으로부터 자아를 방어할 수 있도록 작용한다. 따라서 "Marlboro smokers are masculine."이라는 메시지는 남성답지 못하다고 여겨지기를 꺼려하는 소비자에게 소구하는 자아 방어적 광고의 예가 된다.

• 가치 표현적 기능

태도는 소비자가 자신의 구심적 가치를 효과적으로 표현하는 데 도움이 되는 대상에 대해 우호적으로 반응하도록 작용함으로써 가치 표현적 기능을 수행한다. 따라서 마케터는 소비자의 구심적 가치를 파악하여 그것을 효과적으로 표현할 수 있도록 제품과 광고메시지를 설계해야 한다. 예를 들어, “Pepsi drinkers think young.”이라는 메시지는 젊음에 가치를 두는 소비자에게 Pepsi에 대한 우호적인 태도를 형성시키고 있다.

• 지식(조직)의 기능

태도는 소비자가 매일 당면하는 대량의 정보를 조직하고 판단하기 위한 근거로 작용하는데, 태도의 이러한 지식조직의 기능은 소비자가 의사결정에서 겪는 불확실성과 혼동을 감소시켜 준다. 예를 들어, 카페인에 대해 소비자가 갖고 있는 태도는 여러 가지 청량음료를 평가하는 데 있어서 유용한 지식으로 작용하여 불확실성과 혼동을 감소시켜 주며, “7-Up is caffeine-free.”라는 메시지는 카페인을 기피하려는 태도를 갖고 있는 소비자가 새로운 태도대상인 7-Up에 대해 우호적인 태도를 형성하기 위한 근거가 된다. 다른 예로서 ‘삼성전자’에 대한 태도는 그 기업이 최근에 개발한 신제품(새로운 태도대상)의 품질판단을 용이하게 도와줄 수 있다.

② **태도의 요소**

태도는 인지적, 감정적, 행동적 등의 세 개의 요소로 이루어진다.

• 인지적 요소

소비자는 하나의 태도대상에 대해서 다양한 측면에 관련된 여러 신념들을 갖고 있는데, 태도대상에 대한 이러한 신념들은 인지적 요소를 구성한다. 예를 들어, 소비자는 Sanka는 인스탄트 커피이다, 카페인이 제거되어 있다, 향기가 진하다, 물에 쉽게 녹는다 등 태도대상의 각 속성에 대해 신념(자기 나름대로의 주관적인 판단)들을 갖고 있는데 이러한 신념들은 소비자가 그 태도대상에 대해 ‘믿는 바’이다. 단지 여기서 주의해야 할 점은 소비자가 태도대상에 대하여 갖고 있는 신념들이 반드시 과학적이거나 진실일 필요는 없으며, 그 자체만으로 태도의 중요한 구성요소가 된다는 것이다. 예를 들어, 똑같은 귤을 시식한 주부 두 명이 그 맛에 대하여 서로 상반된 판단을 내릴 수 있는데 결국 그들의 구매행동은 자신의 주관적인 판단(신념)을 근거로 할 뿐이지 당도측정 결과와 같은 과학적 사실을 근거로 하지는 않을 것이다.

마케팅 시사점 신념은 제품속성과 연상되는 정보적 신념과 제품 효익과 연상되는 평가적 신념으로 구분될 수 있는데, 마케터는 우선 다음(음료에 대한 상표신념들의 차원)과 같은 제품 효익과 속성의 목록을 개발함으로써 태도대상에 대한 응답자의 태도 중 인지적 구성요소를 측정할 수 있다. 더욱이 전체 속성중 결정적 속성들에 관한 신념(결정적 신념)들만이 태도형성에 기여하고 소비자 행동에 영향을 미치므로 마케터는 결정적 속성과 결정적 신념에 관심을 쏟아야 한다. 예를 들어, 소비자가 대부분 승용차의 연비가 유사하며 조향장치나 제동장치에서 차이가 있다는 신념을 가지고 있다면 마케터는 당연히 연비보다 후자의 속성들을 강조해야 할 것이다. 그것은 소비자가 연비를 상표평가의 기준으로 사용하지 않으며 조향장치나 제동장치에 대한 신념만이 소비자의 선택에서 결정적으로 작용할 것이기 때문이다.

• 감정적 요소

"나는 Sanka 커피를 좋아한다." 또는 "아주 싫어한다." 등의 태도진술은 태도대상에 대한 소비자의 전반적인 느낌을 나타내는 것으로서 태도의 감정적 요소이다. 감정적 요소는 대체로 인지적 요소를 근거로 하여 형성되는데, 이미 설명한 바와 같은 결정적 신념들은 개인의 욕구기준 또는 가치체계에 대비되어 독특한 감정적 반응들을 속성별로 야기시킬 것인데, 이러한 감정적 반응들이 태도대상에 대한 전반적인 평가로 종합된 결과를 감정적 요소라고 하며 단일 차원적이다.

마케팅 시사점 감정적 반응들은 각 속성에 대한 신념들로부터 야기되지만-제품에 관한 신념 자체도 그렇듯이-개인적 특성과 상황적 요인으로부터 영향을 받는다는 점에 유의해야 한다. 예를 들어, "Sanka 커피는 향기가 진하다"는 신념은 개인에 따라 "향기롭다"라는 긍정적 반응 또는 "지나치게 독하다"는 부정적 반응, "커피 맛은 다 그렇다"는 중립적 반응을 야기 시킬 수 있다. 또한 "Sanka 커피에는 카페인이 없기 때문에 잠을 쫓는 데 기여하지 못할 것"이라는 신념은 시험공부를 위해 잠을 쫓으려는 상황에서는 부정적인 반응을, 잠들기 앞서서 따뜻한 음료를 원하는 상황에서는 긍정적인 반응을 일으킬 것이다. 따라서 마케터는 개별 소비자의 특정한 상황에서 각 신념이 야기 시키는 감정적 반응들을 분리하여 파악해야 한다.

• 행동적 요소

Sanka 커피를 구매하려거나 친구에게 추천하려는 등의 마음가짐은 태도대상에 대해 소비자가 보이는 행동성향으로서 태도의 행동적 요소라고 하는데, 대체로 구매의도로 측정된다.

5) 기억

기억Memory이란 이전의 학습경험들의 총체로서 장기기억과 단기기억이라는 두 개의 상호 관련된 요소로 구성되어 있다. 그러나 장기기억과 단기기억은 생리적으로 구분된 것이 아니라, 전체기억 중에서 특정한 시점에서 활성화되어 사용 중인 부분을 단기기억 또는 활동적 기억이라고 부른다.

(1) 장기기억

장기기억은 다양하고 무한한 정보를 영구히 저장하는 것으로 간주되며, 다양한 정보단위들의 연상과 조합으로 구성된다. 따라서 마케터는 소비자들이 기억 속에 저장해 갖고 있는 일반화된 지식schematic semantic memory에 관심을 갖고 있는데, 한 상표에 관해 일반화된 지식체계schema는 소비자가 그 상표를 들을 때 생각하고 느끼는 것으로서 상표 이미지나 제품 포지션의 근거가 된다.

한편, 소비자가 '갈증'이라는 단어를 본다면 무엇을 생각하겠는가? 여러 상표들을 포함하여 다양한 것들이 '갈증'에 대해 일반화된 지식체계를 형성할 것이다. 따라서 코카콜라의 마케터는 소비자들의 기억 속에서 '갈증'과 연상되는 일반화된 지식체계에 포함되기 위하여 노력할 것인데, 이 때 '갈증'과 같은 소비자 문제에 대한 일반화된 지식체계에 포함되는 상표들을 환기셋evoked set이라고 부르며 경쟁관계를 암시해 준다.

(2) 단기기억

단기기억은 대체로 사고thinking라고 불리는 것과 유사하며, 현재 당면한 소비자 문제에 대해 일반화된 지식체계를 활성화시키고 처리한다.

제 2 절 소비자 의사결정 과정

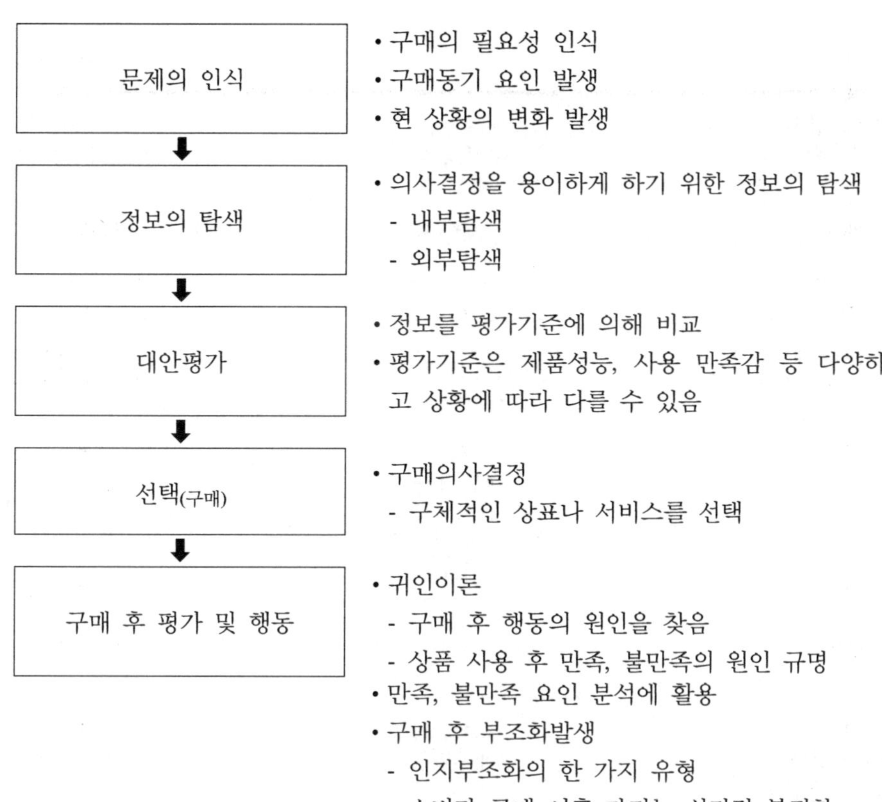

[그림 4.3] 소비자 의사결정과정

소비자의 의사결정은 세 가지 유형으로 나눌 수 있다. 첫째는 의사결정에 관련된 정보를 광범위하게 탐색하고 구체적인 태도를 형성하여 의사결정에 이르는 경우이며 둘째는 제품의 구매 자체가 소비자의 신념체계나 자아 이미지에 크게 관련되지 않기 때문에 그저 적당하다고 생각하는 제품을 선택하고 구체적인 태도는 구매 후에 형성하는 경우이다. 또한 셋째는 구매결과가 반복적으로 만족을 가져다주었기 때문에 소비자가 특정한 구매를 습관적으로 실시하는 경우이다. 이와 같이 의사결정유형을 구분하는 기준은 관여도인데, 첫째 경우를 관여도가 높은 의사결정이라고 하며 둘째 경우를 관여도가 낮은 의사결정이라고 한다. 여기서는 관여도가 높은 의사결정을 중심으로 살펴볼 것인데, 그것은 "구매 또는 소비행위가 의사결정자의 개인적 중요성 또는 관여성을 많이 가질 때 나타나는 광범위한 문제해결 행동의 활성화"라고 정의될 수 있다.

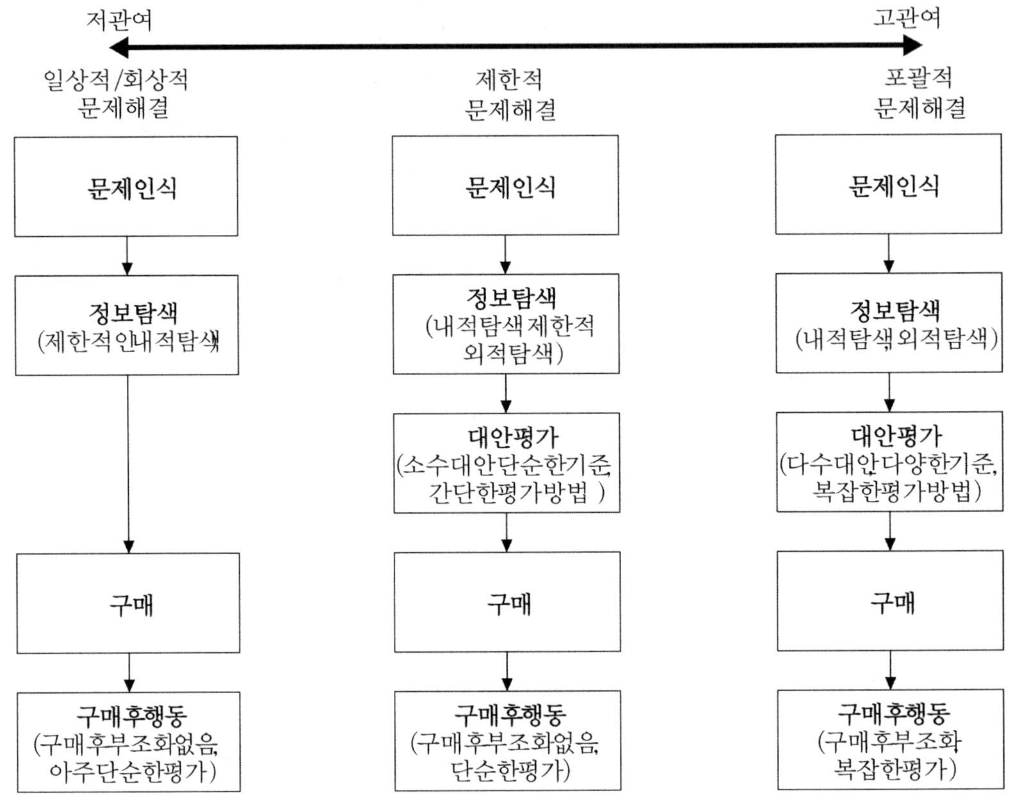

[그림 4.4] 관여도와 구매의사결정과정

1. 문제의 인식

소비자가 문제의 인식에 이르는 과정은 다음과 같다. 소비자가 특정한 시점에 갖고 있는 심리세트(마음상태)는 여러 가지 제품범주에 관련된 욕구기준과 제품범주 내의 다양한 상표에 대한 태도들로 구성되어 있다. 이러한 심리세트는 다음에서와 같이 소비자로 하여금 여러 가지 자극에 대하여 선택적으로 노출되도록 만들며, 긴장상태를 야기 시켜 문제를 인식시킨다.

1) 심리세트의 구성

(1) 욕구기준

욕구기준이란 소비자가 특정한 제품범주 내에서 한 대안을 다른 대안보다 우월하다고 판단하는 데 이용하는 기준들로서 예를 들어, 승용차에 대하여 경제성이나 내구성은 가장 빈번하게 언급되는 욕구기준이다. 그러나 이러한 욕구기준의 충족정도는 제품범주에 따라 상이한 물리적 속성으로 평가되어야 하는데, 승용차 제품범주에서 경제성(욕구기준)은 구체적으로 가격과 연비(속성)로 평가되며, 내구성(욕구기준)은 기대수명(속성)으로 평가되지만 동일한 욕구기준이라도 제품범주에 따라서는 다른 속성(들)으로 평가될 수 있음에 유의해야 한다.

(2) 태도

태도는 i) 상표나 제품, 점포에 대한 신념들(인지적 요소), ii) 대상의 각 측면에 대한 신념들을 종합한 전반적인 평가(감정적 요소), iii) 대상에 대하여 구체적인 행동을 취하려는 성향(행동적 요소)의 세 가지 요소가 결합된 것이다. 즉 대상에 관한 신념들은 욕구기준에 비추어 전반적인 평가로 통합되며 그 결과로서 구매의도를 형성하게 된다. 예를 들어, 소비자는 '다이너스티' 승용차가 안락함과 안전성을 잘 갖추고 있다고 매우 강하게 믿을 수 있는데, 그러한 신념이 소비자의 욕구기준에 비교된다면 어떠한 감정적 반응을 야기 시킬 것이다. 이 때 전반적 평가란 제품에 관한 여러 신념들이 야기 시킨 감정적 반응들의 총합으로서 구매의도를 형성하는 근거가 된다.

2) 심리세트에 대한 투입변수

- 과거의 마케팅 자극에 대한 지각과 학습 : 상표특성과 가격에 관해 소비자가 이미 기억 속에 저장하여 갖고 있는 정보와 직접적인 사용경험은 소비자의 심리세트를 구성하는 욕구기준과 상표태도에 영향을 미칠 것이다.
- 소비자의 과거경험 : 소비자가 과거의 마케팅 자극으로부터 얻은 정보와 경험 이외에도 이미 기억 속에 저장되어 있는 모든 정보와 경험은 현재의 심리세트를 형성하는데 기여한다.

- **소비자의 특성** : 소비자의 심리세트를 구성하는 욕구기준과 태도는 그의 인구 통계적 특성, 라이프스타일, 퍼스낼리티, 자아 이미지와 같은 개인적 · 심리적 특성으로부터 영향을 받는다.
- **환경적 영향** : 소비자 행동에 대한 거시 외부적 영향요인으로서 문화, 사회계층, 준거집단 등은 현재의 심리세트에 영향을 미친다.

3) 자극에 대한 노출

소비자가 문제의 인식에 이르도록 촉구하는 자극 또는 상황에는 여러 가지가 있다. 즉 소비자는 마케팅 자극을 포함하여 환경 내의 수많은 자극에 노출됨으로써 현실적인 상태와 이상적인 상태 사이의 괴리를 지각하는데, 마케팅 자극은 상업적 환경에서 문제를 인식시키는 가장 보편적인 요인이다. 즉 마케터는 소비자로 하여금 자신의 상표를 탐색 또는 평가, 구매하도록 유도하기 위해 현실적인 상태(제품을 소유하지 않음)와 이상적인 상태(그것을 소유함) 사이에서 충분한 괴리를 지각시키려고 노력한다.

4) 문제의 인식

소비자는 내부적 자극(생리적 신호인 배고픔이나 목마름의 느낌)이나 외부적 자극(마케팅 자극과 환경적 영향)에 노출될 때 현실적인 상태와 이상적인 상태를 비교하게 되는데 두 상태 사이의 괴리가 어느 정도(점화수준) 이상으로 크다고 지각되면(문제의 인식) 그러한 자극과 관련되는 욕구를 환기시켜 동기로 전환시킨다. 동기는 곧 이어 두 상태 사이의 괴리를 해소시키려는 행동을 유발시키므로 소비자 행동에 대한 이유가 되는데, 결국 환기된 욕구 또는 활성화된 욕구인 것이다.

소비자가 새로운 의사결정 문제를 인식하고 나면 두 가지의 전형적인 결과가 나타난다. 첫째는 어떤 환경적 요인이 두 상태 사이의 괴리를 해소하려는 노력을 방해할 때 문제해결 활동을 중지하는 것인데 예를 들어, 화재가 나서 가재도구를 모두 잃은 소비자는 먼저 갖고 있던 것과 같은 컬러 TV세트를 사고 싶지만 보험금액이 충분치 않거나 다른 품목의 필요성이 우선한다면 얼마동안 TV없이 살기로 결심할 것이다. 따라서 소비자의 현실적인 상태(TV를 소유하지 않음)와 이상적인 상태(TV

를 소유함) 사이의 괴리에도 불구하고 TV를 구매하려는 그의 의사결정은 시작되지 않을 수 있다.

문제의 인식으로부터 일어나는 결과 중 둘째는 정보탐색에 참여함으로써 의사결정 과정의 다음 단계로 나아가는 것이다. 마케팅 시사점 마케터는 소비자로 하여금 자신의 상표를 탐색 또는 평가, 구매하도록 유도하기 위해 실제적 상태(제품을 소유하지 않음)와 이상적 상태(그것을 소유함) 사이에서 충분한 괴리를 지각시키려고 노력한다. 예를 들어, 문제를 아직 인식하지 않고 있는 소비자에게 새로운 자극(신제품 광고 등)을 노출시킴으로써 그들의 실제적 상태를 신중하게 검토하여 문제점을 찾아내도록 하거나 이상적 상태를 상향적으로 바꿈으로써 괴리를 느끼게 만들고 그러한 괴리를 해소하려는 행동(제품의 구매)을 촉구한다.

그러나 마케터가 항상 소비자로 하여금 실제적 상태와 이상적 상태 사이의 괴리를 크게 느끼도록 만드는 것은 아니다. 즉 금연운동단체는 소비자의 실제적 상태(흡연습관)와 이상적 상태(폐암의 위험감소) 사이의 괴리를 크게 느껴 금연하도록 촉구하지만, 반대로 담배회사들은 이상적 상태를 긴장감 해소, 심리적 만족감 등으로 설정하여 실제적 상태(흡연습관)에 대해 괴리를 적게 느끼고 흡연을 계속하도록 권유한다(미안하니까 아마도 지나친 흡연은 삼가하라고 할 수는 있음). 따라서 마케터는 자신의 마케팅 목표에 따라 소비자가 느끼는 괴리의 크기를 증대시키기도 하고 감소시키기도 한다.

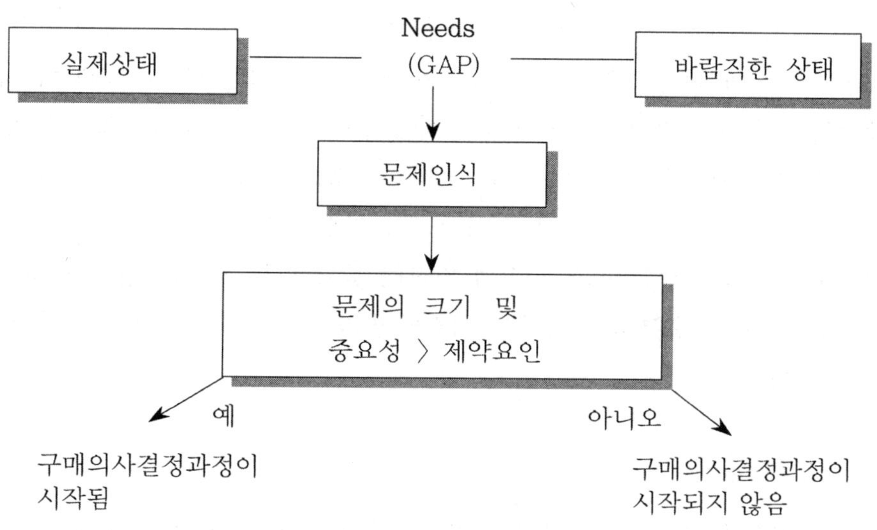

[그림 4.5] 문제인식과 문제해결과정

2. 정보의 탐색

일단 새로운 의사결정 문제를 인식하여 특정한 욕구가 환기되고 나면 소비자는 의사결정에 필요한 정보를 탐색하기 시작한다.

1) 정보탐색의 유형과 양

정보란 "어떠한 사실이나 여건에 관하여 획득된 지식"이며 탐색이란 "의사결정을 위해 소비자가 참여하는 정신적 및 신체적인 정보획득과 처리활동"을 말한다. 소비자가 정보를 획득하는 방법은 능동적 탐색과 수동적 수용으로 구분할 수 있는데, 수동적 수용이 정보획득의 구체적인 목표를 갖지 않는데 반하여 능동적 탐색은 명확하게 정의된 문제와 정보획득의 목표를 갖고 수행된다. 능동적 정보탐색은 내부적 탐색과 외부적 탐색으로도 구분된다.

(1) 내부적 탐색

내부적 탐색이란 소비자가 새로운 의사결정 문제를 인식한 후 처음으로 실시하는 정보탐색 활동으로서 의사결정 문제와 관련하여 기억 속에 저장되어 있는 정보를 회상하고 검토하는 일을 말한다. 즉 소비자는 기억 속에 이미 저장되어 있는 정보들을 현재 당면한 의사결정 문제에 적용시키기 위하여 회상할 수 있는데, 이러한 내부적 탐색은 소비자가 의사결정 문제를 신중히 다루거나 기억 속에 저장된 정보가 많을 때 증대되는 경향이 있다. 따라서 늘 사용해 오던 상표의 화장비누를 반복구매하는 경우에는 기억검토가 대단히 자동적이며 거의 무의식적으로 일어난다.

대부분의 경우 내부적 기억검토로부터 획득된 정보는 소비자의 의사결정 문제를 해결하기 위하여 충분하므로 많은 의사결정이 외부적 정보에 대한 탐색없이 이루어진다. 그러나 현재 자신이 기억 속에 저장해 갖고 있는 지식과 정보가 의사결정 문제를 해결하는 데 충분하지 않다고 지각하면 외부적 탐색으로부터 추가적인 정보를 탐색한다.

(2) 외부적 탐색

외부적 탐색이란 기억으로부터 회상될 수 있는 정보에 덧붙여 외부적 원천으로

부터 의사결정에 필요한 새로운 정보를 획득하는 탐색활동을 말한다. 이러한 설명은 마치 외부적 탐색에 앞서서 내부적 탐색이 완료되어야 하는 것처럼 오해를 야기시키기 쉽지만 그렇지는 않다. 즉 소비자는 약간의 내부적 탐색만을 통해서도 내부적으로 가용하지 않은 정보를 확인할 수 있을 뿐 아니라 상반되는 정보나 내부적 탐색의 방해가 외부적 탐색을 격려할 수도 있는 것이다. 또한 외부적 탐색 동안에도 획득된 정보를 해석하거나 보완하기 위하여 다시 내부적 탐색이 시작될 수도 있으므로 내부적 탐색과 외부적 탐색은 순차적이라기보다는 지속적인 순환과정이다.

2) 탐색되는 정보의 유형과 양

소비자의 의사결정 문제를 해결하기 위해 필요한 정보항목은 대체로 다섯 가지로 구분할 수 있다.

대안의 존재	의사결정의 다음 단계인 대안평가를 위해 소비자는 우선 대안들의 존재를 확인해야 한다.
제품범주의 욕구기준에 관련되는 물리적 속성을 선정하기 위한 정보	소비자는 제품범주 내에서 대안들을 평가하는 데 적용할 욕구기준을 명확히 하고 대안들을 계량적으로 평가하기 위한 물리적 속성을 선정해야 한다.
이러한 속성들을 가중하기 위한 정보	욕구기준으로부터 도출된 물리적 속성들은 욕구충족에 기여하는 정도가 다를 것이므로 소비자는 속성들의 상대적인 중요성을 결정해야 한다.
각 대안이 제공하는 물리적 속성의 크기(속성점수)에 관한 정보	소비자는 대안들이 각 물리적 속성을 어느 정도나 갖고 있는지를 결정해야 한다.
각 대안의 가용성에 관한 정보	소비자는 시간과 장소의 측면에서 대안의 가용성을 검토해야 한다.

마케팅 시사점 의사결정의 전체과정에서 본다면 제품범주 내에는 많은 상표가 존재할 수 있으나(total set of brands) 소비자가 그들 모두를 알고 있지는 않으므로 일부 상표는 고려에서 제외될 수밖에 없다. 여기서 '고려'란 정보탐색은 물론 대안평가와 각 구매단계의 활동을 지칭하는데, 소비자가 알고 있는 상표들(인지 세트)중에서도 일부는 다음과 같은 이유로 고려되지 않을 수도 있다.

- 상표가 자신의 지불능력 범위를 넘어선다.
- 상표가 자신의 욕구기준에 충분하지 않다.
- 상표를 평가할 충분한 정보를 갖고 있지 않다.
- 상표를 사용해 본 경험이 만족스럽지 못했다.
- 현재 사용 중인 상표에 만족하고 있다.
- 광고나 구전 커뮤니케이션으로부터 부정적인 영향을 받고 있다.

따라서 인지셋awareness set내에는 세 가지의 하위 세트가 존재한다. 즉 환기셋evoked set은 소비자가 구매와 소비를 위해 긍정적으로 평가한 상표들로 구성되며, 불활성셋inert set은 소비자가 긍정적으로도 부정적으로도 평가하지 않은 상표들로 구성된다. 아마도 소비자는 그들을 평가할 충분한 정보를 갖고 있지 않거나 단순히 환기세트에 속하는 상표보다 특별히 낫지 않다고 지각할 수 있다. 부적셋inept set은 불유쾌한 경험이나 부정적인 구전 커뮤니케이션으로 인하여 고려에서 제외되는 상표들로 구성된다. 소비자는 상표를 알고, 그것을 긍정적으로 평가할 경우에만 구매할 것이므로 마케터는 우선 소비자의 인지 셋을 파악해야 하며, 자신의 상표가 소비자의 환기 세트에 포함될 수 있도록 노력해야 한다. 이러한 인지셋과 환기셋은 결국 경쟁관계에 있는 상표들을 보여주는 것이다.

한편 소비자가 어느 정도로 많은 정보를 탐색하는지에 대해서는 다양한 요인들이 영향을 미친다. 가장 두드러진 요인은 정보탐색의 비용-혜택 관계인데, 정보탐색은 여러 가지 잠재적인 혜택을 제공하지만 또한 비용을 야기 시키기 때문에 소비자는 탐색활동을 통하여 추가되는 혜택이 소요되는 추가적 비용보다 크다고 지각되는 한 정보탐색의 양을 증대시켜 나갈 것이다.

탐색활동으로부터 얻어질 수 있는 가장 중요한 혜택은 '보다 나은' 구매결정의 가능성이기 때문에 소비자들은 이러한 잠재적 혜택이 큰 고가품의 구매에서 광범위하게 탐색하려는 경향을 보인다. 많은 사람들은 새로운 것을 구매하길 좋아하며 쇼핑을 즐거운 일이라고 생각하므로 쇼핑의 즐거움도 탐색활동의 혜택이 될 수 있다. 그러나 탐색활동은 여러 가지 비용을 수반한다. 우선 점포에 가는 여행과 주차에 관련되는 화폐적 비용이 야기되며 시간도 소요된다. 세 번째 탐색비용은 제품 소유나 소비의 즐거움을 연기하는 것인데 예를 들어, 탐색활동이 제품사용으로부

터 얻어지는 만족을 지연시킨다는 이유에서 소비자는 광범위한 탐색활동을 회피할 수도 있다. 네 번째의 탐색비용은 탐색활동이 소비자 마음에 주는 부담이다. 쇼핑이 즐거운 활동이기도 하지만 특히 명절 세일의 경우라면 좌절과 분노를 주기도 하는데, 이러한 심리적 비용이 크다면 탐색활동의 크기는 감소할 것이다.

이밖에도 정보탐색의 양은 제품의 유형, 거래점포의 유형, 의사결정문제의 긴박성 · 중요성 · 복잡성, 의사결정의 중요성, 지각된 위험의 크기, 학습 및 경험의 양, 소비자의 인구 통계적 특성, 상황요인 등으로부터 영향을 받는다.

3) 정보의 외부적 원천

소비자는 외부적 탐색활동에서 마케터 주도적인 원천, 소비자 주도적인 원천, 중립적 원천 등 세 가지의 정보원천에 의존한다.

(1) 마케터 주도적인 원천

마케터 주도적인 원천은 마케터의 직접적인 통제 하에 있으며 제품 자체, 포장, 가격, 광고, 판매촉진, 인적 판매, 진열, 유통경로와 같은 커뮤니케이션 수단을 포함한다. 소비자가 이러한 원천을 선호하는 것은 정보가 즉시 가용하며 적은 노력으로 얻어질 수 있고 기술적으로 정확하다고 지각하기 때문이지만, 간혹 정보만이 제공되며 정보가 믿을만하지 않다고 지각할 수도 있다.

(2) 소비자 주도적인 원천

소비자 주도적인 원천은 마케터의 직접적인 통제 하에 있지 않은 모든 개인간 정보교류를 포함하는데, 소비자 욕구에 맞춰 정보가 제공된다는 융통성과 신뢰성, 가용한 정보의 대량성의 특징을 가진다. 그러나 정보가 항상 정확치는 않으며 정보가 탐색되어야 한다는 점이 이러한 원천의 사용을 방해한다.

(3) 중립적 원천

중립적 원천은 정부보고서, 조사기관이나 공인 검사기관의 보고서 등을 포함하는데, 원천이 신뢰가능하다고 지각된다. 그러나 정보가 불완전하고(모든 상표가 보고되지 않는다), 정보획득에 시간과 비용이 많이 소요되며 정보가 오래되었거나 소비자와 제품평가 기준을 달리할 수 있다.

일반적으로 노출의 측면에서는 마케터 주도적인 원천이 가장 효과적이며, 영향력 기준에서는 중립적 및 소비자 주도적인 원천이 더욱 효과적이지만 어떠한 원천이 사용될지는 다음 요인들에 의해 결정된다.

탐색되는 정보의 유형	대안의 존재와 가용성에 관한 정보는 대체로 마케터 주도적인 원천으로부터 탐색되지만 각 대안의 속성점수는 소비자 주도적인 원천으로부터 탐색되는 경향이 있다.
제품과의 과거경험	제품을 구매하여 사용함으로써 만족하였던 소비자는 단순히 내부적 원천에 의존하는 경향이 있다.
지각된 위험	지각된 위험이 클 때 소비자는 소비자 주도적인 원천을 통하여 이를 감소시키려고 하거나 품질 공인표시와 같은 중립적인 원천에 의존한다.
제품의 유형	신제품이거나 제품이 복잡한 경우라면 마케터 주도적인 원천이 많이 이용된다.
개인적 특성	소비자 자신의 소득 및 교육수준, 성별, 구매횟수, 연령 등의 특성도 정보원천의 사용패턴에 영향을 미친다.

마케팅 시사점 소비자가 의사결정을 위해 어떠한 유형의 정보를 어떠한 정보원천으로부터 획득하는지를 파악하는 일은 그들에게 유용한 정보를 효과적으로 제공하기 위해 마케터가 구체적인 정보항목이나 정보제공경로를 설계하는 데 도움을 준다. 이를 위해 마케터는 정보원천의 유형, 정보항목 유형, 소비자의 인구 통계적 특성 등 변수집합 사이의 정준상관분석을 수행할 수 있다.

4) 정보탐색의 결과

소비자가 의사결정에 필요한 추가적인 정보를 외부적으로 탐색하는 일은 새로운 상표의 존재와 가용성을 알게 하고 상표들을 평가하는 데 사용되는 욕구기준이나 상표특성에 관한 신념에 영향을 미치는 등 다음과 같은 결과를 초래한다.

(1) 상표를 평가하기 위해 사용되는 욕구기준의 변화

욕구기준의 변화는 이제까지 고려하지 않아왔던 새로운 욕구기준이 인식되거나

그들의 우선순위가 바뀜으로써 일어난다. 예를 들어, 정보탐색을 통하여 소비자는 승용차의 선택에서 승차감이라는 새로운 욕구기준을 도입하든가 가장 중요시하는 욕구기준을 경제성에서 안전성으로 바꿀 수 있다.

(2) 상표에 관한 신념의 변화

새로운 정보는 소비자로 하여금 상표들에 관한 기존의 신념을 변경하도록 할 수 있다. 예를 들어, 단순히 배기량이 큰 승용차의 연비가 낮다고 생각하던 소비자가 '콩코드' 승용차의 배기량 2000cc의 모델이 새로운 엔진을 채택하여 오히려 배기량 1800cc의 모델보다 연비가 높다는 점을 처음으로 알게 될 수 있다. 이러한 신념의 변화는 결국 평가단계를 거치는 동안 상표에 대한 평가와 행동성향에도 영향을 미친다.

3. 대안평가

소비자는 정보탐색을 통해 획득된 정보로부터 대안들을 평가하기 위한 속성을 선정하고 가중치를 결정한 다음 각 대안의 속성점수들을 종합하여 태도를 형성하는데, 이러한 활동을 소비자의 의사결정 과정상 대안평가라고 한다. 한편 소비자가 평가활동에 참여하는 정도는 대체로 정보탐색의 양에 영향을 미치는 유사한 요인에 의해 결정된다.

1) 평가속성의 선정과 가중치의 개발

대안평가의 단계에서 소비자는 우선 자신이 인식한 문제를 해결하는 일에 관련된 욕구기준을 선정(또는 변경)한 후, 그것을 구체적인 물리적 속성으로 변환시켜야 한다. 즉 소비자는 여러 가지 물리적 속성상에서 대안들을 평가하여 속성평점을 결정하는데, 이러한 속성들은 소비자가 제품에서 모색하는 바람직한 제품특징으로서 소비자에 따라 다를 수 있다. 그러나 대안들을 평가하기 위해 소비자가 실제로 사용하는 속성은 대안들이 갖고 있는 다양한 속성 중에서 일부에 불과한데, 그러한 속성들만이 매우 중요하고 대안들 사이에서 큰 차이를 보이기 때문에 평가에 이용되며 이들을 특히 결정적 속성이라고 부른다. 또한 욕구기준에 관련된 평가속성들은 상대적인 중요도가 다를 것이므로 소비자는 욕구기준에 대한 기여도에 따라 각 속성의 가중치를 결정한다.

대안을 평가하는 과정에서 소비자가 사용하는 속성의 수는 제품에 따라 다르지만 일반적으로 9개 이하이며, 관여도가 높은 제품에서는 그 수가 증가한다. 또한 평가속성과 가중치는 소비자가 새로운 경험과 정보를 얻음에 따라 변할 수 있다. 마케팅 시사점 마케터는 자신이 중요하다고 생각하는 속성을 소비자측에서도 결정적 속성이라고 간주하는 오류를 범하기 쉽다. 예를 들어, 승용차에 있어서 안정성은 매우 중요한 속성이지만 실제의 소비자들이 승용차 상표간의 안정성의 차이를 지각하지 않는다면 안전성은 의사결정에 있어서 결정적이지 않은 것이다. 따라서 안전성을 강조하기보다는 다른 결정적 속성을 강조하는 마케팅 노력이 효과적이다.

2) 대안에 대한 태도형성

평가속성과 가중치를 결정하고 나면 소비자는 우선 각 대안을 '결정적' 속성들 상에서 평가하여 속성평점을 결정하는데, 이 때 소비자는 객관적 정보를 참조하지만 본질적으로 주관적인 신념을 근거로 하기 때문에 속성점수는 신념점수belief score라고도 부른다. 따라서 소비자는 결정적 속성들에 대한 신념(결정적 신념)들만을 고려하여 신념점수를 결정하게 된다. 그 다음 소비자는 각 대안이 결정적 속성상에서 차지한 신념점수들과 속성가중치들을 일정한 규칙에 따라 태도점수로 종합하는데, 당연히 태도점수는 각 대안에 대한 호의적인 정도와 행동성향(구매의도)을 암시한다.

3) 대안평가의 결과

대안평가 단계는 소비자에게 다음 세 가지 결과중 하나에 이르게 한다. 첫째, 소비자는 제품 또는 상표가 그의 욕구기준을 충족시키는 정도를 근거로 하여 태도를 형성한다. 따라서 평가단계는 탐색된 정보를 통합함으로써 심리세트 내의 감정적 요소와 행동적 요소를 결정한다. 둘째, 수용 가능한 제품을 확인하지 못하였다면 의사결정을 포기할 수 있다. 셋째, 수용 가능한 대안이 아직 발견되지 않았으나 추가적 탐색활동의 혜택이 부수되는 비용보다 클 것이라고 느낀다면 정보탐색 활동을 계속할 수 있다.

4. 선택(구매)

대안평가의 결과로서 구매의도를 형성하였다면 소비자는 다른 외부적 제약이 없는 한 실제로 그 대안을 선택하여 구매한다. 그러나 복잡한 의사결정에서는 여러 가지의 부수적인 의사결정이 추가적으로 수행되어야 한다.

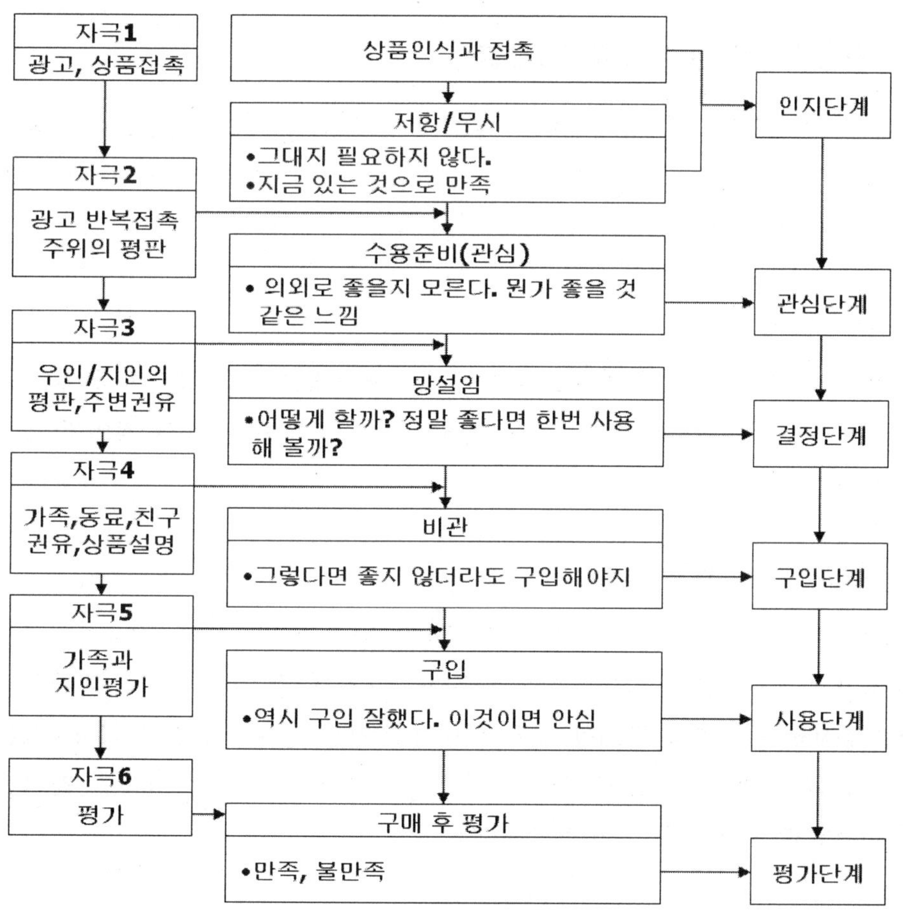

[그림 4.6] 소비자의 구매행동과정

1) 구매를 방해하는 외부적 제약

다음은 구매를 연기하거나 구매하지 않으려는 의사결정이 있을 수 있음을 보여줄 뿐 아니라, 의사결정 과정이 어느 단계에서나 종결될 수 있음을 보여준다.

예를 들어, 소비자는 정보탐색이나 평가 동안 그의 욕구를 충족시킬 적절한 상표를 발견치 못하거나, 어떤 상표를 구매하기로 결심한 후라도 외부적 제약 때문에 예견치 않던 구매지연이나 구매하지 않으려는 결정에 이를 수 있다. 즉 상표의 불가용성 또는 가격변화, 새로운 상표에 관한 정보는 소비자의 의사결정을 연기하거나 변경하게 한다.

2) 구매와 관련된 부수적 의사결정

구매의도와 실제 구매 사이에서는 여러 가지 부수적인 의사결정들이 존재하며, 특히 복잡한 의사결정에서는 부수적 의사결정의 수가 많기 때문에 실제의 구매까지는 많은 시간이 걸리기도 한다.

(1) 점포의 선정

구매에 필요한 부수적인 의사결정 중에서 점포선정은 매우 중요한데 예를 들어, 어느 점포에서 옷을 구매할 것인지의 문제는 간혹 어느 상표를 살 것인지 보다 더 중요할 수 있다.

(2) 대금지불에 관한 결정

오늘날의 많은 구매에서 지불방법의 결정은 중요한 문제이다. 지불방법의 결정은 소비자들이 현금으로 지불하든가 신용카드를 꺼낼 수 있는 단순한 문제일 수도 있지만 값비싼 내구재를 구매할 경우 신용의 조건을 선택하기 위한 의사결정은 대단히 중요하다. 예를 들어, 소비자는 가장 우호적인 대금 지불 방법을 찾기 위해 돌아다니며 많은 대안을 고려할 수 있다.

(3) 관련된 제품이나 부수적 서비스에 관한 의사결정

한 제품의 구매는 간혹 관련된 다른 제품에 관한 의사결정을 수반하기도 하는데 예를 들어, 승용차의 구매는 시트의 선택 문제를 수반한다. 또한 제품의 구매와 사용에 관련되는 부수적 서비스에 관한 의사결정문제도 해결되어야 한다.

5. 구매 후 평가 및 행동

소비자의 전체 의사결정과정은 대안의 선택으로 종결되는 것이 아니라 구매 후 평가 및 그에 대응하는 행동까지를 포함한다. 이러한 구매 후 평가 및 행동은 소비자 심리세트에 피드백 되어 다음번의 의사결정에 영향을 미친다.

1) 구매 후 평가

구매 후 소비자는 구매결과에 관한 평가활동에 참여하는데, 이러한 평가는 다음과 같은 세 가지 기능을 수행한다. 첫째, 소비자의 기억 속에 저장된 경험과 지식을 증대시키고, 둘째, 제품이나 점포를 선정함에 있어서 그가 소비자로서 얼마나 훌륭한지를 보여주며, 셋째, 이 단계로부터 소비자가 받는 피드백은 미래의 구매전략을 조정하도록 도와준다.

(1) 소비자 만족 · 불만족

만족이란 "하나의 구매에 있어서 희생(제품을 획득하기 위해 지출된 금액)이 충분히 보상되고 있는 상태"를 말하는데, 여기서 충분한 보상이란 실제의 구매와 소비경험에서 지각된 대안의 성능이 대안평가의 단계에서 태도를 형성하면서 기대했던 성능보다 같거나 큼을 의미한다. 즉 소비자는 구매에 앞서서 구매결과에 관한 기대를 형성하는데, 이러한 기대는 대안의 구매로부터 소비자가 누릴 수 있을 것으로 예견되는 효익과 그러한 효익을 얻기 위해 지출해야 하는 비용 및 노력 등에 관련되며, 그러한 기대는 실제로 지각된 측면들과 비교된다.

따라서 소비자가 한 대안을 구매하고 나면 만족하든가 불만족할 것인데, 그러한 과정은 다음과 같다. 즉 실제로 지각되는 성과가 기대했던 성과보다 클 경우를 긍정적 불일치라고 하며 만족에 이르는데 반해 실제로 지각되는 성과가 기대했던 성과보다 작을 경우를 부정적 불일치라고 하며 불만족에 이른다. 구매로부터의 만족이 소비자에게 주는 결과는 보다 우호적인 구매 후 태도, 구매의도의 증가, 상표충성이며 불만족은 덜 우호적인 구매 후 태도, 구매의도의 감소 내지 소멸, 상표대체, 불평행동, 부정적 구전 커뮤니케이션을 야기시킬 것이다.

마케팅 시사점 만족과 불만족은 주로 구매전 기대성능과 구매 후 실제로 지각된 성능 사이의 관계로부터 결정되지만 일부 개인적 특성이 조정변수로 작용하는 것으로 밝혀졌다. 즉 연령이 많을수록 기대수준이 낮고 만족하는 경향이 있으며, 여성이나 교육수준이 높은 사람일수록 덜 만족한다. 또한 구매에 자신감을 가질 때나 관련된 다른 사람이 만족되었다고 지각할 때 더욱 만족하는 경향이 있다. 따라서 마케터는 만족한 고객과 불만족한 고객이 어떠한 개인적 특성에서 차이를 보이는지를 알아내기 위하여 판별분석을 수행할 수 있으며, 고객집단별로 만족에 기여하는 제품요인과 불만족에 기여하는 제품요인을 검토하여 불만족을 극소화하고 만족을 극대화하기 위한 마케팅 전략을 개발해야 한다.

(2) 구매 후 부조화dissonance

구매결과에 대해 만족하는지의 여부와 관계없이 소비자는 구매 후 자신이 내린 구매결정의 현명함에 대하여 회의심을 느낄 수 있는데, 이를 구매 후 디서넌스라고 한다. 이러한 구매 후 디서넌스는 다음과 같은 여건에서 증대되는 경향이 있으며, 소비자에게 마음고생을 시켜 괴롭히기 때문에 소비자는 심리적인 안정을 회복하기 위해 다양한 노력을 통해 그것을 감소시키려고 노력한다.

- 소비자가 자신의 의사결정을 바꾸거나 취소할 수 없을 때
- 거부된 대안이 바람직한 특성을 많이 가질 때
- 여러 개의 바람직한 대안 중에서 선택을 해야 할 때
- 대안들이 상이한 특성을 가질 때
- 개인적 중요성 때문에 소비자가 의사결정에 깊이 관여될 때

2) 구매 후 행동

구매 후 행동은 구매 후 디서넌스 대응과 제품의 처리로 대별할 수 있다.

(1) 구매 후 디서넌스에 대한 대응행동

- **대안들에 대한 재평가**

소비자는 거부된 대안의 우수한 측면을 경시하고 선택된 대안의 우수한 측면을 중시하거나, 대안들이 평가단계에서 생각했던 것보다 비슷하다고 간주(차이를 무시)함

으로써 디서넌스를 감소시킬 수 있다.

- **선택적 기억**

소비자는 거부된 대안의 긍정적 측면과 선택된 대안의 부정적 측면을 잊고 선택된 대안의 긍정적 측면만을 기억함으로써 디서넌스를 감소시킬 수 있다.

- **새로운 지지정보의 탐색**

소비자는 자신의 구매결정이 현명했음을 지지해 주는 정보를 추가적으로 탐색함으로써 디서넌스를 감소시킬 수 있다.

- **태도의 변경**

소비자는 자신이 취한 행동(선택)과 일치하도록 대안에 대한 태도를 바꿈으로써 디서넌스를 감소시킬 수 있다. 예를 들어, 애초에 비우호적인 태도를 갖는 소비자들에게 쿠폰이나 무료견본을 제공하여 신제품을 시용시킨다면 비우호적 태도가 제품사용 행위와 일치하지 않기 때문에 디서넌스를 일으킬 것이다. 이 때 소비자는 디서넌스를 감소시키기 위해 제품의 사용을 거부하기 보다는 자신의 태도를 변경할 수 있다. 즉 제품에 대해 애초에 갖고 있던 부정적인 태도를 긍정적인 태도로 바꿈으로써 이미 취한 행동에 대해 긍정적 태도를 취함으로써 태도를 행동에 일치시켜 디서넌스를 감소시킬 수 있다. 물론 소비자는 디서넌스를 감소시키기 보다는 제품을 적절히 처리하고 구매한 제품에 대하여 부정적인 태도를 형성할 수도 있다.

마케팅 시사점 구매 후 디서넌스를 많이 경험하는 소비자는 다시는 그러한 제품을 구매하지 않을 뿐 아니라 다른 사람들에게 비우호적인 구전커뮤니케이션을 수행할 것이기 때문에 마케터는 디서넌스를 많이 경험하는 경향이 있는 고객들의 개인적 특성과 디서넌스의 발생원인 등을 조사하여 다음의 대책들을 포함하여 다양한 디서넌스 감축전략을 구사해야 한다.

- 제품을 효과적으로 관리 및 유지를 위한 지침을 제공한다.
- 제품의 품질 및 성능을 보증한다.
- 훌륭한 부대서비스를 제공하고 불평을 즉각적으로 해결해 준다.
- 다른 소비자들의 만족스러운 모습을 광고한다.
- 사후관리를 통하여 고객만족을 유지시킨다.

이러한 전략적 접근과는 반대로 마케터는 간혹 경쟁사의 고객들에게 디서넌스를 유발시킬 수 있는데 예를 들어, 버거킹Burger King은 경쟁제품의 품질이나 준비방법에 대해 의문을 제기하여 경쟁사 고객들이 많은 디서넌스를 느끼도록 만들었다.

(2) 제품의 처리

소비자가 구매한 제품을 처리하는 방법은 다음과 같이 다양하며 의사결정자의 심리적 특성, 제품의 고유적 요인, 제품의 부대적인 상황요인 등이 구체적인 처리방법에 영향을 미친다.

의사결정자의 심리적 특성	퍼스낼리티, 태도, 지각, 학습, 창의성, 지적 능력, 사회계층, 위험수용수준, 동료 압력, 사회적 의식 등
제품의 고유적 요인들	지위 상징성, 제품의 상태, 사용년수, 규격, 스타일, 가치, 색채, 동력원, 기술혁신, 적합성, 신뢰성, 내구성, 초기투자, 대체원가 등
제품의 부대적인 상황요인들	자금상태, 창고면적, 유행변화속도, 획득계기(선물/사용), 법적 고려(세금 관계) 등

구글 성장 속 직원들 속속 이탈

미국 최대의 인터넷 검색엔진 업체 구글이 창업 당시와는 비교할 수 없을 정도로 성장하면서 일부 직원들이 경쟁 관계에 있는 IT업체로의 전직이나 신규 창업 등을 통해 회사를 떠나고 있다고 뉴욕타임스(NYT)가 29일 보도했다.

불과 12년 전만 해도 주차장에서 시작한 볼품없는 벤처기업에 불과했던 구글이 실리콘밸리의 거대한 터줏대감으로 성장하면서 내부에서도 관료주의적 경향이 늘자 이에 실망한 직원들이 작고 민첩한 기업을 찾아 떠나고 있다는 것이다. 구글은 급여 인상은 물론 사내 창업 시스템 도입 등을 통해 직원들의 이탈을 막는데 안간힘을 쓰고 있다. 실제로 올해 구글의 한 판촉 책임자가 상사에게 회사를 그만두고 페이스북 으로 자리를 옮기겠다는 의사를 밝히자 구글은 그에게 거액의 급여 인상을 제안했다.

이 책임자가 돈이 문제가 아니라며 거부하자 회사는 이번엔 승진과 함께 다른 부문에서 일할 수 있게 해주겠다거나 심지어 구글 회사 내부에 자신만의 벤처기업을 창업할 수 있게 해주겠다고 설득했다. 하지만 결국 이 책임자는 이런 회유책을 모두 뿌리치고 회사를 떠났다. 그는 "구글은 아주 크고 느리게 움직이는 회사가 됐다"면서 "페이스북 에서는 구글보다 일이 얼마나 빨리 처리되는지를 느낄 수 있다"고 말했다. 최근 구글을 떠난 직원들은 엔지니어나 판촉책임자 등이지만, 구글맵과 웨이브 개발에 기여했던 라스 라스무센, 모바일 광고 담당 부사장이었던 애드몹 설립자 오마르 하무리 등의 유능한 인재들도 포함돼 있다. 구글이 5년 전 직원수 5천명에 매출 32억 달러의 업체에서 2만3천명의 직원을 거느리고 237억달러의 매출을 올리는 대형 기업으로 성장한 대신 유능한 인재와 참신한 차세대 아이디어를 잃을 수 있는 위험에 처했다는 얘기다.

NYT의 분석에 따르면 페이스북의 직원 1천700명중 최소한 142명은 구글에서 이탈한 직원인 것으로 파악됐다. NYT는 모든 기업이 성장하면서 내부 조직의 경직화 문제가 대두되지만, 기업들이 인터넷의 속도로 성장하면서 끊임없는 혁신을 자부심으로 삼고 있는 실리콘밸리에서는 관료주의와 업무처리 속도 지연 등의 문제가 더욱 심각하게 느껴질 것이라고 지적했다.

(뉴욕연합뉴스 2010. 11. 30)

Chapter

05 자사분석

제 1 절 자사분석의 개요

1. 자사분석의 개념

시장분석과 경쟁분석이 이루어진 후에는 분석의 초점을 자사의 사업상황으로 전환하여야 한다. 자사분석은 자사의 성과수준, 강·약점 그리고 제약조건을 파악하기 위한 자기통찰 과정이다. 자사분석은 이용 가능한 정보의 양이 많으므로 경쟁사분석보다 더 심층적으로 이루어진다. 경영전략의 수립과 효율적 수행을 위해서는 기업이 처한 현재의 경쟁적 위치에 대한 면밀한 파악이 필요하다. 이는 현재 수행되고 있는 경영전략이 기업의 생존과 성장의 전략적 기초가 되기 때문이다.

자사분석의 핵심내용은 자사의 내부 강·약점에 대한 규명 및 평가, 자사가 직면한 외부시장기회와 전략적 기회에 대한 규명 및 평가, 자사의 경쟁적 위치의 강·약점 평가, 현사업전략과 기능별 전략의 효율성 여부 규명, 자사와 자사 사업의 독특한 전략적 쟁점 및 문제점의 도출이다. 이러한 내용들은 어떠한 사업전략이 자사의 전반적인 상황과 적합한가를 판단하는데 핵심적인 구실을 하게 된다.

2. 자사분석과 전략적 의사결정과의 관계

자사분석에서는 조직의 강점과 약점을 확인할 뿐만 아니라 이러한 강·약점을

경쟁사와 비교하거나 시장상황과의 적합성을 비교해 보아야 한다. 이러한 자사분석은 [그림 5.1]과 같이 다음의 세 가지 내용에 대한 평가에 기초를 두어야 한다.

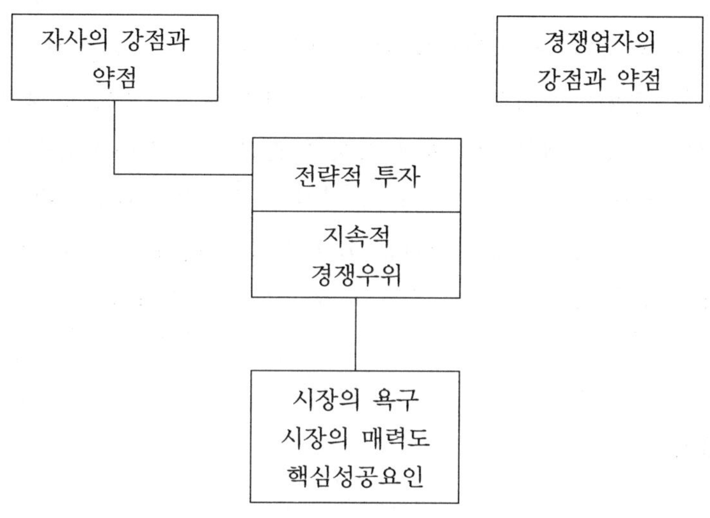

[그림 5.1] 전략적 의사결정시 고려사항

(1) 조직의 강점과 약점에 관한 것이다. 자사조직에 대한 강약점의 평가는 내부분석의 기초가 되므로 이에 대한 정확하고 면밀한 파악이 선행되어야 한다.
(2) 경쟁사의 강점과 약점에 대해 평가하여야 한다. 이 평가의 목적은 경쟁사의 약점에 대항할 강점을 찾는데 있다. 만약 조직의 강점이 경쟁업자의 강점에 의해 상쇄되면 조직의 강점은 거의 가치가 없어지고, 같은 논리로 만약 경쟁사들이 자사와 동일한 약점을 보유하고 있다면 자신의 약점은 별로 중요하지 않을 것이다. 그러나 조직의 약점이 경쟁사의 강점과 결부된다면 기업생존과 성장에 심각한 문제가 야기될 수 있다.
(3) 시장의 매력도와 시장에서의 핵심성공요인들에 관한 평가이다. 기업이 특정산업에서 성장하려면 자사의 강점이 시장에서의 핵심성공요인이 될 수 있어야 한다. 가장 최선의 상황은 특정 성장산업에서 자사가 핵심성공요인에서 강점을 보유하고 있고, 경쟁사들은 이러한 강점들을 획득할 가능성이 없는 상황이다. 그러나 자사가 핵심 성공요인을 보유하지 못한 경우에는 성장기회를 발견하였다 하더라도 그 기회를 활용할 수 없다.

제 2 절 자사분석

자사분석은 시장 및 경쟁분석과 유리되어 있거나 별개의 것은 아니고 오히려 시장 및 경쟁분석 결과를 토대로 자사의 사업 분석의 주요변수를 확정하게 된다. 자사분석의 목적은 사업능력을 검토하여 경쟁적 관점에서 자사의 강점 및 약점의 존재여부 및 실체를 규명하고 궁극적으로는 자사의 효율적인 대응전략을 선택하는데 있다. 자사분석의 내용은 자사의 성과분석, 과거와 현재의 전략, 자사의 전략적 문제점, 조직의 내부특성, 원가구조, 조직의 강 · 약점을 파악하는 것이다.

1. 성과분석

자사분석은 일반적으로 성과분석을 기초로 한다. 경영성과에 대한 정보는 특정 전략 검토 여부와 현 전략의 변경 여부를 결정할 수 있는 토대를 제공한다. 성과분석은 다른 측면의 내부분석도 역시 도울 수 있다. 사업부들이 잘 운영되고 있는가를 파악함으로써 조직의 강점이 있는 부분을 파악할 수 있고 반대로 어떤 사업이 열세에 처해 있는가를 파악함으로써 전략적인 문제점들과 약점이 있는 부분을 파악할 수 있다.

성과분석은 사업단위의 전망을 예측하는 첫 단계로서 자사의 제품 또는 사업 포트폴리오의 전략적 투자결정과 관련되어 있다. 즉 사업의 청산, 현금회수, 현 수준 유지, 성장의 선택 등과 같은 전략적 의사결정에 대한 기초자료를 성과분석을 통해 제공할 수 있다.

성과분석은 장기적 · 단기적 사업전망을 반영하는 목표와 관련되어 논의되어야 한다. 즉, 기업의 목표가 장기적인 생존인지 지속적인 성장인지에 따라 성과측정의 해석이 달라져야 한다.

> 예를 들어 장기적인 생존이 기업의 목표라면 단기적인 현금회수나 시장점유율 등을 기준으로 한 성과측정은 무의미해지고 혁신, 생산성 향상, 자원 확보 등과 같은 성과기준에 성과측정의 초점이 맞추어져야 할 것이다. 또한 매출액과 시장점유율 등은 국가경제나 산업의 경기수준과 같은 외적요인들과의 관계 속에서 해석될 때만이 정확한 성과측정이 이루어진다.

2. 원가분석

기업이 시장에서 경쟁적 우위를 확보하는 중요한 원천 중의 하나가 원가상의 우위이다. 이러한 원가상의 우위는 경쟁이 치열한 시장상황에서 기업에 보다 높은 마진을 제공하고 가격경쟁에서도 유리한 버팀목이 될 수 있다. 따라서 원가분석은 내부분석의 중요한 요소 중의 하나가 된다. 원가분석은 현재의 원가구조와 원가수준을 파악하는 것 이외에 미래의 예상되는 원가수준 그리고 경쟁사와 비교해서 현재 및 미래의 원가우위 지속여부를 분석하는 것도 병행되어야 한다. 일반적으로 기업이 원가우위를 획득할 수 있는 두 가지의 중요한 원천은 규모의 경제와 경험곡선이다.

3. 강점과 약점분석(SWOT분석 참조)

경쟁시장 조건하에서 기업의 강점과 약점은 상대적인 의미를 갖는다. 따라서 기업이 갖고 있는 유형 및 무형의 자원에 대한 분석 및 평가각 주요경쟁사를 비교대상으로 하여 행해짐으로써 시장전략을 위한 기업의 강점과 약점이 평가되고 분석될 수 있다. 이러한 기업의 강점이나 약점은 현재의 상태는 물론 미래 상태에 대하여도 예측하여야 한다. 따라서 강・약점분석은 장기적인 관찰을 요구하며 경우에 따라서는 현재보다는 미래상태의 기회와 위험부담에 보다 중요한 의미를 부여할 수 있다.

기업의 강점과 약점의 분석에서는 현실적으로 마케팅, 재무, 생산, 인사, 회계 등의 경영기능을 중심으로 접근하는 것이 효과적이다. 기업의 강점과 약점의 평가 및 예측은 기획 관리자나 경영의사결정자의 주관적 판단에 의한 방법과 통제 및 측정이 가능한 객관적인 기준을 사용하는 방법이다. 이 두 가지 방법은 모두가 방법론적인 장단점을 보유하고 있으므로 이들의 단점을 제거하기 위해서 두 가지 방법을 혼합하여 활용하는 방법이 효과적이다. 먼저 기업의 강・약점 분석을 책임진 관리자는 현재와 미래에 있어서의 기업의 잠재력을 그들의 주관에 따라 측정한다. 이러한 주관적 측정결과를 다음 단계의 객관적 기준에 따라 평가한다.

4. 기업 내부능력의 분석

전략수립이란 환경변화에 대응하여 기업이 지니고 있는 내부능력을 효과적으로 적응시키는 과정이기 때문에 기업내부능력의 정의와 구성요소를 규명하는 것이 필요하다. 기업내부능력이란 경영관리의 여러 기능 즉, 마케팅, R&D, 제조, 재무, 관리, 인사 등에서 경쟁사와 비교하여 보다 더 큰 능력을 말하는 것이다. 일반적으로 경쟁력, 가격력, 품질력, 연구개발력, 기술력을 형성하는 요인을 추출하여 이들이 전략적으로 활용할 수 있는지의 여부 특히 이들이 핵심성공요인을 형성할 수 있는가를 평가함으로써 기업 내부능력의 유무와 강・약점을 평가할 수 있다. 기업이 보유하고 있는 인적・물적 자원과 기업체질 그리고 기업문화는 물론 노사관계, 기업이미지에 관계되는 여러 측면에서 자사능력의 강・약점을 평가하기 위해서는 우선 이들 경영자원요소에 대한 정보의 수집과 평가가 이루어져야 한다.

경영자원 요소별로 정보를 수집하되 환경변화에 적응하는 전략의 관점에서 어떤 경영자원의 어떤 요소가 중요할 것인가를 파악하여 그에 대한 정보를 집중적으로 수집・분석하고 어떤 요인이 핵심성공요인을 형성하는데 기여할 것이며 또 어떤 요인이 장애요인이 될 것인가를 평가해야 한다.

5. 과거와 현재의 전략

기업의 강점과 약점을 결정하기 위해서는 과거와 현재의 전략을 검토하여야 한다. 때때로 전략은 의도했던 것과는 다른 방향으로 전개되는 경우가 있다. 예를 들

어 획기적인 혁신으로 초기에 성공을 거두었었던 어떤 기업은 계속적으로 연구개발비에 많은 투자를 했으며, 혁신 기업으로의 위치를 굳혔다. 그러나 과거 20년에 걸친 회사경영에 대한 분석결과 회사의 성공이 제조에 있어서의 강점과 규모의 경제 때문이었다는 것이 밝혀졌다. 연구개발에 대한 노력은 제품의 품질향상에 집중되어 왔으며, 획기적인 기술의 발전을 이루기보다는 원가를 절감하고 더욱 신뢰할 만한 제품을 만드는 결과를 가져오게 된 것이다. 따라서 이 기업의 강점은 연구개발 노력에 있었던 것이 아니고 규모의 경제 및 제조기법에 있었다는 것을 알 수가 있다. 이와 같이 기본전략이 무엇이었던가를 제대로 이해하게 되면 조직의 강점과 약점이 어디에 있는지도 제대로 이해할 수 있다.

"미소주 마케팅 실패 사례"

1. 컨셉

23도 저도 소주 시장에서 후발 제품으로서 성공적인 시장진입을 위해서 미소주는 차별화된 컨셉을 도출해야만 했다. 그래서 찾아낸 것이 '쌀로 만들어 맛이 아름다운 소주-미소주'이다('대관령 청정 생수로 만든 소주'는 현재 까지는 두산 자체만의 SUB컨셉이지 對소비자 컨셉은 아니다) '참이슬'이라는 강한 선도브랜드가 있는 시장에서 강하면서 차별화된 컨셉을 찾는 것이 매우 어려웠을 것이다.

그런데 여기서 세가지의 문제점이 보인다. 첫째는, 컨셉의 오리지낼러티 파워(power of originality) 문제이다.

저도 소주 시장의 1위인 '참이슬'는 "대나무숯"을 reasonwhy로 내세우고 있는 반면, '米소주'는 '쌀'을 reasonwhy로 내세우고 있다. '대나무숯'은 청량감, 맑음(여과), 香 에서 긍정적인 연상을 주어, 소주의 기본 기능에 자연스러운 플러스 작용을 하는 것으로 보인다(덴쯔의 AD-BALOON model 참조). 하지만 '쌀'은 건강, 기능성에 관한 연상 작용이 강할 뿐, 소주 기본 기능 상에 자연스럽게 도움을 줄 수 있는 연상 작용을 일으키지 못한다. 즉, '쌀로 만든 소주라서 좋은 소주'라는 소비자 인식 상의 공감대가 별도의 정보가 제공되지 않는 한 약하다는 것이다.

둘째는 컨셉의 구성에서 찾을 수 있다. 컨셉의 오리지낼러티 파워가 약하더라도, 최적의 연결고리를 찾는다면 충분한 매출력을 보유하게 된다. 쌀과 소주를 최적의, 절묘한 궁합으로 만드는 연결고리가 필요하다. 신상품의 trial요인으로 공감성, 돌출성, 好감성이 있다. 특히 관여도가 높지 않은 시장에서는 구매의 최우선 요인으로 공감성을 들 수 있는데, 미소주의 경우 이 연결고리를 찾지 못하는 한, 공감성의 부분에서 부조화를 보일 가능성이 높다. 공감성이 낮을 경우에는 소비자 교육이 필요한데, 이 교육이란 것이 얼마나 소모적이고 효과를 거두기 어려운 것인지 대부분의 마케터들은 실감할 것이다. 한편으로 이런 경우 전개하는 마케팅 전략은 퍼블리시티(기사, 이벤트, 세미나, 협찬, 공동마케팅 등)가 있는데 아직 강한 퍼블리시티 활동은 보이지 않는다.

셋째는 컨셉 표현 메시지이다. 음식료 카테고리의 마케팅에는 食感的 tool과 美感的 tool이 있는데 양자가 조화를 이루는 것이 베스트라 할 수 있지만 10대, 여성, 패션성, 기호성 제품 외에는 미감적 tool의 효과는 현저히 떨어진다. 이의 연속 선상에서 '맛이 아름답다'라는 메시지는 특히 '쌀'의 기능적, 이성적 속성과 너무 동떨어진 美感的 메시지는 아닌가하는 생각이 든다.

2. 브랜드

미소주(米XOZU)라는 브랜드는 근년의 네이밍 패턴과는 틀린 브랜드로 차별성있다라고 말 할 수 있다. 보강점을 찾는다면 '資產化 포인트'다. 미소주가 성공했을 경우, 브랜드 자산가치를 더욱 크게 갖고 가고자 한다면 현재의 브랜드LOGO(米XOZU)를 등록하고, 이를 적극 활용해야 한다. 광고판촉 활동을 보면 명조체 한글 브랜드만을 활용하고 있는데, 이보다는 로고를 활용해야 한다. 패키지에서는 전면 부각 시키면서 왜 광고나 판촉 표현 등에서는 간과하고 있는가? 무기가 있는 경우에는 할 수 있는 모든 TOOL에서 최대 활용하는 것이 미래의 자산화나 현재의 커뮤니케이션에서 훨씬 강력한 것이다.

3. 패키지 디자인

기존 소주 패키지와는 매우 차별적인 디자인과 신선함, 고급감이 눈길을 끈다. 하지만 결정적 단점이 보인다. 무색 병과 old brown의 라벨에서 '따뜻함'의 이미지가 강하여 소주의 기본 속성 중의 하나인 시원함, 스트레스, 갈증 해소에 대한 연상이 미약해진다. 음식품에서 칼라 선택에는 검증된 원칙이 있다. 전략적으로 '쌀' 컨셉에 focus된 디자인을 하는 것도 중요하지만 '소주'의 기본 속성을 놓치지 않는 것은 더욱 중요하다. 브랜드 로고를 green계로 하던지 , 잎사귀라도 포인트로 넣는 작업 등이 필요할 것이다.

4. 타겟

여러 곳에서 분산된 느낌이 든다. 자체 퍼블리시티 자료에서 타겟을 25세~34세의 남성이라고 밝히고 있다. 하지만 "米소주"라는 브랜드 속성에 반응하는 타겟은 30대 후반 이후라고 보여지며, 브랜드 로고타입에서 느껴지는 타겟은 10대 후반~20대 중반까지의 젊은 층으로, 디자인 패턴에서는 30대 이후의 classical한 남성이 타겟으로 느껴진다. 집중화가 필요하겠다.

5. 커뮤니케이션

1999년 7월 한 달에만 신문 광고비로 30억 이상을 투하하는 마케팅 집중력은 그린소주를 성공시켰을 때의 집중력을 보는 듯하다. 단 메시지 내용이 아직 완전히 정리가 안된 느낌이다. 브랜드는 "쌀"(기능적)로, 브랜드 슬로건은 "맛이 아름다운 소주"(감성적)로 분산되어있고, 커뮤니케이션 내용은 "고마운 쌀의 선물, 쌀 증류원액이 첨가되어", "그린이 드리는", "맛이 아름다운 소주", 로 역시 "쌀"과 "아름다운 맛"으로 분산되어있다. 두 부분이 자연스럽게 연결되어 보이지는 않는다. 또한 셀링 포인트에 있는 '대관령청정 생수'는 어디에도 안보이고, 한편으로 '그린'의 後光을 얻고자하는 욕심이 눈에 보인다. 방법의_ 변화와 정리가 필요한 것으로 보인다.

6. 결론

종합적으로 현재까지의 미소주의 마케팅 전략은 후발주자로서의 차별화는 갖추고 있는 것으로 보인다. 그렇지만 몇 몇 매우 중요한 마케팅 속성 부분에서 제품의 basic과 일탈되어 전략이 분산된 점을 발견되었다. 강한 선발 브랜드가 있을 경우, 시장을 변화시키던가 시장을 나누던가 혹은 확실한 포지셔닝을 구축할 수 있는 강력한 차별화 컨셉(공감되는)이 필요하며 마케팅 전략은 이를 위해 모든 수단과 자원을 통일된 방향으로 집중하여야 한다. 그러한 관점에서 미소주의 마케팅 전략은 시급히 조화, 정리, 일관성을 얻을 수 있는 방향으로 개선되어야 한다.

물론 모든 마케팅 활동에 우선하는 것이 제품력인 만큼, 미소주의 맛이 어떻게 소비자에게 받아들여지는가가 가장 중요하다 하겠다. 그린을 히트시켰던 두산의 야심제품 '미소주'의 향후 행보에 귀추가 주목된다.

Chapter

06 경쟁사분석

경쟁분석은 마케팅전략에서 핵심적 위치를 점유하고 있다. 경제가 고도성장을 하던 70년대에는 시장이 계속적으로 성장하고 있었고 시장의 성격이 공급자 중심의 시장이었기 때문에 경쟁이 그다지 중요하지 않았다. 그러나 80년대로 접어들면서 경제 성장의 속도가 저하되고 시장규모가 정체됨에 따라 기업 성장은 주로 경쟁사의 시장 점유율을 뺏음으로써 실현되는 상황으로 변화되었고, 90년대에 접어들면서 이러한 상황은 더욱 심화되고 있는 실정이다. 따라서 기업들은 적절한 경쟁분석의 결과를 전략수립에 반영하지 않는 한 경쟁자(이하 경쟁사)를 확인하고 들의 전략과 대응조치를 파악하여야 하며 이와 함께 자사의 강・약점을 분석해야 한다. 이러한 경쟁 및 자사분석은 효과적인 마케팅전략 수립에 핵심적인 관건이 되었다.

제 1 절 경쟁의 개요

경쟁분석에서 핵심적인 관건은 구체적으로 어떤 제품이나 서비스가 자사의 경쟁제품이나 서비스인지를 결정하는 것과 거시적인 관점에서 기업이 경쟁하는 범위를 포괄적으로 결정하는 것이다.

1. 경쟁이란 무엇인가?

경쟁Competition의 사전적 의미는 무엇인가? 경쟁이란 같은 목적을 두고 서로 이기거나 앞서거나 더 큰 이익을 얻으려고 거두는 것이다. 그렇다면 마케팅 측면에서 보는 경쟁이란 무엇인가? 클라크Clark, J. M.와 에드워드Edwards, C. D.는 경쟁개념을 '선택할 수 있는 대안의 입수 가능성'이라고 정의하고 있다. 여기서 말하는 입수 가능성이란, 첫째 선택 가능성이 있을 것, 둘째 당사자가 자신의 대안 중에서 자유롭게 선택할 수 있는 힘을 가지고 있음을 의미한다. 필자의 경험에 의하면 시장에서 대부분의 사람들이 인식하고 있는 경쟁력은 단순히 가격과 품질만을 의미하는 경우가 많은데 시장경쟁은 가격과 품질 외의 요소가 많은 부분을 차지한다는 것이다. 즉, 가격이 경쟁사에 비해 저렴하고 품질이 우수해야만 비즈니스에서 우위를 점할 것이라는 착각 속에서 비즈니스를 영위하는데, 가격이 저렴하고 품질이 우수하다는 유리한 요소(이것이 구매자에게 유리하게 작용하는 하나의 요소임에는 틀림없다)도 시장에서 한계를 갖고 있다는 것이다. 다음과 같은 몇 가지 사례를 보자.

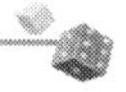

사례

우리나라 자동차 업계에서 SM5의 위상은 동급의 자동차보다 수백만 원씩 비싸지만 SM5는 중형 자동차 시장에서 마켓리더임에 틀림이 없다. 자타가 공인하는 마켓리더인 현대자동차를 누르고 삼성 르노자동차는 시장에서 선전하고 있으며 고객들은 지금도 이 차를 받기 위해 몇 달을 기다린다. 무엇이 가격이 월등하게 비싼 이 차를 마켓리더로 만들었는가? 또 국내 금융시장을 보아도 몇 개의 금융기관은 뚜렷한 성과를 보이고 있다.

대표적인 관치금융이었던 국내 금융기관은 1980년대 초반 사회초년병이던 필자의 경험으로 보면 어느 누구도 마켓에서 두각을 나타내기가 어려웠다. 그 이유는 상품을 개발할 때 재무부가 각 회사들을 자신의 산하기관으로 불러들여 공동개발 및 공동발매 형식을 취했기 때문에 모든 금융기관은 똑같은 상품과 똑같은 서비스를 판매했다. 그러나 신한은행과 최근의 동양화재는 이러한 상황에서도 발군의 실력을 보이고 있다. 신한은행은 10여 년 전부터 소매금융을 강조한 결과 지금과 같은 견실한 은행이 되었고, 최근의 동양화재는 삼성이나 LG, 현대와 같은 그룹사의 도움이 없어도 지난 몇 년간 견실하게 성장했다. 이것은 가격이나 품질 외에도 다른 마케팅 요소가 분명히 존재하기 때문이다.

이상에서 미루어 경쟁과 관련해 2가지의 주요한 포인트를 알 수 있다. 첫째, 경쟁의 본질은 사업 단위들이 고객의 단골의식(애고,愛顧 : Patronage)을 획득하기 위해 서로 심혈을 기울여 노력함으로써 매출을 신장해 그 결과로서 안정, 성장, 이익증대를 할 수 있다는 것이다. 둘째, 경쟁시장을 완전 이해하려면 가격조정, 제품조정, 판매노력 등과 같은 측면에서 이해하는 것이 필요하며, 이를 모두 다룰 수 있는 포괄적인 분석들이 필요하다는 것이다. 다시 말하면, 오늘날 경쟁이란 단순히 경쟁전략상의 가격에만 한정되는 것이 아니라 기업목적 달성을 위해 상호 조정되어야 할 마케팅 믹스의 전 요인을 포함함으로써 경쟁국면에 대응하지 않으면 안 된다는 것이다. 이것은 제품수요에 영향을 미치는 요인으로서 가격만을 대상으로 한 고전적인 경쟁 접근 방식과는 상반되는 관점인 것이다.

2. 경쟁자

경쟁자란 말 그대로 시장에서 경쟁을 벌이는 사람이나 조직을 의미한다. 마케팅 측면에서 전통적인 경쟁은 동종의 재화나 서비스를 제공하는 산업군에 속한 기업들을 경쟁자로 보아왔고 대다수 시장참여자들의 생각도 유사했다. 그러나 20세기의 정보화 시대를 마감하고 21세기 지식시대로 접어든 이때에 전통적인 경쟁의 개념을 가진 기업들은 도태되고 있다. 이미 마이크로소프트는 1994년 개인금융 소프트웨어사인 인튜잇Intuit을 매입해 퀴큰이라는 개인 금융관리 프로그램으로 금융업에 진출을 시도하고 있고, 세븐일레븐은 일본 내 약 1만 개의 매장에 ATMAuto Teller Machine을 설치해 입출금, 공과금 수납을 넘어서 수백만 원 정도의 간단한 소액대출을 실시하고 있다. 그러므로 우리가 생각하는 것 같은 전통적인 경쟁자는 없다. 이동통신회사의 경우도 'M커머스'라는 신기술을 이용한 대금결제를 실시하므로 금융시장에 발을 들여놓았다. 이제부터 경쟁자는 있을 수도 있고 없을 수도 있다.

3. 경쟁의 유형

기업은 시장에서의 경쟁제품과의 경쟁 이외에 매우 다양한 유형의 경쟁을 하고 있다. 시장에서 고객을 확보하기 위해 경쟁제품들과 벌이는 경쟁이 가장 일반적인 경쟁유형이다. 그리고 이러한 고객확보를 위한 경쟁 이외에도 원재료 확보, 노동력 확보, 유통경로의 확보를 위한 경쟁과 같이 다양한 유형의 경쟁이 있다. 마케팅관리자는 아래와 같은 기준을 사용하여 다양한 유형의 경쟁을 확인할 수 있다.

고객지향적 기준으로는 고객의 사용 가능한 예산에 의한 경쟁유형(가처분소득 : 여행대 금융상품), 고객이 제품을 언제 사용하는가에 의한 경쟁유형(저녁 시간활용 : 야구경기 관람대 영어회화학원의 수강), 고객의 추구 효익에 의한 경쟁 유형(비누사용 : 경제성, 향기 등) 등 세 가지로 분류될 수 있다. 또한 경쟁은 유통이나 광고 같은 마케팅활동에 의해서도 발생한다. 광고에 의한 경쟁은 동종의 제품군이 아니더라도 TV 프로그램에서 동일시간대의 광고를 하는데서 발생하는 경쟁이 있고, 유통에 의한 경쟁은 동일한 유통경로를 사용하기 때문에 발생하는 유통경로 획득을 위한 경쟁과 진열공간의 확보를 위한 경쟁 등을 들 수 있다. 즉 제조업자는 소매점에서 좋은 위치의 진열공간을 확보하기 위하여 동일 제품라인 뿐만이 아니라 다른 제품라인과 경쟁을 하게 된다. 예를 들어 럭키는 가루세제 “한스푼”의 진열공간 확보를 위해 경쟁 제품인 제일제당의 비트뿐만이 아니라, 화장품, 치약, 티슈 등의 이종의 제품군과도 경쟁을 하게 된다.

경쟁은 자원지향적인 관점에 의해 유형을 분류할 수 있다. 예를 들어 다른 제품을 제조하기는 하지만 동일한 원재료를 사용하기 때문에 원재료의 확보를 위한 경쟁이 발생할 수 있고, 마찬가지로 동일한 노동력의 확보를 위해 경쟁할 수도 있다. 또한 기업 내에서 각 사업부는 재무적 자원의 확보를 위해 다른 사업부나 부서와 경쟁하기도 한다. 지리적 기준에 의한 경쟁은 소매점들과 다국적기업에게 매우 중요하다. 즉 점포들이 밀집되어 있는 상가에서는 의류 점포와 구두점포가 거리를 지나가는 소비자들을 대상으로 경쟁을 하고 있으며, 다국적 기업의 경우에는 어떤 국가에 진입하느냐에 따라 경쟁강도가 상이해진다.

4. 경쟁이 주는 이익

일반적으로 경쟁은 소비자에게는 이익을 제공하나 기업들에게는 수익성 구조를 악화시키는 작용을 하는 것으로 인식되고 있다. 그러나 경쟁기업은 전략적인 차원에서 자사에게 다양한 이익을 제공하기도 한다. 경쟁이 주는 이점은 크게 기존시장구조의 개선, 경쟁우위의 강화, 잠재적 진출기업의 진입에 대한 저지로 분류되어진다. 구체적인 내용은 시장에 따라서 혹은 자사의 추구전략에 따라서 조금씩 달라지나 대체로 다음과 같은 이익을 가져다준다.

1) 기존 시장구조의 개선효과

(1) 시장규모의 확대

특정제품에 대한 수요는 제조 기업들의 광고량, 판촉노력, 유통능력 등에 의해 상당한 영향을 받는다. 즉 경쟁기업이 많을수록 광고 및 판매촉진의 양이 늘어나고 유통범위가 넓어지게 되어 일반 소비자의 수요는 증가하게 된다.

> 예를 들어 천연 조미료 시장에서 다시다는 제품 출시 후 5년간은 매출액이 미미하였으나 경쟁제품인 맛나가 이 시장에 진입을 한 덕분에 폭발적인 매출 성장을 이루게 되었다.

(2) 시장구조 개선과 시장 매력도 증대

제품의 품질, 내구성 그리고 서비스를 강조하는 경쟁기업은 구매자로 하여금 가격에 만감하지 않게 하며, 따라서 불필요한 가격경쟁이 일어나는 것을 방지해 줄 수 있다. 또한 광고를 많이 하는 경쟁기업이 존재함으로써 자사를 포함한 소수의 높은 상표 이미지를 보유한 기업만이 경쟁력을 갖게 하여 진입장벽이 높은 산업으로 만들 수도 있다. 일예로 우리나라의 고급 구두시장은 에스콰이어, 금강, 엘칸토 3사에 의해 30년간 주도되어 왔다.

(3) 후방통합이나 전방통합 의지의 약화

특정기업이 독점적으로 중요한 원자재나 부품을 생산·판매하는 경우에 구매자

는 공급이 중단되는 위험을 제거하거나 협상력을 강화시키기 위해 원자재나 부품을 직접 생산하려는 후방통합의 유혹을 받게 된다. 그러나 이때 제2, 3의 공급자 역할을 하는 경쟁기업이 존재함으로써 구매자는 원자재나 부품생산을 흡수·통합할 의도를 갖지 않는다. 이와 동일한 논리로 전방통합의 의지가 또한 약화될 수 있다.

2) 자사의 경쟁우위 강화효과

(1) 자사제품의 차별화 가능

경쟁기업의 제품은 자사제품에 대한 비교대상이 되기 때문에 자사가 차별화시킬 수 있는 기준을 제공한다. 경쟁기업이 없다면 구매자는 자사제품에 대한 가치를 인식하기 어려워 자사제품이 구매자에게 주는 가치보다 더 낮은 가격이나 더 높은 서비스를 요구할 수도 있다. 그러나 경쟁기업이 존재할 경우 경쟁기업의 제품이 자사제품의 비교 기준이 되기 때문에 구매자에게 자사제품의 우수성을 보다 설득력 있게 알리 수 있다.

[표 6.1] 경쟁사와 비교해 본 우리의 강점과 약점 파악

• 우리의 입지가 더 편리한가? • 서비스는 더 친절한가? • 배달은 더 빠른가? • 우리 제품이 좀더 좋고 저렴한가? • 포지셔닝은 어떤가? • 사람들은 우리 회사를 또는 우리 브랜드를 제대로 인식하고 있는가? • 우리에 대한 사람들의 평가는 우리에게 약점으로 작용하는가, 강점으로 작용하는가? • 혹은 자산인가, 부채인가? • 우리의 경쟁력은 무엇인가? • 우리의 경쟁력을 계속 지켜갈 수 있을 것인가? • 그렇다면 지속 가능한 우리의 경쟁력은 대체 무엇인가? • 경쟁사가 우리를 따라 할 수 있을 것인가? • 장기적인 관점에서 볼 때 시장의 승자와 패자는 어떤 차이를 보이는가? • 성공하기 위한 핵심요소는 무엇인가? • 우리는 그런 요소들을 보유하고 있는가? • 경쟁자로부터 이런 요소들을 보호할 수 있는가?

(2) 자사의 경쟁력 강화

경쟁기업은 동기부여자로서의 역할을 하기도 한다. 경쟁기업이 원가절감, 품질 개선, 신기술의 도입 등을 하게 되면 자사는 이에 대응하지 않을 수 없다. 또한 새로운 기업의 출현은 자사조직 내부에 심리적 자극을 주어 활력과 위기감을 불러일으키고 이에 따라 생산성이 향상 될 수 있다. 반면 기업이 독점기업의 위치를 지나치게 오래 유지한다면 기업의 구성원은 현상에 만족하게 되고 환경변화에 적응할 생각을 하지 않게 되어 결국 기업의 생존조차 어렵게 된다. 예를 들어 1990년까지 제일 적고 값이 싼 승용차인 기아의 프라이드가 다음해 시장에 출시된 대우의 티코 덕분에 상대적인 이미지가 상승하여 판매량이 증가된 경우이다.

(3) 예상되는 보복 가능성 및 심각성 증대

현재 기존 기업 간에 치열한 경쟁을 벌이고 있다는 사실은 다른 기업이 산업에 새로이 참여할 때 기존기업들로부터 엄청난 보복을 받으리라는 판단을 가능케 한다. 그러나 기존 경쟁기업이 너무 약하게 인식될 때에는 신규기업의 진입을 저지할 수가 없다. 특히 약한 경쟁기업은 신규 진입자가 그 기업을 인수함으로써 손쉽게 그 산업에 진입하는 교두보를 마련해 줄 수 있다.

5. 경쟁이 주는 수준

상표의 물리적 속성과 소비자인식의 근접성에 의하여 상표가 직면한 경쟁사의 집합을 규명할 수 있다. 아래 그림과 같이 4개의 경쟁수준을 제시하게 되면 경쟁집합의 개념화에 중요한 도움을 줄 수 있다. 이러한 상표경쟁은 앞의 고객을 기준으로 한 경쟁유형에서 고객의 추구효익이나 예산에 의한 경쟁에 근거하고 있다. 그러나 사용상황에 의한 경쟁은 마케팅관리자가 개별적인 소비자들의 상황을 상세히 파악하기 어렵기 때문에 경쟁의 수준에서는 제외한다.

[표 6.2] 경쟁을 분석할 때 계획수립자 질문

- 경쟁사의 현재 전략은 무엇인가?
  이러한 정보는 일반적으로 획득하기 쉽지 않지만 경쟁사의 마케팅 프로그램을 관찰하거나 2차 조사를 통하여 그들의 과거 제품 역사를 검토함으로써 경쟁사 전략을 추정할 수 있다.
- 경쟁사는 기업사명을 어떻게 정의하는가?
- (중간)목표는 무엇인가?(매출액, 성장율, 시장점유율, 순이익, 투자수익율, 현금흐름 등)
- 어떻게 수직적으로 통합되어 있는가?
- 고객집단, 고객기능, 기술의 측면에서 자신의 사업을 어떻게 정의하고 있는가?
- 마케팅 믹스, 생산정책, 구매정책, 물류정책은 무엇인가?
- 예산규모는 어떠하며, 어떻게 할당되고 있는가?
- 자사의 성장율, 시장점유율, 수익성에 어떠한 영향을 미치는가?
- 현재와 미래의 경쟁구조는 무엇인가?
- 경쟁사들이 어떠한 성과를 내고 있는가? 실제의 성과는 매출액, 성장율, 시장 점유율, 이윤마진, 순이익, 투자수익율의 측면에서 가급적 면밀하게 평가되어야 한다.
- 경쟁사들의 강약점은 무엇인가?
  경쟁사의 강약점을 분석하는 일은 다음과 같은 요인들에 관한 비교평가를 포함한다.
- 제품의 구색 및 품질. 유통경로
- 마케팅 및 판매능력. 운용 및 물적 유통
- 자금능력. 원가와 원가추이
- 앞으로 예상되는 경쟁사 행동은 무엇인가?
- 외부환경 내에서 진행중인 변화에 대해 그들은 어떻게 반응할 것인가?
- 자사의 구체적인 조치에 대해 그들이 어떻게 반응할 것인가?
- 언제, 어디가 가장 취약하며 가장 강한가?
- 어떤 시장들에서 자사에게 가장 취약한가?
- 그러한 시장들에서 최선은 대응책은 무엇인가?

1) 제품형태의 의한 경쟁

동일한 제품형태에 의해 발생하게 되는 경쟁으로 경쟁을 가장 좁게 보는 관점이다. 이 경쟁을 흔히 상표에 의한 경쟁이라고 하며 동일한 세분시장내에서 현재의 주요 경쟁사가 누구인가를 파악하는 것이다. 예를 들어 코카콜라 라이트의 관점에서 보면 주요 경쟁사는 다이어트 콜라 시장에서의 팹시 라이트이다.

[표 6.3] 제품에 대한 수요 분석할 때 계획수립자 질문

• 현재의 시장규모와 성장전망은 어떠한가? • 제품에 대한 수요의 범위는 무엇인가? • 수요의 성격은 계절적인가, 연중 고루 분포되어 있는가? • 구매자들이 기존의 제품이나 서비스를 어떻게 구매하는가? • 구매자들의 기본적인 행동패턴과 태도는 무엇인가? • 구매되는 제품유형과 구매자특성을 근거로 시장세분화가 가능한가? • 시장이 전체로서 또는 다양한 세분시장으로 분석되어야 하는가? • 각 세분시장별로 별도의 마케팅 프로그램이 개발되어야 하는가? 그렇다면 각 세분시장에서 성공요건은 무엇인가?

2) 제품범주에 의한 경쟁

제품범주에 의한 경쟁은 유사한 속성을 보유한 제품이나 서비스를 경쟁사로 파악하는 방법이다. 이 수준의 경쟁을 마케팅관리자들이 가장 일반적으로 경쟁집합이라고 생각하고 있다. 일반적으로 Nielsen data와 같은 소매점 데이터에 의한 시장 점유율 자료들은 제품의 물리적 속성의 유사성을 기초로 시장을 정의하고 있다. 예를 들어 MP3, 가전제품, 콜라, 사이다, 생수, 보리음료, 우유탄산음료들이 청량음료 시장에서 경쟁을 하고 있는 것을 제품범주에서의 경쟁이라고 한다. 이 관점은 제품형태에 의한 경쟁보다는 포괄적이지만 시장을 정의하는 데는 여전히 단기적인 관점이다.

3) 본원적 효익에 의한 경쟁

본질적으로 좀더 장기적이고 제품범주를 대체할 수 있는 대체품들에 초점이 맞추어져 있다. 이것을 본원적 효익에 의한 경쟁이라 하며, 소비자의 동일한 욕구를 충족시키는 제품이나 서비스 모두를 경쟁관계에 있다고 보는 관점이다. 예를 들어 갈증해소라는 소비자들의 욕구에 초점을 맞춘다면 청량음료의 경쟁제품들은 쥬스, 생수, 맥주 등이 될 수 있다. 또한 패스트푸드 점포들은 간편한 식사라는 면에서 냉동식품들과 경쟁관계의 파악은 장기적인 관점에서 기업이 위협을 회피하고 기회를 잡는데 핵심적인 역할을 할 수 있다.

4) 예산경쟁

가장 포괄적이고 넓은 의미의 경쟁은 소비자가 예산을 어떤 제품이나 서비스에 사용할 것인가에 관한 것이다. 즉 소비자의 한정된 예산을 확보하기 위하여 경쟁하는 모든 제품과 서비스들이 경쟁관계에 있다고 파악하는 것이다. 예를 들어 한 소비자가 현재 사용가능한 예산 1만원이 있다고 하자. 소비자는 이 돈을 야구경기 관람, 비디오 랜트, 패스트 푸드, 음료수 등 다양한 제품이나 서비스를 위해 사용할 수 있다. 따라서 소비자가 보유하고 있는 예산이라는 관점에서 본다면 야구경기, 비디오, 음료수, 패스트푸드는 경쟁관계에 있다고 파악할 수 있다. 그러나 이 관점은 경쟁이라는 개념 파악에 유용하기는 하지만, 너무 많은 수의 경쟁관계가 존재하기 때문에 마케팅 전략에 응용하기는 어렵다. 그러나 이러한 경쟁은 거시환경 분석에 의해 어느 정도 확인될 수 있으며, 성공적인 예산 경쟁의 확인은 기업의 장기적인 방향 설정에 도움이 된다. 코카콜라 라이트를 선정하여 위의 네 가지 경쟁 수준에 따라 경쟁관계를 구성한 것이다.

[표 6.4] 우리의 경쟁사

경쟁수준	경쟁제품	경쟁기업	추구효익
제품형태			
제품범주			
본원적 효익			
예산			

경쟁 집합은 위의 네 가지 수준에 따라 상이하게 결정될 수 있다. 마케팅 관리자들은 경쟁 집합을 제품형태나 제품범주에 의해 결정하는 것이 일반적이다. 경쟁 집합을 잘못 규정하는 경우 장기적인 마케팅 계획의 성공에 다음과 같은 치명적인 악영향을 미치게 된다. 첫째로 경쟁의 범위를 좁게 파악하면 기업의 성공에 중요한 경쟁적 위협을 간과하게 된다. 예를 들어 스위스 시계회사들은 고가시장을 장악하고, Timex사는 저가 시장을 지배해 왔다. 1970년대에 일본 기업들이 전자시계를 개발하였을 때 시계업계의 양거물은 모두 이를 무시하였으나 결국은 전자시계

라인을 추가할 수밖에 없는 상황이 도래하고 말았다. 그러나 그때는 이미 전자시계 시장의 주도권을 일본 기업들이 획득하고 난 이후였다.

두 번째로 경쟁에 대한 모호한 정의는 마케팅 전략을 수립하는데 불확실성을 야기 시키게 된다. 즉 시장점유율과 같은 시장 관련 통계치를 불확실하게 만드는 역할을 하게 된다. 예를 들어 코카콜라 라이트의 목표를 시장 점유율 10% 확보로 잡았다면 이 같은 목표 달성은 전적으로 시장을 어떻게 정의하느냐에 달려 있다. 즉 코카콜라 라이트가 다이어트 콜라 시장에서 경쟁하는지 청량음료 시장에서 경쟁하는지, 전체 음료시장에서 경쟁하는지를 정의하는 것이 선행되어야 목표달성을 위한 적절한 마케팅 계획이 수립될 수 있다.

6. 경쟁전략이란?

기업은 그것이 공기업이든 사기업이든, 어떤 형태로든 시장 내에서 경쟁하게 되어 있다. 즉, 생존을 위한 경쟁인데 그것이 특수한 경우, 즉 세계에게 유일하게 제품을 생산하는 회사라든지 또는 정부의 규제에 의한 진입장벽의 설치로 유일하게 사업을 영위하는 경우를 제외하고는 모든 기업은 매일 경쟁 속에서 살아가기에 어떠한 형태의 살아남기 위한 전략, 즉 경쟁전략이 필요하다. 그러므로 특정산업에서 경쟁을 벌이는 개개 기업은 명시적인 형태이건, 묵시적인 형태이건 모두 경쟁전략을 지니고 있다. 이러한 전략은 기획과정에서 구체적인 형태로 나타날 수도 있고 또 그 기업의 여러 부서의 활동 속에 잠재된 형태로 전개될 수도 있다. 즉, 기업이 시장에서 살아남기 위해서는 기업에 속한 모든 부서들이 그 역할에 최선을 다해야 한다. 그러므로 이를 마이클 포터는 '경쟁전략 수레바퀴'라 표현했다. 그러면 기업들은 경쟁사들과 경쟁을 어떻게 할 것인가? 이 경쟁하는 형태를 기업 내부적으로는 전략이라고 하고 밖으로 표출되는 것으로 포지셔닝을 한다고 한다.

그러면 포지셔닝은 무엇인가? 상품, 서비스 또는 회사(긍정적으로는 독자 자신까지도)를 고객들과 경쟁사들이 인지할 수 있는 위치에 올려놓는 일종의 행위를 포지셔닝이라 하는데 우리나라 자동차 업계의 포지셔닝을 보면 극명하게 자동차 생산자들의 마케팅 전략이 나타난다. 하나의 분명한 포지셔닝 사례는 쌍용자동차인데 쌍용자동차는 코란도, 무쏘로 이어지는 4륜 자동차라는 틈새시장 외에 또 하나의 틈새시

장인 대형차, 고급차 시장에 도전해 성공을 거두었다. '체어맨'과 "대한민국 1%만을 위한다."는 '렉스턴'으로 이어지는 포지셔닝이 이들의 마케팅 전략인 것이다.

[표 6.5] 경쟁에 의해 발생되는 긍정적 효과

대외적 관계	대내적 관계
① 시장이 확대된다. ② 시장 확대에 따른 산업재편으로 이어진다. ③ 소비순환 사이클로 비즈니스의 선순환을 만든다.	① 경쟁에서 도태되지 않으려고 자사제품을 발전시킨다. ② 시장을 놓치지 않기 위해 마케팅 노력을 실시한다. ③ 경쟁사들과 경쟁을 위해 자사제품의 규모의 경제를 이룬다. ④ 유통경로를 장악해 경쟁력을 강화한다.

제 2 절 경쟁사 분석

기업의 환경분석에서 거시환경, 시장분석이 이루어지고 난 후에는 경쟁분석이 필요하다. 경쟁분석을 특정 산업 내에서 기업의 가장 중요한 경쟁기업을 중심으로 한 경쟁 환경분석이다. 이러한 경쟁분석은 경쟁사의 확인, 경쟁사의 목표확인, 경쟁사의 현재 전략 평가, 경쟁사의 능력 평가, 경쟁사의 미래전략 예측 등에 관한 내용이 포함되어야 한다.

1. 경쟁사의 확인

경쟁분석은 경쟁사가 누구인지를 파악하는 것에서부터 출발한다. 기업은 제품형태, 제품범주, 본원적 효익, 예산에서 경쟁을 하고 있으며, 마케팅관리자는 이러한 다양한 수준에서 자신의 경쟁사가 누구인가를 파악하는 것이 필요하다. 경쟁사를 확인하는 방법은 일반적으로 공급측면, 수요측면, 관리적 측면의 세 가지 방법으로 분류된다. 이 같은 경쟁사 확인 방법이 네 가지 경쟁 수준에서 경쟁사를 파악할 수 있는지 여부를 [표 6.6]으로 제시하였다.

[표 6.6] 경쟁사 확인 방법의 분류

	공급측면에서의 경쟁사 확인		수요측면에서의 경쟁사 확인				관리적 판단
	표준산업 분류	기술적 유사헝	상표 전환	교차 탄력성	인지도	의사결정 과정	관리적 판단
제품형태							
제품범주							
본원효익							
예산							

1) 공급측면에서의 경쟁사 확인

(1) 표준산업분류의 이용

경쟁사를 정의하는 가장 쉬운 방법은 소비재의 경우에는 자사의 제품이 속한 표준산업분류SIC code를 이용하는 방법이다. 이 방법들은 사용이 용이하고 정확한 경쟁 형태가 밝혀지지 않았을 때 유용하나, 본원적 효익 경쟁과 예산경쟁에 관한 고려가 없어 장기적이고 포괄적인 경쟁관계를 파악하는 데는 부적절하다.

(2) 기술적 유사성

경쟁사를 확인하는 또 다른 방법으로 대체품의 기술적 유사성을 기초로 경쟁관계를 파악하는 것이다. 그러나 이 방법은 공급자 측면만을 강조하고 실질적으로 고객이 각 제품들에 대해 어떻게 느끼고 있는가를 명백히 설명할 수 없기 때문에 본원적 효익 경쟁과 예산경쟁 수준에서는 경쟁사를 파악할 수 없다.

2) 수요측면에서의 경쟁사 확인

수요측면에서의 소비자들의 상표전화 확률, 수요의 교차탄력성, 인지도, 소비자의 의사결정과정의 추적을 통해서 경쟁사를 확인할 수 있다.

(1) 상표전환

상표전환의 확률은 고객이 제품들을 구매할 때 상표 사이에서 구매를 전환한 정도를 확률로 나타낸 것이다. 높은 상표 스위칭은 높은 경쟁 강도를 의미한다. 경쟁관계는 상표전환 매트릭스에 의해 파악될 수 있다. 그러나 상표전환에 의한 경쟁사 확인은 다음과 같은 문제점을 가지고 있다.

첫째, 이 방법은 측정 전에 소비자들이 상표전환을 할 수 있는 제품들이 관리자에 의해 사전에 결정되어야 한다는 것이다.

예를 들어 코카콜라와 펩시콜라를 경쟁대상으로 보고 관리자는 두 브랜드 사이의 전환 확률만을 구할 수 있다. 그러나 실질적으로 콜라 사이의 경쟁뿐만이 아니라 콜라는 사이다, 쥬스 등과 경쟁관계에 있을 수 있다. 이와 같이 예산경쟁이나 본원적 효익에 의한 경쟁은 관리자의 고려대상에서 제외되기 쉽다. 따라서 이 방법에 의한 경쟁사 확인은 경쟁의 범위를 작게 볼 가능성이 높으므로 구매빈도가 높은 세분시장에서의 경쟁파악에 사용하는 것이 유용하다.

둘째, 상표전환은 상표들의 대체성에 의해 발생할 뿐만 아니라 소비자들의 다양성 추구 행동에 의해서도 발생하게 된다.

예를 들어 코카콜라를 선호하는 소비자인 경우에도 코카콜라에 일시적으로 싫증을 느껴, 칠성 사이다를 구매하나 다음번 구매에서는 다시 코카콜라를 구매하게 되는 경우를 의미한다. 따라서 상표전환에 의한 경쟁의 측정은 상표 사이의 대체성 또는 다양성 추구에 관계없이 동일하게 측정이 되므로 정확한 경쟁의 측정이 이루어지지는 않는다.

(2) 수요의 교차 탄력성

수요의 교차탄력성은 A제품 가격의 변화 비율에 대한 B제품의 판매량 변화 비율을 의미한다. 만약에 가격에 대한 교차탄력성이 0보다 크면 두 제품이 경쟁관계에 있다는 것을 의미한다. 예를 들어 콜라의 가격이 인상되었을 때 사이다의 매출량이 증가하였다면 콜라와 사이다는 경쟁관계에 있다고 볼수 있다. 이러한 교차탄력성을 계산하는 방법은 다음과 같다.

$$\text{교차탄력성} = \frac{\text{B제품의 판매량 변화 비율}}{\text{A제품의 가격변화 비율}}$$

이러한 소비자의 상표전환 행동이나 수요의 교차탄력성에 의한 경쟁사의 확인은 소비자에 대한 추측이 아니라 실제 소비자들이 어떻게 행동하였는가에 따른 측정이므로 매우 유용하다. 그러나 대부분 구매 빈도가 높은 비내구재의 경우에만 응용이 가능하고, 관리자들에 의해 경쟁제품 집합이 사전에 결정되어야 하기 때문에 제품 형태나 제품범주 내에서의 경쟁구조 파악에만 유용하다.

(3) 인지도를 사용하는 방법

제품의 특성에 대해 소비자들이 인지하고 있는 상태를 기하학적인 공간에 도시하는 방법으로 다양한 기법들이 있으나 일반적으로 다차원척도법을 이용한다. 기하학적인 공간에서의 각 차원은 소비자가 구매 또는 인식할 때 기준이 되는 중요한 속성을 의미한다. 각 제품들에 대해서 지각하고 있는 제품공간상의 인접한 제품끼리는 동일한 제품영역에 속해 있어 경쟁의 강도가 높다고 볼 수 있다. 즉 인지도에서 각 제품들이 가까이 있을수록 경쟁의 강도가 높고 멀수록 경쟁강도는 떨어진다고 볼 수 있다. 이와 같이 인지도를 포괄적으로 작성하면 마케팅 관리자는 본원적 효익 경쟁까지 파악할 수 있다.

(4) 소비자의 의사결정과정 분석을 통한 방법

이 방법은 소비자가 최종적인 제품을 선택하기 위하여 적용하는 다양한 기준들이 어떠한 과정을 통하여 적용되었는가를 나타내 주는 일련의 의사결정과정을 이용한 측정방법이다. 이 방법은 회고적인 방법에 의하여 소비자가 구매를 하는 동안 어떠한 생각을 하는지를 말하게 함으로써 의사결정 모델을 설정하게 된다.

의사결정모델은 선택의 대상에 대한 속성들이나 선택시의 상황을 규명하고 이러한 속성들이나 의사결정절차의 유사성에 의하여 경쟁관계를 파악하게 된다. 따라서 이 방법의 의하면 본원적 효익 경쟁과 예산경쟁수준까지 경쟁사를 확인할 수 있다. 그러나 이 방법은 분석이 개인수준에서 이루어지므로 개인별로 인식하고 있는 선택기준과 제품의 대체안들에 대한 지식과 신념의 차이를 밝히기가 어려울 뿐만이 아니라 개인별 의사결정과정 모델을 집단화하는데 상당한 어려움이 수반된다. 소비자의 의사결정과정을 분석하는 방법, 제품에 대한 소비자의 지각에 바탕을 둔 인지도에 의한 방법은 소비자의 실제 구매행동자료를 이용하는 것은 아니지만 잠재적인 미래 시장구조 파악에 통찰력을 제공하고, 보다 광범위한 경쟁구조를 파악할 수 있으며, 산업재와 내구성 소비재를 포함한 모든 유형의 제품과 서비스에 적용이 가능한 장점이 있다.

2. 경쟁사의 목표

경쟁사 분석의 첫 번째 단계는 주요 경쟁사의 현재 목표가 무엇인가를 평가하는 것이다. 경쟁사가 특정한 전략적 행동을 하게 하는 배경이 된다는 점에서 경쟁사의 목표 파악은 중요한 정보가 된다. 경쟁사의 목표를 정확하게 인식하는 것은 경쟁사가 현재 시장에서의 경쟁적 위치에 만족하는지의 여부, 전략 변경 가능성, 외부변화에 대응하는 강도 등을 예측하는데 도움이 된다. 특히 경쟁사의 시장점유율, 매출 성장률, 수익성 등에 관한 목표가 무엇인가를 파악하여야 한다.

경쟁사의 상표별 목표의 평가는 경쟁사가 어떤 전략을 추구할 것인가와 시장에서 경쟁사가 어떠한 행동을 할 것인가에 대해 구체적인 예측을 하는데 매우 중요한 지침을 제공해 주나, 실질적으로 이를 파악하는 것은 매우 어렵다. 따라서 마케팅관리자는 경쟁사의 행동을 면밀히 관찰하고 판매원의 보고 등을 통해 민감하게 경쟁사의 목표를 파악하여야 한다.

마케팅 계획 과정에서 경쟁사가 선택할 수 있는 목표는 성장목표와 수확목표의 두 가지로 분류될 수 있다. 경쟁사의 목표에 따라 시장에서 상이한 유형의 경쟁사 행동이 발생한다. 성장목표에서 가장 중요한 것은 매출량과 매출액의 증대이고 단기간의 이윤증대는 2차적인 문제가 된다. 따라서 성장목표를 선택한 경쟁사는 가격인하, 광고비의 증대, 촉진활동의 증대, 유통비용의 증대 등의 공격적인 행동을 하기 쉽다. 이와 반대로 수확목표를 선택한 경쟁사는 이윤극대화를 위하여 가격을 인상하거나, 마케팅 예산을 축소하는 등의 방어적인 행동을 보이기 쉽다. 따라서 마케팅 관리자의 입장에서는 성장목표를 선택한 경쟁사에 비해 수확목표를 선택한 경쟁사를 공격하여 시장점유율을 획득하는 것이 용이하다. 예를 들어 1970년대 후반 코카콜라는 시장점유율은 기존 수준을 유지하고 이윤을 증대하는데 1차적인 관심을 기울였다. 이를 시장점유율 증대의 기회로 파악하고 펩시는 공격적인 전략을 구사하여 시장점유율을 상당히 증가시킬 수 있었다.

3. 경쟁사의 현재 전략 평가

경쟁사 분석의 두 번째 단계는 경쟁사들이 어떤 방법을 통해 그들이 설정한 목표를 달성하려고 시도하는가를 파악하는 것이다. 즉 경쟁사가 과거에 사용하였던 전략과 그 성과 그리고 현재의 전략을 면밀히 평가하여야 한다. 실제로 경쟁사의 과거전략이 실패한 전략이라면 그러한 경험에 의해 미래에는 과거와 유사한 전략을 사용하지는 않으리라고 예측할 수 있다.

경쟁사의 과거 및 현재 전략의 파악은 경쟁업자의 미래 성장방향을 예상하는데 도움을 줄 수 있다. 예를 들어 경쟁사가 차별화전략에 의존해 왔다면 제품계열의 폭, 제품의 품질, 서비스 차별화, 유통경로의 형태 또는 상표인지도 중에서 무엇에 근거한 차별화 전략이었는지를 파악해야 할 것이다. 원가우위전략이 수행되어 왔다면 이 전략이 가능했던 이유가 규모의 경제, 경험곡선, 우월한 제조공정이나 설비, 저렴한 원자재의 확보 중에서 어느 요인에 기인하는가에 대해 분석하여야 한다. 만약에 집중전략을 사용한다면 어떠한 집중화를 하였는가를 명확히 파악하여야 한다.

특히 경쟁사의 마케팅전략에 대한 이해는 필수적이다. 경쟁사의 표적시장 선정에 대한 파악은 자사의 표적시장 결정에 많은 도움을 줄 수 있다. 특 경쟁사의 주요 목표 세분시장에 진입하려면 상당한 출혈을 감수하여야 하지만 주요 표적시장이 아니라면 용이하게 진입할 수 있을 것이다. 포지셔닝이란 경쟁 제품 대비 자사 제품의 경쟁적 우위를 확보하기 위한 방법이므로 경쟁사의 포지셔닝에 대한 파악은 자사제품의 경쟁적 우위 확보에 필수적인 요소이다. 끝으로 경쟁사의 마케팅

믹스에 대한 평가는 경쟁사의 기본적인 전략에 대한 통찰의 제공뿐만 아니라 특정 전술에 관한 정보를 제공하여 준다.

4. 경쟁사의 능력의 평가

경쟁사의 강점과 약점에 대한 지식은 경쟁사가 왜 그러한 전략을 추구하고 있는지를 통찰할 수 있게 할 뿐 아니라 자사의 전략대안을 수립하고 선택하는데 있어 중요한 정보이다. 경쟁사가 약점을 갖고 있는 분야에서 자사의 강점을 개발함으로써 경쟁업자의 약점을 이용할 수도 있으며, 경쟁사의 강점에 대해 파악함으로써 강점이 있는 분야를 우회하거나 강점이 중화되는 분야로 진출할 수 있을 것이다. 경쟁기업의 강약점을 파악하면 그들이 현재 사용하는 전략의 오류를 발견하여 경쟁에서 우위를 점할 수 있게 된다. 왜냐하면 전망이 매우 좋은 사업분야에서는 기업들이 유리한 위치에 서기 위해 자기 약점을 감추고 오히려 그것을 강점으로 부각시키는 모험적인 행동도 할 수 있기 때문이다. 따라서 상대발의 위장된 강점을 제대로 파악한다면 경쟁은 한층 유리하게 전개될 수 있다.

1) 신제품 개발능력의 평가

이 평가는 경쟁사의 신제품 개발능력의 질에 대한 평가를 하는 것이다. 우수한 신제품 개발능력을 보우하고 있는 경쟁사가 있다면, 혁신적이지 못한 기업에게는 장기적으로 심각한 위협요인이 될 수 있다.

2) 생산능력의 평가

마케팅관리자는 경쟁사의 생산능력을 평가하는 것이 요구된다. 서비스 기업인 경우에는 서비스 배달능력을 측정하여야 한다.

3) 마케팅 능력의 평가

경쟁사의 마케팅 능력을 평가하는 것은 매우 중요한 의미를 보유하고 있다. 경쟁사가 강력한 제품개발능력과 생산능력을 보유하고 있어도 마케팅 능력의 부재로 효과적인 전략 운용이 불가능한 경우가 있다.

4) 재무 능력의 평가

경쟁사의 자금 확보 능력은 효과적인 전략운용의 제약조건으로 작용한다. 만약 경쟁사가 한 제품에 거의 무제한에 가까운 자금동원능력을 가지고 있다면 자사의 전략수립에 이러한 사실을 신중하게 고려하게 된다. 경쟁사의 재무비율과 은행과의 관계도 중요한 정보 원천이며, 경쟁사의 제품들 사이의 자금할당 비중도 매우 중요한 정보원천이 될 수 있다.

5) 관리 능력의 평가

경쟁기업의 최고 경영층의 특성은 경쟁사 전략에 대한 하나의 신호로 받아들여질 수도 있다. 어느 회사가 마케팅 전문가를 최고 경영자에 임명하였다면 공격형 전략을 구사하리라고 예측할 수 있으며, 자금이나 관리 전문가를 최고 경영자에 임명하였다면 방어적 전략을 구사하거나 내부통제를 우선적으로 다루려는 의지로 이해할 수 있다.

5. 경쟁사의 미래전략 예측

마케팅관리자는 경쟁사의 목표, 전략, 능력에 대한 평가 후에 이를 기초로 경쟁사의 미래전략에 대한 예측을 하여야 한다. 즉 위의 세 가지 평가로 획득한 정보를 근거로 경쟁사가 미래에 어떻게 행동할 것인가를 파악하여야 한다. 결국 경쟁사 분석은 경쟁사의 미래전략을 기초로 하여 자사의 효율적인 마케팅 계획을 설정하는데 목적이 있기 때문에 경쟁사 분석에서 가장 핵심적인 부분이 된다. 경쟁사 미래전략의 예측은 위와 같은 과거자료 뿐만이 아니라 연차보고서, 업계 전문지, 경제지, 기자회견 등의 2차 자료를 통해서도 정보 획득이 가능하다.

[표 6.7] 경쟁자의 강점 및 약점을 분석하기 위하여 필요한 정보의 예

1. 상품개발능력 1) 기술수준 (1) 특허의 수 (2) 기술개발단계 2) 인적자원 (1) 핵심인물 (2) 외부 인력의 활용여부 3) 연구개발비 (1) 총액 (2) 매출액 대비 비율 (3) 최근 몇 년 동안의 패턴 (4) 원천 4) 기술개발전략 (1) 핵심능력 (2) 선점 대 모방 5) 관리과정 (1) TQM (2) 고객의 소리의 체계적 반영정도	3. 마케팅 능력 1) 판매조직 : 능력, 크기, 종류, 위치 2) 유통경로 : 능력, 종류 3) 서비스 및 판매정책 4) 광고-능력, 종류 5) 인적자원-핵심인물, 이직률 6) 예산-총액, 매출액 대비비용 최근 몇 년 동안의 패턴, 보상시스템 4. 재무능력 1) 장기부채비율, 비용 2) 단기차입선, 부채의 종류, 부채비용 3) 유동성 4) 현금흐름-외상매출금, 재고회전율, 회계 처리 관행 5) 인적자원-핵심인물, 이직률 6) 시스템-예산수립, 예측, 통제
2. 생산능력 1) 유형적 자원 (1) 총규모 (2) 고장 규모, 위치, 노후 정도 (3) 설비 자동화, 유지보수, 유연성 (4) 공정 독특성, 유연성 2) 인적자원 (1) 핵심인물 (2) 근로자 기술수준, 노조 결성여부	5. 관리능력 1) 핵심인물-목표와 우선순위, 가치관, 보상 시스템 2) 의사결정-결정권자, 종류, 신속성 3) 계획수립-종류, 강조점, 기간 4) 인력충원-이직률, 경험, 충원계획 5) 조직 (1) 집중화의 정도 (2) 부서 (3) 스태프

경 쟁 사 분 석(예시)

아래 양식에는 당신이 사업계획서의 경쟁분석 부분을 작성할 때 포함해야할 내용을 제시하고 있다. 아래 각 항목별로 필요한 답을 완성한 후 이들 정보를 종합하여 경쟁사분석 부분을 작성하라.

Ⅰ. 당신의 경쟁사는 누구인가?

기존 경쟁사, 잠재 경쟁사, 대체재로 구분하여 기술하라. 당신의 경쟁사가 없다고 결코 생각하지 마라.

누가 당신을 자신의 경쟁사로 여길 것인지 생각해 보라.

(1) 기존 경쟁사:

___

___

___

(2) 잠재 경쟁사:

___

___

___

(3) 대체재:

___

___

___

Ⅱ. 당신 제품(서비스)시장의 시장점유율에 대하여 설명하시오.

(1) 현재 제품시장에서 지배력이 높은 경쟁사에 관하여 다음 표를 완성하시오.

경 쟁 자	전체 시장매출액에서 차지하는 비중(%)	전체 시장매출량에서 차지하는 비중(%)	시장점유율 추세 (증가 혹은 감소)
1.			
2.			
3.			
4.			

(2) 시장 리더인 경쟁사의 가장 중요한 특성이 무엇인지 간단하게 기술하시오.

경쟁사 #1. ____________________

경쟁사 #2. ____________________

경쟁사 #3. ____________________

(3) 시장점유율의 분포를 매출액 기준, 매출량 기준으로 파이도표를 작성하라.
(이 도표는 사업계획서에 시장을 시각적으로 설명하기 위하여 활용할 수 있다.)

매출액 기준 매출량 기준

A 사
B 사
C 사

Ⅲ. 당신 회사와 경쟁사의 강점과 약점을 비교 평가하시오.

(1) 고객이 다음의 시장변수 항목에 대하여 당신 회사와 경쟁사를 어떻게 평가하고 있는 지 10점 만점으로 평가하시오.

평 가 요 소	당 신 회 사	경 쟁 자 1	경 쟁 자 2	경 쟁 자 3
제품/서비스 특성				
제품 가격				
추가 구매비용				
품질				
내구성/유지보수가능성				
이미지/스타일/디자인				
인지가치				
브랜드 인지도				

평 가 요 소	당 신 회 사	경 쟁 자 1	경 쟁 자 2	경 쟁 자 3
고객관계				
접근용이성				
납기				
사용편의성				
신용정책				
고객서비스				
사회적인식				
기타(기술하라)				
총점				
총평				

(2) 기업의 경쟁력을 제고시키기 위하여 필요한 다음 기업변수 항목에 대하여 당신 회사와 경쟁사를 10점 만점으로 평가하시오.

평 가 요 소	당 신 회 사	경 쟁 자 1	경 쟁 자 2	경 쟁 자 3
재정상태				
마케팅프로그램/예산				
기술우수성(기술력)				
판매망 접근 능력				
공급자 확보 능력				
규모의 경제성				
운영효율성				
판매능력				
제품라인의 다양성				
전략적 파트너십				
종업원 사기				
특허권 등 지적재산				
기술혁신 능력				
기타(기술하라)				
총점				
총평				

Ⅳ. 아래에 제시된 진입장벽 요소가 당신 산업에서 어느 정도 진입장벽으로서 역할하고 있으며, 향후 얼마나 오래 동안 효과가 있을 것으로 생각하는가? 즉, 신규기업이 진입장벽을 극복하는데 어느 정도의 기간이 소요될 것으로 예상하는 지 예상되는 기간을 제시하시오.

진입장벽 요소	진입장벽으로서의 역할 정도				극복기간 (개월)
	높음	중간	낮음	해당 없음	
특허 및 독점적 제품					
높은 창업비용 및 자본요소					
전문기술 필요					
설계 및 생산의 어려움					
시장포화로 시장입지 한계					
규모의 경제성					
상표인지도					
판매유통망 확보의 어려움					
공급자 확보의 어려움					
정부 정책					
기타(기술하라)					

PART 3

STP와 마케팅 믹스

“런던포그 실패”

런던포그 코트를 생산하는 런던포그인더스트리社가 지난 9월 27일 미국 연방지방법원에 파산보호를 신청했다. 이에 따라 75년 전통의 런던포그가 존폐의 기로에 서게 됐다. 레인코트의 대명사 런던포그는 지난 1922년 미국 볼티모어에서 탄생했다. 런던포그 코트를 만든 회사는 ‘메이코버-로덴’이라는 조그만 기업이었다. 그 후 런던포그 브랜드가 유명해 지자 1930년대 초에 브랜드를 회사명으로 바꿔 ‘런던포그인더스트리’로 바뀌어 현재에 이르고 있다.

창업자는 변호사 출신의 이스라엘 마이어스

그는 15년간의 연구개발 끝에 지난 1953년 방수기능이 부가된 신제품을 내놓게 된다. 이것은 기존 레인코트 시장에 센세이션을 불러 일으키기에 충분했다. 비에 젖어도 털어내기만 하면 되는 코트가 나온 것이다. 이후 볼티모어지역은 ‘레인코트의 세계수도’가 됐다. 회사는 레인코트를 주축으로 외출코트, 스포츠웨어 등 다양한 상품을 출시하게 된다. 런던포그 외에 타운, 퍼시픽트레일, 블랙도트 등으로 브랜드를 늘려 나갔다. 브랜드 확장전략은 1960년대 이후 저가의 해외 의류제품이 미국시장에 들어오면서 난관에 부딪치게 된다. 회사는 아웃렛 유통과 백화점 유통을 직접 경영하는 등 유통채널을 확보하는 전략으로 대응해 간다. 그러나 유통업계의 구조적 변화속에서 전문유통업체나 후발주자들의 추격을 뿌리치진 못했다.

지난 1990년대 초 외국산 저가 의류의 2차 공세를 계기로 회사는 파산직전까지 몰린게 된다. 경영권은 몇 개의 금융회사로 구성된 컨소시엄에 넘어가고, 메릴랜드와 버지니아에 있던 5개 공장도 문을 닫아야 했다. 회사는 인력을 줄이고 주정부 등의 후원금 1백80만 달러로 재기에 나섰으나 이미 퇴락하고 있던 사운을 돌려놓지는 못했다. 드디어 1997년에는 미국에 남은 마지막 공장인 메릴랜드 봉제공장도 패쇄했다.

이번 파산신청서에 따르면 회사는 20여개 기업들로 구성된 주채권단에 1억1백만 달러의 부채를 지고 있다. 작년 말 현재 세계 1천5백명 정도의 종업원을 두고 있다. 지난해 매출은 3억3천5백만 달러였다. 이제 파산보호신청을 계기로 한때 코카콜라에 버금가는 브랜드파워를 지녔던 ‘런던포그’가 살아날 수 있을지가 관심사가 될 수밖에 없다.

제록스 복사기 사례

“제록스”브랜드는 복사기의 대명사로 불릴 만큼 복사기분야에서의 명성이 대단하다.

제록스사는 이 같은 명성에 힘입어 컴퓨터 분야로도 사업을 확장하고, “제록스”브랜드를 그대로 이용하였으나 결과는 IBM에 대한 참패로 끝났다. 이는 브랜드를 “제록스”로 계속 사용했기 때문이라는 분석이 우세하다. 만일 브랜드를 전혀 새로운 것으로 바꾸었다면 결과는 달랐으리라고 보는 견해가 지배적이다.

Chapter

07 STP

제 1 절 시장세분화(Segmentation)

1. 시장세분화의 개요

1) 시장세분화의 정의 및 세분시장의 조건

작은 규모의 기업도 다양한 연령대, 소득 수준, 취미나 라이프스타일을 지니고 있는, 매우 넓은 범위의 고객을 유치하려고 한다. 어느 조직이건 각 조직이 상대로 하는 시장의 모든 고객을 만족시킬 수는 없다. 고객의 수는 무척 많으며 널리 분산되어 있고, 또 각 고객의 성향도 다르기 때문이다. 이렇게 고객 개개인의 욕구를 파악한다는 것은 불가능에 가까운 일이고, 또 그것이 가능하다고 하더라도 개개인의 욕구를 하나하나 충족시키는 일 또한 불가능하다. 따라서 이 많은 소비자들로 구성된 시장을 세분하여, 그 중 한정된 자원으로 효과를 극대화 할 수 있는(목표를 달성할 수 있는) 표적시장을 정하고, 정해진 표적시장을 대상으로 마케팅전략을 수립하는 것이 필요하다. 소비자들의 욕구가 점점 더 다양해짐에 따라 소비자의 욕구를 충족시켜야 한다는 마케팅 철학이 대두되면서 시장세분화는 마케팅전략의 필수적인 요소가 되고 있다.

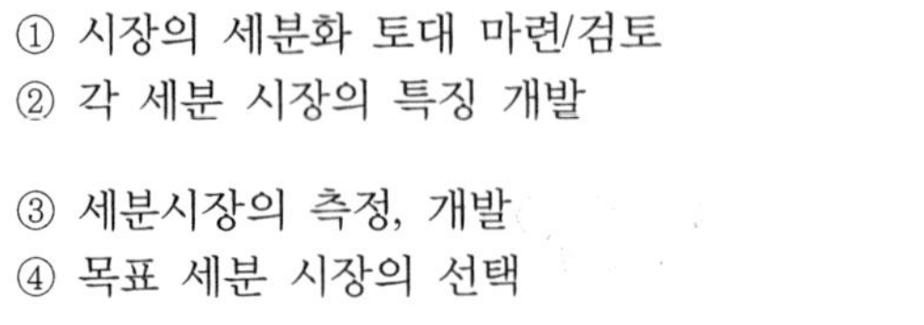

[그림 7.1] STP의 개념

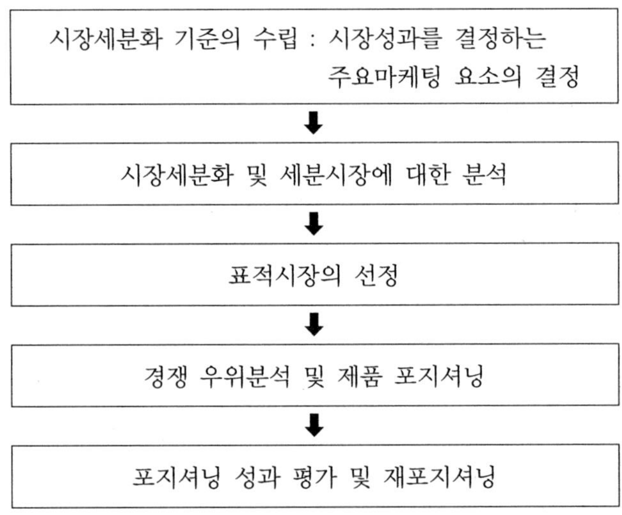

[그림 7.2] STP를 통한 전략수립과정

기업이 아동 및 청소년시장을 대상으로 기획 상품 및 패키지상품을 출시하여 성공적으로 이끈 사례, 기업이 청소년 세분시장을 주요 표적시장으로 하여 상품에 대한 친근한 해설과 안전한 제품 등을 실시한 것은 시장세분화를 통해 제시된 청소년이라는 세분시장을 목표로 표적시장에 적합한 마케팅활동을 펼친 결과라고 볼 수 있다. 또한 중소기업 및 대기업이 직장인, 청소년, 주부 등의 인구 통계적 세분시장에 따른 각 세분 시장을 대상으로 한 차별적인 마케팅믹스전략의 수립은 사람들에게 기업의 상품을 친근하게 느끼도록 하는 즉, 소비자 접근성을 높이는 긍정

적 효과가 있음을 증명한 사례로 볼 수 있다.

시장세분화란 한 조직체가 시장을 일정한 기준에 따라서 몇 개의 동질적인 소비자집단으로 나누는 것을 말한다. 이상적인 시장 세분화란 어떤 것일까? i) 세분시장 하나하나가 내부적으로는 최대한으로 동질적인 소비자들을 포용하고 있어야 하고, ii) 각 세분시장은 서로 최대한 이질적이어야 한다. 기업은 시장세분화를 통해서 i) 시장기회를 발견하고, ii) 고객 욕구에 맞는 마케팅 믹스를 개발하며, iii) 고객의 욕구 충족을 통해 해당 기관, 문화예술 제품, 서비스에 대한 애호도를 상승시키고, iv) 특정 세분시장에 마케팅노력을 집중함으로써 경쟁우위를 확보하며, v) 시장수요의 변화에 대해 신속한 대응을 할 수 있게 된다.

시장세분화(Segmentation
고객전체의 시장을 유의미한 기준으로 잘게 쪼개어 어떤 시자을 대상으로 해야 하는지 분석함

지리적	시장을 지역단위로 나뉘는 것
인구통계학적	나이, 가족규모, 성, 소득수준 직업, 가족구성 단위
구매행동	사용기회, 사용경험, 사용량, 사용애호도
추구효익	기능, 심리적인 추구가치
고객지위	최초고객, 반복구매, 잠재고객

변수	시장세분화요건(시장세분화 특성)			
	측정 가능성	규모	접근 가능성	차별적 반응
인구통계	○	○	○	×
심리분석	○	×	×	△
구매행동	○	△	×	○
사용상황	○	△	○	○
추구효익	○	×	×	○

[그림 7.3] 시장세분화

하지만 시장세분화 방법이 모두 효과적인 것만은 아니며, 필요한 요건이 있다. 시장세분화의 궁극적인 목적은 선택된 세분시장 내에 있는 동질적인 소비자들에게 맞는 차별적인 마케팅믹스전략을 개발하는 데 있다. 따라서 세분시장이 재기능을 발휘하려면 다음과 같은 요건을 갖추어야 한다.

(1) **측정가능성**measurable : 세분시장의 크기와 구매력을 측정할 수 있어야 한다.

(2) **시장성**substantial : 세분시장은 상당한 이익을 실현할 수 있을 만큼의 규모를 가지고 있어야 한다. 문화예술 조직이 몇 개의 세분시장을 선택하여 각 시장에 맞게 마케팅전략을 달리하려면 하나의 통일된 전략을 쓰는 경우보다 훨씬 많은 비용이 들게 된다. 그러므로 각 세분시장에서 얻을 수 있는 이윤이 그러한 차별적 전략을 정당화할 만큼 커야 한다.

(3) **접근가능성**accessible : 세분시장에 있는 소비자들에게 효과적으로 접근할 수 있는 수단이 있어야 한다. 촉진전략이 어려운 시장 등은 현실적으로 마케팅 수행이 어렵다.

[표 7.1] 마케팅 전략기획

마케팅주제		마케팅문제	분석기법
STP전략	시장세분화	우리의 고객은 누구인가?	믹스처모델 (Mixture Model)
	표적시장 선정	우리의 자원을 어떠한 고객을 대상으로 어떻게 배분해야 하나?	AHP분석
	포지셔닝	표적시장의 고객들에게 우리의 제품을 어떻게 지각하도록 만들어야 하나?	Prefmap3
마케팅 믹스	제품전략	어떤 상품 및 서비스를 어떻게 기획, 개발해야 하나?	컨조인트 분석
	가격전략	우리 상품의 가격을 얼마로 어떻게 책정하나?	컨조인트 분석
	커뮤니케이션(촉진)전략	우리의 상품에 대해 고객에게 무엇을 어떻게 알려야 하나?	다변량통계
	유통전략	우리의 상품을 어디에서 어떻게 제공하는 것이 가장 좋을까?	다변량 통계

2) 시장 세분화 변수

시장세분화 요건 및 방법

시장세분화요건	• Relevance : 세분화 시장에서의 고객의 구매행위와 태도에 대하여 이해 • Measurability : 세분화된 시장의 크기와 구매력 측정 가능성 • Accessibility : 세분화된 시장에의 접근 가능성 • Substantiality : 세분화된 시장은 마케팅을 구별하여 행사할 만큼의 크기와 수익성 창출이 가능하여야 • Durability : 제품군이나 산업 성숙도에 따라 시장의 세분화

소비재 시장에서 가능한 시장세분화 방법	• 지리적 변수 : 국가, 도시/농촌(인구밀도), 기후 등 • 인구통계적 변수 : 나이, 성별, 소득, 종교, 교육수준 등 • 행동분석적 변수 : 제품구매빈도, 사용량, 상표충성도, 가격민감도, 구매시 중요시하는 변수 등 • 심리분석적 변수 : 라이프스타일(행동, 관심, 의견 등)
산업재시장에서 가능한 시장세분화 방법	• 인구통계적 변수 : 회사규모, 산업종류, 위츠 등 • 운영적 변수 : 채용한 기술 • 구매습관적 변수 : 중앙집권적 구매/분권적 구매, 구매기준 등 • 상황적 변수 : 구매의 긴급도, 구매규모 등

[그림 7.4] 시장세분화 요건 및 방법

어떤 기준으로 시장을 세분할까? 시장세분화의 기준이 되는 것을 시장세분화 변수라고 한다. 어떤 시장세분화 변수가 적합 하느냐? 하는 것은 각 조직이 처한 상황에 달려있지만, 일반적으로 많이 쓰여 지는 시장세분화 변수들은 대개 인구 통계적 변수, 심리 분석적 변수, 행태적 변수 등으로 크게 나누어진다.

[표 7.2] 시장세분화의 기준

세분화 기준	변수
인구통계적 변수	나이, 성별, 가족규모, 가족수명주기, 소득, 직업, 교육수준, 종교
심리분석적 변수	사회계층, 생활수준, 종교
행태적 변수	추구하는 편익, 사용량, 제품에 대한 태도, 상표애호도, 상품구매단계, 가격에 대한 민감도

또한 소비자의 정보처리과정이나 구매의사결정과정의 다양한 항목들도 시장세분화를 위한 유용한 변수가 될 수 있다. 정보처리과정과 구매의사결정과정도 소비자의 다양한 선택을 설명하는 중요한 원천이기 때문이다. [표 7.3]은 시장세분화를 위한 변수를 정리한 것이다. 시장 세분화를 위한 설문조사를 할 경우에는 여기에 제시된 변수들을 설문지 항목으로 만들어 자료를 수집하면 된다.

[표 7.3] 시장세분화의 주요변수와 분류

구분	변수	대표적 분류 내용
지역적 세분화	지역	서울. 경기(인천). 강원. 충청(남. 북. 대전). 전라(남. 북. 광주). 경상(남. 북. 대구). 부산. 제주
	시군규모	거대도시. 대도시. 중소도시. 읍.면. 리
	인구밀도	도시. 교외. 농촌
	기후	북부. 남부
인구 통계적 세분화	연령	1-2. 4-6. 7-11. 12-18. 19-27. 28-34. 35-49. 50-64. 65세이상
	성	남성. 여성
	가족수	1. 2. 3-4. 5인 이상
	가족생활주기	①청년, 미혼 ②청년부부, 무자녀 ③청년부부 : 막내자녀6세미만 ④청년부부 : 막내자녀6세이상 ⑤노년부부 : 자녀동거 ⑥노년부부: 18세 이하 자녀없슴 ⑦노년 독신 ⑧기타
	소득	무, 30만원, 50만원, 75만원, 100만원, 150만원, 200만원, 300만원, 500만원 이상
	직업	전문직 및 기술직, 경영자, 공무원, 자영업자, 사무직 및 판매원직, 기능공 및 감독, 농민, 퇴직, 학생, 주부, 실업
	학력	대학원, 대학, 대퇴, 고졸, 고중퇴, 중졸, 국졸
	종교	카톨릭. 정신교. 유대교. 기타
심리적 세분화	사회적 계층	하-하. 하-상. 중-상. 상-하. 상-상
	라이프스타일	활동가. 쾌락추구자. 지위 추구자. 평범형
	성격	강제적. 사교적. 권위주의적. 야욕적
행동적 세분화	사용계기	구칙적. 특수적
	추구한 이점	품질. 서비스. 경제성
	사용여부	비사용자. 전사용자. 잠재적 사용자. 최초사용자. 규칙적 사용자

	사용률	소량 사용자. 보통 사용자. 다량 사용자
	충성도	전무. 보통. 강함. 절대적
	용의도	무지. 의식하고 있음. 알고 있음. 관심 있음. 의욕 있음. 구매의욕 있슴.
	제품에 대한 태도	열광적. 적극적. 무관심. 부정적. 적대적
정보 처리 과정	노출	의도적 노출 : 정보탐색방법 우연적 노출 : 광고에의 노출여부 선택적 노출 : 배달된 광고물을 주의 깊게 보는가?
	주의	관여도 : 제품/조직에 대해 관심이 많은가? 적은가? 기존의 신념과 태도
	지각	구매 동기 제품 및 관련 분야에 대한 지식 제품 구매를 통한 기대
의사 결정 과정	문제인식	구매 동기
	정보탐색	구매를 위한 정보의 원천, 탐색 방법, 경로, 정보의 영향력 등
	대안평가	구매결정에 영향을 주는 속성 : 유명상품, 상품 인지도, 대중성, 가격, 분위기 등
	구매	구매제안자, 의사결정 영향력자, 구매 결정자, 실제 구매자로 이어지는 의사결정단계별 영향력 파악
	구매후 행동	성과평가 : 경험에 대한 고객 만족/불만족 성과평과 원인 추론 : 만족/불만족 재구매 의도 여부

이러한 변수들은 설문조사나 이미 작성 된 정보에 의해 수집할 수 있는데, 대체로 좋은 세분화 기준은 아래의 요건들을 갖추어야 한다. i) 소비자들의 행동과 관련성이 있어야 한다. ii) 측정할 수 있고, 쉽게 관찰할 수 있어야 한다. iii) 나누어진 각각의 세분시장에 따로따로 접근할 수 있어야 한다. 그런데 [표 7.4]에서 보다시피 이들 세분화 변수들 중에 대부분은 위의 세 요건들을 만족스럽게 갖추고 있지 못하다. 따라서 어느 하나만이 아니라 2개 이상의 세분화변수를 사용하는 것이 바람직하다.

[표 7.4] 세분화기준으로서의 변수간 평가

세분화기준이 갖추어야 할 요건	세분화변수	
	일반적 변수	행태적 변수
측정가능성/관찰가능성	상대적으로 높다	상대적으로 낮다
접근 가능성	상대적으로 높다	상대적으로 낮다
소비자행동과의 관련성	적다, 의심스럽다	높다

* 지리적 변수, 인구통계적 변수, 심리분석적 변수를 통틀어 일반적 변수라고 표현했음.

2. 시장세분화 방법

시장을 세분화하는 방법에는 여러 가지가 있다. 이 방법들을 방법론상으로 분류해보면, 마케터가 시장세분화를 실시하기 전에 세분화 기준을 정했느냐 아니면 세분시장의 성격을 사후에 밝혀냈느냐 하는 것과, 시장세분화 변수간의 인과 관계가 있느냐 없느냐 하는 기준의 네 가지로 분류할 수 있다.

[표 7.5] 시장세분화의 방법론 분류

구분	마케터가 사전에 시장세분화 기준을 정한 경우	시장세분화 후 세분화 기준을 확인한 경우
변수간의 인과 관계가 없는 경우	상황표(카이제곱분석)	군집분석 믹스쳐모델
변수간의 인과관계가 있는 경우	판별분석, 회귀분석, logit분석	clusterwise 회귀분석 믹스쳐 모델

1) 사전 세분화

(1) 변수간 인과 관계 없는 세분화 방법

마케터가 시장을 세분화하기 위해 미리 변수를 선정한 다음, 그 기준에 따라 시장을 세분화 하는 경우

대표적으로 사용하는 방법이 카이제곱 분석에 의한 상황표 작성법이다. 이 방법은 또한 변수들끼리의 인과관계 없이 단순히 시장을 나누기만 하는 방법이다. 하지만, 이 방법은 마케터의 임의로 시장을 나누는 바람에 실질적으로 중요한 세분시장을 발견하지 못하여 마케팅 노력을 헛되이 할 수도 있다는 단점이 있다. [표 8-6]에서 보듯이 마케터는 장르와 연령을 시장세분화 작업 이전에 선택하여 이 기준에 따라서 시장을 분류하였다. 표에서는 마케터가 20~30대만을 분석에 포함하였지만, 우리의 조직에 실제적으로 이익이 되는 집단이 10대에 있었다면 실제로 이익을 올릴 수 있는 집단을 놓칠 수 있는 것이다.

[표 7.6] 카이제곱 분석의 가상적인 사례(카이제곱 분석 : 기대빈도와 실제빈도의 차이)

	A	B	C	총계
20대 초반	45(37.5%)	25(40.6%)	30(21.9%)	100명
20대 후반	40(37.5%)	40(40.6%)	20(21.9%)	100명
30대 이상	35(45%)	65(48.8%)	20(26.3%)	120명
총계	120	130	70	320명

(2) 변수간 인과 관계 있는 세분화 방법

마케터가 사전에 시장을 세분하고, 세분된 시장을 가장 잘 설명하는 변수를 찾는 경우

이 방법의 대표적인 시장세분화 방법으로는 판별분석이 있다. 판별분석이란 사전에 분류된 표본들을 종속변수로 하고, 이 분류된 집단을 가장 잘 설명하는 변수를 찾는 방법이다. 따라서 마케터는 사전에 시장을 세분하고, 이 세분시장을 가장 잘 설명하는 변수들을 확인한 후, 이 확인된 변수들이 얼마나 시장을 잘 세분하는 기준이 되었는지를 살펴보게 된다. 이러한 판별분석은 시장세분화를 위해 마케터가 사전에 주관적으로 아주 중요한 집단으로 분류한 집단이 실질적으로는 전혀 의미가 없는 집단이라면 모든 분석과정이 의미 없는 작업일 수밖에 없다는 단점이 있다.

2) 사후 세분화

(1) 변수간 인과 관계 없는 세분화 방법

시장을 세분한 이후에 그 결과를 가장 잘 설명하는 세분화 변수를 확인했는데, 변수간의 인과관계가 없는 경우

먼저, 이 방법의 대표적인 시장세분화 기법에는 군집분석cluster analysis이 있다. 군집분석이란 다양한 특성을 지닌 대상들을 동질적인 집단으로 분류하는 데 이용하는 기법이다. 따라서 군집분석을 실행하게 되면, 유사한 특성을 기준으로 고객의 분포가 나뉘어지게 된다. 그런데 군집분석을 하는 경우, i) 같은 데이터로 분석할지라도 어떠한 군집분석 알고리즘(계층적 군집분석/비계층적 군집분석)을 선택하느냐에 따라 시장세분화 결과가 달라지게 되고, ii) 세분집단을 통계적으로 적정하게 몇 개로 나누어야 하는지를 제시하지 못하며, 명목척도를 사용할 수 없다.

어떠한 군집분석 방법을 선택하느냐에 따라 시장세분화 결과가 달라진다면 구분된 집단이 순수하게 시장을 잘 반영하고 있다고 믿기는 어렵다. 또한 봄, 여름, 가을, 겨울이 군집분석에 중요한 정보인데, 이를 사용할 수 없다면 올바른 시장 세분화를 하지 못하게 된다. 그렇다면 어떤 성격을 가진 시장세분화 방법이 바람직한 것일까?

① 마케터의 주관적 판단이 없는 시장세분화 방법이라야 한다.
② 인간의 다양성을 반영해야 한다.
③ 최적의 세분시장 수를 제시할 수 있어야 한다.
④ 세분화에 사용하는 변수의 성격을 제한하지 말아야 한다.

이러한 조건을 만족시키는 시장세분화 방법이 있을까? 바로 믹스쳐모델 이라고 하는 시장세분화 방법은 위의 조건을 모두 만족시키는 방법이다.

(2) 변수간 인과 관계 있는 세분화 방법

시장을 세분한 이후에 그 결과를 가장 잘 설명하는 세분화 변수를 확인했는데, 변수간의 인과관계가 있는 경우

기존의 시장세분화 방법은 시장의 실제분포를 마케터의 주관적인 판단에 의해 고객이 한 가지 형태로 분포되어 있다는 가정 하에 집단을 나누지만, 실제로 한 회사의 고객은 여러 가지 형태로 분포가 혼재되어 있을 가능성을 배제할 수 없다. 예를 들어, 영화를 좋아하는 고객이 동시에 연극이나 마당극을 좋아하는 경우, 기존의 시장세분화 방법으로서는 설명하기 힘들다.

[표 7.7] 바람직한 시장세분화 조건과 믹스쳐 모델

바람직한 시장 세분화 방법의 조건		믹스쳐 모델
마케터의 주관적 판단 없이 시장을 세분화한다.	⇨	특정 세분시장 수가 정해진 후에 개별응답자가 어느 세분시장에 속할 지를 보여줌
인간의 다양성을 반영한다.	⇨	각 개인이 어느 세분시장에 속했는지 그 결과를 보여 줌
최적의 세분시장 수를 제시한다.	⇨	세분시장 수를 늘릴 때마다 설명력이 증가하는 정도를 보여 주어 설명력이 유의적으로 증가하다가 증가하지 않은 범위가 최적 세분시장 수임을 보여줌
세분화에 사용하는 변수의 성격을 제한하지 않는다.	⇨	모든 척도를 동시에 이용하여 세분시장별 성격을 규명함

시장세분화평가요인

세분시장의 매력도 평가요인

세분시장요인	경쟁요인	자사와 적합성
시장규모	현재의 경쟁자	기업목표
시장성장률		자원
시장수익성	잠재적 경쟁자	마케팅 믹스

[그림 7.5] 시장세분화 평가요인

하지만 믹스쳐 모델은 고객이 다양한 분포로 혼재되어 있다는 것을 반영하는 시장세분화 방법이다. 또한 이 분석방법은 고객의 반응에 기초해서 세분시장별로 각각 다른 하위분포를 찾는 방법으로서 가장 설명력이 높은 세분시장의 수까지 찾아준다는 장점이 있다.

3) 라이프스타일

(1) 시장 세분화market segmentation

광고를 기획하는 과정에서 목표 시장의 설정은 다양한 소비자들을 유사한 속성을 지닌 하부 집단으로 분할하는 과정을 포함한다. 이러한 과정을 시장 세분화라 하는데, 시장 세분화란 그 내용이 복잡하든 간단하든 간에 광고의 목표 대상이 되는 전체 시장을 다양한 하부 시장으로 밝히는 과정으로서 광고주가 목표로 삼으려는 집단을 세분화된 목표target segment라고 한다. 사람들은 각각 다른 이유들 때문에 특정한 행동을 하게 된다. 세분화의 초점은 일정한 기준, 예를 들면 상품 구매, 미디어 패턴, 다양한 인구 통계적 변수 등에 의해 소비자를 구분하는 것에 있다. 최근에는 소비자 집단의 권한이 강화되고, 소비자의 필요와 욕구가 다양해짐에 따라 이러한 소비자 시장의 분할이 촉진되고 있다.

시장 세분화를 하는 데는 각 시장을 묘사하고 차별화하는 다양한 세분화 변인들이 이용된다. 이들은 크게 인구 통계학적 변인, 지리 구조 변인, 심리 구조 변인의 세 가지로 구분된다. 인구 통계학적 변인으로는 연령, 성별, 인종, 세대 형태, 주택 소유 형태, 교육 수준, 직업, 소득 수준 등을 들 수 있는데, 소비자의 연령이나 소득 수준의 분포가 소비자에 따라 다양하게 나타나는 것은 광고주와 광고 대행사에게 중요한 관찰 대상이 된다. 지리 구조 변인에 따른 시장 세분화는 거주하는 지역에 따른 소비자의 특성 구분을 통해 이루어진다. 마지막으로 심리 구조 변인에 따른 시장 세분화에서는 소비자의 심리적 특성과 행동적 특성에 다라 시장을 세분화하는 것을 지칭한다. 예를 들어 소비자의 가치관, 태도, 성격 등으로 소비자를 유형화하여 분류할 수 있는데, 심리 구조적 세분화의 중요한 수단이 바로 라이프스타일 유형화이다.

라이프스타일 조사의 기본적인 전제는 광고주가 소비자에 대해 많이 알면 알수록 성공적인 시장 확보가 유리해진다는 데에 있다. 즉 고객을 더 잘 이해하기 위해

서는 고객의 특성을 이루는 구성 개념들을 많이 알수록 좋다는 것이다. 인구 통계학적 특성들은 소비자를 간결하고 확실하게 분석하고 분류하는 데 현재까지도 폭넓게 이용되는 변수이지만, 인구 통계학적 변인들만으로는 충분한 소비자 정보를 얻어낼 수 없으므로 소비자에 대한 의미 있는 관점을 제공할 추가적 정보가 필요하다. 이러한 점에서 소비자의 심리 구조 변인은 밝혀낼 수만 있다면 유용한 정보가 된다. 그러나 그러한 결과를 모든 대중에게 일반화하는 경우 신뢰성이 결여될 가능성이 있어서 소비자 연구의 도구로 삼는 데에는 종종 어려움이 따른다. 라이프스타일 패턴이라는 새로운 구성개념은 인구통계학의 장점과 심리 구조의 측정 가능성을 한 데 결합한 것으로 사람들의 느낌, 태도, 의견뿐만 아니라 행위까지도 다루는 소비자 측정 방식이다.

(2) 라이프스타일의 개념

라이프스타일이란 개념은 사회학에서 최초로 사용되기 시작했는데, 생활의 유형, 양식 또는 방법이라는 의미지만, 단순히 생활양식을 말하는 것이 아니라, 행동과 의식을 연합한 생활양식이며 종합적 상징으로서의 성격을 가지고 있다. 이 개념은 사회학자인 막스 베버Max Weber와 정신 분석학자인 알프레드 아들러Alfred Adler로부터 출발하였다고 볼 수 있다.

[표 7.8] 기존연구들의 라이프스타일에 대한 정의와 조작화

연구자	정의	조작화
Lazer(1963)	전체 사회속에서 총체적 의미로 다른 부분과 뚜렷하게 구분되는 특징적인 생활양식	-
Levy(1963)	개별적인 활동으로 표현되는 하위상징으로 합성된 움직이는 커다란 복합상징	-
Moore(1963)	가족 구성원이 여러 가지 상품, 사건, 자원들을 그 속에 맞추어 활용해 나가는 정형화된 생활양식	-
Anderson(1976)	어느 특정 개인이나 집단의 생활을 특징적으로 접근시켜 주는 행동 및 그 전체성을 나타내 주고 있는 사회과학 개념	시간배분

Bernay(1971)	실제 생활에 있어서 시간과 돈을 사용함으로써 나타나는 개인들의 특징적인 생활 방식	언론매체, 스포츠, 정치, 문화 조직에 대한 주제와 관련된 활동
Wells and Tigert(1971)	-	활동, 관심, 의견(AIO)
Wind(1971)	시간과 돈을 사용하며 살아가는 총체적인 방식	-
Myers and Gutman(1974)	사람들의 상호작용을 통해 채택하는 공동목표 및 살아가는 방법, 그리고 이들에 대한 결과적 행위	활동, 관심, 의견(AIO)
Reynolds and Darden(1974)	특성적으로 자기 스스로 발전되어 가는 개인의 구조체계	-
Berkman and Gilson(1978)	태도, 가치, 의견, 관심, 행동 등이 합성된 종합체계	-
Engel, Kollat and Blackwell (1978)	사람들이 돈을 쓰며 살아가는 패턴	-
Laudon and Bitta(1979)	개인행동을 결정하고 또 개인행동에 의하여 영향을 받는 독특한 생활 패턴	-
Hawkins, Coney and Best(1980)	살아가는 방법	-
Mitchell(1983)	VALS 프로그램(가치중심)	생존자형, 생계유지형, 소속지향형, 경쟁지향형, 성취지향형, I-AM-ME형, 경험지향형, 사회사업가형, 종합형

라이프스타일의 유형화와 이를 통한 시장 세분화의 개념은 1963년 레이저(Lazer)에 의해서 처음으로 도입되었다(Plummer, 1974). 라이프스타일은 집단별, 단계별, 사회별로 특이성 있는 생활의 요소나 질에 연관되어 존재하게 되며, 각 라이프스타일 유형의 결과가 그들의 생활유형과 패턴에 동일하게 반영된다(Lazer, 1963). 라이프스타일은 각 개인의 주위환경 즉, 문화, 준거 집단, 가족 및 소속 사회 등의 영향을 받아서 습득하는 것일 뿐만 아니라, 개인의 가치 체계나 개성의 일부분으로 나타나기도 한다. 따라서 각 개인의 라이프스타일은 바로 그 사람의 행동에 반영되는 것이다.

그러나 기존의 연구(Anderson, 1976 ; Berkman and Gilson, 1978 ; Hawkins, Coney and Best, 1980 ; Laudon and Bitta, 1979 ; Lazer, 1963 ; Mitchell, 1983)들은 라이프스타일의 개념 정의와 조작화에 대한 의견의 일치를 보여 주지 못하고 있다. [표 8-12]은 라이프스타일에 관한 기존 연구들의 다양한 조작화와 정의를 정리한 것이다. 하지만 이러한 점에도 불구하고 라이프스타일의 개념이 사회과학에서 인간의 행동, 소비자 분석을 하는데 지표로서의 역할을 한다는 것에는 누구나 의견의 일치를 보인다.

(3) 라이프 스타일의 접근(측정)방법

라이프 스타일에 대한 측정은 AIO 기법을 비롯하여 가치 측정 도구인 RVS(Rokeach Value Survey), VALS(Value and Life-Style Survey) 그리고 LOV(List Of Value) 접근방법 등을 이용할 수 있다.

① AIO(Activities, Interests and Opinions)

AIO 접근방법은 응답자들을 대상으로 한 조사에서 도출하는 행동Activities, 관심Interests 그리고 의견Opinions 등에 의해 측정된다. 라이프스타일의 AIO 접근 방법은 가장 널리 이용되는 라이프스타일 측정 방법으로 웰즈Wells와 플러머Plummer에 의해 제시되었다. 플러머는 AIO 분석에 대하여 "AIO 분석은 사람들이 그들의 활동, 관심, 의견에 관한 질문에 응답하도록 고안된 것이다. 그들의 활동은 그들의 작업 시간과 여가 시간을 어떻게 보내는 가로 측정되며, 그들의 관심은 당면한 환경에서 무엇을 중요하게 여기는 가로 측정되고, 그들의 의견은 사회적 문제, 제도 및 그들 자신에 대한 태도로써 측정된다. 끝으로 나이, 수입, 거주자 등과 같은 기본적 사실을 조사하는 것이다"라고 밝힌다. 소비자의 입장에서 보자면 활동은 제품을 구입하는 것과 같은 명확한 행동을, 관심은 어떠한 제품 및 서비스에 갖는 특별한 흥미를 가리키며, 의견은 소비 상황에서 제기되는 문제에 대한 소비자의 응답이라 할 수 있다. [표 7.9]는 AIO를 이용한 라이프스타일 측정에 사용되는 각 항목을 정리한 것이다. 이러한 접근을 통해 광고회사인 Needman, Haper, Steers는 라이프스타일을 열 가지 유형으로 세분화하였다. 이것은 주로 광고에서 목표소비자를 설정하는 데 이용된다.

[표 7.9] 라이프스타일 척도life-style dimensions

활동	관심	의견	인구통계적 변수들
일	가족	자신(themselves)	나이
취미	가정	사회적 쟁점	교육
사회적 사건	직업	정치	소득
휴가	공동체	사업	직업
오락	기분전환	경제	가족규모
클럽	패션	교육	거주지
공동체	음식	기술생산	도시규모
쇼핑	매체	미래	생활주기
스포츠	성취	문화	

② RVS(Rokeach Value Survey)

서구의 소비자 행동 연구 분야에서 연구자들이 소비 행동의 선행 변수로서 가치관에 관심을 두기 시작한 것은 로키치(Rokeach)의 가치관 연구 이후부터라 할 것이다. 그는 오랫동안 행동과학 분야에서 이루어져온 가치관에 대한 연구들을 고찰하여 여러 가지 논란들을 개념적, 조작적 수준에서 새롭게 정립하였다. 로키치는 '가치란 개인적으로나 사회적으로 대안적인 것이나 반대되는 것보다 더 선호하는 이상적인 행동 양식이나 존재의 목적 상태에 관련한 하나의 지속된 신념'이라고 정의하였다. 그리고 이러한 가치들의 집합이 가치 체계를 형성한다고 보았다. 그는 또 가치관과 태도의 관계를 분명하게 규정했다. 즉 개인의 가치 체계는 태도 형성에 영향을 미친다고 보았다. 그는 자신의 이론을 바탕으로 하여 가치관 측정도구인 RVS(Rokeach Value Survey : RVS)를 만들었다. 기존의 가치관 연구 문헌들을 참조하여 궁극적 가치관 목록을 만들고, 555개의 성격 특성 형용사 가운데 도구적 가치관 목록을 만들어 대단위 표집 조사 연구를 통해 각각 18개씩 36개의 가치관 척도를 개발하였다.

③ VALS(Value and Life-Style)

VALS는 AIO와 달리 라이프스타일의 측정과 유형화에 있어서 개개인의 삶에 대한 가치관이 가장 중요한 반영요소라고 보는 가치측정도구이다. 최근 미국에서 흔히 사용되고 있는 가치측정도구는 VALS와 다음에 살펴볼 LOV이다. VALS는

라이프스타일 연구의 제2융성기를 가져왔다는 평가를 받은 SRI(Stanford Research Institute)의 연구로서, 아놀드 미첼Arnold Mitchell은 미국의 전체 소비자를 9가지 유형으로 유형화하여 소비행동과 레저 활동 등을 설명, 예측한다. 라이프스타일의 9가지 유형은 생존자형, 생계 유지형, 소속지향형, 경쟁지향형, 성취지향형, I-AM-ME형, 경험지향형, 사회사업가형, 그리고 종합형 등이다.

VALS 체계는 소비자들이 추구하는 가치와 라이프스타일에 대한 이중 단계로 진행되며 다시 네 집단으로 세분화될 수 있다. 즉, 욕구 추구 소비자 집단need driven consumers, 외부 지향 소비자 집단out directed consumer, 내부 지향적 소비자 집단inner directed consumer, 통합적 소비자 집단integrated consumer으로 구분된다. 욕구 추구 소비자 집단은 선호보다는 기본적 욕구에 의해서 소비자 행동이 나타나는 집단으로 경제적 형편이 가장 나쁜 생존자형과 겨우 생계를 유지해나가는 생계 유지형이 여기에 속한다. 외부 지향적 소비자 집단은 시장에서 가장 높은 비중을 차지하고 있는 사람들로 이들은 다른 사람들을 의식해서 구매한다. 여기에는 소속지향형, 경쟁지향형, 그리고 지위와 명성, 쾌락추구 생활 등이 특징인 성취자형이 있다. 내부지향적 소비자 집단은 독자적으로 행동하는 소비자로 개인주의(I-AM-ME)형, 경험지향형, 사회적 이슈에 관심이 많은 사회사업가형이 있다. 종합형 소비자 집단은 극히 적은 비중을 차지하는 사람들로 내부지향적인 면과 외부지향적인 면을 혼합해서 행동하는 성숙하고 균형있는 인격을 가진 소비자이다.

④ LOV(List Of Value)

케일(Kale)은 로키치(Rokeach)의 RVS에서 궁극적 가치관에 해당하는 가치요소들 중 9개를 뽑아 실무에서 쉽게 이용할 수 있는 새로운 가치관 측정도구인 LOV(List Of Value)를 제작하였다. 케일, 베티Beatty 그리고 호머Homer는 VALS와 LOV 사이의 예측적 유용성을 비교하였다. 이들의 연구에 의하면, 소비자 행동의 추세를 예측하는데 LOV가 VALS보다 훨씬 유용성이 높은 것으로 나타났다. 이들의 연구에서 LOV의 경우 7개의 인구 통계학적 변수가 포함되었다. 그러나 최근 노박과 맥보이(Novak and MacEvoy)의 연구에서는 보다 많은 경우를 비교하여 인구통계학적 변수를 포함시키지 않았을 때는 LOV가 VALS보다 예측력이 낮다는 결론을 도출했다. 즉, LOV 접근방법을 사용할 경우에는 연구주제와 대상에 부합하는 인구 통계적 속성의 설정과 포함이 중요하다 하겠다.

[표 7.10] LOV식 라이프스타일 측정문항(36문항)

1. 나는 사교성이 많다.
2. 나는 사람과 잘 어울리는 성격을 지니고 있다.
3. 나는 다른 사람과 대화를 많이 나눈다.
4. 나는 각종 모임에 적극 참여하는 편이다.
5. 원만한 인간관계를 유지하기 위해서 나는 타협과 양보를 잘하는 편이다.
6. 나는 술과 노래가 있는 모임을 좋아한다.
7. 스트레스를 풀기(해소하기) 위해 우리는 여가시간을 충분히 즐겨야 한다.
8. 나는 나의 인격을 믿는다.
9. 나는 이 세상에서 가장 소중한 존재라고 생각한다.
10. 나는 "나의 장래가 밝다"고 확신한다.
11. 나는 내가 맡은 일에 대하여 책임과 의무를 다하려고 노력하는 성향이 있다.
12. 나는 내가 계획한 일들을 반드시 실천한다.
13. 나는 나의 옷에 대하여 다른 사람이 어떻게 생각할지 신경 쓰지 않는다.
14. 나는 친구로부터 나의 결점에 대해 충고를 듣는 것보다 장점에 대해 칭찬을 더 듣고 싶어 한다.
15. 성공의 첫 걸음은 좋은 직장을 구하는 것이다.
16. 나는 뉴스를 매일 듣고(알고) 싶어 한다.
17. 나는 남보다 먼저 신제품을 사려고 한다.
18. 여가 선용은 돈보다 시간이 더 중요하다.
19. 나는 장차 나의 아들, 딸을 위해서라면 어떠한 희생도 감수할 마음이다.
20. 나는 장차 나의 노부모(혹은 시부모)를 양로원에 보내지 않고 직접 모시겠다.
21. 나는 내가 손해보더라도 나의 약속을 꼭 지키려고 노력한다.
22. 학생은 사회참여보다 학업에 열중하는 것이 본분이라고 생각한다.
23. 행복한 가정생활을 위하여 우리는 가족끼리의 대화를 좀 더 자주 가져야 한다.
24. 용돈을 벌기 위해서 학생은 아르바이트를 할 필요가 있다고 생각한다.
25. 생활의 안정을 위해서는 맞벌이 부부가 바람직하다고 생각한다.
26. 나는 프로야구나 축구 경기에서 지역 연고팀을 열렬히 응원한다.
27. 나는 스포츠나 대중가요 등에 대하여 열광적이다.
28. 나는 내가 정성껏 작성한 보고서(학교에서나 직장에서)에 대하여 만족감을 가진다.
29. 나는 내 손으로 글을 직접 쓰거나 뭔가 만들기를 좋아한다.
30. 나는 항상 새롭게 변화하는 생활을 바란다.
31. 나는 우리 소속 대학이나 직장의 이름이 새겨진 것(체육복, 문구류 등)을 좋아한다.
32. 국가(사회)의 이익과 개인의 이익이 상충할 때 나는 우선 개인의 이익을 선택하겠다.
33. 나는 주변의 사람들로부터 모범적인 사람이라는 평판을 받도록 노력한다.
34. 나는 가족과 함께 놀러 나가는 것이 즐겁다.
35. 내가 다니는 대학 또는 직장에 대한 사회의 평가와 나 자신에 대한 사회의 평가는 별 상관이 없다고 생각한다.
36. 요즈음 학생에 대한 일반 시민의 이미지는 대체로 좋지 않은 것 같다.

(4) 라이프스타일 유형화 사례

현재 한국에서 이루어지고 있는 대부분의 라이프스타일 조사나 연구는 다음의 두 가지 방향 중 하나라고 볼 수 있다. 하나는 국외에서 행해진 가치관에 관한 이론과 그를 바탕으로 만들어진 가치관 척도를 그대로 수용하여 사용하는 것이다. 국내의 연구를 보면 강이주와 박명희는 미첼Mitchell이 제작한 VALS를 번역하여 사용하고 있고, 고경순은 개인의 가치관을 측정하기 위해서 케일Kale의 LOV를 사용하고 있다.

그러나 특히 라이프스타일을 가치관 측면에서 연구하게 될 때, 유의해야 하는 점은 한 가지 가치관 척도를 각기 다른 문화권에 보편적으로 적용할 수 있는가에 대한 문제이다. 그러므로 한국의 라이프스타일 연구에서 가치관 연구의 또 한 가지 방향은 가치관에 대해 이론적, 개념 조작적 수준에서 엄밀하게 고찰하지 않고, 한국인의 가치 요소들을 직관적으로 제작하여 간편하게 도구화하여 사용하는 것이다. 일반적으로 국내의 많은 연구들은 특정 대상에 대한 구체적인 태도를 측정하는 단편적인 태도 문항들을 사용하고 있다.

여기에서는 실제로 우리나라의 각 기관에서 대규모의 표본을 대상으로 행해진 라이프스타일 유형화 사례를 살펴보자.

• 한국인의 성격 유형

[표 7.11] 한국인의 성격 유형

적극형(46%)	대세형(31%)	불만형(23%)
맹목형(따르라형) 16%	체면형(좋습니다형) 19%	표출형(아니오형) 13%
선도형(합시다형) 12%	실속형(좋겠군요형) 12%	내재형(글쎄요형) 10%
경험형(해보자형) 18%		

① **맹목형** : 모든 일에 주도적이고 매사에 적극적이며 책임감이 강하다. 목적 지향적이고 결과를 중요시한다. 자긍심이 높고 낙관적 신념을 가진 유형

② **선도형** : 솔선수범하는 여론주도형. 감정표현에 솔직하고 사교적이며, 이타주의적이고 자발적임. 반면 성취동기는 약한 편이어서 목적 지향적이지는 않

음. 모든 일에 관여하기 좋아함.

③ **경험형** : 맹목형과 마찬가지로 성취동기가 높고 도전적이긴 하나 계획적이거나 강한 의지의 소유자는 아님. 관심 있는 일을 일단 시도해 보려고 하며 경험이 재산이라고 생각하는 유형

④ **체면형** : 대세를 중시하며 동조하는 유형. 자기 자신에 대해서도 대체로 만족하며, 예의와 격식을 중요시하는 보수적 합리주의자

⑤ **실속형** : 대세를 따르면서 자신의 판단을 기초로 행동함. 계획적이고 심사숙고하는 경향이 높다. 확인된 위험만 시도하는 신중성

⑥ **표출형** : 현재의 자신에 대하여 불만족. 그러나 이를 변화시키기 위해 적극적으로 활동하지도 않는 소극적인 유형의 사람. 위험을 회피. 자기감정에 솔직한 편

⑦ **내재형** : 자신에 대한 자긍심이 결여되어 있고, 충동적인 면도 없이 그럭저럭 살아가는 유형. 적극적인 활동을 하지 않고, 다른 사람에 대한 관심도 부족. 소극적이고 무지향적인 사람

• 한국인의 신제품 수용 행동 유형

이러한 유형화는 시간의 흐름에 따른 사회구성원들의 신제품 수용 과정에 대한 태도 변화를 분석하는 작업이다. 일반적으로 새로운 현상이나 제품을 남들보다 쉽게 받아들이는 사람이 있는가 하면 상대적으로 수용태도가 느린 집단이 있다. 이러한 태도에 영향을 주는 요인으로는 호기심이나 관심, 시도하려는 용기나 행동, 유행이나 주위와의 조화요구 등이 중요하게 작용한다. 각각의 요인들에 대한 반응의 차이에 따라 신제품을 남들보다 빨리 받아들이는 집단 유형Oh-yes과 남들보다 앞서지는 못하지만 주변, 조화, 눈치를 의식하는 집단유형Yes-but, 반대로 새로운 변화에 둔감하고 보수적인 집단유형No-then으로 나누어진다.

① Oh-yes형(조기수용층) : 제품에 대한 정보가 빠르고 유행에 민감하다. 쇼핑시간이 길고 아이쇼핑을 즐기는 편이다. 가격보다 상표를 중시하고 디자인이나 색상 등 외관을 중요시한다. 조기수용층은 일반적으로 남자보다는 여자가, 나이든 층보다는 젊은 층에서 높게 나타난다. 성격은 적극적이고, 일상생활에 변화를 원하고 있으며, 새로운 정보에 민감하다.

② Yes-but형(후기수용층) : 새로운 것을 받아들이기보다는 주위의 유행이나 대

세에 다라 이를 수용하는 유형. 물건을 살 때 남들이 이상하게 생각하지 않을까 염려하는 편.

③ No-then형(지연계층) : 새로운 것에 대한 관심이 적고, 유행이나 대세에 개의치 않고 그 전에 쓰던 제품을 고수하는 유형. 구매 이외에는 상점에 들르지 않고, 외관보다는 가격이나 성능, 기능 위주로 제품을 구입한다.

[표 7.12] 한국인의 라이프스타일 유형

유형 비	비율	유형 비	비율
감각지향적 자유분방형	21%(1238명)	안정지향적 현실향유형	19%(1131명)
전통지향적현실순응형	18%(1071명)	규범중시 현실불만형	11%(666명)
미래지향적 갈등형	15%(906명)	서구지향적 자아추구형	16%(979명)

• 한국인의 라이프스타일 유형

군집 분석을 통한 결과에 따르면 우리나라의 소비자는 전체 7집단으로 구분될 수 있으며 각 집단의 특성은 [표 7.13]과 같다. 또 다른 라이프스타일 조사로 제일기획에서 6000여명을 대상으로 라이프스타일의 유형을 분석한 결과는 다음과 같다.

[표 7.13] 한국인의 라이프스타일 유형

구분	인구구조의 속성	심리 구조의 특성	비율
상승 의욕형	30대의 남녀, 고학력자	출세 지향, 사회 리더 지향	13.8
전통 출세형	40대 이상의 남성	가족과 회사 지향적, 보수적	12.6
인생 탐닉형	10,20대 남성, 신세대	인생을 즐기자, 패션, 스포츠에 관심	22.6
소극 무지향형	연령별로 고루 존재	무기력하게 삶을 영위	14.2
개성 추구형	10대의 남녀, 20대 여성	자기 편한 대로 멋만 부리려는 유형, 브랜드와 개성지향성이 강함. 자기 억제력이 약함	13.0
무사 무욕형	기성세대, 10대에는 거의 없음	전통적 가치관, 타인을 의식하는 삶, 타인에 대한 배려	10.1
생활 매몰형	30,40대의 가정주부	생활에 바빠 자기 일을 할 수 없음	13.7

제 2 절 표적시장의 선정(Targeting)

1. 표적시장의 개요

1) 시장 공략의 방법

앞에서 다룬 시장세분화를 위한 다양한 방법 중, 우리 기업의 목표와 상황에 적합한 세분화 방법을 선택하여 시장을 세분화한 다음에는 몇 개의 세분시장에 진출할 것인지, 어떤 세분시장을 집중 공략할 것인지를 정해야 한다. 몇 개의 세분시장에 진출할 것이냐 하는 문제에 대해 기업이 택할 수 있는 대안에는 세 가지가 있다. 그들은 각각 비차별화 마케팅, 차별화 마케팅, 그리고 집중 마케팅이라 부른다.

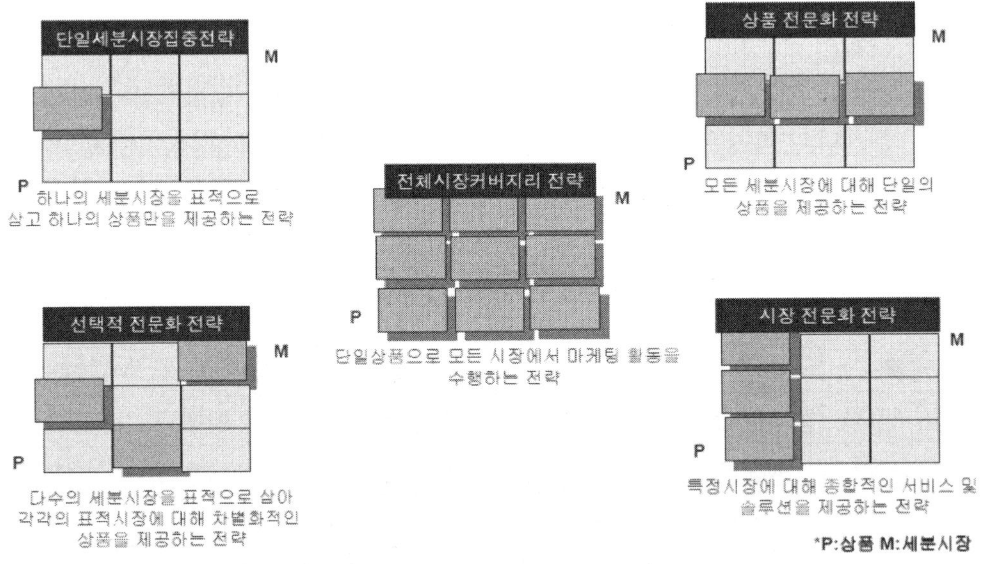

[그림 7.6] 상품 및 시장 표적화 전략

[표 7.14] 시장 공략의 세 가지 방법

비차별화 마케팅 (undifferentiated marketing)	• 각 세분시장 사이의 차이를 무시하고 전체 소비자를 대상으로 하나의 마케팅전략을 구사하는 것 • 소비자들 사이의 차이점 보다는 공통점에 초점을 맞추는 것이기 때문에 소수의 소비자층 보다는 일반대중의 마음에 들도록 유통, 광고 전략 등도 수립 • 이 전략은 경제성의 장점을 갖고 있다. • 소비자들 사이의 욕구 차이가 크지 않고 단일 마케팅믹스의 사용으로 인한 비용절감효과가 아주 클 때 적합
차별화 마케팅 (differentiated marketing)	• 복수의 세분시장에 집중할 것을 결정하고 각 세분시장에 맞는 마케팅 믹스를 개발하여 활용하는 전략 • 이 전략을 쓰면 전체적인 소비자의 만족도가 올라가므로 매출액도 비차별화 마케팅전략을 쓸 때보다 많음과 동시에 비용도 그만큼 많이 듬 • 비용의 상승보다 매출액의 상승이 더 커서 전체적인 수익률이 향상될 것으로 예상될 때 적합
집중마케팅 (concentrated marketing)	• 차별화 전략이나 비차별화 전략은 모든 시장을 상대로 마케팅을 전개함 • 한정된 자원으로 마케팅전략을 구사하는 경우에는 큰 시장에서 고전하는 것보다는 정선된 소수의 작은 시장에서 왕 노릇을 하는 것이 훨씬 낫다. • 이것이 바로 집중 마케팅

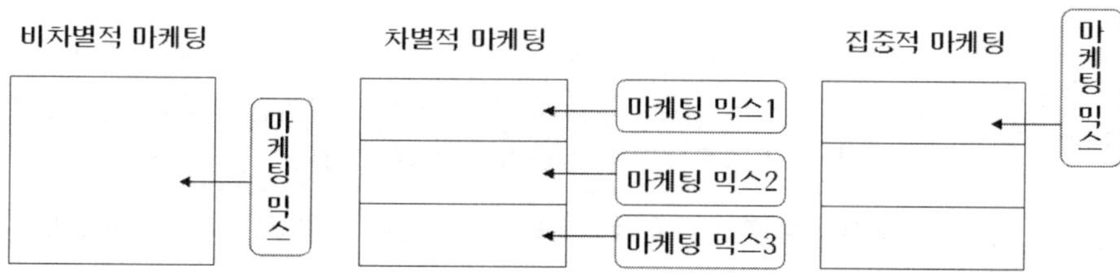

[그림 7.7] 시장 공략의 세 가지 방법

이럴 경우 자기가 속한 시장에 대한 전문적인 지식과 그 시장에서의 명성으로 높은 시장점유율을 가질 수 있게 된다. 또한 소수의 세분시장에 집중하기 때문에 비용을 절감할 수 있게 된다. 하지만 극소수 시장에 매달리기 때문에, 그 시장의 기호가 변하거나 강력한 경쟁자가 나타나게 되면 매우 어렵다. 그래서 궁극적으로는 여러 개의 세분시장에 진출하여 위험부담을 줄이려고 하는 경우가 많다.

[표 7.15] 표적마케팅의 용어정리

대중마케팅	고객이 주로 가격에만 의존하여 상품을 선택하는 시장에서 가장 대중적인 상품을 대량으로 생산판매 하면서 가격으로 경쟁우위를 유지 하려는 마케팅이다.
고객의 이질성	특정상품의 고객이 지닌 다양한 성향을 뜻하는 것으로 기본적으로는 마케팅에 대한 고객반응의 다양성을 의미한다.
상품의 이질성	특정 요구를 충족하기 위해 시장에 제공되는 상품들의 다양성을 뜻하는 것으로 기본적으로는 상품이 제공하는 혜택들의 다양성을 의미한다.
표적마케팅	고객이 다양하며 마음에 맞는 상품을 선택하는 시장에서, 기업이 고객의 다양성을 분석하고, 가장 적절한 세분시장을 한 개 또는 여러 개를 선정하여 차별화 된 특성을 가지고 차별적인 마케팅을 수행하는 것을 말한다.
마케팅의 4P	상품(product), 가격(price), 유통(place)전략, 촉진활동(promotion)
마케팅의 4C	차별화된 핵심 혜택(core-benefit)이 있는 상품을 개발, 소비자가 편리하도록(cost) 적절한 비용(convenience)으로 제공하고, 이러한 혜택을 제대로 알리는(communication)
STP	세분화(Segmentation), 표적 세분시장 하나 또는 여럿을 선정(targeting), 선정된 시장에 제공할 차별화된 혜택을 분명한 위상으로 정립하는(Positioning)
연계성 (Connectedness)	소비자간 통신채널을 통한 연결, 이미지와 혜택의 공유에 의한 동질감의 공유, 또는 인터넷의 커뮤니티 형성으로, 기업간 전략적 제휴나 통신채널의 연결 등으로 상호활동이 연계되는 상태
현대마케팅의5C	마케팅의4C에 Connectedness가 추가된 개념으로 인터넷 시대의 마케팅 믹스

2) 표적 시장의 선정

이제 기업이 앞에서 제시한 세 가지 시장공략 방법 중 특정 전략을 추구하기로 결정하였다면 이제 가장 매력적인 세분시장, 즉 표적시장을 골라야 한다. 그러한 세분시장은 아래와 같은 세 가지 조건을 갖추어야 한다.

(1) 시장의 매력도

객관적으로 보아 매력이 있는 시장이어야 한다. 즉, 시장의 매력도란 그 시장에 진입한 기업들이 잠재적으로 얻을 수 있는 이익의 크기를 가리킨다. 이것을 피자에 비유하면, 피자 한 판의 크기가 얼마나 큰가에 해당된다.

(2) 경쟁우위

그 시장에서 우리가 높은 경쟁우위를 갖고 있어야 한다. 즉, 고객을 획득하고 유지하는 데에 있어서 우리가 경쟁자들보다 유리한 위치에 서 있어야 한다. 이것은 피자가 아무래 크더라도 우리가 불리한 위치에 앉아 있으면 한 쪽도 제대로 먹기 어려운 것에 비유할 수 있다.

(3) 적합성

그 시장이 우리와 높은 적합성을 갖고 있어야 한다. 즉, 그 시장에 들어가는 것이 우리 기관의 문화, 사명, 기존 시장, 기존 마케팅믹스와 어울려야 한다. 이것을 다시 피자에 비유하면 피자가 아무리 크고 우리가 가까이 앉아 있더라도 우리의 입맛에 맞지 않는다면 많이 먹을 수 없는 것에 비유할 수 있다. [표 9-3]은 위의 세 가지 평가기준과 기준별 세부적인 평가항목들을 나타내고 있다.

[표 7.16] 시장선택을 위한 평가기준과 평가항목

선택기준	요인	세부항목
시장의 매력도	외형적 요인	현재 시장규모/시장잠재력/성장률/현재 수익성 제품수명주기 단계/판매의 주기성 또는 계절성
	구조적 요인	잠재적 진입자(신규기업 등)로 부터의 위협 구매자의 교섭력으로 부터의 위협 공급자의 교섭력으로 부터의 힘 대체품으로부터의 힘 현재 시장내에서의 경쟁
	환경적 요인	인구통계적/경제적/사회적/기술적/법률적 환경
경쟁우위	마케팅 관련	우리 기업의 이미지/장소의 입지/제공물의 다양성/광고
	조직관련	인적자원의 질/부서간 협조/정보시스템

		축적된 경험과 노하우/의사결정의 속도
	재무관련	자본/재원조달/재정자립도/비용
적합성	조직 문화 및 사명	우리 기업의 문화와의 적합성 우리 기업의 사명과의 적합성
	기존시장	기존 고객들과의 적합성
	기존 마케팅 믹스	기존 제품들과의 적합성 기존 가격대와의 적합성 기존 커뮤니케이션 요소들과의 적합성 기존 유통경로와의 적합성

[표 7.16]과 같은 시장 선택의 평가기준과 평가항목을 토대로, 다음에서는 여러 개의 후보 세분시장들을 놓고 각 시장의 매력도, 경쟁우위와 적합성을 평가하는 과정에 대해서 설명하기로 한다.

3) 표적시장 선정전략의 유형

이제까지의 설명에서 표적마케팅을 추구하는 마케터는 우선 시장선호패턴을 근거로 하여 전체 시장을 구성하는 잠재고객들을 동질성을 갖는 하위집단들로 세분하고, 세분시장들로부터 주고객 시장을 선정해야 한다는 사실을 알았다. 이때의 주고객시장을 흔히 표적시장이라고 부르는데, 표적시장이란 '조직의 목표를 달성하기 위하여 마케팅노력을 집중시킬 고객들의 집단'을 의미하여 앞으로는 표적시장이라는 용어를 사용하기로 한다.

표적시장을 선정함에 있어서 마케팅조직은 다섯 가지의 기본적인 시장포괄 전략을 고려할 수 있다. 그러나 구체적인 표적시장을 선정하기 위하여는 우선 각 세분시장에 대 하여 현재의 규모, 미래의 성장전망, 경쟁의 상황 등을 평가하여 객관적으로 유망한 세분시장을 결정해야 한다.

제품/시장 전문화	제품/시장전문화란 제품과 시장에서 모두 전문화하는 것으로서 대체로 소규모의 마케팅조직들에 의해 채택된다. 예를 들어, 유아용 내의만을 마케팅 하는 조직은 전체시장 을 연령층으로 세분할 때 '유아'라는 특정한 세분시장만을 대상으로 하면서 의류 중에서도 '내의' 만을 제공함으로써 제품과 시장 모두에서 전문화하고 있다.
제품전문화	제품전문화란 전체시장의 잠재고객들에 대하여 특정한 제품을 전문화하여 마케팅하는 시장포괄전략이다. 예를 들어, 의류를 마케팅 하는 많은 기업들은 성별・연령별 모든 세분시장을 대상으로 의류를 제공하기 때문에 제품의 측면에서 전문화한 것이며, 대부분의 공산품 생산자가 이러한 시장포괄전략을 따른다.
시장전문화	시장전문화란 특정한 세분시장만을 대상으로 하여 그들이 필요로 하는 거의 모든 제품을 제공하는 시장포괄전략이다. 예를 들어, '아가방'은 유아라는 특정한 세분시장에 대 하여 그들이 필요로 하는 의류, 식품, 장난감 등의 광범위한 제품을 마케팅하고 있다.
선택적 전문화	선택적 전문화란 다수의 세분시장이 유망하다고 판단될 경우에 다수의 '제품/시장전문화'전략을 추구하는 것이다. 예를 들어, 해태제과는 어린이들을 대상으로 과자류의 제품을 마케팅하는 동시에 성인들을 대상으로 주류를 마케팅하고 있다.
완전포괄	완전포괄이란 다양화를 추구하는 마케팅조직에서 흔히 찾아볼 수 있는 시장포괄 전략인데, 전체시장의 잠재고객들을 대상으로 하여 그들이 필요로 하는 광범위한 제품들을 마케팅하는 전략이다. 이러한 완전포괄전략은 대체로 백화점이나 슈퍼체인과 같은 대규모 유통기관에 서나 채택될 수 있다

2. 표적시장 선정을 위한 분석방법

1) 개요

아래의 [그림 7.8]은 시장세분화에서부터 표적시장 선정까지의 과정을 나타낸 것으로서 이 단계상의 마지막 단계인 표적시장을 선택하기 위한 두 가지 분석방법에 대해서 살펴보자.

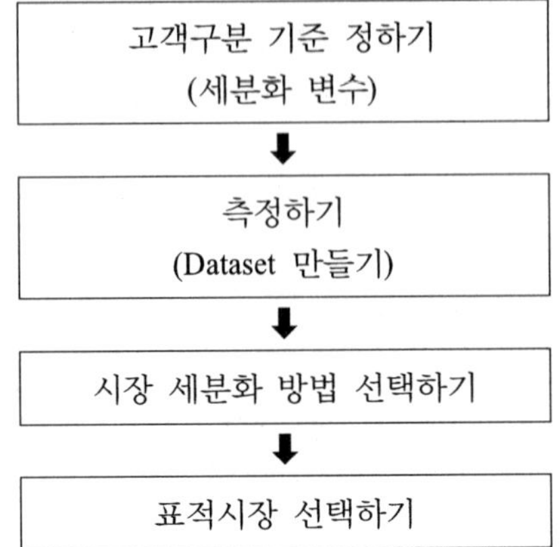

[그림 7.8] 시장세분화 및 표적시장 선정 과정

시장을 세분화하여 그 중 우리가 집중해야 할 표적시장을 선택하는 방법에는 전통적인 평가방법과 소프트웨어를 이용한 계층적 의사결정에 의한 평가방법인 AHP(Analytic Hierarchy Process) 방법 등 크게 두 가지가 있다.

2) 전통적 방법 : 가중치와 평가점수를 이용한 방법

이 방법은 [표 7.17]에 제시된 시장선택을 위한 세부 평가항목들에 대해서 우선, 각 평가기준에 가중치를 부여하고 난 후 평가기준별로 각 시장에 평가점수를 부여한다. 끝으로 각 시장이 받은 점수의 가중 총합을 계산하여 각 세분시장별 매력도를 계산하는 방법이다. 이렇게 전통적인 방법을 이용하여 표적시장을 선택하는 과정을 구체적으로 설명하면 다음과 같다.

① 표적시장 선택 시, 어느 기준이 가장 중요한지를 결정한다.
② 각각의 중요한 기준에 대해 가중치를 부여한다(가중치의 합계가 100이 되도록 한다).
③ 1단계에서 나눈 각 세분시장을 각 기준에 따라 점수를 매긴다(10점 척도를 이용, 1점을 가장 낮은 점수로 한다).
④ 각 세분시장의 순위와 각 기준에 매긴 가중치를 곱한다.
⑤ 점수가 가장 높은 세분시장부터 표적시장으로 선택해야 할 시장이 된다.
⑥ 기관의 한정된 자원을 고려하여, 현실적으로 몇 개의 세분시장을 표적시장으로 선택할 지를 정한다.

다음에서는 이상의 표적시장 선택과정을 사례를 들어 자세하게 설명해보기로 한다. [표 7.17]은 어떤 기업이 시장을 세분한 결과, 세 개의 세분시장으로 구분됐다는 가정 하에 이 세 개 세분시장을 평가하는 과정을 나타낸 것이다.

[표 7.17] 세 가지 평가기준별로 가중치와 평가점수를 부여한 예

요인		세부항목	가중치	세분시장A	세분시장B	세분시장C
				평가점수	평가점수	평가점수
시장 매력도	외형적	시장규모 수익성	5 10	3 4	5 4	3 3
	구조적	시장내 경쟁	10	3	4	2
	환경적	인구통계적 환경	5	4	3	3
경쟁 위위	마케팅	기업 이미지 공급자 이미지	10 30	3 3	3 4	3 3
	조직	경험 및 노하우	5	5	4	4
적합성	기관문화	기업문화와의 적합성	5	2	3	3
	기존시장	기존 고객과의 적합성	5	3	3	4
	기존 마케팅믹스	기존 제품과의 적합성 기존 커뮤니케이션 방법과의 적합성	10 5	2 3	3 3	3 2
합계			100	310	365	295

[표 7.17]에 제시된 세분시장별 각 세부항목의 가중치와 평가점수 토대로 다음과 같이 각 세분시장이 받는 가중 총합을 계산할 수 있다.

① 세분시장 A : (5×3)+(10×4)+(10×3)+(5×4)+(10×3)+(30×3)+(5×5)+(5×2)+(5×3)+(10×2)+(5×3)=310점
② 세분시장 B : (5×5)+(10×4)+(10×4)+(5×3)+(10×3)+(30×4)+(5×4)+(5×3)+(5×3)+(10×3)+(5×3)=365점
③ 세분시장 C : (5×3)+(10×3)+(10×2)+(5×3)+(10×3)+(30×3)+(5×4)+(5×3)+(5×4)+(10×3)+(5×2)=295점
이다.

따라서 점수가 가장 높은 세분시장의 순서는 B-A-C이며, 이 예에서 표적시장을 선택할 때는 세분시장 B-A-C의 순서대로 선택하는 것이 바람직하며, 이 중 하나의

시장을 대상으로 집중마케팅 전략을 실시한다면 세분시장 B를 선택하는 것이 최적이라고 볼 수 있다.

3) AHP 방법

조직 내에서 의사결정이 필요한 상황에서 서로 다른 두 가지 대안이 대립했을 때, 보통 주장이 강한 실무자의 의견을 따르게 되거나, 직급이 높은 실무자의 의견을 따르게 되거나 또는 다수결을 통해 의견을 따르는 방법으로 대안선택이 이루어진다. 이 세 가지 방법은 모두 각 대안을 선택기준의 중요도에 따라 객관적으로 평가하기가 힘들고, 관료적인 특성을 보여 소수의 의견이 반영되지 않는다는 단점을 가지고 있기 때문에 잘못된 의사결정을 내릴 가능성이 크다. 그렇다면 합리적이고 객관적인 의사결정을 내릴 수 있는 방법은 없을까? 복잡한 문제를 달성해야 할 목표, 의사결정을 위한 여러 가지 기준, 선택해야 할 대안들로 구성된 계층적 구조를 통해 최적의 의사결정으로 이끌어 내는데 효과적인 도움을 주도록 고안된 시스템이 바로 AHPAnalytic Hierarchy Process 방법이다. AHP는 의사결정에 참여하는 다수의 사람들의 의사를 최대한 수용하여 매우 효과적으로 의사결정을 할 수 있도록 하는 방법인데, 다음과 같이 네 가지의 큰 장점을 가지고 있다.

[표 7.18] AHP 방법 장점

① AHP는 객관적으로 수치화된 데이터 외에 실무자의 직관이나 개인적인 경험, 느낌과 같은 질적 요소를 의사결정과정에 통합하여 보다 합리적이고 현실적인 의사결정을 돕는다. ② 의사결정 참여자들은 매우 간단한 비교작업 등의 손쉬운 작업만 하면 AHP 프로그램은 이를 통합하여 의사결정 문제를 해결하고, 더 나아가 왜 그런 의사 결정을 내렸는지에 대한 근거를 제공한다. ③ AHP는 여러 의사결정 참여자들의 의사를 통합하여 특정인에 의하여 의사 결정과정이 지배, 왜곡되는 현상을 피할 수 있어 합리적인 의사결정을 내리도록 도와준다. ④ 계층구조로 이루어지는 AHP는 문제해결의 접근방법에 따라 수정이 용이하므로 융통성이 있는 의사결정방법이라고 할 수 있다.

[표 7.19] 표적시장 선정을 위한 추가적인 평가항목 체크리스트

표적 시장 선정 추가적인 평가항목	체크
경쟁자의 표적시장(아무도 표적시장으로 하지 않는 시장을 표적시장으로 선택하는 것이 더 효과적인 경우도 있다.)	
세분시장의 생애가치(lifetime value) - 어떤 고객으로부터 얻게 되는 이익 흐름의 현재 가치로 고객자산(coustomer equity)이라고도 부름.	
특정 세분시장으로부터 예상되는 영향력(세분시장이 오피니언 리더의 역할을 하는가?)	
세분시장 고객들의 우리 기관에 대한 지각된 이미지	
우리의 제품에 대한 세분시장의 이해도	
세분시장에 대한 우리 기관 커뮤니케이션활동의 도달력(우리의 광고/홍보활동에 노출이 잘 되지 않는 세분시장은 의미가 없다.)	
특정 세분시장을 표적시장으로 선정할 경우, 다른 세분시장에 미칠 수 있는 부정적 영향 (예: 특정 프로그램을 청소년층을 표적세분시장으로 선택했을 경우, 보수적/고령시장은 포기해야 함.)	

제 3 절 포지셔닝 Positioning

1. 포지셔닝의 개요

1) 포지셔닝의 개념

일단 시장을 세분화하고 우리의 역량을 집중시킬 표적시장을 선정한 후 문화예술기관은 표적시장 내에서 어떠한 포지셔닝을 확보할 것인지를 결정해야 한다. 포지션position이란 우리 제품/서비스가 경쟁자의 그것들과 비교되어 소비자의 마음속에 차지하게 되는 상대적 위치를 말하며, 포지셔닝positioning이란 소비자의 마음속에 우리 제품/서비스의 차별적 우위를 심어주려는 모든 노력을 말한다. 다시 말해, 우리 고객이 누구인지, 그들에게 어떤 이미지를, 어떤 방법으로 심어줘야 하는가를 포지셔닝전략에 의해 파악할 수 있다. 기업이미지, 개별 기업의 상품이 소비자들의 마음속에 어떻게 위치해있는지를 파악하고자 할 때 포지셔닝은 활용될 수 있다.

포지셔닝 전략은 통합적이고 일관된 마케팅믹스의 실시를 가능하게 한다. 예를 들어 어떤 문화예술기관이 고품질 포지셔닝 전략을 수립했다면 그 기관의 프로그램은 높은 질의 공연, 평균 이상의 높은 가격, 우수한 공연시설 및 최고 매체를 통한 커뮤니케이션활동을 전개해야 한다. 만약 이중 하나라도 부족한 부분이 있다면 그 기관이 목표로 한 마케팅 성과는 얻기 어려울 것이다. 이렇게 포지셔닝 전략은 문화예술기관의 일관된 마케팅믹스 실시의 방향을 제시해준다.

Kotler(1997)는 포지셔닝하는데 있어 피해야할 원칙들을 다음과 같이 제시하고 있다. 첫째 이미 다른 기관들이 포지셔닝하고 있는 위치는 가급적 피해야 독특하고 차별화된 자리 매김이 가능하며, 둘째 표적시장 고객에게 상대적으로 덜 중요한 속성에는 집중하지 말아야 하며, 셋째 소비자가 원하는 것이 아니라 우리 기관이 제공하는 제품/서비스를 더 강조하는 마케팅 근시안적인myopic 접근을 지양하는 즉, 소비자 지향적인 포지셔닝의 필요성을 강조하고 있다. 포지셔닝은 우리가 제공하는 제품/서비스와 고객의 인식이라는 두 측면이 관련 되어 있다. 따라서 경쟁자 대비 차별화된 제품/서비스의 제공과 함께 소비자의 마음속에도 우리가 원하는 대로 그렇게 명확하게 우리의 위치가 인식되어야 한다. 다시 말해 경쟁자에 대해 차별적 우위를 갖도록 제품개념을 정하고, 이에 따라 기획 · 제작된 제품을 고객들의 지각 속에 적절히 위치시키는 노력을 기울임으로서 제품, 가격, 유통, 커뮤니케이션 및 고객관리 활동을 전개하기 위한 일련의 과정을 포지셔닝이라고 정의할 수 있다.

2) 포지셔닝 맵의 정의와 혜택

고객의 마음속에 있는 경쟁사(경쟁제품)와 우리 기관(우리제품)간의 관계를 그림으로 표시하는 것을 포지셔닝맵positioning map이라 한다. 포지셔닝맵은 마케팅담당자에게 다음과 같은 도움을 준다.

경쟁구조 분석	누가 우리의 주요 경쟁자인지를 확인할 수 있다. 우리 제품의 곁에 위치한 제품이 우리의 주 경쟁자이다.
경쟁우위 분석	어느 부분에서 우리가 강하고, 어느 부분에서 우리가 약한지를 확인할 수 있다. 포지셔닝맵의 축을 고객이 제품을 선택하는 주요 기준이라고 하면 해당 기준에서 우리가 강한지 약한지를 확인할 수 있다. 따라서 이를 통해 우리의 경쟁우위와 경쟁열위를 확인할 수 있게 된다.
시장기회	포지셔닝맵에 비어있는 곳이 있을 수 있는데, 이것은 고객은 있는데 제품이 없다는 것을 의미하며 이는 곧 비어있는 시장을 뜻하는 것으로 새로운 시장기회를 나타내주는 것이다.
바람직한 미래 위치 확인	고객들의 선호도를 반영하는 포지셔닝맵을 그리면, 고객들이 가장 선호하는 위치를 파악할 수 있고 이를 토대로 미래의 바람직한 포지셔닝에 대한 전략적 시사점을 얻을 수 있다.

3) 포지셔닝 전략의 유형

우리기관이나 우리제품이 전체 시장에 있는 소비자들의 마음속에 목표한 위치에 확실하게 정립되기 위해서는 집중적인 포지셔닝전략이 필요하다. 우리 기관이 선택한 포지션을 확립하기 위해서는 마케팅믹스의 모든 속성들이 조화를 이루어야 한다. 포지셔닝은 다양한 기준을 토대로 하여 이루어질 수 있다. 대표적인 포지셔닝 전략에는 제품속성/편익benefit에 의한 포지셔닝, 사용상황에 의한 포지셔닝, 사용자에 의한 포지셔닝, 그리고 경쟁적 포지셔닝이 있다.

(1) 제품속성/편익에 의한 포지셔닝

우리 제품/서비스를 주요 속성 또는 편익과 연계시켜 포지셔닝하는 것으로, 표적시장 소비자가 중요시하는 속성/편익을 중심으로 우리 제품/서비스와 경쟁자의 것을 위치시키고 우리가 해당 속성/편익을 가장 잘 제공해준다는 인식을 심어주는 전략이다. Atlanta Ballet는 무용공연의 관람 경험이 없는 사람들을-경제적 여유가 있으면서 새로운 형태의 즐거움(오락)에 관심이 있는-우리의 팬으로 만들기 위해 Atlanta Ballet는 모든 사람이 즐거워할 수 있는 엔터테인먼트다.라는 새로운 포지셔닝 전략을 수립하였다. Atlanta Ballet의 새로운 포지션은 신나고, 재미있고, 감각적인 경험을 추구하는 관람객들의 편익에 초점을 둔 것이다.

사례

속성/편익 포지셔닝

- SONY 디지털 핸디캠 : "세계 최경량, 초소형" 이라는 간단 명료한 메시지로써 속성/편익 포지셔닝을 하였다.
- 로가디스 : "캐쥬얼보다 편한 정장"이라는 메시지로써 정장이 편하지 않다는 고정관념을 깨고 로가디스만의 편안함을 강조하였다.
- 현대자동자의 투스카니 : "불꽃처럼! 바람처럼"이라는 메시지로 강렬한 성능과 최고의 스피드를 강조하였다.
- SK텔레텍의 SKY IM-3400 : "스카이가 카드까지 읽는다"라는 카피로 SKY만의 차별성을 강조하여 포지셔닝하였다.
- 삼성전자 노트북 센스950 : "오직 당신만이 열 수 있습니다" 국내 최초의 지문 인식 시스템을 장착하여 보완성이라는 중요한 속성을 강조하였다.
- BMW : "the ultimate driving machine"으로써 우수한 성능과 품질로 포지셔닝하였다.

사례

이미지 포지셔닝

- 삼성전자의 기업광고 : "마음까지 이어주는 디지털 세상 - 삼성디지털이 만들어 갑니다"라는 카피로 차가운 전자제품메이커의 이미지를 탈피하여 따뜻하고 친근감을 갖도록 포지셔닝하였다.
- LG전자 디오스 : "여자라서 행복해요" 냉장고의 기능이나 성능의 자세한 설명보다는 인기 연예인을 이용하여 우아하고 고급스런 이미지로 포지셔닝하였다.
- 포스코 : 포스코는 주 생산물인 철의 딱딱하고 강한 이미지를 "소리없이 세상을 움직입니다"라는 문구와 함께 자연과 조화하며 생동하는 영상을 통해 따뜻하고 부드러운 이미지로 포지셔닝하였다.
- 윈저 12 : "가슴깊이 파고드는 새로운 유혹, 거부할 수 있다면 유혹이 아니다. 속삭이듯 다가오는 유혹의 숨결" 윈저가 유혹으로 다가가며 유혹의 순간과 같이 하는 이미지로 포지셔닝하였다.
- Lenox China : "Art is never an extravagance"로써 소비자가 꿈꾸던 세계 fantasies를 그 제품으로 실현할 수 있는 것으로 포지셔닝하였다.

(2) 사용 상황에 의한 포지셔닝

제품을 사용상황과 용도에 연계시켜 포지셔닝할 수도 있는데, 게토레이는 운동 후 갈증해소를 위한 음료로 포지션하여 성공하였다. 뉴욕 필하모니의 Rush Hour Concert도 퇴근 후의 혼잡한 시간을 피해 콘서트를 관람하는 정기권 통근자들을 대상으로 콘서트를 포지셔닝하여 성공한 경우가 그 예라고 할 수 있다. 또한 특정한 날을 기념하기 위한 용도로 기획되는 어버이날 효도 콘서트나 어린이날 음악회 등도 용도에 맞춰 포지셔닝한 공연사례들이다.

사례

사용상황 포지셔닝

- **롯데제과 자일리톨껌** : "핀란드에서는 자기 전에 자일리톨 껌을 씹습니다"라는 문구로 사용상황 포지셔닝을 하였다.
- **삼성전자** : 입시결과 발표 상황(핸드폰), 월드컵 중계상황(TV), 가족과의 봄소풍(디지털 캠코더) 등 여러 가지 상황으로 즐겁거나 따뜻한 순간에 삼성전자가 함께 한다고 포지셔닝하였다.
- **LG 싸이언** : "사랑은 65000컬러로 뜬다" LG 싸이언 컬러폰이 남녀의 사랑을 이루어지게 하는 매개체가 되는 것으로 포지셔닝하였다.
- **AT&T의 장거리 전화** : "Reach out and touch someone" 캠페인으로 멀리 떨어져 사는 가족, 혹은 친구들과의 대화수단으로 포지셔닝하였다.

(3) 사용자에 의한 포지셔닝

제품을 사용자나 사용자계층과 연계시켜 포지셔닝할 수 있다. 밀러맥주는 초기에 상류층이나 여성들이 마시는 맥주로 포지셔닝했으나 1970년대 초반 다량 사용자인 노동자계층이 마시는 맥주로 재포지셔닝함으로써 시장점유율 2위의 맥주회사로 부상하였다.

사례

사용자 포지셔닝

- SK텔레콤의 TTL : "Made in 20" 갓 성인이 된 20대층을 주고객으로 하여 이들에게 적합한 서비스임을 강조하였다.
- KTF : "남자가 모르는 99가지 서비스가 울린다" KTF가 여성들에게 적합한 서비스인 것으로 포지셔닝하였다.
- 제일제당의 ENPRANI : "20대여 영원하라" 라는 문구로 20대의 피부를 지속하고자 하는 20대 중후반 여성들에게 맞는 화장품으로 포지셔닝하였다.
- 쌍용자동차의 렉스턴 : "이미 귀하께서는 대한민국 1%의 안목을 지니셨습니다. 이땅을 편안하게. 대한민국 1% - 렉스턴" 으로 상류층에 적합한 차로 포지셔닝하였다.
- Campbell Soup : "Soup is good food"라는 메시지로써 독신자들이 간단히 먹을 수 있는 음식으로 포지셔닝하였다.
- Johnson & Johnson의 아기용 샴푸 : 아기용 샴푸를 어른들도 함께 사용할 수 있는 것으로 포지셔닝하였다.

(4) 경쟁적 포지셔닝

우리 제품을 경쟁제품과 직접 혹은 암시적으로 연계시켜 포지셔닝하는 전략이다. 7-Up은 Un-Cola' 포지셔닝으로 가장 큰 경쟁자인 코카콜라의 대체음료로 포지셔닝함으로써 공격적인 마케팅을 시도하여 성공을 거두었다.

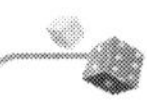
사례

경쟁적 포지셔닝

- 칠성사이다 : "무색, 무카페인, 무로열티" 로써 콜라에 대해 경쟁적 포지셔닝을 하였다.
- 르노삼성자동차의 SM5 : "제대로 만들었다면 잔고장이 없어야 한다" 타사의 중형차는 잔고장이 많은데 비해, SM5는 잔고장이 없음을 강조하였다.
- Boeing의 F-15K : "가장 검증된, 가장 뛰어난, 가장 발전된" "대한민국에 가장 많은 것을 제공할 수 있는 전투기"라는 문구로 RAFALE을 상대로 경쟁적 포지셔닝을 하였다.

- 닷소사의 RAFALE : "국익을 위한 최선의 선택, 라팔" "성능1위, 가격1위, 기술이전과 절충교역 1위"라는 문구로 경쟁회사인 보잉의 F-15K를 상대로 경쟁적으로 포지셔닝하였다.
- 청정원의 햇살담은 간장 : 타회사의 제품은 산분해 간장이지만 자사의 제품은 자연 숙성 간장임을 강조하였다.
- 종근당 땡큐 : "연말, 컨디션이 안 좋으세요? 땡큐로 시작하세요." 라는 도발적 표현으로 경쟁 브랜드 컨디션에 대항하는 것으로 포지셔닝하였다.
- 7-up : Uncola 캠페인으로써 콜라가 아니면서 콜라의 대체품 청량음료로 포지셔닝하였다.
- Avis : "We're number two, but we try harder." 로써 승용차 렌트 1위 업체인 Hertz에 대해 경쟁적으로 포지셔닝하였다.
- Wendy's : "Where is the beef?" 로써 경쟁 햄버거 레스토랑인 McDonald's와 Burger King에 대해 경쟁적으로 포지셔닝하였다.

2. 포지셔닝 전략의 절차와 개발

1) 포지셔닝 전략의 절차

이제 포지셔닝 전략이 어떠한 절차에 의해 개발되고 확인되는지 살펴보자. 포지셔닝 전략은 크게 아래의 5단계의 과정을 거친다.

1단계: 소비자 분석	• 해당제품에 대한 표적소비자들의 니즈와 불만족 원인파악
2단계: 경쟁자 확인	• 도입제품의 경쟁제품을 구체적으로 파악
3단계: 경쟁제품이 포지션 분석	• 경쟁제품들의 소비자 인지도 작성 • MDS(Multi Dimensional Scaling)사용 • 제품의 속성 파악 및 각 경쟁제품에 대한 소비자 지각 정도분석
4단계: 자사 제품의 포지션 개발	• 경쟁제품과 자사 도입제품에 대한 소비자들의 인식 차이를 두기 위한 선정
5단계: 포지셔닝의 확인 및 재포지셔닝	• 포지셔닝 전략 실행후 당초 목표대로 포지셔닝되었는지 확인 • 경쟁환경 변화에 따라 위치 재설정

[그림 7.9] 포지셔닝 전략 절차

2) 포지셔닝 개발

포지셔닝은 마케팅에서 매우 중요한 문제이다. 마케터들은 신제품을 포지셔닝하거나 구제품을 재포지셔닝할 때 여러 가지 다양한 변수들을 이용한다. 다양한 변수가 있다고는 하나 어떤 변수가 더 적절하냐는 문제는 처한 상황에 따라 달라진다. 그리고 타깃 시장에 따라 매력적인 변수의 종류도 달라진다.

포지셔닝을 하기 전에 다음의 몇 가지 질문을 해보아야 한다. 우선, 시장이 원하는 것이 무엇인지를 물어야 한다. 그 다음으로는 타깃 고객이 무엇을 원하는지 물어보아야 한다. 타깃들이 생각하는 이상적인 브랜드가 무엇인지도 물어야 한다. 이러한 질문들을 통해 우리 조직에 이상적인 포지셔닝이 무엇인지를 파악할 수 있는 실마리를 찾을 수 있다. 이렇게 이상적인 포지셔닝이 무엇인지를 파악하고 나면, 동시에 우리 조직이 이러한 이상적인 포지셔닝을 전개할 수 있는지 이를 위한 충분한 자원은 가지고 있는지, 최적의 마케팅 믹스를 지속적으로 운영해 갈 능력은 되는지 혹은 고급제품을 시장에 내놓을 수는 있는지, 품질이 뛰어난 제품을 만들어낼 수 있는지 등을 차례로 물어야 한다.

미국의 학지인 아커Aaker와 샨스비Shansby는 이와 같은 변수들을 다음 여섯 가지 그룹으로 분류했다. i) 속성(온화함, 엄격함, 세련됨) ii) 가격과 품질(프리미엄 제품, 보급품) iii) 용도 및 적용(특정한 상황 혹은 행사와의 관련성) iv) 사용자(제품이나 서비스를 사용자 유형이나 라이프스타일, 특성 등과 연결시킨 것) v) 제품분류(다이어트 제품 혹은 일반식품) vi) 경쟁자(경쟁자를 겨냥한 포지셔닝, 경쟁적인 광고) 포지셔닝은 마케팅을 푸는 핵심 열쇠이다. 포지셔닝을 제대로 하려면 시장과 세그먼트, 타깃, 경쟁 상황, 조직의 자원 등을 심층적으로 이해해야 한다. 또한 포지셔닝은 타깃 시장 및 세그먼테이션과 복잡하게 서로 연결되어 있다. 하이트나 루코제이드와 같이 성공적인 포지셔닝 혹은 재포지셔닝을 실질적인 매출 신장이나 점유율 상승 등의 결과로 이어질 수 있다.

사례

국내 재포지셔닝

안철수 연구소

'V3'를 출시한 안철수 연구소는 컴퓨터 백신프로그램을 연구개발하는 기업이었으나, 정보화의 중요성이 증대되고 이에 따른 보안영역 확대와 보안솔루션의 복잡화, 다양화에 따라 전문종합보안회사로 새롭게 포지셔닝하였다.

동아제약의 박카스

기존에 박카스는 중년층 이상의 피로 회복제로만 인식되어 왔다. 그러나 기존의 중년층이 점차적으로 소비자가 될 수 없음에 따라 동아제약은 박카스를 젊은층에 맞는 드링크로 재포지셔닝 시키고자 하였다. 예를 들어, 국토 대장정 이벤트, 여자친구의 통금시간을 지키기 위해 함께 뛰는 남자친구를 보여주는 광고, 지하철의 노약자석 앞에 서 있는 두 젊은이를 보여주는 광고 등은 박카스를 젊은층에 맞는 드링크로 재포지션하는 데 기틀을 제공하였다.

SK텔레콤

오랫동안 SK텔레콤은 아저씨 브랜드로 인식되고 있었다. 그러나 20대와 10대가 핸드폰의 주 고객층이 됨에 따라 이들을 고객으로 잡기 위해 새로이 TTL과 TING이라는 브랜드를 도입하였다. 밤 시간에 주로 통화하는 연인들의 욕구에 맞추어, 그리고 방과후나 학교지역 내에서 핸드폰을 사용하는 젊은이들의 생활 스타일에 맞추어 할인하는 등 다양한 요금제도로써 젊은 고객들을 또 다른 주 고객층으로 생성시켰다. 이러한 재포지셔닝 노력에 따라 지금은 어른층도 젊은층도 모두 SK텔레콤의 주고객으로 변화되었다.

3) 포지셔닝맵[1] 작성 과정

우리의 제품을 어떻게 포지셔닝하여야 소비자들로부터 선호 받을 수 있는 제품이 될 것인가 하는 문제를 해결하기 위해서는 첫째로 소비자들이 시장에 나와 있는 제품들을 어떻게 인식하고 있으며, 둘째로 그러한 인식에 바탕을 두고서 어떻

1) 지각도(Perceptual map)이라고도 함. 여기서도 포지셔닝맵과 지각도를 혼용해서 사용하고 있음.

게 제품을 설계하여야만이 경쟁에서 살아남을 수 있는지 셋째로 선정된 집단의 소비자들에게 얼마나 선호될 수 있는가를 분석하여 시장에 제품을 출범시켜야 한다. 이와 같은 과정에서 지각도perceptual map와 선호도 회귀분석preference regression이 널리 애용되고 있다. 이는 소비자들로부터 제품에 관한 평가를 받아서 제품들간의 경쟁관계를 일목요연하게 지도상에 나타내는 방법이다. 일반적으로 포지셔닝맵을 작성하는 데에는 유사성척도, 요인분석, 판별분석 등 다양한 방법이 있다. 이들 각각의 방법은 각기 장・단점을 가지고 있어서 사용자들의 편의에 따라서 방법이 선택되기도 하지만, 여러 연구결과를 종합해보면 요인분석이 유사성척도법이나 판별분석보다도 소비자의 인식을 측정하는 데 훨씬 좋은 방법이라고 한다(Hauser and Koppelman, 1979). 따라서 여기에서도 요인 분석을 이용한 지각도와 선호도 회귀분석을 실시하여 가상의 사례를 설명하고자 한다.

1단계 : 해당 연구 목적에 적합한 변수의 개발 FGI(Focus Group Interview) 이용
2단계 : 설문지 작성 및 데이터 수집
3단계 : 요인분석(factor analysis) 실시
4단계 : 지각도 작성
5단계 : 선호도 회귀분석과 이상방향(ideal vector)

[그림 7.10] 요인분석을 이용한 지각도 작성과정

위의 과정을 설명하기 위해 가상의 기업을 토대로 소비자의 마음속에 기업상품들이 어떻게 지각되고 있는지를 파악하기 위해 기업 평가와 관련한 중요한 속성들에 대한 지각도를 한번 생각해 보기로 하자.

(1) 1단계 : 연구목적에 적합한 변수의 개발

먼저 소비자들이 기업(상품)평가와 관련하여 어떤 기준들을 생각하는지와 관련하여 중요한 속성들을 선정해야 한다. 이러한 속성은 일반적으로 다속성multi-attribute인

것이 대부분이며 이러한 여러 가지 속성은 주로 표적집단면접법Focus Group Interview2) 과 같은 질적인 방법qualitative method을 통해 찾아내는 것이 일반적이다. 이렇게 해서 선정된 속성들이 아래 [표 7.20]에 제시되어 있다.

[표 7.20] 기업(상품)평가 속성

기업(상품)평가 속성	기업분위기
	기업 유명도
	상품 신뢰성
	상품의 우수성
	상품 편리성
	상품 용이성
	가격
	할인제도

(2) 2단계 : 설문지 작성 및 데이터 수집

다음과 같은 설문을 각 개인마다 모든 속성에 대하여 연구대상으로 하는 기업(상품)들을 평가하게 한다.

● 상품품질이 우수하다.

	전혀 그렇지 않다			보통 이다			매우 그렇다
A 기업	①	②	③	④	⑤	⑥	⑦
B 기업	①	②	③	④	⑤	⑥	⑦
C 기업	①	②	③	④	⑤	⑥	⑦
D 기업	①	②	③	④	⑤	⑥	⑦
E 기업	①	②	③	④	⑤	⑥	⑦

[그림 7.11] 기업 평가속성 설문 예

2) FGI(focus group interviews)는 8-10명의 소비자가 2시간 정도에 걸쳐 제품 및 제품선택에 관하여 이야기하도록 하여 소비자에 관한 정성적인 자료를 얻어내는 주요한 방법이다. 이 방법은 소비자의 니즈 파악, 소비자 제품선택의 중요 속성선정 등에 주로 사용되는 유용한 방법이다.

(3) 3단계 : 요인분석의 실시

다음 단계에서는 이렇게 평가된 속성들을 토대로 차원의 수를 결정하여야 하는데, 이때 사용되는 분석방법이 요인분석factor analysis이다. 요인분석은 소비자 반응간의 상관관계를 살펴서 그 상관도가 높을 경우 이들 반응은 하나의 공통구조로 묶을 수 있다는데 착안한 것이다. 따라서 요인분석을 실시하면 많은 변수를 몇 개의 의미 있는 요인으로 줄일 수 있고, 이 몇 개의 요인이 대부분의 변수정보를 설명할 수 있다면, 이 소수의 요인으로 지각도를 작성하기에 매우 효율적이 된다. 이렇게 요인분석을 통해 지각도를 구성하는 차원을 결정하게 된다. 이때 차원의 수는 일반적으로 고유근eigen value을 기준으로 결정하는데, 고 유근이란 각 요인이 얼마만한 설명력을 가지는가를 나타내주는 값으로 보통 고유근이 1이상인 요인들까지만 선택하고 나머지는 버린다.

[표 7.21] 기업(상품) 평가 속성의 요인분석표

속성	기업(상품)이미지 요인	편리성요인	가격요인
기업분위기			
기업유명도			
상품신뢰성			
상품우수성			
상품구입 편리성			
용이성			
가격			
할인제도			

차원(요인)의 수가 결정된 다음 [표 7.21]과 같이 요인적재값factor loading이 도출된다. 여기서 요인적재값이란 해당 요인에 의해서 표현되는 분산의 양을 나태는 것으로 요인적재값이 높은 변수들만 모으면 이 변수들은 어느 한 기본 차원으로 나타내질 수 있으므로, 이들 변수들에 근거해 그 차원에 이름을 붙일 수가 있다. [표 7.21]를 보면 첫 번째 요인으로 먼저 요인적재값이 0.69이상인 변수들이 묶여서 한 요인을

이루게 되는데, 이 변수들을 살펴보면 이 변수들은 기업이미지 요인이라는 한 덩어리로 묶을 수 있으므로 이를 기업이미지 요인이라고 명명하고, 그 다음으로는 주차편리성과 교통편리성이 높은 적재값을 보이는 요인으로서 이를 편리성 요인으로 명명하고, 그 다음으로는 가격요인이라고 이름을 붙이게 되는 것이다. 바로 이 요인들이 지각도를 구성하는 축 역할을 하게 된다.

(4) 4단계 : 지각도 작성

차원의 명칭과 수가 결정되면 다음으로는 각 극장의 위치를 공간상에 나타낸다. 즉 극장 A부터 E까지의 각 차원 상에서의 좌표는 요인분석을 통해서 얻게 되는 각 개인별 3개 요인에 대한 요인점수factor score나 요인에 속하는 변수들의 평균점수를 계산하는 단계이다.

(5) 5단계 : 선호도 회귀분석과 이상방향ideal vector

다음 단계는 요인분석의 자료를 활용하며 선호도 회귀분석에 의해서 선호벡터, 즉 이상방향을 구하는 것이다. 인식도상에 기존 제품에 대한 위치가 나와 있는 경우, 신제품 혹은 기존 제품이 어느 곳으로 옮아가야 소비자에게 보다 많은 효용을 줄 수 있을 것인가? 즉 차원 상에 있어서 어느 차원에 얼마만한 가중치를 주어야 하는가? 여기서의 이상방향이란 각 차원상에 있어서 상대적인 가중치의 평균선을 의미하는 것으로 이는 선호도 회귀분석preference regression analysis이라는 기법을 사용함으로써 구해질 수 있다.

4) 포지셔닝 맵의 활용

(1) 포지셔닝 맵은 어떤 경쟁제품들이 자사제품들과 경쟁관계에 있는지를 파악할 수 있게 해준다. 포지셔닝 맵상에서 가장 가까운 거리에 있는 제품일수록 서로 경쟁관계에 있고, 대체가 가능한 제품이다.

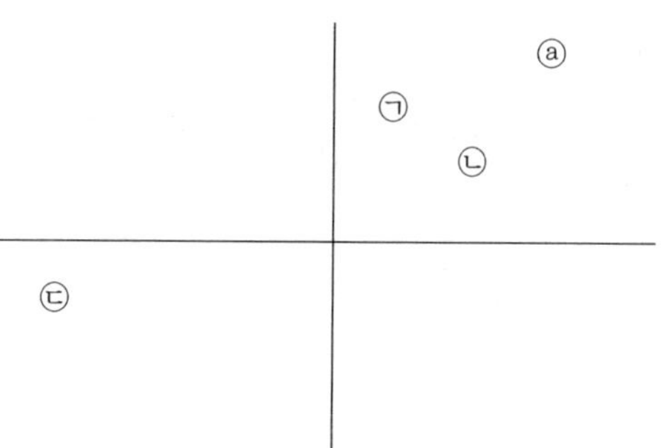

㉠와 ㉡는 경쟁관계에 있고, 서로

대체 가능성이 높다. ㉠와 ㉡가 만일 같은 회사 제품일 경우는 자기잠식 Cannibalization의 우려가 높다. 따라서 브랜드간 표적시장의 중복을 피하는 전략을 강구해야 한다. ⓐ가 이상점이라면 소비자는 ㉢보다는 이상점(Ideal point)[3]에서 가까운 ㉠나 ㉡를 더 선호하게 된다. 따라서 자사 브랜드가 ㉠라면 ㉢보다는 ㉡브랜드를 상대로 한 경쟁전략을 세워야 한다.

(2) 포지셔닝 맵상에서 소비자들이 원하는 이상적 제품들의 위치를 조사하여 소비자들이 바라는 제품 특성이나 욕구를 파악할 수 있다. 또한 이상점 분포를 이용하여 시장을 세분화할 수 있다.

세분시장1
a, b, c
세분시장2
d, e, f
세분시장3
g, h, i
세분시장4
j, k, l

소비자들이 원하는 이상적인 제품 중에서 인접한 이상점들을 하나의 세분시장으로 분류하고 이들이 원하는 신제품을 개발할 수 있다.

(3) 포지셔닝맵상에서 기존제품들의 상대적 위치와 소비자들의 이상점을 조사하여 시장기회를 발견하고 경쟁적 마케팅 전략을 수립할 수 있다.

㉠, ㉡, ㉥ 같은 브랜드는 소비자들의 이상점 위치에 포지셔닝되어 있어 높은 매출을 기대할 수 있으나 ㉢, ㉣, ㉤ 브랜드는 소비자들의 이상점과 거리가 멀어 매출을 기대할 수 없다. 따라서 제품 속성의 개선이나 가격, 광고 등의 전략 변화를 통하여 재포지셔닝을 해야 한다.

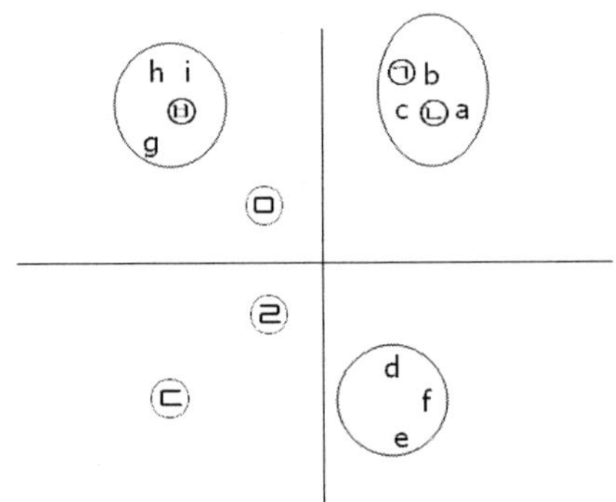

d, e, f의 소비자들로 구성된 세분시장은 다른 세분시장엣 비하여 시장 크기는 작으나 경쟁제품이 없어 틈새시장을 겨냥한 신제품 출시가 필요하다.

3) Ideal point란 이상적인 제품, 즉 소비자가 가장 선호하는 제품이다.

사례 1

P&G가 10가지 세제를 만드는 이유

Procter&Gamble은 10가지의 다른 상표 세제를(Tide, Cheer, Gain, Dash, Bold 3, Dreft, Ivory Snow, Oxydol, Solo 등) 생산하고 있다. 비누는 7가지, 샴푸 6가지, 식기 세제 4가지, 치약 4가지, 화장실용 화장지 4가지를 생산, 판매한다. 이에 더하여 이들 상표들은 각기 서너 가지 종류의 크기가 다른 포장이 있으며 가루로 된 것, 액체로 된 것, 향기가 있는 것 또는 없는 것 등으로 또다시 그 종류가 나누어진다.

그 이유는 앞서 말한 바와 같이 소비자의 층이 다양하고, 각 소비자 층 마다 욕구도 다르기 때문이다. 예를 들어 소비자가 세제를 구입할 때는 경제적인 세제, 표백이 잘 되는 것, 천을 부드럽게 하는 것, 냄새가 산뜻한 것 그리고 강한 세제, 약한 세제 등의 특징에 따라 각자가 원하는 것을 구입한다. 결국 10가지 세제를 만드는 이유는 소비자가 원하기 때문인 것이다.

P&G는 이렇듯 시장을 세분화하여 각 고객층의 욕구를 만족시켜 준 결과 세제 시장을 50%이상이나 점유하게 되었다. 하나의 단독 상표로 50%이상의 시장점유율을 차지한다는 것은 대단한 성과이다.

사례 2

지역별 세분화 전략

미국의 Maxwell house 커피는 제품을 전국적으로 판매하고 있으나 맛은 지역적으로 다르게 하고 있다. 즉, 강한 커피를 좋아하는 서부지역에는 진한 커피를 팔고, 동부지역에는 그보다 약한 커피를 판매한다.

또한 R.J. Reynolds 담배회사는 시카고 지역을 3개로 나누어 담배를 팔고 있다. 북쪽 지역은 높은 교육수준으로 건강에 많은 관심을 가지고 있기 때문에 타르가 적은 담배에 주력하고, 남동쪽 지역은 공장 근로자들이 많아 보수적이기 때문에 Winston을 집중적으로 판매한다. 한편 흑인이 많이 사는 남쪽지역은 흑인용 신문 등에 Salem을 광고하고 있다.

사례 3

동대문 패션상가의 표적은 Y세대

이와 같은 Y세대의 저력을 보여준 대표적인 사례가 최근 이상열기를 보여주고 있는 동대문 패션상가 들이다. 99년 2월에 문을 연 두산타워는 Y세대를 표적으로 한 마케팅 전략의 성공으로 꼽고 있으며, IMF경제체제를 비웃기라도 하듯이 연일 대성황을 이루고 있다. 두산타워를 찾는 고객은 하루평균 4만여 명이며 그 중 10대가 차지하는 비중을 전체의 30%를 넘어서고 있다. 동대문의 재래시장은 주로 20~30대 일반인을 상대로 마케팅을 벌려온 것과 대조적이다.

이러한 동대문 패션이 인기를 끈 것은 98년 8월 '밀리오레'가 문을 연 때부터 시작되었다. IMF 경제 하에서도 밀리오레는 패션의 주고객인 젊은이들의 시선을 끄는데 온갖 마케팅 활동을 집중시켰다. 연예인들을 초청, 상가 앞 광장에서 쇼를 벌이기도 하고 우주선 탑승 이벤트를 열기도 하였으며 고객들에게 1만원짜리 상품권을 나눠주기도 했다.

이러한 결과 패션 유통계의 새바람을 몰고 오고 있으며 패션시장의 주도권이 백화점이나 부티끄에서 밀리오레, 두산타워 같은 재래시장 내 패션 쇼핑몰로 넘어가고 있는 것이다. 이러한 결과 대학의 의류학과 마케팅학과 현장 실습장이 되고 있다.

서비스 차별화로 승부를 건 노드스트롬

취급품목 특화, 판매사원 개인별 고객관리 활동

불황이 오면 대부분의 유통업체는 종업원 수를 줄이는 등, 비용을 절감하여 싼 값에 제품을 공급하는 저 가격정책을 구사한다. 이런 과정에서 고객에 대한 서비스 질의 저하라는 오류를 범하기 쉽다. 특히 백화점 의 저가격전략은 과거 사례를 볼 때 지극히 위험하다. 자칫 싸구려라는 이미지가 굳어지면, 그것을 회복하는 데에 상당한 비용이 필요하며, 경우에 따라서는 회복불능의 지경에 이를 수도 있다. 미국의 노드스트롬(Nodstrom)은 이런 백화점업계의 특성을 잘 알고 불황을 현명하게 극복한 모범적인 경우로 손꼽을 수 있다.

미국의 백화점은 1870년대 시작된 이후 유통업의 주류로 자리 잡았다. 그런데, 1970년대부터 90년까지 계속된 엄청난 불황의 여파로 고가상품 일색의 백화점들은 위기상황에 직면하게 되었다. 상당수의 백화점들이 합병되거나 파산하였다. 그러나 노드스트롬은 달랐다. 가격에 민감하게 반응하던 소비자들의 마음을 차별화된 서비스로 사로잡아, 위기를 기회로 활용하여 더욱 발전하게 된다. 소비자가 원하는 상품을, 원하는 가격으로, 원하는 장소에 공급하는 것을 목표로 하는 그들의 서비스 철학은 다른 백화점들이 쇠퇴해가던 불황기인 80년대 찬란한 빛을 보게 된다. 10년간 매출 2.5배, 순이익 2.2배, 매장면적 2.1배 증가 등 외적성장과, 매출 순이익률 4.4%를 달성하는 알찬 성장을 가능하게 한 그들만의 비결을 소개한다.

남들과 다르게 (역발상)

모든 것을 취급하는 기존의 백화점들은 저가격의 할인점보다 경쟁력을 가지기 힘들며, 결국 할인점에 고객 을 빼앗겨버리는 결과를 가져온다. 그러나 노드스트롬은 패션으로 특화된 전문백화점이 되기 위해 취급품목 을 과감히 축소, 집중화하여 할인점과의 차별화에 성공하였다. 고객들은 할인점이 흉내 낼 수 없는 독특한 분위기와 제품구색을 경험하게 되면서, 가치차이를 느낄 수 있었다. 비록 저가만을 추구하는 상당수의 고객을 잃어버렸지만, 패션 전문백화점이라는 새로운 인상을 깊이 심어 주었기 때문에 새로운 고객부가가치의 정위화(positioning)에는 성공하였다.

판매원의 주인은 상관이 아니라 고객

고객의 의사를 최우선시해 매장에서 고객이 희망하는 상품을 찾아 점포 내 전체를 직접 안내하고, 만약 만 족하는 상품이 없을 경우 이웃에 있는 경쟁상점에까지 안내해 주는 등 고객의 욕구(needs)를 수단을 가리지 않고 만족시켜주고 있다. 전 종업원이 이렇게 철저하게 고객중심의 마인드로 무장되어 있는데, 고객이 어떻게 반하지 않을 수 있겠는가.

판매원이 마케팅 매니저

종업원들이 고객위주의 마음가짐을 갖도록 하는 방법 중의 하나는 판매원이 직접 자신의 고객을 관리하는 마케터가 되어 1인당 수천 명의 고객정보(최고 1만 명 이상 개인고객 확보)를 가지고 각자가 직접 고객관리를 수행하여 그 성과에 따라 인센티브를 받는 제도이다. 판매원들은 고객에 대한 상세한 정보(가족상황 · 개인취향 · 구매경향 · 사이즈 등)를 가지고 일대일로 접촉하여 가장 적합한 상품을 고객에게 안내한다. 그리고 판매원 이 획득한 고객정보는 적절한 상품구색과 재고관리, 효율적인 상품제공, 가격설정 등의 기초자료로 활용한다.

능력주의에 근거한 인사제도

판매원의 급여는 철저하게 능력주의 원칙을 따르고 있어, 판매원들은 개인의 실적향상을 위해 고객관리에 더욱 신경 쓰게 되고, 그것은 고객에게 최선을 다하는 것으로 나타난다. 자신의 고객에게 수시로 전화해서 신 상품 소개와 각종 이벤트를 안내하는 등 개별마케팅 활동을 수행하는데 종업원의 자주성을 최대한 존중해 주는 제도적 뒷받침으로 각자가 개별 기업가로서 역할을 담당하게 하는 것이다.

기업이 불황기에 가장 범하기 쉬운 오류는 주변위축과 함께 무조건 긴축정책을 도입하여, 미래를 위한 준비 시점을 놓치는 것이다. 그러나 상황을 냉정하게 분석하고, 미래를 보는 눈을 가지고 있었던 노드스트롬은 진정한 핵심역량을 키우는데 주력했고, 서비스와 패션왕국이라는 명예와 부를 함께 차지할 수 있었다. 호랑이 굴에 들어가더라도 정신만 차리면 살 수 있다는 것을 증명한 사례다.

(Albrecht)

Chapter

08 마케팅믹스와 제품관리(Product)

제 1 절 마케팅믹스

마케팅 믹스란 정확히 무엇을 의미하는가? 마케팅 믹스는 각 시장을 공략하는 접근법을 짜는데 도움을 주는 틀이라고 할 수 있다. 마케팅 믹스는 고객에게 제공되는(그리고 이들에게 영향을 미치는) 통제 가능한 변수들을 하나로 모아 놓은 것이다. 이런 변수들에는 제품이나 서비스 그 자체는 물론이고 그 제품이나 서비스의 장점, 언제 어디서 이용하고, 전달하고, 유통 가능한지를 의미하는 이용 용이성, 프로모션 방식에 따른 이미지 그리고 가격 등이 포함된다.

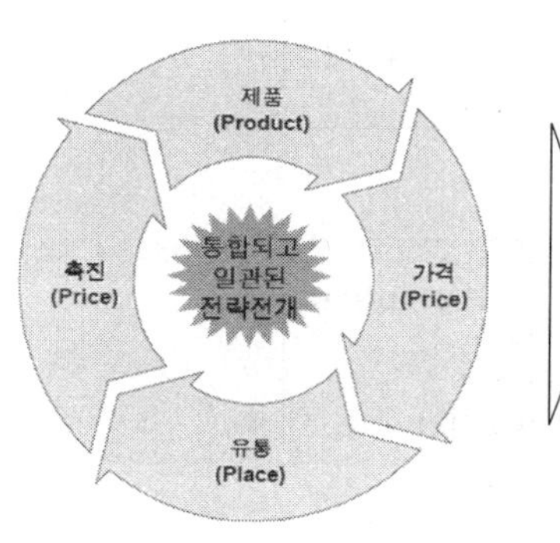

- 제품Product :소비자의 욕구와 니즈를 해결할 수 있는 가치를 담고 있어야 한다.
- 가격Price : 소비자가 상품에 대해 느끼는 효율만큼 지불할 의사를 가지고 있다는 것을 전제로 설정
- 유통Place :상품이 최종소비자에게 빠르고 편안하게 전달될 수 있도록 기획
- 촉진Promotion :소비자에게 기업이 가지고 있는 다양한 가치요소를 전달하고 구매를 활성화할 수 있는 가치를 제안

[그림 8.1] 마케팅 믹스

이러한 변수들은 마케터가 제한된 자원을 최적으로 이용하고자 할 때 반드시 함

께 섞어서 사용해야 할 마케팅 믹스 재료(4P)의 구성요소가 된다. '60년 제롬 맥카시 Jerome McCarthy는 "4P"라는 개념을 세상에 내놓았다. 그때부터 전 세계의 마케팅 매니저들은 이 개념과 친숙해졌다. 4P란 제품product, 가격price, 유통place, 촉진promotion을 말한다. 마케팅 4P에 덧붙여 마케팅 믹스를 이해하는 또 다른 접근법들도 있다.(특히 서비스 믹스/7P)

[표 8.1] 4P 믹스

제품	제품(혹은 서비스)의 품질과 기능, 특징, 디자인이 가미된 포장이 주는 부가적 이득, 보증, A/S의 수준 등을 의미한다. 소비자들은 이런 요소를 바탕으로 제품을 선택한다.
가격	가격에는 권장소비자가격, 유통 가격, 현금 할인, 대량 구매 할인, 신용 조건 등이 포함된다.
유통	유통은 고객이 언제, 어디서 해당 제품이나 서비스를 구매하는가에 관한 문제이다. 유통은 때때로 마케팅 채널, 물리적 의미의 배달, 배송, 지역적 위치 등을 가리키기도 한다.
촉진	프로모션 믹스 또는 커뮤니케이션 믹스 등을 말한다. 이러한 믹스에는 광고, 판촉, 홍보, 다이렉트 메일, 전시, 디스플레이, 포장, 판매, 심어는 입소문까지 포함된다.

[그림 8.2] 인터넷마케팅 4P전략

그렇다면 최적의 믹스는 무엇인가? 마케팅 매니저는 자신의 자원을 체계화해서 최적의 마케팅 믹스를 짜야 한다. 이를 위해 마케팅 매니저는 예산을 더 써야 하는

지 삭감해야 하는지, 가격을 내릴 석인지, 품질을 향상시킬 것인지, 새 배달 트럭을 사야할 것인지, 엄청난 부담을 지고서라도 모든 돈을 TV 광고 캠페인에 쏟아부울 것인지 등의 문제를 진지하게 고민해야 한다. 어떤 타깃 시장을 고르느냐 하는 문제도 마케팅 믹스에 영향을 미치는데 필립 코틀러는 이와 관련해 이렇게 썼다. “예를 들어 인도에서는 담배를 한 갑 단위로 파는 것이 아니라 한 개비씩 판다. 이래서 지역화localization가 필요하다. 회사가 저지르는 가장 큰 실수는 자기 나라에서 제품을 파는 방식을 다른 나라의 시장에 적용한다는 것이다.” 마케팅 믹스는 그 시장의 필요에 맞출 필요가 있다. 4P는 마케팅 믹스를 찾기 위한 하나의 접근법에 불과하다.

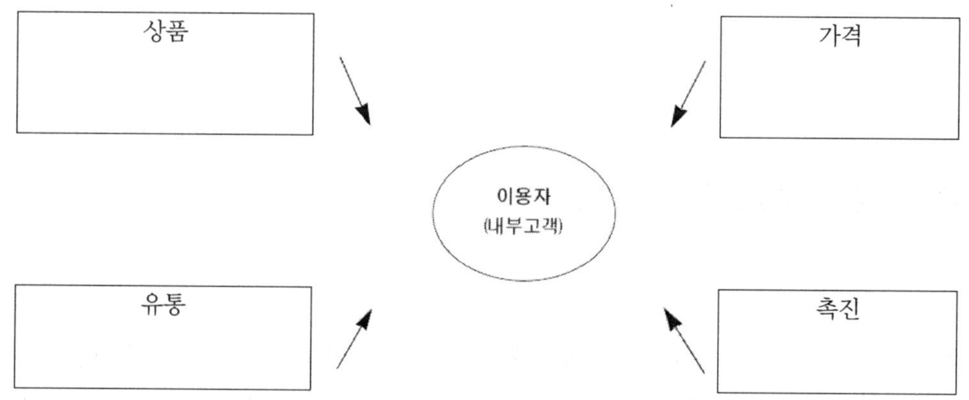

[그림 8.3] 기업에서의 각 요소별 마케팅 믹스 내용

4P는 마케팅 믹스에 대한 여러 가지 접근법 가운데 하나에 불과하다. 이외에도 다른 많은 접근법들이 있다. 미국의 코틀러는 4C를 선호한다. 코틀러는 4P는 판매자 입장에서 본 판매 지향적 접근이므로 좀 더 고객 지향적인 혹은 마케팅 지향적인 4C로 대체되어야 한다고 제안하고 있다.

- 제품product=소비자 혜택customer benefits
- 가격price=소비자 부담 이용cost to customer
- 유통place=편리성convenience
- 촉진promotion=커뮤니케이션communication

[표 8.2] 4C 마케팅믹스

사회구분	산업사회(4P)	정보사회(4C)	감성사회(4E)
전략	Mass Marcom	IMC	Integrated WOM
사고방식	In-Outside	Out-Inside	In & Out side
마케팅믹스	Product 제품	Customer Benefits 소비자 혜택	Evangelist 고객전도사
	Price 가격	Cost to Customer 소비자 기회비용	Enthusiasm 열정
	Place 유통	Convenience 편리성	Experience 체험, 경험
	Promotion 촉진	Communication 커뮤니케이션	Exchange 교환

제 2 절 제품의 개요

제품이 무엇인지에 관한 일반인의 견해는 매우 다양하고 복잡하지만, 마케팅을 제대로 이해하기 위해서는 마케팅믹스의 핵심이 되는 제품에 관하여 명확한 개념을 갖추어야 한다.

1. 제품의 개념

1) 제품의 정의

제품의 본질을 이해하기 위하여 우리는 제품이란 무엇인가? 라는 질문을 생각해 보아야 한다. 우리는 흔히 제품을 '우리가 돈주고 사는 것' 또는 '일상생활에서 우리가 필요로 하는 것', '농어민이 생산하거나 공장에서 생산한 것'이라고 간단히 생각하기 쉽다. 그러나 마케팅의 관점에서는 '교환에 자발적으로 참여함으로써 상대방이 원하는 것을 제공하고 그 대가로 얻게 되는 것'이 결국 제품인데, 사실 제

품을 이와 같이 교환의 객체로서 포괄적으로 파악한다면 당연히 이미 설명한 바와 같이 유형의 제품, 서비스, 사람, 장소, 조직, 아이디어, 활동 등 인간의 기본적인 욕구나 필요를 충적시켜 줄 수 있는 모든 수단을 의미하며, 잠재고객의 주의를 끌고 구매되어 소비 또는 사용될 수 있는 대상들이다.

물론 마케터는 잠재고객들의 욕구나 필요를 충족시키기 위하여 단순히 발가벗겨진 제품 자체만을 제공하는 것은 아닌데, 그러한 일은 잠재고객들이 제품이 제공해 줄 수 있는 기능적인 효익 이외에도 심리적 효익과 사회적 효익을 동시에 추구하기 때문에 나타나는 현상이다. 따라서 마케팅의 관점에서 제품을 구체적으로 정의하기 위하여는 우선 협의의 제품과 광의의 제품을 구분하여 검토하는 편이 바람직하다. 즉 제품을 단순히 '물리적 화학적 속성들만의 결합체'로서 파악하는 관점을 협의의 제품이라고 하는데, 이러한 협의의 관점에서는 향수라는 제품은 단순히 일종의 오일에 좋은 향기가 나는 화학물질을 혼합하여 만든 것이며, 옷들은 단순히 염색된 섬유를 오려 붙인 것으로 파악된다. 더욱이 협의의 관점에서 물리적 화학적 속성들의 유사한 결합체는 동일한 제품으로 인식되므로 각 제품은 일반적으로 통칭되는 향수, 옷, 구두, 자동차 등의 제품계층의 이름으로 지칭된다. 따라서 협의의 관점에서 제품들은 물리적 화학적 속성들이 제공하는 기능적 효익상에서나 차별화될 수 있으며, 만일 심각하게 차별화되지 않는다면 동일한 제품으로 간주될 것이다.

그러나 향수를 구매하는 고객은 단순히 오일과 좋은 향기의 혼합물을 구매하는 것이 아 니라 기능적 효익에 덧붙여 특정한 상표의 향수가 제공할 수 있는 심리적 또는 사회적 효익을 함께 추구하며, 옷을 구매하는 고객도 특정한 상표나 디자인의 옷이 제공해주는 심리적 또는 사회적 효익을 함께 추구한다. 이러한 심리적 또는 사회적 효익은 물론 물리적 화학적 속성들로부터 영향을 받기도 하지만 주로 상징적 속성들에 의해 결정되는 경향이 있다. 이러한 상징적 속성의 대표적인 예는 상표, 디자인, 색상, 포장 등인데 특히 상표는 향수나 고급제품들의 심리적 또는 사회적 효익을 제공함으로써 그러한 제품의 가치를 결정짓는데 매우 중요한 역할을 한다. 따라서 물리적 화학적 속성들이 동일한 제품일지라도 상표만 다르면 가치가 다른 별개의 제품으로 지각된다.

심지어는 제품을 취급하는 점포의 특성도 고객들에게 심리적 또는 사회적 효익을 제공할 수 있는 상징적 속성으로 작용하므로 동일한 제품일지라도 그것을 취급하는 점포의 특성이 다르다면 잠재고객들이 '원하는 바'를 충족시켜 주는 형태와 크기가 다른 별개의 제품으로 지각된다. 또한 제품의 배달이나 설치, 품질보증 등의 부수서비스도 잠재고객들의 어떠한 욕구를 충족시켜 고객만족을 창출하는 한 제품의 필수불가결한 구성요소로 파악되어야 한다. 따라서 마케팅에서는 제품을 '잠재고객들의 욕구와 필요를 충족시켜 고객만족을 창출하기 위해 설계된 물리적 화학적 및 상징적 속성과 부수서비스의 결합체'로 정의하는 광의의 관점을 취한다.

결국, 마케팅의 관점에서 제품의 본질을 이해하기 위하여는 두 가지 점에 유의해야 하는 데, 첫째는 그것이 이미 설명한 바와 같이 확장된 제품개념에서 유형의 제품은 물론이고 무형의 서비스, 정치인이나 배우와 같은 사람, 관광지나 쇼핑센터와 같은 장소, 적십자사나 학회와 같은 조직, 민주주의 등의 아이디어, 건강 을 위한 스포츠와 사회활동 등을 포함한다는 것이다. 둘째는 제품을 정의하는 데 있어서 단순히 물리적 화학적 속성의 결합으로 파악하는 근시안적 관점이 아니라 고객의 욕구와 필요의 충족이라는 점에서 상징적 속성과 부수서비스를 함께 고려한다는 점이다.

2) 제품의 세 가지 수준

마케팅관점에서 제품이란 잠재고객들의 욕구와 필요를 충족시켜 고객만족을 창출하기 위해 설계된 물리적 화학적 및 상징적 속성과 부수서비스의 결합체를 지칭하는데, 이러한 제품의 개념은 세 가지 수준으로 나누어 생각해 볼 수 있다. 즉 핵심제품[1]이란 잠재고객들의 기본적인 욕구를 충족시키거나 문제를 해결해 주기 위해 제공되는 효익들의 결합을 의미하는데, 잠재고객들은 결국 전체제품의 가장 기본적인 수준인 이러한 효익들을 획득하기 위하여 특정한 제품을 구매하는 것이다.

예 화장품을 구매하는 사람은 아름다움을 희구하는 것이며, 자신이 원하는 바를 해결하기 위한 한 가지 수단으로서 화장품을 구매한다. 따라서 마케터는 제품을 설계하는 데 있어서 우선 잠재고객들의 기본적인 욕구와 희구하는 효익을 파악한 후, 어떠한 효익들의 조합으로 제품을 구성할 것인지를 결정해야 한다.

1) 핵심제품(core product) : 제품의 가장 기본적인 차원으로서, 고객이 실제로 구입하는 근본적인 혜택의 형상화된 모습이라고 할 수 있다. 예를 들어 뮤지컬 아가씨와 건달들의 경우, 주인공인 사라나 나싼, 스카이 등을 비롯한 배우들과 뮤지컬의 음악 등이 핵심 제품이 될 수 있다.

그 다음 마케터는 핵심제품을 실제(기대)제품으로 전환시켜야 하는데, 실제제품이란 잠재고객들에게 바람직한 효익의 조합을 효과적으로 제공할 수 있도록 물리적 화학적 및 상징적 속성을 결합한 것이다.

예 경제성과 편리성이라는 효익을 희구하는 잠재고객들에게 승용차의 마케터는 연비, 구매가격, 부품공급가격, 최소회전반경, 주차공간, 귀엽고 활동적인 이미지의 상표 등을 결합함으로써 잠재고객들에게 바람직한 효익들을 구체적인 속성결합을 통해 형상화한 실제제품을 개발할 수 있다.

더욱이 마케터는 잠재고객들이 제품의 구매로부터 충분한 만족을 얻을 수 있도록 실제의 구매 및 소비활동과 관련하여 여러 가지 부수서비스를 제공해야 하는데, 이러한 수준의 제품을 확장제품[2]이라고 부른다.

예 제품사용법을 교육시켜 주거나 품질을 보증하고, 할부판매 조건을 제시하는 등의 부수서비스는 모두 제품의 가치를 확대하여 고객만족을 부가적으로 증대시키기 위한 방안으로서 중요하다.

2. 제품과 시장에 의한 성장 전략(Ansoff모형)

어떤 기업이든 그들이 선택할 수 있는 신제품 전략들 중에서 어떤 것이 다른 것보다 절대적으로 우월하다고 말하기는 어렵다. 어떤 전략을 선택하는 것이 유리한

2) 확장제품(augmented product) : 고객의 기대수준 이상의 추가적인 서비스와 혜택을 뜻하며, 경쟁자와의 차별성을 부각시키는 제품의 차원이라고 할 수 있다. 난타가 마케팅 제휴사인 아모레 퍼시픽과 함께 월드컵 기간에 한국을 찾는 외국인 관광객을 대상으로 난타 공연 관람시 서울 명동에 있는 태평양 고객서비스센터를 무료 이용할 수 있게 하는 것이나 관람티켓에 주변 음식점의 쿠폰을 제공하는 것, 공연예매시 해당 공연의 CD나 갤러리에 전시된 작품이 새겨진 열쇠고리 등의 독특한 기념품을 제공하는 것, 공연 후 주인공과 사진촬영의 기회를 주는 것 등이 여기에 포함된다. 한 예로, 정동극장은 전통예술상설무대를 찾는 고객들에게 한복을 입은 직원의 고객맞이, 공연전 전통차 제공, 그리고 공연후 출연자들과 관객이 함께 어우러지는 뒷풀이 마당 등과 같이 핵심제품과 연관된 확장제품을 제공하고 있다.

가를 결정하기 위해서는 몇 가지 전략선택의 기준에 따라 기업이 처해 있는 조건을 따져볼 필요가 있다. 전략선택 기준 중 성장전략과 관련한 전략의 기준을 제시하는 Ansoff모형을 살펴보자. 이모형은 제품과 시장에 대한 전략적인 선택결정에 도움을 주는 모형이다. 이모형을 토대로 기업은 신제품의 전략적 방향을 시장 침투전략, 제품개발전략, 시장개발전략, 다각화 전략 등으로 세울 수 있다. 기업이 갖춰야 할 기본능력 중의 하나는 어떤 상품이 어떤 시장에서 구매되는지를 아는 것이다. 이렇게 제품과 시장을 이해하는 데 도움을 주는 대표적인 성장전략 분석 틀인 Ansoff 모형에 대해 살펴보자. 첫째, 기존 시장에 기존 제품을 제공, 둘째, 기존 시장에 새로운 제품을 제공, 셋째, 새로운 시장에 기존 제품을 제공, 넷째, 새로운 시장에 새로운 제품을 제공한다.

제품

	기회 매트릭스	기존 제품	신제품
시장	기존시장	시장침투전략	제품개발전략
	새로운 시장	시장개발전략	다각화전략

[그림 8.4] Ansoff의 성장전략 모형

Ansoff 모형은 실제로 제품과 시장에 대한 전략적인 선택을 결정하는데 많이 응용되고 있다. 또한 기업이 참여하게 될 제품 시장의 선택과 관련하여 기획과정을 연구하는데 도움을 준다.

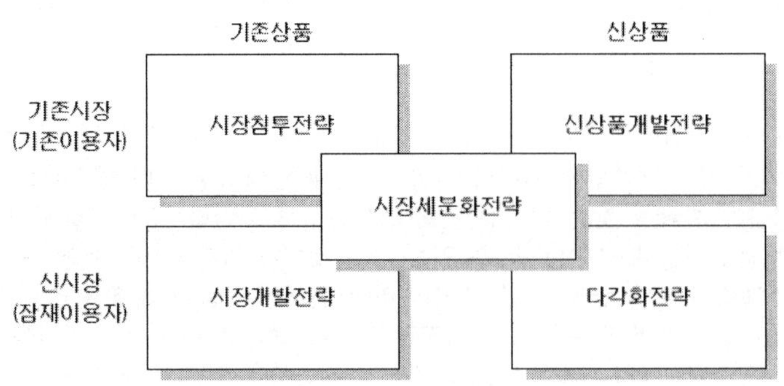

[그림 8.5] 시장세분화전략

1) 시장침투 전략

시장침투전략은 기존고객을 확실하게 유지하고 고객의 가치를 증대시키기 위한 전략으로 가장 위험률이 낮은 보수적인 전략이다. 아래 [표 8.3]에 제시되어 있는 시장침투전략의 가능한 방안들을 점검함으로서 우리 기업에 적합한 시장침투전략 방안을 수립하는데 도움을 얻을 수 있을 것이다.

[표 8.3] 시장침투전략 방안을 위한 체크리스트

시장침투 전략	• 구매단위 증대가 가능한가? - 1회 공연 판매보다는 회원등록 유도 - 식사 또는 음료와 입장권 패키지 제품 판매
	• 관람동기의 개발이 가능한가? - 선물제공 생일축하 패키지
	• 단체 및 가족관객 할인이 효과적인가?
	• 홍보, 광고 등의 커뮤니케이션 활동의 확대가 효과적인가?
	• 관객의 대체 여가활동 대비 우리 기관의 공연예술제품의 차별화 가능성은?
	• 낮은 입장료/ 무료 공연에 대한 적극적 홍보가 효과가 있나?
	• 특별관객을 위한 프로그램 개발 및 기존 관객의 긍정적 태도 강화가 가능한가?

사례

시장침투 전략의 성공

"도요다의 렉서스" 사례를 들 수 있겠다. 1989년 일본 도요타 자동차는 고급 모델인 렉서스(Lexus)를 미국의 고급 승용차 시장에 내놓았다. 하지만, 렉서스는 새로운 상표였고, 도요타는 광고에서 '도요타'라는 이름을 언급하지 않은 채, "렉서스"라는 브랜드 포커싱 전략에 초점을 맞추었다. 신제품 도입 첫 해, 도요다는 렉서스 LS400의 가격을 3만 5천불로 책정해 6천 대가 팔렸다고 한다. 이 가격으로는 초기에 이익을 내기 어려웠지만, 이러한 침투 전략 덕분에 이듬해에는 6만 3천대가 팔렸으며, LS400을 타 본 사람들은 입에 침이 마르도록 제품을 칭찬하고 다녔다고 한다. 그 결과 렉서스는 시장에 나온 지 2년 남짓한 기간에 미국의 고급 자동차 시장에서 확고한 시장 기반을 잡게 되었고, 2002년에는 미국에서 23만 4000여대가 팔려, 고급 자동차 판매 부문에서 독일의 BMW와 벤츠를 제치고 3년 연속1위를 차지하게 되었다고 한다.

2) 시장개발 전략

이것은 기존 제품을 가지고 새로운 고객을 찾아 나서는 것으로 지리적 확장(지역사회, 국가전체, 해외시장 등으로의 확장)이나 새로운 세분시장(연령별, 직업별, 추구편익별)을 대상으로 한 마케팅활동 등이 포함된다. 기업이 기존 제품(또는 프로그램)을 초·고등학교 학습 프로그램의 일부로 포함시키는데 성공한 사례는 기존 제품을 새로운 시장에 제공하는 시장개발전략의 대표적인 사례이다. 아래와 같은 항목들을 점검하여 기업에 적합한 시장개발전략을 개발할 수 있을 것이다.

[표 8.4] 시장개발전략 방안을 위한 체크리스트

시장개발 전략	• 새로운 시장개발은 가능한가?
	• 국내/ 해외로의 시장 확장은 가능한가? (예: 협력 에이전트 발굴)
	• 인구통계학적, 라이프스타일, 추구하는 편익, 관람동기 등에 따라 다른 세분시장을 개척할 수 있는가?
	• 다른 세분시장 개발에 활용할 만한 구체적인 방법은 없는가?
	• 새로운 세분시장에의 접근을 위한 새로운 매체로 어떤 것이 효과적인가?
	• 무료티켓이 잠재고객을 끌어들일 수 있나?
	• 가격 인상이나 인하가 잠재고객을 끌어들일 수 있나?

3) 제품개발 전략

기존 고객에게 제공할 새로운 것을 개발하는 전략으로, 새로운 상품 개발, 멀티미디어와 같이 다른 형식을 이용한 전시회가 제품개발전략의 사례가 될 수 있으며 기존 상품을 다른 매체를 통해 전시하는 것도 협의의 제품개발전략의 하나로 볼 수 있다. 또한 기존 시장에 대한 제품 개발전략의 일환으로 구매객을 위한 기념품 매장 등 구내상점을 성공적으로 운영하고 있는 것도 좋은 예이며, 공연예술기관이 휴식시간 중에 판매가 가능한 간단한 음식을 준비하여 관객들의 욕구를 즉시 해결하도록 하는 것도 가능한 제품개발전략의 예라고 볼 수 있다. 영화관의 경우 순수한 영화관람 매표수익 보다는 영화상영 중 판매되는 간단한 음식에 대한 수익이 훨씬 높다는 것은 제품개발을 통해 성공한 예이다.

[표 8.5] 제품개발전략 방안을 위한 체크리스트

제품개발 전략	• 현재 제공하는 공연(전시)에 추가 될 새로운 특징을 개발할 수 있는가?
	• 공연의 레퍼토리를 확장시킬 수 있는가?
	• 현재 제공하는 공연의 표현방식에 변화를 줄 수 있는가?
	• 현재 제공하는 공연(전시)에 부가시설 또는 부가활동을 개발할 수 있는가? - 멀티미디어를 보조기구로 활용한 전시 - 휴식시간을 이용한 요리 이벤트 등

4) 다각화 전략

다각화전략은 성공하기가 가장 어려운 전략으로, 기업은 이 전략을 실행하기 전에 새로운 제품으로 새로운 시장에 들어갈 수 있는 우리 기업의 능력에 대해 철저한 분석을 우선적으로 실시해야 한다. 일반기업에서도 다각화전략의 실시로 인하여 실패를 보는 경향이 많은데 그것은 기업의 수용능력을 먼저 확인하지 않았기 때문이다. 하지만 정확하게 분석·기획된 다각화 전략은 기업을 가장 성공적으로 이끌 수 있다. 예를 들면, 어떤 기업이 젊은 마케터 전문가들을 훈련시키기 위한 전문가 양성 교육학교를 설립하는 예가 여기에 속한다.

[표 8.6] 다각화전략 방안을 위한 체크리스트

제품개발 전략	• 후방위 통합backward integration이 가능한가?(공급자-개인 및 단체를 흡수할 수 있는 방안이 있나?)
	• 전방위 통합forward integration이 가능한가?
	• 수평적 통합horizontal integration이 가능한가?(우리 기업이 다른 기업 등과 연계가 가능 한가?)
	• 현재 제공하는 전시에 부가시설 또는 부가활동을 개발할 수 있는가? - 멀티미디어를 보조기구로 활용한 전시 - 휴식시간을 이용한 요리 이벤트 등

용어 : 머천다이징merchandising

머천다이징이라는 용어는 간혹 적절한 장소와 적절한 시간에 원하는 수량의 제품을 공급하는 일과 관련된 제반활동으로 정의됨으로써 마케팅과 동의어로 혼용되기도 하는데, 협의로는 중간상인의 제품관리로서 그들이 고객수요에 부응하도록 제품의 구색을 갖추기 위한 상품선정활동merchandise selection을 의미한다.

제 3 절 제품수명주기

모든 제품은 인간의 욕구와 필요를 충족시켜 주지만, 그들의 유용성은 일과적(一過的)임에 유의해야 한다. 즉 제품은 잠재고객들이 '원하는 바'를 근거로 하여 처음 시장에 도입된 후 고객만족을 창출하면서 인기를 끌다가 가치를 잃게 되면 다른 욕구충족 수단에게 자리를 물려주고 시장에서 물러나게 된다. 이러한 제품의 일생을 제품수명주기라고 하는데, 많은 마케팅 시사점을 제공해 준다.

1. 제품수명주기의 개념과 특성

제품수명주기는 매우 단순한 개념이지만 제품의 성장과 발전전망을 검토하기 위한 개념적 근거를 제공할 뿐 아니라, 경영계획을 수립하기 위한 실천적 근거를 제공해 준다. 즉 마케팅목표와 전략은 제품들이 수명주기를 거쳐 가는 동안 변경되어야 하는데, 만일 마케터가 각 제품이 처해 있는 수명주기 상의 단계를 확인하여 제품계열 내의 전반적인 수명주기믹스를 결정하고 그러한 수명주기믹스의 추세와 영향을 평가한다면 그는 개별제품의 수명주기를 조정하고 통제하거나 제품계열 내의 전반적인 수명주기믹스를 개선함으로써 장기적인 수익성을 증대시킬 수 있을 것이다.

1) 제품수명주기의 개념

인간이 세상에 태어나서 성장하여 청년기와 장년기를 거쳐 노년기에 이르는 것과 마찬가지로 시장에 처음 등장하는 모든 신제품도 마케팅 환경요인들의 변화에 따라 다양한 수요 패턴을 겪게 된다. 이 때 '신제품이 시장에 도입된 후, 시간경과에 따른 매출액 수준을 나타내는 시장수요의 변화패턴'을 제품수명주기라고 부른다. 이러한 시장수요의 패턴은 수요와 관련된 여러 가지 특성에 따라 대체로 도입기, 성장기, 성숙기, 쇠퇴기로 구분할 수 있는데, 이러한 단계들은 전체로서 제품의 일생을 묘사하는 일종의 제품수명주기(PLC, product life cycle)를 구성한다.

물론 제품수명주기의 개념은 제품계층(칼라 TV)이나 제품형태(대형화면이나 음성다중), 상표('엑설런트')에 대해 적용할 수 있지만 제품계층에 대한 적용은 매우 긴 기간을 포괄하며 상표에 대한 적용은 매우 짧은 기간을 포괄하므로 대체로 표준적인 수명주기는 제품형태를 중심으로 묘사되며 마케팅전략의 일반적인 방향을 제시해 준다. 그러나 아직은 비교적 정확하게 제품별 수명주기 상의 단계를 확인하거나 각 단계의 지속기간 및 단계이행요인, 매출액 등을 예측하기 위해 필요한 기법들이 충분히 개발되어 있지 않기 때문에 제품수명주기의 개념은 단지 시장수요의 패턴을 묘사하는데 유용할 뿐이며, 제품성과를 예측하거나 마케팅전략을 수립하기 위한 도구로 이용하기에는 미흡하다. 또한 마케팅전략은 제품수명주기에 따라 변경되기도 하는 반면에 제품수명주기를 결정짓는 요인이 되기도 하므로 제품수명주기는 유관성 분석에 의해 평가해야 한다.

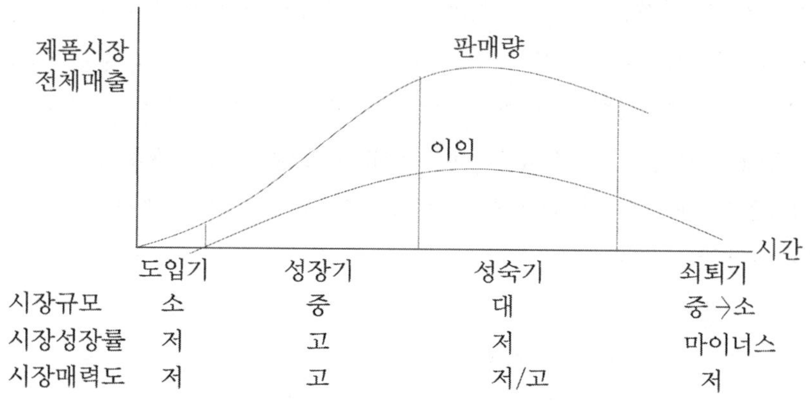

[그림 8.6] 전형적인 제품수명주기와 시장매력도

① 도입기(introduction stage) : 이는 그 제품이 시장에 도입되는 기간으로서 매출성장률이 낮으며, 높은 제품도입비용으로 인하여 이익은 부(負)이거나 매우 낮다.

② 성장기(growth stage) : 성장기는 시장에서 그 제품이 성공적으로 수용되어 수요가 확산되는 기간이다. 제품시장을 창조한 기업의 경우 매출성장률이 높고 이익이 증가한다.

③ 성숙기(maturity stage) : 이 기간에는 많은 잠재구매자들이 이미 신제품을 수용해서 신규구매가 적어 성장률이 낮거나 혹은 감퇴하기 시작한다. 각 참여 기업은 경쟁자에 대하여 자사제품을 보호하기 위한 높은 마케팅비용 지출로 인하여 이익이 줄어든다.

④ 쇠퇴기(decline stage) : 제품시장 전체의 매출과 이익이 완전히 하향하는 기간이다.

2) 제품수명주기의 특성

모든 제품이 수명주기를 갖고 있으며 대체로 공통적인 몇 가지의 특성을 보인다. 첫째, 제품수명주기는 대체로 정규분포와 유사한 종(鐘)의 형태(누적매출액은 S형곡선임)를 취하며 수요수준을 근거로 하여 도입기, 성장기, 성숙기, 쇠퇴기로 구분할 수 있다. 물론 일부 신제품들이 도입기에서 실패하여 도중하차하거나 성장기에서 곧바로 쇠퇴기로 넘어가기 때문에 모든 제품이 반드시 네 단계를 모두 거치는 것은 아니다. 또한 제품에 따라서는 전체 수명주기가 몇 주일로부터 수십 년에 이르기까지 다양한 기간을 포괄하며, 수명주기 상의 각 단계가 지속되는 기간도 제품에 따라 매우 다르다. 둘째, 이익은 도입기에 적자였다가 성장후기에서 극대점에 이르며, 성숙기를 지남에 따라 점차로 감소한다. 셋째, 모든 제품은 결국 쇠퇴기를 맞이하며, 신제품의 개발계획을 조기에 수립하도록 촉구한다. 넷째, 성숙기는 대체로 수명주기 상에서 가장 긴 기간을 차지하는데, 오늘날 시장성공을 거두고 우리에게 친숙한 제품들은 대체로 이 단계에 처해 있으며 대부분의 마케팅이론도 성숙기에 처해 있는 제품들을 위한 것이다.

2. 제품수명주기의 분석수준

제품수명주기 이론의 분석은 분석단위를 어떤 수준의 제품 즉, 제품의 정의를 어떻게 하느냐에 따라 달라질 수 있는데, 일반적으로 마케팅 분야에서는 아래와 같이 3가지로 분류를 하고 있으며, 이중에서 마케팅 전략의 분석도구로서 의미를 가지려면 제품유형에 의한 PLC(Product life cycle)가 가장 유용하다.

제품범주(product class)	소비자의 기본적인 욕구를 만족시켜 주는 제품군 (자동차, 담배, TV, 라디오)
제품유형(product form)	제품범주 내에서의 분화되어진 제품의 형태를 의미 (흑백TV-칼라TV, 필터담배-필터없는 담배)
개별상표(brand)	제품의 구체적인 상표를 의미(디스, 디오스 등)

■ 제품수명주기의 유형

제품수명 주기는 각각의 단계마다 제품의 성격이나 시장의 특성 등에 의해 다양한 모습을 나타낸다.

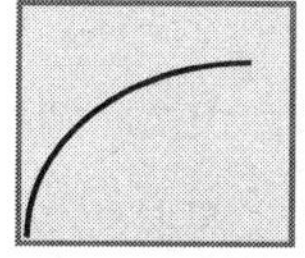

도입기와 성장기를 거쳐 성숙기의 수준이 일정하게 지속되는 형태를 나타내는 유형으로 생활필수품과 같이 일단 개발되어 지속적이고 안정적인 수요를 발생시키는 제품이 있다.

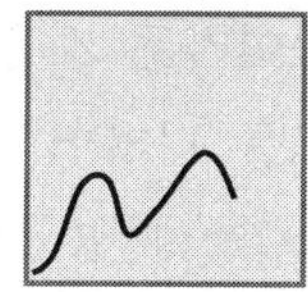

성장기에 들어서 매출이 낮아졌으나 마케팅 전략으로 다시 수요가 증가되는 형태로 패션산업을 들 수 있다.

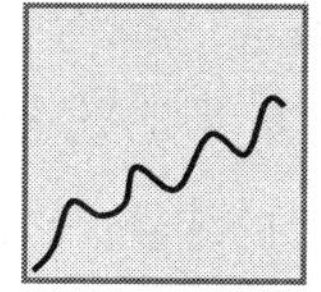

피라미드 유형으로 제품의 사용이 급격히 증가하여, 일정 시점에 이를 때마다 새로운 제품의 용도가 추가되어 지속적으로 수요가 증가하는 경우로 나일론 산업이 대표적이다.

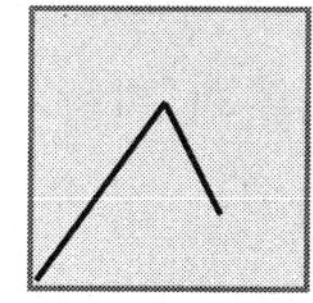

소비자의 호응을 받다가 급속히 쇠퇴하는 유형으로 가요시장을 예로 들 수 있다.

3. 단계의 특성 및 마케팅전략 방향

제품수명주기는 학자에 따라 다양하게 구분되지만, 단계의 수는 별로 중요하지 않으며 단지 수요 및 경쟁특성이 유사한 단계를 구분하여 마케팅전략의 일반적인 방향을 제시한다는 점이 중요할 뿐이다.

1) 도입기introduction stage

도입기는 하나 또는 소수의 제품으로 시장이 구성되므로 경쟁자가 거의 없고, 판매량은 제품이 출시 된지 얼마 되지 않으므로 매우 낮은 수준이다. 막대한 R&D 비용, 유통구축비용, 촉진비용 등으로 기업은 적자상태를 나타나내는 것이 보통이다. 소비자들은 신제품 구매에 따르는 위험을 쉽게 부담하는 혁신층을 중심으로 이루어져 있다.

이 단계의 마케팅 전략의 초점은 1차 수요를 유발시키는데 있다. 즉, 제품이 완전한 신제품이라면 소비자들은 제품에 대한 지식이 없으므로 제품이 제공하는 효익과 유용성을 알려야 한다. 또한 특정 제품을 대체하였다면 대체품에 비해 어떠한 차별적 우위가 있는가를 알려 소비자들의 1차적 수요를 유발하여야 한다.

도입기의 디자인 전략은 마케팅 전략에서처럼 제품이 새로운 시장을 형성하는 것인가, 기존의 시장에 뛰어드는 것인가와 타깃 대상이 있는 제품인지 불특정 다수를 대상으로 하는 것인지에 따라 차별적으로 수립되어야 할 것이다. 또한 제품을 생산하는 회사가 신생회사인지 기존의 회사인지도 고려를 해야 할 부분이다.

풀무원의 경우 기존의 식품시장에 브랜드 개념을 도입하였다. 식품이라는 제품의 성격과 주부계층으로 된 구매계층을 고려하여 제품의 패키지와 CI를 디자인하여, 풀무원에서 생산하는 전 제품라인에 적용함으로써 브랜드를 인식시켰다. S-oil의 경우 기존의 정유시장에 뛰어든 후발 정유업체로 낮은 시장점유율을 극복하기 위해 두 가지 전략을 구사하였다. 하나는 가격정책으로 경쟁사에 비해 무조건 낮은 가격으로 판매하였고, 다른 하나는 다른 정유사와 유류를 교환하지 않고 자사의 제품만 판매하여 소비자에게 자사의 제품에 대한 신뢰도를 높이는 데 주력하여 정유시장에서의 점유율을 높여가고 있다. 삼성자동차의 경우 역시 기존의 자동차 시장에 뛰어든 후발업체이다. SM이라는 모델명으로 타 업체와 차별화되는 정책을 실시하였고, 디자인에 있어서는 삼성의 그룹 모토와 부합되는 세련되고 중후한 느

낌을 강조함으로써 브랜드 인지도를 구축해 나갔다.

이처럼 도입기에서의 핵심은 최소한의 시장 확보와 브랜드 인지도 구축으로 볼 수 있다. 디자인 전략에 있어서도 새로운 시장의 창출의 경우 소비자에게 단번에 인식될 수 있는 강한 느낌으로, 기존의 시장에 뛰어들 경우 경쟁사와 차별화되는 디자인 전략을 구사해야 하고, 다양화와 세분화보다는 전문화와 통합된 이미지를 구축해야 한다.

2) 성장기growth stage

성장기의 시장상황은 급속한 판매성장과 경쟁자의 등장을 특징으로 볼 수 있다. 조기수용자와 초기 다수층 일부가 주요한 구매계층이 되며, 매출액은 처음 구매하는 새로운 소비자와 기존 구매자의 재구매로 증가하게 된다. 매출액의 증가로 기업의 이익은 증대되나, 경쟁자들이 점차 이 시장을 매력적인 시장으로 평가하고 진입하게 됨으로써 유사한 제품이 많이 출현하게 된다. 이 단계의 마케팅 전략의 목적은 시장점유율 확대이다. 따라서 경쟁업체와 비교하여 경쟁 우위를 확보하고 시장세분화를 시도해야 한다. 또한 시장에서 자사의 제품에 대한 인지도를 증가시키는데 주요한 목표를 두어야 한다.

성장기는 제품의 매출과 인지도가 서서히 증가하는 단계로 디자인 전략 역시 이에 맞게 수립되어야 한다. 이미 도입기에서 확보된 최소한의 시장을 바탕으로 지속적인 시장 확대를 실해야 하는데, 제품의 라인업을 확장하고 다상표 전략을 구사하는 것이 효과적일 것이다.

LG화학의 경우 하이타이와 슈퍼타이의 제품 라인에 하모니와 한 스푼을 추가함으로써 시장을 확대할 수 있었다. 이와 마찬가지로 대우전자가 탱크입체 냉장고의 제품라인에 터보입체 냉장고와 에어커튼 신선은행냉장고의 라인을 추가한 것을 들 수 있다. 셀룰러폰시장도 도입기에는 일정한 제품만 제공이 되었으나 점차 시장이 확대되어감에 따라 각 업체에서는 기존의 검은색에서 탈피하여 다양한 색상과 디자인을 도입하고 셀룰러폰시장에 브랜드 개념을 도입하였다. 삼성의 애니콜, 모토로라의 스타택과 브이 닷 시리즈, LG의 걸리버와 싸이언 시리즈를 들 수 있다. 디자인도 각 사용계층에 맞게 폴더와 플립, 바형으로 세분화되었다.

3) 성숙기maturity stage

성숙기는 잠재적으로 그 제품을 사용할 의향이 있었던 구매층은 대부분 제품을 수용한 상태이다. 매출액은 높은 상태이지만 점차적으로 성장률은 정체하고 감소하는 상황을 보이게 된다. 성숙기에서의 마케팅 전략은 시장점유율의 확대보다는 이윤을 극대화하여 쇠퇴기를 대비한다. 성숙기에서 중요한 것은 지속적으로 시장세분화를 적용하여 시장점유율을 유지하는 것이다. 따라서 상표와 모델의 다양화로 많은 상표와 다양한 모델을 개발하고, 제품 제조기술이 표준화되므로 가격경쟁이 가장 일반적인 형태의 경쟁유형이 된다. 성숙기는 매출이나 시장점유율이 분기점에 있는 단계이다. 따라서 마케팅이나 디자인 전략에 있어 가장 핵심이 되는 시점이며 가장 다양한 전략이 구사되는 단계이다.

현대자동차의 경우 쏘나타2의 독점 중형차 시장에 기아자동차의 크레도스가 뛰어들면서 매출이 급감하자 긴급히 쏘나타3를 출시하면서 하향세의 매출을 반등시킬 수 있었다. 생활용품의 경우 소비자의 재구매율을 높이기 위해 묶음 판매전략을 구사한다. 즉 치약과 칫솔 비누등의 유사한 제품군을 묶어서 패키지로 저가에 판매하는 것을 볼 수 있다. 이랜드의 경우 중저가 의류시장을 점유율을 확보하기 위해 다상표 전략을 구사하였다. 즉, 이랜드의 브랜드 외에 브렌따노, 헌트, 언더우드, 후아유 등의 다양한 상품라인을 구축하였다. 태승트레이닝 역시 다상표 전략을 사용하여 닉스, 클럽모나코, 스톰 등의 상표를 라인업하였다. 이는 각 상표에 타깃계층을 선정하여 목표에 부합되게 디자인하여 각각의 브랜드가 독립된 브랜드의 인지도를 구축될 수 있게 해야 한다. 성장기에서는 공동상표 전략도 효과적이다. 에스에스패션의 경우 빌트모아가 동일한 상표를 가지고 정장, 셔츠, 넥타이 등의 제품을 출시하는 것을 볼 수 있다. 무크의 경우도 구두에서 잡화, 의류로 제품을 확대하였다. 이는 이미 시장에서 자사의 브랜드가 어느 정도 소비자에게 인식되어 있어, 후발 제품군의 성공률이 높다는 장점이 있다.

이 단계에서는 브랜드 이미지 통합도 가능하다. 선경의 경우 그룹 CI를 SK로 통합함으로써 그룹의 이미지를 한 단계 상승할 수 있었으며, 삼성이나 LG의 경우도 마찬가지다.

4) 쇠퇴기decline stage

새로운 기술개발로 인하여 동일한 욕구를 만족시켜 주거나, 제품 성능의 측면에서 기존의 제품보다 동일하고 가격면에서 싼 신제품이 등장했거나, 제품에 대한 소비자의 욕구가 사라지는 것과 같은 소비자 기호의 변화로 판매가 감소하면서 그 제품의 산업전체 매출과 이익이 점차로 감소하는 쇠퇴기에 접어들게 된다.

이 단계의 마케팅 목표는 비용절감과 투자비의 회수에 있고, 도입기와 마찬가지로 1차적 수요의 유지에 있다. 전략으로는 철수전략과 잔존전략이 있다. 철수전략은 시장에서 최대한의 이익을 창출한 뒤 시장에서 철수하며, 잔존전략은 마케팅비용을 최소한으로 축소 유지하고 잔존소비자만 공략한다. 그러나 쇠퇴기에서는 잔류기업이 시장에서 독점적인 지위를 차지할 수도 있어 성숙기 못지않은 성과를 거둘 수도 있다.

이미 쇠퇴했던 제품도 최근에 복고 바람을 이용하여 과거의 제품을 재등장시키는 상표 재포지셔닝 전략을 쓸 수 있다. 가요시장에서 그러한데, 과거의 노래가 영화나 CF에 삽입되면서 동반 상승작용을 하여 재등장하는 경우를 종종 볼 수 있다. 가그린의 경우도 보면 과거에 쇠퇴기를 거쳐 사라졌던 제품이 효과적인 광고 전략을 통해 재등장한 것을 볼 수 있다.

매출고 / 판매액 / 이익액

항목 \ 단계	도입기	성장기	성숙기	쇠퇴기
고객	혁신자 및 고소득층	고소득층 및 mass marker	mass marker	laggard buyer, 특수성
접근방법	제품	브랜드	브랜드특성	전문화(유효성)
광고	제품고지 및 소비자 교육고지	브랜드의 우수성	저가격	희소성

촉진	인지수준 향상. 사용유도를 위한 많은 판촉예산	상품특징과 장점인식 유도. 보통의 촉진예상	상품차별화 상품전환 및 상표충성유도. 많은 촉진예산	최소한의 촉진
경쟁사	판매자 중심 시장이며, 독점성격을 가짐 (없음)	경쟁사의 출현으로 경쟁상태 돌입함(소수)	경쟁사의 수는 최다. 비가격 경쟁이 심하여짐(다수)	경쟁사의 수는 감소하지만 약간은 존재(소수)
유통경로	한정적	확대정리	단축	단축.정리
시장. 저항	시장저항은 강함. 시험적인 판매	시장저항은 감소. 많은 고객이 시험적 사용. 반복구매	저항없음. 시장이 완전히 개척됨. 시장점유가 최대	시장점유율이 적어지고 시장 규모도 적어짐.
판매업자	중간상인은 회의적이나 시험적인 판매	중간상인은 열심히 판매하며 그 수도 증가	중간상은 최대로 되며 서로 경쟁함	중간상의 열의는 감소하고 그 수도 감소
가격	high(출시에 과도한 비용의 약간을 보상할 수 있을 정도). 성숙기보다 높음(고가격)	high(대량소비의 이점을 가져옴).성숙기 수준에 가깝게 하락(고가격)	가격결정. 가격이 가장 낮아짐(저가격)	재고의 신속한 처리를 위해 최저가격수준으로 떨어짐
이익	높은 생산코스트와 마아케팅 코스트로 인해 이익은 낮음(없음)	상가의 수요증대로 인해 이익은 증가. 단위당 이익이 증대(절정)	단위당이익은 안정되지만, 경쟁의 증가로 하강시작(위축)	총이익이 저하되며 적자(없음)
총이익폭	낮음	높음	낮음	가장낮음
원가절감	적음	많음	더욱 느림	없음
자극	유통경로	유통경로 및 고소득자	소비자 및 유통경로	유통경로 및 저소득층
제품	미비점 개선	약간 다양화	다양화, 신용도 갭발, 신시장 개척	믹스 단순화
제품외관	기본적	1차개량	세분화 및 복잡화	기본적
품질	좋지 않음	좋음아주	좋음	한결같지 않음
생산능력	감소	적정	대량	과잉

생산방법	단기시험적 생산	대량생산방식의 도입	장기 및 자본집약적 생산	축소. 전환생산
수요	신제품에 대한 수요	수요는 가속화	수요는 보합. 대체수요 및 추가수요의 증가	수요는 급격히 감소
분배	전통적. 선택적 유통	전속적. 선택적 유통	개방적 유통	경로 정리
전략	초기채택자 설득 및 사용 유도	대형시장 침투 설득	상표방어. 경쟁유입방지	철수준비

[그림 8.7] 제품수명주기의 각 단계별 특징

[표 8.7] 제품수명주기 단계별 특징과 전략적 시사점

[특징]

특징/단계	도입기	성장기	성숙기	쇠퇴기
판매량	낮음	급속 성장	판매의 극대점 도달	감소
제품원가	높음	점차 하락	낮아짐	낮음
이익	적자 또는 낮은 이익	점차 증가	높은 이익	감소
고객	혁신층	조기수용자	중기다수자	후기수용층(보수층)
경쟁자	없거나 소수	증가	많음	감소

[전략]

전략/단계	도입기	성장기	성숙기	쇠퇴기
마케팅목표	제품인지도 형성, 시용구매의 창출	시장점유율 확대	이익극대화를 위한 시장점유율 유지	비용절감, 투자회수
브랜드 전략	브랜드 구축 (establishment) 전략	브랜드 강화 (reinforcement) 전략	브랜드 재활성화 (revitalization) 전략	재활성화 (rejuvenation) 전략 가능
제품	기본 형태의 제품	제품확대, 서비스향상, 품질보증의 도입	브랜드, 모델의 다양화	경쟁력 없는 제품 단계적 철수

가격	고가 전략 (또는 저가 전략)	시장침투가격 (저가격)	경쟁사 대응의 방어적 가격	저가격
유통경로	선택적 유통 -좁은 경로커버리지	집중적 유통 -경로 커버리지 확대	집중적 유통 -경로커버리지 최대화	선택적 유통 -수익성이 적은 유통경로 폐쇄
광고	조기구매자와 중간상의 제품인지도 구축	일반소비자층의 인지도와 제품관심의 향상	브랜드간의 차이와 제품편익강조	핵심, 고정 고객 유지만을 위한 최소한의 광고
판매촉진	시용구매를 유도하기 위한 강력한 중간상, 소비자 촉진 수행	수요의 급성장에 따른 매출액 대비 판촉비율의 감소판매	자사상표로의 상표전환을 유도하기 위한 판매촉진 증대	최저수준으로 감소

[표 8.8] 제품수명주기에 따른 프로모션 전략

구분	특징
도입기	제품이 시장에 출시되어 조금씩 매출이 성장하는 시기 제품이 소비자에게 잘 알려지지 않으므로 제품소개와 접촉성을 강화하여야 함 광고와 홍보가 비용대비 효율성이 가장 높다. ⇨ 도입기에는 판촉활동이 많이 하여야 하는데 광고와 판매촉진을 결합하여 활용하면 적은 비용으로 많은 소비자에게 제품에 대한 소개와 접촉을 강화할 수 있다.
성장기	시장이 급속도로 성장하는 시기 성장기에는 모든 촉진도구의 효율성이 전부 하향하게 되는데 그 이유는 수요가 구전을 통해서 자체의 힘을 가지기 때문임 ⇨ 구전커뮤니케이션을 촉진시키기 위한 홍보, 광고 등을 강화
성숙기	잠재소비자들이 거의 제품을 구매하여 시장성장이 낮은 시기 소비자들은 이미 제품과 상표를 알고 있으므로 광고는 소비자를 환기시키는 정도로 하면 된다. 성숙기 제품일수록 구매시점에서의 프로모션 활동에 영향을 받는다. ⇨ 판매촉진 활동을 활성화 시킨다.
쇠퇴기	매출액이 급속도로 떨어지는 기간 이윤 폭을 높이기 위하여 촉진활동을 감소시켜야 함 ⇨ 총체적인 촉진활동을 억제하며 판매 촉진 등으로 거래조건을 완화하여 잔존 고객들을 흡수한다.

5) 시장수명주기market life cycle

앞에서 설명한 제품수명주기는 시간경과에 따른 제품의 수요패턴을 나타내는 것이므로 화장품의 마케터는 화장품 시장에 있어서 수요의 변화패턴으로 화장품의 수명주기를 파악할 것이다. 그러나 실제로 화장품의 마케터가 당면하는 경쟁은 헬스클럽, 성형외과병원, 에어로빅학원 등 '아름다움'의 희망을 제공해 주는 여러 가지 제품들 사이에서도 야기된다. 따라서 수명주기는 우리가 시장을 어떻게 정의하느냐에 따라서 다르게 인식되며, 예시에서도 화장품 시장에서 한 상표의 수명주기와 '아름다움'시장에서 화장품이라는 제품계층의 수명주기 등이 존재한다. 이 때 만일 마케터가 화장품 시장에만 초점을 둔다면 '아름다움'시장이 성숙기에 있음에도 불구하고 자신의 제품이 이미 쇠퇴기에 있는 것으로 착각하여 결국 수명주기를 단축시키는 잘못을 저지를 수 있음에 유의해야 한다. 여기서 후자의 수명주기를 전자에 대비하여 시장수명주기 또는 제품・시장수명주기라고 부른다.

제 4 절 신제품의 개발

1. 신제품의 개념과 중요성

신제품이란 무엇인가? 승용차의 신모델이 신제품인가? 아니면 새로운 상표의 커피가 신제품인가? 등과 같이 신제품의 범위를 결정하는 일은 대단히 어렵다. 그러나 특정한 제품이 신제품인지의 여부를 결정하는 가장 중요한 기준은 표적시장의 고객들이 제품을 지각하는 양상인데, 만일 그들이 물리적 화학적 및 상징적 속성상에서, 심지어는 부수 서비스상에서라도 기존제품과 다르거나 새롭다고 지각한다면 당연히 신제품으로 분류되어야 한다. 이러한 신제품은 간혹 혁신이라는 용어와 혼용되기도 하지만 혁신은 신제품뿐만 아니라 신시장, 신기술, 신원료, 신조직 등을 포괄하는 보다 넓은 의미의 용어이며, 대체로 세 가지 범주로 구분된다.

지속적인 혁신	현재의 제품을 약간 변경시킨 혁신으로서, 예를 들면 승용차의 새로운 모델이나 박하담배 등
진보적인 혁신	이미 형성된 행동패턴의 변화를 요구하는 혁신으로서, 전기 치솔 등
단속적인 혁신	이미 형성된 행동패턴의 커다란 변화를 요구하는 혁신으로서, TV나 컴퓨터가 좋은 예

한편, 신제품의 중요성은 몇 가지 측면에서 검토될 수 있다. 첫째, 제품 자체는 수익의 결정요인이며, 이익은 수명주기 상에서 성장후기에 극대점에 도달하였다가 점차로 감소하기 시작한다. 따라서 마케터는 바람직한 전반적인 수익수준을 유지하기 위하여 적절한 시점에 신제품을 도입해야 하며, 더욱이 Drucker가 '모든 기업이 갖는 두 가지의 기본적인 기능은 마케팅과 혁신'이라고 지적하였듯이, 많은 기업들의 상당한 매출액과 이익은 신제품과 관련된다. 또한 기업의 성공담에는 반드시 새로운 마케팅기법이나 혁신이 소개되기 마련이다. 둘째, 경제가 발전하고 산업화되어 감에 따라 소비자들의 소득수준이 향상되고 그들의 기호가 빠른 속도로 변하고 있다. 따라서 마케터들은 고객들의 새로운 열망에 부응하기 위하여 신제품개발에 노력을 기울여야 한다. 셋째, '70년대 말부터 여러 가지 자원과 노동력의 비용이 상승하고 있는데, 이러한 현상을 고려하여 점차로 에너지 및 노동력 절약형 제품이 요구되며 환경에 대한 관심증대는 마케터로 하여금 환경영향을 고려한 신제품을 개발하도록 촉구한다.

이상과 같이 소비자와 환경요인들은 끊임없이 신제품개발을 촉구하고 있으며 오늘날 신제품은 기업의 존속을 위하여 필수적인 요건이 되었다. 그러나 제품혁신은 대단히 위험할 뿐만 아니라, 날이 갈수록 비용이 많이 소요되고 실패율도 높아지고 있기 때문에 성공적인 제품혁신은 더욱 어려워지고 있다.

한편, 마케터는 신제품을 개발하고자 할 때 그 제품을 취급하거나 사용하는 모든 사람을 고려해야 한다. 즉 제품설계자는 최종고객뿐 아니라 중간고객(중간상인)도 고려해야 하는 데 예를 들어, 슈퍼마켓의 선반높이나 선적과 수송에 있어서 야기되는 문제들은 제품규격에 영향을 미칠 것이다. 한편, 사회적 마케팅개념 하에서 마케터는 장기적인 고객의 복지와 사회복지를 생각해야 하므로, 일단 신제품은 전반적인 기업목표에 기여해야 하지만 사회적 목표에도 기여해야한다. 이러한 관점

에서 신제품의 기회를 분류하면 다음과 같은데, 사회적 책임을 심각하게 고려하는 기업은 D의 신제품 기회보다 A의 신제품 기회들을 발견해 내려고 노력할 것이다. 물론 소비자들은 간혹 A의 제품보다 가격이 저렴한 C의 제품을 원할지도 모르며, 일부 경쟁사들은 C의 제품을 기꺼이 제공하려고 할 것이다. 그러나 사회적 책임을 고려하는 기업은 신제품계획에 있어서도 장기적인 소비자 및 사회복지를 고려해야 한다.

기업에 새로운 제품 \ 소비자에게 새로운 제품	예	아니오
예	혁신제품	모방신제품
아니오	제품확장 • 기존제품의 수정(product revision) • 제품의 추가(product addition) • 리포지셔닝(product repositioning)	신제품이 아님

[그림 8.8] 신제품 분류

2. 신제품의 개발과정

마케터는 크게 두 가지 방법으로 신제품을 확보할 수 있는데, 그중 하나는 신제품을 갖고 있는 다른 기업을 흡수하거나 또는 특허권이나 생산판매권(라이센스)을 취득하는 것이며 다른 하나는 연구개발을 통하여 자체적으로 신제품을 개발하는 것이다. 신제품은 간혹 우연히 개발되기도 하지만(예컨대, Ivory soap) 대체로 신중한 계획에 의해 개발되며 비용도 많이 소요된다. 신제품을 자체 개발하려는 경우에 거쳐야 하는 단계는 신제품개발의 목표를 지향하는 일곱 단계로 구성되는데, 각 단계에서의 의사결정은 신제품 개발과정을 지속할 것인지 또는 중단할 것인지의 여부이다.

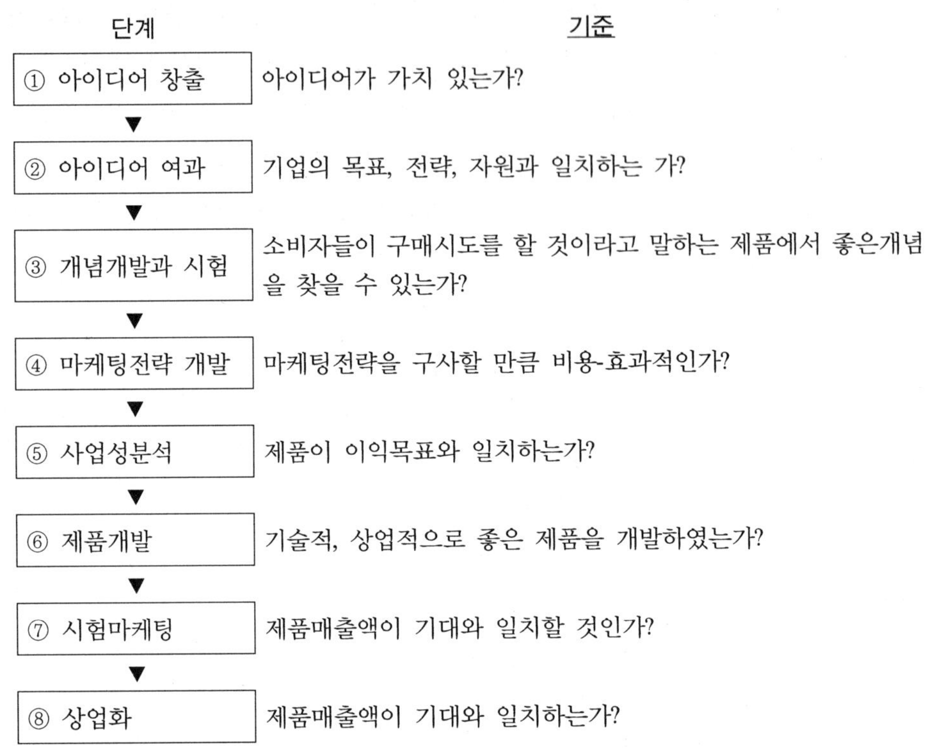

[그림 8.9] 신제품개발과정 내용

신제품 개발을 통하여 달성하고자 하는 목표는 대체로 기업의 전체 제품들로부터 기대되는 잠재수익을 극대화하는 것이지만, 실제의 기업들이 추구하고 있는 신제품개발 목표는 다음과 같다.

1) 신제품 아이디어의 창출

신제품 아이디어를 창출하는 단계에서는 가급적 많은 아이디어들이 추구되며, 이후의 단계들은 모두 아이디어의 수를 축소하는 작업이다. 신제품 개발에 있어서 아이디어의 중요한 원천은 고객, 과학자, 경쟁사, 마케팅 중간기관, 최고경영자 등이다.

고객	고객들은 제품을 직접 사용할 뿐 아니라 제품 자체가 그들의 욕구나 문제를 해결하기 위한 수단이므로 가장 가치 있는 신제품 아이디어를 제공해 줄 수 있다. 즉 고객들로 하여금 기존의 제품으로 충분히 해결되지 않는 욕구나 문제를 지적해 내도록 요구함으로써 다양한 신제품 아이디어를 촉발시킬 수 있는데 초점집단, 고객제안제도, 제품포지셔닝 분석 등을 이용할 수 있다.
과학자	신제품 아이디어는 과학자의 연구결과로부터 얻어질 수도 있는데 예를 들어, 새로운 소재나 반도체 칩 등은 많은 신제품의 근거가 된다.
경쟁사	신제품의 실패율과 개발비용이 급증함에 따라 최근에는 경쟁사를 모방하는 제품을 신제품으로 도입하는 예가 늘어나고 있는데, 아무튼 경쟁사는 신제품 아이디어의 중요한 원천이 될 수 있다.
마케팅 중간기관	마케팅 중간기관들은 고객과 직접 접촉하기 때문에 그들의 불평이나 욕구불만을 가장 생생하게 들을 수 있으며, 그러한 불평과 욕구불만은 매우 훌륭한 신제품 아이디어가 된다.
기업내 인사	제품을 직접 생산하거나 판매하는 내부인사들도 신제품 아이디어의 좋은 원천이 되는데, 특히 최고경영자의 신제품 아이디어는 기업 전체를 통하여 강력한 지원을 받을 수 있다.

이밖에도 외부의 발명가, 특허권자, 대학연구실, 광고대행사, 공급자 등도 훌륭한 신제품 아이디어의 원천이다.

2) 아이디어의 여과

신제품 아이디어의 수를 감소시켜 나가는 첫 번째 단계는 아이디어의 여과인데, 아이디어가 성공적인 신제품으로 전환되기 위한 요건에 따라 현재의 자원과 능력을 평가해 봄으로써 성공의 가능성이 낮은 아이디어를 배제한다. 우선 신제품 아이디어들에 대해 i) 식품점을 통하여 판매될 수 있는가? ii) 5000원 이하로 판매될 수 있는가? iii) 독특하게 포장되고 진열될 수 있는가? iv) 매월 1000만원 이상의 매출액을 달성할 수 있는가?과 같은 질문을 고려함으로써 비공식적 평가를 수행할 수 있다.

그러나 신제품 아이디어의 공식적인 평가는 표준양식에 의해 수행되는데 제품성공의 요건으로서 마케팅요건(기업의 이미지와 조화, 기존 유통경로의 활용도, 기존제품계열과의 관련도 등), 생산요건(기술수준, 입지와 설비, 원재료 구매와 조달 등), 기타 요건(인사, 재무 등)의 항목들에 대한 아이디어 평점을 가중합계하여 수용가능평가점 이상이면 다음 단계로 넘어간다. 예를 들어, 수용가능점이 0.70일 때 가중합계점수가 0.720인 아이디어는 여과과정을 통과하여 다음 단계인 신제품개념의 개발과 개념시험으로 넘어간다.

3) 신제품개념의 개발과 개념시험

신제품 아이디어란 그것을 제품으로 전환시킬 때 수익성이 있다고 판단되는 아이디어를 말하며, 신제품개념이란 그러한 아이디어를 잠재고객의 관점에서 구체화한 것이다. 즉 신제품 아이디어의 창출이나 여과과정에서는 신제품에 관한 일반적인 아이디어를 다루었지만 그 들은 i) 신제품을 누가 구매할 것인가? ii) 신제품이 제공하려는 기본적인 효익은 무엇인가? iii) 어떠한 여건에서 신제품이 사용될 것인가?와 같은 질문(60's와 같은 시장분석의 차원)을 통하여 신제품개념으로 구체화된다.

아이디어원천	→	아이디어 개발방법	→	걸러진 신상품 아이디어
• 기술 • 시장 니즈/사용자 해결방안 • 생산/서비스 • 경쟁자와 타기업 • 유통과 공급자 • 관리자/종업원/환경변화		• 직접조사/기술혁신 • 탐색적사용자 연구 • 선도사용자의 촉진 • 기술과 마케팅의 통합 • 기타창의력 방법들(예 : 브레인 스토밍) • 제휴, 합병 및 라이센싱		• 컨셉트(Concept) • 원형(Prototype) • 상품

[그림 8.10] 아이디어 개발과정

물론 하나의 아이디어가 반드시 하나의 신제품개념으로만 구체화되는 것은 아니며, 필요에 따라서는 다수의 대체적인 신제품개념들이 개발되어 평가받게 된다.

- 신제품개념 1: 소음수준이 낮고 절전형이며, 용량이 5.5Kg인 전자동 세탁기
- 신제품개념 2: 소음수준이 중간이며, 용량이 3.5Kg인 저가격의 수동 세탁기
- 신제품개념 3: 소음수준이 높고 용량이 6.6Kg인 반자동세탁기

일단 신제품개념이 구체화되면 개념시험에 들어가게 되는데, 개념시험이란 신제

품개념을 묘사하고 그것에 대한 잠재고객들의 선호나 태도 등의 반응을 평가하는 일이다. 이러한 개념시험은 신제품개념을 변경시키기 위한 방향을 제안 받거나 표적시장을 선정하기 위한 근거를 제공하기도 하는데, 컨조인트 분석을 이용하여 수행될 수 있다.

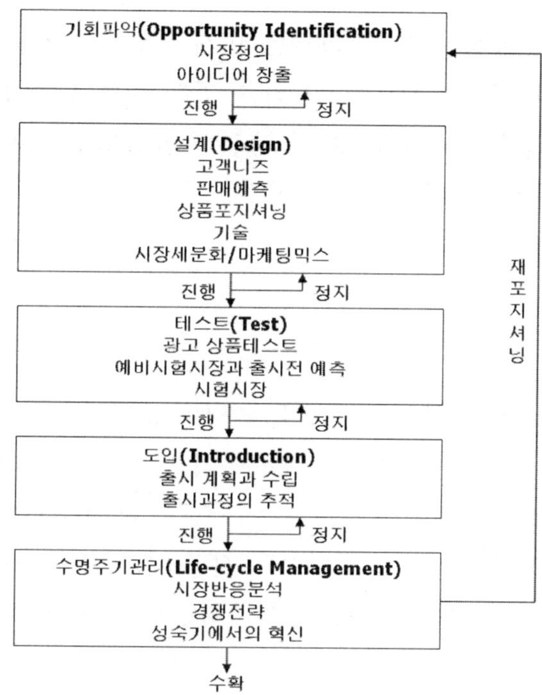

[그림 8.11] 신제품 개발과정

4) 임시적 마케팅전략의 개발과 사업성 분석

만일 잠재고객들이 신제품개념에 대하여 호의적인 반응을 보였다면, 그러한 제품의 사업성을 분석하기 위해 마케터는 우선 표적시장을 선정하고 마케팅믹스를 구성하는 등 임시적으로 마케팅전략을 개발해야 한다. 즉 신제품의 수요를 예측하는 일은 일정한 가정 하에서나 가능한 일이기 때문에 임시적 마케팅전략을 통하여 그러한 가정을 세워야 하며, 그 다음에야 추정된 수요를 전제로 하여 사업계획을 수립하고 신제품의 사업성을 평가하게 된다. 따라서 사업계획은 첫째, 시장수요의 규모와 성장률, 경쟁적 우의 등을 고려하여 제 품의 수익을 추정하는 부분과 둘째,

신제품을 개발하고 생산하기 위한 프로그램을 설정하여 비용을 추정하는 부분으로 구성되는데, 마케터는 사업계획의 예상되는 결과를 신제품개발 목표에 대응시켜 평가해야 한다.

5) 시제품생산과 기능시험

사업성 분석단계를 통과한 신제품개념은 이제 비로소 시제품prototype으로 만들어지는 데, 시제품이란 신제품개념이 포함하고 있는 주요한 속성을 그대로 갖추고 있으며 정상적인 환경에서 제품의 기능을 충분히 발휘할 수 있도록 개발한 시험용 제품을 말한다. 이러한 시제품은 다시 시험마케팅에 이용되기 전에 제대로 기능을 발휘하고 있는가를 확인하기 위한 기능시험functional tests을 거쳐야 한다.

6) 시험마케팅

대량생산을 통하여 본격적으로 신제품을 시장에 도입하기에 앞서서 마케터는 최종적으로 실제의 시장환경 내에서 잠재고객들의 반응을 평가해야 하는데, 이러한 일을 시험마케팅이라고 부른다. 즉 마케터는 제품을 포함한 마케팅 프로그램을 실제의 시장여건에 적용해 봄으로써 신제품의 시장수용도를 결정할 수 있다. 이러한 시험마케팅은 신제품개발에 많은 자금이 투자되었거나 마케팅위험이 높을 때 광범위하게 실시되어야 하지만, 신제품 도입이 시간적으로 긴박하거나 시험마케팅의 비용이 많이 소요될 경우라면 비교적 소규모로 실시되는 경향이 있다. 시험마케팅은 대체로 전체시장을 대표하는 시험시장에서 실시되는데, 시험시장이란 연령이나 소득 또는 교육수준 등의 특성에서 전체시장과 분포특성이 유사한 지역(도시)을 말한다. 간혹 일부 기업들은 시험마케팅을 대신하여 패널시험panel test을 실시하기도 하는데 소비자 패널을 사용하는 일은 시험마케팅에 비해 비용이 적게 들고 경쟁사로부터 신제품에 관한 정보를 보호할 수 있다는 이점이 있으나 자료의 신뢰성이 문제될 수 있다.

일반적으로 시험마케팅에서 검토되는 내용은 소비용품의 경우 매출액에 영향을 미치는 요소로서 신제품 시용율, 최초구매량, 신제품 수용율, 구매빈도 등이며 산업용품의 경우 제품의 성능, 구매의사결정 조직의 구성, 가격변화에 대한 반응, 잠재시장의 크기, 가장 유망한 세분시장의 확인 등이다.

7) 제품화

시험마케팅의 결과를 근거로 하여 마케터가 신제품을 대량생산하여 시장에 도입하기로 결정하였다면 우선 완전한 생산설비를 갖추어야 할 뿐 아니라 다음과 같은 네 가지의 부수적 의사결정을 내려야 한다.

시기(when)	신제품이 시장에서 신속하게 뿌리내리기 위하여는 적절한 도입시기가 중요하며 그것은 제품실패율과도 관련된다. 만일 신제품이 기존제품의 수요를 대체할 것으로 예상된다면 신제품의 도입 시기는 기존제품의 재고수준이 낮아질 때까지 연기해야 하며, 수요가 계절성을 보인다면 비수기를 피해야 한다.
장소(where)	신제품의 마케팅노력을 집중시킬 표적시장을 지역이라는 측면에서 정의하기 위해 마케터는 각 지역시장의 규모와 성장전망, 경쟁의 강도 등을 평가해야 한다.
고객(to whom)	신제품을 시장에 도입하기 위하여 마케터는 표적시장을 매우 신중하게 선정해야 하는데, 신제품 도입단계에서 유망한 잠재고객들은 혁신수용성향이 강하고 대량으로 소비하며 기업에게 우호적인 의견 선도자의 역할을 수용하되 적은 비용으로 접근될 수 있어야 한다.
방법(how)	마케터는 일정한 지역시장에서 표적고객을 대상으로 신제품을 도입하기 위한 구체적인 실행계획을 수립해야 하는데, 이러한 실행계획은 마케팅믹스의 각 요소별로 마케팅자원을 어떻게 배분할 것인지를 지침해 준다.

3. 신제품의 수용과 확산

마케터가 신제품을 개발하고 나면 잠재고객측에서는 수용과정이 시작된다. 즉 소비자 수용과정이란 '개인이 혁신에 관하여 처음으로 알게 된 후 그 것을 수용하기까지 거치는 일련의 정신적 단계'를 말하며 인지, 관심, 평가, 시용, 수용 등 의 다섯 단계로 구성된다. 이에 반하여 혁신확산과정이란 '한 사회시스템의 구성원들 사이에서 혁신이 확산되어 가는 과정'을 말한다. 따라서 소비자 수용이 개인에 의한 의사결정임에 반하여 혁신확산은 집단 구성원들 사이에서 일어나는 사회적 현상이다.

1) 소비자수용 과정의 단계

잠재고객들은 수용과정을 거쳐감에 따라 신제품에 대하여 알게 되고 시용한 후, 그것을 채택하든가 또는 거부하게 되는데 궁극적으로 신제품을 수용할지의 여부를 결정해 나가는 과정에서 잠재고객은 인지awareness, 관심interest, 평가evaluation, 시용trial, 수용adoption과 같은 다섯 단계를 거친다.

2) 수용자 범주

혁신에 관하여 처음으로 알게 된 후 그것을 수용하기까지 걸리는 기간은 사람에 따라 크게 다르다. 즉 일부 사람들은 신제품이 시장에 도입되자마자 그것을 재빨리 구매하지만 다른 사람은 구매에 앞서서 정보를 광범위하게 수집하거나 먼저 구매한 사람들의 구매결과를 신중히 평가한다. 이와 같이 '한 사회시스템의 다른 구성원과 비교하여 혁신을 상대적으로 빨리 수용하려는 경향'을 혁신수용성향(혁신성향, innovativeness)이라고 부르는데 개인에 따라 큰 차이를 보인다. 따라서 우리는 하나의 혁신을 받아들이기까지 소요되는 상대적인 기간을 개인별로 측정함으로써 다음과 같은 수용자분포를 구할 수 있는데, 상대적으로 신속하게 혁신을 수용하는 경향(혁신수용성향)에 따라 혁신층, 조기수용층, 조기다수층, 후기다수층, 후발수용층의 다섯 범주로 구분할 수 있다.

특히 신제품의 마케터는 도입기의 표적시장으로서 혁신층을 선택하여 마케팅노력을 집중시켜야 하는데 그것은 첫째, 혁신층 자신이 제품도입단계에서 직접 구매해 줄 뿐 아니라 둘째, 제품도입단계에서 적합한 제품수정을 제안해 주며 셋째, 자신이 속한 집단 내에서 의견선도자의 역할을 수행함으로써 신제품에 대한 다른 사람들의 태도와 구매행동에 많은 영향을 미치기 때문이다.

3) 혁신의 특성과 확산속도

잠재 고객측의 수용 속도는 결국 신제품의 확산속도를 결정짓는데, 신제품의 특성에 따라서 확산속도는 커다란 차이를 보인다. 예를 들어, 일부 제품은 시장에 도입된지 불과 몇 개월 만에 잠재고객들 사이에서 널리 수용되는 데 반하여 다른 신제품은 수십년이 소요되기도 한다. 이와 같이 신제품이 한 사회시스템의 구성원들

에게 퍼져나가는 속도를 확산율diffusion rate이라고 하며, 대체로 신제품의 다음과 같은 특성으로부터 영향을 받는다.

[표 8.9] 신제품 특성

상대적 이점 (relative advantage)	기존의 제품에 비하여 신제품의 가격이 저렴하거나 성능이 우수하여 잠재고객들이 희구하는 효익을 효과적으로 제공해 줄 수 있을 때 신제품의 확산율은 높다.
적합성(compatibility)	신제품이 잠재고객들의 문화적 가치나 학습된 경험에 부합되는 특성을 많이 가질수록 확산율이 높다. 예를 들어, 조선말기의 단발은 확산에 큰 어려움을 겪었다.
단순성(simplicity)	잠재고객들이 신제품의 기능과 효익을 이해하거나 사용하기가 용이할수록 확산율이 높아진다. 예를 들어, 퍼스널 컴퓨터는 컴퓨터교육과 병행되지 않는 한 확산이 매우 느리겠지만, 배우고 이용하기 편리하도록 설계된 컴퓨터는 보다 빨리 확산될 것이다.
시용가능성 (trialability)	잠재고객들은 필연적으로 신제품 구매에 대하여 위험을 지각하는데, 재무적 위험을 크게 부담하지 않고 신제품을 시용해 볼 수 있다면 확산율은 높아질 것이다. 간혹 분할성(divisibility)이라고도 한다.
전파가능성 (communicability)	잠재고객들이 신제품을 사용 또는 소비하여 얻은 바람직한 결과가 다른 사람들에게 쉽게 묘사되거나 보여질 수 있다면 확산율이 높아진다. 간혹 관찰가능성(observability)이라고도 한다.

이상의 제품특성들은 마케터가 신제품을 개발하거나 마케팅 하는데 있어서 확산율을 높이기 위한 전략방향을 시사해 주는데, 마케터는 정보제공 또는 교육적 광고를 통하여 제품의 복잡성을 극복하거나 잠재고객들이 희구하는 효익을 기존제품보다 효과적으로 제공할 수 있는 방안을 모색해야 한다. 또한 자금 부담을 크게 느끼지 않고도 시용할 수 있어야 하며 간혹 내구재의 경우에는 가내시범(家內示範)을 실시하거나 시용을 위해 몇 일간씩 대여해 줄 수도 있다.

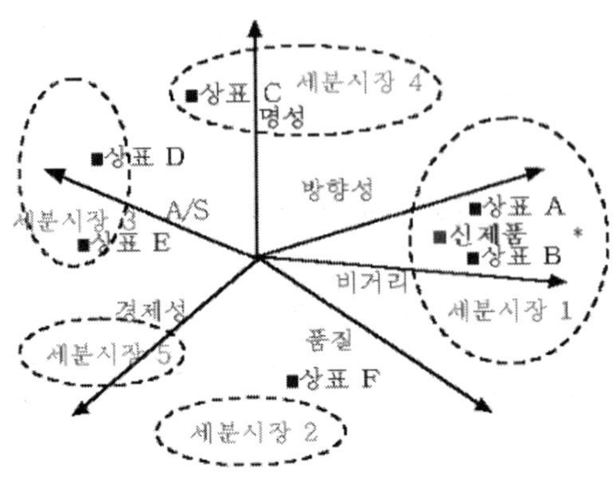

[그림 8.12] 신제품 포지셔닝 지각지도

4. 히트상품 핵심성공요인

히트상품을 뛰어넘는 신상품을 개발하라. 기업에게 있어 신제품개발은 지속적인 수익창출의 원동력이고, 소비자에게는 보다 좋은 제품, 개선된 제품을 사용할 수 있는 기회를 제공한다. 성공한 신제품의 성공요인을 살펴보면 다음과 같다.

[표 8.10] 히트상품 핵심성공요인

소비자와 관련된 요인들	새로운 제품은 소비자의 필요에 적합해야 한다는 것이다. 그러기 위해서는 표적고객의 필요에 부응할 수 있는 상품 아이디어가 창출되어야 한다. 이러한 아이디어들은 고객의 필요에 관한 자료수집을 통해서 얻을 수 있다.
기술과 관련된 요인들	신제품이 성공하기 위해서는 기술상의 우월성을 필요로 한다. 그렇다고 기술상의 우월성이 다른 기업들이 따라오기 힘든 독점적 기술을 보유하는 것만을 의미하지는 않는다. 무엇보다 중요한 것은 소비자들이 진정으로 원하는 편익을 제공해줄 수 있는 능력이다. 결국 시장지향적 연구개발능력을 갖춘 기술적 우월성이 시장에서의 성패를 결정하는 중요 조건들 중 하나인 것이다. 다시 말해 마케팅과 기술적 능력의 조화를 통해 시너지를 창출해야만 신제품의 성공확률이 높게 나타나는 것이다.
시장환경과 관련된 요인들	신제품이 시장에서 성공하려면 성장잠재력이 커야 한다. 성장잠재력이 큰 제품은 일반적으로 제품수명주기 중 성장기에 있는 제품을 말하며

	마케터는 신제품의 진부화 속도, 전체 잠재시장의 크기 등을 모두 고려하여 성장잠재력을 판단해야 한다. 그러나 성장이 빠른 시장이라고 해서 무조건 신제품이 성공할 수 있는 것은 아니다. 그러므로 기업은 경쟁자의 수, 경쟁자의 자원 및 능력 등도 고려해야 한다.
기업 내부적 조건들	신제품이 시장에서 성공하려면 기업은 자신의 강점과 조화될 수 있는 제품을 개발해야 한다. 독특한 기술을 가지고 기존제품과의 관련성이 높은 신제품을 출시하면 성공가능성이 높다. 이 외에도 신제품의 성공에 중요한 역할을 하는 기업의 내부적 조건들로는 최고경영자의 지원, 신제품개발과 관련된 기능 부서들 간의 원활한 의사소통, 신제품을 성공시키려는 강한 의지를 가진 임직원, 효과적인 신제품개발 조직 등을 들 수 있다.
효과적인 신제품 개발 과정의 도입	신제품 아이디어의 창출, 소비자의 지각과 선호의 측정 등 제품설계과정을 충실하게 거친 신제품이 성공확률도 높다. 산업재 분야의 신제품 관련 연구에 의하면 제품 출시 전에 예비과정을 충실히 거친 신제품이 그렇지 않은 경우보다 성공확률이 거의 세 배나 높았다고 한다.
신제품개발 기간 및 출시 타이밍	최근에는 제품수명주기가 짧아지면서 진부화의 속도가 빨라지고 있기 때문에 좋은 아이디어일지라도 출시의 적기를 놓치면 시장에서 성공하기 어렵다. 따라서 가능한 한 개발기간을 단축시키려는 노력이 중요하다. 그렇다고 '적기 출시'가 시장에 빨리 나오는 것만을 의미하지는 않는다. 오히려 아직 성숙되지 않은 시장에 출시하여 좋은 신제품 아이디어가 실패로 끝나는 경우도 적지 않다.

제 5 절 제품의사결정과 마케팅전략

1. 소비용품의 분류

제품수명주기와 마찬가지 맥락에서 수많은 제품들을 몇 개의 동질적인 집단으로 분류하는 일은 집단별로 마케팅전략의 일반적인 방향을 귀납적으로 발견하기 위한 것이며, 마케터는 이를 근거로 하여 구체적인 전략을 수립하게 된다.

1) 제품분류의 목적과 방법

태평양화학은 고급화장품을 전문적으로 생산하며, 기아자동차는 화물차를 마케팅하는 등 기업이 제공하는 제품은 빵으로부터 전동차에 이르기까지 대단히 다양하다. 물론 이러한 제품들을 성공적으로 마케팅하기 위해서는 각 제품과 시장에 대하여 조사를 실시하고 적합한 마케팅전략을 제품마다 연구해야 할 것이지만, 대단히 다양한 제품들에 대하여 그러한 일은 불가능하므로 일단 제품들을 공통된 특성을 근거로 하여 수개의 집단으로 범주화하고 각 범주의 제품에 대해 일반적으로 적합한 전략방향을 연구하게 된다(물론 각 마케터는 독특하게 설계된 마케팅조사를 통해 구체적인 전략을 수립해야 함). 제품들은 우선 구매목적에 따라 구분할 수 있는데, 개인 또는 가계의 사용(私用)을 위해 최종소비자가 구매할 경우의 제품을 소비용품이라고 하는데 반하여 다른 제품을 생산하거나 서비스를 산출하기 위해 생산자, 정부기관, 비영리조직, 재판매업자 등이 구매할 경우의 제품을 산업용품이라고 한다. 또한 제품은 사용기간에 따라 내구재와 비내구재, 가격수준에 따라 사치품과 생활용품으로도 구분할 수 있다.

2) 소비용품의 분류

소비용품은 다양한 기준에 따라 분류할 수 있지만, 마케팅활동이 잠재고객들의 욕구와 필요를 충족시키려는 데 초점을 두므로 아마도 그들의 구매행동 특성을 근거로 하여 분류하는 일이 가장 합리적일 것이다. 즉 미국 마케팅학회는 장보기를 하기에 앞서서 소비자가 제품의 본질에 관하여 이미 알고 있는 정도와 장보기에 투여하려는 탐색노력의 정도에 따라 소비용품을 세 가지의 유형으로 나누고 있다.

[표 8.11] 소비자상품 특성

특성과 전략		상품의 형태		
		편의품	선매품	전문품
특성	쇼핑에 필요한 시간과 노력	약간	많음	경우에 따라 다름
	욕구발생과 충족간의 시간	즉시	대체로 장시간	대체로 장시간
	가격과 품질비교 유무/가격	아니오/저	예/고	아니오/고

	구매빈도	대체로 높음	대체로 낮음	아주 짧음
	중요성	낮다	크다	일반화 할 수 없음
마케팅전략	채널의 길이	높음	짧음	아주 짧음
	소매상의 중요성	어느 하나의 소매상은 중요치 않음	중요	매우중요
	소매상의 수	가급적 많음	적음	적음, 흔히 한 시장에 하나
	재고회전율/총마진	고/저	저/고	저/고
	광고의 책임	제조업자	소매상	공동책임
	구매시점 진열의 중요성	매우중요	덜중요	덜중요
	사용된 광고	제조업자	소매상	양쪽
	브랜드명, 점포명의 중요성	브랜드명	점포명	모두
	포장의 중요성	매우중요	덜중요	덜중요

3) 소비용품 분류의 문제점

이상과 같이 소비용품을 수개의 범주로 분류하는 일은 각 제품범주에 대하여 적합한 마케팅전략 의 일반적인 방향을 설정하는데 유용하다. 예를 들어, 잠재고객들의 구매행동 특성을 분석해 볼 때 한 제품이 편의품 또는 선매품, 전문품으로 분류될 수 있다. 단지 분류체계 자체에는 크게 두 가지 문제점이 있는데 하나는 모든 제품을 산뜻하게 세 범주로 구분할 수 없다는 점이다. 예를 들어, 편의품과 선매품의 특징을 모두 갖고 있는 제품이 있으며 이러한 점을 고려할 때 제품범주는 오히려 탐색노력의 정도를 나타내는 연속체로 대체되고 그에 따른 전략을 고려해야 할 것이다. 두 번째 문제점은 하나의 제품에 대하여 소비자마다 구매행동 특성이 다를 것이므로 일부 소비자에게 편의품인 것이 다른 소비자들에게는 선매품이 될 수도 있다. 이러한 경우라면 마케터는 표적시장의 대다수 구성원들의 구매행동 특성을 근거로 하여 마케팅전략을 수립하거나 구매행동 특성에 따라 시장을 세분하고 표적마케팅을 적용할 수 있다.

2. 주요 제품의사결정

마케터가 일단 잠재객들에게 제공할 주요 효익들을 결정하고 나면 곧 이어서 기능적 및 상징적 제품속성들에 관한 의사결정들을 내려야 하는데 그들은 대체로 품질의사결정, 상표의사결정, 포장의사결정, 표찰의사결정으로 대별할 수 있으며, 마지막으로는 부수적인 고객서비스에 관한 의사결정을 내려야 한다.

1) 품질의사결정

품질수준이란 '기능적 및 상징적 속성상에서 제품이 갖는 구체적인 값들이 소비자의 기본적인 욕구나 문제를 해결하는데 기여하는 정도'를 말하는데, 마케터는 우선 제품에 부여할 기능적 및 상징적 속성들을 선정하고 각 속성별로 제공하려는 수준들을 구체적으로 결정해야 한다. 이 때 이러한 속성들 상의 값들은 소비자에 의해 제품특성으로 지각된다. 이러한 과정에서 마케터는 잠재고객들이 '원하는바'는 물론이고(고객지향성) 경쟁제품의 특성도 심각하게 고려해야 하는데(경쟁사지향성), 그것은 품질이 중요한 포지셔닝 도구로 활용될 수 있기 때문이다.

2) 상표의사결정

상표란 '자신의 제품을 확인하고, 다른 경쟁사의 제품과 구별하기 위하여 판매자가 사용하는 단어, 상징, 디자인 또는 이들의 결합'이며 상표설정branding이란 상표명이나 상표표지 등 실질적으로 제품 확인을 위한 수단을 선정하여 사용하는 행위를 말한다. 또한 상표의 구성요소 중에서 소리로 표현될 수 있는 부분(단어, 문자, 숫자)을 상표명이라고 부르며 그 외의 요소를 상표표지라고 부른다. 상표를 설정하는 일은 고객과 상표 설정자에게 모두 유익한데 다음과 같이 정리할 수 있다.

[표 8.12] 상표의사결정

• 장보기를 용이하게 한다	오늘날 각 제품계층은 수없이 많은 품목들로 구성되는데, 장보기를 할 때마다 소비자는 제품더미 속을 헤멜 수 없다. 따라서 상표는 소비자가 제품을 쉽게 확인할 수 있도록 도와줌으로써 장보기를 용이하게 한다.
• 정규적인 만족을	고객들은 새로운 것을 구매하고 싶어하며 위험을 감수하지만, 일단 만족

보증한다	하게 되면 그러한 제품을 반복하여 구매하기를 원한다. 따라서 상표는 소비자가 기대할 수 있는 만족을 보증해 주는 수단이 된다.
• 상표충성을 개발시켜 준다	상표는 상표설정자로 하여금 충성스런 고객들을 분리해 내도록 도와준다. 또한 상표충성은 경쟁으로부터 상표설정자를 보호해 주며, 독점적 경쟁상황이나 어느 정도의 독점상황을 만들어 상표설정자에게 마케팅계획에 있어서 통제능력을 제고시켜 준다.
• 반복구매를 조장한다	고객에 대한 이점으로 인하여 상표는 고객의 반복구매를 촉진한다. 또한 상표는 고객의 장보기를 발리 끝낼 수 있도록 도와주므로 마케터의 판매시간 및 노력을 절약해 준다. 또한 고객이 상표에 의하여 반복구매를 한다면 촉진비용은 감소하고 매출액은 증대될 것이다.
• 동일한 품질을 보증한다	어느 장소에서 구매하든지 동일한 상표는 동일한 품질을 약속해 준다. 따라서 상표설정자는 일관성 있는 품질유지에 책임을 갖는다.
• 시장세분화를 도와준다	상표설정자는 시장을 세분화하고 다양한 중간상인의 욕구를 충족시키기 위하여 여러 가지 상표를 사용할 수 있다. 예를 들어, 고객들이 요구하는 여러 품질등급에 따라 상이한 상표를 사용한다든가, 도, 소매상(또는 상이한 형태의 소매점)들에게 제품은 같지만 상이한 상표를 제공함으로써 그들 사이에 직접적인 경쟁을 피하게 해준다.
• 심리적인 만족을 제공한다	어떠한 계층의 고객은 제품의 물리적 측면보다는 상징적 측면에 더 많은 관심을 가지며 특정한 상표를 사용함으로써 사회적 및 심리적 만족을 얻으려는 경향이 있다.
• 가격프리미엄을 구사하게 해 준다	고객의 입장에서 상표는 곧 품질의 보증이므로 상표설정에 소요되는 비용보다 큰 가격프리미엄을 얻을 수 있다. 즉 우리는 간혹 비싼 값을 치루면서도 친숙한 상표를 구매한다.
• 제품품질이 개선되도록 한다	상표설정자는 시장지위를 제고하기 위하여 계속적으로 제품을 개선하므로 결국 고객들은 좋은 품질을 구매할 수 있게 된다.
• 기업이미지를 형성해 준다	좋은 상표는 기업명성을 높여주고 추가적인 신제품의 도입을 용이하게 한다. 즉 좋은 이미지의 상표를 갖은 기업은 그러한 이미지로 인해 신제품 도입 등 다양한 기업 활동이 용이해 진다.

상표와 관련된 의사결정 분야는 다음과 같다.

(1) 상표정책과 전략

상표정책과 전략은 여섯 단계의 의사결정을 포함하고 있다.

[표 8.13] 상표정책과 전략

무상표(no brand)	상표설정은 많은 이점을 제공하지만 상표촉진과 품질유지를 위해 많은 비용이 소요. 비용을 감당할 수 없거나 절감하기 위하여 상표를 설정하지 않으며, 동질적인 제품의 마케터들은 차별화가 불가능하고 상표설정이 유익하지 않으므로 상표를 설정하는 대신에 단순히 제품계층 명칭을 사용
통합상표/개별상표	두 개 이상의 품목을 시장에 제공하는 마케터는 각 품목에 동일한 상표를 설정하든지(통합상표) 또는 각 품목에 상이한 상표를 설정(개별상표) 통합상표(family brand)는 품목들이 유사한 특성과 품질을 가질 때 적합한데, 소비자들이 일부 품목 에 대하여 갖고 있는 호의가 다른 품목에까지 파급되어 촉진비용을 절감할 수 있고 상표충성도를 형성하며 신제품의 시장도입이 용이 개별상표(individual brand)는 품목별 특성과 품질이 매우 상이할 때 이용되는데, 일부 품목의 명성을 보존하면서 저가격의 가격경쟁용 품목(투쟁상표, fighting brand)을 시장에 도입할 경우나 한 품목의 시장실패가 다른 품목의 명성을 손상시킬 위험이 있을 경우에 적합
제조업자 상표/중간상인 상표	상표설정자로서 생산자나 중간상인은 제품의 확인수단 으로서 생산자를 밝힐 것인지(제조업자 상표, 전국상표) 또는 유통을 담당 하는 중간상인을 밝힐 것인지(중간상인 상표, 지역상표, 사적 상표)를 결정해야 한다. 상표설정에는 상표촉진과 일관성 있는 품질유지라는 책임이 따르고 비용도 야기되므로 대체로 제조업자 상표는 광범위한 제품계열과 확고한 유통시스템을 갖추고 높은 시장점유율을 차지하는 대규모의 생산자에 의해 선택
상표확장전략(brand-extension strategy)	이미 시장에서 성공을 거둔 기존제품의 상표명을 신제품이나 개선된 제품에 활용함으로써 성공적인 상표에 대하여 소비자들이 갖고 있던 호의와 충성도를 그대로 이연시키고 소비자들의 인지도를 높여 신제품도입을 용이하게 하기 위한 것이다. 이러한 상표확장의 공식은 대체로(개선되었다는 의미의 단어)+기존상표 또는 기존상표+(첨가어)의 형태를 취하는데(예: 강력+하이타이나 남양분유+에스 등), 상표확장전략은 물론 새로운 규격, 새로운 향기, 새로운 모델 등의 단순한 제품수정에도 적용
복수상표전략(multibrand strategy)	본질적으로 동일한 제품에 대해 두 개 이상의 다른 상표를 부여하여 별도의 품목으로 차별화하려는 것 첫째, 상이한 상표명을 갖는 품목들을 통하여 자신의 제품이 소매점에서 보다 많은 진열공간을 차지 할 수 있으며 둘째, 새로운 상표를 시용하려는 잠재고객들의 구매를 유인하고 셋째, 마케팅조직 내에 진취적인 분위기와 상표관리자들 사이에 선의의 경쟁을 유발시키며 넷째, 비록 제품 자체에는 차

	이가 미미하더라도 심리적 차별화를 통하여 각 품목들이 상이한 세분시장에 소구할 수 있다.
상표의 리포지셔닝	신제품이 시장에 도입되기 전에 이미 상표의 포지션이 마케팅목표에 부합되도록 설정되었다 하더라도 잠재고객들의 기호변화나 마케팅 환경요인들의 변화는 잠재고객들의 지각을 변화시킬 뿐 아니라 이상적인 제품의 모습도 변화시킨다. 따라서 마케터는 잠재고객들이 '원하는 바'를 경쟁사에 대비하여 현재의 포지션을 확인해 내고 새로운 목표포지션을 결정한 다음, 그러한 포지션을 형성하기 위한 조치를 취해야 한다. 그러나 상표의 포지셔닝 또는 리포지셔닝은 결국 상표에 관한 의사결정이라기 보다는 제품 나아가서는 마케팅믹스에 관한 의사결정

(2) 상표전쟁

비교적 최근까지 제품들은 대체로 제조업자 상표로서 시장에 공급되어 왔으나 대규모의 중간상 들이 출현하여 중간상인 상표로서 제품을 확인시키고 시장지위를 확보하려고 시도함에 따라 생산자와 중간상인 사이에는 제한된 진열공간의 배분을 둘러싸고 다툼이 야기되고 있는데, 이를 상표전쟁이라고 부른다. 그러나 상표전쟁에 있어서는 유통경로를 장악하고 있는 중간상인이 당연히 유리하며, 더욱이 소비자들은 제조업자 상표를 보편적인 생활용품으로 지각하는 반면에 중간상인 상표는 특별한 제품으로 지각하는 경향이 있다. 또한 판매점의 진열공간은 제한되어 있으므로 생산자가 제조업자 상표로서 신제품을 유통경로에 취급시키기가 점차로 어려워지고 있는데, 이제는 중간상인들도 품질관리를 통하여 상표충성도를 확보해 나가고 있으며, 저렴한 가격으로 제품을 공급할 수 있게 되었다. 더욱이 중간상인들은 자신의 사적 상표(PB,private brand, 간혹 기획상표 또는 original brand라고 부름)를 보다 훌륭하게 진열하며 재고를 확실하게 준비한다.

이에 반하여 생산자의 입장에서 제조업자 상표를 사용하는 일은 상표충성도를 개발하고 유지하기 위해 막대한 촉진비용을 지출해야 하고 제품가격도 높아짐을 의미하며, 유통경로를 제대로 확보하기 위해서는 과도한 거래할인이나 공제를 요구받기도 한다. 결국 제조업자 상표를 사용하는 생산자는 이런 저런 이유에서 유통경로를 확보하는 데 많은 애로를 겪게 되었으며 이러한 현상을 '제조업자 상표 생산자의 딜레머'national brand manufacturer's dilemma라고 한다.

(3) 훌륭한 상표명과 상표권

마케터가 이용할 수 있는 상징적 속성 중에서 단일요소로는 상표명이 가장 큰 영양력을 가지며 바람직한 이미지를 전달하는 수단으로서 상표명은 매우 귀중한 자산이다. 따라서 마케터는 심사숙고하여 적절한 상표명을 선정해야 하는데, 대부분 기업은 상표명을 결정하고 평가하기 위한 공식적인 체계를 갖추고 있다.

바람직한 상표명의 요건은 대체로 다음과 같다. 마케터는 자신의 상표명이 널리 인지되고 호의를 담고 있어서 소비자들이 욕구불만이나 문제를 느낄 때면 언제나 자신의 상표를 효과적인 문제해결 수단으로 간주해 주기를 바란다. 그러나 간혹 상표명이 너무나 널리 알려져서 특정한 상표라기보다 오히려 제품계층을 나타내는 이름으로 변하기도 하는데 예를 들어, 국내에서도 Kleenex나 미원(味元)은 이미 특정한 제품의 상표가 아니라 화장지나 조미료를 지칭하는 제품계층 명칭으로 사용되고 있다.

① 제품의 특성(제품효익이나 용도, 사용법 등)을 암시해야 한다. 예를 들어, 선쿨 아이차바, 3분 카레 등이 있다.
② 발음하고 기억하기가 용이해야 한다. 또 영문표기의 경우에는 한 가지로 발음되어야 한다.
③ 개성이 있어야 한다. 예를 들어, 강력, 표준, 골드 등의 상표명은 뚜렷한 개성이 결여되어 있다.
④ 제품계열에 추가되는 신제품에도 이용이 가능해야 한다.
⑤ 가능한 많은 광고매체에 적용될 수 있어야 한다.
⑥ 좋지 않은 의미가 연상되지 말아야 한다.

이러한 여건 하에서 마케터의 촉진활동은 유사한 경쟁상표들의 매출을 증대시킬 수 있으며 더욱이 그러한 상표명을 배타적으로 사용할 수 있는 권리를 박탈당할 수도 있기 때문에 마케터는 자신의 상표가 제품계층을 지칭하는 이름으로 사용되지 않도록 유의하면서 상표충성도를 강화해 나가야 한다.

한편, 자신의 상표명이 일반적으로 사용되는 것을 막기 위해서 마케터는 다음의 세 가지 방법을 취할 수 있다. 첫째, 상표명의 배타적인 사용권을 널리 알릴 수 있는데 예를 들어, 코카콜라는 그것이 등록상표이며 자신만이 배타적으로 사용할 수

있다는 사실은 알리기 위하여 ⓡ이라는 기호(registered의 약자)를 사용한다. 둘째, 사전식의 이름은 결국 일반화될 것이므로 상표명으로 사용하기 위하여는 새로운 단어(신조어)를 만들어 내야 한다. 예를 들어, 새우깡이나 ULTRA-BRITE 등의 신조어는 마케터에 의해 배타적으로 사용될 수 있다. 셋째, 사전식의 서술어는 배타적 사용권을 인정받을 수 없기 때문에 역시 피해야 한다. 예를 들어, '새로운'이나 '포근한' 등의 서술어는 누구나가 일반적으로 사용할 수 있기 때문에 상표명으로 적합하지 않다.

3) 포장의사결정

포장은 제품전략의 중요한 요소이므로 간혹 마케팅믹스의 다섯째 P로 간주되기도 한다.

(1) 효과적인 포장의 요건

전통적으로 포장은 내용물을 뭉치(소금상자 등)로 하거나 유통과정에서 제품을 보호한다는 기본적인 기능의 측면에서 파악되어 왔으나 마케팅지향적인 오늘날에는 훨씬 다양한 기능을 수행하고 있으며, 다음과 같은 특성을 갖추어야 한다.

시각적 소구(visual appeal)	효과적인 포장은 진열대에서 눈에 잘 띠어야 함
감성적 소구(emotional appeal)	상황에 따라서 효과적인 포장은 제품을 저렴한 것으로 보이게 하거나 고상한 것으로 보이게 해야 함
정보(information)	효과적인 포장은 가급적 내용물의 특성을 암시해 줄 수 있어야 함
취급용이성(ease of handling)	효과적인 포장은 열고 닫기 쉬우며 취급이 용이해야 함

(2) 포장의 기능

포장의 기능은 단순히 제품을 용기에 넣거나 종이로 싸는 것 이외에 기본적으로 네 가지의 기능을 수행함으로써 전체 제품의 중요한 부분을 구성한다. 즉 포장은 제품을 외부적 자극으로부터 물리적으로 보호할 뿐 아니라 제품의 특징이나 용도, 효익, 이미지 등을 소비자들에게 커뮤니케이션함으로써 제품 자체를 촉진한다. 또한 포장은 유통과정에서 야기될 수 있는 파손이나 퇴색, 도난 등을 감소시켜 전체 유통비용을 절감하며 다양한 포장규격은 소비자들의 제품낭비를 막아주기도 한다. 포장의 마지막 기능은 편의성의 제공이다. 예를 들어, pop-top(캔맥주 등의 따개)깡통은 청량음료, 맥주, 기타의 식품에 편의성을 제공해 주며 다양한 포장규격도 소비자들에게 편의성을 제공한다.

한편, 최근 들어 마케터들은 포장을 설계하는 데 있어서 재사용의 가능성을 심각하게 고려하여 자원재생에 방해가 되는 물질의 합성이나 코팅 등을 자제하고 있다. 또한 포장을 다른 용도로 사용할 수 있도록 설계하기도 하는데 예를 들어, 프라스틱 아이스크림통은 이미 밑반찬 그릇으로 오래 전부터 이용되고 있으며, 어린이용 파우더 등은 프라스틱 인형모양의 용기에 포장되어 장식품으로 활용되기도 한다.

◆ **포장의사결정의 고려사항**

전통적으로 포장에 관한 의사결정은 대체로 제품을 담고 보호하는 기능을 중심으로 원가의 측면을 강조하여 왔지만, 이미 설명한 바와 같이 포장은 다양한 기능을 통하여 제품의 가치를 증대시키고 잠재고객들의 구매를 설득하므로 중요한 제품구성요소로서 검토되어야 한다. 따라서 마케터는 포장을 개발할 때 가장 먼저 포장개념을 확립해야 하는데, 포장개념이란 '포장이 수행해야 하는 기능을 구체화하고 제품의 특성이나 마케팅목표에 비추어 볼 때 포장이 어떠해야 하는지에 관한 인식'을 의미한다. 그 다음 마케터는 포장재질이나 디자인 등의 측면에서 포장대안을 개발하고 평가해야 한다.

최근의 다종포장은 청량음료, 맥주, 쥬스 등을 소비자가 한 번에 구매하기 좋은 수량만큼씩 다양하게 묶어 소비자에게 많은 편의를 제공하고 있을 뿐만 아니라 취급하기가 용이한 포장은 가격표시를 신속하게 하고 취급과 진열을 개선하며 공간을 절약할 수 있게 한다.

한편, 마케터는 하나의 제품계열에서 각 품목의 포장들 사이에 어느 정도의 일관성을 유지할 것인지를 결정해야 하는데, 이 점에 대하여는 모든 품목의 포장을 유사하게 하거나 하나의 중요한 디자인요소를 공유케 함으로써 전반적인 기업이미지를 강화하려는 노력이 점차로 두드러지고 있다.

4) 표찰 의사결정

과거의 표찰은 통상 포장에 별도로 부착되었으나 오늘날 대부분의 프라스틱 포장은 포장의 일부로서 표찰을 포함하고 있다.

(1) 표찰의 기능과 유형

표찰은 정보제공과 촉진을 기본적인 기능으로 하는데, 물론 상표만으로도 제품이 확인될 수 있으나 표찰이 제공하고 있는 제품의 본질과 용도에 관한 정보는 제품 확인을 도와주고 있다. 또한 일부 제품에 대해서는 표찰을 통해 단위가격표시(unit pricing, 여러 규격의 가격을 비교하기 용이하도록 표준단위당 가격을 표시한 것)와 유효일자 등 법규로 규정된 정보를 제공해야 하기도 한다. 표찰은 그것이 강조하고 있는 기능에 따라 세 가지 유형으로 구분된다.

품질표찰(grade label)	육류나 식료품의 품질을 상급품이나 중급품 등으로 나타내는 표찰
정보표찰(information label)	소비자에게 취급 및 사용방법, 제품의 준비방법, 보관방법 등에 관한 정보를 제공해 주는 표찰
소구표찰(descriptive label)	제품의 중요한 특성이나 효익을 설명해 줌으로써 구매시점 촉진의 기능을 수행하는 표찰

(2) 바코드 시스템

바코드 시스템(Universal Product Code라고도 함)이란 유통과정에서 제품의 취급을 자동화하기 위해 각 품목의 표찰로서 일정한 코드를 표시해 놓고 필요에 따라 전자탐지장치electronic scanner로 읽혀 판매 및 재고관리의 효율성을 제고하기 위한 방법이다. 이러한 바코드 시스템의 채택은 대규모 슈퍼마켓에서 계산대업무를 신속하게 만들고 재고관리를 용이하게 할 뿐 아 니라 품목별 가격표시 등의 영업비용을 절감시켜 준다. 그러나 소비자의 입장에서는 점포 내에서 또는 구매 후 가정에서 가격을 참조할 수 없다는 문제가 있다.

5) 서비스 의사결정

제품의 한 요소로서 부수서비스에 관한 결정은 제품의사결정의 매우 중요한 부분이다. 특히 오늘날과 같이 고객만족(CS, customer satisfaction)을 마케팅관리의 초점적인 과제로 삼는 여건에서는 제품을 구매한 소비자에게 추가적인 만족을 제공하기 위하여 필수불가결한 수단으로 인식된다. 물론 제품에 따라서는 이러한 부수서비스가 불필요하거나 서비스 자체가 제품인 경우도 있으나 여기서는 실제제품을 확장제품으로 전환시키는 과정에서 필요한 부수(제품보조적)서비스를 지칭한다. 이러한 제품 보조적 부수서비스에 관한 의사결정은 크게 다음과 같은 세 분야로 나눌 수 있다.

서비스믹스의 결정	마케터는 잠재고객들에게 어떠한 서비스를 제공할 것인지 결정하기 위해 무료전화나 건의편지를 통해 그들을 접촉하든가 불평조사를 정기적으로 실시하여 그들의 서비스욕구를 분석해야 한다. 즉 마케터는 신용제공, 배달의 식속성과 신뢰성, 기술적 지원, 사용자 교육 등 잠재고객들이 요구하는 서비스 유형과 각 서비스에 대해여 잠재고객들이 부여하는 중요도를 파악해야 하는데, 컨조인트분석이 효과적으로 활용될 수 있다.
서비스 제공 방법의 결정	마케터가 제품보조적인 서비스를 제공하는 방법은 대체로 서비스 설비와 인력을 유지하면서 직접 제공하는 방법과 중간상인에게 그러한 역할을 담당시키고 비용을 보상해 주는 방법, 독립적인 사업자에게 그러한 기능과 역할을 담당시키는 방법 등 세 가지로 구분할 수 있다.
서비스 담당 부서의 설치 여부	서비스의 중요성이 부각됨에 따라 많은 기업들은 고객 서비스를 중요한 마케팅도구로 인식하여 전담부서를 조직 내에 설치하고 직접 통제하는 경향이 있으며, 더욱이 그러한 부서는 기존제품에 대한 소비자들의 반응을 조사하고 신제품 아이디어를 수집하기 위한 마케팅조사의 기능을 수행하기도 한다.

6) 제품관리

경쟁사에 비하여 소비자의 욕구를 효과적으로 충족시키고 적정한 수익을 올릴 때 기업은 비로소 생존과 번영을 누릴 수 있다. 그러나 소비자의 '원하는바'가 끊임없이 변화할 뿐 아니라 경쟁사의 활동 및 마케팅 환경도 끊임없이 변화하고 있으므로 마케터는 마케팅 환경요인의 변화에 대응하여 제품의 구성을 조정해야 하

는데 이러한 과업을 제품관리라고 부른다. 제품관리의 기본적인 목표는 마케터의 제품들이 시장에서 소비자의 욕구와 필요에 효과적으로 대응하도록 하는 데 있다. 따라서 제품을 관리한다는 일은 시장의 변화를 검토하여 시장의 욕구와 필요에 부응하도록 제품의 구성을 끊임없이 조정하는 일이며, 이는 구체적으로 i) 새로운 제품의 추가(신제품의 개발), ii) 기존제품의 폐기(제품수명주기 상의 쇠퇴기의 전략 및 계획적 진부화), iii) 기존제품의 수정(제품수명주기 상의 모든 단계)과 같은 세 가지 일로 구성된다.

(1) 제품계열과 제품믹스

오늘날 단 하나의 품목만을 생산하거나 마케팅하는 기업은 거의 없으며, 대부분의 기업들은 소비자측의 소비시스템에 부합되는 제품계열로써 시장에 봉사하고 있다. 이 때 제품계열이란 '유사한 기능, 동일한 고객, 동일한 경로, 일정한 간격 범위 등의 유사성을 근거로 하여 일련의 관련된 제품들을 집합적으로 나타내는 개념'으로서 기업에 따라 하나의 제품계열에 속하는 품목들은 대단히 다르며, 대체로 그들의 마케팅계획이나 전략을 참조함으로써 그 기업의 제품 계열들이 포괄하는 제품범위를 알 수 있다. 이와 같이 단 하나의 품목보다 완전한 계열을 개발하려는 경향은 다음과 같이 몇 가지의 요인으로 설명될 수 있다.

성장의 욕망과 위험분산	마케팅노력을 단 하나의 품목에만 집중한다면 성장잠재력이 제한받게 되며, 그러한 품목의 수명주기가 진행되어 감에 따라 새로운 품목의 도입이 필요해 진다. 또 한 일부 기업은 수익의 계절적 변동을 상쇄시키기 위해 새로운 품목을 도입하기도 함.
기업자원의 최적 활용	기업 활동의 간접비를 일련의 제품에 배분함으로써 모든 제품의 평균 원가를 낮출 수 있다. 또한 생산시설들도 관련제품을 생산하는 데에 경제적으로 사용될 수 있을 뿐 아니라 기업내 인적 자원을 보다 널리 활용할 수 있다. 특히 판매원이나 광고는 계열 내의 모든 품목을 다룸으로써 효율성을 개선
시장내 기업 지위의 제고	소비자와 중간상인들은 최종소비자의 소비시스템을 반영하여 대체로 기업이 다양한 관련제품들을 함께 제공해 주기를 원한다. 따라서 제품계열을 갖는 기업은 소비자와 중간상인들에게 더 많은 소구력을 갖는데 예를 들어, 등산텐트를 구매하는 사람은 아마도 버너, 슬리핑백, 코펠 등의 품목을 함께 필요로 할 것

한편, 제품믹스product mix란 '마케터가 시장에 제공하는 모든 품목의 목록'을 말하며 폭과 깊이, 길이, 일관성이라는 네 가지 차원을 갖는다. 즉 제품믹스의 폭product width이란 마케터가 제공하는 상이한 제품계열의 수이며, 제품믹스의 깊이product depth란 동일한 상표로 제공되고 있는 상이한 형태와 규격을 갖는 품목의 수를 말한다. 이에 비하여 제품믹스의 길이length란 각 제품계열이 포괄하는 품목의 평균수이다. 또한 제품믹스의 일관성consistency이란 고객이나 최종용도, 원재료나 생산공정, 유통경로 등의 측면에서 제품계열들이 갖고 있는 유사성 또는 관계의 밀접함을 나타내는 개념이다.

(2) 최적의 제품믹스

① 현행 제품믹스의 평가

제품믹스는 기업의 수익성에 중요한 영향을 미치므로 마케터는 현재의 제품믹스가 매출액 성장성, 매출액 안정성, 수익성의 측면에서 균형을 이루고 있는지의 여부를 정기적으로 검토해야 한다. 물론 과거에 최적이던 제품믹스라도 소비자의 기호변화나 경쟁사, 여타의 마케팅 환경요인들의 변화는 마케팅목표와 성과 사이의 격차를 야기시키며 그러한 제품믹스가 최적이 아닌 것으로 전락시킨다. 따라서 현재의 제품믹스에 대한 마케팅노력의 재할당(주력제품의 변경 등)이나 새로운 제품믹스 전략을 고려해야 하는데, 현재의 제품믹스를 평가하는 데 사용되는 기준은 다음과 같다.

[표 8.14] 제품믹스 평가 기준

매출액 성장성 (future sales growth)	기업의 생존과 번영은 미래 매출액의 성장전망에 의해 크게 좌우되는데, 이러한 기준을 적용함에 있어서는 각 품목이 현재 처해 있는 수명주기상의 단계는 물론이고 신제품의 추가 및 제품폐기의 여부를 고려해야 한다. 매출액 성장성을 개선하기 위해서는 도입기나 성장기에 있는 품목은 성숙기로 유도하고, 성숙기의 품목에 대하여는 새로운 용도를 개발하거나 사용율을 증대하는 등의 리마케팅을 적용할 수 있다.
매출액 안정성 (sales stability)	매출액이 큰 폭으로 변동하는 품목은 과잉수요시 재고고갈에 대비하기 위해 대규모 생산시설과 높은 재고수준을 유지해야 하는데, 이러한 일은 원가를 크게 상승시킨다. 따라서 마케터는 전체 제품믹스의 매출액이 안

	정성을 갖도록 매출액의 계절적 변동이 큰 품목들을 적절하게 조합해야 한다.
수익성(profitability)	현재의 제품믹스는 결국 기업의 수익성을 결정하는데, 마케터는 우선 각 품목의 생산원가와 공헌이익, 위험 등을 고려하여 제품믹스를 개선하고 난 후 마케팅 전략을 조정해야 한다.

② 최적의 제품믹스optimal product mix

최적의 제품믹스란 '제품의 추가, 폐기, 수정을 통하여 마케팅목표를 더 이상 효율적으로 달성할 수 없는 상태'를 말하는데, 두 가지 관점으로 구분해 볼 수 있다. 즉 제품믹스의 정적인 최적화란 n가지의 가능한 품목들 가운데서 일정한 위험수준과 여타의 제약조건 하에서 매출액 성장성, 매출액 안정성, 수익성을 최선으로 하는 m가지의 품목을 선정하는 문제이며, 제품믹스의 동적인 최적화란 제품믹스가 시간경과에 불구하고 최적의 상태를 유지할 수 있도록 변화하는 기회와 위협해 부응하여 시기적절하게 현재의 제품믹스에 대해 품목을 추가 또는 폐기, 수정하는 문제이다.

(3) 제품관리의 내용(제품믹스 전략)

현재의 제품믹스가 최적이 아닌 것으로 평가되었다면 마케터는 다음과 같은 제품믹스전략을 고 해야 하는데, 그러한 전략들은 결국 제품관리의 내용을 구성한다.

① 새로운 품목의 추가

마케터는 필요에 따라 제품믹스의 폭이나 깊이 또는 제품계열의 길이를 확장함으로써 현재의 제품믹스에 새로운 품목을 추가할 수 있는데, 일부 마케터들은 아예 완전계열기업full-line company으로 포지셔닝 되기를 원하거나 높은 시장점유율과 성장기회를 모색하기 위하여 비교적 긴 제품계열을 가지려는 경향이 있다.

그러나 많은 기업에 있어서 새로운 품목을 추가하는 일은 다음과 같은 요인에 의해 무계획적으로 수행되기도 한다는 점에 유의해야 한다. 첫째, 제품계열의 관리자는 순전히 과잉생산능력을 활용하기 위하여 새로운 품목을 궁리해 낸다. 둘째, 제품계열의 관리자는 새로운 품목을 위한 마케팅기회에 자주 노출되며, 그러한 기회의 잠재력을 과대평가하는 경향이 있다. 셋째, 기존품목을 약간 수정하여 새로운 품목을 디자인하는 것은 매우 용이하다. 넷째, 판매원과 중간상인들은 고객들이 절대적으로 완전한 제품계열을 요구한다고 믿고 있다.

디욱이 새로운 품목을 추가하여 제품믹스를 확장하려는 일은 다음과 같은 잠재적 문제점들을 내포하고 있으므로 충분히 고려해야 한다.

- 마케터들은 간혹 충분한 '제품믹스의 깊이'를 갖추기 보다는 '제품믹스의 폭'을 추구하는데, 이는 마케팅노력을 많은 제품계열들에 걸쳐 분산시키므로 각 제품계열에 충분한 주의가 할애되지 못하고 고객이나 중간상인이 원하는 정확한 제품을 제공하기가 곤란하게 만든다.
- 새로운 품목이나 제품계열을 추가하는 일은 대량생산을 통한 규모의 경제를 감소시키거나 파괴시킬 수 있는데, 마케터는 생산원가의 증가와 고객만족의 개선 사이의 균형을 유지해야 한다.
- 완전계열기업이 되는 일은 소비자와 중간상인들의 욕구를 보다 잘 충족시키고 기업의 명성과 촉진활동의 유효도를 개선할 것이지만, 오히려 비효율적이며 불요불급한 품목을 추가하는 함정이 될 수 있다.
- 일부 마케터는 가격이나 품질을 근거로 하여 전체시장을 세분하고 모든 세분시장에 대해 별도의 마케팅믹스를 제공하려고 노력하는데, 각 세분시장에 제공되는 품목들은 서로 다른 품목의 포지션(이미지)에 부정적인 영향을 미칠 수 있다.
- 새롭게 제품믹스에 추가된 품목은 간혹 기존품목의 매출액을 잠식하기도 한다.

한편, 새로운 품목을 추가하여 제품믹스를 확장하려는 전략에는 세 가지 유형이 있다.

다양화전략	새로운 제품계열의 추가
제품계열 연장전략	제품계열 연장 전략이란 기존의 제품계열이 포괄하고 있는 범위를 벗어나는 새로운 품목을 추가하는 일을 의미하는데, 기존의 제품계열이 포괄하고 있는 품질수준이나 가격에 대비하여 새롭게 추가되는 품목의 특성에 따라 상향적 연장, 하향적 연장, 쌍방적 연장 등이 있다. 이중 상향적 연장은 대체로 제품계열 전체의 이미지를 제고하여 기존품목들의 매출액을 증대시키려는 것이며, 하향적 연장은 고가품 고급품을 구매할 수 없는 사람들이 기존품목의 지위와 명성을 누리면서도 저가품 저급품을 구매할 수 있도록 유도하려는 것이다.
제품계열 보충전략	제품계열 보충전략은 기존의 제품계열이 포괄하고 있는 범위 내에서 누락된 가격수준이나 품질의 품목을 보충하는 일을 의미하는데, 이러한 전략은 대체

	로 다음과 같은 목적으로 채택된다. i) 전체 제품계열의 이익을 증대시키기 위하여, ii) 기존제품의 판매가 저조한 시기에 과잉생산설비를 이용하기 위하여, iii) 주도적인 완전계열기업이 되기 위하여, iv) 기존의 품목들로 충족되지 않는 고객욕구를 해결하기 위하여, v) 경쟁사가 신규로 시장에 참여할 수 있는 여지를 사전에 봉쇄하기 위하여, 그러나 제품계열 보충전략을 구사하려는 마케터는 새로운 품목이 기존의 품목들과 인식가능한 최소한의 차이(JND, just noticeable difference)를 가짐으로써 독자적인 포지션을 구축하고 자체의 수요를 창출할 수 있도록 유의해야 한다.

② **기존품목의 폐기**contraction of product mix

일반적으로 한 품목이 계속적으로 표적시장의 욕구를 제대로 충족시키고 마케팅 목표를 달성하는 데 무한하게 기여할 수는 없으므로 최적의 제품믹스를 유지하기 위하여는 오히려 일부 품목을 제품믹스로부터 제거해야 하는 경우가 발생한다. 특히 최근의 원자재와 에너지 부족은 마케터로 하여금 제품계열 전체를 제거하거나 제품계열 내의 품목들을 단순화시킴으로써 제품믹스를 축소시키도록 영향을 미쳐왔다. 즉 수익성이 낮은 허약한 제품을 계속 생산하고 마케팅 하는 일은 다른 품목에 효과적으로 활용할 수 있는 자금과 마케팅자원을 잠식하며, 더욱이 고객들 사이에서 부정적인 이미지를 야기시킬 수도 있다.

따라서 마케터는 필요에 따라 제품믹스로부터 어떠한 품목을 제거하는 일product deletion을 심각하게 고려해야 하는데, 다음과 같은 세 가지의 대안이 있다. 첫째, 현재의 마케팅전략을 그대로 유지하면서 문제가 되는 품목이 자연적으로 쇠퇴하도록 내버려 둔다. 둘째, 특정한 세분시장(핵심시장, core market)에 마케팅 노력을 집중시키면서 광고비와 같은 비용지출을 제거하여 단기적인 이익을 증대시킨다. 대체로 기술적으로 진부화된 계산기, 컴퓨터, 가전제품 등에서 널리 이용되며 간혹 재고처분을 위해 가격을 인하하기도 한다. 셋째, 수익성이 없는 품목을 즉시 제거한다.

③ **기존품목의 수정**modification of existing products

마케터는 완전히 새로운 품목을 개발하기 보다는 기존의 품목을 수정하여 개선할 수 있는데, 이러한 일은 덜 위험하며 오히려 수익성이 좋을 수도 있다. 즉 제품수정product modification이란 제품의 특징 중에서 하나 이상을 변경시키는 것으로 상표의 경쟁적 우위를 제공하기 위하여 대체로 제품수명주기상의 성숙기에서 사용된다. 제품수정의 방법은 크게 세 가지로 구분할 수 있다.

[표 8.15] 제품 수정의 방법

품질수정	품질을 구성하고 있는 신뢰성이나 내구성 등 제품속성 상의 값들을 변경시키는 것으로 통상 재질이나 생산 공정을 변경함으로써 수행된다. 제품의 품질을 낮추는 것은 가격을 인하하고 보다 많은 소비자에게 제품이 가용하도록 하며, 품질개선은 경쟁상표에 대한 경쟁우위를 제공함으로써 높은 가격을 허용한다. 예를 들어, 승용차, 주류, 직물류 등에 대하여 소비자들은 점차 보다 나은 품질을 원하는 경향을 보이고 있다.
기능수단	특히 제품의 목적성과 관련된 속성을 변경시키는 것으로 제품의 재설계를 필요로 한다. 기능수정이 빈번한 제품범주는 주방용구, 사무실 및 영농장비, 진공소제기 등인데 경쟁품목이 제공하지 않는 기능을 제공함으로써 유리한 포지션을 구축하며 진보적인 이미지를 형성하고 유지시켜 준다.
스타일수정	주로 제품의 감성적 소구를 변경시키려는 차별화전략의 일환으로서 구사된다. 그러나 스타일수정의 가치는 고객들에 의해 주관적으로 결정되며 간혹 스타일수정이 고객들로부터 외면 받을 수도 있음에 유의해야 한다.

“美 저가항공사들, 서비스 우수평가”

미국의 저가 항공사인 버진 아메리카와 사우스웨스트 항공이 미국 국내선 분야에서 가장 우수한 서비스를 제공하는 업체로 선정됐다. 국제선의 경우 싱가포르 항공이 가장 높은 평가를 받았다.

자갓 서베이(Zagat Survey) 조사에 따르면 버진 아메리카 항공은 미국 항공사의 국내・국제 여객선 이코노미석과 프리미엄석에 대한 총괄 평가에서 최고 점수를 받았다고 USA투데이가 29일 보도했다. 자갓 서베이는 세계적 권위의 레스토랑 가이드북으로 항공사, 호텔, 리조트 등에 대한 평가를 제공한다.

또 다른 저가 항공사인 사우스웨스트 항공은 국내선에 취항하는 항공사 중 가장 좋은 가치를 지닌 항공사로 평가됐다. 수화물 정책, 정시 서비스, 환경 친화적 서비스, 신속한 탑승 서비스 분야 등에서 최고점을 받았다.

많은 항공사들이 수화물에 대해 25달러 이상의 요금을 부과하는 데 반해 사우스웨스트 항공은 2개 수화물까지는 요금을 부과하지 않는 정책을 유지하는 점이 작용한 것으로 분석됐다. 컨티넨탈 항공과 제트블루 항공은 각각 프리미엄석과 이코노미석 분야에서 최고 평점을 받았다.

싱가포르 항공의 경우 국제선의 프리미엄석과 이코노미석 분야에서 30점 만점에 28점을 받아 최고 항공사로 꼽혔다. 에미레이트 항공과 카타르 항공, 에어뉴질랜드가 뒤를 이었다.

미국 공항 중에서는 포틀랜드 공항이 전체적인 서비스 품질 측면에서 최고 점수를 받았다. 뉴욕의 라과디아 공항이 가장 낮은 점수를 받았다.

이번 조사는 연평균 17회 이상 항공 여행을 하는 8000여명을 상대로 실시됐다. 미국의 17개 국내선 항공사와 74개 국제 항공사 및 미국 내 30개 공항을 대상으로 했다.

(한국경제 2010.11.30.)

Chapter

09 가격관리(Price)

영리조직이든 비영리조직이든 자사의 제품과 서비스의 가격을 책정해야하며 전통적으로 볼 때 가격은 구매자가 선택하는 것 중 중요한 결정요인이며 기업의 시장점유율과 수익성을 결정하는 주요한 요소 중의 하나이다. 가격은 소득과 생산원가에 의해서 결정되는 마케팅 믹스의 기본적인 요소이며 또한 가격은 제품특성 및 유통경로와는 달리 빠르고 쉽게 변경할 수 있다는 점에서 마케팅믹스 중 가장 탄력적인 요인이다.

제 1 절 가격의 개념과 가격결정의 중요성

1. 가격의 개념과 가격결정의 중요성

가격의 개념과 가격결정 과정은 마케팅과정에서 기본적으로 매우 중요한 부분이다.

1) 가격의 개념

가격price이란 제품이나 서비스를 소유 또는 사용하는 대가로 지불해야 하는 금전적 가치를 말한다. 제품이 제품수명주기상에서 성장기, 성숙기로 접어들면 시장에서의 경쟁이 치열해지는데 이 때 가격은 가장 강력한 경쟁수단이 된다. 따라서 가격전략은 시장의 환경에 맞게 자사의 마케팅 목표에 따라 종합적으로 판단해야 한다.

2) 가격결정의 중요성

전통적으로 가격은 판매자와 구매자 사이의 협상을 통하여 결정되어 있다. 그러나 19세기 대규모 소매점들이 등장하여 많은 수의 품목을 다수의 종업원을 통하여 판매함에 따라 거래빈도도 많아져 협상을 통한가격결정이 효율적이지 않게 되었다. 그 결과 일물일가의 정책에 따라 모든 구매자에게 하나의 가격이 제시되는 현상이 나타났는데, 가격결정은 마케팅믹스의 교환 잠재력을 결정짓는 중요한 요소로서 인정되며, 다음과 같은 측면에서 그 중요성을 검토해 볼 수 있다.

효과 탁월성		즉시성
가격 탄력성은 광고 탄력성의 10~20배	가격의 중요성	가격변경효과는 다른 마케팅 변수 변경 효과보다 빨리 나타남
실행 편리성		**수익성**
가격을 변경시키는데 걸리는 시간은 제품, 광고, 유통 전략을 바꾸는 시간보다 훨씬 짧음		가격은 수익을 가져다 주지만 광고, 판매원의 활동, 신제품 개발 등의 활동은 비용을 수반함

[그림 9.1] 가격의 중요성 요소

(1) 가격은 제품을 생산하기 위해 투입되어야 하는 노동, 토지, 자본, 기업자 능력 등 여러 가지 생산요소들의 결합 형태에 영향을 미친다. 이와 관련하여 가격은 또한 사회적으로 부족한 자원을 무엇을 생산하는데 활용할 것이며 생산된 제품을 누가 가질 것인지를 결정한다.

(2) 가격은 제품의 시장수요와 경쟁지위, 시장점유율 등에 직접적이면서 즉각적인 영향을 미치며 기업의 수익 및 이윤과 밀접하게 관련되어 있다.

(3) 가격은 마케팅믹스의 다른 요소들로부터 영향을 받기도 하지만 그들에게 많은 영향을 미칠 수 있다.

(4) 기업의 마케팅활동 중에서 각종 법규로부터 가장 명확하고 많은 규제를 받는 분야가 가격결정이다.

(5) 심리적인 측면에서 소비자들은 가격을 전통적인 교환비율이기 보다는 품질의 지표로 이용하기도 하므로 가격에 대한 소비자의 심리적 반응을 충분히 고려해야 한다.

(6) 제품에 대한 소비자의 가치지각이나 구매행동이 가격변화에 민감해 지는 경기후퇴와 인플레 기간 중에는 가격결정이 마케팅성공에 기여하는 극히 중요한 활동으로 간주된다. 또한 저개발국가나 소득수준이 낮은 집단 등 가격의식적인 여건에서 가격의사결정은 매우 중요하다.

이상과 같이 가격결정은 매우 중요한 마케팅 의사결정임에도 불구하고 실무적으로는 가격결정을 신중하게 다루지 않기 때문에 다음과 같은 문제점들이 등장한다.

(1) 가격결정이 지나치게 원가 지향적이다.

(2) 시장변화에 신속히 적응하기 위해 필요한 융통성을 갖고 있지 않으며, 일단 결정된 가격을 좀처럼 수정하지 않는다.

(3) 가격이 총체적인 마케팅믹스의 한 요소임에도 불구하고 다른 요소와의 상호영향이나 관계를 충분히 고려하지 않고 있다.

(4) 세분시장별로 다양한 가격을 제시하지 않고 있다.

[표 9.1] 제품 믹스의 가격 결정

	내 용
제품 계열별 가격결정	제품을 계열별로 개발하여 가격 단계별로 시장에 도입
선택제품 가격결정	주제품과 함께 선택제품, 특성 및 서비스 제공
종속제품 가격결정	어떤 제품은 종속제품 또는 보조제품 사용(면도기와 면도날)
이분 가격결정	기본가격에 추가사용 수수료 추가(전화요금)
부산물 가격결정	가공육, 석유제품, 화학제품 등의 부산물로 주제품의 가격을 낮출 수 있음
제품묶은 가격결정	자사제품을 한데 묶어 일괄 가격으로 판매(자동차)

2. 가격결정의 과정과 목표

가격결정과 다른 마케팅활동과 마찬가지로 목표를 설정하는 일로부터 시작되는데, 그러한 목표는 전체 가격절정 과정을 통하여 영향을 미친다.

1) 가격결정의 과정

일부 제품의 가격은 기본적으로 관습을 근거로 하여 결정되거나 또는 경쟁사가 이미 구사하고 있는 가격을 그대로 받아들여 결정되기도 하는데, 이러한 경우의 가격결정은 비교적 단순하다 그러나 신제품을 개발하였거나 기존제품을 새로운 유통경로나 시장에 도입시킬 때 또는 경쟁 입찰에 응하려고 할 때와 같이 능동적으로 가격을 결정해야 하는 경우에는 가격결정에 매우 어려운 과업이다.

2) 가격결정 목표

가격결정의 목표는 전반적인 마케팅목표로부터 특정한 가격결정정책과 절차에 이르기 위한 중간적 연결고리의 역할을 수행하는데, 마케터는 제품의 가격 자체를 결정하기에 앞서서 전반적인 마케팅목표를 달성하기 위하여 가격이 어떻게 기여해야 하는지를 검토해야 한다. 예를 들어, 국내시장에서의 선도적인 지위를 목표로 하는 마케터는 가격을 결정하는 데 있어서 최대의 시장침투를 통한 매출액 극대화를 목표로 할 것이다. 그 다음 매출액 극대화를 위하여 현금할인이나 거래할인을 수반한 저가격정책이 채택될 수 있다.

(1) 이익의 극대화profit-maximization

경제이론이 제시하는 전통적인 가격결정목표는 이익을 극대화하는 것인데, 이러한 접근방법은 한계수익과 한계비용이 같아지는 점에서 이익극대화가 이루어진다고 주장한다. 그러나 이익극대화라는 목표는 마케팅성과를 평가하기 위한 실무적 기준을 제공하지 못할 뿐 아니라, 원가와 수요에 관한 정확한 자료를 근거로 하지도 않는다. 더욱이 이러한 목표는 이익극대화라는 용어가 지나치게 높은 가격, 독점, 이윤만 추구 등의 나쁜 이미지를 함축하고 있기 때문에 정부나 소비자 등의 공중들로부터 비난을 받고 있다.

(2) 목표이익target return

많은 마케터들은 공중의 압력으로 인하여 이익극대화를 추구하기보다는 투자에 대한 목표이익을 설정하여 가격결정에 반영하고 있다. 목표이익은 흔히 투자액이나 매출액에 대한 비율로 나타내거나 절대적으로 나타낸 이익목표이다.

한편, 목표이익률은 대체로 그 산업의 선도 기업에 의해 결정되는 경향이 있는데 그것은 선도 기업들이 비교적 경쟁에 관계없이 독립적으로 가격을 결정할 수 있기 때문이다.

(3) 매출액 증대sales growth

대부분 기업의 기본적인 마케팅목표는 성장이므로 매출액 증대는 가격결정에 있어서 합리적인 목표가 될 수 있다. 실제로 기업들은 제품가격을 결정함에 있어서 마진을 임의로 정하기가 매우 곤란하며 오히려 일정한 마진 하에서 매출액을 증대시키기 위해 노력할 수 있을 뿐이다. 즉 장기적인 관점에서 지나치게 높은 마진보다는 수용 가능한 마진으로 매출액을 증대시키는 일이 바람직하다.

(4) 시장점유율market share

높은 시장점유율을 증대시키려는 가격결정목표는 다음과 같은 가격결정 전략과 관련된다.

채택시기 전략의 내용 원가에 대한 함축적 의미

성장의 여지가 있는 제품계열의 점유율을 증대시키고자 할 때 평균수준 이하의 시장가격을 구사한다. 낮은 마진으로 인하여 일정기간 동안 총마진은 적게 된다. 신제품의 점유율을 증대시키고자 할 때 낮은 가격이 매출을 증대시키거나 경쟁자가 가격경쟁에 취약한 경우라면 특정시장에 대해 가격을 인하한다. 누적매출단위가 증가함에 따라 단위당 원가는 감소할 것이며, 경험곡선에 따라 원가가 감소한다.

(5) 기타의 목표

① **경쟁에 대응**competition - 일부 마케터는 단순히 경쟁에 대응하거나 가격경쟁을 회피하기 위하여 시장에서 통용되고 있는 가격을 그대로 받아들이기도 한다.

② **적정이익**satisfactory profits - 일부 마케터는 이익을 극대화하거나 목표이익을 달성하기 위하여 노력하기 보다는 단지 '만족할만한' 이익을 가격결정의 목표로 삼는다.

③ **현금흐름**cash flow - 일부 마케터는 현금유입의 속도를 가속하려는 목표를 갖기도 하는데, 이러한 목표는 최근의 경기침체에 따른 자금압박으로부터 대두되었다. 예를 들어, 재무 관리자는 제품 발과 생산에 소요된 자금을 빨리 회수하는 데 관심을 가지며, 이러한 관심은 짧은 제품수명주기를 예상하는 마케터에 의해서도 지지되고 있다. 그러나 현금흐름의 목표가 반드시 고가격을 암시하는 것은 아니며 기업의 여건이나 경쟁 환경 등을 고려하여 저가격으로 결정될 수도 있다.

④ **생존**survival - 과잉설비나 경쟁심화, 소비자의 기호변화 등으로 어려움을 겪고 있는 기업에게는 그러한 어려움을 살아서 견디어 내는 일이 가장 중요하다. 이 때 가격은 대체로 조정하기가 가장 용이하고 직접적인 효과를 나타내는 변수이기 때문에 마케터는 저가격을 구사하여 고객들의 구매를 자극한다.

⑤ **현상유지**status quo - 일단 유리한 시장지위를 확보한 마케터는 현재의 상태를 유지하려는 목표를 갖고 가격결정에 임하기도 한다. 이러한 현상유지의 목표는 물론 시장점유율이나 경쟁지위, 가격 안정성, 우호적인 공중이미지 등의 차원에서 정의될 수도 있다.

⑥ **목표이미지**desired image - 마케터는 고객 사이에 고급품 또는 저가격의 이미지를 형성하기 위해 상대적으로 높거나 또는 낮은 가격을 구사할 수 있다.

이밖에도 경쟁자의 시장참여를 사전에 봉쇄하기 위하여, 소비자의 충성도를 유지하고 중간상인들을 지원하기 위하여, 가격에 대한 정부의 통제를 회피하기 위하여, 일시적으로 매출액이나 내점객의 수를 증대시키기 위하여, 신제품의 시용을 촉구하기 위하여, 제품계열내 다른 품목의 매출액을 증대시키기 위하여 등 여러 가지 목표가 실제의 가격결정을 지침한다.

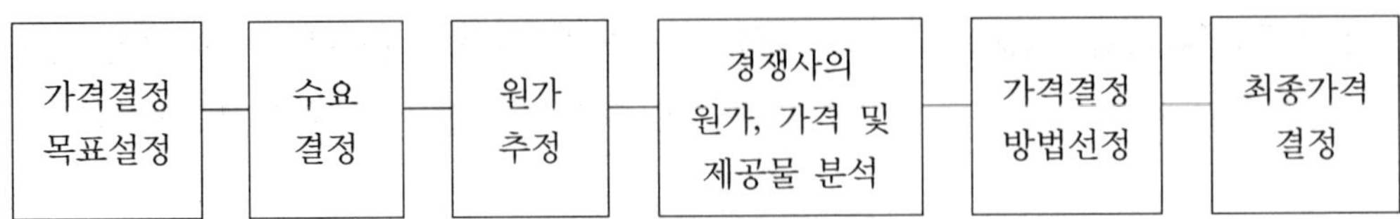

[그림 9.2] 가격결정 방침 설정

3) 가격결정시 고려사항

가격결정목표는 전체적인 가격결정과정을 통하여 영향을 미치지만, 많은 기업내적 및 기업외적 요인들이 구체적인 가격결정에 영향을 미친다.

(1) 기업내적 영향요인

가격결정에 영향을 미치는 내적 요인은 크게 표적시장과 목표포지션, 마케팅믹스의 다른 요소들, 생산원가로 구분할 수 있다.

표적시장과 목표포지션	마케터가 특정한 제품의 가격을 결정하는 데 있어서 고려해야 할 첫 번째 요인은 표적시장의 특성과 바람직한 포지션
여타의 마케팅믹스 요소	가격의사결정은 마케팅믹스의 다른 요소들에 관한 의사결정으로부터 영향을 받을 뿐 아니라 다른 마케팅믹스의 요소들에게 영향을 미치므로 마케터는 제품가격을 결정하는데 있어서 여타의 마케팅믹스 요소를 고려
생산원가	제품의 생산원가는 기업활동을 계속하기 위하여 마케터가 소비자들에게 요구해야 하 는 가격의 하한선이다. 따라서 생산원가는 가격결정에서 중요한 고려사항이며, 마케터들은 경쟁우 위를 확보하기 위해 산업내에서 가장 낮은 원가의 생산자가 되려고 노력

(2) 기업외적 영향요인

가격결정에 영향을 미치는 외적 요인은 크게 시장의 경쟁구조, 수요의 성격과 가격탄력성, 경쟁사의 가격과 거래조건, 기타의 마케팅 환경요인으로 구분할 수 있다.

① 시장의 경쟁구조

마케터가 제품의 가격을 자유로이 결정할 수 있는 범위는 시장의 경쟁구조에 의해 결정되는데, 경쟁구조는 대체로 네 가지 유형으로 구분할 수 있다. 순수경쟁에서는 다수의 구매자와 판매자 사이에 완전히 동질적인 제품이 거래되며 완전한 시장정보가 이용될 수 있는 여건인데, 모든 마케터는 시장 내의 수요와 공급관계에 의해 결정된 단일 시장가격을 그대로 받아들인다.

독점적 경쟁이란 순수경쟁과 대체로 유사하지만, 마케터가 제품차별화를 통하여 일정한 범위 내에서 가격결정의 자유를 어느 정도 가질 수 있는 여건이다. 과점은 경쟁사의 가격과 마케팅전략에 민감한 소수의 마케터들로 구성되는 여건인데, 동질적 제품(철강이나 화공약품 등)의 경우이든 이질적 제품(자동차나 컴퓨터 등)의 경우이든 경쟁사의 가격인상에는 항상 동조하지는 않는데 반하여 가격인하에는 모두 동조하면서 전체의 매출액을 감소시키기 때문에 시장가격을 그대로 받아들이는 경향이 있다.

완전독점은 한 마케터가 시장수요를 독점하는 여건인데, 공기업의 경우라면 지불능력이 없는 소비자에게 복지차원에서 저가격으로 공급하거나 또는 수요를 억제하기 위해 고가격을 구사할 수 있으며 사기업의 경우라면 정부의 개입과 경쟁사의 시장참여를 배제하면서 고가격으로 최대의 이익을 추구하거나 신속히 시장에 침투하기 위하여 저가격을 구사할 수 있다.

② 수요의 성격과 가격탄력성

제품가격이 적절한지의 여부는 결국 소비자들에 의해 결정되는 것이기 때문에 가격의사결정도 소비자 지향적이어야 한다. 즉, 소비자가 제품을 구매하는 것은 그러한 제품의 가치를 향유하기 위해 자신의 중요한 자원(화폐)을 포기하는 것인데, 물론 제품의 가치를 통하여 소비자가 얻는 만족은 기능적이거나 사회적, 심리적일 수 있다.

한편, 수요란 일정한 가격에서 소비자들이 기꺼이 교환하려는 제품의 양을 의미하는데, 대체로 그러한 양은 가격이 높아짐에 따라 감소하는 경향을 보인다. 일반적으로 그러한 관계는 수요곡선으로 묘사되지만 간혹 기능보다 상징적 의미가 중요한 일부 제품이나 화장품, 의약품 등(위풍재)에 있어서는 일정한 가격범위 내에서는 오히려 가격이 높을수록 수요가 증가하는 현상을 보인다. 한편, 수요의 가격탄력성이란 가격변화율에 대한 수요량의 변화율인데, 그러한 값이 1보다 크면 수요가 탄력적이며 1보다 작다면 수요가 비탄력적인 것이다. 전체 수익은 가격×수요량으로 계산되므로 전체수익을 증대시키기 위하여는 수요가 탄력적일 때에는 가격을 인하하고 수요가 비탄력적일 때에는 인상해야 한다.

③ 경쟁사의 가격과 거래조건

소비자들은 제품대안들의 가치뿐 아니라 가격과 거래조건을 종합적으로 고려하여 구매할 제품을 선택한다. 따라서 마케터가 제품의 가격을 결정하는데 있어서는 경쟁사들의 가격과 거래조건을 충분히 검토해야 한다.

④ 기타의 마케팅 환경요인

가격결정에는 이밖에도 많은 환경요인들이 영향을 미치는데 예를 들어, 인플레이션율이나 경기의 상태, 이자율 등의 경제적인 환경요인들은 제품의 생산원가와 제품가치에 대한 소비자 지각에 영향을 미치므로 가격을 결정하는 데 매우 중요한 고려사항이다. 또한 미시적 환경요인 중에서 특정한 가격에 대한 재판매업자나 정부의 반응도 역시 중요하다.

제 2 절 가격 결정전략

제품의 가격은 소비자의 구매여부를 결정하는 중요한 요소중의 하나이다. 기업의 입장에서는 가격이 높을수록 좋지만 가격이 높으면 소비자가 외면할 것이고 매출이 떨어져서 이익이 줄어들 것이다. 또한 가격을 낮춘다고 매출과 이익이 커지는 것도 아니다. 낮은 가격이 오히려 제품의 가치를 떨어뜨리게 될 수도 있고, 매출을 증대시키기 위해 경험곡선에 의한 비용우위를 실현하기도 전에 가격을 무리하게 낮추게 되면 장기적으로 어려움이 따르게 된다. 가격결정 과정에서는 제품수요, 경쟁상황, 제품원가 등을 고려해야 한다. 제품수요를 예측하기 위해서는 시장에서의 기대가격과 가격대별 예상 판매량을 조사해야 하는데, 기대가격이란 소비자가 의식적, 무의식적으로 상품을 평가하는 수요가격을 말한다. 기대가격은 상인

이나 잠재고객의 의견을 분석하거나 경쟁업체의 유사제품가격을 비교하는 방법으로 산출하고, 몇 개의 기대가격이 설정되면 각각의 가격에서 얼마나 판매량을 올릴 수 있는가를 예측한다. 제품의 가격은 경쟁제품에 의해 영향을 받는다. 경쟁제품의 수, 규모, 시장점유율, 원가구조, 품질, 가격 등을 평가, 분석하여 경쟁제품의 가격에 대해 상대적으로 가격전략을 세워야한다. 또한 제품의 원가와 적정마진도 가격결정 과정에서 함께 고려해야 한다.

[표 9.2] 가격결정 방법의 선정

가격결정방법	내 용
원가가산법 (마진율가격법 markup pricing)	제품원가에 표준이익 가산 - 판매자는 수요를 예측하는 것보다 원가에 대해 더많은 확실성 - 가격경쟁 최소화(동종산업내 기업이 사용) - 구매자나 판매자 모두 공정한 방법
목표수익율가격 (target-return pricing)	기업이 투자에 대한 목표수익율(ROI)를 달성 - 가격탄력성과 경쟁사의 가격을 무시하게 되는 경향
지각적가치결정법 (perceived-value pricing)	가격결정에서 중요한 것은 구매자가 지각하는 가치(PRECEIVE VALUE) - 제조업자의 제품에 대한 가치를 시장이 어떻게 평가하는지 명확하게 결정
가치가격법 (value-pricing)	고품질 제공물에 대해 저가격 부과 - 그 가격이 소비자에세 높은 가치가 있는 제공물 제시 - 매일 저가격화(everyday low pricing-EDLP)
경쟁사모방 가격결정법 (going-rate pricing)	경쟁사의 가격을 가격결정의 기초
공개입찰에 의한 가격결정법(sealed-bid pricing)	경쟁사 지향적 가격결정 방법

1. 원가 지향적인 접근방법

1) 원가의 추정

마케터는 자신의 노력과 위험부담에 대한 적정한 대가를 포함하여 생산원가와 유통 및 판내의 비용을 보상해 줄 가격을 부과해야 한다. 이러한 원가와 비용들은 생산량이나 판매량에 관계없이 일정하게 발생하는 고정원가와 생산량이나 판매량에 비례하여 발생하는 변동원가로 구분할 수 있으며, 일정한 생산량이나 판매량에 대하여 고정원가와 변동원가의 합계를 총원가라고 한다. 마케터는 기준가격을 결정하는 데 있어서 대체로 일정한 생산량이나 판매량에 대하여 최소한 원가를 보상해 줄 수 있는 가격을 부과하려고 노력할 것인데, 그러한 노력을 위해서는 무엇보다도 생산 또는 판매수준에 따라 원가가 어떻게 변화하는지를 충분히 이해해야 한다.

(1) 생산수준에 따른 원가의 변화

연간 1000단위의 생산능력을 갖춘 공장을 생각할 때 평균원가(average cost=총원가/생산단위)는 생산량을 1000단위에 가깝도록 증대시켜감에 따라 감소한다. 그러나 만일 1000단위 이상을 생산하려 한다면 공장이 효율이 저하되어 평균원가는 다시 증가하기 시작할 것이다.

한편, 제품의 대한 수요가 지속적으로 증가하고 있다면 마케터는 당연히 생산능력을 확장시킬 것이다.

> **예** 2000단위의 생산능력으로 확장할 경우의 평균원가는 1000단위의 생산능력을 가졌을 경우에 비하여 낮아질 것이다. 그러나 여기서 유의해야 할 점은 일정한 수준(예컨대, 4000 단위의 생산능력)을 넘어서는 확장은 오히려 간접원가가 급격히 증대하는 등의 규모의 불경제가 야기되어 다시 평균원가가 증가한다는 사실이다. 따라서 생산능력의 확장까지도 고려한 장기 평균원가곡선(LRAC, long-run average cost curve)은 단기 평균원가곡선들의 최저점들을 연결한 곡선으로 결정되며, 그러한 곡선상의 최하점이 최적규모이다.

(2) 누적생산량에 따른 원가의 변화

생산량이 누적되어 감에 따라 작업자는 요령을 터득하며, 원재료의 흐름이 개선

되고 조달원가도 낮아지는 등으로 인하여 평균원가는 누적생산량에 따라 낮아지는 경향이 있는데, 이러한 현상은 경험곡선experience curve 또는 학습곡선learning curve으로 묘사될 수 있다. 만일 단위당 평균원가를 뚜렷이 감소시키는 경험(학습)효과가 존재한다면 마케터는 저가격을 통하여 수요를 증대시킴으로써 원가를 더욱 낮출 수 있게 되어 가격경쟁 상의 우위를 누릴 뿐 아니라 시장점유율을 크게 향상시킬 수 있다.

2) 원가가산 가격결정의 형태

제품원가에 초점을 두면서 가격을 결정하려는 접근방법 중에서 가장 단순한 형태는 원가에 일정한 비율이나 금액을 가산하여 기준가격으로 삼는 원가가산 가격결정이다. 여기서 총원가를 원가로 고려하는 형태를 총원가방법이라고 하며, 고정원가를 제외하고 변동원가만을 원가로 고려하는 형태를 증분원가방법이라고 한다.

총원가방법 (full cost pricing)	원가가산 가격결정에서 총원가방법이란 제품의 생산 또는 판매와 관련되는 모든 변동원가는 물론이고 생산량이란 판매량의 크기에 관계없이 발생하는 고정원가까지도 '일정한 방식'에 의해 배분함으로써 단위당 총원가를 계산한 후, 일정한 비율이나 금액을 가산하는 방법
증분원가방법 (incremental 또는 marginal cost pricing)	증분원가방법은 특정한 품목의 생산량이나 판매량에 비례하여 발생하는 변동원가만을 계산한 후, 일정한 비율이나 금액을 가산하는 방법이다. 이러한 증분원가방법은 다음과 같은 특수한 목적을 달성하기 위하여 매우 낮은 가격을 구사하려는 방법 • 비수기 동안 노동력을 유지하거나 유휴생산능력을 활용하기 위하여 • 고객유도용 손실품의 경우와 같이 다른 제품의 판매유발효과가 큰 품목을 저가격으로 제공하기 위하여 • 신제품의 도입단계에서 저가정책(시장침투가격정책)을 뒷받침하기 위하여 • 가격전쟁에서 경쟁자를 시장으로부터 축출하기 위하여 그러나 실제로 증분원가방법에 의해 낮은 가격을 구사하기 위해서는 우선 한 세분시장에서의 낮은 가격이 다른 세분시장의 수요에 부정적인 영향을 미치지 않아야 하며, 더욱이 가격차별화에 대하여 법적인 제약이 없어야 한다.

3) 원가가산 가격결정의 특징적 요소

총원가방법이든 증분원가방법이든 원가가산 가격결정의 장점은 크게 네 가지로 요약할 수 있다. 첫째, 마케터들은 대체로 수요의 성격을 분명히 알 수 없지만 원가는 비교적 정확히 알 수 있으며, 둘째, 가격을 원가와 연계시킴으로써 가격결정이 단순하면서도 수요변동에 따라 가격을 빈번하게 변경할 필요가 없으며, 셋째, 경쟁사들도 이러한 방법을 따른다면 가격이 유사하게 결정되는 경향이 있기 때문에 가격경쟁이 극소화되고, 넷째, 마케터와 고객 모두가 이러한 방법에 의한 가격결정을 공정하다고 받아들이는 경향이 있다. 그러나 원가가산 가격결정은 근본적으로 수요의 성격이나 경쟁여건을 전혀 고려하지 않는데, 어쩌면 마케터가 정한 가격으로 제품을 구매하려는 고객이 하나도 없을 가능성도 있다. 또한 원가의 추정이나 간접원가(고정원가)의 배분이 예상만큼 정확하지 않거나 주관적인 경우가 많다.

원가가산 가격결정의 다른 특징적 요소로는 '일정한 비율 또는 금액'을 들 수 있다. 즉 마크업markup이란 본래 판매가격을 결정하기 위하여 획득가격에 부가되는 금액을 말하지만, 대체로 판매가격이나 원가를 분모로 하여 비율의 형태로서 나타낸다. 그러나 특별한 지적이 없는 한 마크업은 통상 판매가격을 분모로 한 비율을 나타내며, 간혹 원가를 분모로 한 마크업을 지칭하기 위하여 마크언mark-on cost이라는 용어를 쓰기도 하지만 보편적이지는 않다. 예를 들어, 800원에 구입한 제품을 1000원에 판매한다면 마크업 금액이 200원이므로 판매가격에 대한 마크업은 20%이며, 원가에 대한 마크업(마크언)은 25%가 된다.

결국 원가가산 가격결정이란 원가와 마크업을 합산하여 기준가격을 결정하는 방법인데, 마케터는 마크업을 결정하기 위하여 특별히 고민할 필요는 많지 않다. 왜냐하면 대체로 산업분야마다 보편적으로 수용되고 있는 마크업common markup이 전통적으로 존재하기 때문에 마케터는 그러한 표준적인 마크업을 그대로 적용하는 경우가 많다. 그러나 신중한 마케터라면 마크업을 결정하는 데 있어서 과거경험에 덧붙여 제품에 대한 고객들의 가치, 지각, 마크업 수준에 대한 고객들의 반응, 제품의 전통적 가격수준, 경쟁여건, 촉진활동의 유효도 등 다음과 같은 요인들을 함께 고려하여 마크업을 조정해야 한다. 이러한 고려사항들 중에서도 특히 재고회전율은 중요한데, 재고회전율이란 일정한 기간(통상 1년) 동안 평균 재고량(또는 재고금액)이 판매되는 횟수로서 총매출량은 평균재고량으로 나누든가 매출총원가를 평균재고

금액으로 나누어 구한다.

식품이나 생활용품과 같이 재고회전율이 높은 경우에는 재고투자가 매출액에 비하여 상대적으로 적고 보관비용도 적게 소요되므로 작은 마크업으로 충분하지만, 보석이나 고급가구와 같이 재고 회전율이 낮다면 마크업이 커야 하기 때문에 마크업은 재고회전율에 따라 조정되어야 한다. 이와 같은 마크업의 조정은 원가가산 가격결정에 수요특성을 도입하기 위한 최소한의 노력임에도 불구하고 대부분의 마케터들은 재고회전율을 가격결정의 도구로서보다는 판매활동의 성과를 평가하기 위한 기준으로 기준으로만 활용하는 데 그치고 있다. 그러나 재고회전율은 매출액이 동일할 경우라도 평균재고의 수준에 따라 다르게 계산된다는 점에 유의해야 하며, 효과적인 가격결정은 여러 가지 내적, 외적 요인들로부터 영향을 받기 때문에 단순히 가격결정 공식을 적용하는 것만으로는 충분하지 않다는 점을 명심해야 한다.

2. 수요 지향적인 접근방법

1) 수요의 추정

마케터가 제품에 부과하는 가격은 수요의 크기를 결정함으로써 마케팅목표를 달성하는데 직접적인 영향을 미친다. 여러 가지 가격수준과 그에 따른 수요규모 사이의 관계는 다음과 같은 수요 스케줄demand schedule로 묘사될 수 있는데, 수요스케줄이란 '일정한 기간 동안 여러 가지 대체적인 가격에서 잠재고객들이 구매하려는 제품의 양을 나타낸 것'으로서 도식하면 수요곡선이 된다.

(1) 수요스케줄의 작성

마케터들은 제품의 수요스케줄을 작성하기 위하여 많은 노력을 기울이고 있는데, 대체로 잠재고객들에게 여러 가지 가격을 제시하면서 그들의 구매의도를 평가하는 접근방법을 이용한다. 그러나 수요스케줄을 작성하는 데 있어서는 잠재고객들에게 제품특성을 충분히 이해시켜야 할 뿐 아니라 경쟁여건에 관한 가정도 명확히 전제해야 한다. 또한 잠재고객들은 동일한 가격수준에서도 마케터와 경쟁사 사이에서 선택을 해야 하며, 마케터의 가격결정에 반응하여 경쟁사가 가격을 변경할 수 있음에 유의해야 한다.

(2) 수요의 가격탄력성

수요의 가격탄력성이란 가격변화율에 대한 수요의 변화율을 의미하며, 그러한 값이 1보다 클 때 탄력적이라고 하며 1보다 작을 때 비탄력적이라고 한다. 수요는 대체로 다음과 같은 여건에서 비탄력적이 되는 경향이 있으며, 이 때 마케터는 가격인상을 통하여 수익을 증대시킬 수 있다.

- 대체품이나 경쟁사가 없다.
- 고객들이 가격변화를 쉽게 지각하지 못하거나 관심이 적다.
- 고객들이 구매습관을 바꾸거나 낮은 가격을 탐색하는 데 적극적이지 않다.
- 고객들이 가격인상을 정상적인 인플레이션이나 품질개선 등의 결과로 인정해 준다.

그러나 가격탄력성을 실제로 이용하기 위해서는 다음과 같은 두 가지 점에 유의해야 한다. 첫째, 가격탄력성은 고려되는 가격변화의 크기에 따라 다르게 나타날 수 있다. 즉 기준이 되는 가격변화의 폭이 큰 경우와 작은 경우에서 상이한 수요변화율이 나타날 수 있다. 둘째, 장기적인 가격탄력성은 단기적인 가격탄력성과 다를 수 있다. 예를 들어, 가격이 인상되었을지라도 고객이 새로운 공급자를 찾아내는 데에는 시간이 소요될 것이므로 당분간은 현재의 공급자와 거래를 계속하면서 결국 공급자를 바꿀 것이다. 이러한 경우라면 수요는 단기적으로 비탄력이지만 장기적으로는 탄력적이다. 또한 가격인상 직후 공급자를 바꾸었다가 다시 돌아오는 경우라면 단기적으로 탄력적이지만 장기적으로는 비탄력적인 수요를 보인다.

2) 손익분기점 분석

손익분기점(BEP, break-even point)이란 일정한 가격을 전제로 할 때 총 수익이 총원가와 같게 되는 매출량 또는 매출액을 의미하며, 손익분기점에 해당하는 매출량(단위)은 총고정원가를 공헌이익으로 나누어 구한다. 여기서 공헌이익이란 가격중 변동원가를 변제하고도 우선적으로 고정원가를 보상하거나 그 다음으로 순이익에 공헌하는 부분으로서(가격 - 단위당 변동원가)로 계산된다. 물론 손익분기점을 금액으로 나타내기 위해서는 매출량을 계산하는 손익분기점 공식의 양변에 가격을 곱하면 된다.

예제

단위당 변동원가가 3,000원, 총고정원가가 2,500,000원, 판매가격이 단위당 8,000원이라면 공헌이익이 5,000원이 되어 손익분기점은 500단위 또는 4,000,000원이 된다. 따라서 마케터가 500단위보다 많이 판매하거나 4,000,000원보다 많은 매출액을 달성한다면 순이익을 산출 할 것이지만, 500단위보다 적게 판매하거나 4,000,000원보다 적은 매출액에 그친다면 순손실을 산출할 것이다.

물론 여기서 6,000원, 8,000원, 10,000원, 15,000원 등 여러 가지 판매가격에 대한 손익분기점을 계산할 수도 있다. 즉 판매가격이 6,000원일 경우엔 약 830단위, 8,000원인 경우엔 500단위, 10,000원인 경우엔 약 360단위, 15,000원일 경우엔 약 210단위 등의 손익분기점을 보임으로써 상이한 판매가격은 상이한 손익분기점을 나타내며 공헌이익이 클수록 손익분기점은 낮아진다.

한편, 구체적인 목표이익을 달성하기 위한 손익분기점은 본래 손익분기점 공식의 총고정원가에 목표이익을 합산하여 계산하면 된다. 예를 들어, 고정원가가 2,500,000원, 판매가격이 8,000원, 변동원가가 3,000원일 때 1,500,000원의 목표이익을 실현하기 위해서는 800단위를 판매해야 한다.

3) 수요스케줄과 손익분기점의 결합

일반적인 손익분기점은 손실도 이익도 산출하지 않고 총수익이 총원가와 같아지기 위해 실현되어야 하는 판매량을 나타낼 뿐이며, 결코 시장에서 실제로 제품이 얼마나 판매될 것인지는 알려 주지 않는다. 일정한 가격에서 제품이 실제로 판매될 수 있는 양은 이미 설명한 수요스케줄을 작성하여 파악할 수 있는데, 마케터는 여러 가지로 가격을 조작하면서 실제 시장에서의 총수요를 추정하게 된다.

기준가격을 결정하기 위한 수요지향적인 접근방법은 일정한 가격에 대하여 판매될 수 있는 양을 손익분기점과 비교하는 일을 초점으로 하는데, 전자가 손익 분기점을 초과하면 이익이 나타나며 손익분기점에 미달하면 손실이 나타난다. 아무튼 가격을 결정하는 데 있어서 마케터는 손익분기점에 못 미치는 실제수요(물론 추정된 크기임)와 관련되는 가격을 배제해야 할 것이다. 예를 들어, 마케터가 단위당 판매가격을 6,000원, 8,000원, 10,000원, 15,000원으로 고려한다고 가정하여 수요스케줄과 손익분기점을 비교하면 다음과 같다. 우선 6,000원과 15,000원에 대해서는 실제수요가 손익분기점에 미달하므로 더 이상 고려하지 않기로 하고, 나머지 가격들에 대해 이익을 계산하면 8,000원의 경우에는 800,000원의 이익이 나타나고 10,000원의 경우에는 1,420,000원의 이익이 나타난다. 이 때 마케터는 다른 제약이 없는 한 이익을 극대화시켜 주는 가격을 선택할 것이며, 물론 예시에서와 같이 네 가지보다 훨씬 많은 수의 가격대안을 고려할 수도 있다.

4) 효익 가격결정

최근에 관심을 모으고 있는 효익 가격결정이란 제품이 제공하는 각 효익의 가치들을 합산하여 전체제품의 가치를 추정하고 가격을 결정하는 방법이다. 예를 들어, 자동응답전화기의 기준가격은 자동응답기와 전화기의 두 가지 가치들로부터 계산될 수 있으며, 이는 곧 별도로 구매할 때 자동 응답기의 가격과 전화기의 가격을 합산한 것과 매우 유사할 것이다. 이와 같이 전체제품의 가치를 추정하기 위하여 제품이 제공하는 개별적인 효익들의 가치를 구하기 위한 가장 보편적인 방법은 컨조인트분석(conjoint analysis)을 적용하는 일이다. 즉 마케터는 기존제품과 신제품개념에 대한 컨조인트분석이나 또는 신제품 개념만에 대한 컨조인트 분석을 통해 각 효익의 가치를 구하고 전체제품의 가치와 가격을 결정할 수 있다.

그러나 효익 가격결정이란 순진한 발상이며, 실제로 자동응답전화기에 대하여 소비자가 기꺼이 지불하려는 가격은 아마도 자동응답기와 전화기의 가격을 합산한 것보다 크거나 작을 것이다. 즉 효익 가격결정이 논리적으로는 매우 합당하지만 제품의 가격을 결정하는 데 있어서는 역시 원가, 경쟁, 수요 등의 영향을 배제할 수 없으므로 이상의 가격결정방법들을 동시에 고려해야 한다.

3. 경쟁지향적인 접근방법

제품에 대한 시장수요와 제품원가는 각각 가격의 상한선과 하한선을 제시해 주지만 경쟁사의 가격과 그들로부터 예상되는 가격반응은 구체적인 가격결정에 영향을 미친다.. 따라서 마케터는 경쟁사의 제품과 품목별 가격목록을 입수하여 분석하거나 경쟁제품의 가격과 품질에 대한 고객들의 지각을 분석함으로써 가격을 결정하는 데 경쟁의 영향을 명백하게 고려해야 한다. 즉 마케터의 제품이 주요 경쟁사의 것과 유사하다고 지각된다면 역시 유사한 가격을 구사하지만, 열등하다면(우수하

다면) 다소 낮은(높은)가격을 구사해야 할 것이다. 그러나 경쟁사들도 마케터가 구사하는 가격에 대한 반응으로서 그들의 가격을 변경시킬 수 있음에 유의해야 한다. 경쟁사의 가격수준을 기준으로 하여 기준가격을 결정하는 여건은 대체로 네 가지로 구분할 수 있다.

1) 경쟁사 모방가격

마케터는 가격을 결정하기 위하여 특별히 노력하기보다는 경쟁사가 현재 구사하고 있는 가격을 그대로 모방할 수 있는데, 이러한 경쟁사 모방가격은 대단히 경쟁적인 시장에서 동질적인 제품을 마케팅 하는 여건에서 보편적이다.

> 예 1차 농산물이나 섬유원단, 잘 알려져 있고 표준화된 생활용품 등의 생산자들은 완전경쟁과 유사한 시장구조에서 활동하며 대체로 경쟁사의 가격을 모방한다.

2) 관습가격

껌이나 우유, 청량음료, 짜장면 등의 편의품에 대해서는 오랫동안 마케터와 고객사이에서 공정하다고 인정되어 온 가격이 관습적으로 형성되어 있는데 이러한 가격을 관습가격 또는 전통가격이라고 한다. 이러한 관습 가격은 마케터와 고객 사이에서뿐 아니라 경쟁사들 사이에서도 매우 오랜 동안 지켜져 왔기 때문에 원가상승의 요인이 있을지라도 마케터는 가격을 인상하기 보다는 오히려 제품의 크기나 품질을 저하시켜 관습가격을 유지하려고 노력한다.

3) 과점가격

일정한 규모 이상의 산업에서 전체 매출액을 수개의 기업이 분할하여 점유하고 있는 시장구조를 과점이라고 하는데, 가전 3사라든가 승용차 3사 또는 양대 제과업체 등의 지칭은 모두 과점의 시장구조를 암시하는 것이다. 이러한 과점상태의 가격은 마치 관습가격이 존재하는 경우와 매우 유사하다. 즉 가격을 경쟁사보다 높게 구사한다면 경쟁사들이 현재의 가격을 유지함으로써 시장점유율을 증대시키려고 하기 때문에 자신만 손실을 입게 된다. 이에 반하여 가격을 경쟁사보다 낮게 구사한다면 경쟁사들이 자신의 시장점유율을 유지하기 위해 가격인하를 따를 것인데, 어느 기업도 시장점유율을 증대시키지 못하면서 단지 가격인하에 따른 수익감소의 불이익을 받게 된다. 따라서 과점상태에서는 경쟁사들이 이미 구사하고 있는 가격을 추종하는 경향이 있다.

4) 경쟁 입찰가격

산업용품 시장이나 정부기관에 대한 판매는 경쟁 입찰로서 가격을 결정하는 경향이 있는데, 경쟁 입찰가격을 결정하는 데에는 원가와 경쟁사의 행동이 가장 중요한 고려사항이다. 따라서 경쟁 입찰가격을 결정하기 위해서는 다음과 같이 표현되는 기대순이익(ENP, expected net profit)의 개념을 적용한다.

사례

원가가 2,000만원으로 추정되는 계약에 대하여 2,500만원에 응찰할 때 낙찰가능성이 60%이고, 3,000만원에 응찰할 때 낙찰가능성이 50%라고 한다면 마케터는 결국 기대순이익을 극대화하기 위하여 3,000만원에 입찰할 것이다. 이러한 개념을 적용하는 데 있어서 가장 어려운 문제는 특정한 금액의 응찰에서 입찰을 따낼 확률을 추정하는 것인데, 그러한 추정이 아주 불가능한 것은 아니며 과거경험과 구매자의 정책 등을 활용할 수도 있다.

기대순이익(ENP) = p × (입찰가격 - 원가) • 여기서, p=낙찰 받을 확률
응찰대안 1의 기대순이익 = 0.6 × (2,500만원 - 2,000만원) = 300만원
응찰대안 2의 기대순이익 = 0.5 × (3,000만원 - 2,000만원) = 500만원

제 3 절 기준가격의 조정과 가격변경

기준가격이란 마케터가 제품의 시장가격을 결정하기 위한 근거로서나 활용될 뿐이며 그러한 가격을 소비자들에게 그대로 요구하는 경우는 오히려 드물다. 즉 마케터는 가격결정목표, 지역별 수요 및 원가의 차이, 세분시장 사이의 수요특성 차이, 구매시기의 차이 등을 고려하여 기준가격을 조정함으로써 자신의 마케팅믹스에 있어서 가격구조를 구축해야 한다. 또한 마케터는 마케팅 환경요인들이 변화함에 따라서 능동적으로 기존의 가격을 변경하거나 경쟁사의 가격변경에 대하여 적절하게 대응해야 하는데, 여기서는 이와 같은 가격결정의 동적인 측면을 검토하기로 한다.

우선 신제품에 대한 가격정책을 살펴보고 보편적으로 활용되고 있는 할인과 공제정책, 지역적 가격정책, 심리적 가격정책 등을 설명하고 경쟁사를 포함하여 환경변화에 따른 가격변경 방안을 살펴보기로 한다.

1. 기준가격의 조정

마케터가 일단 기준가격을 결정하고 나면 여러 가지 마케팅전략 상의 필요에 따라 가격을 조정하여 실제로 부과할 제품가격을 결정한다.

1) 신제품의 가격결정

신제품의 가격을 결정하기 위하여 마케터는 시장의 성격과 소비자 반응특성을 심각하게 고려해야 하는데 예를 들어, 이미 시장에서 판매되고 있는 기존제품과 유사한 신제품이라면 대체로 그러한 시장가격을 받아들이지만, 완전히 새로운 신제품이라면 상층흡수 가격정책과 시장침투 가격정책의 두 가지 가격결정정책을 선택할 수 있다. 물론 이들 사이의 선택은 제품이 궁극적으로 시장에서 수용될지의 여부와 시장에서 당면하게 될 경쟁에 영향을 미치기 때문에 신제품의 가격결정은 마케터에게 매우 중요하다.

(1) 상층흡수 가격정책

상층흡수 가격정책이란 신제품에 대하여 대규모 촉진활동을 수행하면서 기준가격보다 비교적 높은 초기가격을 구사하는 정책(초기고가정책)으로서 시장에 경쟁사가 나타나기 전에 신제품 개발비를 빨리 회수하고자 하는 것인데, 특히 산업마케팅에서 널리 채택되고 있다. 예를 들어, 2차대전 직후의 볼펜가격은 20달러나 하였으며, TV세트, 폴라로이드 카메라, 셀로판 등이 초기고가정책으로 시장에 도입되었다.

(2) 시장침투 가격정책

시장침투 가격정책penetration pricing policy은 저렴한 초기가격으로(초기저가정책) 제품 수용도를 높이고, 대량생산과 경험효과에 의한 생산원가의 하락으로 인하여 충분한 마진을 확보하든지 더욱 저가격을 구사하여 시장점유율을 제고할 수 있게 한다. 그러나 간혹 초기의 저가격을 나중에 기준가격 수준으로 다시 인상하는 경우도 있는데, 이를 위해서는 상표충성도를 조기에 확립함으로써 가격인상의 시기를 앞당길 수 있어야 한다. 또한 대량생산과 대량마케팅의 단계별 매출액목표를 제대로 달성하지 못하면 큰 손실을 야기시킬 수도 있으므로 상층흡수 가격정책보다 신중히 적용해야 한다. 시장침투 가격정책이 적합한 상황으로는 가격에 대하여 시장수요가 대단히 탄력적이어서 저렴한 가격이 막대한 수요증대를 수반하는 경우, 대량생산을 통하여 단위당 생산원가가 현저히 낮아질 수 있는 경우, 저가격이 경쟁사의 시장참여를 효과적으로 저지해 줄 수 있는 경우 등을 들 수 있다.

(3) 경쟁적 포지셔닝에 의한 가격정책

신제품이 완전히 새로운 것이 아니라 이미 시장에서 마케팅 되고 있는 기존제품과 유사하다면 - 가격을 결정하는 데 있어서 단순히 기준가격만을 고려하여 상층흡수 가격정책과 시장침투 가격정책 중에서 선택하기 보다는 경쟁제품의 품질과 가격을 동시에 고려하여 상대적인 포지셔션을 선택하는 측면에서 가격을 결정해야 한다.

2) 할인과 공제

대개의 기업들은 고객이 조기에 대금을 지불하거나 대량구매 하는 경우 또는 비

성수기에 구매 하는 경우에 고객들에게 보상하기 위해 기본가격을 수정, 조정, 가격할인과 공제를 제공한다. 할인과 공제는 모두 고객들이 기준가격보다 적은 금액을 지불한다는 점에서 동일하지만, 할인은 고객들에게 요구하는 시장가격 자체를 낮추는 정책인데 반하여 공제는 시장가격을 그대로 유지하면서 단지 일정한 조건하에서 대금의 일부를 감면해 주는 정책이다.

(1) 할인

마케터가 보편적으로 구사하는 할인은 현금할인, 수량할인, 기능할인, 계절할인, 선일자 현금할인 등 다섯 가지가 있다.

① **현금할인**cash discounts : 현금할인은 가장 보편적으로 이용되는 할인의 형태로서 대금을 일정한 기간 이내에 지불할 때 가격을 할인해 주는 것이다.

> 예를 들어, 다음과 같이 5월 15일자로 발행된 송품장에 대하여 2/10, n/30이라는 현금할인조항이 적용된다면, 송품장 일자(5월15일)로 부터 10일 이내(5월25일 이내)에 대금을 지불하면 2%의 할인을 받게 되며, 그렇지 않으면 송품장의 액면가액을 30일 이내(6월15일까지)에 지불해야 한다는 의미이다.

또한 현금할인이 적용되는 대금은 정상가격으로부터 다음에 설명할 기능할인과 수량할인을 먼저 적용한 금액이다. 이러한 현금할인은 대금지불을 촉진함으로써 자금의 유동성을 개선해 주고, 대금회수비용과 대손(貸損)을 감소시켜 준다는 점에서 정당화될 수 있다.

② **수량할인**quantity discounts : 수량할인이란 대량으로 구매하는 고객이나 거래량이 많은 고객에게 제공하는 할인으로서 대량구매가 제품의 판매나 보관, 수송 등 물적 유통에 관련된 비용을 감소시켜 줄 수 있다는 점에서 정당화된다.

- 비누적적 수량할인non-cumulative quantity discount : 비누적 수량할인이란 개별주문의 크기에 따라 제공되는 수량할인인데, 대량구매를 유도함으로써 판매비와 각종 물적 유통비를 절감시킨다.
- 누적 수량할인cumulative quantity discount : 누적 수량할인이란 과거 일정한 기간 동안 거래한 전체 구매액에 따라 제공되는 수량할인인데, 고객의 애고동기를 개발하여 지속적으로 거래하도록 격려하므로 간혹 애고할인(愛顧割引,

patronage discount)이라고도 한다.

③ **기능할인**functional discounts : 기능할인은 마케팅을 위하여 생산자가 수행해야 하는 기능중 일부를 중간상인(간혹 고객)이 대신 맡아주는 데에 대해 제공하는 할인으로서 거래점 할인trade discounts이라고도 한다. 예를 들어, 생산자가 50,000원의 희망소비자 가격과 45%와 8%의 기능할인을 규정한다면, 중간상인들은 그들이 수행하는 마케팅기능에 대한 보상으로서 소매상은 27,500원(50,000-50,000×45%)에 구매하며, 도매상은 25,300원(27,500-27,500×8%)에 구매할 수 있음을 의미하는데, 여기서 우리는 전체 기능할인이 기준가격의 53%가 아니라는 점에 유의해야 한다.

④ **계절할인**seasonal discounts : 계절할인이란 에어콘이라든지 수영복과 같이 계절성이 뚜렷한 제품의 생산자가 비수기에 구매하는 고객들에게 제공하는 할인인데, 생산자로 하여금 생산설비나 인적 자원을 연중 지속적으로 활용할 수 있도록 허용할 뿐 아니라 여러 가지 재고비용과 제품진부화의 위험을 감소시켜 준다는 점에서 정당화된다.

⑤ **선일자 현금할인**forward dating : 선일자 현금할인이란 계절할인과 현금할인을 결합한 형태이다. 예를 들어, 겨울옷의 생산자들은 하절기에도 주문을 받고 제품을 인도하지만, 송품장의 일자를 겨울옷의 성수기인 12월 1일로 하고 그 날로부터 현금할인조항(예컨데, 2/10, n/30)을 적용한다.

(2) 공제

마케터는 또한 대금의 일부를 감면해 주는 형식으로 중고품 교환공제, 촉진공제, 할려금, 경로조성금 등의 공제를 제공한다.

① **중고품 교환공제**trade-ins : 중고품 교환공제란 흔히 자동차나 가전제품 등 내구재의 교환판매에 있어서 소비자가 사용하던 중고품(통상 구매하려는 제품과 같은 종류)의 평가액을 대금에서 감면해 주는 공제이다. 예를 들어, 새로운 삼성칼라 TV를 구매하려는 소비자에게 그가 사용하던 흑백 TV의 평가액을 대금에서 공제하여 판매할 수 있다.

② **촉진공제**promotional allowances : 촉진공제란 중간상인들이 생산자의 촉진활동을 지원하도록 유도하기 위하여 제공하는 공제인데 예를 들어, 소매상이 실시하는

제품광고의 비용중 일부를 제품대금에서 감면해 주거나 진열용으로 사용하는 제품의 대금을 감면해 주는 방법이다.

③ **할려금**rebates : 과거의 일정한 기간 동안 거래량을 근거로 하여 대금의 일정한 비율을 특별사례금의 형태로 감면해 주는 공제이다.

④ **경로조성금**PM, push money 또는 prize money, spiffs : 경로조성금이란 촉진공제와 유사한 성격을 갖는데, 자신의 제품을 특별히 진열해 주거나 촉진해 줄 것을 요구하면서 대금의 일부를 감면해 주는 공제이다. 이러한 경로조성금은 제품이 새롭거나 회전율이 낮아서 중간상인의 적극적인 촉진지원이 제품판매에 필수적인 여건에서 자주 이용된다.

3) 지역적 가격정책geographic pricing policies

수송비의 부담이 점차로 가중됨에 따라 마케터는 시장의 지역적 위치, 생산시설의 입지, 지역시장별 경쟁상황 등을 고려하여 수송비를 효과적으로 다루기 위한 여러 가지 가격정책을 구사하고 있다.

(1) 생산지점 가격정책FOB pricing policy

생산지점 가격정책이란 소송비를 전혀 포함하지 않는 공장인도가격을 구사하는 정책이다. 즉 마케터는 단지 고객이 선택한 수송수단에 선적하는 비용만을 부담하며 일단 선적이 완료되면 제품의 법적 소요권과 모든 책임이 고객에게 넘어간다.(FOB는 free on board의 약자)

일반적으로 이러한 가격정책은 모든 고객에게 공정한 것으로 간주되지만, 실제로는 거리에 따라 고객들마다 구입원가(=제품가격+수송비)가 달라지며 가까운 생산자로부터 구매하도록 유도하므로 마케터들에게 지역적 독점을 허용한다.

(2) 균일가격 인도정책uniform delivered pricing policy

균일가격 인도정책이란 생산지점 가격정책과는 반대로 생산자가 직접 수송업무를 관장할 것을 전제로 하여 각 고객들이 부담할 수송비를 평균하여 거리에 관계없이 제품가격에 포함시키는 정책이다(postage stamp pricing 이라고 함). 따라서 모든 고객의 구입원가가 동일하게 될 것인데, 생산자와 가까운 거리에 있는 고객은 생산지점

가격정책의 경우보다 오히려 추가적인 수송비(가공운송비, phantom freight)를 부담하는 셈이 된다.

중간상인에 대한 균일가격 인도정책을 적용하는 일은 전국적으로 동일한 소비자가격을 유지할 필요가 있거나 수송비가 전체 제품가격에서 차지하는 비중이 적거나, 무료배달 서비스가 원거리의 시장에서 경쟁우위를 확보하는 데 기여할 때 바람직하다.

(3) 지역별 균일가격 인도정책zone delivered pricing policy

지역별 균일가격 인도정책은 전체시장을 유사한 거리의 범위 내에 있는 수개의 지역시장으로 나눈 후, 각 지역시장마다 균일가격 인도정책을 적용하는 것이다(parcel pricing 이라고도 함). 지역별 균일가격 인도정책은 균일가격 인도정책의 가공운송비를 둘러싼 근거리 고객의 불만을 다소 해결해 주지만, 여전히 동일한 지역시장 내에서도 여전히 근거리의 고객이 약간의 가공운송비를 부담하게 된다.

(4) 기점가격정책basing-point pricing policy

기점(基點)이란 강철, 시멘트, 납, 펄프, 목재 등 비교적 동질적이면서 수송비가 전체 제품가격의 상당한 부분을 차지하는 제품을 대량으로 공급하는 장소들을 말하는데, 이러한 장소는 전국 각지까지의 수송비를 계산하는데 기준점으로 이용된다. 따라서 기점가격정책이란 생산자의 위치와는 관계없이 고객에게 가장 가까운 기점으로부터 계산된 수송비를 제품가격에 포함시켜 인도하는 정책이다.

(5) 수송비흡수 가격정책freight absorption pricing policy

수송비흡수 가격정책이란 생산자가 실제 수송비의 전부 또는 일부를 부담하는 정책으로서, 생산지점 가격정책이 멀리 떨어져 있는 경쟁자에게 허용하는 지역적 독점을 파괴하기 위한 것이다. 따라서 수송비흡수 가격정책에서는 고객에게 가장 가까운 경쟁자로부터의 수송비만을 가격에 반영하며, 실제 수송비 나머지는 생산자가 부담하게 되는데 대체로 단위당 고정원가가 크고 변동원가가 작을 때 고정원가를 회수하기 위한 방안으로 이용된다.

4) 심리적 가격정책psychological pricing policies

심리적 가격정책이란 특정한 가격이나 가격범위가 다른 가격(범위)에 비하여 고객들에게 심리적 소구력을 많이 갖는다는 관념을 근거로 한다. 그러나 실증적 연구들에서는 다소 상치되는 결론이 나타나고 있으며, 일관된 근거가 아직 밝혀지지 않고 있다.

(1) 명성가격정책prestige pricing policy

명성가격정책이란 고급품질의 이미지를 유지하기 위하여 비교적 높은 가격을 구사하는 정책이다. 즉 잠재고객들이 제품가격을 품질의 지표로 사용한다면 낮은 가격에서보다 오히려 높은 가격에서 수요가 많을 것이며, 그러한 현상은 뒤로 굽는 수요곡선backward bending demand curve을 보일 것이다.

(2) 개수가격정책even pricing policy

개수가격정책아란 고급품질의 이미지를 제공하여 구매를 자극하기 위해 개수의 가격을 구사하는 정책인데 향수 한 병에 20만원, 시계 하나에 40만원, 밍크코트 한 벌에 300만원의 예에서와 같이 개괄적인 수치의 가격은 고급품질을 암시한다.

[표 9.3] 소비자의 심리적 요소를 이용한 가격조정

싸다고 느끼게 하는 단수가격	단수가격설정이란 가격의 단위를 1,000원, 10,000원 등이 아닌 990원, 9,900원 등으로 설정해서 소비자들이 심리적으로 싸게 느끼도록 하는 것이다. 소매점에서 이러한 방식을 많이 사용한다.
당연하다고 느끼는 관습가격	관습가격이란 소비자들이 관습적으로 느끼는 가격으로, 소비자들은 이 가격을 당연하게 생각한다. 라면, 껌 등과 같이 대량으로 소비되는 생필품의 경우에 많이 적용되는데 이 관습가격보다 제품가격을 높이면 매출이 감소하고 가격을 낮게 책정하더라도 매출이 크게 증가하지 않는다.
소비자의 권위를 나타내는 권위 가격	권위가격은 가격이 높을수록 품질이 좋다고 인식되고 제품의 가격과 소비자 자신의 권위가 비례한다고 느끼게 되는 경우에 적용한다. 고급제품의 경우에 권위가격을 많이 채택하는데 이런 제품의 경우 가격이 떨어지면 초기에는 수요량이 증가하지만 나중에는 오히려 수요가 감소하게 된다.

(3) 단수가격정책odd pricing policy

단수가격정책이란 경제성의 이미지를 제공하여 구매를 자극하기 위해 단수의 가격을 구사하는 정책인데 예를 들어, 1000원에 비하여 990원은 훨씬 싸며, 10만원대(19만9천원)는 20만원보다 훨씬 싸다고 지각됨으로써 소구력을 가질 수 있다.

5) 촉진가격정책

기업은 제품의 판매를 증대시키기 위해 다양한 촉진전략을 수행하게 되고 이를 수행하는 방법의 하나로 가격을 조정하게 된다. 이 전략은 기존 가격보다 낮은 가격을 책정하여 단기적으로 매출을 증대시키고 재고를 조절하는 효과를 가져온다.

[표 9.4] 촉진활동을 위한 가격조정

소비자에게 미끼를 던지는 가격 정책	소비자를 유혹하려면 소비자에게 잘 알려진 제품을 싸게 판매함으로써 소비자를 유인(미끼상품). 유인가격은 특정 제품의 가격을 낮게 책정하여 소비자를 유인할 때 사용하는 방법.
특별한 날의 특별한 가격정책	세일은 일정기간동안 제품을 할인해서 판매하는 것
구매조건에 따른 가격정책	구매조건에 따라 가격을 다르게 조정하는 것
고객의 종류에 따른 가격정책	제품을 구매하는 사람은 최종 소비자일 수도 있고 도매상, 소매상일 수도 있다. 구매하는 사람이 어떤 기능을 하느냐에 따라 가격을 달리 책정하는 것
계절에 따른 가격정책	계절에 따라 수요가 크게 달라지는 제품의 경우에 사용하는 가격정책
보상에 따른 가격정책	소비자가 제품을 구입할 때 중고품을 가지고 오면 가격을 할인해 주는 방법

6) 특별 가격정책special pricing policies

이상에서 설명한 가격정책 이외에도 마케터는 다음과 같은 방법으로 가격을 조정한다.

[표 9.5] 특별 가격정책 가격조정방법

가변가격정책	• 일반적으로 마케터는 같은 양의 제품을 같은 조건으로 구매하는 모든 고객에게 동일한 가격을 부과하는 단일가격정책을 취함. • 대규모 머천다이징을 용이하게 하므로 소매에 있어서 매우 보편적. • 일부 마케터는 고객과의 개별적 협상을 통하여 가격을 결정하는 가변가격정책을 취함.
단위가격 표시정책	고객들이 상이한 포장규격에 대하여 내용물 표준단위당 가격을 비교할 수 있도록 포장규격의 가격과 함께 그램, 리터, 미터 등 표준단위당 가격을 표시하는 정책
가격단계정책	• 소매상은 대체로 다양한 품목들을 취급 • 품목별로 정확한 가격을 구사하지 않고, 소매상이 취급하는 품목들을 우선 몇 개의 가격단계로만 구분하여 판매하는 것
재판매가격 유지정책	일부 마케터들은 자신의 제품이 소매되는 가격을 통제하기 위하여 권장소비자가격이나 희망소비자가격을 중간상인들에 제시하고 그것을 근거로 하여 할인과 공제를 적용하고 있는데, 이를 재판매가격 유지정책. 이러한 가격정책은 중간상인들 사이의 가격경쟁을 제한하고 가격담합의 성격을 띠므로 대부분의 국가에서 법적으로 규제
다종포장 가격정책	포장규격이 다양해짐에 따라 마케터는 각 포장규격에 대하여 적절한 가격을 결정해야 하는데(예 맥주의 포장도 6병, 10병,12병, 20병 등으로 다양화되고 있으며 각 포장규격에서 구사하는 단위당 제품가격도 다름) 일반적으로 포장규격이 커짐에 따라 단위당 제품가격을 저렴하게 구사하는 경향이 있지만, 최근에는 오히려 편리한 포장에 대하여 프리미엄 가격을 구사
제품계열 가격정책	하나의 제품계열을 구성하는 품목들 사이의 독특한 관계를 고려하여 전체 제품계열의 매출액을 증대시키기 위한 품목별 가격을 결정하는 것
내부이전 가격정책	기업은 규모가 커지고 활동이 다양화되어 감에 따라 경영관리를 분권화하고 영업활동을 통제하기 위한 장치로서 이익중심점의 개념을 도입함. 이 때 이익중심점들은 기업활동에 필요한 자원들을 기업 내의 다른 이익중심점으로부터 조달할 수 있는데, 이와 같은 내부적 거래에서 구사할 사내가격을 결정하는 일은 다분히 전반적인 경영방침에 관련되는 것

2. 가격변경전략과 대응전략

마케터가 제품에 대하여 기준가격을 결정하고 조정을 거쳐 시장가격을 결정한 다음에도 마케팅목표를 변경하거나 환경요인들이 변화함에 따라 그러한 가격을 변경해야 하는데, 마케터는 당면한 여건에서 가격변경이 적합한지의 여부와 가격변경에 대한 고객 및 경쟁사의 반응을 고려해야 한다. 또한 경쟁사의 가격변경은 중요한 환경요인의 변화이며 자사의 마케팅능력과 시장지위에 커다란 영향을 미칠 것이므로 마케터는 경쟁사의 가격변경에 대하여 적절히 대응해야 한다.

1) 가격변경의 주도

(1) 가격변경이 필요한 여건

가격을 변경해야 할 필요성을 야기시키는 여건은 크게 두 가지의 범주로 구분할 수 있는데, 마케터로 하여금 가격인하를 심각하게 고려하도록 촉구하는 여건은 다음과 같다.

첫째, 과잉생산능력을 활용하기 위하여 충분한 수요가 여타의 방법으로는 확보되기가 곤란할 때, 둘째, 치열한 가격경쟁에 당면하여 시장점유율을 유지하거나 대량생산을 통한 저원가를 실현하여 시장점유율을 증대시키고자 할 때, 이에 반하여 가격인상은 고객이나 중간상인, 기업 내의 판매원들에게 불만을 야기시킬 수 있지만, 다음과 같은 여건에서 가격인상은 이익을 개선해 줄 수 있다. i) 생산성향상을 앞지르는 원가의 상승으로 인하여 마진이 작아질 때, ii) 공급능력을 초과하는 과잉수요에 당면할 때, 물론 가격인상은 대단히 부정적인 의미를 함축하므로 대체로 할인이나 공제정책을 철폐하든가 제품계열에 고가의 품목을 추가하는 등을 통하여 은밀하게 추진되기도 한다.

(2) 가격변동에 대한 고객의 반응

가격변동은 고객은 물론이고 중간상인, 경쟁사, 정부기관, 공급자 등에게 영향을 미칠 것이므로 마케터는 가격변경에 대한 이들의 반응을 충분히 이해해야 한다. 더욱이 그들은 가격변경을 액면 그대로 객관적으로 받아들이기 보다는 다분히 주관적으로 해석하는 경향이 있는데, 가격인하에 대한 고객들의 반응은 다음과 같이 나타날 수도 있다.

- 신제품이나 새로운 모델의 출시가 임박하여 재고를 처리한다.
- 제품에 결함이 있기 때문에 기대만큼 잘 판매되지 않고 있다.

- 기업의 자금사정이 악화되어 있고 계속적인 부품공급이 불가능할지 모른다.
- 추가적으로 가격을 더 인하할 것이므로 구매를 연기하자.
- 품질이 이전의 것들만 못하고 나빠졌다.

이에 비하여 가격인상은 대체로 구매의도를 저지할 것이지만 간혹 긍정적으로 지각될 수도 있다. 또한 내구재에 있어서 고객들은 단순한 제품가격보다도 그것을 획득하여 사용하고 유지하는데 소요되는 전체비용에 더 많은 관심을 보인다.

(3) 가격변경에 대한 경쟁사의 반응

가격변경을 고려하는 마케터는 그러한 가격변경에 대해 예상되는 고객들의 반응뿐 아니라 경쟁사들의 반응도 함께 고려해야 하는데, 가격변경에 대한 경쟁사들의 반응은 전체 생산자의 수가 적고 제품이 동질적이며 잠재고객들이 충분한 시장정보를 갖고 있는 경우에 더욱 민감하다. 만일 경쟁사가 정형화된 방법으로 대처한다면 경쟁사의 반응을 충분히 예상할 수 있겠지만 경쟁사가 가격변경 때마다 이익을 좇아 상이하게 반응한다면 경쟁사의 최근 매출액, 생산능력, 자금상태, 고객들의 충성도, 마케팅목표 등을 검토하여 경쟁사의 입장을 분석해야 한다. 물론 가격변경에 대한 경쟁사의 해석이 주관적이라는 점은 이러한 문제를 더욱 복잡하게 만들 것이다.

2) 경쟁사의 가격변경에 대한 대응

- 경쟁사가 가격을 변경한 이유가 시장점유율의 증대, 과잉생산능력의 활용, 원가변화에 대한 대응, 가격주도권의 장악 등 무엇인가?
- 경쟁사의 가격변경이 일시적인가 또는 영구적인가?
- 다른 기업들은 어떻게 대응하고 있는가?
- 내가 취할 수 있는 대응방법들에 대하여 고객과 경쟁사 및 다른 기업들은 어떠한 반응을 보일 것인가?
- 해당하는 제품의 수명주기 단계나 전체 제품포트폴리오 상의 역할은 무엇인가?
- 생산규모에 따라 원가가 어떻게 변화하는가?
- 내가 대체적으로 모색할 수 있는 새로운 마케팅기회는 무엇인가?

제품이 동질적이지 않은 경우에는 다양하게 대응할 수 있을 것인데 예를 들어, 제품차별화나 포지셔닝을 통해 잠재고객들을 가격 차이에 대하여 둔감하게 만들 수 있다. 아무튼 대응전략을 세우기에 앞서서 마케터는 우선 다음과 같은 항목들을 면밀히 검토해야 한다.

한편, 시장선도자들이 시장점유율을 잠식하려는 소규모 경쟁사의 가격인하에 대응하는 전략을 대체로 다음과 같다.

[표 9.6] 경쟁사의 가격인하에 대응전략

가격유지	경쟁사의 가격인하가 시장점유율을 크게 잠식하지 않을 것으로 기대되거나 가격인하로 대응할 때 이익희생이 크다면 현재의 가격을 그대로 유지한다.
가격유지와 비가격역습	가격을 그대로 유지하면서 유통경로와 서비스, 커뮤니케이션 등을 개선하여 마케팅믹스의 가치를 증대시킨다.
가격인하	대량생산을 통해 원가를 더욱 낮출 수 있거나 경쟁사의 가격인하가 시장점유율을 크게 잠식할 것으로 예상된다면 경쟁사를 따라 가격을 인하한다.
가격인상과 제품역습	오히려 가격을 인상하면서 경쟁사를 앞도할 수 있도록 제품을 개선하거나 신제품을 도입한다.

3. 급변하는 경제여건에서의 가격정책

1990년대는 고율의 인플레이션과 자원부족으로 인한 경제여건의 변화가 두드러지는데, 급변하는 경제여건 하에서 적합한 가격정책을 두 범주에 나누어 살펴보자.

1) 고율의 인플레이션시 가격정책

(1) 원가지향적 전략

전략구분	내용
낮은 마진의 품목제거	• 고율의 인플레이션 하에서 가장 보편적으로 구사 • 낮은 마진의 품목을 제품계열로부터 제거 • 제거된 품목 자체의 판매기회를 잃게 됨 • 제품계열 내의 다른 품목의 수요나 원가에 부정적인 영향을 미침 • 전체 제품계열의 이미지도 변화시킬 수 있음에 유의

지연가격정책	• 산업마케팅에 있어서 주요 설비품이나 보조장비품에 대하여 매우 인기 • 품목이 완성되거나 배달될 때까지 가격결정을 보류하는 것 • 장시간의 생산리드타임과 지속적인 인플레이션으로 야기되는 원가의 상승분을 최종가격에 반영하기 위한 정책
물가연동 가격정책	• 주문시점과 배달시점 사이의 원가상승분을 최종가격에 반영한다는 점에서 지연가격정책과 유사 • 물가상승률을 근거로 한다는 점에서 다름

(2) 수요지향적 전략

전략구분	내용
판매원에 의한 할인정책의 제거	수요를 증대시키기 위하여 판매원에 의해 임의로 적용되던 할인을 제거
선적후 가격인상	수요가 대단히 비탄력적일 경우에 한하여 사전예고 없이 제품이 선적된 후 가격을 인상
서비스의 축소	원가상승을 억제하기 위하여 부수서비스를 축소하거나 예비부품을 제거. 일부 마케터는 부수서비스와 예비부품에 대하여 별도의 대금을 요구하기도 함
할인정책의 철회	현금할인이나 수량할인을 철회

2) 자원부족시 가격정책

최근에 전세계적인 자원부족현상은 고율의 인플레이션과 더불어 경제적 환경을 급격하게 변화시키고 있다. 이러한 자원부족여건은 마케팅활동에 많은 영향을 미치고 있는데, 대표적인 추세는 다음과 같다.

- 가격경쟁에 대한 의존도 감소
- 특허권의 공동소유나 수평적 마케팅 시스템과 같은 마케팅자원의 공유
- 유통효율을 증대시키기 위하여 경로기관들을 수직적으로 통합하려는 노력
- 마케팅비용을 감소시키기 위한 다각적인 방법의 모색
- 물물교활(bartering arrangement)의 활성화
- 수요를 자극하기 위한 활동의 축소

특히 자원부족현상은 다름과 같이 가격결정에 영향을 미치고 있다.

- 신제품에 대한 상층흡수 가격정책과 높은 마진의 구사
- 수요가 비탄력적으로 변화하는 데 따른 전반적인 가격인상
- 대손의 가능성을 극소화하기 위한 신용거래(credit)의 축소
- 판매를 증대시키기 위하여 보편적으로 적용하던 할인과 공제의 축소
- 시장여건의 변화에 신속하게 대응하기 위한 융통적인 가격정책의 도입
- 마진을 유지 또는 개선하기 위한 인도가격정책의 축소
- 수송비흡수 가격정책의 철폐
- 임의의 가격인상을 허용하는 판매계약의 채택
- 가격조정에 있어서 보다 집권화된 경영관리

롯데 '자일리톨' 껌

역발상 마케팅=품질엔 모두들 자신했다.

그러나 문제는 자일리톨 붐 을 조성할 만한 소재를 어떻게 찾느냐는 것이었다. 답은 의외로 간단했다. 고정관념을 뒤집는 역발상 광고마케팅 전략이다. 자기 전에 씹는다는 역발상 광고컨셉트는 그대로 적중했다. 자일리톨껌은 충치예방껌이란 등식이 깊숙이 각인됐고, 자일리톨은 식품업계의 화두가 됐다.

롯데제과는 자일리톨껌의 광고 모델도 핀란드인을 선택했다. 핀란드가 자일리톨의 원산지이면서 건치국가란 점 때문이다. '잠들기 전'을 비롯한 4편의 광고가 연속 방영되면서 강력한 메시지를 전파했다. 치과의사와 환자를 겨냥한 역발상 마케팅도 주효했다.

자일리톨에 대한 지식이 해박한 치과의사들이 환자에게 자일리톨껌을 추천하기 시작했다. 이 때문에 치과의사가 추천하는 충치 예방껌이란 소문이 급속히 퍼져나 갔다.

상표권을 지켜라

자일리톨껌이 껌 업계의 화두가 되면서 해태제과, 동양제과는 물론 수입업체까지 출사표를 던지고 비슷한 제품을 잇달아 출시했다. 과열경쟁이 벌어지면서 업체간 비방광고 및 상표권 분쟁이 불거졌다. 재산권 보호차원에서 법정싸움도 벌였다. 동양제과를 상대로 법원과 공정위에 각각 비방광고행위 금지 가처분신청 및 제소를 했고, 롯데는 여기서 모두 승소했다.

해태제과에 대해서도 법정소송을 통해 병 모양인 할인점용 코팅껌의 상표를 녹색에서 적색과 파랑색으로 바꾸도록 했다.

Chapter

10 유통관리(Place)

제 1 절 유통경로의 설계

1. 유통경로 설계

유통place은 제품이나 서비스가 생산자로부터 소비자에게 이르는 흐름이며, 유통경로는 유통과정에 관련되는 일체의 상호의존적인 조직을 말한다. 유통은 고객의 최종 구매반응과 밀접하게 연관되어 있으므로 기업은 표적시장의 소비자에게 적절한 시간, 장소에 제품을 공급해서 고객이 제품을 구매하는 데 장애를 느끼지 않도록 해야 한다. 유통경로는 비탄력적이고 외부자원이다. 제품, 가격, 촉진 믹스는 시장상황에 따라 수정하기가 상대적으로 수월하지만 유통경로는 구축하기도 힘들거니와 변경하려면 많은 시간과 자본이 소요된다. 최적의 유통경로를 구축하는 것은 기업의 경쟁우위를 구축할 수 있는 자산이 되므로 기업은 제품의 특성, 소비자, 경쟁 환경 등을 종합적으로 고려하여 최적의 유통경로를 구축해야 한다. 최적의 유통경로를 설계하려면 표적시장에서의 소비자 욕구를 가장 먼저 파악해야 한다. 일반적으로 유통경로를 설계할 때는 고객의 욕구를 분석하고 이를 바탕으로 유통경로 설계의 목표를 설정한 후 유통경로 정책을 결정하고 관리는 단계를 거친다.

[표 10.1] 유통경로의 설계와 유통경로의 관리

(1) 전략적 관점의 선택
(2) 고객의 서비스 욕구 분석
(3) 경로목표의 설정
(4) 경로구조의 선정
(5) 시장포괄의 정도 결정
(6) 마케팅과업 분담 및 거래조건 결정
(7) 경로구성원의 선발
(8) 경로구성원의 동기부여
(9) 성과의 통제 및 평가

1) 유통경로를 설계하기 위한 전략적 관점

유통경로를 설계하기 앞서서 마케터가 고려해야 할 전략적 관점은 크게 두 가지로 대별할 수 있다. 즉 소비용품의 마케터들은 대체로 다양한 형태의 매체를 활용하여 최종고객들 사이에 상표선호를 형성하고 구매행동을 직접적으로 자극하려고 노력하는데, 이러한 관점을 견인전략pull strategy이라고 한다. 이러한 전략의 목표는 상표에 대한 소비자의 욕망을 충분히 자극함으로써 중간상인들로 하여금 생산자의 제품을 취급하도록 격려하는 것인데, 최종고객들 사이에서 선호가 충분히 개발되면 중간상인들은 그러한 제품을 판매하기가 용이하다는 이유에서 제품을 기꺼이 취급할 것이다.

따라서 견인전략을 추구하는 마케터는 중간상인들에게 대체로 낮은 마진을 제공하며 제품의 시장지위에 따라 중간상인들과의 협상에서 많은 영향력을 행사할 수 있다. 이러한 전략적 관점과는 달리 일부 마케터는 중간상인들이 그의 제품을 취급해 주도록 적극적으로 요청하는 후원전략push strategy을 채택할 수 있다. 즉 이러한 전략을 구사하는 생산자는 도매상에게, 도매상은 다시 소매상에게 제품을 밀어부치고, 소매상은 소비자에게 제품을 권유하는데 생산자는 그러한 후원의 대가로서 높은 마진, 무료제품, 거래점 판매촉진(각종 할인과 공제, 판매원 훈련 등)을 제공한다.

후원전략은 대체로 강력한 인적 판매를 필요로 하는 고급·고가품에 대하여 널리 채택되지만 반드시 그렇지는 않다. 즉 자금여유가 없는 소규모 기업들은 견인 전략에 수반되는 대규모 광고비용 을 감당할 수 없기 때문에 단순히 중간상인들에 의존하려는 후원전략을 채택하기도 한다.

2) 고객이 원하는 서비스 분석

경로의사결정들은 제품의 의사결정과 마찬가지로 전체적인 마케팅믹스의 욕구 충족능력과 가치에 영향을 미치므로, 마케터는 바람직한 유통경로를 설계하기 위해서 우선 고객들이 기업의 유통기능에 대해 기대하고 있는 경로서비스의 형태와 수준을 분석해야 한다. 예를 들어, 고객들이 어떠한 제품믹스를 원하는지, 시내 백화점 또는 주거지 근처의 상가에서 구매하기를 원하는지, 즉각적인 택배 서비스를 원하는지 등 경로의사결정과 관련하여 어떠한 형태의 서비스를 얼마만큼 원하는지를 파악하는 일은 유통경로를 설계하기 위하여 가장 기초적인 과업이다.

대기시간	고객이 제품이나 서비스를 주문하고 제공받는 데 걸리는 시간으로 이 시간이 짧을수록 고객의 만족도는 커진다.
제품의 다양성	고객은 몇 가지 제품을 구입하기 위해서 여기 저기 돌아다니는 것을 원치 않는다. 가능하면 한 점포에서 원하는 제품을 모두 구매하려는 경향이 있으므로 점포에서 다양하게 제품구색을 갖추어야 한다. 다양한 제품을 구비할수록 소비자의 만족도는 커진다. 그러나 제품이 많아질수록 유통비용은 증가하므로 적정수준을 유지해야 한다.
구매 가능한 제품의 최소단위	제품의 단위가 커지면 고객은 부담을 느낀다. 단위가 큰 제품은 장기간 사용해야하고 보관, 관리하기가 힘들기 때문에 고객은 제품의 단위가 작을수록 만족도는 커진다. 수박을 쪼개서 판매하고 식료품을 원하는 만큼 중량단위로 판매하는 것도 소비자의 만족도를 높이기 위한 수단이다.
점포의 숫자와 분포	고객이 제품을 쉽게 구입하려면 점포가 많고 골고루 분포되어 있어야 한다. 고객이 제품을 구입하기 위해 많은 시간과 비용을 지불하지 않도록 해야 하는데 이렇게 점포를 찾아가기 쉽도록 하면 소비자의 만족도는 커진다.

그러나 고객들이 '원하는' 모든 서비스의 형태를 그들이 '원하는' 수준으로 제공하는 일은 간혹 기업의 능력범위를 넘어서거나 원가상승을 통해 가격인상을 야기

시키기 때문에 항상 바람직하거나 가능한 것은 아니다. 따라서 마케터는 1차적으로 고객들이 원하는 경로서비스의 형태와 크기를 분석하지만 다시 그러한 경로서비스를 제공하기 위해 필요한 자원과 능력, 비용 등을 평가해야 한다.

일반적으로 고객이 원하는 서비스가 많을수록 유통비용이 증가하기 때문에 고객이 원하는 바와 유통비용을 감안하여 적정한 수준으로 설계해야 한다. 유통경로를 통해서 고객에게 만족을 줄 수 있는 요소에는 대기시간, 제품의 다양성, 구매가능한 제품의 최소단위, 점포의 숫자와 분포 등이 있다.

3) 유통경로의 목표를 설정

고객이 어떤 서비스를 원하는지 분석하고 나면 유통경로의 목표를 설정해야 한다. 어떤 목표에 따라 유통경로를 설계할 것인지 검토해야 하는데 유통경로의 목표를 설정할 때는 제품의 특성, 중간상의 특성, 경쟁기업의 특성, 자사의 특성, 환경의 특성 등을 고려해야 한다.

[표 10.2] 유통경로의 목표 설정할 때 고려사항

제품의 특성	제품의 특성은 제품의 부피, 표준화 여부, 부패 및 변형 가능성 등을 말하는데 이러한 제품특성은 유통경로과정에서 아주 중요한 요소이다. 부피가 크거나 부패 및 변형 가능성이 큰 제품은 유통경로를 짧게 설계하고 부피가 작거나 표준화된 제품은 중간상을 이용하는 것이 효과적인 유통경로가 된다.
중간상의 특성	중간상에는 여러 종류가 있고 그들이 가지고 있는 장단점이 있다. 따라서 중간상을 분석, 평가하여 가장 적합한 마케팅 경로를 설계해야 한다.
경쟁기업의 특성	경쟁기업의 유통경로도 큰 영향을 미친다. 의류, 보석 등과 같은 제품의 경우 경쟁사가 밀집되어 있는 곳에서 같은 유통구조를 설계하는 것이 유리하고 직접판매, 할인점판매 등과 같이 경로를 차별화할 수도 있다.
자사의 특성	자사의 자본, 조직 등과 같은 경영자원의 특성을 파악해야 한다. 자사의 경영자원에 가장 적합한 유통경로를 설계해야 한다.
환경의 특성	환경은 유통경로에 많은 영향을 준다. 경제적, 기술적, 법률적 환경 등에 따라 유통경로를 설계하는데 경기가 활황이면 유통경로를 확대하고 경기가 불황이면 유통경로를 축소한다.

한편, 소비용품의 범주별 일반적인 경로목표를 예시하면 다음과 같다.

편의품	• 필수상품 - 최대의 노출을 필요로 하므로 낮은 비용으로 광범위하게 유통시킨다. • 충동상품 - 필수상품과 유사하지만, 특히 효과적인 진열을 구사한다. • 긴급상품 - 사용이 있을 법한 시간과 장소에서 가용하도록 한다.
선매품	• 동질적 선매품 - 가격비교가 용이하도록 노출시킨다. • 이질적 선매품 - 주요 쇼핑지역에 있어서 유사한 다른 선매품 가까이에 노출시킨다.
전문품	제품의 경로는 다소 제한적일 수도 있으나, 전문품으로 인식하지 않고 있는 고객에게 도달하기 위해서는 편의품 및 선매품들과 함께 취급한다.
미탐색품	제품에 대한 주의를 환기시키고, 유사제품이 탐색되고 있는 장소에서 가용하도록 한다.

4) 유통경로 구조의 선정

유통경로를 설계하는 목표를 정했으면 유통경로 구조를 세워야한다. 경로구조에는 크게 다섯 가지의 기본적인 유형이 있는데, 마케터는 반드시 이들 중 하나를 선택해야 하는 것은 아니며 경제성, 통제력, 적응력 등의 기준을 고려하여 다양하게 변형시켜야 한다.

(1) 경로구조의 기본적 유형

경로목표를 설정한 다음 마케터는 현실적으로 이용 가능한 경로구조들을 확인해 내고 여러 가지 고려사항을 참조하여 경로목표를 달성하기 위해 최적의 유형을 선정해야 한다. 경로구조란 제품 을 최종고객에게 전달하기 위해여 필요한 유통단계(channel level)의 수와 각 단계를 구성하는 중간상인의 형태로 나타낸 것인데, 유통단계의 수는 간혹 경로의 길이라고도 하며 직접경로에서 0이다. 모든 제품에 두루 통용되는 최적의 경로구조란 생각할 수 없으므로 마케터는 자신의 제품에 적합한 경로구조를 찾기 위하여 우선 다음과 같은 기본적인 유형들을 고려해야 한다.

생산자 ———— 소비자/산업고객

생산자와 개인적 소비를 위해 구매하는 소비자나 다른 제품을 생산하기 위한 투입요소로서 구매하는 산업고객으로 구성되는 형태의 경로구조를 직접경로라고 하며, 직접마케팅을 위한 경로로서 활용된다. 이러한 직접경로의 대표적인 예로는 통신판매 카탈로그 판 매, 방문판매, 직매점을 통한 판매 등이 있으며 협상을 통하여 거래되는 산업용품 분야에서는 보편적인 경로구조이다.

한편, 서비스의 생산자는 대체로 보관과 수송의 문제를 해결하기 위해 직접경로를 이용하지만 간혹 항공사나 보험회사의 경우에서와 같이 중간기관을 이용하기도 한다.

생산자 ——— 소매상 ——— 소비자

대규모 소매상들은 소비용품을 생산자로부터 직접대량으로 구매하여 소비자에게 판매한다.

생산자 ——— 도매상/대리인 ——— 산업고객

산업용품이라고 할지라도 단위당 금액이 작거나 수송비의 비중이 큰 경우라면 시장을 경제적으로 포괄하기 위해 도매상을 사용하게 되는데, 이때 도매상들은 지역적인 재고를 유지한다. 그러나 단위당 금액이 크고 수송비의 비중이 작은 경우라면 대리인을 통해 산업고객에게 접근할 수 있다.

생산자 ——— 도매상 ——— 소매상 ——— 소비자

소비용품에 대해 가장 전형적인 유통경로는 도매상과 소매상을 포함하는데, 생산자는 수많은 소매상들에게 도달하기 위해 도매상을 이용하며 소매상들은 여러 생산자들이 생산한 제품을 공급받기 위해 도매상을 구매대리인buying agent으로 이용한다.

생산자 ——— 대리인 ——— 도매상 ——— 소매상 ——— 소비자

제품이 다수의 소규모 생산자들에 의해 생산되는 경우라면 구매자측의 대량 구매 욕구를 충족시켜 주는 대리인이 필요한데, 대체로 농수산물이나 축산물 등의 생산자가 도매상을 접촉하기 위해 이용한다. 제품을 유통시키기 위해 마케터가 고려할 수 있는 경로구조의 기본적인 유형은 이상과 같지만, 마케터가 반드시 이들 중에서 하나만을 선정해야 하는 것은 아니다. 즉 워드프로세서나 밀가루와 같이

제품은 동일하지만 최종소비자나 산업고객 모두에 의해 구매되는 경우 또는 육가공품과 신발과 같이 한 기업이 생산한 제품들이 전혀 상이한 형태와 용도를 가질 경우, 고객집중도가 상이한 지역시장들을 대상으로 하거나 동일한 지역시장 내에서도 거래금액이 크게 다른 고객들을 대상으로 할 경우 등에서는 복수유통경로dual channel, multichannel marketing system를 이용할 수 있다.

> 예를 들어, 소비용품의 생산자가 백화점과 체인점 등 대규모 소매상에게는 직접 판매하면서 소규모 소매상들에게 도달하기 위해서는 도매상을 이용하는 경우을 볼 수 있다. 또 산업용품의 생산자도 지역적으로 집중된 시장concentrated market에 대해서는 자신의 판매원을 사용하면서 지역적으로 분산된 시장에 도달하기 위해서는 대리인을 이용할 수 있다.

(2) 경로구조를 선정하기 위한 고려사항

경로목표를 달성하는 데 가장 적합한 경로구조를 선정하기 위하여 마케터는 우선 자신의 제품과 관련하여 전통적으로 이용되어 온 경로구조를 심각하게 고려해야 하는데, 그것은 이미 고객들이 그러한 경로구조를 이용하도록 학습되어 있기 때문이다. 그러나 U. S. TIME Company의 Timex 시계의 경우처럼 오히려 비전통적인 경로구조가 성공적일 수도 있으므로 다음과 같은 요인들을 종합적으로 고려하여 경로구조를 선정해야 한다.

① 시장에 관련되는 요인

고객의 구매목적	경로구조를 선정하는데 있어서 가장 분명하게 고려해야 할 요인은 당연히 고객들의 구매목적이며, 산업용품의 경우에는 대체로 소매상이 이용되지 않는다.
잠재고객의 수	잠재고객의 수가 비교적 적다면 그들을 직접 접촉하기 위하여 자신의 판매원을 이용할 수 있지만, 잠재고객의 수가 많다면 보다 긴 경로구조(경로단계의 수가 많은 경로)가 바람직하다.
고객의 지역적 집중도	섬유원단의 구매자인 의류생산자들은 대체로 일정한 지역에 집중적으로 입지되어 있으므로 그들에 대한 직접 판매가 매우 효율적이며 판매지점을 설치할 수도 있다. 그러나 고객들이 분산되어 있는 시장에서는 보다 긴 경로구조가 바람직하다.
주문금액의 크기	1회 주문금액과 전체 거래금액이 큰 고객들에게는 직접 판매가 경제적이지만, 주문금액은 적으면서 거래빈도만 많은 고객들에게는 직접적인 주문 처리와 제품수송 등이 비효율적이므로 중간상인을 이용하는 편이 바람직하다.

② 제품에 관련되는 요인

제품단가	단위당 제품가격이 높을수록 길이가 짧은 경로구조를 이용하는 경향이 있는데, 그것은 많은 이윤이 그러한 경로구조의 비용을 정당화시켜 주기 때문이다. 물론 단위당 가격은 낮지만 대량으로 거래되거나 다른 제품과 함께 거래됨으로써 전체 주문금액이 커질 경우에도 짧은 경로구조를 이용할 수 있다.
부패성	물리적이든 심리적이든(유행) 변질되기 쉬운 제품의 마케터는 신속하게 고객들을 접촉하고 제품을 제공하기 위해 짧은 경로구조를 선택하는 경향이 있다.
제품의 기술성	표준화가 되어 있지 않거나 설치 및 보수유지의 서비스가 필요한 제품의 생산자는 고객에게 충분한 기술적 지원을 제공하기 위해 그들을 직접 접촉하는 경향이 있다.

③ 중간상인에 관련되는 요인

중간상인으로부터 지원받을 서비스	생산자는 스스로 수행할 수 없거나 경제적으로 수행하기가 곤란한 일부 기능을 대행시킬 중간상인을 경로구조에 통합해야 한다.
필요한 중간상인의 가용성	생산자가 항상 필요한 중간상인을 이용할 수 있는 것은 아닌데 예를 들어, 중간상인은 경쟁제품을 취급하고 있거나 단순히 추가 제품의 취급을 거절할 수도 있다.
기업정책에 대한 중간상인의 태도	일부 중간상인들은 생산자의 정책에 부정적인 태도를 보이거나 일정한 지역에서 독점판매권을 요구하기도 한다.

④ 기업자체에 관련되는 요인

자금능력	자금능력이 풍부한 생산자는 자신의 판매원을 유지하면서 물적 유통기능도 스스로 수행할 수 있기 때문에 중간상인의 필요성을 적게 느낄 것이지만, 그렇지 못한 생산자는 이러한 업무를 대행해 줄 중간상인을 필요로 한다.
경로관리의 능력	마케팅경험이나 능력이 부족하다면 중간상인의 도움을 받아야 할 것이다.
바람직한 경로 영향력의 크기	적극적인 촉진활동을 전개하고 제품의 신선도와 소매가격을 통제하려는 생산자는 당연히 짧은 경로구조를 선호한다.
제공하려는 서비스	중간상인으로부터 지원받을 서비스에 덧붙여 생산자가 중간상인에게 제공하려는 서비스도 경로구조를 선정하는데 영향을 미친다. 예를 들어, 일부 중간상인은 생산자가 어느 정도 소비자 광고를 실시할 경우에만 제품을 취급한다.

⑤ 경쟁에 관련되는 요인

식품의 생산자들이 대체로 전통적인 경로구조를 선호하는 데 비해 화장품의 생산자들은 경쟁으로 인하여 새로운 유통방식을 다양하게 개발하고 있다.

⑥ 환경에 관련되는 요인

경기가 침체되면 대체로 서비스를 축소하고 경제적인 경로구조를 모색하려는 경향이 나타나며, 법적인 규제와 제한에 의하여 일부 경로구조가 금지될 수도 있다.

(3) 경로구조의 선정기준

마케터가 최종적인 경로구조를 선정하기 위해서는 일단 앞에서 설명한 고려사항들을 참조하여 제품과 관련된 주요 경로구조의 대안들을 확인해 낸 후, 다음과 같은 기준에 따라 장기적인 마케팅 목표를 달성하는 데 적합한 경로구조를 선정해야 한다.

경제성 기준 economic criteria	생산자는 유통경로에 대한 통제력이나 환경변화에 대한 적응력을 도모하기도 하지만, 본질적으로 이윤을 추구하기 때문에 경로구조를 선정하는데 있어서 경제성 기준은 가장 중요하다. 예를 들어, 생산자는 자신의 판매원이나 대리인을 이용할 수 있을 것인데, 단순히 마케팅비용의 측면에서 볼 때 경제성 기준이 어떻게 적용될 수 있는지를 단순한다. 즉 생산자의 판매원은 (고정급+α)의 능률급으로 보상받는데 반하여 대리인은 판매수수료로 보상받기 때문에 두 비용곡선은 일정한 판매량에서 교차한다. 여기서 그러한 교차점은 판매원에게 제공할 보상과 대리인에게 제공할 보상이 같은 판매량을 나타내므로 경제성 기준에 따를 때 매출액(예측치)이 그 보다 많다면 생산자의 판매원을 이용하는 편이 유리하고, 적다면 대리인을 이용하는 편이 유리하다는 결론을 내릴 수 있다.
통제력 기준 control criteria	경제성 기준에 따라 하나의 경로구조가 다른 경로구조보다 좋게 평가되어도 생산자는 각 경로구조에서 허용 되는 통제력의 정도를 고려해야 한다. 즉 경로에 대한 통제력이란 장기적인 마케팅목표를 달성하기 위하여 경로구성원들로 하여금 자신의 정책을 수용하고 따르도록 요구하거나 경로구조 내의 갈등을 관리할 수 있는 능력을 말한다. 대리인은 자신의 이익극대화에 관심을 갖는 독립기관이므로 특정한 생산자를 후원하지 않을 것이며, 더욱이 제품에 관한 지식을 갖추거나 촉진물을 효과적으로 다루도록 동기를 부여하기도 어려운 경향이 있다.
적응력 기준 adaptive criteria	적응력이란 환경변화에 따라 생산자가 경로구조를 변경할 수 있는 융통성을 말하는데 예를 들어, 대리점과 10년 기간의 거래계약을 맺었다면 그 기간중 환경 요인들이 변화하여 직접 판매가 보다 효율적인 것으로 판명되어도 생산자는 쉽게 그러한 환경변화에 적응하기가 곤란할 것이다.

5) 시장포괄의 정도 결정

경로구조를 선정하고 나면 마케터는 각 경로단계별로 제품을 취급시킬 중간상인의 수를 결정해야 하는데, 중간상인의 수는 유통의 강도intensity of distribution 또는 시장포괄의 정도, 시장노출의 정도라고도 한다. 유통의 강도에 관한 결정은 개방적 유통전략으로부터 전속적 유통전략에 이르는 연속체상의 선택이므로 명확하게 구분할 수 없지만 편의상 다음과 같은 세 가지 대안을 검토하기로 한다.

[표 10.3] 유통경로의 3가지 형태

전략구분	의미	특징
개방적 유통경로	자사 제품의 판매처를 한정하지 않고 누구나 취급할 수 있도록 개방하는 것	• 소매상이 많음 • 일용품, 편의용품과 같이 구매가 편리해야 하는 제품 • 브랜드에 대한 집착이 약한 제품 • 판매처에 따라서 제품이나 기업의 이미지가 영향을 받지 않는 제품, 이같은 유통경로가 효과적 • 소비자에게 제품노출을 최대화 • 제품의 대량판매가 가능 • 유통경로의 통제가 어려움 • 유통비용이 증가하며, 판매관리가 복잡
배타적 유통경로	판매처를 한정하여 자사제품만을 판매하도록 하는 것	• 소매상 혹은 도매상에 대한 통제 가능 • 자동차, 고급의류 등에 유통방식 • 판매처의 수가 적어 관리가 쉽다. • 유통비용 감소하며 제품이미지 관리가 쉽다. • 판매처의 수가 적어 판매확대가 어렵고 • 유지비용이 증가
선택적 유통경로	개방적・배타적 유통경로의 중간 형태. 일정 기준의 자격조건을 갖춘 판매처에서 자사제품을 판매하도록 하는 방법	• 개방적 유통경로보다는 소매상의 수가 적고 • 유통비용이 절감 • 배타적 유통경로보다는 제품 노출이 확대. • 의류, 가구, 가전제품 등에 사용

(1) 개방적 유통전략

개방적 유통전략intensive distribution strategy이란 시장을 최대한으로 포괄하려는 전략으로서 대체로 편의품의 유통에 널리 이용된다. 예를 들어, 담배나 청량음료와 같은 제품에 대해 대부분의 소비자는 즉각적인 욕구 충족을 원하면서 굳이 특정한 상표를 찾을 때까지 구매를 연기하지는 않을 것이기 때문에 생산자는 소비자가 최소한의 노력으로 제품을 구매할 수 있도록 가능한 한 많은 판매점에 취급시킴으로써 극대의 시장노출과 입지 상의 편의성(장소효용)을 창출해야 한다. 이러한 개방적 유통전략을 채택할 경우 제품의 광고 등 촉진활동은 주로 생산자가 부담하는데, 그것은 중간상이 다른 경쟁자(중간상인)들도 취급하는 제품을 자신의 부담으로 광고하지 않기 때문이다.

(2) 배타적 유통전략

배타적(또는 전속적) 유통전략이란 특정한 도매상이나 소매상에게만 일정한 지역시장 내에서 제품을 독점적으로 판매할 수 있는 권리를 부여하는 전략인데, 독점판매권을 보장받는 중간상인은 그 대신 다른 생산자의 경쟁제품을 취급할 수 없다. 이러한 전속적 유통전략은 소비용품 중 값비싼 전문품이나 설치 또는 보수서비스가 필요한 산업용품의 유통에 널리 이용되는데, 시장포괄의 정도가 희생되는 반면에 제품의 품질이나 명성에 관한 바람직한 이미지를 개발하고 유지하는데 효과적이다. 배타적 유통경로를 채택할 경우에는 생산자와 소매상이 광고 등의 촉진활동이나 판매점의 재고수준, 가격에 관해 긴밀하게 협동한다. 또한 생산자는 소수의 거래처만을 가짐으로써 그들에 대한 통제가 용이하고 마케팅비용을 절감할 수 있으며, 소매점에게는 통상 높은 마진이 제공된다.

(3) 선택적 유통전략

선택적 유통전략selective distribution strategy이란 생산자가 두개 이상 소수의 판매점에게만 제품을 취급할 수 있도록 허용하는 전략으로서 소비용품중 선매품과 일부 전문품 또는 산업용품중 보조 장비품의 유통에 널리 이용된다. 이러한 전략은 또한 개방적 유통전략을 채택하던 생산자가 과다한 마케팅비용을 절감하기 위하여 또는 소량거래나 대손 등 업적이 불량한 중간상인들을 추방할 때에도 나타난다. 즉 선택적 유통전략은 개방적 유통전략에 비해 판매점의 수가 적기 때문에 생산자는 경로구성원들과 원활한 사업관계를 형성하면서도 전체 마케팅비용을 절감할 수 있으며, 상호이익을 증진시키기 위한 협동광고도 활용할 수 있다.

2. 유통경로의 관리

유통경로의 설계란 일종의 계획과 같은 성격을 갖기 때문에 실제로 유통경로를 관리하는 일은 경로설계에서 결정된 내용에 따라 경로구성원들을 구체적으로 선발하고 동기부여하며 그들의 성과를 통제 및 평가하는 관리과정을 중심으로 이루어진다.

1) 구체적인 경로구성원의 선발

일단 고객의 서비스욕구 수준과 장기적인 마케팅목표를 고려하여 경로목표를 설정하고 경로구조와 시장포괄의 정도, 과업분담을 결정하였다면 생산자는 경로관리의 첫 번째 단계로서 각 유통 단계별로 필요한 수만큼의 도매상과 소매상을 실제로 선발해야 한다. 이를 위해 생산자는 우선 경로구성원의 후보를 찾아내야 할 것인데, 경로구성원의 자격을 갖춘 중간상인들은 다양한 원천으로부터 확인될 수 있다. 예를 들어, 고객이나 잠재고객이 선호하는 중간상인들의 이름을 확인할 수 있으며, 업종별 중간상인의 목록이나 업종별 출판물의 편집자, 업종별 협회의 간부, 원재료의 공급자, 교육기관 등이 모두 훌륭한 정보 원천이다.

---

① 경로구성원의 규모- 매출액, 재무능력
② 판매 강점 - 판매원의 수, 판매 및 기술능력
③ 제품 계열 - 취급하는 계열의 품질, 경쟁제품, 보완재 등
④ 명성
⑤ 시장포괄의 정도
　지역적 포괄 - 시장 지역당 점포의 수
　산업포괄
　방문빈도
⑥ 판매업적
　관련된 계열에 있어서의 판매업적
　일반적인 판매업적
　성장전망
⑦ 경영능력
⑧ 광고 및 판매촉진 능력
⑨ 훈련지원의 수용태세
⑩ 수송의 능력
⑪ 보유하고 있는 창고능력

일단 경로구성원의 잠재적 후보들이 확인되면 마케터는 그들 중 누가 자신의 경로목표에 가장 부합되는지를 평가하여 최선의 중간상인들을 선발해야 하는데, 다음은 경로구성원을 선발하기 위하여 널리 이용되는 기준이다.

2) 경로구성원의 동기부여

경로구성원을 구체적으로 선발한 후, 생산자는 그들이 생산의 정책과 목표에 우호적인 태도를 갖고 적극적으로 협력할 수 있도록 끊임없이 동기를 부여해야 한다. 즉 어떤 중간상인을 생산자의 유통경로에 참가시키기 위한 거래조건 자체가 이미 어느 정도의 동기를 부여하고 있지만, 그러한 동기는 생산자측의 지속적인 감독과 격려로써 강화되어야 한다. 경로구성원들은 독자적인 목표를 갖고 있는 독립적인 기관으로서 대체로 생산자를 위한 판매 대리인이기 보다는 자신의 고객들을 위한 구매대리인으로 행동하기 때문에 생산자는 그들을 중간고객intermediate customers으로 인식하여 그들의 욕구를 효과적으로 충족시키기 위해 충분히 노력해야 한다. 더욱이 경로구성원들은 여러 경쟁자들의 제품을 구색으로 갖추며 특정한 생산자의 제품을 판매하기 보다는 그러한 구색을 판매하는 데 더 많은 관심을 갖는다. 생산자가 경로구성원들과 호혜적인 관계를 형성하고 유지하기 위하여 사용할 수 있는 방법은 세 가지가 있다.

(1) 생산자는 높은 마진이나 특별할인과 공제, 협동광고, 판매경연 등을 통해 동기를 부여하면서 마진의 감축, 배달지연, 거래단절 등의 위협을 가해 협동을 얻어낼 수 있다carrot and stick approach.

(2) 상호이해관계에 관해 협정을 맺음으로써 장기적인 동반자관계long-term partnership를 형성하려고 노력할 수 있다.

(3) 수직적 마케팅 시스템으로 통합함으로써 생산자와 경로구성원들의 욕구를 포괄하고 조정하는 유통프로그램을 개발한다.

3) 성과의 통제 및 평가

경로관리는 유통경로가 효율적으로 작용함으로써 경로목표를 어느 정도 달성하고 있는지를 정기적으로 평가하는 일을 포함한다. 즉 마케터는 각 경로구성원의 판매액, 평균재고수준, 제품배달시간, 반품률, 고객에 대한 서비스수준 등을 정기

적으로 평가하여 기간별 경로목표와 비교하여 필요한 교정조치를 취해야 하는데, 여기서 적절한 교정조치란 성과가 우수한 중간상인에 게 보다 많은 보상을 제고하는 일과성과가 부진한 중간상인에게 더욱 분발하도록 격려하거나 추방하는 일을 포함한다.

그러나 생산자가 정당한 근거도 없이 중간상인들을 소홀히 취급한다면 그들로부터 협력을 얻을 수 없을 뿐 아니라 법적인 소송이 제기될 수도 있으므로 생산자는 항상 중간상인에 대해 세심한 주의를 기울여야 한다.

[표 10.4] 유통전략관련 체크리스트

장소
* 표적 집단이 접근하기 쉬운 장소인가?
* 장소가 우리 기관이 보이고자 하는 상(像)과 일관성을 갖추고 있는가?
* 장소활용을 위한 비용은 지불할 만한가?
* 비용대비 장소활용의 효과는 가치가 높은가?
* 장소는 우리의 주요 경쟁자로부터 차별점을 갖도록 하는가?
* 그 장소의 스탭들은 고객응대 능력이 높은가?
* 그 장소에서 우리의 고객들은 즐거운 경험을 할 수 있는가?
* 실내 프로모션 활동이 가능한 장소인가?
* 그 장소의 스탭은 우리가 필요로 하는 모든 기술적 지원을 해줄 수 있는가?
* 부가제품 및 서비스를 개발/제공할 수 있는 장소인가?
* 장소까지의 접근비용은(교통비, 주차비용, 주차시설)?
* 경쟁자는 어떻게 하는가?
* 티켓유통의 믹스전략은?
* 티켓유통이 최적화 되어 있는가?
* 새로운 유통관련 이슈는 무엇인가?

제 2 절 마케팅경로의 본질

1. 마케팅경로

마케팅조직에서 마케팅이 담당하는 역할은 기본적으로 수요를 조절하는 기능과 그러한 수요를 충족시키는 기능으로 대별할 수 있는데, 마케팅경로는 간혹 수요를 조절하는 기능을 수행하기도 하지만 대체로 수요를 충족시키는 일에 직접적으로 관련된다. 아무튼 그러한 기능들을 수행하는 데에는 마케터와 잠재고객들 사이에 다음과 같은 여러 가지 마케팅흐름들이 수반되며 모든 흐름들은 마케팅경로를 통하여 전달된다.

1) 마케팅경로의 분리

마케터의 제품이 잠재고객들의 '원하는 바'를 제대로 충족시키고 고객만족을 창출하기 위하여는 제품 자체를 물리적으로 고객에게 이전시켜 주어야 할 뿐 아니라 고객이 자신의 욕구를 충족시키기 위해 그러한 제품을 자유롭게 사용하거나 소비할 수 있도록 법적 소유권을 넘겨주어야 한다. 즉 제품의 물리적 흐름과 법적 소유권의 흐름은 마케팅경로를 통해 이루어지는데, 실제에 있어서 이러한 두 가지의 흐름이 반드시 동일한 경로를 통해 이루어지거나 동시에 이루어져야 할 필요는 없다. 예를 들어, 제품은 물리적으로 이전되지 않으면서도 한 번 이상 소유자가 바뀔 수 있고, 소유자는 그대로 있으면서 제품이 다른 장소로 수송될 수 있는 것이다.

따라서 마케팅경로는 우선 공간적 및 시간적 괴리를 해소하는 측면에서 제품의 물리적 흐름을 전담하는 물적 유통경로(물류경로)와 제품의 가치를 향유할 수 있는 권한인 법적 소유권의 흐름을 전담하는 상적 유통경로(거래경로)로 분리된다. 물론 대금의 흐름이나 정보 흐름, 촉진의 흐름, 서비스의 흐름 등도 별도의 경로로 구분할 수 있으나 그들은 대체로 상적 유통경로와 중복되는 경향이 있다.

즉 제품을 물리적으로 이전시키기 위한 활동은 법적 소유권의 교환을 창출하는 일에 직접적으로 관련되는 활동과 다르며, 그 나름대로 독특한 기능적 전문화의 가능성을 보여준다. 따라서 물적 유통경로(물류경로, physical distribution channel)는 제품의 물

리적 이전에 관여하는 독립적인 기관이나 개인들로 구성된 네트워크를 의미하며, 마케팅목표에 부응하여 장소효용과 시간효용을 창출한다. 이에 반하여 상적 유통경로(거래경로, trade channel)란 거래협상, 계약수행, 거래후 관리활동 등을 지속적으로 수행함으로써 제품의 소유권을 생산자로부터 고객에게 이전시키는 데 관여하는 독립적인 기관이나 개인들로 구성되는 네트워크로서 소유효용을 창출한다.

2) 전방적 경로와 후방적 경로

일반적으로 마케팅경로라는 용어는 제품 또는 그 소유권이 생산자로부터 소비자에게 흘러가는 경로를 지칭하는데, 이러한 경로를 전방적 경로forward channel라고 하며 전통적인 경로관리의 대상이 되어 왔다. 그러나 최근에는 환경보호에 대한 관심이 고조됨에 따라 생태학적 목표를 추구하기 위해 제품을 소비한 후 고형폐기물이나 부산물, 용기 등을 소비자로부터 다시 생산자에 게 돌려보내기 위한 재순환과정recycling process의 설계와 관리가 매우 중요한 마케팅과제로 등장하고 있다. 이러한 재순환경로를 후방적 경로backward channel라고 하는데, 대체로 전방적 경로를 따라 반대의 흐름으로 나타나지만 간혹 재생자원의 회수 센터가 개입되기도 한다.

2. 마케팅 중간기관의 형태와 중요성

마케터가 고객의 욕구와 필요를 충족시키기 위해서는 형태효용 이외에도 여러가지 효용을 창출해야 하는데, 그러한 과업은 마케팅 중간기관들을 활용함으로써 매우 효율적으로 수행할 수 있다.

1) 마케팅 중간기관의 형태와 기능

마케팅 중간기관은 중간상인과 조성기관 등 마케팅경로에 참여하는 기관(경로참가자)들로 구성된다. 이중 중간상인이란 제품의 소유권을 최종소비자나 산업 사용자와 같은 고객에게 이전시키기 위한 활동을 적극적으로 수행하는 독립기관들로서 스스로 제품에 대한 소유권을 보유하는지의 여부는 관계없다. 즉 그들은 마케팅경로의 1차적 참가자로서 제품의 구매나 판매에 포함되는 거래협상에서 적극적인 역할을 수행한다는 점이 다른 마케팅 중간기관과 다르다.

마케팅 중간기관의 다른 형태는 조성기관facilitators인데, 그들은 제품에 대하여 소유권을 갖지 않을 뿐 아니라 물론 거래협상에도 적극적으로 개입하지 않고 단지 마케팅흐름이 원활하게 이루어지도록 측면에서 지원해 주는 2차적 참가자로서 여러 가지 금융기관이나 보험회사, 수송회사, 창고회사 등이 여기에 속한다.

한편, 중간상인은 상인중간상merchant middlemen과 대리중간상agent middlemen으로 다시 구별된다. 즉 상인중간상이 제품을 스스로 구매하여 소유권을 갖고 자신의 책임 하에서 재판매하여 이윤을 획득하는데 비하여 대리중간상은 마케터를 대리하여 고객을 탐색하고 거래협상을 수행하지만 제품의 소유권을 갖지 않으며 수수료를 받는다. 그러나 일반적으로 중간상이라고 할 때에는 상인중간상을 지칭한다.

결국 상인중간상이란 우리가 흔히 알고 있는 도매상과 소매상이라는 재판매업자(reseller)들을 지칭하는데, 사실 다음과 같이 마케팅에서 사용되는 용어들은 일반적으로 사용되는 용어와 의미상의 차이가 있으므로 유의해야 한다.

소매(retailing 또는 retail sale)	소매란 개인적 소비를 위해 제품을 구매하는 최종소비자에게 제품이나 서비스를 판매하는 모든 활동을 의미한다. 따라서 대부분의 소매는 소매상을 통하여 수행되지만, 생산자나 도매상도 모두 소매를 할 수 있다.
소매상(retailer 또는 retail store)	소매상이란 총매출액의 50% 이상을 소매활동으로부터 실현하는 상인중간상을 말한다.
도매(wholesaling 또는 wholesale trade)	도매란 재판매나 사업을 영위하기 위하여 제품을 구매하는 산업고객에게 제품이나 서비스를 판매하는 활동을 의미한다. 예를 들어, 다른 생산자에게 자신의 제품을 판매하는 생산자나 음식점에 볼펜을 판매하는 소매상도 도매를 하는 것이다. 따라서 도매와 소매의 구분은 거래량의 규모나 가격수준에 따른 것이 아니라 구매자의 구매목적이 개인적 소비나 비사업용인지의 여부에 달려있는 것이다. 그러나 협의의 도매는 생산자와 소매상의 경우를 배제하고 주로 도매에 종사하는 기관의 활동만을 의미한다.
도매중간상 (wholesaling middlemen)	도매중간상이란 제품에 대한 소유권의 유무와 관계없이 주로 도매활동을 수행하는 독립적 기관을 의미한다. 이에 비하여 도매상(wholesaler 또는 merchant wholesaling)은 제품에 대한 소유권을 갖고 도매에 종사하는 도매중간상을 의미하므로, 자연생산물의 중개인이나 생산자 대리인은 제품에 대한 소유권이 없기 때문에 도매상은 아니지만 도매중간상에 속한다.

한편, 마케팅에 있어서 이러한 중간기관들이 수행하는 기능은 대체로 다음과 같이 여덟 가지로 정리할 수 있다.

시장조사(research)	교환을 계획하고 촉진시키기에 필요한 정보를 수집한다.
촉진(promotion)	제품에 관한 설득적 커뮤니케이션을 개발하고 배포한다.
접촉(contact)	잠재고객을 탐색하고 적절한 커뮤니케이션을 수행한다.
조응(matching)	생산자들의 제품을 고객을 위한 구색으로 갖춘다.
협상(negotiation)	교환이 원활하게 일어나도록 거래조건을 합의시킨다.
물적 유통(physical distribution)	수송과 보관을 담당한다.
금융(financing)	생산자나 고객을 위하여 자금을 지원한다.
위험부담(risk taking)	생산자나 고객의 위험을 부담한다.

2) 마케팅 중간기관의 중요성

마케팅 중간기관은 그들이 수행하는 활동을 통해 마케터와 고객 사이의 교환을 촉진함으로써 전체 경제시스템의 효율성을 증대시키고, 개별적인 고객들의 만족도를 증진시키므로 사회적으로든 개별 고객의 입장에서든 대단히 중요하다. 중간기관이 수행하는 역할의 중요성은 그들이 전혀 존재하지 않는 경우를 생각해 보면 쉽게 이해할 수 있을 것인데, 아마도 돈으로 해결할 수 없는 비효율과 불만족이 상상하기 어려울 정도로 많을 것이다. 즉 "중간상인을 제거할지라도 그들의 기능(활동)은 제거할 수 없다"라는 말과 같이 생산과 고객 사이에서 공간적 및 시간적 괴리를 해소시키고 제품이 고객에게 가용하도록 하기 위한 일을 생산자든 고객 스스로든 누군가 떠맡아야 하며, 기왕에 그러한 일을 수행하려면 전문적 기관이 담당하는 편이 바람직할 것이다. 중간기관의 필요성은 교환의 구조적 측면과 교환의 활동적 측면으로 나누어 검토할 수 있다.

(1) 교환의 구조적 측면

인류의 경제활동이 산업혁명 이전까지는 유랑생활로부터 정착농경생활로 이어져 왔으며, 생산 활동도 자신의 욕구를 충족시키기 위한 모든 제품을 스스로 생산하는 자급자족의 특징을 보였고 노동분화나 생산전문화가 별로 나타나지 않았다. 그러나 산업혁명을 계기로 노동분화가 나타나기 시작함에 따라 인간의 욕구를 효율적으로 충족시키기 위한 체계적인 교환시스템이 등장하였다.

① **분산화시장**decentralized market : 분산화시장이란 각 생산자(가계)가 자신의 다양한 욕구를 충족시키기 위하여 다른 생산자(가계)들을 직접 방문하여 거래해야 하는 교환구조를 의미한다. 예를 들어, 다섯 가계가 서로 다른 가계들이 생산한 제품을 필요로 한다고 가정할 때 분산화시장에서는 10회의 여행과 10회의 거래가 일어나야 한다.

② **집중화시장**centralized market : 집중화시장은 분산화시장에 있어서 교환구조의 비효율성을 개선하기 위해 나타난 것으로 중간상인이 개입하지 않는 경우와 개입하는 두 가지의 경우로 나눌 수 있다. 우선 중간상인이 개입하지 않는 경우에는 다섯 가계들이 일정한 시간(장날)에 한 곳(장터)에서 만나기로 합의함으로써 집중화시장이 형성될 수 있는데, 비록 필요한 거래의 수는 그대로 10회이지만 여행의 수는 5회로 감소하여 전체 교환구조 내의 비용을 보다 절감할 수 있음을 알 수 있다.

한편, 집중화시장에 여러 가지 제품의 구색과 재고를 확보하고 있는 중간상이 개입하게 되면 다섯 가계들은 자신이 필요할 때 중간상인을 방문하여 그와 거래하는 것만으로 충분하기 때문에 필요한 여행의 수가 5회, 거래의 수도 5회로 각각 감소하여 전체 교환구조의 경제적 효율이 향상된다. 이와 같이 중간상인을 개입시킴으로써 교환구조 내의 여행 및 거래의 횟수를 감소시켜 경제적 효율을 도모하려는 일은 '총거래수 최소화의 원칙'principle of minimum transactions이라고 한다.

③ **다단계 유통구조**multistage structure : 집중화시장의 교환구조가 발전해 감에 따라 생산자는 생산 활동에만 전념하고 제품을 집중화시장에 공급하는 유통활동은 일부 중간상인에 의해 전문화되어 가는데, 그들은 생산자로부터 제품을 구매하여 집중화시장에서 활동하고 있는 다른 중간상인에게 재판매한다.

더욱이 집중화시장 내의 중간상인들은 구매자들에게 입지상의 편의성을 제공하기 위해 점차 그들 가까이 위치하기 시작하였는데, 이러한 입지상의 편의성을 모색하는 중간상인들이 늘수록 유통구조가 다단계로 발전하게 되며 오늘날에는 많은

수의 중간상인들이 유통경로 내에 존재하게 되었다.

즉 대부분의 생산자들은 자신의 제품을 직접 시장에 가져가지 않고 중간상인에게 의존하게 되었으며, 집중화시장은 많은 수의 도매상과 소매상으로 대체되었다. 만일 이러한 다단계 유통구조에 의존하지 않고 생산자가 직접 고객들에게 판매하면서 입지상의 편의를 제공하려고 한다면 전국에 수없이 많은 판매점을 운영하기 위해 막대한 재무적 압박을 감수해야 할 뿐 아니라 고객들의 다양한 욕구를 충족시키기 위해 다른 생산자들의 제품까지도 함께 취급해야 할 것이다. 더욱이 중간상인들은 소비자에 대한 근접성, 경험, 전문화, 규모의 경제 등을 통해 생산자보다 유통활동을 효율적으로 수행할 수 있다.

(2) 교환의 활동적 측면

① **구색탐색활동**assortment-search activities

오늘날 공업생산품의 생산자는 전문화된 생산을 통해 소품종의 제품을 대량으로 시장에 공급하는데 반하여 고객들은 그들의 여러 가지 욕구를 충족시키기 위해 다양한 제품을 비교적 소량으로 원하고 있다. 또한 자연생산물(농산물, 수산물, 축산물, 임산물, 광산물)의 생산자는 자연으로부터 수확된 여러 가지 등급(품위)의 생산물을 시장에 공급하고 있으나 고객들은 필요에 따라 비교적 동질적인 등급의 생산물을 구매하고자 한다.

따라서 생산자와 고객 사이에는 교환이 원활하게 일어나기가 어려운데, 마케팅 중간기관은 양과 질의측면에서 고객들이 원하는 구색을 탐색하여 공급을 조정함으로써 이러한 문제를 해결하는데 기여한다. 이러한 구색탐색활동은 크게 네 가지로 구성된다.

분류 (sorting-out)	분류란 여러 품질의 제품들이 섞여서 공급되는 경우에 유사한 품질의 제 품들을 분류해 내는 활동으로서 농산물이나 수산물의 등급결정(grading)이 좋은 예가 된다.
축적 (accumulating)	축적이란 소량으로 생산된 제품들을 여러 생산자로부터 모아 대량으로 구매하려는 고객에게 공급하려는 활동이다. 특히 소량으로 생산되는 자연생산물이나 일부 공산품의 경우에는 대량으로 구매하려는 구매자의 필요를 충족시키기 위해 이러한 활동이 중요시되는데 대체로 수집상이 담당한다.

할당 (allocation)	할당이란 제품이 시장에 대량으로 공급되는데 반해 고객들이 단지 소량으로 구매하기를 원할 때 공급량을 소량을 분할하는 활동으로서 특히 가계구매를 촉진하는 데 유용하다.
구색 (assortring)	다양한 욕구와 필요를 충족시키기 위한 소비시스템과 단일점포 일괄구매(one-stop shopping)와 같은 구매행동 특성은 상호 관련된 제품들을 갖추는 일인데, 도매상은 소매상을 위해 구색을 갖추며 소매상은 최종소비자들을 위하여 구색을 갖춘다. 만일 중간기관의 이러한 활동이 없다면 고객들이 여러 생산자들을 직접 방문하여 거래하거나 생산자가 이러한 활동을 대신하기 위해 다른 생산자들의 제품을 구매하여 함께 공급해야 할 것이다.

② 공간적 괴리의 해결활동

생산전문화는 대체로 생산자들을 지역적으로 집중시키는 경향을 갖는데 반하여, 제품을 원하는 고객들은 광범위한 지역에 산재되어 있기 때문에 생산 장소와 소비 장소 사이의 괴리는 원활한 교환에 장애가 된다. 이러한 공간적 괴리의 문제는 제품을 생산 장소로부터 소비 장소까지 물리적으로 이전시켜 제품의 가용성을 증대시키는 수송문제와 집권화 시장에서 여행의 수를 감소시켜 수송비를 감소시키는 문제로 구분될 수 있는데 아무튼 수송활동에 전문화된 마케팅 중간기관은 매우 효율적으로 이러한 문제를 해결하는 데 도움을 줄 수 있다.

③ 시간적 괴리의 해결활동

대량생산 시스템에 의한 생산은 반드시 소비와 동일한 시점에서 수행되지는 않는다. 따라서 시간적 괴리의 문제는 고객들이 요구하는 시점까지 이미 생산된 제품을 보관하는 문제와 고객들에게 편의성을 충분히 제공하기 위하여 제품의 흐름을 유기적으로 연결하는 문제로 구분된다.

한편, 중간상인이 많아질수록 마케팅경로 내에 보관중인 제품의 양은 많아질 것이지만 다단계 유통구조에서는 전체 경제시스템의 보관비가 오히려 적어진다. 왜냐하면 만일 생산자만이 재고를 갖고 있다면 모든 고객은 구매의 불편함과 재고고갈 위험, 주문비용 등을 감소시키기 위해 스스로 재고를 확보해야 하는데 최종고객의 수는 중간상인의 수보다 훨씬 많으므로 총재고가 커진다. 따라서 다단계 유통구조가 효과적으로 운용된다면 중간상인만이 재고를 갖는 것으로 충분하기 때문에 전체 경제시스템은 최소한의 총재고로서 모든 수요를 효과적으로 충족시킬 수

있게 되며, 이러한 원리를 '집중저장의 원리'principle If massed reserves라고 한다.

④ **수요 자극활동**

이제까지 설명한 활동들 이외에도 교환이 원활하게 일어나기 위해서는 대금의 흐름, 정보의 흐름, 촉진의 흐름, 서비스의 흐름 등이 효율적으로 관리되어야 하는데 이러한 흐름도 역시 중간기관들을 통하여 수행되는 것이다.

제 3 절 유통경로 의사결정과 마케팅전략

이미 설명한 바와 같이 경로의사결정들은 마케팅믹스의 다른 요소들과 직접적으로 영향을 주고받는데, 그들은 대체로 마케팅경로(유통경로)의 설계 및 관리에 관련된다. 예를 들어, 가격은 유통에 사용되는 경로의 형태나 구성원의 여러 가지 특성에 따라 달라질 것이며, 인적 판매나 광고 의사결정은 마케팅 중간기관들이 요구하는 보상과 협력관계에 의존한다. 더욱이 경로의사결정은 다른 독립적인 기관과의 비교적 장기간의 계약을 포함함으로써 관성적인 경향을 가지므로 현재 마케팅환경을 신중하게 고려한 후 내려져야 한다.

한편, 마케팅경로 내에는 여러 가지 유형의 마케팅 중간기관들이 활동하고 있으며, 그들도 역시 제품이 수명주기를 따라 일생을 거쳐 가듯이 새로운 형태로 등장하였다가 또 다른 형태의 중간기관으로 대체되어 가는 역학관계를 보여준다. 더욱이 마케팅경로란 다양한 마케팅흐름에 의해 연계되어 있는 독립적인 기관들의 단순한 집합 이상의 의미를 갖고 있기 때문에 경로구성원들의 관계는 매우 미묘하다. 즉 마케팅경로란 개별적인 목표와 경로전체의 목표를 동시에 추구하면서 상호작용하는 독립적인 기관들의 복합적인 행동시스템이므로 간혹 갈등이 야기되기도 하며, 그것을 조정하기 위하여 특별한 노력이 필요하기도 하다.

1. 중간상인의 형태와 발전전망

상인중간상으로서 도매상과 소매상은 여러 가지 형태로 시장에 등장했다가 다른 형태로 대체되는 과정을 되풀이하면서 오늘날의 다양한 형태를 보여주고 있다.

1) 소매상

(1) 소매상이란

소매상은 최종 소비자를 대상으로 상품을 판매하는 유통기관이다. 소매상 역시 도매상이 생산자와 소매상을 연결하는 것처럼 도매상과 소비자를 연결하는 역할을 한다. 소매상은 최종 소비자를 직접 상대하므로 소비자들의 구매행동을 관찰하고 조사하기 쉽기 때문에 이러한 정보를 도매상이나 생산자에게 전달하는 기능을 한다. 생산자나 도매상은 이러한 정보를 바탕으로 생산이나 유통 전략에 반영하여 상품의 수급을 조절하게 된다. 이러한 정보전달 기능 외에도 소매상은 상품을 판매하기 위하여 진열, 판매촉진 등의 활동을 하게 되고 판매된 상품을 최종 소비자에게 전달하는 물적 유통기능도 담당한다.

(2) 소매상의 형태

소매상의 형태는 서비스수준이나 제품계열, 상대적인 가격수준, 통제의 가능성, 점포의 밀집형태 등을 기준으로 하여 다음과 같이 분류할 수 있다.

① 서비스 수준에 따른 분류

제품이나 표적시장의 특성에 따라 소매상이 제공해야 하는 서비스 수준은 달라질 것인데, 대체로 경기 침체기에는 그러한 서비스수준이 축소되며 오늘날 저가격의 소매상 형태에서는 셀프 서비스가 매우 보편화되어 있다.

② 제품계열에 따른 분류

취급하는 제품 계열에 따라 소매상의 형태는 백화점과 같은 일반계열소매상으로부터 전문점과 같은 한정계열소매상에까지 이른다.

③ 상대적인 가격수준에 따른 분류

일부 소매상은 경쟁자들에 비해 적은 서비스를 제공하면서 저가격을 구사하여 경

쟁우위를 차지하는데, 상대적으로 가격수준이 낮은 소매상의 형태는 다음과 같다.

- 할인점 : 박리다매의 원칙하에서 표준화된 제품을 항상 저가격으로 판매한다.
- 창고소매점 : 고객들이 창고를 직접 방문하여 제한된 계열의 제품을 저가격으로 구매할 수 있도록 허용한다.
- 카탈로그 소매점 : 마진이 크고 재고회전이 빠른 유명상표를 카탈로그에 의존하여 저가격에 판매한다.

④ 통제가능성에 따른 분류

대부분의 소매상은 독립적인 기관이지만, 다음과 같은 유형의 소매상들은 어느 정도 통제될 수 있다.

- 법인형 연쇄점 : 법인에 의해 소유되며, 유사한 제품계열을 판매하는 두 개 이상 점포의 결합형태로서 중앙집중식 관리를 통하여 저가격 구매와 마케팅활동의 효율성을 강점으로 한다.
- 자유연쇄점과 협동연쇄점 : 자유연쇄점이란 공동구매를 위하여 도매상을 중심으로 모인 독립적인 소매점들이며, 협동연쇄점이란 소매점들이 공동으로 도매상을 운영하는 형태이다.
- 프랜차이즈 시스템 : 소매점들이 생산자나 도매상과 계약을 근거로 하여 상호나 상표, 특허, 경영기술 등을 사용하고 그 대가로 가입비와 로열티를 지불하는 형태이다.

⑤ 점포의 밀집형태에 따른 분류

오늘날에는 많은 소매점들이 소비자에게 일괄구매의 편의성을 제공하기 위하여 교통이 편리한 입지에 밀집하는 경향이 있는데, 다음과 같은 형태가 대표적이다.

- 도심상점가 : 도심상점가란 사람들이 많이 거주하며 통행이 빈번한 도심에 각종 생활 그린시설을 중심으로 발전한 상점들의 밀집형태인데, 도심의 교통난과 범죄우려와 더불어 교외이주 성향으로 인해 점차 쇠퇴하고 있다.
- 쇼핑센터 : 하나의 복합된 단위로서 계획, 개발, 관리되는 소매점들의 밀집형태이다.

[표 10.5] 소매상의 종류

백화점	백화점은 다양한 종류의 상품을 취급하는 대규모 소매점. 대도시에 소비자들의 구매력이 집중되고 소비자들의 생활수준이 향상되면서 백화점이 발달. 규모가 크기 때문에 이를 관리하기 위한 경영비용이 많이 듬.
편의점	고객의 편의를 파는 소매점. 소비자들이 필요한 상품을 쉽게 구입할 수 있도록 하기 위해서 식료품과 일용잡화를 중심으로 판매. 특히 연중무휴, 심야영업으로 언제든지 원하는 상품을 살 수 있도록 하여 이름 그대로 고객의 편의를 추구함. 이러한 편의점은 대부분 프랜차이즈로 운영.
슈퍼마켓	각종 생활용품을 셀프서비스 방식으로 판매하는 비교적 큰 소매점. 식료품 및 일용잡화를 주로 취급.
전문점	제품 계열을 한정하여 해당 제품 계열의 제품만을 취급. 자동차, 악기, 의류, 가구, 책 등과 같은 상품의 경우 전문점의 형태.

사례

무점포 판매방식의 대표적인 사례

홈쇼핑(home shopping)이다. 홈쇼핑은 백화점이나 쇼핑센터에 가지 않고 집안에서 전화나 컴퓨터를 이용해서 상품을 구입하는 것을 말한다. 소비자들은 케이블 TV 등과 같은 방송, 신문, 잡지, 우편물 등을 통해서 상품정보를 얻고 원하는 상품을 구매하게 된다. 특히 최근에는 정보통신 기술의 발달로 인터넷이 생활화되면서 웹을 기반으로 하는 전자상거래가 급속히 발달했다. 인터넷 전자상거래를 이용하면 다양한 상품 정보를 손쉽게 얻을 수 있고 점포에서 사는 것보다 훨씬 싼 값에 상품을 구입할 수 있다. 게다가 신용카드를 사용하거나 인터넷 뱅킹을 이용해서 앉은 자리에서 바로 결제할 수 있고 배달되는 상품이 어디쯤 있는지 추적할 수도 있다. 이러한 제품구입에 대한 편리함이 무점포 판매에 획기적인 변화를 가져온 것이다. 이밖에도 음료수, 휴지 등과 같은 일상 편의품을 취급하는 자동판매기, 다단계판매, 방문판매 등도 무점포 판매방식에 속한다.

2) 도매상

(1) 도매상

생산자로부터 제품이 생산되면 일반적으로 도매상과 소매상을 거쳐 소비자에게 전달된다. 도매상은 생산자와 소매상을 연결하는 중간 매개체로 상품이나 서비스를 구입하여 다른 도매상이나 소매상에게 재판매하는 조직이나 사람을 말한다. 도매상은 최종 소비자와 직접 거래를 하지 않는 것을 원칙으로 한다. 그러나 때에 따라서 거래를 하는 경우도 있는데 거래량은 그리 크지 않다. 도매상은 여러 가지 기능을 담당하고 있는데 대부분 제조업자나 소매상을 대상으로 거래를 하기 때문에 거래 대상별로 각각 다른 역할을 수행한다.

(2) 도매상의 기능

① 생산자에 대한 기능

도매상은 생산자로부터 상품을 구입하여 소매상에게 분배한다. 도매상은 대량으로 상품을 구입하고 시장에 제공하기 때문에 생산자와 소비자 사이에서 수급의 균형을 조절하는 역할을 담당한다. 도매상은 생산자와 소매상의 중간 단계에 있기 때문에 두 유통기관을 연결하는 다양한 전달기능이 있다. 소매상에 상품을 분배하기 때문에 소매상에서 취급하는 상품의 종류, 수량, 가격 등에 대한 다양한 정보를 수집할 수 있고 이러한 정보를 생산자에게 전달하게 된다. 즉 도매상은 시장의 정보를 전달하고 이를 통해 생산자에 대한 생산 활동을 지도하게 되는 것이다.

② 소매상에 대한 기능

대량으로 상품을 구입한 도매상은 이 상품들을 보관하고 관리하며 소매상에게 분배하는 역할을 하게 된다. 이러한 물적 유통기능을 담당하면서 시장에서 제품수급을 조절하게 되는 것이다. 그러나 소매상에게 상품을 공급하는 역할만 수행하는 것은 아니다. 소매상에 대한 촉진활동을 함으로써 생산자가 소비자에게 전달하려고 하는 다양한 상품 정보를 소매상에게 제공한다.

(3) 도매상의 형태

도매상의 형태는 그들이 수행하는 기능범위나 제품계열, 통제의 가능성에 따라 다음과 같이 분류할 수 있다.

① **기능범위에 따른 분류**

- 완전기능 도매상 : 일반도매상, 산업유통업자
- 한정기능 도매상 : 현금무배달 도매상, 트럭도매상, 직송도매상
- 특수형태 도매상 : 선반도매상, 생산자 조합, 우편주문 도매상

한편, 도매상이 수행하는 일반적으로 다음과 같은 기능을 수행한다.

- 구매와 구색 갖추기buying & assortment building : 고객의 욕구를 파악하여 품목을 선택하고 고객들을 위해 구색을 갖추는 등 구매대리인의 역할을 수행한다.
- 판매와 촉진selling & promotion : 소매상들과 산업사용자에게 도달하려는 생산자를 위해 저렴한 비용으로 판매 대리인의 역할을 수행한다.
- 거래량분할bulk-breaking : 대량으로 구입한 제품을 소량으로 분할하여 판매함으로써 고객과 생산자에게 절약과 서비스를 제공한다.
- 수송과 보관 : 고객에게 신속한 배달과 효율적인 재고확보를 보증함으로써 재고위험과 재고투자를 감소시켜 준다.
- 금융financing : 고객에게 신용을 담보로 판매하거나 생산자로부터 제품을 비수기에 구매해 줌으로써 금융상의 서비스를 제공한다.
- 위험부담risk taking : 제품에 대한 소유권을 보유함으로써 제품진부화나 도난, 파손, 변질 등에 의한 생산자와 고객의 위험을 부담한다.
- 시장정보market information의 제공 : 경쟁자 활동이나 가격변화 등에 관한 정보와 신제품 아이디어를 제공해 준다.
- 경영서비스 및 지도management service and advice : 소매상에게 경영관리상의 서비스를 제공하고 지도한다.

② **제품계열에 따른 분류**

도매상은 대체로 한정된 계열의 제품을 취급하기 때문에 이러한 분류는 커다란 의미를 갖지 못하지만 간혹 대단히 다양한 제품계열을 취급하는 도매상이 존재한다.

③ **통제가능성에 따른 분류**

도매상에 대한 통제정도는 생산자의 판매지점과 사무소에서 크고 대리중간상에게서는 낮다.

- 생산자의 판매지점과 판매사무소 : 생산자가 자신의 설비를 이용하여 직접 마케팅 하는 추세는 부패성이나 진부화의 가능성이 큰 제품, 복잡한 가설서비스와 기술지원이 필요한 제품, 보다 적극적인 촉진활동이 필요한 제품, 단위당 금액이 비싼 제품에서 점차 보편화되고 있다. 판매지점sales branch이 재고를 보유하는데 반하여 판매사무소sales office는 재고를 보유하지 않으면서 단지 생산자의 판매원을 위한 파견사무실로서 판매비용을 절감하고 고객서비스를 개선하기 위한 것이 다.
- 중개인居 間, broker : 중개인은 구매자들과 판매자들을 만나게 해 주는 일을 기본적인 임무로 하며, 그들 사이의 거래가 이루어지면 수수료를 받는 대리중간상이다. 그들이 제공하는 유일한 서비스는 소유권의 교환을 위한 협상중개인데, 가격결정권한을 갖지 않으며, 특정한 거래가 끝나면 대리관계도 끝난다.
- 판매 대리인selling agents : 생산자의 마케팅 부서를 대체하는 독립적인 기관으로서 가격결정과 촉진활동 등 전체 마케팅프로그램을 대행하므로, 재무능력이 약한 소규모의 생산지향적인 기업에게 유용하다.
- 위탁상commission house 또는 commission man : 주로 자연생산물을 생산자로부터 위탁을 받아 판매하고 수수료를 받는 독립적인 기관인데, 자신의 책임 하에 제품을 취급하고 판매하며 판매전에 수행되는 등급분류나 보관 등의 서비스를 제공하기도 한다.
- 구매대리인purchasing agents : 구매자와 장기계약을 맺고 구매자를 대리하여 제품을 구매하고 검수할 뿐 아니라 필요한 경우라면 보관기능도 수행한다.

2. 유통경로의 계열화

유통경로는 생산자부터 소매상에 이르기까지 다양한 유통 구성원들로 이루어진다. 일반적으로 유통 경로의 구성원들은 구성원 모두의 이익을 추구하는 것이 아니라 각자의 이익만을 추구하려 하기 때문에 유통경로의 갈등이 생겨나게 된다. 이러한 복잡한 유통경로를 관리하고 문제점을 해결하기 위한 해답을 찾게 되면서 유통경로의 계열화라는 개념이 생겨나게 되었다. 유통경로의 계열화란 유통경로에서 일어나는 여러 가지 문제점과 갈등을 해소하고 유통경로 활동을 효율적으로 실행할 수 있도록 전문적이고 일관성 있는 관리체계를 만들어 전체의 이익을 극대화하려는 것을 말한다.

유통경로의 계열화는 크게 수직적 마케팅시스템vertical marketing system/VMS과 수평적 마케팅시스템horizontal marketing system/HMS으로 나누어진다. 수직적 마케팅시스템이란 유통질서를 유지하고 경쟁력을 강화시켜 유통과정의 효율을 증대시키기 위해서 생산, 도매, 소매 등의 역할을 하는 유통경로의 상하 단계를 체계적으로 통합하고 조정하는 것을 뜻한다. 이러한 수직적 유통계열화와는 달리 마케팅 능력이 부족한 같은 단계에 있는 유통경로들이 상승효과를 얻기 위해서 서로 결합한 것을 수평적 마케팅시스템이라고 한다. 기업은 유통경로를 계열화하여 대량생산으로 인한 대량판매, 유통비용 절감, 가격 안정, 경쟁기업에 대한 효과적인 대응, 목표이익의 극대화 등의 목적을 이루려고 하는 것이다.

1) 수직적 마케팅시스템

수직적 마케팅시스템이란 생산자, 도매상, 소매상 등의 유통 구성원들이 하나의 통일된 시스템을 이루는 유통경로의 체계를 말하는데 일반적으로 유통경로를 계열화한다는 것은 수직적 마케팅시스템을 일컫는다. 이러한 시스템으로 상품이 생산자로부터 생산되고 최종 소비자가 구매하기까지의 수직적인 유통단계를 전문적으로 계획하고 관리할 수 있다.

(1) 기업형 VMS

기업형 VMS는 한 유통경로 구성원이 다른 유통경로 구성원을 소유하여 통합적인 관리체계를 만든 것이다. 하나의 소유권 아래에서 유통의 각 단계를 결합한 것이므로 생산부터 판매까지 통합적이고 일관적으로 통제할 수 있다는 장점이 있지만 유연성이 떨어져 경직될 수도 있다. 이렇게 수직적 통합을 하는 방법으로 전방통합과 후방통합이 있다. 전방 통합은 제조업자가 생산뿐만 아니라 유통의 각 구성원들을 소유하여 생산부터 판매까지 수직적 체계를 만드는 것이고 후방통합은 전방통합과 반대로 어떤 유통업자가 유통뿐만 아니라 생산단계까지 통합하여 관리하는 체계를 말한다.

(2) 계약형 VMS

어떤 한 구성원이 상품이 흐르는 모든 유통경로를 통제하는 기업형 VMS는 제조업자이건 유통업자이건 전체를 관리할 수 있는 능력이 있어야 한다. 그러나 대부분 이러한 수직적 마케팅시스템을 만들 수 있을 만큼 여유가 있는 것은 아니다. 이렇게 한 구성원이 다른 모든 구성원을 통제할 수 있는 능력이 없을 때 계약형 VMS를 구축할 수 있다. 계약형 VMS 개별 구성원들끼리 계약에 의해서 전체 시스템을 구성하여 결합하는 것으로, 계약에 따른 의사결정기구에 의해 중요한 의사결정이 내려지지만 개별 구성원들도 자율적인 지위를 보장받을 수 있게 된다. 도매상의 후원하에 다수의 소매상들이 계약으로 결합된 도매상후원 자유연쇄점, 독립적인 소매상들이 모여 연합한 소매상 조합, 모회사가 가맹점에게 특정지역에서 영업할 수 있는 권리를 부여하고 로열티를 받는 프랜차이즈 조직 등이 여기에 속한다.

(3) 관리형 VMS

관리형 VMS는 공동소유권이나 계약에 의해서가 아니라, 하나 또는 한정된 수의 기업이 자신의 지위, 명성, 자원 등을 이용하여 연속적인 전체 경로를 관리하고 다른 구성원들은 자율성을 가지고 이에 따르는 시스템이다. 공식적인 강제력은 없지만 전체의 목표를 향해 비공식적으로 협력하는 이러한 체계는 어느 한 쪽의 규모와 힘에 의해서 조정된다. 시장점유율이 높은 브랜드의 상품을 가진 제조업자는 판매업자에게 강력한 거래상의 협조와 지지를 확보할 수 있기 때문이다.

기업은 수직적 마케팅시스템을 구축함으로써 다양한 효과를 거둘 수 있다. 뛰어난 기술능력을 보유할 수 있게 되고 원자재의 확보가 쉬워지며 유통 및 거래비용을 줄일 수 있다. 또한 이러한 강력한 유통체계는 경쟁기업의 시장진입을 막는 역할도 하게 된다. 그러나 각 유통 단계별로 나타나는 문제점과 시장의 변화에 대응하기 곤란해져 융통성이 떨어질 수 있고 또한 이러한 시스템을 구축하는 데 많은 자본이 소요된다. 이러한 수직적 마케팅시스템은 자사의 특성과 시장의 환경을 제대로 분석하고 구축할 때 기업의 성장에 커다란 기여를 할 수 있지만 잘못 구축된 시스템은 오히려 기업의 생존을 위협하여 실패할 수도 있다는 점을 잊지 말아야 한다.

2) 기업의 한계를 극복하는 수평적 마케팅시스템

일반적인 기업의 여건상 수직적 마케팅시스템을 만드는 데는 한계가 있다. 조직, 자본 등과 같은 기업의 경영자원이 부족하기 때문이다. 이러한 기업들에게는 자사의 부족한 자원을 보완해줄 수 있는 다른 기업과 마케팅시스템을 결합하면 효과적이다.

수평적 마케팅시스템horizontal marketing system/HMS이란 자원이 부족한 기업들이 효과적인 마케팅 활동을 수행하기 위하여 같은 경로 단계에 있는 다른 기업과 결합하는 것을 말한다. 이러한 통합을 통해서 각각의 기업은 서로의 목표를 달성해 나가기 위한 시너지효과를 얻게 되는데 이러한 시스템을 공생적 마케팅symbiotic marketing이라고도 한다. 이 시스템은 경쟁자이든 비경쟁자이든 상관없이 서로의 목표를 위해서 힘을 결속할 수 있다는 장점이 있다.

3. 경로구성원의 행동적 차원

경로구성원은 각자 개별적인 목표를 추구하지만 또한 그러한 목표의 달성이 전체 마케팅경로의 성과와 밀접한 관계가 있다는 사실을 알고 있기 때문에 경로구성원들에게서 관찰될 수 있는 경로 행동의 형태는 다음과 같이 세 가지로 나타난다. 단지 여기서는 경로관리 상의 문제를 야기 시키는 갈등만을 살펴본다. 협동 경로구성원 각자는 자신의 역할을 수행하고 목표를 달성하기 위해 다른 구성원에게 의존해야 함을 인정하고 협동한다. 갈등 경로구성원 각자는 자신의 목표를 효과적으로 달성하기 위해 역할의 범위를 확대해야 한다고 생각한다. 영향력 경로구성원 각자는 다른 구성원들에 대한 영향력을 확대하여 경로지도자가 되려고 노력한다.

1) 경로갈등의 유형과 영향

경로구성원들 사이에서 나타나는 갈등channel conflict은 세 가지 형태가 있다.

(1) 수평적 갈등horizontal conflict

수평적 갈등이란 마케팅경로의 동일한 단계에서 활동하는 경로구성원들 사이에서 야기되는 형태인데 예를 들어, 아파트단지의 슈퍼마켓과 그 근처의 공무원 연

금매장 사이에는 이러한 형태의 갈등이 끊임없으며 가전대리점과 용산전자상가도 마찬가지다.

(2) 형태간 갈등intertype conflict

형태간 갈등은 슈퍼마켓의 의류코너와 의류점에서와 같이 마케팅경로의 동일한 단계에서 활동하지만 상이한 형태의 기업들 사이에서 야기되거나horizontal channel competition 또는 독립적인 의류점과 프랜차이즈 의류점, 음식점과 배달도시락 프랜차이즈에서와 같이 동일한 시장에 접근하고 있는 상이한 형태의 전체 마케팅경로 사이에서 야기될 수 있다channel system competition. 특히 전자의 형태간 갈등은 소매상들이 문어발식 머천다이징을 채택함에 따라 격화되고 있다.

(3) 수직적 갈등vertical conflict

수직적 갈등이란 마케팅경로의 상이한 단계에서 활동하는 경로구성원들 사이에서 야기되는 형태로서 전체 마케팅경로 내의 협동적 관계를 위협한다. 예를 들어, 통조림 생산자가 직판점을 개설한다면 전통적으로 통조림을 취급하던 소매점들로부터 부정적인 반응을 얻게 될 것이다. 이러한 형태의 경로갈등들은 어느 정도 불가피한 것이므로 마케터는 그것을 제거하기보다 효과적으로 관리하려고 노력해야 하는데, 우선 경로갈등의 역기능적 영향은 다음과 같이 정리할 수 있다.

첫째, 수직적 갈등이 클수록 경로구성원들 사이의 기능적 협동이 약화되고 경로구성원 각자가 수행하는 마케팅활동이 중복될 것이므로 전체 마케팅경로의 성과수준은 낮아진다. 둘째, 경쟁자의 목표달성을 방해하려는 노력은 자신의 자원을 낭비시켜 마케팅성과가 낮아진다.

그러나 경로갈등이 반드시 부정적인 것은 아니며, 오히려 마케팅경로에 순기능적인 영향을 미치기도 한다. 즉 경로갈등은 경로구성원들 사이에 건전한 경쟁을 야기시킴으로써 혁신과 효율을 추구하도록 자극할 수 있기 때문에 마케터는 경로갈등을 관리하기 위한 프로그램을 개발하고 실천해야 한다.

2) 경로갈등의 관리

경로갈등을 효과적으로 관리하기 위해서는 다음과 같은 절차가 유용하다. 즉 마케터는 우선 스스로의 시장영향력을 강화함으로써 경로지도자의 지위를 확보한 후, 경로지도자로서 전체 마케팅경로에 대한 초기업적超企業的인 상위목표를 설정한다. 예를 들어, 이러한 목표는 제품의 전체 유통비용을 절감하거나 마케팅경로 내의 정보의 흐름을 개선하는 것이 될 수 있다. 그 다음 초기업적인 상위목표를 달성하기 위해 각 경로구성원들이 수행해야 하는 역할을 명확하게 규정하고 그들이 그러한 역할들을 제대로 또는 효과적으로 수행하도록 거래점 상담이나 특별사례를 제공하는 등의 관리메커니즘을 개발해야 한다.

① 시장영향력 강화를 통한 경로지도자의 지위 확보
② 전체 마케팅경로에 대한 초기업적인 상위목표의 설정
③ 경로구성원들의 역할 조정
④ 경로구성원들의 역할 지원 및 관리

싱가포르 항공, 19년째 최우수 항공사 비결은?

한 분야에서 세계 최고를 한다는 것은 엄청난 일이다. 이 세계 1위를 19년 동안 유지한다면 어떤 비결이 있지 않을까. 싱가포르항공이 세계적인 여행 잡지 콘데 나스트 트래블러(Conde Nast Traveler)가 뽑은 세계 최고 국제선 항공사로 선정됐다. 19년째 줄곧 1위를 달리고 있다.

싱가포르항공의 비결은 무엇일까. 싱가포르항공은 사업 초기 단계부터 서비스 차별화 전략을 수행해 왔다. 싱가포르항공은 혁신, 기술, 최고의 품질, 훌륭한 고객 서비스를 브랜드의 핵심으로 만들기 위해 노력한다.

싱가포르 항공은 32년간 이러한 전략을 일관되게 수행해 왔다. 싱가포르항공은 최고의 서비스 제공을 위해 항공기 내에서 다양한 혁신의 선구자적 역할을 해왔다. 1970년대부터 이코노미 클래스에 헤드셋과 음료를 무료 제공하기 시작했고, 1991년에 기내 위성전화를 처음 설치했다.

90년대부터 전문요리사들로 기내식단을 개발하기 시작했고, 극장 스타일의 영화서비스 등을 처음으로 도입했다. 2006년 7월엔 비즈니스클래스에 컴퓨터를 설치, 비행 중에 사무를 볼 수 있는 서비스도 개발했다. 싱가포르항공 모든 좌석에 장착된 USB 포트에 개인 USB 장치를 연결하면 노트북 없이도 워드작업이나 뉴스검색 등을 할 수 있고, 각종 정보도 살펴볼 수 있다.

최신 기종 항공기를 고수하는 것도 고객들의 높은 평가를 받는 이유다. 미국이나 유럽엔 평균기령이 10년이 넘는 항공사들도 많다. 싱가포르항공은 세계 최초로 에어버스의 A380기를 인도받았고, 추가로 19대를 도입할 예정이다. 싱가포르항공의 최신기종 항공기 고수 전략은 최신 항공기 사용을 통한 비용 절감을 추구함 과 동시에 긍정적인 자사의 브랜드 이미지를 형성하기 위해서 사용되는 전략이기도 하다.

싱가포르항공의 심벌과도 같은 Singapore Girl은 싱가포르항공의 차별화된 브랜드 전략을 위한 노력을 잘 보여준다. Singapore Girl은 싱가포르항공의 승무원들을 의미하는데, 특히 싱가포르항공의 스튜어디스 는 세계적으로 유명하다. 싱가포르항공은 1972년 개항 당시 프랑스의 고급 패션 디자이너 Pierre Balmain에게 싱가포르 전통 의상을 모티브로 한 승무원 의상 제작을 의뢰하였고 이 의상은 싱가포르항공을 나타내는 독특한 심벌의 역할을 한다. Singapore Girl의 따뜻하고 부드럽고 온화한 동양적 이미지는 뛰어난 서비스 품질을 추구한다는 기업의 목표와 어우러져 싱가포르항공의 브랜드 이미지 형성에 지대한 영향을 미쳤다.

싱가포르항공사는 또한 오감 브랜딩의 성공 사례로 손꼽힌다. 싱가포르항공사는 기내에서 스테판 플로리안 워터스라 불리는 매력적인 향기가 나는 것으로 유명하다. 싱가포르항공사는 자신만의 향기를 만들기 위해 유명 향수업체의 도움을 얻어 스테판 플로리안 워터스를 직접 기획, 제작하였다. 스테판 플로리안 워터스는 뜨거운 물수건은 물론이고 기내 전체에 퍼져나간다.

싱가포르항공을 이용한 사람들은 누구나 기내의 독특한 향기에 대한 좋은 추억을 가지게 된다고 한다. 또한 이러한 향을 이용한 브랜딩은 경쟁사들이 모방할 수 없는 독특한 정체성 형성에 기여하여 경쟁상품이 넘쳐 나는 시장에서 싱가포르항공의 브랜드를 차별화하는 데 많은 도움을 준다.

(www.venturerepublic.com; 머니투데이 경제 2007. 10. 17)

Chapter

11 촉진과 커뮤니케이션관리(Promotion)

이제까지 우리는 마케팅전략에 따라 양질의(고객의 욕구에 부합하는) 제품을 만들어 적정한(고객이 인정하는) 가격을 붙여 표적시장에 출시하는 과정을 살펴보았다. 이제 우리의 임무를 다 했으니 가만히 있으면 모든 것이 잘될까? 안타깝게도 우리의 제품이 반드시 잘 팔릴 거라고 장담할 수가 없다. 결국 고객만족을 위한 우리의 노력을 적극적으로 고객에게 알리고 구매를 자극하는 적극적인 촉진활동을 하지 않으면 제품은 제대로 판매가 이루어지지 않는다. 더욱이 우리의 상품에 대한 경쟁자는 다른 기업에서 제공하는 상품만이 아니라 고객의 입장에서 보면, 상품을 구매하거나 이용하는 시간에 대신 할 수 있는 다른 활동까지 포함이 된다. 따라서 우리의 제품에 대해 고객에게 커뮤니케이션 하는 것은 매우 중요한 일이다. 아무리 훌륭한 제품이라 해도 고객이 알지 못해 구매하지 않으면 소용없기 때문이다. 이러한 커뮤니케이션전략은 일반적으로 마케팅믹스의 촉진전략과 동일한 개념으로 사용된다.

우리는 앞에서 우리가 어떤 고객에게 집중해야 할지를 정하고, 고객은 우리를 어떻게 생각하고 있는지, 우리는 어떤 모습으로 고객의 마음속에 자리매김할 것인지를 정했다. 커뮤니케이션전략 역시 이와 일관되게 이루어지는 것이 매우 중요하다. 커뮤니케이션은 표적고객을 대상으로 정보를 전달하고, 설득하며, 교육하여 우리가 기대하는 방법이나 행동을 하도록 이끌어내는 것을 의미한다.

각 기업들은 커뮤니케이션의 스타일, 필요사항, 또는 기회 등을 점검, 실험해보고, 효과적이고 비용대비 효율성이 높은 커뮤니케이션 프로그램을 개발하는 것이 중요하다.

제 1 절 커뮤니케이션의 개요

1. 커뮤니케이션의 이해

1) 커뮤니케이션의 개념

커뮤니케이션이란 단어는 '共通'common 이라는 의미를 가진 라틴어 communis로부터 유래되었으며 '2명 이상의 사람들 사이에서 사고의 공통성commonness을 형성하는 과정'을 의미한다. 이러한 정의는 두 가지 중요한 개념구성요소를 포함하고 있는데, 첫째는 커뮤니케이션이 과정(process)이므로 모델로서 검토될 수 있는 구성요소들과 그들 간의 상호관계를 포함한다는 점이며, 둘째는 커뮤니케이션이 제대로 수행된다면 관련된 사람들 사이에서 사고가 공유된다는 점이다. 이러한 커뮤니케이션은 사람들 사이에서 사고의 공통성을 형성하기 위하여 언어나 문자를 사용하는 명시적 커뮤니케이션과 의상, 색채, 규격, 표정 등의 비언어적 상징을 사용하는 묵시적 커뮤니케이션으로 구분할 수 있다. 특히 후자의 경우에는 커뮤니케이션을 위해 사용된 상징을 관련된 사람들이 동일한 의미로 해석해야 한다는 점이 전제되므로 언어 · 연령 · 사회계층 · 인종 등이 다를 경우에는 커뮤니케이션이 어려워진다.

2) 커뮤니케이션 시스템(커뮤니케이션의 흐름)

커뮤니케이션 시스템은 다양하게 묘사될 수 있지만 기본적으로 송신자, 메시지, 수신자, 매체 등 네 가지의 요소를 포함한다. 여기서 송신자란 다른 사람(들)과 공유하려는 아이디어를 가진 사람으로서 예를 들면, 기업, 정치가, 인금인상을 요구하는 노조지도자, 헌혈운동을 벌이는 사회단체 등이다. 두 번째 구성요소인 메시지는 송신자가 갖고 있는 추상적인 아이디어를 적절한 상징들의 조합으로써 표현한 것symbolic expression인데 상징으로는 언어나 문자, 표정, 색체 등이 널리 이용된다. 세 번째 구성요소인 수신자는 송신자가 자신의 아이디어를 공유하려는 사람(들)인데 예를 들면, 소비자, 유권자, 기업의 경영자, 시민 등이다. 네 번째 구성요소인 매체는 메시지를 담아 전달할 그릇으로서 신문, 잡지, TV, 라디오는 물론이고 판매원을

포함하며 간혹 송신자 자신이 커뮤니케이션을 위한 매체로 활동할 수 있다.

이러한 네 가지 기본적 요소에 기호화, 해독, 피드백, 잡음 등의 요소를 추가하여 보다 정교한 커뮤니케이션 시스템을 검토할 수도 있다. 여기서 기호화encoding란 송신자가 갖고 있는 추상적인 아이디어를 전달가능 한 형태의 상징을 사용하여 구체적인 표현(메시지)으로 전환시키는 과정이며, 해독decoding이란 역으로 메시지에 포함된 상징을 해석하여 추상적인 아이디어를 추출해 내는 과정이다. 또한 피드백이란 송신자가 자신의 메시지가 어떻게 수신되고 있는지를 검토하고 커뮤니케이션 활동을 조정할 수 있도록 수신자의 반응이 송신자에게 전달되는 과정을 의미한다. 한편 잡음noise이란 커뮤니케이션 시스템의 모든 단계에서 본래 의도된 메시지의 정확한 전달을 방해하는 요인들을 의미 하는데, 신문의 오자(誤字)나 대화중의 소음 등이다.

한편, 마케팅 커뮤니케이션이란 '표적시장으로부터 바람직한 반응을 유도하기 위해 그들에게 통합된 자극을 제시하며, 현재의 메시지를 수정하고 새로운 커뮤니케이션의 기회를 확인하기 위한 경로를 설계하는 과정'이라고 정의할 수 있다. 예를 들어, 마케터는 잠재고객과 공유하려는 추상적인 아이디어를 판매제시, 광고물, 진열 등의 상징을 이용하여 메시지로 표현하는데, 그러한 메시지가 광고매체나 판매원을 통해 잠재고객에게 전달되면 잠재고객은 메시지를 해석하여 자기 나름대로 아이디어를 도출하고 특정한 반응을 보이게 된다. 물론 이러한 반응들은 마케팅조사나 판매원의 보고서 등을 통하여 마케터에게 피드백 된다.

3) 마케팅 커뮤니케이션을 위한 도구

마케팅믹스의 구성요소 중 '촉진'이란 본질적으로 정보제공과 설득의 기능을 수행하는 활동만을 지칭하므로 간혹 협의의 촉진이라고 부르기도 한다. 그러나 마케터가 구사할 수 있는 커뮤니케이션 도구를 광고나 인적 판매 등과 같은 전통적인 촉진도구로 제한하지 않고 수신자와 송신자 사이에서 아이디어를 공유하기 위해 사용할 수 있는 모든 상징들로 간주한다면 제품, 가격, 경로, 촉진(협의의 촉진) 등 마케팅믹스의 모든 구성요소들이 결국 마케터와 고객 사이에 사고의 공통성을 형성하기 위해 활용될 수 있는데, 이러한 관점을 광의의 촉진이라고 부른다.

(1) 마케팅 커뮤니케이션 도구로서의 제품

마케팅 커뮤니케이션의 맥락에서 제품의 각 측면은 일정한 의미를 함축하는 상징으로 간주될 수 있으며 제품에 관한 일종의 아이디어를 소비자에게 전달해 준다. 즉 마케터는 포장 및 제품 자체의 색채, 디자인, 재질과 상표 등 다음과 같은 요인들을 적절하게 선정함으로써 고객에게 전달하려는 추상적인 아이디어를 효과적으로 기호화할 수 있다.

① 제품포장에 관련된 요인

신제품이나 사용경험이 없는 제품을 구매할 때 소비자는 그 제품이 어떠한 것인지를 암시해 주는 단서(즉 상징)를 포장의 여러 측면으로부터 찾는 경향이 있다. 우선 상징으로서 색채는 대체로 인간 주변의 물리적 환경과 색채 사이의 연상을 통해 일정한 의미를 갖게 되었으며(황색-태양, 적색-불, 청색-하늘이나 물 등), 간혹 심리적인 상태(청색-우울함, 회색 -외로움 등)나 퍼스낼리티(황색-에고이스트, 오렌지색-낙천주의자, 적색-외향적, 청색-내성적 등)와도 연상된다. 둘째로 포장의 디자인도 도안, 형태, 규격과 같은 요소들을 통하여 독특한 아이디어를 전달한다. 즉 굵은 선은 남성적임, 가는 선은 여성적임이나 섬세함을 함축하며, 선의 기울기에 있어서도 수평선은 안락함과 조용함 또는 평온함을 암시한다. 또한 포장규격이 큰 것은 내용물 단위당 가격이 저렴하다는 느낌을 주기도 한다. 셋째로 포장 재질의 측면에서도 마케터는 금속재(강함, 내구성, 차가움), 플라스틱(새로움. 가벼 움, 깨끗함), 비단/털(부드러움, 여성적임), 목재(남성적임) 등을 구사함으로써 원하는 아이디어를 표현할 수 있다.

② 제품자체에 관련된 요인

제품 자체의 색채, 디자인, 재질 등 물리적 특성들도 독특한 아이디어를 전달해 준다.

> **예** 콘택 감기약은 투명캡슐에 세 가지 색채의 입자를 포함시킴으로써 약효지속시간이 세배임을 암시하고 분말세제는 두 가지 색채의 분말을 혼합하여 때를 빼고 동시에 표백할 수 있음을 암시한다. 또한 치약은 줄무늬로서 충치예방과 구취제거를 동시에 강조하며, 화장비누는 타원형으로서 부드러움을, 세탁비누는 장방형으로서 강력함을 암시한다.

③ **상표**

상표는 제품의 구성요소 중 단독으로는 가장 중요한 상징인데, 시장에서 경쟁자의 제품과 구별해 주는 기본적인 기능을 수행하면서 동시에 독특한 이미지를 형성하도록 도와준다.

> 예 Swan이라는 비누상표는 부드럽고, 우아하고, 청순함을 연상시키며 Eve라는 담배상표는 그것이 여성을 위한 담배임을 암시해 준다.

(2) 마케팅 커뮤니케이션 도구로서의 가격

가격은 단순히 제품의 교환비율만을 나타내지 않고 그 제품의 품질수준을 암시하는 지표로 해석되기도 한다. 특히 가격이 품질의 지표로 활용되는 여건은 다음과 같이 두 가지로 대별할 수 있다.

제품특성	한 제품계층에 속하는 상표들 사이에서 품질차이가 클 것이라고 생각될 때(이질적 제품), 다른 제품의 구성요소로 사용되면서 완성품에 대한 품질기여도가 추가적인 가격부담보다 크다고 생각될 때, 선물이나 결혼식 등 특별한 목적을 위해 구매될 때, 품질평가의 기준이 확실하지 않은 신제품일 때 소비자는 가격을 품질의 지표로 해석하는 경향이 있다.
소비자특성	제품에 대한 사용경험이나 정보가 부족할 때, 품질평가에 자신이 없을 때, 자기과시의 욕망이 클 때 소비자는 가격을 품질의 지표로 이용하는 경향이 있다.

(3) 마케팅 커뮤니케이션 도구로서의 경로

소매 점포에 대한 소비자의 지각은 그의 점포선택뿐 아니라 그 점포가 취급하는 제품에 대한 지각에도 영향을 미치는데, 점포의 다음과 같은 차원들은 상호작용을 통해 소비자에게 독특한 아이디어를 전달할 수 있으며 그러한 아이디어들의 총체를 점포이미지라고 부른다.

① **건축형태 및 외양**

점포의 건축형태와 외양은 소비자가 그 점포에서 무엇을 기대할 수 있는지를 말해 준다. 우선 규모가 큰 점포는 소비자들에게 거대한 자본력과 신용, 다양한 구색, 심지어는 저렴한 가격을 의미할 수 있으며 형태에 있어서도 피라미드형의 건축형태는 미래지향적이며, 진보적인 이미지를 전달하고 이국적인 형태는 그곳에서 취급하는 제품이 이색적임을 암시한다. 또한 제품이 많이 쌓여 있고 다소 복잡한 프론트는 가격이 저렴하다는 생각이 들게 하며 입지, 건축자재, 외부조명 등도 점포가 우아한 곳, 아늑한 곳, 안전한 곳이라는 등의 독특한 아이디어를 전달할 수 있다.

② 내부디자인

점포내부의 색조, 내장재, 조명 등은 바람직한 구매 분위기를 창출하기 위한 기본적인 수단으로 활용될 수 있다.

③ 판매원

판매원은 점포이미지의 가장 중요한 요소 중의 하나로서 고객과 직접 접촉하며 자신의 개인적 특성과 행동을 통해 소비자에게 여러 가지 이미지차원 상의 아이디어를 전달할 수 있다.

④ 간판과 로고logos

점포의 간판과 로고는 단순히 소비자의 주의를 끌고 점포를 확인하는 것 이상의 중요한 기능을 수행한다. 즉 그들은 최신유행이나 저렴한 가격 등의 아이디어를 전달할 수 있으며 색채, 디자인, 단어로써 점포 또는 그 곳에서 판매되고 있는 제품에 관하여 무엇인가를 소비자에게 말해 준다.

(4) 마케팅 커뮤니케이션 도구로서의 촉진

마케팅믹스의 구성요소 가운데 촉진은 정보제공과 설득을 기본적인 기능으로 삼기 때문에 커뮤니케이션에서 중추적인 역할을 수행한다. 그러나 촉진목표를 달성하기 위해 선정된 송신자. 매체, 촉진활동의 타이밍, 메시지의 구성방법, 촉진믹스의 형태, 판매촉진의 방법 등은 메시지와는 별도로 소비자들에게 독특한 아이디어를 전달할 수 있다. 따라서 마케터는 이러한 촉진활동의 여러 가지 측면들이 메시지에서 전달하려는 아이디어와 일관성을 유지하고 나아가서 그것을 강화시키도록 유의해야 한다.

[표 11.1] 커뮤니케이션 도구별 고려항목

분야	세부적 고려항목
미디어	우리의 표적시장은 어떤 미디어를 통해 정보를 얻는가?
커뮤니케이션	어떤 메시지로써 우리의 표적 시장을 유도할 것인가?
크리에이티브	표적시장의 눈에 띄고 그들의 흥미를 유발시키기 위해 메시지는 어떻게 전달되어야 하는가?
실행	표적시장을 대상으로 하는 구체적 표현방식은 무엇인가?

[표 11.2] 커뮤니케이션 관련 체크리스트

- 표적시장
  표적시장에 접근하였는가?
  우리 제품 브랜드를 위해 우리가 어느 수준까지 지원할 수 있는가?
- 경쟁
  주요 경쟁자는 프로모션에 얼마나 비용을 쓰는가?
  주요 경쟁자의 주요 프로모션 활동은 무엇인가? 그 활동은 얼마나 효과적인가?
  우리 제품/ 브랜드/ 기관을 경쟁자와 차별점을 둘 수 있는가?
- 경쟁우위
  경쟁자와 차별화를 이루는 점은 무엇인가?
  이 경쟁우위를 알리기 위해 좋은 방법은 무엇인가?
- 커뮤니케이션 믹스
  모든 프로모션 활동은 같은 속성과 이익을 일관성 있게 강조하고 있는가?
  크리에이티브 전략 및 실행은 미디어 및 촉진활동을 모두 포괄하고 있는가?
- 재정적 고려사항
  마케팅 목표를 달성하기 위한 프로모션 예산은 어느 정도 인가?
  프로모션 프로그램을 위해 얼마나 기부를 받을 수 있는가?
  광고파트너 등과 같은 제 3자에게 어떤 지원을 받을 수 있는가?
- 실행 부문
  프로모션 프로그램의 측정 가능한 목표는 무엇인가?
  프로모션 프로그램의 효과는 누가/ 언제 측정할 것인가?

2. 커뮤니케이션 믹스

촉진 믹스Promotion Mix라고도 불리는 마케팅 커뮤니케이션 믹스의 구성요소로는 광고, 인적판매, 판매촉진, 그리고 홍보 등이 있다. 커뮤니케이션 관리에서 가장 중요한 것은 이들 광고, 홍보, 인적판매, 판촉 등의 수단들을 통합적으로 운영해야 한다는 것이다.

통합적 마케팅 커뮤니케이션이란 광고, 홍보, PR, 직접메일, 포스터 및 전단지 등 다양한 커뮤니케이션 수단들의 전략적인 역할을 비교 검토하고, 명료성과 일관성을 높여 최대의 커뮤니케이션 효과를 제공하기 위해 이러한 다양한 수단들을 통합하는 마케팅커뮤니케이션 개념을 의미한다. 표적고객집단에 대한 분석을 바탕으로 상품 및 기업의 포지셔닝이 결정되고 아이덴티티 개념 정립이 끝나면 그것을 가장 효과적으로 커뮤니케이션 할 수 있는 통합적인 큰 그림을 구상하고 집행하는 것이 필요한데, 성공적인 IMC를 위해서는 일관성Consistency과 보완성Complementarity 개념이 중요하다. 즉, 여러 커뮤니케이션 수단들이 서로 지켜야 하는 기본적인 요소로 상호 모순적인 메시지를 전달해서는 안 된다는 것이며, 보완성은 여러 수단들이 상호 부족한 부분을 보충하는 역할을 해야 한다는 것이다. 이를 통해 기업의 일관되고 강력하면서 독특하고 호의적인 아이덴티티를 형성하는 것이 커뮤니케이션의 궁극적 목표이다.

1) 광고Advertising

광고는 불특정 다수를 대상으로 하는 표현이나 아이디어, 제품, 서비스 등에 대한 프로모션의 모든 형식이라고 할 수 있다. 이러한 광고의 네 가지 특징은 다음과 같다.

[표 11.3] 광고의 특징

대중적 (public presentation)	광고는 커뮤니케이션 방법 중 가장 대중적인 방법이다. 이러한 대중적인 특징을 통해, 제품을 구매하는 행위는 대중적으로 이해를 받게 된다.
확산성 (pervasiveness)	광고는 판매자가 소비자에게 메시지를 여러 번 반복적으로 제공함으로써 메시지가 퍼지도록 하는 매체이다. 때문에 소비자들은 경쟁사의 메시지와 우리의 메시지를 비교할 수 있게 되기도 한다.

과장된 표현 (amplified expressiveness)	광고는 인쇄물, 소리, 이미지, 그리고 색상 등을 통해 해당 제품을 드라마틱하게 알리는 기회를 제공한다. 단, 이 때 부가적인 표현이 의도하는, 주된 메시지를 가리지 않도록 해야 한다.
불특정다수 대상 (impersonality)	모든 사람이 광고에 관심을 갖는 건 아니다. 개인적 판매와는 다르게, 광고는 불특정 다수를 대상으로 하는, 일방적 표현이다.

광고는 형식이나 활용 측면에서 매우 다양하기 때문에 마케팅 커뮤니케이션 믹스 요소로서 광고의 질적인 수준을 명확히 일반화하는 것은 매우 어려운 일이다.

2) 인적판매Personal Selling

인적판매란 문화예술기관이 개인적인 영향력을 이용하여 표적집단의 행동에 영향을 주는 모든 것을 뜻하는데, 선호도 형성과 같은 소비자 구매행동의 초기 단계에서 가장 효과적인 역할을 하는 도구이다.

[표 11.4] 인적판매의 특징

인적교류 (personal interaction)	인적판매에서는 두 명 이상의 사람들 간에서 생생하고 즉각적이며, 상호적인 관계가 작용을 하게 된다. 따라서 대화당사자들은 상대방의 성격이나 필요사항을 가까이서 알 수 있기도 하고, 메세지를 즉각적으로 조정할 수 있게 된다.
관계배양 (cultivation)	인적판매는 직접적으로 표적고객을 대상으로 하기 때문에, 표적고객과의 관계를 깊이 배양시킬수록 장기적으로도 긍정적인 효과를 얻게 된다.
응답성(response)	인적판매는 표적고객이 구매의사에 대해 어떤 식으로든 응답을 하도록 하는 상황을 만들게 된다.

위의 특성을 통해 알 수 있듯이, 인적판매는 가장 비용이 많이 드는 고객접근 도구이므로 텔레마케터 등과 같은 인적 판매원들은 잘 교육되고 동기부여가 잘된 상태에서 판매에 임해야 한다는 점이 중요하다. 이러한 인적판매가 치밀하게 계획되고, 그 표적시장이 명확할 경우에는 비용대비 효과면에서 가장 효율적인 마케팅커뮤니케이션 방법이 될 수 있다.

3) 판매촉진

판매촉진Sales promotion에는 쿠폰이나 할인 등과 같은 단기적인 유인책이 속한다. 판매촉진에는 다양한 방법들이 있는데, 이는 보통 관심을 유도하고, 주로 소비자에게 제품에 대한 정보를 제공하는 (1) 커뮤니케이션의 특성, 소비자로 하여금 제품 구매를 하고 싶게 만드는 자극, 동기 등을 주는 (2) 인센티브incentive의 특성, 그리고 (3) 초대의 특성을 갖고 있다. 기업들은 이러한 판매촉진기법을 빠르고 강력한 응답을 이끌어내는 도구로 활용할 수 있으며, 이러한 판매촉진은 단기적인 효과를 꾀하는 데는 효과적인 방법이지만 잦은 판매촉진의 사용은 일반적으로 해당기관 및 제품에 대해 장기적으로 호감이나 브랜드자산 가치를 저하시킬 수도 있다는 부정적인 효과를 가져올 수도 있다.

4) 홍보

홍보Public Relations는 해당 기업 또는 그 기업의 제품에 대한 이미지를 발전시키고, 관리하고, 또는 보호하기 위해 만들어진 다양한 프로그램들로 이루어진다.

(1) **높은 신뢰성**high credibility : 뉴스로 다루어지는 기사는 광고보다는 더 신뢰가 가게 마련이다. 이러한 메시지는 판매를 위한 커뮤니케이션이 아닌 뉴스로 받아들여지기 때문에, PR은 판매원이나 광고를 꺼려하는 사람들에게 접근하기 위한 좋은 수단이 된다.

(2) **극적인 어필**dramatic appeal : 광고와 마찬가지로 드라마틱하게 해당 제품 및 기관의 이미지를 만들 수 있다.

(3) **낮은 비용**low cost : 내부 PR 담당자를 통한 PR비용은 상대적으로 낮은 편이다. 비용에는 PR담당자의 급여와 미디어사와의 관계개발 및 지속, 정보습득, 그리고 기사화를 위해 쓰여 지는 노력이 포함된다. PR업무기능을 외부로부터 지원을 받을 경우에는 업무의 지속성 및 특별한 이벤트 발생 시 대응을 질적으로 유지하기 위해서는 상대적으로 더 많은 비용이 소요된다. 고객의 입장에서는 산업이라고도 할 수 있는 산업에서는 제품의 이미지와 제품을 공급하는 기관의 이미지는 매우 중요한 요소이다. PR프로그램은 마케팅커뮤니케이션 요소들을 적절히 활용하여 잘 짜여졌을 때 큰 효과를 볼 수 있다. 다음의 [표 11.5]에서는 일반적으로 활용되고 있는 커뮤니케이션 방법별 구체

적인 도구를 보여준다.

[표 11.5] 일반적인 커뮤니케이션/프로모션 도구

광고Advertising	판매촉진Sales Promotion	홍보Public Relations	인적판매Personal Selling
인쇄 및 방송광고	컨테스트/게임/복권	기사	영업발표
포장광고	가격할인/선물	연설	텔레마케팅
우편광고	무료 관람권	세미나	인센티브프로그램
카타로그	전시회	연간 보고서	특별판매 이벤트
뉴스레터	시연demonstration	스폰서쉽	
브로수어/소책자	쿠폰	출판	
포스터/전단지	적립금	동호회 관계	
안내판/게시판	할부판매	로비	
전시 간판	오락	미디어 관계	
판매처의 전시물	교환권		
시청각자료	끼워팔기		
로고 및 상징물			

3. 커뮤니케이션 과정

커뮤니케이션 과정은 5가지 요소로 구성되어있으며, 커뮤니케이션은 1) 누가 2) 무엇을 3) 어떤 경로를 통해서 4) 누구에게 5) 어떤 효과로 말을 하는가에 대한 대답을 하는 것이다. 피터드러커(1974)는 커뮤니케이션의 네 가지 기본적 원리를 지적한 바 있다.

지각perception	커뮤니케이션의 중심은 메시지를 받는 사람이다. 메시지를 전달하는 사람은 메시지를 받는 사람이 해당 메시지를 지각 할 수 있도록 하는 일을 하는 것에 불과하다. 따라서 메시지를 받는 사람의 전부가 그 메시지에 자극을 받는 것은 아니기 때문에 메시지에 대한 선택적 노출이 이슈가 된다. 사람들은 우리가 전달하는 메시지뿐만 아니라 하루에도 수많은 메시지에 노출이 된다는 것을 유념해야 한다.

기대expectation	사람들은 자신이 기대한 것만큼의 메시지만 받아들인다. 따라서 기대하지 않은 메시지는 무시하거나 왜곡하여 받아들이게 된다. 이것을 선택적 왜곡의 단계라 할 수 있는데, 즉 사람들은 메시지를 자신이 듣고 싶어 하는 방향으로 왜곡해서 듣거나, 메시지에 담겨있지 않은 내용까지도 첨가하여 받아들이거나, 반대로 메시지에 실제로 담겨있는 내용을 인식하지 못한다는 점을 알아야 한다.
수요창출 making demands	커뮤니케이션은 메시지를 받는 대상이 우리가 의도하는 어떤 행동을 하거나, 특정한 사실을 믿도록 어필한다. 커뮤니케이션은 메시지 전달자의 열망, 가치, 또는 목표에 적합한 경우에 매우 강한 힘을 발휘하게 된다.
정보와의 차별성	커뮤니케이션은 지각perception의 성격을 갖는 반면, 정보는 데이터 이다. 정보는 개인간에 이루어지는 관계보다는 특정인이 배제된 상황에서 전달되는 경우가 많다. 위와 같은 커뮤니케이션과 정보에는 차별점이 있지만, 정보는 사전에 구축된 커뮤니케이션에 의해 그 효과가 결정된다는 점에서 상호의존적인 성격을 지니기도 한다.

4. 효과적인 커뮤니케이션 개발 과정

종합적인 커뮤니케이션 및 프로모션 프로그램 개발을 위한 주요 단계에는 1) 표적고객 설정, 2) 커뮤니케이션 목표 결정, 3) 메시지 디자인, 4)커뮤니케이션 채널 선택, 5) 총 프로모션 예산 분배, 6) 프로모션 믹스 결정, 7) 프로모션 결과 평가, 그리고 8) 총체적 마케팅 커뮤니케이션 과정 관리 및 조정 등 8가지가 있다.

1) 표적고객 설정

앞에서 우리는 표적고객을 결정하는 기법을 살펴보았다. 표적고객이 누구냐에 따라 커뮤니케이션 담당자는 무엇을 어떻게, 언제, 누구를 대상으로 커뮤니케이션 전략을 수행해야 하는지 결정할 수 있으므로, 표적고객에 대한 명확한 설정 및 파악이 매우 중요하다는 것은 아무리 강조해도 지나치지 않는다.

2) 커뮤니케이션 목표 결정

커뮤니케이션 목표가 구체적으로 짜여질수록 커뮤니케이션의 효과는 더욱 높아진다. 커뮤니케이션의 목표 중에는 표적고객이 우리 제품을 인지하도록 하는 것, 고객들로 하여금 우리 제품이나 우리 제품의 변화에 대해 알도록 하는 것, 고객들의 특정한 대상에 대한 긍정적/부정적 생각을 변화시키는 것 등이 포함된다. 커뮤니케이션의 궁극적 목표는 구매와 만족이다. 그러나 구매행동은 고객의 긴 의사결정의 결과이기 때문에 마케팅 커뮤니케이션 담당자는 고객이 구매하기로 결정하도록 만드는 상황을 효과적으로 이끌어내는 방법을 아는 것이 중요하다.

3) 메시지 디자인

표적고객을 정하고, 커뮤니케이션의 목표를 결정한 후, 커뮤니케이션 담당자는 효과적인 메시지를 개발해야 한다. 이상적인 메시지는 관심attention을 얻고, 흥미interest를 유발하며, 해당 제품을 소비하고 싶은 욕구desire를 만들어내어, 결과적으로 구매행동action을 하도록 만드는(이를 AIDA 모델이라고 한다)는 메시지다. 메시지를 만들 때에는 1) 무엇을 말할 것인가(메세지 내용) 2) 논리적으로 어떻게 말할 것인가(메세지 구조) 3) 어떻게 말할 것인가(메세지 형식) 4) 누가 말할 것인가(메세지 원천) 등의 네 가지 문제를 해결해야 한다.

메시지를 디자인 할 때에는 감성적 · 성적 · 도덕적 어필의 타입 및 바람직함 · 독점성 · 신뢰성 등의 어필의 세 가지 척도 등을 활용할 수 있다.

4) 메시지 형식 요소

메시지 형식의 요소에 따라 메시지의 효과를 다르게 이끌어 낼 수 있다. 광고 담당자는 신기함novelty, 대비contrast, 이미지 삭제 등과 같은 방법으로 관심을 유발할 수 있다. 유머도 효과적인 관심유발 메시지 도구로 활용된다. 메시지 전달에 있어 경제적인 방법으로는 평범한 시각적 또는 청각적 결합의 장점을 활용하는 것이다.

예를 들면, 와인을 마시고 있는 사람의 사진은 큰 컵에 맥주를 마시고 있는 사람의 사진보다 더 사회적 지위가 높은 의미를 지닌다. 이 밖에도 메시지 형식 요소에는 금색의 풍요로움, 흰색의 순수함 등과 같은 색상의 상징적 요소, 메시지 전달자의 옷차림, 상징 등이 있다.

5) 메시지 원천

좋은 원천으로부터 생성된 메시지는 더 많은 관심을 일으킴과 동시에 메시지 노출자의 메시지 회상률도 높일 수 있다. 예술분야에서는 유명하거나 많은 사람들이 좋아하는 디자인이나 상징 등이 커뮤니케이션의 좋은 매개체가 될 수 있다. 메시지는 신뢰성이 높은 원천으로부터 제공되어야 설득력이 높아진다.

5. 커뮤니케이션 예산

기업의 마케팅 의사결정에 있어 가장 어려운 부문 중의 하나가 프로모션에 얼만큼의 돈을 쓰느냐를 결정하는 것이다. Danny Newman(1983)은 많은 기업의 경우 사전 예매 캠페인 등을 위해서는 투자(펀딩)를 받는 방법이 가장 효율적이며 가장 좋은 방법이라고 밝힌 바 있다. 일반적으로 활용되는 프로모션 예산집행 방법에는 (1) 재정적 능력한도 방법the affordable method, (2) 판매비율 방법the percentage-of-sales method, (3) 경쟁사 대비 산정 방법 (4) 목표기준 방법the objective-and-task method 등이 있다.

많은 기관들이 그들이 생각하는 능력 범위에서 프로모션예산을 세우지만 현재 조달이 가능한 자금만을 토대로 의사결정을 할 경우에는 투자로서의 프로모션 역할이나 판매규모에 즉각적으로 미치게 될 프로모션의 역할을 간과할 수 있다는 점을 유념해야 한다.

참고

풀전략과 푸시전략

기업이 일반소비자를 대상으로 자사의 제품이나 서비스에 대한 광고를 강화하면 소비자들은 자발적으로 구매의사를 갖게 된다. 구매의사를 가진 소비자는 판매처에서 제품을 찾게 되기 때문에 판매처는 스스로 자사제품을 취급하게 된다. 이렇게 판매처가 자발적으로 자사제품을 판매할 수 있도록 유도하는 마케팅 전략을 풀전략pull strategy이라고 하는데 이 전략은 지명도가 높은 브랜드를 가진 제품의 경우 유용하다.

이와 반대로 기업이 최종소비자를 대상으로 광고, 홍보 활동 등을 하지 않고 인적판매, 거래처 판매촉진 등에 집중하여 판매처에서 적극적으로 자사제품을 판매하도록 하는 마케팅 전략을 푸시전략push strategy이라고 한다.

제 2 절 촉진의 개요

앞에서 언급한 바와 같이 광의의 촉진이란 마케팅 커뮤니케이션을 의미하며 마케팅믹스의 모든 요소를 도구로 포괄하지만, 협의의 촉진이란 본질적으로 잠재고객에게 정보를 제공하고 설득하는 기능을 수행하는 광고, 인적 판매, 홍보, 판매촉진 등의 도구만을 포괄하며 마케팅믹스 상의 한 가지 구성요소를 이룬다.

1. 촉진의 기능적 목적

촉진이라는 용어는 '앞으로 나아가다'라는 의미를 가진 라틴어 promovere로부터 유래되었는데, 오늘날에는 다른 사람에게 사고나 아이디어를 전달하고 그것을 수용하도록 설득하기 위한 활동을 일컫게 되었다. 이러한 촉진활동이 기업 내에서 수행하는 기능적 목적은 다음과 같은 세 가지이다.

정보제공	기업의 촉진활동은 광고, 인적 판매, 홍보, 판매촉진 등 어느 것에 의존하든 간에 정보의 제공을 주요한 목적으로 한다. 특히 제품수명주기 상의 초기단계에서는 기업의 마케팅믹스에 관하여 잠재고객들에게 알리기 위한 정보 제공적 촉진활동이 널리 실시되는데, 이는 신제품에 대한 본원적 수요를 증대시키기 위해서는 정보 제공적 촉진이 가장 필요하기 때문이다.
설득	촉진활동은 또한 소비자들의 태도나 행동을 수정하거나 현재의 그것들을 강화시키는 기능을 수행한다. 예를 들어, 'OB'가 아니라 '크라운'을 마시도록 설득하거나 이미 '농심라면'을 먹고 있는 사람에게 앞으로도 계속 '농심라면'을 선호하도록 촉구한다. 이와 같은 설득적 촉진은 많은 소비자 운동가들로부터 환영받지는 못하지만 대부분의 촉진활동은 설득하기를 기도하며 구매를 자극하기 위해 설계된다. 설득은 대체로 제품이 수명주기 상의 성장기에 들어갈 때 기본적인 촉진목적이 된다.
회상	회상적 촉진은 자신의 상표를 소비자들의 마음속에 유지시키기 위해 사용되며 수명주기 상의 성숙기 동안 널리 실시된다. 이러한 형태의 촉진은 이미 소비자들이 제품효익에 관하여 설득되었다고 가정하고 단순히 기억만을 강화시키는 기능을 수행한다.

2. 시장의 경쟁구조와 촉진의 역할

촉진활동의 역할은 시장의 경쟁구조에 따라 다른데, 그것은 촉진이 수행하는 기능적 목적들의 중요도에 차이가 있기 때문이다. 시장의 경쟁구조란 순수경쟁으로부터 순수독점에 이르는 연속체 상의 모든 형태를 취할 수 있지만 대체로 순수경쟁, 독점적 경쟁, 과점, 순수독점 등의 시장경쟁 구조와 촉진활동의 역할을 살펴보면 다음과 같다.

1) 순수경쟁

순수경쟁pure competition이란 현실적으로 거의 존재할 수 없는 완전경쟁과 유사한데, 시장가격은 수요와 공급의 자유로운 상호작용에 의해 결정된다. 이러한 경쟁구조에서도 제품의 획득 가능성을 알리는 정보 제공적 촉진이 존재할 수 있으나, 각 기

업은 자신에게 유리하도록 수요에 영향을 미칠 수 없으므로 개별기업의 촉진활동이 거의 존재하지 않는다.

2) 독점적 경쟁

독점적 경쟁monopolistic competition이란 순수경쟁과 대체로 유사하며, 단지 제품이 차별화되어 있다는 점만 다르다. 이러한 경쟁구조에 있어서는 개별 기업의 제품이 경쟁자에 대해 갖는 제품차이를 지적하면서 소비자에게 소구하기 위하여 모든 유형의 촉진도구를 구사할 수 있다.

3) 과점

오늘날 많은 기업들은 과점oligopoly이라는 경쟁구조에서 활동하고 있다. 과점이란 전체 시장수요의 대부분이 수개의 기업에 의해 충족되는 경쟁구조로서 각 기업은 철강산업에서와 같이 동일한 제품을 판매하거나 담배, 비누, 승용차 산업에서와 같이 차별화된 제품을 판매할 수 있다. 과점의 경쟁구조에서 기업들은 경쟁자들의 가격인하에는 추종하지만 가격인상에는 반드시 추종하지 않을 것이기 때문에 가격경쟁을 회피하기 위해 경쟁자 모방가격이 성행하며, 촉진활동은 주로 서비스와 제품개선에 역점을 둔다. 즉 과점의 경쟁구조에서 촉진은 중요한 비가격경쟁(非價格競爭) 수단이며, 차별화된 제품을 마케팅하는 과점자들이 지출하는 촉진예산은 오늘날 우리 경제에서 지출되는 전체 촉진예산의 상당한 부분을 차지한다.

4) 순수독점

적절한 대체품이 없으며 제품을 한 기업만이 공급하는 경쟁구조를 순수독점pure monopoly이라고 한다. 이러한 경쟁구조에서 촉진은 단지 소비자로 하여금 자신의 제품을 보다 많이 사용하도록 촉구하거나 소비자들과의 바람직한 공중관계를 형성하기 위하여 제한적으로 사용한다.

3. 촉진도구의 유형

협의의 촉진은 전체 마케팅믹스 상에서 정보제공과 설득을 담당하는데, 촉진목표를 달성하기 위해 마케터가 구사할 수 있는 도구는 광고, 인적 판매, 홍보, 판매촉진으로 구분할 수 있다.

1) 촉진의 위치

촉진이란 마케팅믹스의 기본적인 구성요소 중의 하나에 불과하며, 다른 중요한 요소들은 제품, 가격, 경로이다. 마케팅믹스란 환경(통제 불가능한 요소)에 적응하면서 소비자의 욕구와 필요를 충족시켜 기업의 목표를 달성하기 위한, 특정시점에서 통제가능한 요소(즉 4P)들을 조합하여 만들어진 하나의 통합된 프로그램이라고 정의될 수 있는데, 마케팅믹스의 네 가지 요소들은 서로 관련성을 갖고 있으면서 고객만족을 창출하기 위하여 상호작용한다. 그러나 기업이 통제할 수 있는 제품, 가격, 촉진 등의 네 가지 의사결정분야는 각기 여러 가지 하위의사결정으로 구성되므로 그 자체를 믹스로 볼 수 있다. 즉 마케팅믹스의 각 구성요소는 다시 제품믹스, 가격믹스, 경로믹스, 촉진믹스의 개념으로 파악될 수 있으며, 이들은 전체 마케팅믹스에 대하여 하위믹스인 것이다. 최적의 마케팅믹스를 구성하기 위해서는 이들 하위믹스들이 적절히 결합되어야 하므로 촉진믹스에 관한 의사결정은 마케팅믹스의 다른 요소들에게 영향을 미치며 그 반대도 성립한다.

2) 촉진도구

촉진활동을 위하여 마케터가 구사할 수 있는 촉진믹스의 구성요소는 대체로 광고, 인적 판매, 홍보, 판매촉진의 네 가지가 있는데, 이들을 통상 '촉진도구'(promotools = promotion + tools)라고 부른다. 이러한 촉진도구들은 각각 장점과 단점을 모두 갖고 있으므로 마케터는 한 가지의 도구에만 의존하기 보다는 그들을 조합함으로써 최적의 촉진믹스를 구성할 수 있다.

광고	광고란 특정한 후원자sponsor에 의해 비용이 지불되는 모든 형태의 비인적 판매제시를 포괄한다. 물론 판매 제시는 제품, 서비스 또는 아이디어에 관한 것이며 마케터는 TV, 라디오, 신문, 잡지, 직접우편과 같은 매체를 통하여 그의 메시지를 소비자에게 제시할 수 있다.
인적 판매	인적 판매란 판매원이 잠재고객을 대면 접촉하여 수행하는 제품, 서비스 또는 아이디어의 제시로서 전화판매뿐 아니라 모든 유형의 판매원 활동을 지칭하며 산업고객, 중간상인, 최종소비자에 대한 접촉까지를 포괄한다.
홍보	홍보란 특정한 기업이나 제품을 위하여 발간되는 뉴스와 정보로서 메시지를 제시하기 위해 사용되는 지면이나 시간에 대하여 후원자가 지불하지 않는다는 점에서 무료이다. 대체로 홍보메시지는 신문, 잡지, 라디오와 같은 대중매체를 통하여 뉴스나 공지사항으로 제시되며 후원자의 이름은 발표되지 않을 수도 있다.
판매촉진	판매촉진이란 이상과 같은 세 범주에 포함되지 않는 모든 촉진활동을 포괄하는데, 대체로 다른 촉진도구의 기능을 보완하기 위하여 설계된다. 견본제공, 프리미엄, 트레이딩 스탬프, 전시회 등은 판매촉진으로 분류될 수 있는 대표적인 예이다.

4. 촉진활동의 관리

기업의 촉진활동을 관리하는 과정은 전략적 계획수립과 실행, 통제의 단계를 포괄하는데 다음과 같이 세분할 수 있다.

1. 상황분석
   1) 수요
      (1) 소비자 의사결정 과정　　(2) 사회적, 문화적 영향요인
      (3) 인구 통계적, 개인 심리적 영향요인
   2) 경쟁
   3) 법적인 환경
   4) 기업 내부적 변수의 평가
2. 목표의 설정
   1) 표적시장의 정의
   2) 매출액 또는 커뮤니케이션 목표
3. 예산의 결정
4. 촉진 프로그램 구성요소의 관리(촉진믹스)

1) 촉진믹스의 개발
(1) 광고
(2) 인적 판매
(3) 홍보 및 판매촉진
(4) 재판매업자의 촉진지원
2) 촉진 프로그램 구성요소간의 균형
3) 일정계획
5. 촉진성과의 측정
6. 평가 및 사후조치

1) 전략적 촉진계획의 수립

(1) 상황분석

전략적 계획수립의 출발점은 수요의 추세가 우호적인가? 제품이나 서비스가 경쟁자의 것과 분명히 차별화될 수 있는가? 제품의 숨겨진 효익이 소비자에게 중요한 가치를 갖는가? 강력한 감정적 구매동기가 소비자의 구매행동과 관련되는가? 촉진활동을 위해 지출할 자금이 충분한가? 등의 질문을 통하여 촉진기회를 발견하는 일이다. 사실 촉진기회를 발견하기 위한 상황분석은 마케팅 시스템의 외부적 환경과 내부적 변수 모두에 대한 평가를 포함하는데, 그중 가장 기본적인 사항은 제품수요에 대한 분석이다. 여기서는 물론 수요에 영향을 미치는 사회적 및 문화적 영향, 소비자들의 태도 및 개인적 특성차이, 구매결정과정을 검토하게 되는데, 이는 표적시장을 정의하고 촉진목표를 결정하기 위한 투입자료로 제공된다. 또한 경쟁자의 수와 성격을 분석하고 마케팅활동에 관련되는 법령들을 검토해야 한다. 끝으로 기업 내부적 변수로서 인적 자원, 자금능력, 기업의 정책 등도 고려해야 한다.

(2) 촉진목표의 설정

촉진목표의 설정은 표적시장을 정의하는 과업과 그러한 표적시장을 대상으로 촉진활동을 통해 달성하고자 하는 미래 상태를 결정하는 과업으로 대별된다.

① 촉진표적의 선정

촉진활동으로부터 최대의 성과를 산출하려면 마케터는 시장세분화의 개념을 이용하여 촉진표적(표적수신자)을 선정하고 그들에게 촉진노력과 자원을 집중시켜야 한다. 즉 마케터는 일반적인 전체시장이 아니라 특정한 표적 집단에게 촉진노력을

집중시킴으로써 다음과 같은 이점을 누릴 수 있다.

- 촉진표적에게 최대의 소구력을 갖는 메시지를 개발할 수 있다.
- 촉진표적에게 가장 효과적으로 도달하기 위한 매체를 선정할 수 있다.
- 촉진노력과 자원의 낭비를 방지하여 최소의 예산으로 최대한의 성과를 얻을 수 있다.
- 촉진목표를 달성하기 위한 전략과 그것을 수행하기 위한 실행계획을 구체화할 수 있다.

② 촉진목표의 설정

촉진활동을 효과적으로 관리하기 위한 기준은 합리적인 촉진목표인데, 이러한 목표는 촉진성과를 평가하기 위한 근거가 된다. 촉진목표는 일정한 미래시점에서 기대되는 결과를 커뮤니케이션의 효과계층에서 마지막 단계(통상 구매)의 실적으로 나타내는 매출액 목표sales goals와 그 밖의 중간적인 단계의 실적으로 나타내는 커뮤니케이션 목표communication goals로 대별된다. 이들 양자간의 유용성은 물론 제품의 특성과 촉진여건에 따라 달라지며, 보편적으로 채택되는 커뮤니케이션 목표의 측면은 대체로 다음과 같다.

- 상표인지/수용/집착의 창출 및 개선
- 미래 판매를 위한 우호적인 풍토조성
- 정보제공과 소비자교육
- 제품차별화

(3) 촉진예산의 결정

촉진예산의 규모를 결정하기 위한 최선의 이론적 방법은 한계분석marginal analysis을 근거로 하여 촉진예산의 추가단위가 산출하는 한계수익이 예산증분의 크기를 초과하는 한 계속 증액되어야 한다는 것이다. 그러나 이와 같은 한계분석은 실무적으로 적용하기가 곤란하기 때문에 대체로 마케터는 다음과 같은 방법으로 촉진예산을 결정한다.

임의할당법	촉진예산은 신중한 분석을 통하지 않고 전체예산으로부터 단지 임의적으로 할당될 수 있다. 이러한 방법은 단순하지만 주관이 많이 개입되며 예산이 구체적인 촉진과업과 무관하게 편성되어 장기적인 시장개발을 곤란하게 만든다.
매출액비율법	많은 기업들은 지난해의 매출액이나 다음 해의 매출액 예측지에 일정한 비율을 곱하여 촉진예산을 결정하는데, 근거에 따라 과거매출액 비율법과 미래매출액 비율법으로 구분된다. 또한 '일정한 비율'이란 대체로 동종산업 내의 다른 기업들이 지출하는 매출액 대비 촉진예산의 비율이거나 지난 수년간 자신이 지출해 온 촉진예산의 평균비율을 의미한다.
경쟁대응방법	경쟁대응방법이란 경쟁자의 촉진예산 규모에 따라 자신의 촉진예산을 결정하는 방법으로서 경쟁을 명확하게 인식하고 그에 대응할 뿐 아니라 시장 내의 경쟁관계를 안정시키고 파멸적인 촉진경쟁을 지양하는 효과를 가져온다.
가용자금법	가용자금법이란 가용한 자금규모를 근거로 하여 촉진예산을 결정하는 것으로서 촉진예산의 상한선은 대체로 예상되는 매출액에 대한 일정한 비율로 결정되지만, 이것이 좀 더 높다고 판단되면 삭감되는 경우가 흔히 나타난다. 즉 마케터는 재무적 유동성을 저해하지 않으면서 이용할 수 있다고 판단되는 만큼의 금액을 촉진예산으로 책정한다.
목표과업법	목표과업법이란 우선 촉진목표를 설정하고 이를 달성하기 위해 수행되어야 하는 구체적인 과업들을 분석한 후, 각 과업에 소요되는 추정비용을 합산하여 촉진예산을 결정하는 방법이다.

(4) 촉진믹스의 개발

마케터는 제품에 관하여 고객 및 잠재고객에게 알리고, 설득하고, 회상시키는 등의 촉진목표를 효과적으로 달성하기 위하여 촉진도구들을 자유로이 조합하여 구사할 수 있는데, 이 때 사용되는 '촉진도구의 특정한 조합과 각각에 지출되는 촉진예산의 상대적 크기'를 촉진믹스라고 부른다. 즉 촉진믹스는 하나의 촉진도구를 강조하면서 다른 것에는 적은 역할만을 담당시킬 수 있는데, 특정 한 촉진믹스에 모든 도구들이 사용되어야 하는 것은 아니다. 그러나 대부분 기업들은 한 촉진도구의 약점을 보완하기 위해 다른 촉진도구의 강점을 촉진프로그램 속에 짜넣으려고 기도하므로 통상 하나의 촉진도구로써 전체 촉진믹스를 구성하는 경우는 거의 없다. 어떠한 촉진도구도 그 자체로서는 다른 것보다 유용하다고 말할 수 없으며, 특정한 촉진믹스에서 각 촉진도구가 차지하는 비중은 다음과 같은 요인으로부터 영

향을 받는다.

- 가용자금이 충분하다면 광고를 효과적으로 활용할 수 있으며, 가용자금이 부족한 기업은 소규모의 인적 판매나 거래점 진열, 협동광고 등에 의존한다.
- 소비용품의 경우에는 광고가 강조되는 반면에 산업용품에는 인적 판매가 강조된다.
- 고객들이 지역적으로 집중되어 있고, 그 수가 적으며, 산업사용자나 중간상인인 경우에는 인적판매를 강조한다.
- 편의품이나 동질적 선매품의 경우에는 광고를 강조한다.
- 미탐색품의 경우에는 인적 판매를 강조한다.
- 제품수명주기의 전반부에서는 광고와 홍보를 강조하며 후반부에서는 판매촉진을 강조한다.
- 혁신층에게는 광고와 홍보를 강조한다.
- 중간상인에 대하여는 대체로 인적 판매와 판매촉진을 강조한다.
- 후원전략에서는 인적 판매를 강조하고 견인전략에서는 광고를 강조한다.
- 커뮤니케이션의 효과계층 상의 후반부(의) 과업을 강조할수록 인적 판매를 강조한다.

---

2) 전략적 촉진계획의 실행 및 통제

이상과 같은 절차에 따라 전략적 촉진계획이 수립되고 나면 필요한 수준까지 구체화된 실행계획으로 전환시켜 실행에 들어간다. 계획의 실행에는 많은 장애요인이 작용할 수 있다. 또한 계획실행의 성과를 평가하고 다음번의 계획에 반영하기 위하여 통제가 필요한데, 통제란 대체로 성과의 측정과 평가 및 사후조치를 포함한다.

(1) 촉진성과의 측정

마케터가 촉진활동의 성과를 측정하는 일은 특정한 촉진목표를 달성하기 위해 필요한 최적의 예산규모를 결정하는데 도움이 될 뿐 아니라 효율적인 촉진전략을 수립하는 데에도 유용하다. 물론 매출액 목표든 커뮤니케이션 목표든 일정한 촉진목표를 달성하는 데에는 경쟁, 본원적 제품의 수명주기, 기술, 경제여건 등 외부적 요인들이 촉진활동 자체보다 많은 영향을 미칠 수 있으며 촉진의 영향이 장기간에 걸쳐 이월되므로 그 성과를 정확하게 측정하는 일은 대단히 어렵다. 그러나 촉진

성과를 측정하기 위한 방법들은 대체로 광고효과를 측정하는 일을 중심으로 널리 연구되어 왔으며, 크게 두 가지로 구분할 수 있다.

매출액 성과 측정방법	커뮤니케이션 성과 측정방법
매출액 성과를 측정하는 방법은 소비자구매조사와 점포재고조사가 있다. 전자는 대체로 촉진활동을 실시하기 전후에 걸쳐 소비자패널의 태도나 구매행동을 조사하여 비교하는 방법인데 비하여 후자는 역시 촉진활동을 실시하기 전후에 걸쳐 표본점포 내의 자사 및 경쟁사 상표의 재고를 조사하여 비교하는 방법이다.	모든 촉진활동이 반드시 즉각적인 매출증대로 이어지지는 않으므로 간혹 커뮤니케이션 성과를 측정하는 편이 더욱 타당한 경우가 있는데 광고물에 대한 서열순위조사, 생리적 반응의 관찰조사, 문의시험, 재인시험, 상기시험 등이 널리 이용된다.

광고물에 대한 서열순위조사는 여러 광고대안에 대하여 소비자들의 선호서열을 측정함으로써 우월한 광고물을 선정하기 위한 조사이며, 생리적 반응을 포착하여 광고물의 효과를 추정하는 방법이다. 또 문의시험이란 광고가 소비자들에게 유발시킨 제품문의의 횟수를 근거로 하여 광고효과를 추정하는 방법이며 재인시험과 상기시험은 이미 제시되었던 광고물에 대한 기억정도로서 광고 효과를 추정하는 방법이다.

(2) 평가 및 사후조치

촉진활동을 관리하기 위한 마지막 단계에서 마케터는 다음 기간의 계획수립에 이용할 수 있도록 이번 기간의 촉진활동이 나타낸 성과를 목표에 대비하여 평가하고 차이의 원인을 규명해야 한다.

제 3 절 촉진과 마케팅전략

마케팅믹스의 마지막 구성요소로서 촉진은 마케팅목표로부터 할당된 촉진분야의 목표를 효과적으로 달성하기 위해 조합되는 촉진도구들에 대한 의사결정이다. 결국 이러한 촉진의사결정들은 기업수준의 전반적인 목표 및 마케팅목표와 조화를 이루어야 할 뿐 아니라 당면한 촉진과업과 각 촉진도구의 특성을 우선 검토하고 그에 관련된 의사결정들을 살펴보기로 한다.

1. 광고의 특성과 광고관리

광고advertising란 '제품, 서비스 또는 아이디어에 관하여 비인적, 시각적 및 청각적, 공개적으로 후원되는 메시지를 집단에게 제시하는 데 포함되는 모든 활동'으로 정의된다. 이러한 광고는 다른 촉진도구와 마찬가지로 강점과 약점을 가짐으로써 적용하기에 적합한 상황이 있으며 또한 효율적인 광고활동을 위하여는 광고관리가 필요하다.

1) 광고의 특성

광고를 설명하기 위한 내용은 대단히 많지만, 여기에는 장단점과 유형을 중심으로 광고의 특성을 살펴본다.

(1) 광고의 장단점

촉진도구로서 광고는 장점과 단점을 모두 갖고 있으며, 장점을 활용하고 단점을 극복하기 위해 대체로 다른 촉진도구(인적판매, 홍보, 판매촉진)와 함께 사용된다.

장점	단점
① 마케터는 광고물이 실릴 지면이나 시간에 대하여 비용을 지불하므로, 어떠한 매체라도 불법이 아닌 한 원하는 지면이나 시간에 자신의 메시지를 제시할 수 있다. ② 광고는 수신자당 매우 낮은 비용으로 일시에 많은 사람에게 메시지를 노출시킬 수 있다. ③ 광고는 판매원이 구매에 중요한 사람을 직접 만나기 어렵거나 그러한 사람이 누구인지 구체적으로 알 수 없는 경우에도 그러한 사람에게 노출되는 매체를 통하여 메시지를 전달해 준다. ④ 광고는 제품의 이미지를 개선하고 선호를 개발하여 판매를 성취하는데 도움을 준다. ⑤ 광고는 광범위한 지역의 잠재고객들에게 신제품의 도입광고물(론칭광고물)을 신속히 노출시켜 단시간 내에 신제품을 인지시킨다.	① 광고는 대체로 모든 고객에 대하여 정형화된 한 가지의 메시지를 전달하는데, 세분시장 별로 반응의 상이성을 고려하지 않는 광고는 효과를 거두기 어렵다. ② 광고는 효과를 구매로 나타나기 위하여는 광고가 여러 차례 반복되어야 하는데, 이러한 반복은 비용이 많이 들고 다른 촉진활동에 사용할 수 있는 자금을 잠식한다. ③ 소비자들은 오도광고와 기만광고 등으로 인하여 대체로 광고가 제시하는 내용들을 신뢰하지 않는 경향을 보인다. ④ 일부 매체는 특정한 제품의 광고게재를 거부하며, 마케터가 원하는 시간이나 지면이 이미 다른 광고주에 의해 점유되어 있다면 매체와 메시지의 자유로운 선택이 제한받을 수 있다.

(2) 광고의 유형

광고의 유형은 크게 제품광고와 기관광고로 대별되는데, 제품광고의 유형은 광고목표, 표적수신자, 광고주, 수요형태에 따라 다음과 같이 분류할 수 있다.

① 광고목적에 따른 분류

정보제공형 광고	제품의 존재, 효익, 가용성, 가격 등에 관한 정보를 시장에 제공하기 위한 형태로서 대체로 신제품에 대한 본원적 수요를 창출하기 위해 제품수명 주기상 도입기에 널리 실시된다.
경쟁형 광고	경쟁사의 차별화된 특성을 강조함으로써 선택적 수요를 창출하기 위해 제품수명 주기상 성장기에 널리 실시된다. 제품의 차별화가 충분하지 않다면 가격이 중요한 소구점으로 이용된다.
비교 광고	소비자의 결정적 속성들 상에서 경쟁상표와 자사상표를 구체적으로 대비함으로써 자사상표의 포지션을 명확하게 형성하려는 형태이다.

수요저지 광고	수요의 공급능력을 초과하는 여건(초과수요의 상태)에서 수요를 바람직한 수준으로 감소시키기 위해 촉진목표를 효율적인 제품 활용 방법의 교육이나 고객관계의 개선 등으로 바꾸어 실시하는 형태이다.
협동광고	재판매업자가 지역판매를 이용하여 실시하는 제품광고에 대하여 생산자가 광고비용의 일부를 분담해 주는 형태로서 주로 재판매업자의 촉진지원을 얻어내기 위한 판매촉진 일환으로 실시된다.

② **표적수신자에 따른 분류**

소비자 광고	상표의 이름을 기억케 하거나 상표충성도를 개발하거나 또는 신제품에 대한 본원적 수요를 확대하기 위하여 최종소비자를 지향하는 형태이다.
거래점 광고	재판매업자로 하여금 제품을 취급하고 판매하도록 권유하기 위한 형태로서 재판매업자들의 수익성이나 생산자의 마케팅활동을 설명한다.
산업 광고	자신의 생산 활동을 위하여 제품을 구매하는 산업고객에게 그들의 생산효율성 향상, 원가절감, 완제품의 성능개선 등을 제안한다.

③ **광고주에 따른 분류**

전국광고	생산자가 후원하는 형태이다.
지역광고	재판매업자가 후원하는 형태이다.

④ **수요형태에 따른 분류**

본원적 수요광고	새롭게 시장에 도입되는 제품계층에 대하여 본원적 수요를 확대하기 위한 형태이다.
선택적 수요광고	이미 인지도가 획득된 제품계층 내에서 특정한 상표에 대한 선택적 수요를 확대하기 위한 형태이다.

(3) 제품의 광고성

광고비 지출에 대한 매출액의 민감도(판매유발효과)는 제품에 따라 다른데, 이를 제품의 광고성advertisability이라고 한다. 즉 제품을 성공적으로 광고할 수 있는 가능성을 결정하기 위해 마케터는 다음과 같은 일곱 가지 기본적인 항목에 따라 제품을 평가해야 하며, 이러한 요건을 제대로 충족하지 못한다면 광고효과는 기대할 수 없다.

---

① 제품계층에 대한 본원적 수요가 우호적인 추세를 보이는가? 제품계층에 대한 수요추세가 우호적이라면 광고를 통해 수요의 증가를 가속할 수 있지만, 제품수요의 흐름을 역행하여 광고하는 일은 효과를 거두기 어렵다.
② 심각한 제품차별화의 기회가 있는가? 제품계층 내의 다른 제품들과 심각하게 차별화될 수 있다면 광고는 그러한 차별화의 근거를 소구점으로 활용하여 설득력을 가질 수 있다.
③ 숨겨진 제품 효익이 잠재고객에게 중요한가? 만일 소비자에게 매우 유익하지만 아직도 그들이 모르고 있는 제품효익이 감성적 구매동기와 효과적으로 연관될 수 있다면 광고효과가 크게 나타난다.
④ 강력한 감성적 소구를 이용할 수 있는가? 소비용품의 구매는 대체로 감성적 소구로부터 많은 영향을 받기 때문에 제품효익이 감성적 구매동기와 효과적으로 연관될 수 있다면 광고효과가 크게 나타난다.
⑤ 광고를 위해 지출할 자금이 충분한가? 광고는 반복을 통하여 효과를 나타낼 수 있으므로 충분한 자금의 여유는 광고성패의 실질적인 기준이 된다.
⑥ 신제품을 사용함에 있어서 지각된 위험perceived risk이 작은가? 제품구매에 관련하여 지각된 위험이 제품사용으로부터 기대되는 효익보다 크다면 소비자는 구매하지 않으며 광고의 효과도 적을 것이다.
⑦ 제품효익이 광고매체를 통하여 효과적으로 제시될 수 있는가? 제품효익이 광고매체를 통하여 효과적으로 제시될 수 있을 때에나 광고는 구매에 영향을 미친다.

---

2) 광고관리

광고관리에 있어서 중요한 의사결정은 광고목표의 설정, 광고예산의 결정, 매체의 선정, 메시지의 개발, 광고효과의 측정 등 다섯 분야로 구분할 수 있다.

(1) 광고목표의 설정

효과적인 광고관리의 첫 번째 단계는 목표의 설정인데, 이러한 목표는 광고노력을 계획하고 성과를 평가하기 위한 근거가 된다. 촉진목표와 마찬가지로 광고목표도 매출액으로 표시되는 매출액 목표와 반응계층 상의 중간적 반응으로 표시되는 커뮤니케이션 목표로 구분할 수 있다.

[표 11.6] 광고목표의 구성요소

표적고객	이 광고가 접근할 대상은?(대개 인구통계적 또는 심리적 요인으로 기술한다)
포지션	우리가 제공하는 제품의 장점은 무엇인가? 우리의 제품은 경쟁사 제품과 무엇이 다른가?
우리가 의도하는 반응	우리는 고객이 어떤 반응을 하기를 원하는가?(예: 인지, 흥미, 구매 등)
시간적 범위	언제까지 이 광고목표가 달성되어야 하나?

(2) 광고예산의 결정

광고예산을 결정하기 위한 기본적인 접근방법은 촉진예산을 결정하는 경우와 동일하다.

(3) 광고매체의 선정

메시지를 수신자에게 전달하기 위한 매체를 선정하는 일은 매체결정과 매체수단의 결정이라는 두 단계를 거치는데, 각 단계의 의사결정 유형과 영향요인은 대체로 유사하다. 여기서 매체media란 신문, 잡지, 라디오, TV와 같이 메시지 전달경로의 일반적인 계층을 말하는데 반해 매체수단media vehicle이란 특정한 신문(동아일보), 잡지(여원), TV방송국(문화방송) 등을 말하는 것이다. 따라서 마케터는 우선 매체를 선정한 후, 다시 그러한 일반적인 매체계층으로부터 구체적인 매체수단을 선정해야 하는데 이때의 고려사항은 다음과 같다.

광고목표	매체선정은 특정한 광고목표와 전반적인 캠페인 목표로부터 영향을 받는다. 예를 들어, 하루 이틀 내에 구매행동을 요구하는 광고물을 전달하려면 신문이나 라디오 등 대중매체가 적합할 것이다.
표적시장	각 매체는 독특한 특성을 갖고 있는 소비자에게 노출된다. 예를 들어, TV와 라디오는 시간대에 따라 상이한 특성을 갖는 소비자들에 의해 시청(청취)되며 신문이나 잡지도 그 성 에 따라 상이한 독자층에 의해 구독되고 있다. 따라서 마케터는 표적시장의 특성과 매체별 수신자의 특성을 대응시킴으로써 표적시장에게 가장 효과적으로 도달하기 위한 매체를 선정할 수 있다.

제품특성	매체는 또한 제품특성에 기인하는 메시지의 성격을 고려하여 선정해야 한다. 예를 들어, 요리라든가 의류 등은 색채를 나타낼 수 있는 매체가 적절하며 오디오 시스템은 음질을 나타낼 수 있는 매체가 적합하다.
경쟁자가 사용하는 매체	무조건 경쟁자가 사용하는 매체를 그대로 이용할 수는 없지만, 표적시장이 이미 그러한 매체를 참조하도록 조건화되어 있을 것이므로 최소한 신중히 고려할 필요는 있다.
기타	매체를 선정하는데 있어서 고려해야 할 사항은 이밖에도 각 매체별 고유의 특성과 그러한 매체를 제공해 주는 매체기업의 방침들이다.

(4) 광고메시지의 개발

훌륭한 메시지는 광고예산의 규모보다도 훨씬 더 중요하며, 마케터는 다음과 같은 세 가지 과업을 통해 메시지를 개발한다.

메시지의 창출	메시지의 창출이란 제품에 관하여 다수의 메시지 대안들을 창의적으로 개발하는 활동인데, 메시지는 광고목표, 제품이미지, 목표포지션을 고려하여 개발되어야 하며, 마케팅 환경이 변화함에 따라 기본적인 주제도 변경되어야 한다.
메시지의 평가 및 선정	이미 개발된 다수의 메시지로부터 가장 훌륭한 대안을 선정하기 위해서는 공식적인 마케팅조사가 필요하다. 메시지 대안들의 커뮤니케이션 능력을 평가하기 위한 기준은 대체로 호감(好感), 전문성, 신뢰성 등이며 이러한 기준들 사이의 관계는 승법적(乘法的)이기 때문에 하나의 기준만이 낮게 평가되어도 전체 메시지의 커뮤니케이션 능력을 낮게 평가된다. 따라서 훌륭한 메시지는 우선 표적시장에게 긍정적인 인상을 주어야 하며, 경쟁자의 메시지와 쉽게 구별될 수 있어야 한다. 메시지는 또한 잠재고객들로부터 신뢰받을 수 있어야 하는데, 과장된 주장은 단순히 촉진자금을 낭비할 뿐이다.
메시지의 제작	메시지의 제작이란 문안copy과 도시illustrations를 구성하여 광고물을 만드는 일이다. 여기서 문안은 글 또는 말로써 표현되는 메시지의 구성요소이며, 도시는 광고문을 보완하거나 강화하기 위하여 사용되는 그림이나 사진 등이다.

2. 인적 판매의 특성과 판매관리

오늘날의 기업들은 소비자가 필요로 하는 제품을 대량으로 생산할 수 있으며, 기업의 생활 생산 활동을 제한하는 요소는 단지 생산할 수 있는 모든 제품을 적정한 가격으로 판매할 수 없다는 점이다. 따라서 기업에서는 새로운 발명, 새로운 공정, 생산문제에 대한 새로운 해결책보다도 생산한 제품을 소비자들에게 판매할 수 있도록 잘 훈련된 판매원이 필요하게 되었고 인적 판매는 촉진믹스의 필수불가결한 요소가 되었다.

1) 인적 판매의 특성

인적 판매에 관해서는 촉진도구로서 장단점을 검토하고 인적 판매의 단계와 판매관리의 주요 내용을 간략하게 살펴본다.

(1) 인적 판매의 장단점

많은 기업들은 그들의 제품을 유통시키려는 과정에서 판매원을 이용하는데, 이러한 인적 판매는 산업고객에 대한 판매, 재판매업자에 대한 판매, 최종소비자에 대한 판매 등 다양한 형태를 취한다. 인적 판매의 가장 기본적인 특성은 고객과의 직접적인 대면접촉을 통해 그들의 반응을 즉시 피드백하여 쌍방적인 커뮤니케이션이 가능하다는 점이다.

[표 11.7] 인적 판매의 장단점

장점	단점
① 판매원은 자신의 메시지를 잠재고객의 반응에 따라 조정할 수 있으며, 개별적인 잠재고객에게 가장 흥미 있는 듯한 소구점을 더욱 강조할 수 있다. ② 판매원은 고객들의 질문에 응답하고 제품을 시범해 보이면서 즉각적으로 그들의 이의(異意, objection)를 해소할 수 있다. ③ 판매를 종결짓는 단계에서는 인적 판매가 대단히 효과적이다.	① 인적 판매는 잠재고객에 대한 노출(여기서는 방문)당 비용이 많이 소요된다.

(2) 현대판매원의 역할

18세기 이전에는 대체로 생산자가 직접 제품의 교환과정에 참여하는 생산유통자(traders)의 역할을 수행하였으나, 18세기에 들어서면서 이러한 판매기능이 분리되었다. 즉 생산에는 직접 참여하지 않으면서 제품판매를 전문으로 하는 직업으로서 판매원이 등장하였는데, 물론 그들은 오늘날의 전문직 판매원과 대단히 다르며, 그들이 사용하였던 비도덕적인 관행과 수법은 자신과 기업에 대해 나쁜 이미지를 형성시켰다. 그러나 소비자의 의식수준이 높아지고 제품이 다양화 · 복잡화되어 가는 최근의 추세는 판매원으로 하여금 보다 마케팅 지향적이 되도록 요구하고 있다. 즉 마케팅개념 하에서 판매원의 기능은 단순한 판매기능으로부터 커뮤니케이션을 담당하여 공중관계를 개선하거나 고객을 설득하고 시장정보를 수집하여, 소비자문제를 발굴 · 해결해 주고, 그들을 교육시키는 기능으로 확대되었다. 이러한 판매원의 기능 확대는 다음과 같은 여러 가지 유형의 판매원을 등장시켰다.

- 판로 개척형order-getting salesman 잠재고객들로 하여금 신규로 제품을 구매하도록 한다.
- 정규 수주형order-taking salesman 같은 고객을 반복 방문하면서 주문을 받는다.
- 지원형missionary salesman 거래처 판매원을 훈련시키거나 호의와 수요를 자극한다.
- technical specialists 제품의 기술적 설명이나 구매에 관련된 기술 지도를 한다.

---

2) 인적 판매의 단계

잠재고객을 발굴하는 일로부터 사후관리에 이르는 인적 판매활동은 연속적인 과정이지만 여기서는 다음과 같이 일곱 단계로 구분하여 살펴본다. 물론 이러한 단계는 실제 판매에 있어서 다양하게 변형되어 적용되지만 근본적인 형태는 유사하다.

(1) 잠재고객의 발굴과 사전준비

판매를 위한 첫 번째 단계로서 판매원은 그가 취급하는 제품에 대한 욕구와 그것을 구매할 능 을 갖춘 잠재고객을 찾아내야 한다. 즉 잠재고객을 발굴하는 일은 판매를 위하여 접촉할 잠재고개의 명단을 획득하기 위한 것인데 판매원은 다른 사람으로부터 소개를 받거나 스스로 관찰을 통해 잠재고객을 찾아낼 수 있으며 간혹

잠재고객의 명단을 작성해 줄 사람을 별도로 고용하기도 한다.

한편, 잠재고객을 확인하고 나면 판매원은 어떻게 그들에게 접근할 것인가 하는 문제에 당면하게 된다. 사전준비 단계에 있어서 판매원은 잠재고객의 인구 통계적 특성과 그로 하여금 제품을 구매하도록 유도하는 지배적인 동기, 과거의 구매행동, 경쟁자가 제공하는 대체품 등에 관하여 가능한 한 많은 정보를 수집하여 분석해야 한다. 이러한 사전준비의 기능은 판매원이 그의 접근 과 판매제시를 효과적으로 계획하도록 도와주는 것이다.

(2) 접근

접근이라는 단계는 판매원이 잠재고객을 처음 만날 때 시작되는데, 불행하게도 대부분의 판매 과정은 잠재고객의 발굴이나 사전준비를 무시하고 이 단계부터 시작하는 잘못을 범하고 있다. 접근의 주요한 목적은 잠재고객의 주의와 관심을 끌기 위한 것이며, 일단 이러한 목표가 달성되면 접근은 끝난다. 판매원들은 효과적인 접근을 위해 잠재고객에게 명함을 내주거나 제품 효익을 설명하던가 무엇인가를 제공하겠다고 제의할 수 있다.

(3) 판매제시와 이의해소

판매제시란 판매원이 제품에 대한 잠재 고객측의 욕망을 창출하려고 노력하는 단계이다. 이러한 목적을 달성하기 위해 판매 제시는 다음가 같은 특성을 갖춰야 한다.

완전성	판매제시가 안전하기 위하여는 제품이 잠재고객의 불만을 어떻게 극복할 수 있는지를 보여주기 위해 필요한 모든 정보를 포괄해야 한다.
명료성	판매 제시는 잠재고객이 오해하지 않도록 명확해야 하는데, 시각적 자료를 사용하거나 비유법을 적절히 구사해야 한다.
잠재고개의 신뢰획득	잠재고객이 판매제시의 내용을 확신하지 못한다면 판매가 불가능할 것이기 때문에 판매제시에서는 과장이나 거짓말을 피하고 직접 사용해 보도록 허용함으로써 잠재고객의 신뢰를 얻어야 한다.

한편, 잠재고객은 판매제시를 이해하지 못하였거나, 동의하지 않거나, 흥미를 갖지 못할 때 수시로 이의를 제기할 것이다. 현명한 판매원은 이러한 이의를 구매하

지 않겠다는 변명으로 받아들이기 보다는 더 많은 정보에 대한 요구나 질문으로 취급함으로써 효과적으로 대처할 수 있다. 즉 판매원은 경청하는 자세로서 잠재고객이 그의 이의를 충분히 말하도록 하고, 이의에 흥미를 보이면서 가능한 대응방법을 함께 찾아내려고 노력해야 한다.

(4) 판매의 종결과 사후관리

훌륭한 판매원은 훌륭한 종결자이어야 한다. 판매를 종결짓지 못하는 사람은 능숙한 대화자이지 결코 훌륭한 판매원은 아닌 것이다. 즉 판매원은 잠재고객이 종결할 준비가 되어 있다고 여겨질 때면 언제라도 부분종결을 기도해야 한다. 한편, 판매가 끝난 후 고객이 구매로부터 만족하고 있는지를 확인하는 일은 판매원의 중요한 과업이며, 그는 직접방문이나 전화, 우편 등을 통하여 고객의 만족여부를 확인해야 한다. 이러한 사후관리는 만족스럽고 장기적인 고객관계를 개발하고 유지하는 데 커다란 도움이 될 것이다.

3) 인적 판매의 관리(판매관리)

판매원은 기업의 중요한 인적 자원이며 그들에 대한 효과적인 관리는 판매관리자의 주요한 책임이다. 따라서 판매관리자는 판매목표를 달성하기 위하여 필요한 판매원의 유형과 수를 결정하고 확보해야 하며, 그들의 활동을 지휘해야 하는데 대체로 다음과 같은 과업을 수행한다.

(1) 판매목표의 설정

판매관리 상의 목표는 대체로 매출액목표, 이익목표, 비용목표, 활동목표로 구성된다. 이중 매출액목표를 설정하기 위해서는 우선 일정기간에 대한 판매예측을 실시해야 하는데, 판매예측에는 시장잠재력과 판매 잠재력이 고려된다. 여기서 시장잠재력market potentials이란 특정한 지역 에서 일정한 조건 아래 제품계층의 모든 생산자들이 실현할 수 있는 전체 매출액을 말하며, 판매 잠재력sales potentials이란 위와 동일한 지역과 조건 아래서 특정한 기업이 달성할 수 있는 매출액을 말한다.

(2) 판매원의 관리

판매원의 관리는 대체로 판매원의 모집, 선발, 훈련으로 구성된다.

① 모집

판매관리자가 가능한 한 많은 수의 유능하고 적합한 지원자들을 확보하기 위해서는 우선 판매원들이 수행해야 할 판매과업의 성격을 신중히 검토해야 하는데, 이러한 목적을 위해 판매관리자는 판매조직 내의 모든 직무에 대하여 직무기술서와 직무명세서를 작성해야 한다.

직무기술서 jop description	직무 기술서란 각 판매 직무를 분석하여 그 직무의 내용, 성격, 수행방법 등에 관한 중요한 사실과 정보를 일정한 양식에 기록한 문서로써 직무의 명칭과 목적이 우선 서술되고 직무수행의 방법, 기간, 관련 활동사항 등을 밝힌다.
직무명세서 jop specification	직무명세서란 직무기슬서와 많은 점에서 유사하지만, 직무요건을 중심적으로 다루면서 특히 인적 요건을 밝히는 것으로서 특정한 판매직무 수행자의 개인적 요건이라 할 수 있는 연령, 경험, 특기 등을 상세히 기록한 것이다.

② 선발

판매원의 선발과정은 판매 직무에 대한 최적의 후보자를 결정하기 위한 것으로서 지원서의 검토, 개인면접, 인성시험psychological tests, 추천인 면담, 신용조사, 신체검사 등을 이용한다. 물론 특정한 직무에 적합한 지원자를 판별해 내기 위하여 계량적 기법을 사용할 수도 있다.

③ 훈련

훌륭한 판매원은 타고 나는 것이 아니라. 잘 계획된 훈련프로그램에 의하여 만들어지는 것'이며, 판매원 훈련은 크게 세 가지로 나눌 수 있다.

지식훈련	판매원에게 필요한 기본적인 지식중 첫째는 기업에 관한 지식으로서 기업의 성장과정, 조직, 주요인사, 정책, 생산 및 서비스설비에 관한 지식이며, 둘째는 제품지식으로서 제품 의 물리적 특성(제품특징), 그것이 고객에게 제공하는 효익(고객만족), 고객이 구매해야 하는 이유(구매동기)에 관한 지식이고, 셋째는 경쟁에 관한 지식으로서 경쟁자와 경쟁제품의 장단점을 충분히 이해해야 한다.

판매기술 훈련	판매기술이란 판매제시를 수행하고, 이의를 해소하며, 판매를 종결하는 등 판매의 각 단계에서 판매원이 구사하는 기술을 의미하는데, 이러한 판매기술은 강의를 통해서 또는 구매자와 직접 접촉하는 동안 감독자로부터 학습될 수 있다.
태도훈련	태도훈련이란 판매원이 기업과 제품에 대해 갖고 있는 긍적적인 태도를 강화하고 부정적인 태도를 개선하기 위하여 실시되는 훈련으로서 판매관리자와의 개인적 접촉, 자기개 발 프로그램, 시각적 교보재, 통신문 등이 이용될 수 있다.

(3) 판매성과의 관리

판매성과의 관리는 과업할당, 판매원의 보상과 동기부여, 순회경로 및 일정의 계획, 판매노력의 통제와 평가로 구성된다.

① 과업할당

과업할당이란 이미 설정된 목표를 판매원별, 지역별, 제품별, 고객별로 나누는 일인데, 대체로 다음과 같은 유형이 있다.

매출액할당	기업의 판매 잠재력을 단순히 개별적인 판매원이나 판매지역에 대해 배분하는 형태로서 가장 보편적이다.
이익할당	매출액할당이 판매원으로 하여금 이익을 희생시키면서까지 매출액을 강조하도록 촉구할 가능성이 있기 때문에 이익할당은 판매하기는 다소 어렵지만 마진이 큰 품목이나 수익성이 높은 고객에게 판매노력을 집중하도록 유도하기 위한 형태이다.
비용할당	주로 판매비용을 통제하기 위한 형태로서 매출액의 일정비율 범위 내에서만 판매에 수반되는 직접 판매비용으로 처리해 주는 방법이다.
활동할당	판매 업무를 효과적으로 수행하기 위해 필수적이라고 판단되는 여러 가지 활동을 의무적으로 수행하도록 촉구하기 위한 형태로서 대체로 잠재고객에 대한 방문횟수, 시범횟수, 판매제시의 횟수, 서비스방문 횟수, 대금회수를 위한 방문횟수 등으로 나타낸다.
종합할당	이상의 할당근거들을 종합하여 개별 판매원들이 달성해야 하는 목표를 결정하는 형태이다.

② 판매원의 보상과 동기부여

판매원을 최초로 고용할 때부터 유지하는데 있어서 보상은 그들의 태도와 행동

에 많은 영향을 미친다. 따라서 판매원에 대한 적절한 보상계획은 판매관리에서 대단히 중요한 자리를 차지하는데, 그들에 대한 보상이 기업에서는 비용이 되므로 판매관리자는 기업의 욕구와 판매원의 욕구를 모두 만족시켜야 하는 어려운 문제에 당면한다. 판매원에 대한 보상계획은 다음과 같은 네 가지의 기본적인 유형으로 구성된다.

고정급제도	판매원보상의 가장 단순한 형태로서 판매원은 업적에 관계없이 정기적으로 일정한 금액을 지불 받는다.
수수료제도	판매원의 개별적인 성과를 근거로 하여 보상하는 형태로서 화폐적 유인을 제공하는 가장 직접적인 방법이다. 이러한 보상제도에서 판매원은 판매량, 판매금액, 총마진 등의 일정비율을 수수료로 지급 받는다.
상여금제도	상여금이란 판매활동의 목표로서 사전에 설정된 할당규모quota를 달성했을 때 그러한 노력에 대하여 지불하는 보상이다.
병용제도	많은 기업은 각 제도의 장점을 취하고 단점을 보완하기 위하여 이상의 기본적인 보상계획을 조합하여 활용하는데, 대체로 공정급제도와 수수료제도를 병용하는 사례가 보편적이다.

한편, 이와 같이 화폐적 유인만을 포함하는 보상계획은 판매원으로 하여금 최대의 노력을 경주하도록 동기를 부여하기에는 충분치 않으며, 판매원들은 승진, 직무안정, 사회적 수용, 경영 등에도 관심을 갖고 있으므로 이러한 것들이 비화폐적 유인으로 활용될 수 있다. 이 밖에도 판매원과 관리자 사이의 개인적 면담, 관리자로부터의 칭찬, 회의, 판매원을 위한 정기간 행물, 핸드북, 판매원 경연 등은 모두 동기여의 방법이 된다.

③ 순회경로 및 일정의 계획

판매관리자는 개별 판매원과 커뮤니케이션 체계를 유지하며, 판매지역을 효율적으로 포괄하고, 판매시간과 노력의 낭비를 극소화하기 위해 각판매원의 순회경로와 일정을 계획해야 한다.

④ 판매노력의 통제와 평가

판매노력에 대한 통제와 평가는 이러한 노력에 할당된 기업의 자원이 효율적으로 사용되고 있는지를 확인하기 위한 것이다. 즉 단기적으로는 사전에 설정된 목표가 일정계획에 따라 달성되고 있는지를 확인하여 판매노력의 방향을 조정하기 위한 것이며, 장기적으로는 판매원의 수, 고용요건 및 훈련내용, 판매예산의 편성 등에 관한 의사결정을 효과적으로 수행하기 위한 것이다.

제 4 절 판매촉진의 특성과 유형

판매촉진이란 '진열, 전시, 시범과 통상적인 방법이 아닌 비반복적 판매노력과 같이 소비자구매를 자극하고 판매점의 성과dealer effectiveness를 자극하는 마케팅활동 중 인적 판매나 광고 또는 홍보가 아닌 모든 마케팅활동'으로 정의되므로 잡동사니의 성격을 갖는다. 즉 어떠한 촉진활동의 광고, 홍보, 인적판매로 분류될 수 없다면 판매촉진의 범주에 들어가는 것이다.

1. 판매촉진의 특성

1) 판매촉진의 장단점

판매촉진은 그 유형이 다양한 만큼 기능과 목표가 광범위하지만, 대체로 다음과 같은 장단점을 갖는다.

장점	단점
① 판매촉진은 직접적인 유인으로서 즉각적인 반응을 얻어내는 데 효과적이다. ② 판매촉진은 소비자와 재판매업자에게 무료로 어떤 것을 얻는다는 느낌을 줌으로써 추가적인 만족을 제공하며, 자신을 경쟁자와 차별화하기 위한 수단을 이용할 수 있다. ③ 판매촉진은 사업의 다양한 규모뿐 아니라	① 판매촉진이 장기간 지속되거나 지나치게 자주 반복된다면 결국 제품 자체의 이미지를 손상시키게 되므로 단기적(통상 90일 이내)으로만 사용되어야 하며, 따라서 판매촉진만으로 상표 충성도를 확립하기는 곤란하다. ② 판매촉진은 본질상 여타의 촉진도구를 대

제품수명주기 상의 모든 단계에서 사용될 수 있으므로 융통성이 많다.	체하는 것이 아니라, 보완하는 것이므로 하나 이상의 다른 촉진도구와 함께 사용될 때 효과적이다. ③ 판매촉진은 대체로 비반복적이므로 효과적인 판매촉진을 개발하는데 소요되는 창의적 재능, 시간, 자금은 대체로 1회 사용으로 제한된다. ④ 과도한 판매촉진은 상표이미지를 손상시킬 수 있다. 판매촉진의 대상이 되는 제품은 인기 없는 품목이거나 재고가 많이 쌓여 있다, 싸구려 제품이다 등과 같이 좋지 못한 이미지를 얻을 수 있다.

2) 판매촉진의 기능과 목표

판매촉진은 세 가지 기능을 갖는데, 첫째로 기업의 판매원으로 하여금 판매노력을 경주하도록 격려하고 지원하며, 둘째로 제품을 마케팅 함에 있어서 재판매업자의 수용과 적극적인 촉진자원을 획득하고, 셋째로 소비자에게 제품의 구매를 설득한다. 따라서 훌륭한 판매촉진이란 판매원으로 하여금 시범과 같은 매출액 증대활동을 수행하게 하며, 재판매업자로부터 협동광고를 얻어내고, 소비자로 하여금 반복구매를 하도록 하는 등 세 가지 수준에서 모두 작용할 수 있는 것을 말한다. 그러나 기업은 각 판매촉진 활동의 목표를 가능한 한 구체적이며 계량적으로 언급함으로써 실제의 성과를 평가할 수 있어야 하는데, 판매촉진은 대체로 다른 촉진도구를 대체하기보다는 오히려 보완하는 것이므로 판매촉진의 효과를 분리하여 측정하기는 곤란하다. 그럼에도 불구하고 기업의 판매촉진 활동을 지침하고 통합하기 위해서는 목표가 필요한데, 널리 사용되고 있는 판매촉진 목표의 예는 다음과 같다.

- 소매점 내에서 제품이 진열되고 있는 공간을 10%증대시킨다.
- 재판매업자들이 보유하고 있는 제품창고를 20%증대시킨다.
- 포장을 변경하기 앞서서 재고의 95%를 처분한다.
- 2만명의 잠재고객에게 제품의 견본을 배포한다.
- 현재의 소비자들 사이에서 제품의 사용율을 15%증대시킨다.

2. 판매촉진의 유형

판매촉진의 유형은 마케터의 창의력에 따라 다양한 형태를 취하지만 대체로 그 기능에 따라 세 가지 범주로 대별할 수 있으며, 각 범주별로 전형적인 예를 소개하면 다음과 같다.

[표 11.8] 프로모션 방법 점검사항

프로모션 방법 점검사항	체크
프로모션의 출처는 믿을만 한가?	
표적 시장에 접근할 수 있는가?	
시장의 기대치가 높아질 수 있는 방법인가?	
프로모션 프로그램이 전체적인 마케팅전략과 일관성을 갖고 있는가?	

1) 기업판매원에 대한 판매촉진

판매원회의	전국 또는 지역의 수준에서 판매원들을 모아 신제품, 전반적인 마케팅 프로그램, 장단기 사업경영계획 등에 관하여 알리고 판매노력을 독려하기 위한 판매원들의 모임이다.
판매원교본	판매과정에서 판매원이 참조할 수 있도록 기업의 정책과 모든 제품의 제원, 가격, 재질, 제조과정, 판매기법 등에 관한 정보를 수록한 책자이다.
사내보	신제품, 인사이동, 회의, 퇴직 등 사내인사들이 관심을 갖는 정보를 포함하며, 기업 외부인에게는 배포하지 않는 것이 원칙이다.
판매용구	고객에 대한 접근을 용이하게 해주는 전단이나 명함 등과 효과적인 판매 제시를 도와주는 팜플렛, 카탈로그, 필름, 차트, 녹음기, 모형 등이 있다. 또한 판매종결과 사후관리를 위하여 주문서, 가격표, 감사문, 고객카드 등도 제공될 수 있다.

2) 재판매업자에 대한 촉진

할려금 (割戾金,rebate)	일정기간 동안의 거래액을 기준으로 하여 감사의 표시로 대금을 공제하거나 환불해 주는 형식의 특별사례금이다.
경로조성금	후원전략pull strategy에서 특정한 제품계열이나 상표를 후원해 주도록 격려하기 위해 생산자가 제공하는 금전적 유인하다.
사보	기업의 이념이나 방침, 생산 및 기술능력 등에 관한 정보와 고객을 위한 상품지식, 오락적인 기사 등을 포함하는 것으로서 간혹 소비자에게 제공되기도 한다.
판매점경연	특정한 목표를 달성하기 위하여 판매점이나 그들의 판매원들을 경쟁시키고 우수한 결과에 대하여 상품이나 금전 등을 제공하는 것이다.
각종 초대회	신제품발표회, 전시회, 사은송년회, 공장견학, 사찰여행 등으로서 할려금과 함께 재판매업자에 대한 중요한 판매촉진 형태이다.
경영지도	판매점의 설계를 지도하든가, 경영문제(재고관리, 회계제도, 구매관리 등)에 관한 지도 또는 조언을 제공한다.
광고활동의 지원	포스터, 만국기, 가격표, 진열상자, 시렁 등의 구매시점POP, point-of-purchase 촉진물을 제공하거나 지역광고 비용의 일부를 생산자가 분담해 주는 협동 광고를 볼 수 있다. 간혹 진열용 제품을 무료 또는 염가로 제공하기도 한다.
판매원훈련	재판매업자의 판매원을 대상으로 경영합리화나 판매기술의 향상을 위해 교육과 훈련을 실시해 준다.
판매점회의	생산자와 판매점 또는 판매점들간의 커뮤니케이션을 원활하게 함으로써 연대의식을 도모하고 판매상의 여러 가지 장애를 공동으로 극복하기 위한 회의이다.

3) 소비자에 대한 판매촉진

구매시점촉진	특정한 제품에 대한 소비자의 욕구를 환기시키고 구매를 유도하기 위해 할인가격표를 사용한다.
포장	포장은 제품의사결정의 범위에 속하지만, 고객의 주의와 관심을 끌고 구매의욕을 자극한다.

점포내 시범	제품의 효익이란 그것이 사용되는 과정을 보임으로써 소비자들의 욕구를 환기시키고 구매를 설득한다.
프리미엄	특정한 제품을 구매한 고객에게 감사의 뜻으로 무료 또는 염가로 제공하는 사은품 또는 서비스이다.
트레이딩 스탬프	고객들이 트레이딩 스탬프 회수센터로부터 현금이나 상품으로 교환할 수 있도록 구매액의 일정비율에 해당하는 금액을 표시한 사은권이다.
쿠폰	신문, 잡지, 우편물을 통하여 소비자에게 배포되며 쿠폰의 소지자에게는 무료 또는 염가로 시용품(試用品)을 제공한다.
견본	잠재고객들에게 무료로 배포되는 시용품이다.

PART 4

e 마케팅과 미래

닷컴 실패, 고객 무시가 원인

'인터넷 업계에서의 성공 신화'를 꿈꾸고 있는 닷컴 기업이라면 무엇보다 고객 관리에 신경을 써야 할 것 같다. 최근에 실시된 한 조사 결과 고객 관리에 소홀한 회사들이 시장에서 '퇴출' 당하는 사례가 늘어나고 있는 것으로 밝혀졌기 때문.

인터넷 전문 컨설팅 회사 '이마켓 컨셉츠'(www.emarketconcepts.com)가 B2B 전자상거래 분야에 몸담고 있는 34명의 임원들을 대상으로 최근 실시한 설문 조사에 따르면, 생각 외로 적지 않은 회사들이 '고객들의 가치'를 가볍게 생각하고 있는 것으로 나타났다. 이번 조사에서 '사업 성공에 있어서 가장 중요한 부분'으로 응답자의 46%가 '웹사이트의 전문성'이라고 답한 반면, '고객 의사를 파악하기 위한 마케팅 조사'라고 답한 비율은 6%에 그친 것으로 밝혀졌다. 그러나 사업 실패에 가장 큰 영향을 미치는 요인으로는 응답자 대부분이 '고객에 대한 이해의 부족'을 꼽아 회사들이 실제로 고객에 관한 연구에 비용과 시간을 충분히 투자하고 있진 않지만, 이 부분에 대한 이해가 선행돼야 한다는 점은 충분히 인지하고 있는 것으로 나타났다.

그 밖에 '적은 사이트 접속량'(38%), '웹사이트 전문성의 부족'(20%), '사업 모델의 결함'(18%)이 사업에 부정적인 영향을 끼치는 요인으로 지적됐다. 한편, 응답자의 56%가 사이트를 정식으로 오픈하기 전에 실시했던 시범 테스트에서 중대한 결함을 발견한 적이 있다고 답해 B2B용 웹사이트의 완성도 또한 생각보다 높지 않은 것으로 드러났다.

이번 조사 결과에서 눈길을 끄는 또 다른 부분은 소위 '시장 전문가'들에 대한 회사 임원들의 의존도. 많은 연구 개발 업무가 고객의 요구 사항보다는 시장 전문가들의 분석과 조언에 바탕을 두고 있는 것으로 나타났다. 또, 개발된 웹사이트를 수정한 적이 있는지 여부에 대해선 응답자의 59%가 '그렇다'고 답한 반면, 41%는 '그런 적이 없다'고 답했다. 사이트 이용에 관한 고객의 의견을 웹사이트 개발과 운영에 반영한 적이 있는가에 대해선 과반수 가까이가 '없다'고 답했다. '이마켓 컨셉트'의 크리스피터스 사장은 "닷컴 기업의 실패 사례를 살펴보면 고객의 의견을 무시했던 경우가 상당히 많이 발견된다."면서 "사이트 전문성이나 전문가의 의견도 중요하지만, 고객의 의견을 사업에 적극적으로 반영하지 않고서는 다른 회사와의 차별화에도 성공할 수 없을 것"이라고 조언했다.

야후 Heather Killen국제사업담당 수석부사장은 “이번 합병을 계기로 대만 지역 인터넷 사용자들에게 다양한 서비스를 제공할 수 있게 됐다”고 말했다. 합병 이후 대만 인터넷 사용자의 90%가 ‘야후네트워크’를 통해 인터넷에 접속하게 될 것으로 예상되고 있다.

이에 따라 포털사이트의 수익 모델도 이 같은 브랜드 인지도를 활용, 다른 전통사업자들과의 결합을 통해 모색하는 것이 바람직하다고 보고서는 지적했다. 그러나 조사 결과 아직까지 대부분의 포털사이트들은 배너 광고 등 ‘구시대적’인 매출통로에 더 의지하고 있다.

Booz-Allen은 배너광고에 대한 소비자들의 접속비율이 99년 10월부터 2000년 10월 사이에 40%나 떨어졌다며, 오늘날 포털 사이트 방문자들이 배너광고를 클릭하는 비율은 0.1%에 지나지 않는다고 집계했다. 그러나 야후는 매출액의 90%를, AOL은 64%를 배너광고에 의존하고 있다.

보고서는 야후의 ‘Yahoo Finance’, MSN의 ‘MoneyCentral’과 같이 기존 포털의 브랜드이미지와 방문객수를 활용한 사업 확장 전략이 효과를 거두고 있다고 밝혔다.

Chapter

12 e 마케팅

제 1 절 e 마케팅개요

1. e 마케팅의 개념과 환경변화

1) e 마케팅의 개념

기업의 제품이나 서비스를 소비자에게 판매하기 위한 마케팅의 한 채널로써 Web과 온라인 서비스와 같은 네트워크Network의 인프라를 바탕으로 가상공간 안에서 기업과 소비자가 쌍방향 커뮤니케이션을 통해 광고나 이벤트, 정보제공 등의 다양한 마케팅활동을 일컫는다. 인터넷마케팅도 일반 마케팅처럼 시장지향, 고객지향, 판매 지향적이며 마케팅의 제반 활동이 인터넷이라는 가상공간을 기반으로 한다는 것이 상이하다.

e마케팅은 가상공간에서 기업과 소비자가 서로의 목적을 충족시키기 우해 정보를 교환하고 그 과정에서 발생하는 기업의 마케팅 관련 활동 전체를 포함한다. 인터넷마케팅은 기업과 고객 간의 실시간 상호작용이 가능한 쌍방향 커뮤니케이션을 통해 사이버스페이스라는 가상공간에서 이루어지며, 기업들이 웹사이트를 구축하고 이를 통하여 기업의 홍보 및 제품광고를 할 수 있고, 인터넷이라는 가상공간에 쇼핑몰을 개설하여 직접 제품이나 서비스를 판매한다. 인터넷을 통해 사업을 한다는 의미는 인터넷을 이용해서 고객에게 물품을 판매하고 도 고객이 서비스를 받기 위해 인터넷으로 판매자를 접촉하는 모든 행위를 말한다. 온라인을 통한 마케팅으로 말미암아 종전의 카탈로그에 의존하던 우편통신 판매방식은 인터넷을 통해 e메

일을 이용한 전자 카탈로그를 이용하게 되며, 고객이 필요한 정보와 판매자가 시행하는 홍보사항이 다양한 판매전략과 함께 마케팅의 중추적인 역할을 하게 되었다.

2) e 마케팅의 환경변화

근래에 들어 인터넷 사업에 대한 대대적인 투자로 전국민의 인터넷 사용 인구비율이 엄청난 비율로 증가하고 있다. 이에 따라 마케터들은 쌍방향 커뮤니케이션이라는 장점을 가진 인터넷을 이용하여 상품의 가격, 제품, 물류 수송 등의 효과를 극대화하고자 노력한다. 인터넷 전자상거래가 기업이나 소비자에게 영향을 미치고 있는 변화들을 마케터와 소비자 측면에서 살펴보고자 한다.

(1) 마케터 측면

① 유통채널이 단순해진다. 도매상과 소매상을 거쳐 소비자에게 제품이 전달되었던 기존의 상거래와는 달리 인터넷 전자상거래는 인터넷을 통해 직접 전달되므로 소비자는 저렴한 가격으로 제품을 구입할 수 있다.

② e 마케팅은 보다 효과적인 데이터베이스를 이용한 마케팅을 가능하게 한다. 인터넷은 개별 고객과의 대화를 실현시켜 주고, 필요한 정보를 신속하게 제공해 주며, 고객의 요구에 따라 추가적인 정보와 수정된 정보를 전달해준다.

③ 고객수요에 대한 즉각적인 대응이 가능해진다. 쌍방향 네트워크를 통하여 고객과 직접 판매를 함으로 고객의 수요에 대하여 신속 대처가 가능하다.

④ 인터넷마케팅은 기업의 세계화, 국제화를 실현시켜주는 수단이 된다. 이는 인터넷 기업으로 하여금 시간과 국경을 초월하여 마케팅 활동을 할 수 있는 환경을 제공하기 때문이다.

⑤ 마케팅 활동의 성과에 대하여 즉각적이고 객관적인 측정이 가능하다. 이는 인터넷이 쌍방향성 상호작용의 특징을 가지고 있으며, 특히 모든 정보가 실시간으로 전달되고 축적되기 때문이다.

(2) 소비자 측면

① 편리하고 경제적이다. 가정이나 사무실에서 쇼핑, 구매, 대금결제까지 할 수 있어 편리할 뿐만 아니라 정보탐색의 시간 및 비용을 절감할 수 있어 경제적

인 이익을 동시에 얻는다. 진입장벽이 낮아 기업 간 가격경쟁 심화, 유통채널 단순화로 중간상의 이윤 배제와 쇼핑몰 운영비의 저렴 등의 이유로 소비자에게 저렴한 가격으로 제품을 공급하여 소비자는 저렴한 가격으로 제품을 구입할 수 있다.

② 전문적인 자료 및 동적인 정보를 쉽게 접할 수 있으며, 오락성을 즐길 수 있다.

③ 비교쇼핑이 가능하다. 시간상 제약없이 소비자는 인터넷을 통해 전 세계의 제품을 화면상에서 비교하여 쇼핑할 수 있고 일시적인 충동구매를 감소시킨다.

3) 오프라인 마케팅과 e마케팅의 차이

e마케팅이나 일반 마케팅 모두 전략적으로 추구하는 목표는 고객만족과 경쟁력 확보라는 점에서 공통된 특성이 있으나 다음과 같은 차이점이 있다.

(1) 일반 마케팅 전략의 적용원리는 고객 전부를 상대로 마케팅 노력을 수행하기에는 자원의 제약이 있기 때문에 고객을 세분화하여 자사의 경쟁력에 맞는 목표시장을 선택한 후 그 목표고객에게 자사의 강점을 마음속에 심어주는 포지셔닝하는 이른바 "STP(Segmentation, Targeting, Positioning) 전략"이 효과적이다. 그러나 인터넷마케팅의 경우 초기에 고객의 인지와 흥미를 유발시키는 효과가 일반 마케팅에 비하여 상대적으로 크며, 개별 고객의 정보관리가 용이하기 때문에 STP 전략에서 한 단계 더 나아가 확보되는 고객과의 1:1관계를 형성하고 고객의 개별 욕구와 필요에 맞추어 주는 "고객맞춤customization 전략"을 수행할 수 있어 더욱 효과적이며 효율적이다. 즉 인터넷마케팅 성공요인은 고객 정보관리를 통한 고객맞춤형 서비스를 얼마나 효율적이고 체계적으로 수행하는 가에 달려 있다.

(2) 마케팅 수행에 필요한 중요 투입요소에 차이가 있다. 오프라인 마케팅은 상대적으로 더 많은 자금과 인력 등의 물리적 요소의 투입이 지속적으로 요구된다는 점에서 서버와 기본적인 홈페이지 웹사이트만 있으면 시작할 수 있는 인터넷마케팅과 차이점이 있다. 인터넷 마케팅 역시 지속적인 업그레이드와 새로운 프로그램과 컨텐츠를 첨가할 수 있는 기술과 경쟁적 제품을 창출할 수 있는 지적 아이디어가 중요하다.

(3) 다루는 제품에 차이가 있다. 오프라인 마케팅의 경우 자사에서 생산되는 제

품을 중심으로 하거나 제휴 관계가 구매된 제품에 한정되어 마케팅을 수행할 수 밖에 없기나, 인터넷 마케팅의 경우 생산업체 및 유통업체와 제휴관계를 형성함으로써 다양한 제품을 다룰 수 있으며, 다른 사이트와 가격, 품질, 정보 등에서 차별성이 있는 제품이나 서비스면 더욱 더 경쟁력을 갖추는 디지털 제품이 될 수 있다.

(4) 끝으로 e 마케팅의 고객은 지리적으로 한정되어 있지 않으며, 전세계 가상공간에서 활동하는 모든 고객이 대상이 된다.

최근에는 많은 오프라인 기업들이 이점이 많은 인터넷마케팅을 도입하여 통합 마케팅의 개념으로 접근해 나가고 있다. 소비자들의 흥미와 욕구에 맞추어 온・오프라인 마케팅을 다양한 산업군에 적용시켜 나가고 있는 것이다.

2. 인터넷마케팅의 특성과 측정방법

1) 인터넷마케팅의 특성

(1) 상호 작용성interactive

마케팅 활동의 전제가 되는 고객의 요구사항을 파악하는 것은 쉬운 일이 아니다. 인터넷마케팅의 상호작용성은 인터넷을 활용한 고객과의 긴밀한 관계 구축과 활발한 커뮤니케이션을 통하여 기업들이 신속하고 유연하게 고객의 욕구를 파악하도록 해준다. 기업은 고객들의 프로파일, 라이프스타일, 욕구파악을 위한 기초 자료를 만들거나 불만 사항, 의견 등을 신속하게 접수할 수 있다. 이러한 상호작용은 고객이 적극적으로 마케팅 활동에 참여할 수 있게 해주며, 기업이 고객과의 신뢰관계를 형성하여 공통의 가치를 탐색할 수 있도록 하여 준다.

(2) 개인화personalization

인터넷은 쌍방향 커뮤니케이션이 가능한 매체이기 때문에 웹사이트를 방문하는 고객 개개인의 욕구와 선호도를 고려하는 정보나 서비스를 개별적으로 제공해 줄 수 있다. 또한 고객과의 대화나 게시판을 통해 고객 개개인의 특성에 알맞은 맞춤 제안을 할 수 있고 고객과의 장기적 관계를 강화하기 위해 이 정보를 활용할 수

있다. 개인화는 개인의 기호와 관심이 있는 정보를 바탕으로 개인화 마케팅 전략을 추구하는 것이다. 이를 위한 고객 데이터베이스 구축이 필수적이며, 이를 이용한 마케팅이 필요하다. 데이터베이스 마케팅이란 기업이 갖고 있는 고객의 정보를 토대로 전개하는 1:1 마케팅을 의미한다.

(3) 저렴한 마케팅 비용low cost

일반적으로 인터넷마케팅에 소요되는 비용은 전통적 마케팅에 비하여 저렴하다. 인터넷마케팅에서는 기존의 우편판매, 텔레마케팅, 신문방송의 경우와 비교하면 거의 부대비용이 수반되지 않는다. 즉 인터넷은 기존의 상당한 비용을 수반했던 TV, 라디오 등 매체상의 광고 장벽을 허물었다. 이제 기업들은 인터넷을 통하여 전세계의 고객을 상대로 저렴한 비용으로 자사의 제품과 서비스를 광고하고 판매할 수 있다.

(4) 합리적 효과 측정

인터넷의 다양한 기술들을 활용함으로써 마케팅 효과를 실시간으로 정량화 할 수 있게 됨에 따라 비용에 대한 효과 측정이 용이해졌다. 즉 인터넷상에서 광고가 고객에게 얼마나 노출되었는가와 어느 정도 효과가 있었는지가 측정 가능해진다. 광고주들은 고객이 배너 광고를 몇 번이나 보았는지의 관련된 통계정보를 손쉽게 얻을 수 있다. 또한 방문 횟수, 이동 경로 등 기본적인 고객의 정보를 획득하기가 수월하며 마케팅 코스트의 산출이 기존 미디어보다는 합리적이라고 할 수 있다.

(5) 정보 기반 마케팅

인터넷마케팅은 고객에 관련된 정보를 인터넷상에서 쉽게 획득할 수 있다. 기존의 매스미디어의 경우 해당 미디어의 공간적인 문제와 비용들의 문제로 정보게재에 많은 한계가 있었다. 그러나 인터넷의 경우에는 고객이 필요로 하는 정보를 충분히 제공할 수 있어 보다 효과적인 마케팅이 가능하다. 즉 인터넷상의 웹사이트를 방문하는 고객의 접속 시간과 자주 방문하는 서비스 부문에 대한 정보를 자동으로 수집할 수 있기 때문에 고객의 요구에 부응할 수 있는 정보나 서비스를 즉시 제공할 수 있게 된다. 따라서 기업은 다양한 고객 정보를 중심으로 마케팅을 전개할 수 있다.

(6) 관계 마케팅relationship marketing

경영환경의 변화와 함께 경쟁이 심화되면서 고객들의 선택폭은 넓어지고 상대적으로 고객들의 상표에 대한 충성도는 하락해 왔다. 기업의 입장에서는 신규고객의 확보도 중요하지만 기존 고객의 충성도를 제고하여 장기적 관계를 형성하는 것이 마케팅 효과와 비용 측면에서 훨씬 중요해졌다. 관계지향적 마케팅은 고객과의 관점을 장기적 관계의 형성 및 강화에 두고 고객평생가치(LTV : Life Time Value)의 측정에 근거하여 비용 효과적 측면에서 고객에 대한 다양한 프로그램을 추진해 가는 것이다. 관계지향적 마케팅에서는 제품의 판매가 마케팅의 끝이 아니라 시작으로서 제품판매 이후의 고객 서비스 및 관계유지가 아주 중요하다. 만족스런 고객의 재구매를 유도하거나 다른 소비자들에게 전파하는 구전효과에 역점을 두어야 한다.

2) e 마케팅 측정방법

인터넷에서 마케팅 효과를 측정하는 것은 일반 마케팅과 마찬가지로 다양한 방법이 있으나 인터넷에서 무엇보다 중요한 것은 얼마나 많은 사용자가 그 기업의 웹사이트를 방문하느냐를 측정하는 것이다. 수많은 웹사이트로 넘쳐흐르는 인터넷을 항해하는 이용자들을 나의 웹사이트로 들어오는 순간 측정되는 대상에 따라 다양한 종류의 측정방법이 있을 수 있다. 인터넷마케팅 효과 측정은 효과적인 인터넷마케팅을 위해 필요한 특정 온라인 기술이 잘 적용되고 있는지를 평가하는 과정이며, 고객 획득capture, 컨텐츠contents, 고객지향성customer orientation, 커뮤니티와 상호 작용성community and interactivity 등으로 나타낼 수 있다.

인터넷마케팅의 효과를 좀더 구체적으로 특정하기 위해서는 웹 로그 트래킹web log tracking을 적절히 활용한다. 웹 로그 트래킹을 위한 기본 단위로는 히트, 페이지뷰page view, 세션session, 방문자visitor 등이 있으며, 측정 도구로는 쿠키cookie, ID와 Password, 세션ID, 웹로그 등이 있다.

(1) 히트hit

기본적으로 모든 형태의 클라이언트 서버Client Server를 접촉 기록하는 최하 단위이다. 방문자가 웹사이트에 접속할 때 접하게 되는 파일의 숫자를 말하는데, 한 페이지를 전송하는데 있어 그 안에 포함된 그래픽 HTML 파일 등 모든 파일이 하나의

히트로 계산된다. 가령 하나의 웹 문서내에 5개의 그림 파일이 포함되어 있다면 그 페이지를 열게 되면 6히트가 기록된다.(5개의 그림파일 + 1개의 HTML 문서파일) 이러한 히트의 개념은 마케팅 효과의 측정에 있어 큰 의미를 가지지 못한다. 가령 한 웹사이트에서 하루 100만 히트를 자랑한다고 주장을 하는 것이 100만 명의 방문자를 이야기하는 것은 아니다. 한 페이지에서 약 20개의 그림파일을 포함하고 있다면 단번에 방문자수는 5만 명이기 때문이다.

(2) 페이지뷰page view

페이지뷰란 하나의 HTML 문서를 보는 것을 말하며, 인터넷 광고의 측정 개념으로 많이 사용한다. 배너광고가 포함되어 있는 웹페이지가 한번 전송되면 일단 광고가 방문자에게 노출된 것으로 간주하고 하나의 페이지뷰 혹은 임프레션impression으로 기록되게 된다. View나 Impression의 개념은 특정한 페이지나 그림이 사용자에게 노출되는 수를 종합한 것이다. 현재 배너 광고가 활성화되어 있는 서치 엔진이나 언론사 사이트에서 광고효과 리포트에서 제공하는 개념으로 비교적 정확하고 효과적인 광고누출의 지표가 되고 있으나 사용자가 그래픽을 차단하는 옵션auto image load out을 브라우저에 실시했을 경우에도 View로 기록되기 때문에 실제 광고 노출 수보다 높게 산출될 수 있다.

(3) 체류시간duration time

체류시간은 한 방문자가 특정 웹페이지에 얼마나 오래 머물렀는가를 시간을 기준으로 기록하고 이를 효과의 기준으로 삼고자 하는 방법이다. 오랜 시간을 머물렀다는 것은 그만큼 관심이 높다고 가정할 수 있기 때문이다. 그러나 인터넷 이용자들이 여러 개의 브라우저를 동시에 띄워 놓은 상태에서 작업을 하는 경우가 많기 때문에 이러한 개념도 정확도가 떨어진다.

(4) 세션session

세션은 비지트Visits라고도 하는데 한 방문자가 특정 웹사이트에 접속해서 연속적으로 보게 되는 과정을 하나의 방문으로 기록하는 방법이다. 보통 이것은 IP Address를 통해 파악을 하게 되는데 유의할 점은 변동 IP address를 사용해서 접속

방법에 의한 서로 다른 방문자들을 동일한 세션으로 인식할 우려가 있다는 것이다. 또 방문자가 일정기간이 지난 후에 다시 그 웹사이트에 접속을 하면 이를 또 다른 세션으로 기록하게 된다.

(5) 방문자visitor

방문자는 특정 웹사이트에 한번 이상 접속한 사용자들의 수를 파악하는 방법으로 실제로 얼마나 많은 사람이 특정 웹사이트에 접속을 했는지를 알 수 있는 개념이다. 가령 A라는 회사에서 온라인 이벤트를 통해 아래의 테이블과 같이 방문자의 추이가 변했다고 한다면, 이벤트를 통해 현재 고객의 방문증가뿐 아니라 신규 고객들의 방문에 어느 정도 성과를 거두었으며 이러한 신규고객의 일부가 지속적으로 방문을 하게 되었다는 것을 파악할 수 있다.

쿠키를 이용하거나 사용자 인증authentification을 통하여 정확한 사용자수를 산출할 수 있는 가능성이 높아지게 된다. 그러나 이 개념도 PC방이나 학교 등에서 동일한 컴퓨터를 다중 사용자가 쓰게 되거나 혹은 동일 사용자가 회사와 집에 와서 번갈아 쓰게 된다면 정확한 측정이 어려워진다.

제 2 절 모바일 마케팅

1. 모바일 마케팅

1) 배경과 개념

(1) 환경적 배경

휴대폰과 PDA 등의 무선 단말기의 급속한 진화와 이동통신 가입자의 증가, 넓어진 비즈니스의 기회 등에 힘입어 빠르게 확산 추세에 있다. 세계 유선 인터넷 사용자수는 1995년에 5천만 명 수준에서 2000년 말에는 4억 명 수준으로 증가하였으며 이러한 증가추세는 향후에도 지속될 것으로 보인다. 이 같은 현상은 국내에도

예외는 아니어서 아래의 우리나라의 유·무선 전화의 가입 현황을 보여주는 [표 12.1]에 나타난 바와 같이 이동전화와 모바일 인터넷 기기의 증가율이 큰 폭으로 증가하고 있다.

[표 12.1] 유·무선 전화 가입 현황

	유선전화	이동전화	모바일 인터넷
총 가입자 수	22,118,935	26,682,005	107,809,000
증가율	29,406(0.13%)	136,612(0.52%)	809,000(8.1%)

또한 통신시장은 유선에서 무선으로, 음성에서 데이터 통신으로 급속히 전환되고 있으며, 특히 IMT-2000 서비스의 도입으로 통신시장의 글로벌화와 멀티미디어 서비스가 가시화되면서 이동통신 단말기가 단순한 통신수단을 넘어 언제, 어디서나 인터넷에 접근할 수 있는 수단으로 발전하고 있다.

(2) 개념 및 현황분석

이동통신 사업자와 솔루션 개발업체, 컨텐츠 업체들은 지금 무선인터넷을 이용한 비즈니스에 촉각을 곤두세우고 있다. 무선단말기 역시 다양한 서비스와 첨단기술의 도입으로 더욱 다양한 플랫폼으로 변화와 발전이 예상되고 있다. 이러한 핸드폰 등 무선단말기들이 첨단화되고 다양한 서비스로 고객의 눈길을 끌면서 이것을 이용한 다양한 비즈니스들이 준비 중에 있으며, 일부는 실제로 제공되고 있다. 지난 6월말을 기준으로 국내 이동전화 전체 가입자는 2,800만 명에 달하고 무선인터넷 사용자는 무려 2,100여만 명에 달하고 있다. 이 가운데 최소한 1,200만 명이 무선인터넷을 실생활에 이용하는 것으로 추정되고 있다.

하지만 높은 이동전화 보급율과 이동통신업체들의 지속적인 투자와 마케팅 활동, 다양한 CP들의 참여에도 불구하고 유선인터넷에 비해 수익성이 보장될 것으로 보였던 무선인터넷 시장의 현실은 그리 밝은 것만은 아니다. 이동통신 사업자들의 막대한 프로모션 정책에도 불구하고 무선인터넷 서비스는 아직까지 이용자로부터 큰 각광을 받지 못하고 있고, 또한 무선인터넷 시장에서 제대로 수익을 올리고 있는 회사는 거의 볼 수 없다.

게임, 벨소리 다운로드 등 일부 영역을 제외하고는 월 5,000만 원 이상 매출을 올리는 CP는 거의 전무한 형편이고, 그나마 형편이 낫다는 게임 CP 또한 연 매출 20억 원을 바라보고 힘든 열악한 실정이다. 무선 CP업체들은 이러한 열악한 국내 시장을 탈출하기 위해 일본, 중국, 유럽 등 해외시장을 개척해 판로를 뚫어보려고 시도했지만 뚜렷한 성과를 내지는 못했다.

이동통신 사업자들도 CP지원 정책을 잇달아 발표하는 등 대책을 세우고 있지만 뾰족한 대안은 없는 형편이다. 따라서 무선관련 업체들 사이에서는 시장에서 수익을 낼 수 있는 아이템은 모바일SI 밖에 없다는 자조적인 목소리도 나오고 있다. 이러한 가운데 모바일의 장점을 마케팅에 이용하는 모바일 마케팅 사업이 최근 유럽을 중심으로 부각되면서 모바일 비즈니스 시장에 활기를 불어넣고 있다. 휴대폰으로 대표되는 모바일 네트워크 단말기를 기존 미디어 채널과 연계해 마케팅 활동을 수행한다는 것이 바로 모바일 마케팅mobile marketing의 개념이다. 특히 모바일 마케팅은 그동안 제대로 수행되지 못했던 원투원 마케팅One-to-One Marketing, 즉 퍼스널 마케팅Personal Marketing이 가능하다는 이유 때문에 이동통신 사업자들과 광고대행사, 그리고 대기업과 유선포탈사이트의 관심을 끌고 있다.

모바일 마케팅은 기존 마케팅 채널과 달리 마케터와 고객이 Interactive-Communication을 할 수 있다는 점과 리얼타임 트래킹, 리포팅, 타켓팅, 다이내믹 퍼스널라이징이 가능하다는 장점을 가지고 있다. 이미 앞서간 몇몇 기업에서는 기존의 휴대폰을 결합하는 모바일 마케팅을 성공적으로 시행하고 있다.

2) 특징

마케팅 측면에서 보면 모바일 마케팅은 기존 인터넷 마케팅과 여러 가지 차이점을 가지고 있다. 그 중 가장 큰 특정은 모바일 마케팅은 시간이나 장소에 구애받지 않고 사용자의 개인화 된 성향에 따른 고도화된 맞춤 서비스가 가능하다는 점과 제품과 서비스에 대한 이해를 높이는 것에서 실제 구매행동까지 이르게 할 수 있다는 것이다. 새로운 제품이나 서비스를 맞이하게 된 소비자는 주목, 관심, 욕구, 기억, 행동-AIDMA(Attention, Interest, Demand, Memory, Actoin)-의 5가지 단계를 거치게 된다. 기업이 막대한 비용을 쏟으며 전개하는 기존 마케팅 전략으로는 주목부터 구매에

이르는 5가지 단계를 모두 커버할 수는 없다. 각 단계별로 다른 마케팅 활동이 필요하나 모바일에서는 이런 5가지 마케팅 단계를 하나의 플랫폼에서 해결할 수 있는 장점이 있다. 이와 같은 모바일 마케팅의 특정을 열거하면 크게 5가지로 분류할 수 있다.

(1) 원투원 마케팅One to One Marketing

모바일 마케팅의 가장 큰 특정은 위에서 언급한 것처럼 원투원 마케팅이 가능하다는 점이다. 소비자와 사회, 그리고 기업의 태도가 변화함에 따라 소비자의 요구와 상품, 그리고 서비스의 관계는 한층 복잡해졌다. 마케팅을 둘러싼 이러한 흐름 속에서 주목받는 것이 친밀한 고객과의 관계이다. 이는 기업이 고객과의 계속적이면서도 친근한 커뮤니케이션을 통해 신뢰관계를 지속적으로 형성하는 것이다. 곧 기업은 고객 개개인을 만족시키는 상품과 서비스와 이벤트를 제공함으로써 그 기업의 브랜드와 해당 상품이 가진 장점에 대한 공감대를 가지고 될 수 있는 한 오랫동안 서로의 관계를 유지하는 데 필요한 것이다.

> 예를 들어 A라는 회사가 자사의 잠재 고객들에게 새로 나온 20대 여성용 상품에 대해 판촉활동을 하려고 한다면 보통의 경우 TV나 신문, 또는 웹사이트를 통해 광고를 집행하려 할 것이다. 하지만 이처럼 대중적인 매체를 이용하게 되면 이 제품을 원하는 정확한 타켓집단에 대한 마케팅 집중을 하지 못할 것이다. 자사 웹사이트를 통해 등록한 회원들을 분석해 서울에 사는 20대 여성을 추출해 이 회원들을 대상으로 광고용 이메일을 발송한다 하더라도 다른 매체보다 효과는 좀더 있을지 모르겠으나 회원들이 정작 이 광고 메일을 열어봤는지, 그리고 열어봤다면 실제로 이 제품 사이트로 이동해 관련 정보를 살펴보고 구매행위까지 이르렀는지에 대해 정확하게 파악할 수가 없다.

하지만 모바일 단말기를 통한 마케팅 전략을 기획한다면 상황은 달라질 수 있다. 이미 자사 웹사이트에 등록된 고객의 핸드폰 번호를 통해 새로 출시된 상품을 구매할 가능성이 높은 타켓 집단에 신속하게 메시지를 전달할 수 있고 또는 이동통신사와 연계해 이들 회원을 대상으로 원하는 타켓 마케팅 활동을 집중할 수 있고 이를 구매로 연계시킬 수 있을 것이다. 유선 인터넷과 모바일 단말기를 적절하게 혼합한 마케팅 믹스Marketing Mix전략을 구사한다면 이처럼 상황에 따른 철저하게 개인화된 마케팅 기법으로 기업과 사용자 모두에게 만족할 만한 결과를 제공할 수 있는 이점이 있다.

(2) 타이밍 기반 마케팅Timing based Marketing

타이밍 역시 모바일 마케팅의 특징 중 하나이다. 하지만 이것이 지나치면 엄청난 재앙으로 되돌아 올 수 있다. 사실 아무리 고객에게 많은 혜택을 돌려주는 광고를 담은 메시지라도 다들 자는 새벽에 전달된다든지, 아니면 회사에서 무척 바쁜 시간에 전달된다면 받는 고객입장에서는 대단히 짜증나는 일이 아닐 수 없다. 마케터는 그 상품이 가진 특성을 이용해 고객의 관심을 행동으로 옮길 수 있는 마케팅 활동을 개시해야 할 것이다. 예를 들어 커피광고는 커피를 많이 마실 시간인 아침 출근시간, 또는 점심시간에 내보내 상품의 주목성을 높일 수 있고, 아침, 점심, 저녁때 서로 다른 메시지를 통해 상품이나 서비스의 장점을 적절하게 제공할 수 있다.

(3) 위치기반 마케팅Location based Marketing

모바일 마케팅의 백미는 위치기반서비스Location Based service라고 할 수 있다. 유럽에서는 2년 전부터 이런 서비스를 실시하고 있으며 MLS(Mobile Location Service)라고 칭하고 있다. 일본 모바일 컨텐츠 포럼의 조사에 의하면 사용자들이 향후 휴대전화에서 가장 희망하는 기능은 자신의 현 위치에 기반한 내비게이션 기능으로 나타났다. 이처럼 위치기반 테크놀로지는 모바일 마케팅의 수준을 한 단계 업그레이드시키는 변수로 작용할 것으로 기대된다.

> 예를 들어 모바일 고객 데이터베이스가 구축된 패밀리 레스토랑이나 대형 슈퍼마켓의 마케터는 모바일 가입자가 매장의 50m 근방에 있으면 자동으로 메시지를 발송해 그 날 또는 그 주의 스페셜 상품이나 메뉴를 알려준다. 동시에 고객의 핸드폰에는 포도주를 25%할인 받을 수 있는 전자쿠폰이 뜨게 되고 이는 고객을 유치하는 새로운 마케팅 수단이 된다. 이러한 수단은 모바일 광고에도 적용할 수 있다. 온라인 배너광고의 클릭율이 0.1%를 밑돌고 있지만 WAP 광고는 15%의 클릭율을 보이고 있다.

가트너 그룹은 위치기반 모바일 서비스의 영역을 크게 4가지로 나누고 있다. 첫

번째는 인포메이션 서비스로 옐로우페이지와 같이 식당, 날씨, 교통정보 등에 대한 정보를 제공하는 서비스이다. 두 번째는 응급신고 및 보안으로 도로 순찰, 자동위치 추적, 자동차 사고, 응급 사고 시에 사용될 수 있다. 세 번째는 트래킹으로 친구찾기, 위치기반 게임 등에 응용할 수 있고, 마지막은 빌링으로 외부지역에 있는 기업고객을 대상으로 서비스하기에 적합하다. 2006년에는 서유럽에서만 위치기반 서비스 사용자가 1억 명에 달할 것으로 예측되며, 매출액은 수백억 달러로 전망하고 있다. 반면 위치기반 서비스가 비즈니스 여행객들에게 인기를 얻기 위해서는 오퍼레이터가 각 국가 통신사업자와 함께 연계해 로밍 서비스 문제를 반드시 해결해야 한다고 덧붙이고 있다. 여기서는 응급신고 및 보안이 40%, 인포메이션이 26%, 트래킹이 18%, 빌링이 16%를 차지하고 있다.

(4) 폰 마케팅Phone Marketing

휴대폰으로 메시지를 전달하면서 원하는 제품을 구매할 수 있도록 버튼만 누르면 해당업체 담당자에게 바로 전화로 연결되는 서비스이다. 모바일로 물건을 주문하거나 상품에 대한 자세한 정보를 알려면 아직까지 상당히 불편하고 많은 절차를 거쳐야 한다. 이에 반해 흥미가 있는 메시지를 받으면 바로 담당자에게 전화를 걸어 원하는 정보를 얻을 수 있거나, 원하는 상품을 구매할 수 있도록 할 수 있는 것이 폰마케팅의 강점이다.

(5) 휴대성 마케팅Portablity based Marketing

핸드폰은 항상 이제 우리의 생활 속으로 들어와 잠잘 때를 빼고는 어디든지 함께 하는 생활필수품으로 떠올랐다. 핸드폰의 이러한 휴대성은 마케팅의 입장에서 보면 대단히 유용한 도구다. 실제로 TV는 아침이나 저녁 몇 시간 외에는 사람들에게 노출되기 어렵고, 신문 역시 간편하게 들고 다닐 수는 있지만 아침 출근시간이나 퇴근시간에 한 번 읽고 나면 그 가치가 소멸된다. 반면 휴대폰은 항상 잠재고객과 함께 하기 때문에 원하는 시간에 정해진 마케팅 활동을 하기에는 최적의 도구이다. 이를 마케팅적 관점에서 정의하면 입는 마케팅Wearable Marketing이라고도 부를 수 있다. 정보의 휴대성을 활용한 모바일 마케팅을 할인쿠폰 발송이나 티켓예매 등에 적용할 수 있을 것이다.

3) 모바일 마케팅의 성장 요인

(1) 모바일 마케팅의 단계

모바일 마케팅을 가능하게 하는 휴대폰, PDA 등의 모바일 기기는 음성 통화에서 벗어나 종합적인 Communication Media로 발전하고 있다. 따라서 모바일 마케팅은 휴대성과 'One-to-One Communication'으로 고객 접근력이 우수하고 시간과 공간적 제약이 적은 상황에서 프로세스의 원활한 연결로 인해 기존 마케팅 기법의 장점을 살리며 모바일 마케팅 기법을 추가할 수 있다. 이러한 모바일 마케팅의 발전 단계는 3단계로 나누어 볼 수 있다. 구체적으로, 전통적인 미디어와의 연계를 통한 현재의 프로포지션을 보강하는 차원에서 이루어지는 모바일 마케팅의 단계로서 전통적 기법에 의지하는 단계와 이에 더하여 인터액티브 기능을 추가한 단계, 그리고 모바일 마케팅이 스탠드 얼론stand alone하는 단계이다.

(2) 모바일 마케팅의 성장 요인

모바일 마케팅의 성장요인으로는 우선 언제 어디에서나 실시간 자유로운 접속이 가능한 점과 개인전용 단말기 사용으로 인해 보다 높아진 보안성, 그리고 소형의 간편한 모바일 기기를 활용한다는 점을 들 수 있다. 이외에도 다양한 요인을 들 수 있다. 첫째, ① 무선 단말기의 가치 증대를 들 수 있다. 원투원 마케팅은 전체시장이나 혹은 세분시장의 평균적인 요구가 아니라 소비자의 개별적인 요구에 부합하고자 하는 상호 작용 적인 커뮤니케이션에 그 기반을 두고 있다. 이러한 커뮤니케이션 수단으로 휴대폰, PDA 등의 무선 단말기가 매우 효과적인데 무선단말기는 여타의 전통적인 커뮤니케이션 수단들과의 결합을 통해서도 효율적으로 사용될 수 있다는 장점을 가지고 있다. 무선단말기는 브랜드에 대한 인지를 구매와 같은 구체적인 행동으로 연결시키는 통합적 마케팅 커뮤니케이션을 실천에 옮기는 데 있어서 다른 어떤 수단보다도 훌륭하게 기능할 수 있다.

② 이동통신서비스의 확산이다. 모바일 마케팅의 기반이 되는 이동통신서비스사용자의 규모가 커지고 있다는 점은 모바일 마케팅의 확산에 결정적인 기여를 하고 있다고 할 수 있다. 이는 무선 인터넷을 통해 데이터통신이 활발히 이루어질 수 있게 되면 기업의 입장에서는 이를 효과적인 마케팅 커뮤니케이션 수단으로 활용할 수 있기 때문이다. 무선 인터넷은 좁은 의미에서는 휴대폰이나 PDA 등의 무선단

말기를 통해 인터넷에 접속하여 데이터 통신이나 인터넷 서비스를 이용하는 것을 말하며, 넓은 의미로는 블루투스, 무선 LAN, B-WILL 등 고정 무선인터넷 서비스를 포함하여 무선을 통해 인터넷에 접속하는 것을 뜻한다. 그렇지만 통산 무선인터넷이라고 하면 협의의 무선인터넷인 이동 무선인터넷을 의미한다. 따라서 무선인터넷은 인터넷이 갖는 네트워크의 개방성, 양방향성, 탈 중심성 등의 특성과 이동통신이 갖는 이동성, 양방향성, 개인화 등의 특성을 동시에 물려받고 있다.

③ 인터넷망의 개방을 들 수 있다. 무선인터넷망은 공공성이 강함에도 불구하고 그 폐쇄적인 구조로 인해 실질적으로는 이동통신사업자가 소유하고 있는 것처럼 운용되어 왔다. 폐쇄적이라는 것은 이동통신사업자가 무선인터넷망에 접근할 수 있는 Gateway를 독점하고 있다는 것을 의미한다. 이러한 이유로 무선인터넷망을 통해 정보를 제공하고자 하는 컨텐츠 사업재(CP : contents provider)는 이동통신사업자와 계약을 맺고 이들 사업자가 운영하는 무선 포탈에서만 정보를 제공할 수 있으며, 따라서 이동전화 이용자들은 자신이 가입한 이동통신사업자와 계약을 맺고 있는 CP가 제공하는 정보만을 이용할 수 있다.

그러나 무선인터넷망이 개방되면 CP는 일정 요금을 내고 이동통신사업자의 무선인터넷망을 임대하여 유선인터넷에서와 같이 독자적인 컨텐츠 사업이나 포탈사업을 할 수 있다. 이렇게 되면 이동전화 이용자들은 이동통신사업자의 무선포탈을 경유하지 않고 유선인터넷을 사용할 때와 마찬가지로 컨텐츠 제공업체의 URL에 직접 접속할 수 있게 된다. 이러한 변화는 첫 페이지의 변화에서부터 찾아올 것으로 예상되고 있다. 이 경우 이동전화를 이용하는 소비자의 입장에서는 다양한 무선인터넷 정보에 접근할 수 있게 되고, 이동전화 이용자들에게 접근하고자 하는 기업의 입장은 이동통신사업자에 관계없이 무선인터넷을 통해 모든 이동전화 이용자들에게 접근할 수 있는 기회를 갖게 된다. 따라서 무선인터넷망이 개방되면 모바일 마케팅이 보다 활성화 될 수 있는 좋은 환경 속에 놓이게 된다.

4) 모바일 마케팅의 유형

모바일 마케팅은 내부 직원의 생산성 향상과 비용절감을 위한 방향과 소비자와의 거래관계의 활성화와 수익 창출을 위한 방향으로 전개되는데 우선 직원 대상의 모바일 마케팅은 외부에서 내부시스템 활용할 수 있도록 근무 환경을 구현하는데 있다. 그리고 소비자 대상의 모바일 마케팅의 발전 방향은 목적에 따라서 새로운 유통채널의 구축, 신규고객의 확보, 기존고객의 관리, 기업 및 상호 이미지 제고로 구분되어 전개되며 이를 아래에서 각각 살펴본다.

(1) 소비자 대상

① 모바일 광고

모바일 광고란 무선 단말기를 통해 음악 그래픽 음성 문자 등을 기반으로 한 광고를 말한다. Ovum(2000)은 모바일 광고 시장 규모를 2003년 40억불에서 2005년 160억불로 성장 예측하였으며 이에 따른 모바일 광고의 수익은 2005년까지 10억불로 예상하였다. 그 외 전문 기관들의 전망을 살펴보면 2005년 모바일 전자상거래와 광고 수수료가 망사업자 수익의 33%를 차지할 것으로 보았고, 서유럽 모바일 배너 광고 시장이 2001년 5천만 불에서 2006년 4억6천만 불로 성장할 것으로 보았다.

모바일 광고는 크게 푸쉬형Push과 풀형PULL으로 나눌 수 있다. 푸쉬형 광고는 소비자에게 먼저 메시지를 전송하는 광고로써, 광고 형태로는 SMS와 방송서비스가 었다. 구체적으로 살펴보면, 푸쉬형의 광고는 SMS와 연계된 WAP 페이지를 통해 행사응모 또는 쿠폰 동을 제공하고 이와 더불어 정보 전달로의 폭넓은 활용도 가능하다. 이에 반해 풀형 광고는 선별된 타켓 고객이 네트워크에 접속할 때 소비자에게 적합한 상품 정보나 광고 메시지를 전달하는 형태이다. 그 외 무선인터넷 페이지에 이미지 또는 텍스트 형태로 삽입되는 배너 형태도 있다.

모바일 광고의 장점을 살펴보면, 우선 안정되고 명확한 사용자의 데이터베이스를 확보할 수 있다는 점을 들 수 있다. 즉, 특화된 사용자 그룹의 구성이 가능하며 이를 바탕으로 타켓 광고와 개인화된 프로모션이 가능하다. 그리고 과금 및 회수가 용이하고 광고에 대한 직접적인 반응 및 분석이 용이하며 시간과 장소에 구애받지 않는다는 장점이 있다. 단점으로는 스팸메일처럼 쏟아지는 광고에 대해 심리적으로 거부감이 있을 수 있고, 개인정보 누출에 대한 우려를 포함하여 보안 관련 문제가 발생 할 수 있다. 그리고 이동 단말기의 가장 큰 문제점인 메모리의 한계와 제한된 화면 등의 물리적인 한계로 인한 제약이 있다. 또한 제한된 솔루션 및 연계 부족으로 인한 효과적인 솔루션의 부재라는 문제를 지니게 되며, 그리고 단편적인 정보로 인한 "노출"의 부족이 있을 수 있다. 모바일 광고가 무선 단말기를 통한 광

고라는 것을 제외하면 기존의 다른 매체에 의해서도 충분히 구현되고 있다. 그럼에도 불구하고 모바일 광고가 주목받는 이유는 모바일 광고만이 구현할 수 있는 차별화된 특징이 있기 때문이다.

모바일 광고가 기존의 다른 매체에 비해 갖는 특징을 살펴보면 다음과 같다. 우선 개인화된 타켓 광고가 가능하다. 기존의 광고 매체인 TV나 라디오, 또는 신문 등의 광고는 불특정 다수를 대상으로 하는 일방적인 내용만을 전달한다. 따라서 이러한 광고매체가 개개인에 대한 차별화 된 광고를 제공할 수는 없다. 이에 반해 무선 단말기를 통한 모바일 광고는 차별화된 광고가 가능하다. 예를 들어 모바일 광고는 개인정보관리와 같은 초보적인 차원에서부터 개인의 관심에 근거한 정보나 뉴스의 선별제공, 그리고 개인의 기호에 근거한 상품제공 등 다양한 형태로 개인에 대한 타켓광고가 가능하다.

둘째, 모바일 광고는 광고주와 소비자가 대화할 수 있는 양방향 광고가 가능하다. 기존의 TV나 라디오 같은 광고 매체들은 일방적으로 자신들의 메시지를 소비자에게 전달하여 왔다. 이로 인해 소비자들은 수동적인 입장에서 정보를 접근할 수밖에 없었다. 그러나 현대와 같이 상품이 다양화되고 특성화되는 시점에서 소비자들은 보다 자세한 정보를 제공받기를 원하게 되었다. 모바일 광고는 미리 소비자들이 원하는 광고에 대한 정보를 제공함과 더불어 전화번호나 URL을 함께 제공할 수 있으므로 이용자는 능동적으로 접속하여 상품에 대한 보다 자세한 정보를 얻을 수 있다.

셋째, 위치기반 광고이다. 모바일 광고란 단순히 유선인터넷 광고에서 유선의 의미가 무선으로 바뀌어진 수동적인 의미가 아니라 사람들이 휴대폰 등의 단말기를 이동 중에 가지고 다니면서 광고를 제공받을 수 있다는 것을 의미한다. 이동통신 기술의 발전에 따라 소비자들은 자신의 위치에 기반 한 다양한 서비스를 제공받을 수 있게 되었다.

넷째, 즉각적인 반응성이다. 모바일 광고는 전송하자마자 즉시 자신의 단말기에서 전달된다. 즉 이동전화 등을 통해 보내지는 문자메시지나 음성메시지의 경우 거의 예외 없이 즉각 전달되어 읽혀진다. 이러한 이동전화의 즉시성은 이동전화가 쌍방향적인 매체이기 때문에 전달 받은 소비자들의 즉각적인 반응을 이끌어 낼 수 있다. 따라서 이러한 이동전화의 즉각적인 반응성은 고객의 선호를 곧바로 분석할 수 있고 마케팅에 적절히 활용될 수 있다.

마지막으로 높은 주목성을 들 수 있다. 모바일 광고는 스크린의 제한됨으로 인해 주목성이 높다. 예를 들어 SMS 광고의 경우 스크린의 대부분을 차지하기 때문에 광고의 주목도가 높을 수밖에 없으며 무선인터넷 배너광고의 경우에도 전체 화면에서 차지하는 비율이 높기 때문에 어느 광고매체보다 주목도가 높다고 할 수 있다. 그러나 단순히 전체 스크린에서 차지하는 부분이 많기 때문만은 아니다. 스크린의 제한으로 인해 기존 광고가 보여주는 텍스트의 나열이 아니라 버튼만 누르면 전화 또는 URL에 접속할 수 있게 기능을 첨가하고, 문자메시지의 경우에도 간결하면서도 정확하게 전달되도록 구현된다.

② **쿠폰**

모바일 쿠폰은 모바일 커머스 기반 인프라를 제공하는 사업이다. 즉 모바일 광고와 쇼핑을 연결하는 마케팅 수단을 제공하는 것으로서 무선 인터넷의 잠재고객을 활성화시키는 서비스이다. 모바일 쿠폰의 기대효과는 다음 [표 12.2]에 보여진 바와 같이 사용자나 제조업체 그리고 유통업체에 이르기까지 오프라인 쿠폰에 비해 매우 다양한 효과를 내재하고 있다.

[표 12.2] 모바일 쿠폰의 기대효과

	사용자	제조업체	유통업체
오프라인 쿠폰	물리적 한계성 내재 행사 등의 정보 부족	비용 대비 효과 측정 미비 시장에 대한 빠른 대응 부족 독자적인 홍보 실시	수작업 처리로 인한 불편 자체 쿠폰 방행의 어려움 고객정보 습득의 어려움
모바일 쿠폰	언제 어디서나 사용이 가능 행사정보를 통한 구매가능	효율적인 운영 가능 시장 상황 분석을 통한 신속한 대응 구매 행태 분석을 통한 마케팅 활용	서비스의 편의성 제고 자사 쿠폰 발행이 용이

모바일 쿠폰은 이동통신 가입자 DB를 바탕으로 하여 대상자의 성향분석에 따른 정확한 분석을 통한 타켓 광고가 가능하며, 광고 집행 후 효과 측정이 용이하다. 국내 제조사 쿠폰 시장은 시장 규모가 미약하나, 쿠폰을 활용한 판매촉진 마케팅이 점차 활성화되어 가고 있는 추세이다. 이에 편승하여 모바일을 이용한 편의성 제공 및 상품의 시장 마케팅 수단 제공시 급격한 성장이 예상되고 있다. 미국 쿠폰

시장의 경우 전체 규모 7조6천7백억 원으로, 발행량은 2,800억장이고, 회수량은 1,344억정(발행 규모의 48%), 가구당 월평균 쿠폰 이용률은 4장으로 나타나고 있다. 이에 반하여, 국내 쿠폰시장의 전체 규모는 240억 원이고, 발행량은 12억장, 회수량은 1.4억장(발행규모의 11.7%) 그리고 가구당 월평균 쿠폰 이용률은 0.25장에 불과한 실정이어 앞으로 무한한 성장이 기대되고 있다. 국내 성공 사례로서 SK 텔레콤의 'Coupack'을 살펴보면, 3,000만 명의 이동전화가입자와 기존의 SK 텔레콤 무선인터넷 솔루션을 바탕으로, IT기술의 진화(스캐너/POS/유선인터넷)되면서 쿠폰의 고객 유인효과가 나타나고 있다. 가입자는 총 50여만 명으로 추산되고 있으며, 300여 점포의 가맹점과 130여 개의 할인상품, 그리고 15개의 제조사가 운영되고 있다. 쿠팩의 서비스는 이동통신사업자인 SK 탤레콤, 쿠폰에이전트, 유통업체, 제조업체간의 각각의 장점을 결합하여 이루어지는데, 우선 무선 단말기를 이용한 쿠폰 서비스로 인해 언제, 어디서나 사용이 가능하다는 장점을 지닌다.

기본적으로 제공하는 서비스는 Mobile One to One 마케팅인 Benefit 제공형 광고로서 할인과 적립 그리고 광고가 함께 이루어지는 서비스이다. 구체적인 형태로서 영화 시사회 티켓 적용 쿠폰인 광고형 쿠폰, 전국 100여개 서점에 KIOSK를 설치하여 실시된 도서 쿠폰, 조흥은행과 연계한 모바일 카드, 적립식 쿠폰 등이 있다. 이러한 쿠팩의 전략적인 Positioning은 첫째, 모바일 커머스 기반 인프라를 제공하는 사업 둘째, 모바일 광고와 쇼핑을 연결하는 마케팅 수단 제공(가입자와 가맹점), 그리고 무선인터넷의 잠재고객을 활성화시키는 서비스로 볼 수 있다.

구체적으로 사업의 확장 영역을 살펴보면 다음과 같다. 첫째, 고객 및 거래내역 데이터베이스를 활용한 타켓 시장조사 서비스이다. 이동통신 가입자 데이터를 바탕으로 하여, 조사 대상자의 성향분석에 따른 정확한 통계 분석을 할 수 있다. 둘째, 보다 정확한 타켓의 선정으로 인해 Benefit 제공형 광고, Target 광고 등의 Mobile One to One Marketing 서비스가 가능하다. 셋째, VM을 이용한 금융거래용 전자지갑을 통한 결제 서비스가 가능하다. 즉 신용카드 현금카드 그리고 상품권의 대체 서비스로 사용이 가능하며 이는 카드 발급비용을 절감시킬 수 있다. 마지막으로, Mobile Membership Card 서비스가 가능한데, 이럴 경우 마그네틱 카드 대체로 인한 발급 비용의 절감이 가능하다. 그리고 가입자의 구매 행태 및 만족도 분석을 통한 Customizing Service를 제공할 수 있으며, 유통점 자체 고객카드 및 각종 멤버쉽 카드 그리고 마일리지 적립 카드를 핸드폰 바코드로 대체 활용 가능하다.

(2) 직원 대상

내부 직원의 생산성 향상이나 비용절감을 위해 무선 단말기를 이용하여 내부시스템을 외부에서도 활용할 수 있도록 하는 것을 의미한다. 모바일 오피스는 주로 영업과 물류, 운송, 택배 부문에서 활용되고 있다. 영업현장에서 이동 중에 거래내역 및 주문현황 재고관리 등의 업무를 실시간으로 처리하고 있으며, 지속적으로 방문하는 우수 고객들의 거래내역 등을 수집 또는 분석하는 등의 고객관리에도 이용되고 있다.

① 모바일 고객 관리

모바일 고객 관리는 잠재 고객의 유치, 기존 고객의 강화, 그리고 이탈 고객의 복귀라는 큰 명제는 변함이 없어 기존의 고객관리와 큰 차이는 없다. 다만 그 방법에 있어서 SMS 메시지 서비스와 Live Script Data의 수집이 가능한 Mobile-CRM 등을 이용할 수 있어 보다 저렴한 비용으로 개인화 된 데이터를 바탕으로 고객의 성향과 요구를 고려한 마케팅 활동이 가능해 진다는 장점을 가지고 있다. 이러한 모바일 고객관리의 유용성은 [표 12.3]에 나타난 바와 같이 모바일 커머스 거래내역, 모바일 쿠폰 거래 내역 등의 데이터를 통합하여 고객을 세분화하고, 고객 선호도를 분석할 수 있으며, 미래 고객을 예측하고, 그리고 고객 가치 산출이 가능해 진다는 점에 있다. 그리고 결과적으로 이러한 모바일 고객관리를 통해서 기업은 효율적인 상품 개발 및 공급이 가능해지게 된다.

[표 12.3] 모바일 고객 관리의 유용성

소비자	제조업체	유통업체
개인 정보 분석에 의해 꼭 필요한 정보를 제공받음 지속적인 할인 및 수혜/혜택, 경제적 효과	구매자의 DB 분석을 통한 수요 예측 가능 가능성 높은 고객에게 할인 혜택을 지급 합리적인 유통관리 핵심 타켓에게보다 효과적이고 다양한 마케팅 접근 가능	매장별 특성을 고려한 판매 촉진 활동 가능 종합적인 분석을 통한 One to One marketing 실현

② 모바일 오피스

통합 수송관리	운송 및 택배산업의 물류 업무 효율화에 가장 많이 적용되고 있는 실정이다. GPS와 무선통신의 결합을 통한 화물의 실시간 추적은 현재 위치와 정확한 도착시간, 전반적인 차량 상태를 정확히 파악할 수 있으며, 신속한 위치 파악으로 오류에 대한 대응 능력이 강해지게 된다. 또한 모바일 시스템을 통해 효율적인 경로를 결정하고, 용량을 최대한 활용할 수도 있으며, 공차의 등록과 화물의 알선 등을 실시간으로 처리가 가능하다. 즉 정확한 정보의 제공으로 비생산적인 주행을 방지하여 운송비용의 절감이 가능하게 된다.
영업 부문	모바일 영업지원은 업무효율을 높이고 비용을 절감하게 한다. 영업 사원들은 무선 단말기를 통해 현장에서 발생되는 모든 정보, 즉 판매, 재고, 입출고, 발주 등의 정보를 입력하고 출력할 수 있다. 입력한 데이터를 토대로 거래처의 매매실적을 정확하게 예측이 가능하게 되었고 모바일 사무환경의 구축을 통해 효율적인 관리가 가능하게 되었다.
창고관리 대행	물류창고에서의 네트워크 구축과 모바일 시스템의 활용을 통해 자재의 입고와 출고를 실시간으로 신속하게 처리할 수 있으며 실물과 장부가 불일치하는 창고업의 문제를 해소하여 정확한 재고관리를 할 수 있게 한다.

5) 모바일 마케팅의 문제점

반면 모바일 인터넷은 사용자에게 항상 가까이 있으므로 편리성과 동시에 사생활 침해라는 새로운 문제를 야기할 수도 있다. 주피터 리서치Jupiter Research는 절반가량(46%)의 모바일 사용자들이 휴대폰이나 PDA에 무선 광고를 받고 싶어 하지 않는다며, 이는 무선 컨텐츠 제공업체들이 극복해야 할 장애라고 밝힌바 있다. 과거 데이터베이스 마케터들이 상상하지 못했던 퍼스널 마케팅이 가능한 모바일 마케팅은 그러나 정확한 보안정책이나 서비스 정책service policy를 수립하지 못한다면 모티즌들의 항의로 인해 악몽과도 같은 현실을 맛 볼 수도 있다. 개인정보 유출이 무엇보다 심각한 사회문제로 대두된 요즘 본인의 의사와는 상관없이 광고성 메시지가 핸드폰에 온다면 이를 좋아할 사람은 없을 것이다. 따라서 모바일 마케팅 시장도 다수의 영세 대행업체가 참여해 광고성 스팸을 마구 남발하는 등의 시장을 흐려 논다면 모바일 마케팅 산업은 뜨지도 못하고 가라앉을 확률이 매우 높다. 이처럼 스팸메일에 대한 두려움은 모바일 마케팅 분야의 성장에 큰 그늘을 드리우고 있다.

유럽 모바일 업계에서는 이런 악영향을 막기 위해 WMA(Wireless Marketing Association)에서 모바일 마케팅을 하려는 사람들에게 권장하는 준수규정을 정했고 WAA(Wireless Advertising Association)에서는 얼마전 "개인정보와 스팸에 대한 가이드라인"www.waaglobal.org/ press/privacy-press.html을 발표해 모바일 광고/마케팅 회사들의 무차별한 광고 송신을 통제하기 위한 방안을 내놓았다.

WAA의 이 가이드라인은 광고 회사와 광고주 사이의 의사소통을 향상시킬 수 있는 공통된 용어를 만들고 무선인터넷 광고 대부분이 푸쉬 형태의 스팸메일이기 때문에 자칫 고객들의 거부감을 일으켜 이제 시작하는 무선 인터넷 시장을 저해하는 요인을 방지하기 위해 고안되었다. 이에 따르면 마케터는 소비자에게 전화로 광고를 받기 원하는지 두 번 이상 물어보는 것이 좋으며 광고주는 분명하고 명시적으로 이러한 요청을 해야 한다고 못 박았다.

실제로 이동통신 사업자들도 SMS 메시지 중에서 스팸dl 차지하는 비율을 정확히 파악하지는 못하지만 뉴스 보도, 인터넷 채팅 그룹 및 스팸 불만에 대한 보고서를 통해 지난 몇 년 동안 SMS 트래픽이 증가하면서 원치 않는 텍스트 메시지가 함께 증가했다는 사실을 확인할 수 있다.

2. 향후 과제 및 전망

1) 과거

모바일 커머스 시장이 활성화되기 위해서는 무선인프라 기술 확충, 무선 사업자들간의 협력, 모바일 커머스에 대한 소비자 수용도 제고 등의 전결과제가 남아있다. 향후 세계 모바일 커머스의 전개형태는 이메일, 정보전달 단계, 단순 거래 단계, 그리고 쌍방향 거래 단계 등의 발전과정을 거치면서 점차 공급자와 수요자간의 쌍방향 관계가 강화되는 모바일 커머스 형태로 발전할 것으로 예상된다. 결국 모바일 커머스는 기존의 e-commerce에서 만족할 만한 성과를 거두지 못한 다수의 컨텐츠업체들과 무선 인터넷 서비스를 통하여 수익성을 증대시키려는 이동통신 서비스 사업자들이 주도할 것으로 예상되며, 지금의 모바일 커머스 모텔들은 이러한 미래의 변화와 충격에 대한 충분한 검토와 대비가 있어야 할 것이다.

2) 미래

업계관계자들은 모바일 마케팅에 대해 신중하지만, 그 무궁한 가능성에 대해서는 인정하는 분위기이다. 모바일 마케팅의 유형을 보면 인터넷 초창기의 PC통신 광고와 매우 유사한 느낌을 주고 있다. 현재 PC통신도 웹 환경으로 전환 돼 인터넷과 큰 차이를 보이고 있지 않지만, 텍스트와 안시를 기반으로 한 온라인 광고와 지금의 SMS와 WAP 푸쉬는 유사한 점이 많다

현재 상황에서 모바일 광고마케팅은 시장에서 큰 호응을 얻기는 어려운 상황이지만 PC통신이 진화를 했듯, 멀지 않은 미래에 새로운 형태의 마케팅 채널로 시장에서 인정받을 수 있을 것으로 기대된다. 결론적으로 모바일 광고는 본격적인 무선망 개방을 시작으로 관련 시장이 주목받기 시작해 올 하반기를 기점으로, 내년 상반기에는 본격적으로 시장성장기에 돌입할 것으로 기대되고 있다. 아직 국내에는 이렇다할 시장선점 업체가 없는 상태이기 때문에 리스크가 큰 반면 동시에 초기에 진출한 업체의 성공 가능성도 그만큼 높다. 반면 이통사와의 협력문제, 그리고 광고주 에 대한 설득, 개인정보 보호문제는 모바일 마케팅 에이전시나 광고대행사가 반드시 풀어야 할 만만치 않은 숙제로 남아있다. 하지만 유럽에서는 이미 영화사, 패스트푸드 업체 등이 모바일 마케팅을 통해 높은 성과를 달성한 여지가 있기 때문에 이들의 국내 브랜치를 설득해 모바일 마케팅의 클라이언트로 끌어들일 가능성은 매우 높을 것으로 예상된다.

현재 국내에서는 망 사업자 외에는 망에 대한 통제 권한이 없기 때문에 이통사와 연계하지 않는 독립 사업체가 나타나기는 대단히 어려우나 국내 통신시장도 머지않아 망 통제권을 풀고 자유 경쟁 체제로 들어가게 되면 이런 시장변화에 발맞춰 독립계 모바일 마케팅 에이전시들의 설립도 머지않아 보인다.

제 3 절 온 · 오프라인 통합마케팅 전략

1. 온 · 오프라인 통합마케팅integration marketing의 개념과 등장배경

1) 통합마케팅integration marketing의 개념

크게 두 가지로 온라인On-Line과 오프라인 마케팅Off-Line marketing으로 구분할 수 있다. 오프라인 마케팅의 대표적인 광고방법은 TV광고, 신문광고, 지하철광고, 옥탑광고, 전단광고, 현수막, DM, 판촉물, TM 등으로 구분할 수 있다. TV광고 가운데 전국방송국과 지역케이블 방송국을 포함한 라디오 방송 광고가 있다. 신문 광고는 또다시 일간지, 지역신문, 잡지 벼룩시장 광고 등으로 하게 된다. 좀 더 정확한 타겟 광고는 지역신문이 용이하다. 전단광고 가운데 손쉬운 방법은 명함 광고, 벽보광고가 있다. 지하철광고 또한 광역지역별 광고와 구간 광고 등이 있다. 또한 광고가 효과를 보기위한 전략으로 브랜드 마케팅이 있다.

온라인 마케팅 방법론 중에는 대표적으로 검색엔진 광고, 키워드 광고, 오버추어 광고, 배너광고, 제휴마케팅으로 구분 된다. 이러한 온라인과 오프라인의 많은 방법론 가운데 비용과 기간 및 역량 등을 고려하여 집행하는 것이 무엇보다 중요하다. 그리고 마케팅 기간별효과 측면에서는 단기 마케팅과 중장기 마케팅으로 영역이 구분된다. 광고라는 키워드 안에는 이처럼 많은 영역이 포함되는데 수년전부터 인터넷이 발달되어 마케팅 방법론은 배가 되었다. 통합 광고대행사는 자산규모가 수십억에 이르지 않고서는 이러한 통합광고시스템을 갖추기가 힘든 상황이다. 그러므로 한 분야에서 전문적인 방법론으로 접근해본다면 광고시장의 틈새시장을 노릴 수 있고 발전하는 광고 대행사가 될 수 있을 것이다. 통합마케팅을 집행하는 단계에서는 규모별 일정한 법칙이 있다. 또한 각 분야의 전문성을 갖춘 업체를 선별하는 일도 매우 중요하다. 광고! 이 단어는 사업을 하는 모든 업체의 고민거리가 되고 있다. 아무리 좋은 물건이 있다 하더라도 입소문이 약하게 난다면 한계에 부딪치게 된다. 경기 활성화를 위해 좋은 이미지의 강한 입소문을 내게 하는 이벤트 프로모션이 필요한 상황이다. 또한 국내기업의 해외진출을 위한 마케팅 전략도 절실한 시점에 와있다. 결론적으로 자사의 역량에 맞는 통합마케팅 기획을 정확하게

수립하는 일이 관건이 된다고 할 수 있다.

2) 온 · 오프라인 간 통합마케팅의 등장배경

현재 대부분의 오프라인 기업이 e비즈니스를 추진하고 있지만 아직 이렇다 할 성과를 내고 있는 기업이 많지 않다. 순수 온라인 기업 역시 수익모델의 부재로 많은 닷컴기업이 위기상황에 봉착되어 있다. 실제로 온라인 거래는 전년 대비 신장률은 높지만 아직 전체 상거래에서 차지하는 비율이 1% 미만인 것으로 집계되고 있다Forrester research, 2000. 이에 따라 제시되는 공통적인 견해가 온라인과 오프라인의 연계(조화)이다.

현재 온라인 기업의 주된 장애요인은 오프라인상의 기반이나 능력이 상대적으로 부족하다는 것이다. 즉 과다한 주문이행에 소요되는 물류비 증대 및 마케팅 비용이 그것이다. 사실 대부분의 온라인 기업은 기존 오프라인상의 사업기반과 경험이 부족한 상태에서 출발하였다. 따라서 수십 년간 고객들의 마음속에 경험으로 축적된 브랜드력이 떨어지며 수많은 경쟁사와의 경쟁, 이탈가능성이 높고 신뢰성이 낮은 인터넷 특성으로 인해 마케팅 비용이 과도하게 소요되는 약점을 갖고 있다. 이러한 약점들은 전통적인 오프라인 기업들의 강점이다. 현재 많은 온라인 기업들은 이러한 약점을 보완하기 위해 오프라인 업체와의 제휴나 오프라인 사업을 흡수하는데 부심하고 있다. 참고로 미국의 시장 조사 전문업체인 strategy analytics에 따르면 2001년에도 온라인만을 고집하는 순수 e커머스e-commerce 비즈니스모델은 멸종위기에 빠질 것이라고 경고하고 있다.

기존 오프라인 기업들의 e비즈니스 추진현황은 크게 세 가지로 형태를 띠고 있다. 즉 고객가치의 제공에 필요한 가치사슬 전반을 변형시켜 기업자체를 e비즈니스화Cisco Systems, Dell computer하거나 별도의 닷컴기업을 설립하여 e비즈니스를 추진Barnes & noble의 bn.com하거나 핵심 프로세스를 인터넷 기반으로 전환하여 기존사업과 관련된 비용절감, 서비스의 질 재고, 시장점유율 증대 등을 추구GE, Ford하고 있다. 사실 실물 세계만 존재했던 과거의 오프라인 시대에 비해 현재의 온라인 시대에는 실물 세계와 가상세계가 병존하고 있다. 따라서 두 부류의 시장을 조화롭게 연결시키는 전략이 바람직하나 현실적으로 많은 오프라인 기업들은 오프라인과 온라인 사업을 물리적으로 결합하는 추세이다. Barnes & noble이 그 대표적 예이다.

Barnes & noble은 Amazon.com에 대응하기 위해 bn.com을 설립, 기존사업과 분리하여 운영하였다. 이러한 분리의 배경에는 닷컴내부의 경영측면에서 의사결정의 신속성과 유연성, 혁신적 기업문화 조성, 자본시장에의 용이한 접근 등의 목적이 있다. 그러나 이 과정에서 통합운영을 했더라면 누릴 수 있었던 기회를 놓쳤다. 즉 기존 오프라인 점포망을 통해 bn.com의 광고를 할 수 없었으며, 고객주문도 접수하지 못하는 등의 불이익을 감수했다는 것이다. 이러한 불이익은 bn.com의 주가하락 및 CEO의 퇴진을 초래했다. 결국, 향후 기업은 오프라인 활동과 온라인 활동을 화학적으로 결합한 Click & Mortar를 지향할 필요성이 대두된다.

2. 온 · 오프라인간 통합마케팅의 개념

1) 온 · 오프라인의 개념 정의

일반적으로 온라인과 오프라인의 개념은 인터넷이 비즈니스에 적용되면서 본격적으로 기업 실무에서 사용되었다. 온라인은 인터넷을 통해 시장(기업, 고객)을 상호 연결하는 네트워크나 네트워크가 적용되는 부문, 활동을 의미한다. 혹자는 영상, 음성, 문자 정보를 0과 1의 조합으로 처리하여 모든 주체를 연결하는 디지털 기술이 적용되는 현상을 온라인으로 간주하기도 한다. 이러한 관점에서 보면 현재의 유선뿐만 아니라 향후 보편화될 무선, 디지털 위성 등도 온라인으로 간주된다. 오프라인은 온라인이 사용되기 이전의 실물세계의 모든 영역과 활동을 의미한다. 마케팅 영역에서는 온라인과 오프라인은 통상 고객과의 접점인 유통채널에서 구분된다. 즉 온라인(쇼핑몰) 거래와 소매점 거래가 그것이다.

요즘 나오는 비즈니스 용어들은 온라인 활동을 오프라인과 구분하기 위해 e를 해당 용어 앞에 별도로 붙이기도 한다. e메일e-mail, e비즈니스e-business, eCRMe-CRM, e브랜드e-brand, e마켓팅e-marketing, e마켓플레이스e-market(place), e서비스e-service, e프로큐어먼트e-procurement, e소비자e-customer 등이 그것이다. 그러나 기술(대역폭, 3차원동영상, 음성인식)의 발전, 다양한 인터넷 플랫폼platform(DTV, Internet TV, IMT2000, Play station2, 디지털 가전제품, 인터넷 장착 자동차 등)의 출현 및 인터넷 사용의 보편화(n세대의 성장, 주부사용 층의 증가) 등이 맞물려 2005년을 기점으로 대부분의 e자가 해당 비즈니스 용어에서 떨어질 것으로 전망된

다. 물론 2005년 이후 오프라인이 모두 사라지지는 않는다. 다만 현재보다 양적으로 축소되지만 나름대로 차별화된 경쟁전략으로서 존재할 것이다. 적어도 향후 5년 가량은 오프라인 영역 및 활동이 온라인화 되는 과정에서 오프라인과 조화되는 비즈니스 모델 및 마케팅 활동이 기업성과에 큰 영향을 미칠 것이다.

2) 마케팅의 역할 변화

온라인과 오프라인 간 마케팅 활동의 통합 배경에는 오프라인 상에서 정립된 마케팅의 역할 변화가 자리 잡고 있다. 통합 마케팅은 오프라인 마케팅과 온라인 마케팅의 양극단의 중간에 위치하고 있다. 따라서 먼저 일반적인 마케팅으로서의 오프라인 마케팅과 가상세계를 대상으로 한 온라인 마케팅의 차이를 이해할 필요가 있다. 쌍방향성과 네트워크 특성을 가진 온라인의 등장은 마케팅의 역할을 변화시키고 있다. 사실 오프라인 상에서는 고객이 마케팅 프로세스의 시작과 끝에 위치해 있는데 반해, 온라인상에서는 고객이 실제로 참여하고 있다. 인터넷이 기업과 고객 간의 시공간적 거리를 소멸시키면서 마케팅의 4P MIX는 더 이상 기업임의의 통제변수가 아니다. 델컴퓨터 고객은 직접 제품을 설계하여 주문하며, 이 순간부터 그 고객의 컴퓨터가 조립되어 하루 반 만에 배달된다. 이러한 맞춤식 제공은 상품기획을 위해 표본응답자의 응답결과를 평균화하여 분석하는 마케팅 조사의 영역을 줄이는 대신 고객 개인에 초점을 맞추는 CRMCustomer Relationship Management을 지향하게 한다. 온라인을 통한 공동구매나 역경매 등은 가격 역시 기업 고유의 독자적인 범위가 아님을 시사해 준다. e메일 광고를 기반으로 한 바이러스마케팅Virus marketing을 보면 고객이 주체가 되어 해당 기업의 광고물을 확산시키고 있다. 고객에게 시공간의 가치를 제공해 주는 유통 역시 온라인상에서는 고객이 사고 싶을 때, 사고 싶은 장소(가상 쇼핑몰)에 가서 구입하는 현상으로 변화되었다.

이제 고객을 마케팅의 대상으로만 보는 관점은 마케팅 근시안적Marketing myopia 사고이다. 고객이 마케팅의 주체라는 시각을 적극적으로 활용하면 다양한 사업기회 및 마케팅 성과를 도출할 수 있다. 예를 들면 사이트상에서의 다양한 커뮤니티(동호회) 활동을 탐색하면 제품기획이나 서비스 접점상의 아이디어를 획득할 수 있다. 또한 해당 기업의 목표고객층에 해당되는 커뮤니티층의 활동공간을 만들어 이들에 맞는 4P 믹스전략을 수립할 수도 있다. 조만간 많은 기업들이 내부의 인트라넷과 기업

외부의 인터넷 사이트를 연결하는 열린 경영을 구현할 것이다. 이렇게 되면 고객은 토플러가 예언한 프로슈머prosumer의 형태를 띨 것이다. 기업과 시장 간의 거리가 소멸되고 직원과 고객의 구분이 애매하게 될 21세기의 마케팅 역할은 무엇일까?

마케팅의 어원을 보면 시장market에 지속적ing으로 다가가는 제반 활동이라는 의미가 내포되어 있다. 그러나 향후에는 여러 고객들의 집합체인 시장보다는 개인 단위를 의미하는 고객이 더욱 의미가 있다. 이미 많은 선진기업들은 시장 점유율market share보다는 고객 점유율customer share을 의미 있는 성과지표로 활용하고 있다. 고객점유율은 개별고객의 생애가치Life-time value상에서의 점유율을 의미한다. 이러한 관점에서 보면 마케팅보다는 고객 개인의 마음속에 지속적으로 다가가는 제반활동으로서의 커스터머링customering이 더욱 바람직한 용어라고 생각된다. CRM은 바로 이 customering을 의미한다. CRM의 C는 개별 고객단위의 확인 및 접근을 의미하며 R은 지속적인 관계를 의미하고, M은 개별고객과의 관계를 기업 전사차원의 경영으로 승화한다는 의미이다. 그런데 여기서 R은 C와 M에 비해 많은 시간과 비용이 소요되는 특성을 갖고 있다. 온라인이나 오프라인상의 어느 하나의 마케팅 활동만으로 고객과의 관계를 장기화하는 데에는 한계가 있다. 특히 쌍방향 환경에 익숙한 향후의 고객은 매우 까다로와질 전망이다. 현재 PC고객의 80%층은 PC기능의 20%만을 활용함으로써 80%의 불필요한 가격을 부담하고 있다. 향후의 PC고객은 이러한 불필요한 가격부담을 포함하여 자신에게 불필요한 4P Mix에 대해 점점 민감해 할 것이다. 이러한 민감도는 현재 추진중인 개인화된 맞춤식 웹페이지가 일반화될 올 하반기에는 더욱 심화될 것이며, 오프라인 역시 영향을 받을 것이다. 바로 여기서 온라인과 오프라인의 마케팅 활동이 결합될 필요가 있다. 즉 고객과의 지속성을 유지하는데 강점이 있는 오프라인 마케팅 활동과 개별고객에 대한 맞춤식 소구에 강점이 있는 온라인 마케팅 활동을 연계할 필요가 있는 것이다.

3) 온 · 오프라인간 통합 마케팅의 개념 정의

일반적으로 통합 마케팅이라 하면 관련 기업들이 주로 오프라인상의 마케팅 자원이나 활동을 공유하여 시너지 효과를 추구하는 심비오틱 마케팅Symbiotic marketing을 들 수 있다. 이에 비해 온 · 오프라인의 통합 마케팅은 문자 그대로 온라인과 오프라인의 마케팅 자원 및 활동을 모두 포괄하는 특성을 띤다.

온・오프라인의 통합 마케팅은 크게 세 가지 현상으로 분류된다. 첫 번째는 새로운 온라인 마케팅 활동과 오프라인 마케팅 활동을 개발하여 상호 유기적으로 조화시키는 것이다. 두 번째는 새로운 온라인 마케팅 활동이 기존의 오프라인 마케팅 활동을 지원하는 형태이다. 세 번째는 새로운 오프라인 마케팅 활동이 기존의 온라인 마케팅 활동을 지원하는 형태이다. 여기서 첫 번째는 두 가지 마케팅 활동이 새롭게 진행되면서 각각의 고유 역할을 수행하는데 반해, 두 번째와 세 번째의 마케팅 활동은 어느 하나의 마케팅 활동이 주축이 되면서 다른 마케팅 활동의 지원을 받는 형태를 띤다. 통합 마케팅의 영역을 광의로 보면 오프라인 마케팅이 온라인 마케팅으로 점진적으로 대체되는 과정을 포함한다.

한편, 위의 사례는 주로 한 기업 차원에서 온・오프라인 마케팅을 연계하는 것이다. 그러나 개별 기업입장에서 연계대상으로 필요한 온라인이나 오프라인의 마케팅 활동을 모두 내부에서 획득할 수는 없는 바, 이 경우, 해당 자원이나 활동을 갖고 있는 다른 조직에 의존하게 된다Resource dependence theory. 따라서 위에서 제시한 통합 마케팅의 유형별로 각각 다른 기업의 온・오프라인 마케팅 활동을 연계할 수 있다. 실제로 통합 마케팅의 활동대상을 다른 기업과 제휴하에 연계하는 현상이 많이 등장하고 있다. 이러한 추세는 향후 보편화될 것으로 보인다. 시장(고객)의 네트워크는 시장에 다가가는 기업들간에도 수직적, 수평적인 네트워크를 요구하고 있기 때문이다.

한편, 통합마케팅이 대상이 되는 외부의 온라인이나 오프라인 마케팅 활동을 연계하는 방법에는 전략적 제휴와 좀 더 적극적인 연계방법인 신규 사업 진출이나 M&A 등이 있다. 물론 마케팅 활동부문만의 연계를 목적으로 사업진출이나 M&A를 하는 경우는 그다지 많지 않다. 이러한 적극적인 방법은 주로 오프라인 업체가 사업자체를 e비즈니스화 한다든지, 온라인 업체가 온라인의 약점을 보완하기 위해 오프라인을 추가할 경우, 종종 활용되고 있다. 따라서 마케팅 활동 차원의 통합 마케팅전략 수립 시에는 대체로 전략적 제휴가 바람직하며 실제 많이 활용되고 있다. 이와 관련한 사례를 보면 최근 단행된 오프라인 기업인 Toy “R” Us와 온라인 기업인 아마존 간의 전략적 제휴를 들 수 있다. 이 제휴에 따라 2000년 10월부터 Toy “R” Us는 아마존의 온라인 채널을 이용하고 있다. 그 이전에는 두 업체 모두 스스로 부족한 부문을 신규사업진출로 보완하려다가 실패하였다. 즉 Toy “R” Us는 별도의 온라인 채널을 통해 온라인 판매를 시도하였으며 아마존은 오프라인상의 장난감 생산라인을 만들다가 각각 실패의 양상을 보인 것이다.

최근 전략적 제휴에 의한 온·오프라인 통합 마케팅 전략은 두 기업 차원이 아닌 다수의 기업군들로 구성된 "통합마케팅 네트워크 비즈니스모델"의 형태로 등장하고 있다. 이 모델에서는 각기 다른 산업군에 속한 오프라인 대기업들이 전략적 제휴에 의해 네트워크를 형성한다. 초기에는 주로 통합 포털사이트를 만들어 온라인 공동판매를 한다. 그리고 네트워크 차원의 마일리지 서비스를 통해 참여기업들의 오프라인상에 있는 직영점, 가맹점들의 판매를 지원한다. 이 경우, 오프라인 고객의 입장에서는 다른 조건이 동일하다면 마일리지 포인트상의 혜택을 고려하여 네트워크 외부 보다는 네트워크 내부에서 구입을 시도할 가능성이 높다. 결국 이 모델의 가장 큰 기대효과는 고객의 생애가치life-time value에서 해당 네트워크가 차지하는 고객점유율을 높이는 것이다.

이러한 새로운 유형의 통합마케팅 비즈니스 모델을 온·오프라인의 통합 마케팅 관점에서 분석하면 다음과 같다. 우선 해당 고객별로 온라인 거래에서 적립된 포인트와 오프라인 거래에서 적립된 포인트를 상호 통합하며, 네트워크 내부에서 적립한 참여기업들의 포인트 역시 개인차원에서 모두 통합한다. 적립된 포인트의 사용 시에도 네트워크 내부(참여기업의 온라인/오프라인)에서 활용하도록 다양한 활용가치를 제공하고 있다. 이를테면 포인트 활용의 품목을 한 기업 차원이 아닌 네트워크 내부의 다양한 많은 제품으로 구성한다든지, 포인트 적립금을 제품 구입 시 아예 가격할인의 형태로 반영해 주는 것 등이다. 이 모델은 결국 여러 기업들의 온라인 및 오프라인 통합과 더불어 여러 기업들의 온라인과 오프라인을 상호 통합하는 고도의 온·오프라인 통합 마케팅 전략이라 할 수 있다. 또한 고객에 대해서는 온라인 쇼핑과 오프라인 쇼핑을 연결해 줌으로써 해당 온라인 및 오프라인 쇼핑의 장점을 상황에 따라 고객이 스스로 선택할 수 있는 다양성의 가치를 제공한다. 아울러 오프라인 고객을 온라인 고객으로 유도함으로써 온라인상에서의 보다 많은 정보를 획득하는 효과를 얻기도 한다.

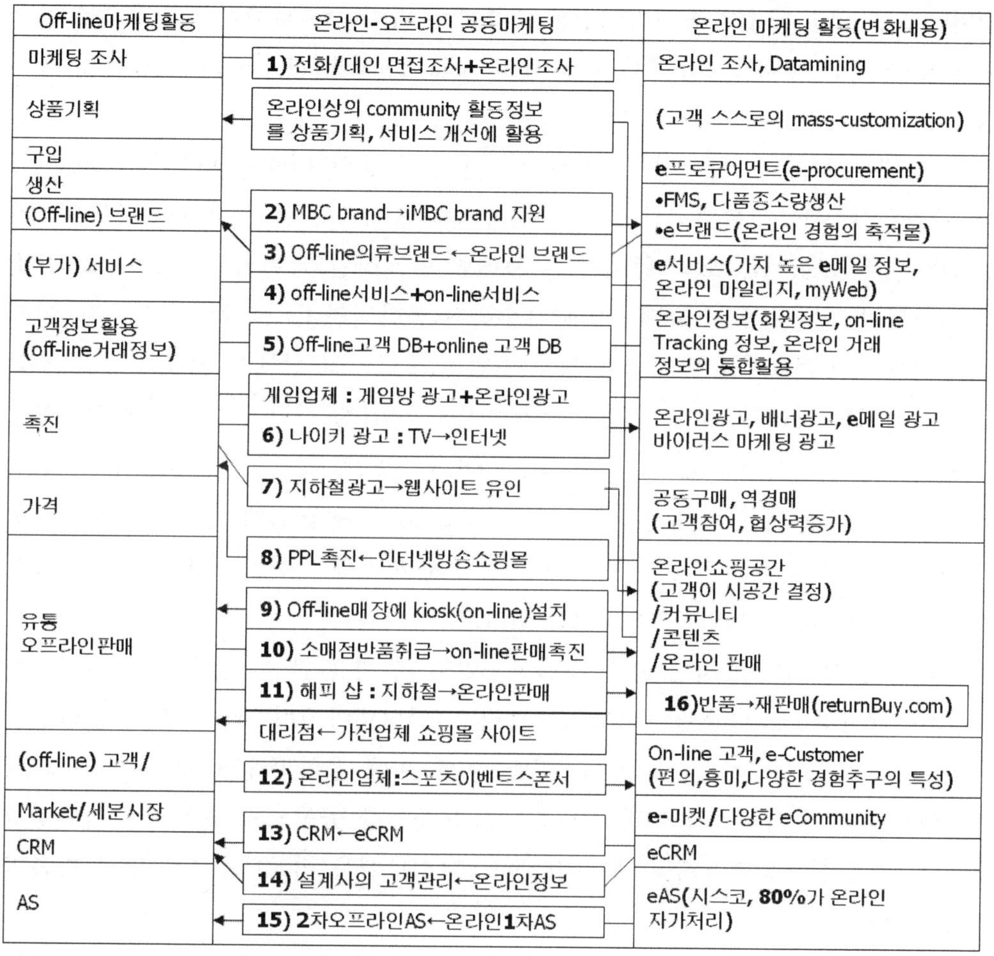

Off-line마케팅활동	온라인-오프라인 공동마케팅	온라인 마케팅 활동(변화내용)
마케팅 조사	1) 전화/대인 면접조사+온라인조사	온라인 조사, Datamining
상품기획	온라인상의 community 활동정보를 상품기획, 서비스 개선에 활용	(고객 스스로의 mass-customization)
구입		e프로큐어먼트(e-procurement)
생산		•FMS, 다품종소량생산
(Off-line) 브랜드	2) MBC brand→iMBC brand 지원	•e브랜드(온라인 경험의 축적물)
(부가) 서비스	3) Off-line의류브랜드←온라인 브랜드 4) off-line서비스+on-line서비스	e서비스(가치 높은 e메일 정보, 온라인 마일리지, myWeb)
고객정보활용 (off-line거래정보)	5) Off-line고객 DB+online 고객 DB	온라인정보(회원정보, on-line Tracking 정보, 온라인 거래 정보의 통합활용
촉진	게임업체 : 게임방 광고+온라인광고 6) 나이키 광고 : TV→인터넷	온라인광고, 배너광고, e메일 광고 바이러스 마케팅 광고
가격	7) 지하철광고→웹사이트 유인	공동구매, 역경매 (고객참여, 협상력증가)
유통 오프라인판매	8) PPL촉진←인터넷방송쇼핑몰 9) Off-line매장에 kiosk(on-line)설치 10) 소매점반품취급→on-line판매촉진 11) 해피 샵 : 지하철→온라인판매 대리점←가전업체 쇼핑몰 사이트	온라인쇼핑공간 (고객이 시공간 결정) /커뮤니티 /콘텐츠 /온라인 판매 16)반품→재판매(returnBuy.com)
(off-line) 고객/	12) 온라인업체:스포츠이벤트스폰서	On-line 고객, e-Customer (편의,흥미,다양한 경험추구의 특성)
Market/세분시장	13) CRM←eCRM	e-마켓/다양한 eCommunity
CRM		eCRM
AS	14) 설계사의 고객관리←온라인정보 15) 2차오프라인AS←온라인1차AS	eAS(시스코, 80%가 온라인 자가처리)

* FMS : Flexible Manufacturing System

** e브랜드 : 구매프로세스(커뮤니케이션, 유통점, 결제, 배송, AS, 고객관리) 전반에서 기업(브랜드)과 직접 접촉함으로써 해당기업의 책임(브랜드) 증가

[그림 12.1] 온 · 오프라인 마케팅 활동의 통합마케팅 사례

3. 통합 마케팅 네트워크 비즈니스 모델

1) 개념

2000년 상반기 이후 이종산업에 속하는 여러 기업들이 전략적 제휴를 통해 온라

인이나 오프라인 상에서 공동마케팅을 수행하는 비즈니스 모델이 본격적으로 등장하고 있다. OK cashbag, myLG.com, HelloAsia, Disitalrank.com, Beenz.com 등이 그것이다. 현재 이들 사업모델은 외형상 고객들에게 독자적 브랜드로 자리 잡고 있으며, 내부적으로는 통합된 고객DB를 활용한 공동의 마케팅 활동을 펼치고 있다. 사업초기 시점인 현재로선 아직 가시화되지 않고 있지만 중장기적으로 오프라인과의 연계성도 적극 모색 중이다. 이를테면 오프라인의 여러 기업들의 고객DB를 현재의 온라인 중심의 고객 DB에 흡수하여 통합적인 CRM 활동한다든지, 이러한 광범위한 고객 DB를 바탕으로 여러 기업이 오프라인 상에서 공동의 마케팅 활동을 수행하는 것이다. 사실 뒤늦게 인터넷으로 사업을 전환한 미국의 GE도 이미 1999년부터 전사차원corporate level의 그룹 DB를 통합하고 있는 실정이다. 현재 GE.com의 회원가입 약관에는 계열사affiliate companies 및 공급업체suppliers간의 고객 DB 공유에 대한 사전 동의 문구가 명시되고 있으며 계열사 사이트로의 접근 편의성을 위해 one-pass ID의 도입을 추진하고 있다.

한편, 최근의 인터넷 사업 환경 속에서 B2C 사업에 관한 한 현재까지는 주로 한 기업차원에서의 DB 마케팅, CRM, e비즈니스, 인터넷마케팅, 오프라인과 온라인간의 연계적 비즈니스 등이 주목받고 있다. 이에 비해 통합마케팅 네트워크 비즈니스모델은 복수의 기업들이 이러한 비즈니스 도구들을 공동으로 활용하는 차별성을 보인다. 여기서는 통합마케팅 네트워크 비즈니스모델을 비즈니스 단계별로 다음과 같이 정의한다.

(1) 일반적으로 복수의 기업들이 전략적 제휴를 통해 제3의 독립적인 법인체를 설립한다. 이는 개인정보보호 차원에서 특정기업이 타사의 고객 DB를 입수 및 활용할 수 없기 때문이다. 따라서 제3의 법인체가 설립 직후부터 제휴 기업들의 고객 동의를 얻어 회원정보나 거래정보를 축적하기 시작한다. 물론 이 경우, 고객 DB의 소유권은 제휴사가 아닌 제3의 법인체가 되는 것이다.

(2) 온라인과 오프라인상의 고객 DB를 공동으로 활용하여 고도의 CRM을 수행한다. 이러한 다수 기업들의 공동 CRM은 개별 기업차원의 CRM보다는 고객에 대해 훨씬 소구력이 높다. 우선 많은 기업들의 고객 DB 공유는 개별 고객에 대한 다차원의 생활단면을 이해할 수 있음을 의미한다. CRM이 보편화될 2001년 하반기 시점에 있어 마케팅 성과의 Rule of game은 CRM의 수행여부보다는 고객에 대한 정보의 양이 될 것이다. 이는 고객을 둘러싼 주위

생활 영역이 지속적으로 상호 연결networking되고 있는 복잡성 원리에 기인한다. 복잡성 원리complexity theory에 따르면 모든 구성요소가 상호 연결된 전체 시스템 속에서는 어느 한 요소의 변화는 전체 시스템을 뒤바꿀 만큼 커다란 변화를 수반하는바, 분석적으로 이해하기가 어렵다는 논리이다. 이러한 접근은 결국 점점 복잡 다양한 양상을 띠게 되는 고객의 욕구와 행동은 한정된(한 기업만의) 고객 정보로는 고객을 제대로 이해하기가 점점 어려워짐을 시사해 준다.

(3) 개별 고객에 대한 풍부한 정보를 바탕으로 제휴 기업들이 마케팅 자원을 공유하여 온・오프라인상에서 공동의 CRM 활동을 수행한다. 물론 여기에는 온라인과 오프라인이 상호 연계된 마케팅 활동도 포함된다. 이러한 공동의 마케팅 활동은 개별기업 차원의 마케팅 활동에 비해 보다 효율적인 마케팅 자원의 활용뿐만 아니라 보다 효과적인 고객만족의 측면도 기대할 수 있다. 예를 들어 온라인상Website에서의 공동마케팅을 고객입장에서 생각해 보자. 고객은 관심 있는 10개 제품에 대한 웹사이트를 개별적으로 접하기 보다는 한 번에 자신의 욕구에 맞춤화된 정보(제품/이벤트 정보, email, contents)를 접하는 것이 보다 편리할 것이다. 이 경우, 맞춤화 정도 역시 개별기업 차원보다는 훨씬 높을 것이다. 결국 여러 기업들을 연결하는 공동마케팅 사업모델은 개별 고객DB의 연결 및 단일기업의 마케팅 활동CRM의 연결을 의미하는 네트워크 비즈니스Networking business이다.

2) 추구목적 및 기대효과

고객 가치customer value를 정량적으로 접근하면 특정 제품의 구입 및 사용 과정에서 획득되는 편benefit에서 역시 구입 및 사용 과정에서 소요되는 비용cost을 차감한 값을 의미한다. 여기서의 비용에는 가격뿐만 아니라 구입에 소요되는 시간과 심리적 부담perceived risk 등이 포함된다. 통합마케팅 네트워크 비즈니스모델은 고객 가치의 관점에서 볼 때, 편익 증진과 아울러 비용 감소를 동반한다. 편익 증진으로는 고객 개인의 생활, 욕구, 라이프스타일 등에 더욱 밀착된 제품과 서비스를 제공하며 특히 공동 사업네트워크상에서의 우량고객에게는 여러 기업 공동의 차원 높은 개인 서비스personal care를 제공한다. 반면 비용 감소로서는 구입 과정에서 복수의 제품 정보를 효율적으로 제시함으로써 고객에게 one stop 편의, 즉 구입의사결정 시간을 덜어준다. 또한 여러 기업이 공동으로 신뢰성을 뒷받침하기에 구입에 따르는 심리적 부담perceived risk을 줄일 수 있다. 결국 공동마케팅 사업모델의 이러한 실질적인 고객 가치는 고객들을 해당 네트워크 내부로 계속 머물게 하는lock-in 결과를 초래한다.

한편, 통합마케팅 네트워크 비즈니스모델은 제휴 기업과 고객에게 다음과 같은 기대효과를 제공한다. 첫째, 제휴 기업들의 입장에서 볼 때, 우선 광범위한 고객 DB를 바탕으로 경쟁사보다 효과적인 CRM을 수행할 수 있게 해준다. 이를 통해 고객 개인의 생애가치에서 해당 기업의 고객점유율을 높일 수 있으며 고도의 CRM 활동을 받은 고객은 구전word of mouth을 통해 다른 고객을 사업 네트워크 내부로 유입시킨다. 또한 동일 사업모델 내부의 다른 제휴 기업의 고객을 쉽게 자사 고객으로 유입하는 교차판매cross-selling의 효과를 거둘 수 있다. 즉 개별 기업 차원에서는 기대할 수 없는 상호 호혜적인 기대효과이다. 또한 타 제휴회사의 브랜드 자산brand equity 가치를 공유할 수 있으며 더 나아가 브랜드 상호간의 동반상승적인 이미지 제고Image-up의 효과도 기대할 수 있다. 마지막으로 비용 측면에서 여러 기업이 공동으로 마케팅 활동을 수행함으로써 촉진비용 등의 마케팅 비용을 절감할 수 있다. 둘째, 고객 입장에서는 우선 추가적인 할인 혜택을 받을 수 있다. 일반적으로 통합마케팅 네트워크 비즈니스모델은 해당 네트워크에 기여도가 많은 고객일수록 차별적이며 실질적인 혜택을 주고 있다. 현재 통합마케팅 네트워크 비즈니스모델에서 가장 많이 활용되는 공동마케팅 활동인 마일리지 서비스나 회원제 대상의 로열티 프로그램 등이 그 대표적인 예이다. 공동마케팅 사업모델에서의 마일리지 서비스는 개별 기업차원의 마일리지 서비스에 비해 보다 높은 고객가치를 제공한다. 예를 들면 10개 기업의 제품을 소량씩로 별도로 구입할 때는 보상받지 못했던 마일리지 포인트를 통합마케팅 네트워크 비즈니스모델에서는 상호 연동하여 적립 받을 수 있다는 점이다. 또한 추후의 제품 구입시에도 해당 사업모델에 속하는 다양한 제휴회사의 폭넓은 제품을 대상으로 마일리지를 행사함으로써 실질적인 할인혜택을 받게 된다는 것이다. 현재는 주로 금전적인 보상적 차원에서 마일리지 서비스를 많이 활용하고 있지만 조만간 고객 scoring system을 도입하여 다양한 우대서비스premium services를 함께 제공할 전망이다. 한편 온라인 고객은 자신에게 맞는 제품정보나 기타 생활 콘텐츠를 한 번에 총체적으로 접하게 됨으로써 보다 용이한 구입과정의 편의도 제공받는다. 이는 불필요한 정보 및 구입상의 소요시간에 매우 민감해질 향후의 고객들을 고려해 볼 때 의미 있는 고객 가치로 보여 진다. 사실

지금까지 한 기업의 제품을 꾸준히 사오거나 동일 그룹 내 제품만을 고집해온 고객들은 해당 기업이나 그룹으로부터 제대로 대접을 받지 못해 온 것이 사실이다. 그러나 향후의 고객들은 통합마케팅 네트워크 비즈모델의 네트워크 내에서 차별적인 대가를 받을 것이다.

3) 사업현황

현재 통합마케팅 네트워크 비즈니스 모델은 초기단계인 관계로 아래와 같은 몇 가지 차원에서 다양한 형태로 추진되고 있다. 첫째, 참여회사의 성격으로 볼 때, 그룹차원myLG.com의 사업군과 그룹외부의 다양한 이종산업의 사업군HelloAsia, Digitalrank.com, Beenz.com으로 구성되어 있다. SK의 OK 캐시백은 이들 두 부류의 중간 정도에 위치되어 있다고 볼 수 있다. 여기서 중간 정도에 위치되어 있다는 것은 매우 적극적인 형태로 사업을 확장하고 있음을 의미한다. 현재 OK 캐시백은 SK그룹에 속하는 SK㈜, SK텔레콤의 각각 800만, 1,000만이 훨씬 넘는 잠재고객 및 SK그룹 외부의 다양한 오프라인 가맹점(3만7천개, 2,000년 8월 기준) 고객을 대상으로 DB 마케팅 사업을 하고 있다. OK 캐시백은 일상생활의 다양한 부문별 Portal을 형성하여 다양한 컨텐츠를 제공함으로써 오프라인 회원을 온라인으로 전환시키고 있으며 온라인상의 커뮤니티를 활성화하여 OK 캐시백 오프라인 회원의 증가를 꾀하고 있다. 둘째, 공동마케팅의 활동 영역에 따라 온라인 중심, 온라인과 오프라인의 병행으로 구분된다. 대부분의 사업모델은 장기적인 목표로서 온라인과 오프라인의 병행을 추구하지만 사업 초기인 현시점을 기준으로 보면 상이한 형태를 띠고 있다. 전자, 금융, 통신, 항공, 건설 업체로 구성된 디지털랭크Digitalrank, 온라인 유통업체 네트워크인 HelloAsia, 온라인 통화Web currency 유통업체인 Beenz.com 등이 온라인 중심의 공동마케팅 활동을 펼치고 있는 반면, OK 캐시백은 소매점이나 서비스 접점상의 광범위한 오프라인 고객 DB를 바탕으로 온라인 사업을 병행하고 있다. 그룹차원의 고객 DB를 통합하는 차원에서 출발한 myLG(현재 LG캐피탈이 사업 주관)는 기존 관계사의 오프라인을 지원하는 형태로서 이직까지는 본격적인 온라인 사업을 보이지 않고 있다.

현재 통합마케팅 네트워크 비즈니스모델 시장에서 가장 두각을 나타내는 사업모델은 OK 캐시백이다. 1999년 초부터 현재까지 약 2년간 사업을 진행한 OK 캐시백의 사업성과를 보면 다음과 같다. 우선 2000년 10월 기준으로 약 2,000만 명의 회원에 단골고객으로 분류된 회원수가 350만 명 정도로 추정된다. 주요 회원사인 SK㈜ 회원의 평균 주유사용 횟수를 보면 10회 주유를 기준으로 가입 전 5.4회에서 가입 후 평균 7.8회 정도를 각각 SK㈜에서 주유를 한 것으로 나타났다. 시장점유율 역시 3년 전 37%에서 2,000년 10월 기준으로 39% 증가되었다. 주유업계에서 1%의 시장점유율 증가에는 약 1,000억 원의 투자가 필요하다는 업계 특성을 감안하면 본 사업모델의 효과가 매우 크다는 것을 입증한다. 통합마케팅 네트워크 비즈니스모델의 차별적 효과는 제휴회사간 교차판매cross-selling이다. SK텔레콤과 SK㈜ 간의 교차판매크로스셀링 효과를 볼 때, SK텔레콤의 회원 210만 명 중 약 12%에 이르는 26만 명 가량이 SK 주유소 고객으로 전환되었으며, 이에 따른 매출증대효과는 연간 3,120억 원에 이른다. 또한 SK㈜와 TGIF(외식업체)간의 교차판매 효과를 보면 SK㈜의 고객 190만 명(서울기준)중 6만 명이 TGIF 고객으로 전환되었으며 반대로 TGIF 고객 6만 명 중 23%에 달하는 1만4천명이 SK㈜ 고객으로 전환되었다. 결과적으로 OK 캐시백 사업모델은 의미 있는 수준의 업셀링up-selling 및 교차판매 효과를 거둔 것으로 평가된다.

4. 온 오프라인간 통합 마케팅전략의 전개방향

향후 온·오프라인의 통합 마케팅 전략은 온라인 기업 및 오프라인 기업 모두에게 적극적인 차별화 전략으로 활용될 것이다. 현재는 사업 차원business level에서 오프라인 부문과 온라인 부문 간의 연계에 그치고 있지만 조만간 마케팅 차원에서 온라인 마케팅 활동과 오프라인 마케팅 활동 간의 다양한 조합으로 구성된 많은 비즈니스 모델이 출현할 전망이다. 한편, 마케팅 부문에 있어 이들 통합의 단기적 방향은 온라인과 오프라인 각각의 단점을 보완하는 차원으로 전개될 것이다. 그러나 궁극적으로는 개인고객에 초점을 맞춰 해당 고객의 생애가치에서의 고객점유율을 높이는 방향으로 통합마케팅이 활용될 것이다. 이는 결국 온·오프라인의 통합 마케팅이 개별고객 대상의 관계관리CRM에 적용되는 것을 의미한다. 이후에는 새롭게 부각되는 통합마케팅 네트워크 비즈니스모델을 중심으로 향후의 전개방향을 제시한다.

현재 대부분의 통합마케팅 네트워크 비즈니스 모델의 마케팅 활동은 주로 참여기업 공동의 마일리지 시스템 등의 로열티 프로그램을 도입하는 정도이다. 그러나 부가서비스 차원에서 시작된 마일리지 시스템이 점점 기본서비스로 일반화되는 추세를 고려해 볼 때, 보상적 차원의 로열티 프로그램 효과는 점점 감소될 것이다. 학계의 조사결과에 따르면 금전적인 보상시스템은 고객과의 지속적인 관계를 제고하는 데에는 제한된 역할을 보인다고 한다. 향후의 공동마케팅 사업모델은 고객DB가 어느 정도 축적되면 궁극적인 공동마케팅 활동이라 할 수 있는 공동 CRM 활동이 본격적으로 추진될 것이다. 그래서 포괄적인 고객 개인정보를 바탕으로 정서적 유대감을 강화하는 personal care service를 제공하는 고차원의 CRM활동이 뒷받침될 것이다. 결국 이러한 추세로 볼 때, 중장기적으로는 각 운영주체가 전문 DB마케팅 회사나 CRM 회사로 승화될 전망이다.

한편, 통합마케팅 네트워크 비즈니스 모델은 향후 네트워크 범위를 더욱 확장할 것이다. 여기서의 네트워크 범위라는 것은 참여사와 고객의 범위이며 이는 1개 회사 및 해당회사의 고객층이 추가됨에 따라 네트워크 가치가 증폭되는 현상을 의미한다. 통합마케팅 네트워크 비즈니스모델의 경쟁력은 공동의 마케팅CRM 활동뿐만 아니라 네트워크 확장 속도와도 밀접한 관계를 맺고 있다. 공동의 마케팅활동이나 CRM 활동은 이러한 네트워크 확장 이후의 필요조건이다. 따라서 통합마케팅 네트워크 비즈니스모델은 적극적인 개방시스템을 지향하여야 한다. 이러한 배경은 통합마케팅 네트워크 비즈니스 모델이 부가적으로 창출하는 고객가치에 기인한다. 복수의 통합마케팅 네트워크 비즈니스 모델이 존재할 경우, 고객 입장에서는 보다 다양한 업종의 제품과 서비스를 가진 네트워크(공동마케팅 사업모델)에 속하길 원한다. 왜냐하면 보다 폭넓은 마일리지 서비스(적립 및 활용)를 받을 수 있으며 넓은 생활영역에서 보다 밀접한 개인 맞춤식 정보 및 서비스personal care를 받을 수 있기 때문이다. 결국 향후 상당수의 고객들은 이러한 광범위한 네트워크속(공동마케팅 사업모델)에 고착Lock-in될 것이다. 현재 네트워크 확장 속도면에서는 OK 캐시백 모델이 단연 돋보인다. OK 캐시백의 네트워크에는 2000년 12월말 기준으로 일반 가맹점 43000개, 오프라인 제휴사 90개, 온라인 제휴사 100개, SK 주유소 3700개가 회원사로 등록되어 있다. OK 캐시백 제휴업체 제품과 서비스는 쇼핑, 게임, 건강, 재테크, 여행, 교육, 레포츠 등 이미 상당한 범위로 고객의 생활영역을 커버하고 있다. 결국 통합마케팅 네트워크 비즈니스 모델의 2001년 최대 이슈는 네트워크를 적극 개방하여 경쟁모델에 비해 더욱 빠른 속도로 회원을 증대하는 것이다. 이러한 네트워크의 양적규모가 일정한 수준critical mass에 이르게 되면 규모 확장과 관련한 추가적인 노력 없이도 우수한 외부업체의 자발적 유입을 촉발하는 선순환positive feedback system의 경로를 탈 것이다. 현재 OK 캐쉬백은 이러한 critical mass 수준에 근접한 것으로 보인다.

공동마케팅 활동의 대상 영역으로 볼 때, 현재 대부분의 공동마케팅 사업모델은 온라인 중심의 마케팅 자원을 공유하는데 주력하고 있다. 공유의 차원도 아직은 물리적 결합수준에 그치고 있지만 조만간 개인차원의 개별 맞춤식 웹페이지를 제시하면서 여러 회사들의 제품정보, 이벤트, 커뮤니티 등의 온라인 콘텐츠가 개인차원에 맞도록 화학적인 결합을 시도할 것이다. 아울러 참여사들의 제품패키지로서 개인에 소구하는 meta-product를 제시할 것이다. 그러나 궁극적으로는 온라인상의 마케팅 자원과 오프라인상의 마케팅 자원을 연계한 새로운 차원의 공동마케팅을 수행할 것이다. 예를 들면 개별 기업의 TV 광고에서 통합마케팅 네트워크 비즈니스모델의 사이트명을 함께 제공한다든지, 온라인상에서 여러 회사의 폭넓은 고객정보를 보험설계사에게 제공하고, 보험설계사는 고객의 노후생활 설계뿐만 아니라 고객개인의 라이프스타일에 맞는 쇼핑생활까지도 설계해 준다는 것이다. 사실상 OK 캐시백은 이미 온라인과 오프라인을 연계한 모델로 볼 수 있다. 즉 고객은 사이버 가맹점으로 제휴된 온라인 쇼핑몰에서 쌓은 마일리지 포인트를 오프라인에서 결제(행사)할 수 있으며, 반대로 오프라인 가맹점에서 적립한 포인트로 온라인 거래시 결제를 할 수 있는 점이 온라인과 오프라인의 연계 부문인 것이다. 통합마케팅 네트워크 비즈니스 모델은 한마디로 여러 기업들이 힘을 합하여 개별고객의 욕구와 생활 전부문에 다가가는 새로운 사업 방식이다.

따라서 네트워크 장비업체인 시스코가 B2B Networking company라 한다면 공동마케팅 사업주체는 N2CNetwork To Customer Networking company라 할 수 있다. 결국 20세기에는 한 기업이 다수의 고객에게 무차별적으로 다가가는 양적 마케팅을 수행하였다면 21세기에는 반대로 여러 기업이 개별 고객에게 차별적으로 다가가 제품구입과 관련된 포괄적인 생활영역의 토털 솔루션을 제공할 것이다.

직원 "아드님 공부 잘하죠" →고객 "고3이라 걱정"
'○○○고객 고3자녀 있음' 전산 입력
은행들, 인사고과에 반영하며 독려

1억 건이 넘는 개인정보 유출로 국민의 불안감이 커지고 있는 가운데 국내 주요 시중은행들이 전국 7700여 곳의 점포 창구에서 재산, 빚, 자녀 상황 등 각종 개인 신상정보를 수집해 영업에 적극 활용하는 것으로 나타났다. 이른바 '고객관계관리(CRM · Customer Relationship Management)'로 일컬어지는 영업방식이다.

고객정보를 활용한 선진금융 기법이지만 과도한 정보 수집과 활용으로 소비자의 정보주권을 침해할 수 있다는 우려가 나온다. 금융당국도 시중은행이 CRM을 활용한 무리한 정보 수집과 영업 행태가 없는지 집중적으로 살피고 있다.

○ 고객에 대해 시시콜콜 알고 싶은 은행

은행들의 정보 수집은 크게 두 단계로 나뉜다. 계좌를 개설할 때 신청서에 써내는 정보가 1단계라면, 단골 · 우량고객에게 하는 '고객 조사'는 2단계다. 은행들은 개인정보 보호지침에 따라 고객이 제공하는 가족 및 주거 상황, 결혼 여부 등의 정보를 점포나 홈페이지, 전화 등으로 수집해 영업에 활용할 수 있다. 한 시중은행 관계자는 "신청서로 받는 정보는 주소, 전화번호 등 기본적인 항목이어서 영업에 큰 도움이 안 된다"며 "주거래 고객에게 직접 물어 얻는 정보가 알짜 정보"라고 말했다.

대부분의 시중은행은 CRM 자체 전산시스템을 구축하고 고객들의 성향과 정보를 일일이 축적한다. 고객의 재산, 채무, 납세정보 등과 자녀가 언제 상급학교에 가는지, 예·적금 및 대출 만기는 언제 돌아오는지 등도 수집 대상이다. 창구 직원이 슬쩍 "아드님은 공부 잘하죠?"라고 물을 때 고객이 "내년에 고3이라 걱정"이라고 답하면 이를 전산시스템에 등록하는 식이다. 이렇게 모인 정보는 전국 모든 점포 및 계열사와 공유한다. 창구 직원들은 기존 가입 상품을 토대로 분석한 수익률과 투자성향, 해당 고객이 선호할 것으로 보이는 금융상품까지 확인할 수 있다. 한 은행 직원은 "고객이 이런 분석에 부정적인 반응을 보이면 그것까지 기록해 공유한다"고 말한다.

몇몇 시중은행은 정보 수집을 강화하기 위해 'CRM 정보관리'를 영업점포 평가항목에 포함시키고 있다. 고객정보를 많이 모은 영업점포와 이를 적극 활용한 직원에게 높은 점수를 줘서 경쟁을 붙이는 방식이다. A은행은 전체 1만 점 중 정보수집에 100점을 배점했다. 이 은행 관계자는 "배점이 높지는 않지만 성과평가 순위가 결국 10~20점 차로 결정되기 때문에 신경이 쓰인다"고 말했다.

○ 선진금융 기법 vs 정보주권 침해 논란

시중은행들은 1990년대 후반부터 경쟁적으로 CRM 기법을 도입했다. 초기에는 장부에 펜으로 쓴 정보를 전산에 옮기는 수준이었지만 2000년대 중반 이후에는 정보기술(IT)을 활용해 수집한 정보를 다양한 방법으로 분석하고 신상품 개발, 점포별 경영전략 수립 등에 활용하고 있다.

CRM은 은행 유통업체 등 서비스 기업들이 활용하는 선진 마케팅 기법으로 각광받았다. 불특정 다수를 대상으로 한 '묻지 마' 영업에서 벗어나 '고객 맞춤형 영업'으로 실적과 고객 만족도를 높일 수 있기 때문이다. 하지만 금융권의 개인정보 부실 관리실태가 드러나면서 CRM을 통한 고객정보 통합관리가 자칫 감시의 사각지대가 될 수 있다는 우려가 나온다.

CRM 도입 초기에는 생일, 결혼기념일에 '우대금리 제공' 문자메시지를 보내는 초보적 수준이었지만 최근에는 창구에서 고객이 흘린 한마디까지 수집 대상이 됐다. 계좌 개설 시 무심코 서명한 '정보공유 동의'를 근거로 고객의 행동과 말까지 무차별적으로 분석하고 수집하는 것은 소비자의 정보주권을 침해할 소지가 있다는 지적이 나오는 이유다.

금융당국도 CRM을 통한 은행의 고객정보 관리에 문제가 없는지 들여다보고 있다. 금융감독원은 전 시중은행을 대상으로 고객정보 관리실태 현장점검에 나섰다. 금감원 관계자는 "정보공유 자체가 불법은 아니지만 무리한 정보공유로 고객들의 피해가 발생하면 문제가 될 수 있다"며 "개인정보 수집에 대한 총체적인 점검에 나설 것"이라고 말했다.

(동아일보 2014. 2. 5)

Chapter

13 eCRM(고객관계관리)

제 1 절 eCRM의 개념과 특징

1. eCRM의 개념

eCRM이란 CRM(Customer Research Management:고객관계관리)을 인터넷에서 운영한 것이라 할 수 있으나 전략적인 정의로 정리한다면 상품과 서비스, 컨텐츠를 온라인상의 고객접속 수단과 원리를 활용하여 수시로 기업 내외부의 고객정보를 수집통합하고 가공 분류하여 전략적으로 분석하며, 고객과의 관계개선을 통하여 고객만족도를 향상시키고 고객을 고정 고객화하여 기업의 수익구조를 개선하는 경영관리 활동이다. 온라인상에서 고객접속은 다양한 경로로 이루어지고 실시간 비대면으로 이루어지는 것이 특징이며, 실시간 자료를 보관관리가 용이하며 인터넷 중심의 고객이기 때문에 마케팅 관리자를 편리하게 할 수 있다.

2. eCRM의 특징

eCRM의 특징은 인터넷이라는 저비용 채널과 효율적인 마케팅 기법으로 실시간 고객관리를 통하여 고객 요추사항에 신속히 대응하고, 고객 행동에 대한 예측을 하여 고객 점유율과 시장 점유율을 증대시킨다. 이러한 eCRM은 다음과 같은 주요한 4가지 특징이 있다.

1) 광고매체

페이지뷰, 클릭 수, 체류시간 등 정략적인 효과측정에 뛰어나다. 웹사이트를 광고매체로 이용하는 경우 텔레비전이나 신문/잡지 등 기존 매체보다 뛰어난 점은 사이트 방문자의 특성에 맞는 광고를 선별적으로 내보낼 수 있고, 타 사이트로의 링크 기능을 이용하여 즉석에서 광고주 사이트로 유도할 수 있는 점이다. 즉, 타깃 선별의 정확도가 비교적 높고, 비용대비 효과를 정확한 수치로 검증할 수 있는 광고 매체라는 것이다. 예를 들어 어느 텔레비전 프로그램 전후에 CMCommercial Music을 내보내는 경우, 그 시간대에 그 방송을 보고 있는 사람이 누구이며, 또한 어떤 계층의 사람들인가 하는 것은 알 수 없다. 즉 프로그램의 내용이나 시청률로 추정할 수 있지만, 그 추정이 확실한지 아닌지는 알 수 없다. 또 그 CM에 흥미를 가진 사람이 몇 명이나 있는지 등은 추정도 못한다. 인터넷 사이트의 배너광고는 "매킨토시로 접속하는 사람에게만"과 같이 광고의 시청 타깃을 한정시킬 수 있으며, 노출된 횟수도 정확히 알 수 있다. 그리고 그 광고에 흥미를 가지고 사이트까지 방문한 횟수까지 파악할 수 있으며, 어떤 페이지를 얼마 동안 보고 있었는지도 파악 가능하다. 인터넷 이용자가 폭발적으로 증가해 왔다고는 하지만 절대적인 물량으로 따지면 여전히 기존 광고매체 비중이 크다. 그러나 타깃 선별이 가능하고 한 번의 클릭만으로 자사 홈페이지로 유도할 수 있으며, 페이지 뷰나 클릭스루 등에 의해 광고 효과를 정확히 파악 할 수 있다는 점은 바로 고객 점유율을 중시하는 일대일 마케팅 시대에 알맞은 효과적인 광고매체이다.

2) 어프로치 툴

일대일로 접근할 수 있고 e메일을 통해 고객에게 접근하면 인쇄 봉투, 삽입 비용이나 발송 비용이 절약되고, 대상 고객에게 서로 다른 정보를 분류하여 발송 가능할 뿐만 아니라, 메일 메시지에 자사의 웹사이트 주소를 넣어 한번의 클릭으로 방문을 유도할 수 있는 장점이 있다.

우편 형태의 DM은 고객에게 DM이 도착한 때로부터 기업에 반응이 오기까지는 전화번호로 문의하거나, 동봉된 엽서에 기재사항을 적어 우편으로 도착할 때까지 일련의 행동이 필요하게 된다. 또 기업 입장에서도 그 캠페인의 반응율을 검증하려고 하면, 반송된 엽서를 집계하거나 콜 센터에서 오퍼레이터가 별도로 정보를 기록하고 집계하는 작업을 거쳐야 한다. 이것이 e메일의 경우 인쇄하여 봉투에 넣는 과정이 생략되므로 발송비용이 저렴하게 소요된다. 고객이 기업에 반응하는 것도 개봉한 e메일 상의 주소를 클릭하기만 하면 된다. 링크된 사이트에 등록양식을 준비해 놓기만 하면 별다른 노력을 들이지 않고 이용자 정보를 입수할 수 있다. 물론 e메일이라고 장점만 있는 것은 아니다. 개인별로 메시지를 다르게 하려면 문장패턴을 많이 준비하거나, 어떤 특성을 가진 사람에게 어떤 문장을 사용할까? 등의 규칙을 정하는데 많은 시간이 필요하다. 또한 고객으로부터의 회신에 대응하려면, 어느 정도의 노력과 시간이 필요하다. e메일은 이와 같은 유의점을 충분히 고려하여 활용할 필요가 있다.

3) 가상점포

고객이 원활하게 접속할 수 있고, 상품구매 절차가 쉬운 환경을 만든다. 흥미를 가진 고객이 한 사람이라도 많이 구입하도록 유도하는 것이 비즈니스의 기본이다. 이를 실현하는 데는 고객이 구입하기 쉬운 환경을 조성할 필요가 있는데 온라인 쇼핑은 그럼 점에서 장점을 갖는다. 고객 입장에서 온라인 쇼핑은 일부러 상품을 사러 나갈 필요가 없고, 시간제약 없이 언제나 구입할 수 있으며, 점원의 심리적 압력을 받지 않고 자신의 의지대로 비교 검토할 수 있고 필요할 때 즉시 주문할 수 있다. 기업 입장에서도 점포를 내는 것보다 비용이 적게 소요되고, 매장 면적에 제한이 없으며, 무인으로 접객이 가능하며, 글로벌하게 비즈니스를 할 수 있는 등의 여러 가지 장점이 있다. 온라인 상점과 오프라인 상점을 구축 시 몇 가지 고려할 사항이 있다. 예를 들어 오프라인 상에서 번화가에 점포를 내는 것은 네트워크 상으로는 방문자가 많은 온라인 쇼핑몰에 출점하는 것에 해당하며 출입구나 계산대의 수를 늘려 방문자의 흐름을 원할하게 하는 것은 인터넷 접속회선의 대역폭을 넓히는 것에 해당한다. 또 상품을 찾기 쉽게 배치하는 것은 검색엔진을 도입하거나 페이지 구성을 알기 쉽게 하는 것이며, 양질의 점원을 고용하는 것은 기능이 뛰어난 무인 접객서비스를 도입하는 것에 해당된다. 웹 사이트상에 상품의 매력을 충분히 표현하여 구매의욕을 높이고자 하는 정보가 있고, 그 정보에 도달하기 쉽게 사이트가 구성되어 있으며, 고객의 편리함을 고려한 인프라가 정비되고, 고객이 원할 때 적절히 대응할 수 있도록 무인 접객서비스가 갖추어져 있을 때, 처음 찾아온 고객들에게 구입하기 쉬운 환경으로 인식시킬 수 있다.

4) 커뮤니케이션 툴

고객이 좋아하는 지속적 커뮤니케이션을 적은 비용으로 실현이 가능하다. 기업의 경우 기존의 우수고객에는 비용이 많이 소요되더라도 계속 정착시키는 것이 장기적인 이익으로 연결시킬 수 있는 방법이며, 구매가 적은 고객이 이탈하지 않고 우수고객으로 전환되도록 하는 것이 중요하다. e채널에서는 이러한 고객과의 지속적인 커뮤니케이션을 가능한 한 적은 비용으로 고객이 호감을 갖도록 실현시킬 수 있다. 예를 들어, 구입한 상품의 조직 방법 등에 관한 문의에 대비하여 기존 기업들은 헬프데스크의 역할을 가진 콜 센터를 운영하고 있다. 그리고 처음에는 무료통화로 서비스가 가능하지만, 운영비용이 누적되면 통화료를 유료로 전환시키고, 자동응답장치에 의한 무인 서비스를 추진하여 비용 절감을 할 수 있다. e채널의 이러한 무인서비스는 물론, 고객에게 보다 다양하고 편리한 서비스를 제공할 수 있다. 전화서비스의 경우, 음성에 의한 설명이 한정되지만, 또 최근에는 온라인상에서 화면을 보면서 전화로 설명을 들을 수 있는 "텔레 웹" 기술이 등장하고 있다. 이런 경우 거의 비용을 들이지 않고 고객간 커뮤니케이션 코너를 제공할 수도 있다. 예를 들어, 무료로 친구에게 e메일 인사카드를 보내는 기능을 제공하거나, 연말연시 카드를 보낼 대상리스트 등을 등록해 그 시기가 되면 e메일로 알려주는 기능을 제공하거나 게시판 등을 이용하여 고객간 정보 교환이 가능하게 할 수 있다.

제 2 절 eCRM의 기술적 요소

1. 데이터웨어하우스와 데이터마트

데이터웨어하우스란 의사결정지원이나 분석처리에 필요한 정보를 하나 이상의 원천 정보로부터 추출하고 이를 하나의 데이터베이스로 통합하여 효과적인 분석을 가능하게 해주는 대용량 데이터베이스를 의미한다. 현재 데이터웨어하우스는 기업 경쟁력을 높이기 위해 의사결정의 순간마다 적절한 결정을 내릴 수 있도록 하는데 중점적인 역할을 하고 있다. 기존의 운영 데이터베이스가 현재의 정보만을 유지하는 반면, 데이터웨어하우스는 의사결정 지원과 분석처리를 위하여 과거로부터 현재 시간에 걸친 장기간의 데이터를 유지하는 등의 여러 특징들을 분석해 볼 수 있도록 종합적인 데이터를 관리한다.

데이터마트는 특정 목적을 위한 작은 규모의 데이터웨어하우스를 의미한다. 많은 기업에서 CRM을 위해 데이터웨어하우스를 구축하는 경우가 많은데, 사실 CRM을 위해서는 소규모 데이터마크로도 충분한 경우가 대부분이다. 데이터웨어하우스는 경영분석을 위한 통합적이고, 기업전반에 걸친 데이터를 누적시켜 유효한 정보를 지원하고, 통합되지 않은 애플리케이션시스템의 세계에 기업 통합을 위한 기초를 제공한다. 데이터웨어하우스가 전사적인 데이터를 한곳에 모으는 곳이라면, 데이터마트는 부서 단위, 업무 단위로 축소한 소규모 데이터웨어하우스에 해당한다. 데이터마트는 데이터웨어하우스에 있는 데이터들 중 해당 부서에 적합한 데이터만을 따로 모아 만든 것으로 실제 트랜젝션은 데이터마트에서 일어나는 경우가 많다. 데이터마트 구축시 가장 신중하게 생각해야 할 부분은 바로 물리적인 하부구조를 결정하는 것이다. 데이터마트는 초기 데이터베이스의 크기나 사용자 수, 평균적인 쿼리의 양 등이 작은 상태에서 출발하기 때문에 흔히 이 부분을 간과하는 경우가 많다. 하지만 데이터마트는 초기 규모가 작은 만큼 활용도에 따라 몇십배로 규모가 커질 수 있어 대규모 데이터웨어하우스보다 성장률이 높다.

2. OLAP

데이터웨어하우스 프로젝트를 세 단계로 나누어서 운영계 소스 데이터와 외부데이터에서 데이터 추출하는 과정, 데이터 서버에 데이터를 저장하는 과정, 데이터 조회 및 분석 등의 데이터를 사용하는 과정으로 정의한다면 OLAP(Online Analytic Processing)은 마지막 단계에 해당된다. 즉 최종 사용자가 다차원 정보에 직접 접근하여 대화식으로 정보를 분석하고 의사결정에 활용하는 과정으로 OLAP을 정의할 수 있다. 좀 더 그 특징을 살펴보면 다음과 같다.

첫째, 분석을 위해 활용되는 정보의 형태가 다차원적이라는 사실이다. 다차원정보는 사용자들에 의해 이해되는 기업의 실제 차원을 반영한다. 정보의 다차원성은

OLAP시스템을 다른 시스템과 구분하는 가장 중요한 개념으로, OLAP을 다른 말로 표현한다면 바로 다차원 분석이다. 둘째, 최종사용자는 중간 매개자나 매개체 없이 온라인상에서 직접 데이터에 접근한다. 셋째, 최종사용자는 대화식으로 정보를 분석한다. 시스템은 사용자의 사고 흐름이 중간에 끊이지 않도록 신속하게 질의 경로를 제시한 수 있어야 한다. 넷째, OLAP의 목적은 최종사용자가 기업의 전반적인 상황을 이해할 수 있게 하고 의사결정을 지원하는데 있다. OLTP(Online Transaction Processing)는 매일 매일의 기업운영을 가능하게 하고 기업이 나가야 할 방향을 설정할 수 있게 해준다.

3. 데이터마이닝

데이터마이닝이란 많은 거래 데이터 중에서 여러 계량적인 기법이나 알고리즘을 사용하여 고객에 대한 지식을 찾아내는 과정을 말한다. 대용량의 데이터에 숨겨져 있는 데이터간의 관계, 패턴을 탐색하고 이를 모형화 하여 업무에 적용할 수 있는 의미 있는 정보로 변환함으로써 기업의 의사결정에 적용하는 일련의 과정으로 여러 데이터 관리 기법들을 적절히 조합하여 데이터베이스를 만드는 일련의 과정이다.

보통 데이터마이닝은 크게 두 가지 목적을 위해 활용된다. 하나는 특정 변수나 사건을 예측하는 것이다. 많은 기업들은 데이터마이닝을 이용하여 수백만의 고객들 중에서 기업의 마케팅 활동에 반응을 보일 확률이 높은 고객들을 예측, 선별하여 우편, 전화 또는 이메일을 통해 구체적으로 마케팅 캠페인을 전개한다. 선별하지 않고 모든 사람에게 메일을 보내면 반응률이 낮고 비용이 많이 들지만 데이터마이닝을 통하면 반응확률이 높을 뿐 아니라 비용도 훨씬 적게 들어 전반적인 마케팅의 효율을 증진시킬 수 있다.

데이터마이닝의 또 다른 사용목적은 비즈니스 규칙을 세우기 위해 여러 가지 변수들 사이에서 존재하는 패턴이나 관계를 발견하여 고객의 행태에 대해 알려지지 않은 정보나 지식을 찾아내는 것이다. 이렇게 고객들의 실제 거래에 대한 데이터를 통해 유용한 정보를 유도하고 이를 이용하여 기업의 경영성과를 높이는 등 전략적 우위를 점유하는데 데이터마이닝이 중요한 일익을 담당하고 있다. 그러므로 CRM 경영방식을 도입하고 유용한 고객정보를 비즈니스에 활용하여 기업의 시장 위치를 개선하려면 이러한 데이터마이닝을 잘 만들어야 한다.

4. 콜센터

콜 센터란 전화로 고객과 커뮤니케이션을 하기 위한 영업지원 및 고객 서비스 센터로 숙련된 오퍼레이터가 CS(Customer Satisfaction) 마인드를 기본으로 고객에게 판매정보를 전하거나 반대로 고객으로부터의 문의사항이나 불만요소를 처리하기도 한다. 콜 센터는 IT의 발달과 함께 컴퓨터를 동반한 CTI(Computer Telephony Integration)하는 수단이 주류를 이루고 있다. CTI는 고객의 구매이력 데이터를 축적하여 고객의 전화번호 등을 이용해 자동적으로 해당고객의 데이터를 오퍼레이터의 화면에 표시해줌으로써, 과거에 구입한 물건이나 상담 내용 등을 보면서 원활하게 전화서비스할 수 있는 시스템이다.

콜 센터는 고객의 접점을 일원화해줌으로써 고객이 쾌적하게 커뮤니케이션 할 수 있는 것은 물론, 회사입장에서도 오퍼레이터가 주문이나 상담을 받더라도 공유된 고객 데이터를 토대로 서비스할 수 있어 CRM 실현에는 꼭 필요한 시스템이다.

5. 웹 사용 패턴 마이닝

웹 사용 패턴 마이닝Pattern Mining은 데이터마이닝 기술의 한 응용분야로서 웹 사이트를 방문하는 사용자들의 브라우징 활동들을 포함하고 있는 웹 서버 로그로부터 사용자의 접근 패턴을 발전해 내는 과정이다. 웹과 관련된 데이터마이닝 기법의 일부로 웹 컨텐츠 마이닝Web Contents Mining, 웹 구조 마이닝Web Structure Mining과 함께 널리 사용되고 있다.

웹 사용 패턴 마이닝 처리 과정은 전처리과정, 패턴발견, 패턴분석의 3단계로 구분할 수 있다. 데이터 전처리 단계는 다양한 데이터의 불완전성 때문에 매우 정교하고 복잡한 처리 절차를 요구한다. 패턴 발견 단계에서는 기존의 데이터 마이닝에서 쓰이는 방법론이나 알고리즘을 기반으로 한 패턴 탐색이 이루어지게 된다. 패턴 분석 단계에서는 흥미롭지 않은 규칙들을 잘라 내거나 원하는 패턴 형식을

발견하기 위해서 메커니즘과 OLAP과 같은 기법 등을 사용할 수 있다. 패턴 발견을 위해 사용되는 방법론으로는 통계 기법, 연관규칙, 군집화, 분류화 기법 등이 있으며, 발견된 패턴은 시스템 성능 향상, 사이트 유지 보수, 비즈니스 인텔리전스 Business Intelligent, 사용 특성화 등에 활용할 수 있다. 시스템 성능 향상을 위해 웹크래픽에 관한 정보를 수집하거나, 네트워크 전송에 관한 부하 균형, 데이터 자원분산 등에 관한 전략을 수립할 수 있으며, 사이트 유지보수를 위해 사이트에 접근한 고객의 패턴에 따라 웹 사이트의 구조나 디자인에 관한 정책을 수립한다.

6. 웹 로그 분석기법

eCRM은 닷컴 기업들이 인터넷 비즈니스 시장을 확대하기 위해 다양한 이벤트나 마케팅 캠페인을 전개하여 확보한 고객들을 수익성 있는 고객으로 전환하기 위한 마케팅 활동이다. 인터넷의 등장에 따른 고객 지향적인 마케팅 흐름에 CRM은 모든 고객을 똑같이 보지 않고 개별 고객의 회원정보, 구매 이력, 캠페인 반응 등의 다양한 데이터를 축적하는데 사용된다. 또한 차별화된 고객 서비스 대응을 위한 개인화 서비스 전개, 영업활동 정보, 마케팅 캠페인 활동을 수행할 수 있도록 데이터를 분석하여 장기적인 수익고객관리를 통한 충성고객 확보와 수익 창출을 꾀하는데 목적이 있다.

로그분석을 통하여 효율적으로 고객 대응을 할 수 있는 방법을 얻고자 하지만 로그 분석 데이터의 결과를 보면 이러한 데이터를 어떻게 활용해야 하는지 난감해 하는 경우가 있다. 로그분석 데이터는 서버에 기록된 사이트 방문자 데이터를 로그분석 툴을 활용하여 시간대별 조건에 의하여 정리한 것으로 단순한 방문자의 방문기록 정보이기 때문에 사이트 현황에 관한 기본적인 분석만 할 수 있다. 따라서 로그분석의 방문데이터로는 다양한 사용자 환경이나 기술적 환경에 의해서 정확한 결과를 얻어낼 수 없는 한계가 있다.

7. 웹마이닝Web Mining

1) 정의 및 설명

(1) 정의

웹마이닝은 웹에서 발생하는 모든 데이터를 분석 대상으로 삼는다. 이러한 데이터로는 서버 접속 로그 데이터, 사용자 등록 정보, 사용자 세션, 또는 트랜잭션, ERP데이터가 있다. 웹 마이닝은 데이터 마이닝의 한 분야이기도 하지만, 기존의 데이터 마이닝 알고리즘, 웹 데이터의 전처리를 위한 데이터웨어하우징[1] 기술 , 그 외에 웹 환경 관련 기술이 연관된 데이터 마이닝을 포함하는 개념으로도 이해할 수 있다. 일반적으로 웹 마이닝은 대상이 되는 웹 데이터(구조, 내용, 사용)에 따라, 웹 구조 마이닝, 웹 내용 마이닝, 웹 사용 마이닝과 같이 세 가지 분야로 나눌 수 있다.

(2) 웹 마이닝을 통해 얻을 수 있는 정보

- 어떤 사람들이 우리의 사이트를 방문하는가?
- 어떤 사이트를 거쳐서 사람들이 우리의 사이트를 방문하는가?
- 방문자의 인구통계학적 생활양식 분류 정보와 사이트 방문행태와는 어떤 관련이 있는가?
- 사이트에서 얻어지는 수익은 무엇이며 얼마나 되는가?
- 어떤 광고 배너가 가치 있는 고객들을 우리 사이트로 오게 만드는가?
- 어떤 페이지가 실제로 구매를 하는 사람 수를 증가시키는 데 기여하는가?

2) 웹마이닝의 세 가지 종류

(1) 웹 구조 마이닝

웹 구조 마이닝web structure mining은 웹 사이트와 웹 페이지의 구조적 요약 정보를

1) 데이터 웨어하우징 : Data Warehousing이란 개방형 시스템 도입으로 흩어져 있는 각종 기업정보를 최종 사용자가 쉽게 활용, 신속한 의사결정을 유도하도록 해 기업 내 흩어져 있는 방대한 양의 데이터에 쉽게 접근하고 이를 활용할 수 있게 하는 기술이다.

얻는 것을 목표로 한다. 웹 사이트의 구조적 정보란, 웹 페이지 사이의 하이퍼링크를 통한 그래프 구조를 뜻한다. 참조reference 정보를 이용하는 경우의 예로서 다음과 같은 표준 로그를 살펴보자.

```
211.104.136.123 - - [17/Apr/2001:12:00:12+0900] "GET/index.htmlHTTP/1.1"
200 16674 "/products/tv.html" "Mozilla/4.0 (compatible; MSIE 5.01; Windows NT 5.0)"
```

이 로그를 통해 웹 사이트는 /index.html에서 /products/tv.html로의 웹 구조를 추출할 수 있다. 이와 같은 방법은 사이트 내에 페이지가 많거나, 여러 사이트를 통합해 운영하는 대규모 웹 사이트, 또는 페이지를 자주 업데이트하는 사이트에서 구조 정보를 얻을 때나, 사이트 관리 등에 응용할 수 있다. 예를 들어, 어떤 페이지는 홈페이지에서 자신을 참조하는 경로가 없을 수 있는데, 이런 페이지는 웹 사이트 사용자가 접근할 수 없는 페이지로 삭제하거나 적당한 링크를 통해 접근할 수 있게 해야 한다.

웹 로그 분석은 웹 서버에 접근한 사용자의 정보가 기록되는 로그 파일을 분석함으로써 단순히 웹 사이트에 방문한 사용자의 수를 아는 것 이상의 정보, 즉 구체적인 방문객의 정보를 알고자 할 때나 기간별 분석, 사용자 분석, 페이지 분석 등 다양한 분석을 하고자 할 때 사용된다. 웹 서버에 대한 모든 접근들은 웹 서버에서 로그 파일로 기록이 되는데, 보통 사용자 접근 시간, 사용자 ID, 사용자의 IP 주소, 요청한 웹 페이지, 접근 시 사용한 OS와 브라우저 등 많은 정보를 포함하고 있다. 본 논문의 웹 서버는 NCSA계열의 CLF(common logfile format) 형식의 웹 서버 로그 파일을 대상으로 한다.

웹 로그를 분석하기 위해서 연관 규칙, 클러스터링[2]과 같은 데이터 마이닝 기법을 적용할 수 있다. 그러나 이러한 데이터 마이닝 작업 이전에 데이터를 적절한 형태로 가공하는 전처리 작업이 필요 하다. 전처리를 위한 요소 작업으로는 웹 로그 파일에서 그림 파일 등의 필요 없는 데이터는 삭제하고 마이닝을 적용할 대상이 될 데이터만 추출하는 데이터 추출, 각 사용자의 데이터들을 식별하는 사용자 식별, 각 사용자들의 정보를 세션으로 식별하는 세션 식별, 한 세션에서 클라이언트

2) 클러스터링 : 단순무선표집의 한 변형이며 자연적으로 형성된 집단이나 군집의 전집에서 무작위적으로 표본을 추출하는 방법이다.

의 브라우저와 프락시 서버[3]의 캐시로 인해 로그 파일의 중간 중간에 기록되지 않은 웹 페이지들을 채워주는 경로 완성, 마이닝 기법을 적용하기에 알맞은 트랜잭션[4] 단위를 식별해 내는 트랜잭션 식별등이 있다. 웹 서버가 생성하는 로그 파일에는 접근 로그access log, 에러 로그error log, 참조 로그referrer log, 에이전트 로그agent log 네 가지가 있다. 대개 로그 파일 분석이라 함은 접근 로그 파일 분석을 의미한다.

(2) 웹 내용 마이닝

웹 내용 마이닝web content mining은 실제 웹 사이트를 구성하고 있는 페이지로부터 의미 있는 내용을 추출하는 기법이다. 이는 일종의 정보 추출이라고도 할 수 있고, 텍스트마이닝 기술과도 밀접한 관련이 있다. 다시 말하면 온라인에 있는 방대한 웹 데이터(텍스트, 그림, 사운드 등)에서 유용한 정보를 자동으로 찾는 기술이다. 예를 들어 온라인 여행 전문 사이트에서 다음과 같은 정보를 자동으로 얻을 수 있게 한다. 예제를 보면, 웹 사이트 내에서 유용한 정보를 찾는 역할을 할 뿐만 아니라, 내용을 바탕으로 웹 사이트를 요약하는 기능도 있음을 알 수 있다. 아쉽게도, 최근 많은 연구가 이루어졌음에도 불구하고, 웹 내용 마이닝이나, 텍스트 마이닝 기술로 예제와 같은 결과를 얻기에는 부족함이 많다.

(3) 웹 사용 마이닝

웹 사용 마이닝web usage mining은 웹 사용자의 사용 패턴을 분석하는 것이다. 이를 통해 웹 사용자의 행동을 접속 통계 정보 이상으로 이해할 수 있고, 또한 웹 페이지의 이용 패턴을 알 수 있게 된다. 결국 이 정보는 사용자에게 더욱 친숙하게 페이지를 재구성하거나, 웹 서버 로드 밸런싱[5], 사용자 별 맞춤형 웹 페이지 구성 등에 이용된다. 웹 사용 마이닝은 응용 분야도 많을 뿐 아니라, 웹마이닝에서 주요하게 다루어지는 부분이기 때문에, 현재는 협의의 웹마이닝을 뜻하기도 한다. 웹 사

3) 프락시 서버 : 인터넷상에서 한번 요청된 데이터를 대용량 디스크에 저장해 두고 반복 요청 시 디스크에 저장된 데이터를 제공해 주는 서버를 말한다.

4) 트랜잭션 : 데이터베이스에 대한 조회나 갱신 조작의 열로 구성되는 처리의 기본 단위. 갱신에 의해 일시적으로 부정합되는 데이터베이스 내의 데이터가 이용자에게 사용되지 않도록 하기 위해 적절한 구분 기호로 일련의 조작을 한데 묶어서 처리한다.

5) 로드 밸런싱 : 병렬로 운용되고 있는 기기 사이에서의 부하가 가능한 한 균등하게 되도록 작업 처리를 분산하여 할당하는 것을 말한다.

용 마이닝은 아래와 같이 네 가지 단계로 나눌 수 있다.

- 초기 데이터를 마이닝 알고리즘의 입력 형태로 적절하게 바꾸어 주는 전처리 과정
- 전처리 과정에서 얻은 데이터에서 유용한 정보를 얻기 위한 패턴 발견 과정
- 생성된 규칙과 패턴을 분석하는 과정
- 자료로부터 찾아낸 pattern을 이용하여 적절한 마케팅 전략을 수립하고 One-to-one marketing 및 개인화 등에 적용하는 단계

3) 웹 로그 분석 및 활용

(1) 설명

인터넷 사용자가 특정 웹사이트를 방문하여 웹 페이지를 클릭하거나 특별한 요청에 대해 웹 서버가 응답할 때마다 그 사이트를 관리하고 있는 서버에는 로그라고 불리는 레코드들이 저장된다. 웹 사이트 관리자는 이 웹 로그를 통해 누가 언제 무엇을 요청했는지를 알 수 있고, 얼마나 많은 사용자가 왔는지 그리고 어디에서 왔는지, 가장 오래 보는 페이지와 가장 많이 보는 페이지가 무엇인지 등을 알 수 있다. 이와 같은 로그 데이터가 저장된 로그 파일은 웹 서버가 지정하는 곳에 위치하며, 보통 웹 서버 관리자가 웹 서버를 설치할 때 로그파일의 위치와 기록방법 등을 지정하게 된다.

현재 널리 사용되고 있는 웹 서버 소프트웨어로는 NCSA(www.ncsa.uiuc.edu), W3C(CERN, www.w3.org), MS IIS[6](www.microsoft.com), Netscape(www.netscape.com), Apache(www.apache.org), WebSit(website.oreilly.com) 등이 있다. 이들 웹 서버마다 각각 독특한 로그파일의 저장형식을 가지고 있지만, 대부분 CLF(common log format)라고 불리는 표준 로그파일 형식 및 ECLF(extended common log format standard)를 기본적으로 지원하고 있으며, 웹 마이닝은 주로 이 CLF 와 ECLF에 저장되는 정보를 이용하여 이루어진다. CLF에는 다음과 같은 7개의 필드가 저장되며, ECLF에는 여기에 Referrer와 User-Agent의 필드가 추가된다.

6) IIS : Internet Information Server의 약자이며, Microsoft사에서 1995년에 만들었다.

(2) 웹로그 분석

- Host : 사용자의 인터넷 주소이며, 도메인 이름 또는 IP 주소로 기록된다.
- Ident(RFC931) : Identd(identification daemon)라는 프로토콜을 지원하는 클라이언트 애플리케이션이 제공하는 중재 ID이다. 현재 이 인증 스키마를 사용하는 웹 브라우저는 거의 없기 때문에 대부분의 웹 서버에는 보통 "-"로 기록된다.
- AuthUser : 웹 서버에 등록된 사용자 이름이다. 만약 현재의 사용자가 등록된 사용자가 아닌 경우 '- '로 기록된다.
- Time : 접속일자와 시간을 기록한 필드로 [dd/mon/yyyy:hh:mm:ss x＼#＼#:＼#＼#]와 같은 형식으로 저장된다. 마지막의 'x＼#＼#:＼#＼#'에서 x는 '+' 또는 '-' 부호이며, '＼#＼#:＼#＼#'는 그리니치 표준시로부터의 시차를 나타낸다.
- Request : 이 필드는 'GET 및 POST 등의 명령어', '실제 요청대상의 파일 이름', '전송 프로토콜 및 버전' 등의 세부 필드를 기록한다.
- Status : 접속상태와 데이터의 이동 현황을 기록하는 것으로 100, 200, 300, 400, 500과 같은 5개의 카테고리로 구분된다. 예를 들어, 200은 성공, 300은 무시, 400은 에러를 나타낸다.
- Bytes : 사용자가 실제로 웹 서버에서 가져간 데이터의 양을 기록한 것으로 단위는 바이트이다.
- Referrer : 사용자의 요청이나 링크의 원래 소스를 나타내기 위해 전송하는 텍스트 문자열을 기록한다. 즉, 웹 서버를 소개해 준 사이트와 소개받은 페이지를 화살표로 기록한다. 따라서 이 필드를 이용하면 사용자가 어디에서 그 웹 사이트로 연결되었는지를 알 수 있으며, 이는 온라인 광고 또는 홍보 등을 고려할 때 중요한 평가 자료로 사용될 수 있다.
- User-Agent : 사용자의 요청을 만든 소프트웨어 및 운영체제의 이름과 버전 등이 기록되는 필드로써 이를 브라우저 로그파일이라고도 한다.

4) 웹로그 활용

일정 기간 동안의 사용자들의 접속, 요청 내용을 기록한 웹 로그 데이터를 분석하기 위해서는 몇 가지 사전처리 과정이 필요하다. 웹 서버에는 수많은 사용자들이 접속하는 상황을 개별 레코드로 저장하기 때문에 매우 많은 로그 데이터가 발

생한다. 따라서 분석에 불필요한 레코드를 제거하거나 필요한 필드만 선택하는 것은 필수적이다.

또한 로그 레코드의 사용자를 구별하는 사용자 식별 단계도 필요하다. 만약 사용자가 로그인을 거쳐 사이트를 이용했다면 별도의 식별 과정은 거치지 않아도 되지만, 한 사용자가 복수 ID를 사용하거나 여러 사용자가 단일 ID를 사용할 때 문제가 될 수 있다. 만약 로그인을 통한 사용자인증 과정이 이루어지지 않았다면 로그 파일에 저장되어 있는 Host와 User-Agent 필드를 이용하여 사용자를 구별할 수 있다. 그러나 이 방법은 프록시 서버를 통해 접속하는 경우나, 유동 IP를 사용하는 사용자의 경우에는 효과를 기대할 수 없다. 마지막으로 쿠키를 이용할 수 있지만, 사용자에 의해 쿠키가 지워지거나 조작될 수 있다는 문제점이 있지만, 현재까지는 웹 서버가 사이트를 다시 방문하는 사용자를 식별하고 프로파일러가 한 웹사이트에서 다른 웹 사이트로 이동하는 사용자를 추적할 때 중요한 단서로 이용되고 있다.

마지막으로 웹 사이트를 방문하여 일련의 연속적인 행동을 수행한 후 접속을 중단할 때까지의 과정인 세션 식별이 필요하다. 로그 데이터는 여러 사용자의 접속상황을 시간 순으로 기록한 것이기 때문에 사용자가 언제 새로운 접속을 시도하여 언제 그 접속을 종료하였는지는 기록되어 있지 않다. 그러므로 웹 로그 데이터 분석 시, 동일한 사용자 내에서 세션 ID라고 불리는 일련번호를 추가해 분석하는데 도움을 받을 수 있다. 현재 사용되는 일반적인 방법은 Time 필드의 시간 간격을 이용하는 것인데, ID와 Time 필드를 키(key)로 하여 로그 데이터를 정렬하고, 동일 ID내에서 일정 시간 이상의 시간 간격이 발생하면 새로운 세션 ID를 부과하는 형식이다.

5) 사례 분석을 통한 웹 마이닝 이해

(1) 개요

Windows 2000 Server 운영체제를 사용하고 MS SQL 2000 데이터베이스를 사용하는 환경에서 운영하는 쇼핑몰의 웹 로그 파일과 거래 내역 데이터를 가지고 사례분석을 해본다. 사례에서는 다단계 판매회사인 A사의 한 사업자가 운영하는 사이트로서 A사의 회원 및 일반 비회원들이 쇼핑몰 사이트에 회원가입 후 제품을 구입할 수 있도록 한다. 회원 수는 4955명이며 449개의 거래품목은 도서, 오디오, 비디오, 잡화, 간행물 등으로 분류되어 있다.

쇼핑몰은 안정적이긴 하지만 쇼핑몰 관리자의 고객관계관리에 대한 개념적인 이해가 부족한 상태이기 때문에 고객의 요구를 충족시켜주면서 수입을 증가시키는 전략을 기대하기 힘든 상태이다. 쇼핑몰 사이트의 메인 페이지에 보이는 상품도 기준 없이 운영되고 있고 일반 고객과 우량고객에 대한 체계적인 관리도 이루어지지 않는 상태이기 때문에 웹 마이닝을 통해서 이를 개선하고자 한다.

(2) 웹 마이닝 분석의 단계

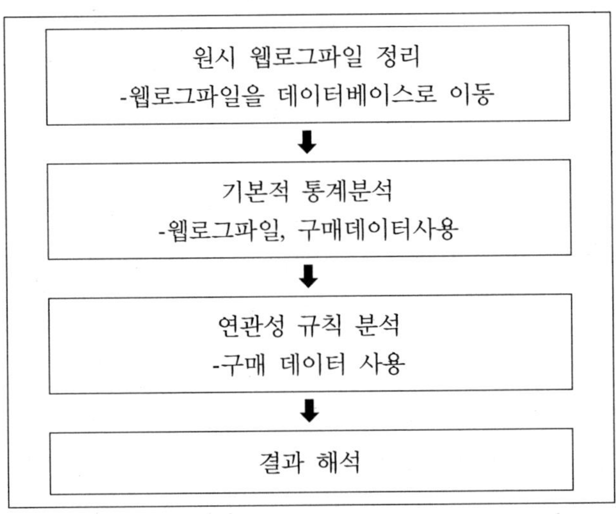

[그림 13.1] 분석의 단계

(3) 원시 로그 파일의 정리

원시 로그파일은 *.txt 혹은 *.log의 텍스트 파일로 저장되어 있다. 이는 단지 항목별로 공백으로 구분되므로 분석에 어려움이 있다. 이 로그파일을 분석하기 위해서는 프로그램을 이용하여 MS SQL 2000 데이터베이스로 업로드 해야 한다. 그 이후에 저장된 테이블에서 데이터를 가져오기 위한 SQL 쿼리[7]를 사용해서 추출한다. 원시로그파일을 데이터베이스로 업로드 하면 여러 가지 필드가 생성되는데,

---

7) SQL Query : 관계형 데이터베이스의 조작과 관리에 사용하는 데이터베이스 하부 언어(sublanguage)

회원 ID, 접속시간, IP정보, 웹페이지 URL, 오류 정보 등을 들 수 있다.

```
#Software: Microsoft Internet Information Services 5.0
#Version: 1.0
#Date: 2001-09-12 00:15:52
#Fields:
date        time     c-ip    cs-username s-sitename s-computername    s-ip      s-port cs-method
2001-09-12 00:15:52 211.231.4.109   -        W3SVC3         NS2      211.35.228.195  80      GET
2001-09-12 00:15:52 211.231.4.109 - W3SVC3 NS2 211.35.228.195 80 GET /top.html - 304 0 141 472 0 HTTP
2001-09-12 00:15:52 211.231.4.109 - W3SVC3 NS2 211.35.228.195 80 GET /right.asp - 200 0 0 385 390 HTT
2001-09-12 00:15:52 211.231.4.109 - W3SVC3 NS2 211.35.228.195 80 GET /leftmenu.asp - 200 0 0 388 391
2001-09-12 00:16:03 211.231.4.109 - W3SVC3 NS2 211.35.228.195 80 GET /Movie3.swf - 304 0 139 338 0 HT
2001-09-12 00:16:03 211.231.4.109 - W3SVC3 NS2 211.35.228.195 80 GET /images/top_02.gif - 304 0 140 3
2001-09-12 00:16:03 211.231.4.109 - W3SVC3 NS2 211.35.228.195 80 GET /images/top_03.gif - 304 0 140 3
2001-09-12 00:16:03 211.231.4.109 - W3SVC3 NS2 211.35.228.195 80 GET /images/top_04.gif - 304 0 140 3
2001-09-12 00:16:03 211.231.4.109 - W3SVC3 NS2 211.35.228.195 80 GET /images/top_05.gif - 304 0 140 3
2001-09-12 00:16:03 211.231.4.109 - W3SVC3 NS2 211.35.228.195 80 GET /images/top_06.gif - 304 0 140 3
2001-09-12 00:16:03 211.231.4.109 - W3SVC3 NS2 211.35.228.195 80 GET /images/top_07.gif - 304 0 140 3
2001-09-12 00:16:03 211.231.4.109 - W3SVC3 NS2 211.35.228.195 80 GET /images/top_08.gif - 304 0 140 3
2001-09-12 00:16:03 211.231.4.109 - W3SVC3 NS2 211.35.228.195 80 GET /images/top_09.gif - 304 0 140 3
2001-09-12 00:16:03 211.231.4.109 - W3SVC3 NS2 211.35.228.195 80 GET /images/top_10.gif - 304 0 140 3
2001-09-12 00:16:03 211.231.4.109 - W3SVC3 NS2 211.35.228.195 80 GET /images/top_11.gif - 304 0 140 3
2001-09-12 00:16:03 211.231.4.109 - W3SVC3 NS2 211.35.228.195 80 GET /images/top_12.gif - 304 0 140 3
2001-09-12 00:16:05 211.231.4.109 - W3SVC3 NS2 211.35.228.195 80 GET /images/mainflash.gif - 304 0 14
2001-09-12 00:16:05 211.231.4.109 - W3SVC3 NS2 211.35.228.195 80 GET /oknetmall/images/rightpp2.gif -
2001-09-12 00:16:05 211.231.4.109 - W3SVC3 NS2 211.35.228.195 80 GET /oknetmall/smallimages/100000005
2001-09-12 00:16:05 211.231.4.109 - W3SVC3 NS2 211.35.228.195 80 GET /oknetmall/smallimages/비교워교+
2001-09-12 00:16:05 211.231.4.109 - W3SVC3 NS2 211.35.228.195 80 GET /oknetmall/smallimages/회사소개,
2001-09-12 00:16:05 211.231.4.109 - W3SVC3 NS2 211.35.228.195 80 GET /images/rightpp3.gif - 304 0 140
2001-09-12 00:16:05 211.231.4.109 - W3SVC3 NS2 211.35.228.195 80 GET /oknetmall/smallimages/사업권개]
2001-09-12 00:16:05 211.231.4.109 - W3SVC3 NS2 211.35.228.195 80 GET /oknetmall/smallimages/상대를+갑
2001-09-12 00:16:05 211.231.4.109 - W3SVC3 NS2 211.35.228.195 80 GET /oknetmall/smallimages/성공적인+
2001-09-12 00:16:05 211.231.4.109 - W3SVC3 NS2 211.35.228.195 80 GET /oknetmall/images/rightpp10.gif
```

[그림 13.2] 원시 Web Log File

	indate	intime	c_ip	cs...	s_siten...	s_...	s_ip	s...	cs...	cs_uri_stem	cs_uri_query	s...	s...	s...	cs_...
1	2001-09-11	19:36:37	61.79.37.179	-	W3SVC3	NS2	211.35.228.195	80	GET	/oknetmall...	searchlist=&...	200	0	0	58..
2	2001-09-11	19:51:11	61.79.37.179	-	W3SVC3	NS2	211.35.228.195	80	GET	/oknetmall...	userid=rkae&...	302	0	0	57..
3	2001-09-11	19:53:29	61.79.37.179	-	W3SVC3	NS2	211.35.228.195	80	GET	/oknetmall...	-	200	0	0	49..
4	2001-09-11	17:32:38	211.107.125.98	-	W3SVC3	NS2	211.35.228.195	80	GET	/oknetmall...	productid=i00...	200	0	0	55..
5	2001-09-11	16:31:10	211.105.121.137	-	W3SVC3	NS2	211.35.228.195	80	GET	/oknetmall...	productid=i00...	200	0	0	57..
6	2001-09-11	17:38:30	211.107.125.98	-	W3SVC3	NS2	211.35.228.195	80	GET	/oknetmall...	smallid=s000...	200	0	0	58..
7	2001-09-11	17:34:26	211.107.125.98	-	W3SVC3	NS2	211.35.228.195	80	GET	/oknetmall...	productid=i00...	200	0	0	59..
8	2001-09-11	17:34:58	211.107.125.98	-	W3SVC3	NS2	211.35.228.195	80	GET	/oknetmall...	productid=i00...	200	0	0	59..
9	2001-09-11	19:24:03	61.79.37.179	-	W3SVC3	NS2	211.35.228.195	80	GET	/oknetmall...	smallid=s000...	200	0	0	50..
10	2001-09-11	16:48:15	211.224.235.188	-	W3SVC3	NS2	211.35.228.195	80	GET	/oknetmall...	userId=bmw5...	302	0	0	49..
11	2001-09-11	17:34:20	211.107.125.98	-	W3SVC3	NS2	211.35.228.195	80	GET	/oknetmall...	productid=i00...	200	0	0	59..
12	2001-09-11	19:28:01	61.79.37.179	-	W3SVC3	NS2	211.35.228.195	80	GET	/oknetmall...	searchlist=&...	200	0	0	58..
13	2001-09-11	19:34:54	61.79.37.179	-	W3SVC3	NS2	211.35.228.195	80	GET	/oknetmall...	searchlist=&...	200	0	0	59..

[그림 13.3] MS SQL에 업로드 되어 정리된 Web Log Data

(4) 기본적인 통계 분석

① 방문자 분석

사례에서 사용한 사이트는 회원의 아이디 정보가 없으므로 아이디만으로 방문자를 정확하게 파악하기 힘들다. 그러므로 방문자의 IP 정보를 사용하여 분석을 하게 되는데 그 결과는 아래와 같다. 대략 1일 평균 73명의 방문자가 있다는 것을 알 수 있다.

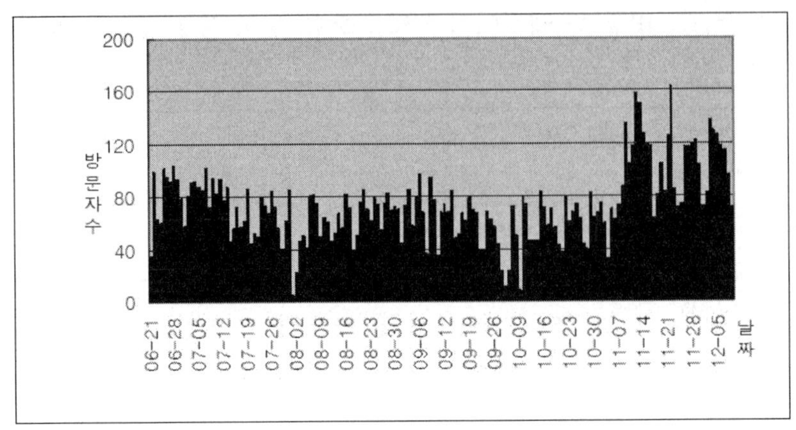

[그림 13.4] 일별 방문자 수

② **구매 현황 및 빈도 분석**

기존 고객들의 구매 내역정보를 이용하여 구매 현황 및 빈도 분석을 한 결과를 볼 수 있다. 전체 회원 4955명 중에서 상품을 구입한 회원의 숫자와 비율, 평균 구매회수, 평균 구입 제품 수량, 최대 판매 제품, 최다금액 구매 회원 등의 정보를 알 수 있다. 이와 같은 분석결과를 이용하면 쇼핑몰의 인기제품에 대한 홍보 전략을 세울 수 있고 메인 페이지에 위치할 제품의 전략도 만들 수 있다. 그리고 우수 고객의 명단을 작성할 수 있으며 제 구매율이 높은 고객의 정보도 얻을 수 있다.

[표 13.1] 쇼핑몰 사이트의 구매 현황 분석

전체회원	4955 명
1회이상 구매회원	490 명
평균구매횟수	2 회
평균제품구입수량	18 개
제품 1회 구입회원 비율	58.8 %
전체회원중 1회이상 구매한 회원	9.9 %
가장 많이 판매된 제품	i000000223(122개)
최다금액 구매회원	ID k5733 회원

③ 신용카드 사용 정보

결제 수단	비율
신용카드	70.3%
핸드폰	17.2%
무통장 입금	8.9%
실시간 계좌이체	2.4%
기타	1.2%

사이트의 회원들이 주로 사용하는 결제수단은 신용카드 비율이 70.3%로 높았는데 인터넷의 쇼핑비율이 높아짐에 따라 카드정보 도용이 문제시 되고 있다. 앞으로 인터넷 신용카드 분야에 결제수단에 대한 보안책의 연구가 병행되어야 할 것이다.

④ 시간대별 방문자 현황

아래의 그림은 쇼핑몰을 찾는 방문자의 시간대별 현황이다. 일부 보고서에 의하면 e메일 마케팅의 효과가 가장 많이 나타나는 시간이 오전 8시~10시이며 요일은 금요일, 목요일, 수요일 순으로 나타난다고 한다. 이 사이트의 경우 6개월간 방문했던 제품구매자의 방문시간을 분석한 결과 오후 12시를 전후한 오전 10시에서 오후 13시 사이에 많은 방문이 이루어지는 것으로 나타났다. 따라서 관리자는 구매자들이 사이트를 자주 방문하는 시간 전에 광고 e메일을 발송하는 것으로 e메일 마케팅 전략을 세울 수 있을 것이다.

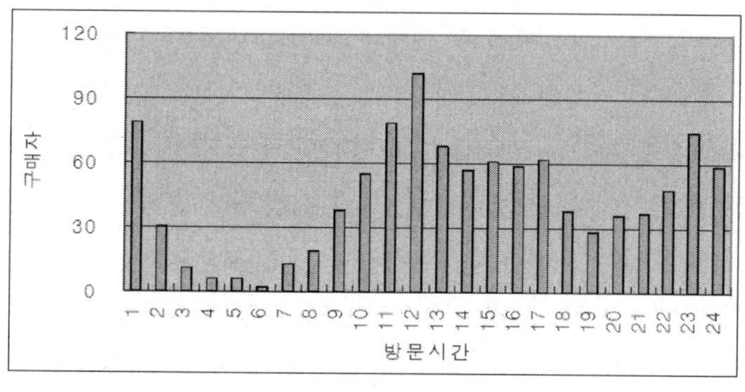

[그림 13.5] 방문시간

⑤ **에러 분석**

로그파일 중에는 클라이언트의 파일 요청에 대한 상태정보가 포함되어 있다. 아래의 표는 사례 사이트의 상태코드를 분석한 결과이다. 웹 서버가 클라이언트가 요청한 대로 제대로 전송하였을 경우 상태코드 필드에는 200이 남게 된다. 정상적인 코드 200이 84.92%인 것을 확인할 수 있다. 그 다음으로 302, 304, 404, 500의 상태코드 순으로 나타났다. 302코드[8] 에러는 사이트의 잦은 구조개편으로 초기에 많이 발생하였음을 알 수 있다. 이러한 에러분석 결과를 통해서 자주 발생하는 에러를 우선적으로 수정할 수 있다.

제 3 절 eCRM 모델과 도입효과

1. eCRM 모델

1) e비즈니스의 정의

e비즈니스 환경에서 새로운 비즈니스 모델을 창출하는 것은 비즈니스의 실체를 명확하게 표출하고 조직을 영위·존속시키는데 매우 중요하다. e비즈니스는 인터넷과 디지털 기술 중심의 거래 행위와 커뮤니케이션 활동을 가능케 함으로써 이를 통하여 공급자는 새로운 수익원천과 고객관계를 확보하고 상황 대응력을 향상시키며 경쟁사보다 유리한 위치를 점유하는 것을 말한다.

e비즈니스 모델을 활용하는 고객들은 운영자나 공급자가 제공하는 비즈니스 모델을 통해 어떤 특정 이익이나 혜택, 부가가치를 실행하려고 한다. 즉 새로운 비즈니스 모델을 저렴한 가격, 낮은 거래비용, 부가가치 창출(보다 정확하고 신뢰성 있는 정보 획득), 새로운 제품과 서비스의 제공, 고정고객으로서의 로열티 인식과 특별한 우대혜택을 받으려는 성향을 갖는다. 따라서 이러한 통합적인 상황 대응력이 e비즈니스에서

8) 302코드 : request가 요구한 데이터를 발견하였으나 실제 다른 URL에 존재함

갖추어질 때보다 훌륭한 e비즈니스 모델을 창출할 수 있는데, 이것의 밑거름이 바로 CRM의 전략적 활용이다.

e비즈니스 모델을 CRM 측면에서 정의해 보면 보다 확실하게 이해할 수 있다. 즉, e비즈니스 모델은 인터넷 중심의 비즈니스 환경에서 다음 표와 같은 내용을 결정하는 e비즈니스(기업/개인/단체)만의 독특하고 차별적인 모델을 말한다. 따라서 이것의 대표적 모델은 바로 전자상거래라고 볼 수 있다.

[표 13.2] e비즈니스 모델의 구성요소

e비즈니스 모델의 구성요소
어떤 비즈니스 구조와 실체(목표, CRM 전략, 대상고객, 전개방법과 프로세스, 솔루션, 기타 공유와 교류방법)를 가질 것인가?
어떻게 제공가치와 고객관계를 구성할 것인가?
어떤 가치와 내용물을 제공할 것인가?
수익실현의 구체적인 방법은 무엇인가?
어떻게 네트워크를 구성할 것인가?
어떤 구체적인 프로그램을 제안할 것인가?
어떤 로열티를 지속시킬 것인가?

2) 고객관계 유형별 eCRM 모델

eCRM 활용의 궁극적인 목적은 무엇일까? 인터넷 사이트와 같은 e비즈니스 모델로 접근 가능한 고객에게 스스로 만족감을 느끼게 하고 좋은 경험과 우호적인 관계를 유지하여 고객가치와 기업의 가치를 동시에 극대화하는 것이라고 할 수 있다. 이 같은 eCRM 모델은 운영하고자 하는 비즈니스 모델에서 탄생한다고 볼 수 있다. 특히 eCRM은 인간의 오감이나 물리적인 도구는 물론 다양한 정보기기의 활용, 온라인과 유・무선 데이터의 연계, 통신의 목적을 달성하기 위해 통신을 하는 상대방과 미리 약속한 통신 프로토콜을 활용하고 그 데이터를 보관 할 수 있는 방법 등도 제시해야 한다.

eCRM 모델은 비즈니스의 운영자와 고객과의 교류 방법에 따라 분류할 수 있는데 고객이 제품이나 서비스를 사는 행위, 공통관심사와 동질적인 집단 관계 형성,

온라인상에서의 데이터와 정보 중심의 쌍방간 커뮤니케이션 방법 등 고객의 니즈를 충족시키거나 고객에게 이러한 관심을 유도하는 방법을 중심으로 접근할 수 있다. 고객관계 유형별 eCRM 모델은 고객과의 관계 유형에 따른 비즈니스 모델로서 eCRM을 구축하고 운용하는데 결정적인 영향을 미친다. 일반적으로 다음과 같은 핵심요소를 기준으로 전략적 접근을 시도하는 것이 바람직하다.

(1) e-Commerce형 모델

e-Commerce형 모델은 전자상거래를 중심으로 판매나 구매를 주목적으로 접근하는 것이다. 자체적으로 개발한 상품이나 서비스를 직접 판매하기도 하고 아예 타사의 상품이나 서비스를 인터넷이나 다른 전자적 방법을 이용하여 고객에게 거래를 시도하는 모델로서 유형적인 유통의 성격과 무형적인 금융·서비스의 성격이 뚜렷하다. 최근에는 판매모델 외에 구매의 효율성 제고를 위한 구매모델도 생겨나고 있다. 인터넷 쇼핑몰이 대표적인 예이며, 기존 오프라인 중심의 기업이 새로운 무점포 유통경로를 형성하는 경우도 좋은 예이다.

(2) e-Community형 모델

e-커뮤니티형 모델은 공통관심사(취미·전문지식·여가선용 등), 인맥, 학연, 혈연, 지연, 직업 등을 정보교환, 가치관 공감, 유대관계 강화, 이익도모를 꾀하는 일종의 동아리나 모임의 성격을 띤다. 이 모델은 회원들의 정보교류나 결속, 공통 이해관계를 구심점으로 네트워크를 형성하면서 자연스러우면서도 다양한 목적을 추구할 수 있는 장점을 지니고 있다. 이미 확보된 고객 데이터베이스와 컨텐츠를 기반으로 유료화를 추진할 수도 있으나 처음에는 접근의 편리성, 높은 참여율을 확보하기 위하여 무료로 인터넷 사이트를 운영하는 것이 좋다.

(3) e-Communication형 모델

e-커뮤니케이션형 모델은 어떤 내용물을 제공하는 자와 제공받는 자와의 1대1 또는 1대 다수간의 상호 정보교류나 e메일 발송 등을 위한 정보전달 상황을 교환하는 것이다. 예를 들어 대학교수가 수강과목 학생을 중심으로 수업내용이나 학습물 제공, 학적관리 및 성적공개, 학생과 교수간 기타 정보 교류 등을 실행하는 인터넷 사이트는 커뮤니티형이라기보다 커뮤니케이션형 모델에 훨씬 가깝다. 이 모

델은 커뮤니케이션의 목적이나 가치획득, 편리성, 주어진 상황, 통합 여부, 상호작용, 효과 등에 따라 이해와 관심, 참여 정도가 달라진다.

(4) e-Connection형 모델

e-Connection형 모델은 공장에서 제품이 생산되는 것처럼 구매자(수요자)와 판매자(공급자)를 조직하여 상호작용을 하도록 하는 매개체로서 기업과 기업, 기업과 개인, 개인과 개인간 거래나 교류를 직접 중개해 준다. 그러나 단순하게 연결만 하는 것이 아니라 고객에 대한 가치 있는 정보를 수집하여 이들이 갈망하는 상품이나 서비스를 공급해 주는 어떤 뚜렷한 사업 목적을 가지고 있다. 또한 탈중개화라는 전략적 개념으로 브로커나 딜러와 같은 중개업자의 역할을 배제하여 경매, 조달, 구매 등의 활동에서 공급자와 수요자를 직접 연결한다. 이 모델은 커넥션의 참여 길이, 유·무선 방법, 고객 개방 범위, 유·무료 행위에 따라 달라진다.

(5) e-Contents 모델

e-컨텐츠형 모델은 특별한 흥미를 유발시키거나 차별적인 정보 또는 내용물을 유료나 무료로 회원 또는 불특정 다수에게 제공하는 것이다. 전분야를 다루는 포털형 컨텐츠 모델도 존재하지만, 주로 특정 분야나 고객을 대상으로 전개하는 전문적인 컨텐츠를 제공하는 경우가 많다. 오락, 음악, 컨설팅 분야에서부터 기술·의학 분야 등의 전문지식이나 노하우, 취업정보, 자격증정보, 유학정보 등 그 제공분야는 그야말로 매우 다양하다. 이 모델은 e-Connection 모델과의 상호보완적인 성향도 높으므로 이것을 복합적으로 검토하여 문제점을 개선하거나 보완할 필요가 있다.

(6) e-서비스형 모델

e-서비스형 모델은 수익을 창출하기보다는 서비스 제공을 주목적으로 한다. 즉 공급자가 수요자의 편리나 자신들의 업무 효율을 향상시키기 위해 업무서비스, 제도 서비스, 새로운 정보나 알림서비스, 발표 서비스 등을 제공하는 것이다. 이것은 공공성, 영리적인 광고성, 비영리적인 홍보성, 지역성, 아키텍처성, 이벤트성 등 서비스를 제공하는 목적이나 방향에 따라 달라진다. 또한 무료화냐, 유료화냐, 무료

후 유료화냐에 따라 고객의 접근이나 관심도가 매우 달라진다. 주로 오프라인 업체들이 고객들에게 자사 제품이나 서비스 또는 사업영역을 직접 홍보하거나 제품 사용방법과 서비스 이용방법, 또는 업무나 고객들의 소비, 생활과 관련된 다양한 정보를 제공하기 위해 e-서비스형 모델을 활용한다. 즉 직접적인 이익을 창출하기 보다는 홍보나 고객응대, 고객서비스 접점을 개선하고 향상시키는데 그 목적이 있다. 예를 들어 이동통신회사가 고객서비스 편의나 고정고객을 우대하기 위해 별도의 서비스를 제공하는 것을 들 수 있다.

(7) 복합형 모델

복합형 모델은 말 그대로 모든 비즈니스의 제공방법이 혼재된 비빔밥식 모델로 "가치사슬의 통합"이 이것의 철학이라고 할 수 있다. 즉 구매자는 힘과 즐거움을 얻고 판매자나 제공자는 기회와 이익을 얻는다는 철학을 온라인상에서 실현하려는 야심적인 모델이다.

복합형 모델은 온라인상에서 벌어지는 가치사슬의 다양하고 분화된 범위나 단계를 하나로 통합하고 이 과정에서 얻어진 데이터나 정보를 활용하여 부가가치를 창출하는 것이다. 따라서 고도의 전략과 방대한 솔루션 구축, 정교하고 다이내믹한 비교·분석 정보, 유통적인 풀필먼트fullfillment, 다양한 서비스 제공, 복합 상황 대응 등이 요구된다. 이 같은 방대한 온라인 비즈니스 통합모델을 운영할 수 있는 기업은 전세계적으로 몇 손가락을 꼽을 정보로 그 수가 적다.

2. eCRM의 도입효과

eCRM의 도입은 고객에 대한 전사적 지식 공유가 가능하고, 적은 비용으로 고객에 대한 접근이 가능하며, 중요 고객층을 발굴하여 평생 고객화함으로 수익 창출하는데 기여한다.

(1) 목표시장 및 고객에 대한 전사적 지식 공유

자동화되고 통합된 시스템을 통해 고객 정보가 이동하게 됨으로써, 기업내 조직간의 원활한 의사소통과 정보 교류가 가능하게 되고, 이를 통해 기업 내 조직 구성

원들은 자신들이 목표로 하는 시장 및 고객에 대한 자연스러운 공감대를 형성할 수 있으며, 향후 전사적 지식의 공유로 발전한다.

(2) 운영 프로세스상의 시간 소요 및 비용의 절감

기업 내 각 부서들 간에 통합된 정보를 공유할 수 있게 되어, 업무 프로세스의 처리속도가 빨라지고, 불필요한 결제 및 확인 작업에 소요되는 시간을 줄일 수 있으며, 처리 과정의 단순화로 오류를 감소시킬 수 있다.

(3) 적은 비용으로 보다 많은 고객에 대한 접근 가능

인터넷을 통한 고객 접근은 기존의 대면 접촉 등 사람의 노동력을 필요로 하는 작업에 대한 기존의 비용을 절감할 수 있다. 또한 시간적 공간적 제약을 극복하고, 다양한 계층을 확보할 수 있어 기업의 입장에서는 광범위한 영역의 고객에 대한 접근이 가능하다.

(4) 고객 만족도의 향상에 따른 수익 향상

고객이 원하는 시점에 거래가 가능해지고 거래의 처리 속도 및 추가적 서비스가 향상됨에 따라 고객 만족도가 증대하게 된다. 이렇듯 증가된 만족도는 기존 고객의 이탈 방지 및 구매 향상, 평생 고정 고객화 가능, 신규 고객유치 등의 효과를 가져와 결과적으로 기업의 수익을 증대시키게 된다.

제 4 절 성공적인 eCRM 마케팅전략

1. eCRM 구축 목적

eCRM을 구축하는 목적은 인터넷을 통한 실시간 고객관계관리를 통하여 고객 요구사항에 신속히 대응하고 고객 행동에 대한 예측성을 높임으로써 개별고객에게 맞춤 서비스를 제공하여 고객 점유율을 높이며, 또한 수준 높은 고객지식을 축적하여 경쟁사들과의 차별화를 통해 시장 점유율을 향상시키는 것이다. 따라서 고객과의 관계를 긴밀히 유지함으로써 새로운 고객을 획득하고, 이탈고객을 최소화하며, 기존 고객을 좀 더 우량 고객으로 변화시키는 것을 목적으로 한다. 이러한 모든 것을 가능하게 하기 위해 eCRM의 구축은 필수적이며, eCRM은 인터넷을 통해 고객 데이터를 구축하고 이를 바탕으로 기존의 고객관리시스템을 구축함으로써 개별 고객의 회원정보와 구매이력, 캠페인 반응 등의 다양한 데이터를 축적하여 차별화된 고객서비스 대응을 위한 개인화 서비스전개, 영업활동정보, 마케팅 캠페인 활동을 수행할 수 있도록 체계적으로 데이터를 분석하여 장기적인 수익고객관리를 통한 우량고객 파악, 고객 충성도customer fidelity 강화와 충성고객을 확보하며 교차판매cross-selling와 업셀링up-selling 등으로 고객당 수익을 극대화하여 장기적인 수익창출과 전체적인 비용절감이 되도록 한다.

2. eCRM에 의한 마케팅 전략

eCRM을 이용한 마케팅 전략은 기업내외의 환경 분석과 고객 분류를 통한 중요 고객 대상을 선정하여 마케팅 전략을 수정하고 전략을 성공적으로 이해하기 위한 전술을 정하여 시행하는 것이다.

(1) 환경 분석

기업은 고객을 중심에 두고 시장이라는 환경 속에서 경쟁한다. 따라서 기업의 모든 전략은 고객과 환경을 떼어 놓고 생각할 수 없다. eCRM이 회사만의 구호가 아니라 고객으로부터 환영받고 그 결과 고객과 회사와의 관계가 강화되기 위해서는 eCRM 전략이 고객과 환경에 알맞은 것이어야 한다.

① 외부환경분석

[표 13.3] 외부 환경 분석

고객분석	먼저 고객의 전반적 니즈와 주요 구매결정요소(KBF, key buying factor)를 파악해야 한다. 니즈와 구매결정요소는 자사의 상품별로 분석해야 하며 또 현지 시점에서 그 변화의 추세도 파악해야 한다.
경쟁사분석	경쟁사 분석에서 경쟁사의 고객관리 활동이 어느 곳에 중점을 두고 있는지 파악하는 것이 중점 포인트이며, 또 고객관리용 IT 시스템의 특성과 문제점도 파악하고, 고객이 경쟁사의 상품을 고매하는 요인과 상품의 강점은 무엇인지, 경쟁사 상품이 고객에게 주는 가치가 무엇인지를 분석한다.
거시 환경분석	경제성장 추세와 사업과 관련된 제도나 규제는 어떻게 변화되고 있는지, 고객 정보에 관한 제도적 규제는 어떻게 변화하는지 등에 이르기까지 사업에 영향을 미치는 여러 가지 외부요인들의 변화 방향을 관찰해야 한다.

② 내부 환경분석

기업 내부에 대해서는 전사적 사업 전략, 마케팅 전략, 고객관리 활동, IT 시스템, 기업문화 등에 관한 분석이 이루어져야 한다.

[표 13.4] 내부 환경 분석

고객 지향성 분석	자사의 전략이나 IT 시스템, 기업문화 등 고객지향성을 분석해야 한다. eCRM은 고객과 접촉하고 사업을 수행하는데 있어 방향을 제시해 주는 패러다임이다. 고객과 접촉하고 사업을 수행하는데 있어 방향을 제시해 주는 패러다임이다. 고객 지향적 패러다임과 기존 고객의 요구 사항이 얼마나 거리가 있는지 파악하고 eCRM 전략으로 고객의 만족도를 높여주므로 VIP 고객을 평생고객으로 고정화할 수 있다.
전략적 정합성 분석	회사의 전사전략, 마케팅전략, 고객관리활동, 기업문화 등의 정합성을 분석해야 한다. 즉, 전사전략에 적합한 마케팅전략이 수립되었는지, 마케팅전략의 방향성에서 고객관리 활동이 이루어지는지, IT시스템은 이러한 고객관리활동을 잘 지원하는지, 고객관리활동을 지원하는 기업문화가 형성되어 있는지 검토해야 한다. 예를 들어 고객관리전략이 보기 좋게 수립되어 있고 고객관리에 관한 IT시스템이 그럴듯하게 구축되어 있어도 기업문화가 고객 지향적 영업이 아니고 단기 성과만을 강조한다면 고객관리의 성과를 기대하기 어렵다. 즉 개별적인 전략이나 시스템이 아무리 훌륭해도 조화가 이루어지지 않으면 효과가 없게 된다.

외부 환경에 대한 적합성 분석	회사의 전략이나 활동이 앞 단계에서 분석한 외부환경의 특성 및 변화 방향에 부합되는지를 체크해야 한다. 개별전략이나 시스템이 우수하고 정합성이 있더라도 고객이나 경제의 변화 방향과 맞지 않는다면 경쟁에서 실패하게 된다.

(2) 고객 분석

고객 분석은 크게 고객평가와 고객세분화 두 가지로 나눌 수 있다. 먼저 고객을 평가하여 현재 자사의 고객 중 누가 우수고객인지, 불량고객인지 파악하는 것과 고객층이 어떠한 성향을 가지고 있는지에 대한 심층적인 분석이 필요하다. 이러한 고객평가의 방향은 과거 행태를 기반으로 현재 모습을 설명하는 기존평가와 어떤 고객이 미래에 어떤 행동을 할 것인지를 평가하는 예측평가로 나눌 수 있다. 고객평가가 고객에 대한 성향을 파악하는 것이라면 고객 세분화는 고객을 몇 개의 군으로 나누어 분석하는 방법이라 할 수 있다. 고객 세분화는 대체적으로 마케팅 접근방법, 인구 통계학적, 행동 행태별 등의 다양한 기준을 설정하여 시행할 수 있다.

(3) 마케팅 전략 수립

인터넷마케팅 전략의 목적은 경쟁력 원천을 개발하여 시장에서 지속적인 경쟁력 우위를 확보하는데 있다. 여기서는 오프라인 조직에서 주로 사용되는 STP 전략과 온라인 조직에 적용되는 CBP(Competitiveness factoring, Business modeling, Positioning) 전략을 살펴보자. 그러나 이 두 전략은 서로의 장단점을 보완하여 생각해야 하며, 항상 한 가지 전략만 사용되는 것은 아니다.

① STP(Segmentation, Targeting, Positioning) 전략

이는 가장 일반적인 전략유형으로 다음과 같이 살펴보자.

[표 13.5] STP 전략 유형

시장세분화	시장세분화는 조직이 몇 개의 변수로 고객을 분류하는 것으로 기준이 되는 변수에는 지리적 변수, 인구통계적 변수, 심리적 변수, 행동적 변수 등이 있다.
표적시장의 선정	표적시장의 선정은 세분화된 시장 중에서 가장 매력적이고 조직에 적합한 시장을 선정하는 것으로 시장규모, 성장성, 자사의 경쟁우위, 예상 수익률 등의 시장상황과 조직의 목표나 핵심역량과 잘 맞는 시장을 선정해야 한다. 이렇게

	표적시장이 선정된 후 표적화된 시장에 맞는 마케팅 전략을 결정하는 것이다.
포지셔닝	포지셔닝이란 제품이나 조직이 소비자의 마음속에 경쟁제품이나 경쟁조직과 비교한 자리의 위치, 즉 고객 마음속의 위치이다. 조직은 포지셔닝 개념을 개발하여 소비자의 마음속에 자리잡도록 하기 위한 의사결정과 마케팅 전략을 적극적으로 펼쳐나가야 한다.

② **CBP**(Competitiveness factoring, Business modeling, Positioning) **전략**

이는 경쟁 환경과 자사의 역량을 우선 고려하는 전략유형으로 온라인 기업들이 주로 채택하는 방법이다.

[표 13.6] 온라인 기업이 채택하는 방법

경쟁우위요소 개발과 핵심 성공요인 도출	CBP 전략의 첫 단계로 시장 구조 분석, 경쟁사 분석, 소비자 분석 등을 통해 조직이 지속적으로 유지할 수 있는 핵심이 되는 경쟁우위 요소를 개발하는 것이다. 시장에서 성공할 수 있는 조직의 핵심역량을 개발해 특화되는 것이다.
비즈니스 모델 선정	비즈니스 모델 선정이란 핵심성공요인과 조직의 적합성을 고려하여 조직이 수익을 창출하기 위해 사용하는 사업 방식을 선정하는 것이다. 선정될 비즈니스 모델은 실현 가능한 수익원이 존재해야 하며, 경쟁사들이 쉽게 모방할 수 없도록 높은 진입장벽을 갖추어야 한다.
포지셔닝	STP전략과 마찬가지로 CBP전략의 마지막 단계도 표적 소비자들을 대상으로 자사의 포지션을 구축하는 것이다. CBP전략의 포지셔닝은 선정된 비즈니스 모델이 경쟁사의 비즈니스 모델과 비교하여 고객 마음속에 자리한 위치로서, 특정 포지션을 구축하기 위한 조직의 차별적인 노력이 요구된다.

(4) 마케팅 믹스 전략

STP전략이나 CBP전략의 결과 포지셔닝 방향이 정해지면 그것을 달성하기 위한 구체적 마케팅 활동 도구가 마련되어야 한다. 이러한 마케팅 수단을 마케팅믹스라고 하며, 오프라인 마케팅에서는 4P's Mix로 제품, 가격, 유통, 촉진으로 나눈다. 인터넷마케팅에서는 4P's Mix이외에 웹사이트가 추가되기 때문에 그에 따른 전략적 전개 방안으로 6C전략을 추가하여 고려해야 한다. 6C전략은 컨텐츠 전략, 커뮤니티 전략, 커머스전략, 커넥션전략, 커스터마이징 전략, 커뮤니케이션 전략으로 구성된다.

[표 13.7] 6C 전략

컨텐츠 전략	컨텐츠는 정보의 내용, 홈페이지의 디자인, 그리고 이들이 상호 작용할 수 있게 뒷받침 해주는 기술로 구성된 것으로 고객이 컴퓨터 화면을 통해서 만나는 첫 접점
커뮤니티 전략	커뮤니티란 유사한 관심을 가진 집단이 특정 사이트에 지속적으로 접속하여 상호간의 정보교류를 할 수 있도록 공동체를 형성, 유지하는 것이다. 인터넷 마케팅에서 커뮤니티는 다량의 고객을 확보하고 유지, 관리하기 위한 방법으로서 조직에 의한 일방적인 컨텐츠가 아니라 회원 개개인에 의한 자발적 형성, 참여 집단으로 그 중요성이 큰 비중을 차지한다.
커머스 전략	커머스란 단어에서도 알 수 있듯이 이는 인터넷을 통해 조직이 어떤 방법으로 수익을 창출할 수 있는지에 대한 모델을 규명해야 하는 전략
커넥션 전략	커넥션이란 웹에서의 협력관계 즉, 창조적인 파트너와의 관계의 중요성을 보여주는 것으로 흔히 "전략적 제휴"가 여기에 속한다. 인터넷시장에서 전략적 제휴를 통해 시장확대 및 공동이익 추구, 서로간의 약점 보완 및 강점 역량 제공, 공동전선 구축을 위한 경쟁사의 진입장벽 형성 및 강화, 상호간의 회원정보 교환, 신규시장 진입의 리스크 감소 등의 이점을 누릴 수 있고 회원정보나 기술규격 등이 표준화를 통한 비용절감 및 마케팅 비용의 감소 효과를 누릴 수 있는 필수 전략
커스터마이징 전략	커스터마이징 전략은 고객들의 성향이 다양화, 개인화 되어감에 따라 조직이 개개인의 니즈에 적합한 제품, 서비스, 아이디어를 제공해야만 하며, 고객과의 관계를 창출하고 유지, 관리하기 위한 새로운 방법모색을 위한 전략이다. 애호도가 높은 고객을 발굴하여 그들 스스로가 구전효과나 자발적인 컨텐츠, 커뮤니티 등에 참여할 수 있도록 해야 하는 것
커뮤니케이션 전략	인터넷마케팅의 가장 큰 특징 중 하나인 쌍방향의 커뮤니케이션은 마케팅적으로 큰 의의를 지닌다. 그러므로 정보통신기술을 매개체로 고객과의 커뮤니케이션 효율성을 증대시키기 위한 다양한 기술과 툴을 적절히 적용시켜야만 하는 것

(5) 전술설정

환경 분석과 고객 분석을 통해 전사적인 CRM 전략과 목표를 설정하고 그 목표를 달성하기 위해 구체적으로 어떤 활동이 필요한지를 찾아보는 과정이다. 고객수의 증대를 위해서는 제휴마케팅이나 이벤트를 통한 신규고객의 확대, 기존고객을 통한 신규고객의 확보(MGM : Member Get Member)를 생각해 볼 수 있다. 또 이탈 고객을 방지하기 위한 고객 유지활동이 필요하고, 매출을 증가시키기 위해서는 추가판매Up-selling, 교차판매Cross-selling 등의 전술이 필요하다. 이러한 구체적인 활동이 정해지면 고객에게 무엇을 줄 것인지에 대한 마케팅 오퍼를 결정해야 한다. 오퍼를 결정할 때 가장 중요한 것은 어떤 고객에 어떤 제품이나 서비스를 어떤 시점에 어떠한 방법으로 제공할지를 결정하는 것이다.

3. eCRM의 구축

1) CRM 구축 방법론

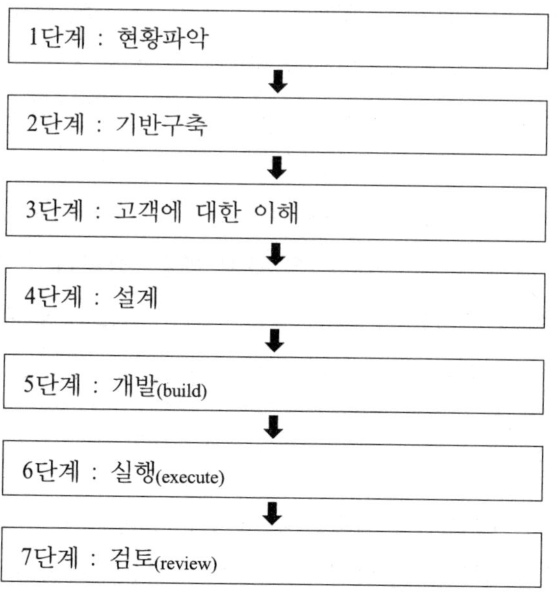

[그림 13.6] CRM 구축 절차

(1) 1단계 : 현황파악

여기에서는 전체 기업의 비즈니스 목적에 따라 CRM을 위한 시스템을 구축하는 목표를 설정하는 단계로 실제 업무에 직접 적용될 수 있는 목표가 결정되면 그 업무에 맞는 프로젝트 팀을 구성하고, 프로젝트 범위를 결정하는 단계이다.

(2) 2단계 : 기반구축

데이터웨어하우스를 구축하거나 기존 데이터웨어하우스에서 프로젝트 요건에 맞는 데이터를 선정하고 필요시 갱신하거나 외부 인구통계 자료 및 설문조사와 같은 자료들을 보충하는 단계이다.

(3) 3단계 : 고객에 대한 이해

구축된 데이터웨어하우스로부터 고객에 대한 정보를 분석하는 단계이다. 즉 고객을 세분화하고 프로파일링한 후 각각의 고객 세분화에 대해서 기업 목표에 맞는 전략을 수립한다. 세분화된 집단별로 차별화된 비즈니스 활동을 수행한다. 또한 프로젝트 요건에 맞는 대상 집단을 선택하는 과정도 이 단계이다.

고객세분화 및 프로파일링이란 고객들을 유사한 특성을 지닌 여러 개의 그룹으로 세분화하는 것이다. 이때 전통적인 통계방법인 클러스터링clustering을 이용하거나 SAS Enterprise Miner를 사용하여 좀 더 효과적인 고객세분화를 할 수 있다. 각각의 그룹에는 각기 비슷한 속성과 행동양식을 가진 고객들이 포함되고 그 그룹의 특징을 나타낼 수 있는 속성들을 부여한다. 즉 제품의 제작회사(제품 Brand) 사용되는 채널, 인구통계(나이, 성별, 수입 등), 거래 혹은 구매 패턴, 심리적인 요소(태도, 행동양식, 특징 등), 수익성 요소 등이 고객들을 구분할 때 고려되는 요소들의 예이다. 또한 세분화된 고객들을 위해 각기 다른 전략수립도 필요하다.

(4) 4단계 : 설계

이 단계에서는 우선 비즈니스 계획과 IT계획을 수립해야 한다. 비즈니스 계획은 고객 세분화에 따른 차별화된 전략에 근거하여 고객관계관리를 지원할 수 있는 최선의 전략이나 고객 인센티브 프로그램을 세운다. 이미 알려진 고객의 프로파일이나 요구, 행동들은 고객에게 가치 있고 효과적인 프로그램을 세우는데 결정적인

역할을 하는데 전략 수립의 목적은 고객의 행동변화와 결과측정을 위한 것이다. 전형적인 비즈니스 계획에는 i) 다양한 고객층에 초점을 맞춘 신상품과 서비스 창출, ii) 각기 다른 고객층에 맞는 상품과 서비스의 재정립, iii) 고객층별 상품 재가격Re-pricing 정책 및 채널의 다양화, iv) 각각의 고객에 맞는 마케팅 캠페인과 같은 사항이 포함된다.

이렇게 구체적인 비즈니스 활동 계획을 수립한 후 이를 시행하기 위한 IT 시스템 계획을 세우는 단계로 들어간다. IT 계획수립은 위에서 세운 비즈니스 활동 계획에 따라 CRM 프로젝트를 지원할 IT시스템 계획을 세운다. IT시스템은 대개 운영계 시스템, 예측모델, DSS(의사결정 지원시스템) 그리고 리포팅 분석 시스템 등을 포함한다.

(5) 5단계 : 개발build

이번 단계에서는 유망한 고객층을 선택하기 위해 SAS의 마이닝 방법론인 "SEMMA"를 이용하여 가장 가치 있는 고객을 선택, 시장의 채널을 확보하고 프로그램 효과를 극대화할 수 있는 고객 행동 예측 모델을 구축한다. 우선 예측모델 개발에서는 비즈니스 주제에 따라 모델링이 수행되고 모델 유형에 따라 고객들의 속성들이 평가되며 속성에 따라 고객들의 점수가 부여된다. 즉 비즈니스 주제가 이탈고객 방지라면 이탈방지를 위한 모델링이 구축되고 그 모델에 의해 각 고객들에게 이탈 점수가 주어지며 집중 관리 대상 고객들이 선정된다. 이 접근은 장기적으로 가장 적합한 고객을 유치하는데 목적이 있다.

(6) 6단계 : 실행execute

이 단계는 구축된 모델링을 실제 실행 단계에서 적용하는 단계이다. 즉 전 단계의 결과인 예측모델에서 선별한 고객을 대상으로 캠페인을 수행한다. 대상고객에게 적용한 이벤트에 대한 자세한 기록과 수행결과 나타난 고객의 직·간접 반응을 데이터웨어하우스에 기록한다. 이런 과정을 통해 향후의 예측이나 고객 행동 변화에 대처가 가능하게 된다. 또한 이벤트 실행 후 고객 만족도·고객 이탈 비율·수익성 등에 대한 평가, 콜센터의 효과, 캠페인 효과, 활동이 증가된 고객 수, 이동이 발생된 고객 수와 같은 내용을 분석함으로써 고객 행동에 대한 정확한 이해와 프로그램의 효율성을 측정하게 된다.

(7) 7단계 : 검토review

이번 단계는 프로그램 결과와 효과를 측정한다. 즉 기업의 목적에 어느 정도 기여했는가와 함께 프로그램이 고객의 행동에 미친 영향도 고려한다. 또한 프로그램의 상과와 결과를 조직 전체에 알림으로써 전사적인 정보로의 공유가 가능하도록 한다. 이 내용을 간략하게 정리하면 CRM 프로젝트 수행시 성공요인으로 작용하는 것은 비즈니스 문제에 대한 정확한 정의와 그에 따른 필요 데이터 구축, 대량의 데이터를 처리할 수 있는 IT 시스템 그리고 효율성 있는 모델을 위한 마이닝 도구라 할 수 있다. 그러나 무엇보다도 중요한 건 비즈니스 문제를 해결하기 위한 현업 사용자와 마이닝을 이용해 작업을 하는 마이너와의 원활한 의사소통, 그리고 활용 방안이 고려된 프로세스의 정립이라 할 수 있다. 이러한 요소들이 충분히 고려되어 질 때 기업은 비로써 손에 잡히는 현실적인 정책을 실행할 수 있고 그것은 바로 ROI(Return On Investment)와 연결되어 진다.

2) eCRM 구축을 위한 데이터 모델링

(1) CRM 아키텍처

CRM은 기술 집약적인 경영 방식이기 때문에 실제로 기업 활동에 활용하기 위해서는 기술적인 지원이 필수적이며, 이러한 CRM 실행을 위해서는 다양한 기업 역량이 요구된다.

① CRM 로지컬 아키텍처와 피지컬 아키텍처

기술 솔루션과 CRM 핵심 구성요소의 결합을 CRM 아키텍처라고 하며 CRM 아키텍처는 CRM 로지컬 아키텍처CRM, logical architecture, CRM 피지컬 아키텍처CRM physical architecture로 나누어 볼 수 있다. CRM 로지컬 아키텍처는 다양한 채널을 통해 고객과의 상호작용 결과가 고객정보로 구축되고 이를 활용할 수 있는 모델의 개발이나 혹은 실제 캠페인에 적극 활용하는 일련의 과정이다. 반면, CRM 로지컬 아키텍처는 기업이 갖추려는 기능적 역량을 지원하기 위해 개발된 다양한 하드웨어와 소프트웨어의 연관관계이다.

② CRM 로드맵

기업이 원하는 CRM 아키텍처를 구축하기 위해서는 계획이 필요하고, 그 계획

이 바로 CRM 로드맵이다. CRM 아키텍처 구축의 각 단계를 살펴보고 한 단계를 수행한 후에 또 어떤 것을 구축할지를 생각하게 하는 안내도 역할을 수행하는 것이 바로 CRM로드맵인 것이다. 예를 들어, 많은 정보 중 어느 정보를 통합하고 어떤 IT 기술을 적용해야 하며, 경영층에서는 어떻게 지원해주어야 하는지 등 단계별 계획이 구체적인 로드맵이다.

CRM의 추진은 전략적 측면과 기술적 측면을 동시에 실행하여 체계적으로 접근한다. 집을 지을 때 준비된 설계도와 그 설계도에 맞는 공법이나 재료의 준비가 중요한 것처럼, 고객과의 관계를 좀 더 밀접하게 하기 위해 기업이 새로 CRM이라는 집을 짓고자 할 때도, CRM 아키텍처의 확립과 CRM로드맵의 준비 작업은 CRM의 성공적인 수행을 위한 필수 조건이다.

(2) CRM 분석시스템analytical CRM system

CRM 분석시스템은 고객 데이터를 저장하고 데이터를 분석하여 의미 있는 결과를 도출하는데 필요한 IT시스템을 의미한다.

① 데이터베이스

데이터베이스는 데이터웨어하우스, 데이터마트 등의 이름으로도 불린다. 데이터마트는 특정 목적을 위한 작은 규모의 데이터웨어하우스를 구축하는 경우가 많은데, CRM을 위해서는 데이터 마트로도 충분한 경우가 대부분이다.

② 분석도구

분석도구에는 단순분석, 다차원분석, 데이터 마이닝 등이 있다. i) 단순분석query은 관계형 데이터베이스에서 조건에 맞는 케이스를 검색해 내는 방법이다. 예를 들어 지난달의 구매액이 50만원을 넘는 고객 중 자사 인터넷 사이트 누적 접속수가 100번이 넘는 고객을 검색한다. ii) 다차원분석(OLAP : On-line analytical processing)은 쉽게 엑셀의 피봇테이블pivot table분석과 유사하다. 여러 개의 축을 설정해서 쉽게 분석할 수 있다. iii) 데이터 마이닝은 고객 확보로부터 고객 개발, 고객 유지에 이르는 CRM의 모든 영역에서 유용하게 활용된다. 예를 들면, 고객 확보 영역에서는 확보 가능성이 높은 가망 고객을 발굴하고, 가망 고객에게 적합한 가망 상품을 추출하는데 데이터마이닝을 활용할 수 있다. 또 고객 개발 영역에서는 교차판매 대상 상품을 추출하거나, 고객의 부정행위를 예방하는 등의 활동에 데이터마이닝을 활용할 수 있다. 또한 고객 유지 영역에서는 이탈 고객을 조기에 발견하는데 데이터마이닝을 활용할 수 있다.

[표 13.8] 데이터 마이닝의 분석 유형

분류 (classification)	분류는 고객들을 특정 집단으로 나누는 것이다. 예를 들면, 우량고객 집단, 불량고객 집단과 같은 식으로 나누는 것이 분류이다. 이때 분석에 활용되는 변수들을 독립 변수와 종속 변수로 구분하지 않고 고객들을 분류하는 방법을 군집화(clustering)하여 별도로 분석한다.
예측 (prediction)	이는 미래에 고객에게 특정 상황이 발생할 가능성이나 고객이 취할 수 있는 값을 예측한다. 예를 들면, 특정 고객이 연체할 확률을 예측할 수 있다. 또 1년 내에 이탈할 가능성을 예측한다. 또한 특정 고객이 미래에 구입할 금액을 예측할 수도 있다. 예측과 유사한 분석으로 추정(estimation)이 있다. 추정되 알지 못하는 값을 추산한다는 점에서는 예측과 동일하다. 그러나 추정은 미래에 대한 추산이 아니라, 현재 알지 못하는 값에 대한 추산이라는 점에서 예측과 차이가 있다.
유사성 분석 (affinity grouping)	유사성 분석은 고객에 대한 것이 아니라 상품에 대한 것이다. 예를 들어, 감자칩을 구매한 사람은 콜라를 구매할 가능성이 높다면, 감자칩과 콜라의 유사성은 매우 높다고 볼 수 있다. 이 같은 유사성 분석의 결과는 고객에 대한 교차판매 대상 상품추출 등에 효과적으로 활용한다.

[표 13.9] 데이터마이닝의 분석 기법

신경망 기법 (neural network)	신경망 기법은 다수의 독립변수가 하나의 종속 변수에 미치는 영향을 분석하는 기법이다. 신경망 기법은 의사 결정론적 기법에 속한다. 통계적 기법중에서 신경망 기법과 유사한 분석이 가능한 기법으로는 판별분석이나 회귀분석이 있다. 각 독립변수들 중 어느 것이 보다 더 큰 영향을 미치고 어떤 것은 더 적은 영향을 미칠 것인가? 각 독립 변수의 영향력을 알 수 있다면, 구매 가능성이 높은 고객을 선별하여 집중적인 마케팅 노력을 펼칠 수 있다. 이때 신경망 기법은 각 독립 변수들의 영향력을 분석하여, 구매 가능성을 제시해 주는 모델을 만들 수 있다. 즉 신경망 기법에서 종속 변수는 특정 상품의 구매 가능성(0<P<1) 같은 연속형 변수가 된다.
의사결정 나무 기법 (decision tree)	의사결정 나무 기법도 신경망 기법처럼 의사결정에 영향을 미치는 독립변수들을 찾아준다. 그런데 신경망 기법이 각 변수들의 영향력을 평면적으로 고려한데 비해, 의사결정나무기법은 영향을 미치는 독립변수들을 순차적으로 파악할 수 있게 해준다. 예를 들어, 고객의 특성에 적합한 냉장고가 냉장고 구매에 영향을 미치는 다양한 변수들을 가설적으로 나열하여 독립변수로 삼는다. 그 다음 의사결정나무기법으로 분석하여, 각 독립변수에서 의사결정이 달라지는 모습으로 분석 결과가 나오는 것을 볼 수 있다. 의사결정나무기법은 종속변수가 이산형인 경우에 많이 사용한다.

3) 마케팅 시행

eCRM을 구축하여 마케팅을 수행한 후 지속적인 성공으로 이끌기 위해서는 그 결과와 효과를 체계적인 방법에 의해 면밀히 평가하여 인터넷마케팅 성공요인을 찾아내고 그 결과를 다음 번 활동에 반드시 피드백 해야 한다.

4) eCRM 수익성의 제고 방안

eCRM솔루션은 고객 중심의 장기적인 이익실현을 위한 경영환경 개선이라고 할 수 있기 때문에 기업에서 가장 절실한 수익성 제고방안이 단기간에는 오히려 투자 대비 수익이 악화될 수 있는 어려움이 있다. 이 같은 한계성을 극복하기 위해서는 eCRM 구축을 계기로 더욱더 고객을 기반으로 한 이익 창출 극대화에 노력을 기울여야 한다. 이에 대한 가장 현실적인 대안이 명확한 고객 수익성을 발견하고 평가하는 작업이다. 고객 수익성 평가는 우선 고객의 유형을 나누고 그에 따라 투자 비용 수익 창출, 이른바 ROI를 분석하는 것이다. eCRM 솔루션을 구축할 때는 데이터마이닝 기법을 활용하여 고객과의 관계 개선과 장기적이고, 지속적인 수익성 최적화를 실현할 수 있도록 한다. eCRM 또는 e비즈니스에서는 다음과 같은 다양한 전략에 접근하여 수익 창출의 효과를 제고해야 한다.

- 신규고객 확보와 고객머물기	- 고객확보 마케팅 등 아웃소싱 실시
- 컨텐츠의 유료화 추진	- 오프라인 판매경로의 진출
- 전자상거래 실시 유무 판단	- 오프라인과의 연계 전략
- 컨텐츠 제휴 재판매 전략	- e비즈니스 컨설팅
- 컨설팅 제휴	- eCRM 솔루션 구축 프로젝트 수행
- 사이버입점 제휴	- 기존 고객에 대한 로열티 제고
- 배너광고	- 고객 접촉 경로의 다양화를 통한 고객 우호성 증대
- 다이렉트 마케팅의 대행	- 기타 자문과 이벤트 참여 등

내 주치의는 '스마트폰 의사'

벤처기업 굿닥, 무료 의료 앱 서비스
삼성 갤럭시S3, 혈압 등 체크 앱 제공
SKT는 전용단말기로 노인 건강 케어
원격진료 제도화…U-헬스케어 성큼

탈모 증세가 심해 고민이 많은 A씨. 하지만 바쁜 회사 생활로 병원에 갈 시간을 내기가 어려웠다. 그는 스마트폰으로 머리를 찍어 이미지를 보내 의사로부터 세부 진료 과정과 대략적인 비용을 파악할 수 있었다.

서울에 사는 주부 B씨. 시골에 혼자 계신 어머니가 늘 걱정이다. 하지만 수시로 건강을 체크하고 위급한 경우 버튼 하나로 119와 연결되는 서비스에 가입한 뒤 한숨 덜었다.

스마트폰을 이용한 의료 서비스가 주목을 받고 있다. 자신에 맞는 병원이나 의사를 찾는 단순한 정보 검색을 넘어 진료 상담, 자가 진단 서비스까지 영역이 빠르게 넓어지고 있다. 현재 국내 온라인 의료 마케팅 시장은 대략 1000억원대.

하지만 앞으로 스마트폰 의료 서비스의 주류가 될 것으로 기대를 모으는 환자의 치료와 관리 등 원격 진료까지 가능한 토털 유비쿼터스(U)-헬스케어 시장을 포함하면 시장은 수 조 원대에 이를 것으로 예상되고 있다. 스마트폰 의료 서비스가 차세대 블루오션으로 주목을 받으면서 전문 벤처 기업은 물론 대기업과 종합병원까지 서비스 개발에 나서고 있다.

● 스마트폰으로 전문의 상담서 자가진단까지

현재 국내에는 병원 검색, 전문의 상담, 자가 진단을 할 수 있는 앱과 서비스가 이미 나와 있다. 모바일 의료 정보 벤처 기업 굿닥은 의사와 병원 정보를 모바일로 편리하게 검색할 수 있는 무료 앱 '굿닥'을 서비스하고 있다. 최근에는 의사와 1대1 모바일 상담을 할 수 있는 2.0버전을 내놨다.

스마트 의료 서비스는 거대 IT기업들도 관심을 갖고 있다. 삼성전자는 스마트폰 '갤럭시S3'에서 이용할 수 있는 'S헬스' 서비스를 제공하고 있다. 유저는 체중계, 혈압계, 혈당계의 정보를 스마트폰으로 전송한 뒤 기간별 건강 기록을 그래프로 확인할 수 있다.

SK텔레콤은 좀 더 진화된 서비스를 내놨다. 자녀들과 떨어져 지내는 노인들의 건강을 지켜주는 '효드림텔레케어' 서비스가 그것. 전용전화기와 응급호출기, 활동량 감지기를 이용해 고령자의 활동 상황을 원격으로 체크해 주고 전문의와 간호사 30명으로 구성된 녹십자 헬스케어 콜센터 이용도 가능하다.

● 'U-헬스케어' 서비스 본격화 초읽기

현재까지 스마트 의료 서비스는 병원 검색과 상담, 자가 진단 등의 기본적 기능만 가능하다. 하지만 앞으로 환자의 진단과 치료, 관리 등 원격진료까지 가능한 토털 U-헬스케어 서비스도 활성화 될 전망이다. 최근 정부가 의료취약계층에 대한 접근성 강화를 위해 의사와 환자 간 원격 진료를 제도화하기로 결정했기 때문이다. 이에 따라 국내 주요 IT기업들과 종합병원은 U-헬스케어 서비스개발에 주력하고 있다.

SK텔레콤은 서울대학교병원과 조인트벤처 '헬스커넥트'를 설립했다. 첫 결과물인 건강관리 서비스 '헬스-온'의 시범서비스도 시작했다. KT는 연세대학교의료원과 손잡고 의료-정보통신기술 융합 사업 전문 합작회사 '후헬스케어'를 출범했고, LG유플러스도 보령제약과 공동으로 개인맞춤 융합형 스마트 헬스케어 사업화를 추진키로 했다.

(동아일보 2012. 10.4)

Chapter

14 유비쿼터스 마케팅(Ubiquitous)

제 1 절 유비쿼터스 개념과 소비자 분석

1. 유비쿼터스의 개념

유비쿼터스라는 단어는 유비쿼터스 컴퓨팅 이라는 용어에서 유래한다. 그리고 유비쿼터스 컴퓨팅은 1988년 제록스파르크PARC의 기술담당 임원CTO인 마크와이저(MarkWeiser, 1952-1999년)에 의해 처음으로 사용되었다. 유비쿼터스는 라틴어의 Ubique에서 기원하는데 "어디에서든지everywhere"의 의미로서 보편적으로 존재, 즉 편재한다는 것을 뜻한다.

또한 유비쿼터스 네트워크, 유비쿼터스 정보기술, 퍼베이시브Pervasive 컴퓨팅, 노메딕Nomadic 컴퓨팅 등과 같은 용어들도 통상 유비쿼터스 컴퓨팅과 혼용되어 사용되고 있다. 사이버세계에서 인터넷을 기반으로 하는 경우를 "인터넷 스페이스"라고 한다면 유비쿼터스 컴퓨팅을 기반으로 한 경우를 "유비쿼터스 스페이스"라고 하고 이러한 유비쿼터스 스페이스에서 제공되는 서비스를 "유비쿼터스 서비스"라고 하자. 향후 보편화될 유비쿼터스 서비스에 대해 기업이나 공공부문이 미연에 관심을 가지고 대비해야 하는 이유는 이러한 서비스를 도입함으로써 신사업 창출, 고객만족, 경영혁신, 웰빙 즉 삶의 질 향상등과 같은 효과를 거둘 수 있기 때문이다. 이러한 유비쿼터스 서비스가 제공되기 위해서는 유비쿼터스 칩Ubiquitous Chip, 유비쿼터스 네트워크, 유비쿼터스 단말기terminal, 유비쿼터스 애플리케이션 등과 같은 네 가지 구성요소가 필요하다.

유비쿼터스의 명확한 이해를 위해 u-life에 대하여 살펴볼 필요가 있다. 사람과 컴퓨터 그리고 사물이 하나로 연결되는 유비쿼터스 라이프는 이미 우리 생활 깊숙이 파고들었다. 교통카드로 버스나 전철 개찰구를 통과할 때 카드 속에 들어 있는 정보는 물리공간에 존재하는 센서와 신호를 주고받으며 돈을 지불한다. 거리 곳곳에 설치된 현금 출납기는 신용카드에 들어 있는 전자공간상의 정보를 물리공간의 현금으로 전환시킨다.

위치정보를 자동으로 발신하는 태그를 넣어 절대 잃어버리지 않는 골프공도 나왔으며, 고급승용차에 장착되는 자동감지 와이퍼는 빗물의 양을 스스로 감지해 와이퍼의 작동속도를 자동으로 조절한다. 지능형 타이어는 타이어 내부에 설치된 자동센서가 압력과 온도를 스스로 감지하고 공기압의 이상 유무를 운전자에게 알려준다.

지능형 도로의 새로운 안전 기능으로 관심을 끄는 도로 결빙장지 시스템은 도로 표면에 장착된 특수 센서가 쌓인 눈을 스스로 감지해 도로위에 액상염화칼슘을 자동으로 부려준다. 변덕스런 날씨 변화를 운전자에게 예보하는 도로기상정보시스템도 빠르고 안전한 운전환경을 제공하는 지능형 도로의 좋은 사례로 꼽힌다. 학교 건물 곳곳에 센서나 침세트 형태로 태그가 심어져 학생, 교사, 방문자 등 모두가 언제 어디서나 어떤 단말기로도 필요한 정보를 수집하고 교환할 수 있는 유비쿼터스 캠퍼스의 구현도 눈앞에 다가왔다. 도서관에서 책일 대출하고 반납하면서도 직원과 한 번도 얼굴을 마주할 필요가 없는 유비쿼터스 도서관도 전국으로 확산되고 있다.

유비쿼터스 컴퓨팅을 구축하기 위해서는 네트워크의 고도화가 전제되어야 한다. 즉, 네트워크에 연결되지 않은 컴퓨터는 유비쿼터스 컴퓨팅이 아니다. 컨버전스convergence 기술의 일반화, 광대역화, 정보기기의 저각격화 등이 없이는 모든 정보기기에 통신 능력을 부여하는 것이 어렵기 때문이다. 유비쿼터스 사회가 전개되게 되면 자동차, 가정, 실외 등의 다양한 공간에서의 정보기술 활용이 늘어나고 네트워크에 연결되는 컴퓨터 사용자의 수도 늘어나는 등 정보통신 산업의 규모와 범위는 더욱 커지게 될 전망이다.

유비쿼터스 컴퓨팅을 위해서는 모든 정보기기에 컴퓨팅과 통신 기능이 부가되어야 한다. 이를 위해서는 각 정보기기가 고유한 주소를 가져야 하며, 유선 혹은 무선을 통해 광대역 통합망에 접속될 수 있어야 한다. 이와 같은 문제는 최근관심을

끌고 있는 IPv6기술이나 홈네트워크 기술 등이 해결해 줄 것으로 기대된다. IPv6는 인터넷의 주소 부족을 타개하기 위해 만들어진 새로운 인터넷 주소체계로 기노 주소체계 IPv4의 4배인 128비트로 주소를 구성하기 때문에 주소의 숫자가 사실상 무한대에 가까워 지구상의 모든 기기에 독립적인 주소를 부여할 수 있도록 해준다.

유비쿼터스 컴퓨팅은 인간화된 인터페이스로서 눈에 보이지 않아야 한다. 예를 들면, 마치 인간이 생활하는 것 같이 눈의 시선이나 손의 지적에 의해서 지침과 지시가 이루어져야 한다. 즉 컴퓨터의 마우스, 리모컨 및 특별한 장치의 도움 없이 눈의 시선 또는 손짓을 이용하여 원하는 오브젝트의 정보를 액세스할 수 있으며, 웨어러블wearable 컴퓨터의 도움으로 걸으면서 또는 뛰면서도 사용할 수 있는 일상생활 속의 한 부분으로 되어야 한다. 유비쿼터스 컴퓨팅은 전자공간이 아닌 현실세계(물리공간)의 어디서나 컴퓨터의 사용이 가능해야 한다.

유비쿼터스 컴퓨팅은 단순히 컴퓨팅 환경을 개선하는 것에만 그치는 것이 아니라 센서 및 통신에 의해서 물리공간과 전자공간이 일치되며, 사물과 사람 사이의 서비스를 연계하여 준다. 집 밖에서 손에 찬 시계를 이용해 인터넷에 접속해 날씨를 알아보고, 집안에 있는 난방기의 온도를 원격으로 조절한다. 아침에 일어나서 샤워 및 대변을 보면서 자기의 건강상태를 자동적으로 점검할 수 있다. 이와 같은 일은 더 이상 공상과학 영화에서나 접할 수 있는 환상이 아니다. 반도체와 이를 내장한 전자기기의 성능은 하루가 다르게 향상되는 반면에 가격은 급격히 떨어지고 있고, 무선 인터넷 통신 및 근거리 무선통신의 보급도 활성화 되는 등 유비쿼터스 컴퓨팅을 위한 환경이 점차 갖추어지고 있는 것이다.

유비쿼터스 컴퓨팅은 사용자의 상황에 따라 제공되는 서비스가 변해야 한다. 유비쿼터스 환경을 구축하기 위해서 지능화된 초소형 센서가 필요하고 이를 통하여 상황을 인지하여 사물과 주변 환경의 변화를 인식 또는 추적하여 그에 따른 적절한 정보와 서비스를 제공하여야 한다. 유비쿼터스 사회에서는 정보 습득과 활용이 최적화되어 소모성 자원의 효율적인 사용이 가능해진다는 것이다. 일례로 지능형 도로와 지능형 자동차간의 효율적인 정보교환이 이루어지면 가솔린의 낭비를 최소할 수 있을 것으로 기대된다. 이밖에도 최적의 냉난방 및 조명시스템 가동, 지능형 쓰레기통 등을 이용한 자원 재활용 및 폐기물의 최소화, 낭비적인 노동의 감소로 인한 경제 활동의 효율성 제고 등을 예로 들 수 있다.

u커머스u-commerce는 유비쿼터스 컴퓨팅과 네트워크를 기반으로 일상생활 환경속에서 사물, 고객이 사용하는 무선단말기, 고객이 구매하려고 하는 상품, 기업의 생산, 마케팅, 물류, 판매, 고객관리 등의 비즈니스 프로세스를 구성하는 기가나 시스템들이 모두 지능화하고 네트워크로 연결함으로써 서로가 사람을 대신해 상거래를 수행한다. 현재 디지털 위성방송 시작 이후 T커머스T-commerce에 대한 관심이 증대하고 있다. 2001년 T커머스의 세계시장 수익은 7억 달러 정도였지만, 이후에는 급격한 성장을 보여 2007년에는 250억 달러에 달할 것으로 예측된다. 휴대폰을 이용한 모바일 결제서비스도 증가하고 있으며, 이동성과 접근성을 기반으로 이용자 편익을 혁신적으로 증대시켜 u커머스 환경에 필수적인 모바일 결제 정착을 조기 실현할 것이다. 현실 속에서 사람, 사물, 장소 등의 연결체계를 웹상에다 그대로 옮겨놓고 웹프레전스web presence기기 등을 통해 현실과 “Real World Wide Web”이 상호작용을 할 수 있도록 통제 가능한 차세대 웹서비스가 추진된다.

RFID 태그는 위치 및 속성 정보를 담고 있으며, 또 이런 정보를 입수하여 발신하는 행위를 취할 수 있는 칩을 설계하고 이를 탑재함으로서 모든 사물과 상품을 지능화시키는 “사물의 인터넷”을 구축할 것이다. 모든 사물에 센서가 심어져서 사물과 환경의 변화를 실시간 감지, 추적하는 특정 용도의 센서 산업과 센서 네트워크를 구축하는 산업은 단순히 네트워크를 구축하는 것 이상으로 부가가치 창조산업으로 전망된다. 모든 사물, 상품, 동식물, 기계에 센서와 칩이 심어지고 이를 네트워크로 연결하여 감시, 추적할 수 있게 됨으로써 광역적인 도시시설 관리, 교통관리, 폐기물 및 쓰레기 관리, 국토관리를 실시간으로 실현하고 효율성을 제고하기 위한 새로운 정보통신 산업 분야로 부상한다.

21세기의 마케팅 산업은 소비자의 신상이나 소득, 직업과 같은 정보뿐만 아니라 상황인식을 통해 실시간으로 획득된 시선한 정보를 토대로 한 마케팅 산업이 각광받을 전망이다. 유비쿼터스 네트워크와 바이오 칩, 센서, 에이전트 시스템 등을 이용하여 개인의 특성과 요구를 최대로 실현해 줄 수 있는 건강관리, 미용, 쇼핑, 취미, 안전, 교육, 간호, 비만관리 등의 서비스 산업이 부상할 전망이다. 제품에 RFID 태그를 부착하고 개별 ID를 부여하여 생산에서 판매, 경우에 따라서는 폐기에 이르기까지 전 과정을 일괄적으로 관리함으로써 적정량 생산, 적정재고유지, 적정 부품 주문 등 효율적 생산관리를 실현한다.

현재의 e상거래e-commerce와는 다른 차원의 “무선상거래, 음성상거래, T-commerce,

사일런트커머스Silent commerce" 등이 등장하고 있다.

무선상거래는 유비쿼터스 상거래의 기본적인 상거래 수준으로 2.5세대나 3세대의 이동통신 또는 무선랜과 다기능의 무선기기들을 이용하여 고객, 종업원, 사물들과의 용이한 커뮤니케이션을 지원한다. 음성상거래는 상거래 활동을 지원하기 위한 대화인식, 음성 식별, 문자대 음성 등의 자동화된 음성기술을 이용하여 고객에게 정보제공 및 서비스를 전달하고 거래와 결제를 수행한다. T-commerce는 가정에 많이 보급될 쌍방향 디지털 TV의 고선명, 고음질, 다채널, 쌍방향성을 이용하여 시장의 상품정보를 제공한다. Silent Commerce는 유비쿼터스 상거래의 최고단계로 인간의 상거래와 관련된 일상의 모든 사물을 추론과 의사소통 능력이 있게끔 지능화 · 양방향화 함으로써 공급망관리SCM의 지능화, 수많은 상거래 행위의 건전성과 안전성 증대 및 새로운 가치를 향상시킨다.

u-Commerce의 구현조건은 이용자의 시간, 장소, 행위 등 현재 상황을 규범하는 정보기반의 마케팅과 콘텍스트 정보를 감지하고 추적하는 기술적 이슈가 요구되고 인프라 기반 조성과 기술 공동개발 등 중장기 계획 수립이 필요하다. 킬러 애플리케이션으로는 쇼핑과 매장관리, 공급망관리와 고객관계관리CRM, 자산 유지관리, 제조공정관리, 물류 · 교통 · 의료복지 등의 다양한 분야에 응용된 새로운 애플리케이션이 출현할 것이다.

현재 우리나라는 과도한 물류비 부담으로 국가 경쟁력이 약화되고 있다. 국내 물류비가 GDP의 약 12.8%(약 67조원), 미국(10.1%), 일본(9.6%)보다 훨씬 높아 경쟁력 약화로 작용하고 있다. u로지스틱스u-Logistics는 유비쿼터스 컴퓨팅과 물류 산업을 접목하여 제품의 생산 이후 포장, 집하, 분류, 운송 등의 전과정에서 최적의 효율화를 실현한다. 물류창고에 별도의 출입관리자가 없고, 수송차량에는 RFID 태그가 부착되고 창고 입구와 각층에 리더 및 안테나 장치가 설치되어 RFID 태그를 부착한 수송차가 창고 입구에 도착하면 리더는 원격으로 신호를 인식하고 이를 내부 데이터베이스 정보와 비교하여 일치하면 자동으로 문이 열리고 일치하지 않을 경우 경고 등과 함께 문이 열리지 않는다.

기존의 물류관리는 출하부터 중계지, 목적지까지 연계하여 관리되지 않고 순차적인 관리로 수 · 배송 시간이 지연되며, 유통과정의 실시간 추적이 불가능하다. 그러나 RFID를 활용한 전략적인 물류관리로 출하부터 목적까지 실시간 연계관리가 가능하고, 출하 분실 및 오배송의 방지, 파레트, 컨테이너, 차량, 상품 단위의 실시간 관리를 수행한다. 창고, 진열대의 재고 상황을 실시간으로 파악함으로써 물품관리를 최적화하고, 고객이 구입한 상품은 쇼핑카드내에 담은 채로 출구에서 자동 계산되며, 출구에서 계산되지 않은 제품을 구분하여 도난을 방지한다. 고객에게 진열대에 설치된 디스플레이를 통해 상품 이력, 유효기간 등 상세 제품 정보를 제공한다.

2. 미래의 세대별 소비자 트렌드 변화

미래의 소비자는 인간의 삶의 질을 향상시키는데 노력해야 한다고들 말한다. 지난해부터 국가적 슬로건으로 등장해 국민들의 공감을 얻고 있는 「삶의 질을 높이자」는 목표는 지난 1978년 런던에서 열린 세계소비자대회의 테마였다. 성숙형 소비사회로 이끌어야 한다는 것이 이미 1970년대 말에 소비자운동가들의 강력한 명제로 대두된 바 있다. 삶의 질을 추구하는 과정에서 두드러진 현상으로는 이른바 X세대, 미시족, 신중년층, 실버 세대 등으로 분류되는 세대별 소비 현상의 다원화이다. 특히 2000년대에 예상되는 신세대와 노년 인구층의 양적 증가는 다양한 가치관과 라이프스타일이 공존하는 가운데 존재함에 주목할 만하다. 세대별로 구매력을 비교 조사한 가운데 재미있는 현상이 하나 있다. 1980년대까지만 해도 연령별 계층 중 20대가 가장 구매력이 높았다. 이는 학비, 취직, 결혼 비용 등으로 인한 부담 때문으로 분석되며, 다음이 가정적으로 가장 안정된 시기인 50대, 40대 순이고, 지출 능력이 가장 허약한 60대가 구매력이 가장 낮았다. 그러나 1990년대 들어서는 소위 미시, 우모족이라 불리 우는 30대의 구매력이 가장 높게 나타나기 시작하였다. 집장만해야 하고, 육아부담에서 헤어나지 못해 한창 허리띠를 졸라매고 살아야 하는 30대가 이제는 부모로부터 물려받은 안정적 기반에다 맞벌이로 인한 소득증가로 최대 소비계층으로 등장하게 된 것이다. 제품의 획득 자체에 큰 의미를 두었던 할아버지와 아버지 세대, 물건 자체의 경제성보다 사용할 때의 분위기나 이미지를 중시하는 제3세대가 우리 사회의 주류로 떠오르면서 그냥 쓰고 버리는 식의 소비가 자연스런 현상으로 인식되고 있다. 그 결과 자원의 결핍, 에너지 위기, 공해문제라는 커다란 문제가 전소비자들에게 보다 큰 부담으로 다가서게 되었다. 제품의 획득과 사용으로 오는 만족감은 개별적으로 돌아가는 것이지만, 무분별

한 소비로 인한 불이익은 모두가 함께 나누어 갖게 되고 아무도 이 문제로부터 벗어날 수 없게 되었다. 미래학자들은 소비 패턴도 인간에 대한 철학적 이해로부터 시작되어야 한다고 말하고 있다. 이제는 「무엇을 선택하는가」보다 「어떻게 사용하는가.」, 그리고 「어떻게 처분하는가.」가 훨씬 중요한 소비윤리로 떠오르고 오다. 1990년대의 과소비, 차별화, 개성화란 소비 현상은 21세기에 가서는 상품의 가치와 시대적 가치가 접목되는 성숙한 소비문화로 부상되어야 한다. 소비란 결국 「물건」이 아니라 「정신」을 소비하는 것이다.

최근에 들어서 소비자들의 라이프스타일별로 소비의 선택과 집중 현상이 뚜렷해지고 있는 추세이다. 타인 의식적이기 보다 개인가치를 중시하는 소비자들은 개인별 생활 패턴에 맞게 검약과 투자항목을 명확히 구분하여 소비를 하고 있다. 이러한 소비자들의 개인별 생활 패턴으로써 지금까지 사회적인 관심을 끌고 있는 신조어로는 웰빙well-being이니, 다운시프트Downshift, 로하스LOHAS 그리고 슬로비slobbie, 우피족Woopies, 여피족Yuppie, 딩크족Dink 등을 들 수 있겠지만 그중에서 특히 마케터 입장에서 보면 웰빙, 다운시프트 그리고 로하스와 같은 단어들이 훨씬 더 눈에 띄고 있다.

1) 풍요롭고 아름다운 삶의 추구(웰빙)

따라서 지난해부터 최근까지도 마케팅 분야의 주요한 화두는 단연코 "웰빙"이었다. 무슨 광고를 하든, 무슨 제품을 개발하든 그 핵심 컨셉에는 온통 웰빙이라는 요소가 빠지질 않았고, 그에 따라 우리 주변에는 '웰빙 가전,' '웰빙 아파트,' '웰빙 예금,' '웰빙 야채' 등 요즈음 나오는 상품들은 모조리 '웰빙'이라는 수식어를 앞에 붙이고 있다. 웰빙이란 단어의 사전적 의미는 복지 또는 행복이란 뜻으로 요즘 매스컴에서 말하는 '웰빙족'의 정의는 물질적 가치나 삶보다는 신체와 정신이 건강한 삶을 행복의 척도로 삼는 집단을 말하는 신조어이다. 즉 잘 먹고 잘 사는것, 건강하고 여유롭게 사는 것을 말한다.

휘트니스 센터를 찾는 사람들이 꾸준히 늘고 있으며 몸매관리는 모든 사람들의 관심이 되고 있다. 또 사스 · 조류독감 등 세계적인 질병이 빈번하게 나타나는 데다 환경오염으로 인한 피해가 속속 드러나고 있는 상황에서 자연친화적이며 몸에 좋은 제품을 찾게 되는 것도 한 이유가 될 수 있다. 육체적인 건강뿐 아니라 정신적인 건강도 웰빙의 범주로 등장하고 있다. 변화의 속도가 빠르고 경쟁이 치열한 우리 사회에서 스트레스 해소를 위한 산업들이 각광을 받고 있다. 요가 · 명상 · 찜질방 · 스파 · 발마사지 등이 그것이다. 또한 주5일제가 확대되면서 늘어난 레저와 스포츠 관련 산업도 웰빙 산업의 범주에 포함되고 있다.

웰빙은 성공적인 마케팅 기법이기도 하다. 지난해 봄에 심했던 황사에 대비하기 위해 공기청정기는 '웰빙 가전'이라는 이름으로 올해에도 지속적인 매출 상승세를 보이고 있고, 신혼부부들의 혼수품 목록에도 등장할 정도였다. 삶의 질을 높여주는 제품이라는 이미지는 이 제품의 판매에 많은 도움을 주었다. 이 제품들은 생활에 꼭 필요한 제품은 아니지만 있으면 편리한 제품들 이다. 특히 이 제품들은 왠지 고급스럽고 건강한 삶을 위한 제품이라는 이미지를 갖고 있음이 웰빙 마케팅이 주는 효과이다.

2) 자기만족을 위한 삶의 추구(다운시프트)

다운시프트족은 유럽에서 가장 활발하게 확산되고 있다. 데이터모니터(시장조사기관)의 조사에 의하면 유럽에서 2002년 한 해에만 190만 명이 스트레스를 피해 직장을 바꾸고 도시를 탈출하여 전원으로 이주한 다운시프트족은 1,200만 명이었다. 지난 6년 동안 30% 이상 증가한 다운시프트족은 앞으로 2007년에는 1,600만 명에 달할 것으로 예측하고 있다. 또한 최근 인재파견회사 보보스가 20~30대 직장인 570명을 대상으로 조사한 결과 직장 생활을 통해 가장 얻고 싶은 것은 "개인생활과 사회생활의 적절한 조화"라는 대답이 무려 41.9%를 차지하였다. 그리고 '경제적 부'는 28.1%, '자기가치 실현'은 17,9%의 지지를 얻는데 그쳤다. 그리고 가장 보장받고 싶은 직장 혜택으로는 45.3%가 '유급성 안식년 휴가제'를 꼽았고, 예전에 큰 인기를 누리던 '해외연수 및 지사근무 기회' 21.4%, '인센티브 및 능력별 승급제' 15.8% 저조한 편이다. 이러한 가치관의 변화는 빡빡한 근무시간과 고소득보다는 저소득이라도 여유로운 직장생활을 택하고 있는 것으로 나타났다. 삶의 질 향상을 위해 바람직한 근무형태는 '정규직'이 51.6%로 1위를 차지했지만 프리랜서 35.4%, 파견직 8.9%, 계약직 3.7% 등이다. 이러한 변화는 국내 다운시프트족이 증가할 것으로 전망하고 있으나 상대적으로 국외의 선진국들처럼 복지시설이 잘 갖추어져 있지 않은 현실과 높은 사 교육비, 그리고 열악한 근무형태의 융통성 등으로 인해

실제로 중산 전문직층이 예전 보수의 60%를 감수하고 근무조건을 쉽게 받아들일 수 있는지는 의문의 여지가 있다. 그러므로 실제 다운시프트족은 웰빙 성향과 맞물려 행동으로 쉽게 이행이 가능한 직장 초년생들에게 주로 나타날 것으로 예측할 수 있다. 그러나 향후 주5일제 근무의 확산 등으로 근무형태의 다양화에 영향을 미칠 것이며, 전문 직종 분야의 고소득층의 경우는 소득이 줄어도 생활에 어려움이 없기 때문에 결국 우리나라도 고소득층을 중심으로 다운시프트족이 확산될 것으로 보인다.

3) 환경친화로의 삶의 추구(로하스)

우리나라에서도 외국의 로하스라는 새로운 라이프스타일이 부상하고 있다. 로하스(Lifestyle Of Health And Sustainability: LOHAS)란 Lifestyle Of Health And Sustainability의 약자를 따서 만든 합성어이다. 이는 환경 친화적, 에너지 효율적 제품을 소비하기를 선호한다. 이들은 LOHAS 상품이면 가격이 비싸도 흔쾌히 구입한다. 왜냐하면 자신의 가치관과 취향에 맞기 때문이다. 또한 자신과 가족은 물론, 지구의 지속 가능성과 사회의 미래에 대해 걱정하는 사람들의 라이프스타일을 말한다. 기업과 지속 가능 경영을 하는게 아니라 소비자도 지속 가능 소비를 추구한다는 것이다.

로하스족은 자신의 이념에 부합하는 상품은 적극 구매하고 이념에 상반되는 제품은 구매하지 않을 뿐 아니라 다른 사람들이 구매하지 못하도록 캠페인을 벌이는 적극성도 겸비하고 있다. 소비자 개개인은 미력할지 모르지만 하나의 집단으로 보면 매우 강력한 파워를 가지고 있다. 우리나라는 그동안 친환경 제품이 반환경 제품보다 비싸기 때문에 소비자들이 친환경 제품을 외면하고 있었다. 물론 수요가 충분치 않은 상태에서는 쓰레기 수거 비용이나 재활용 제품을 위한 가공비용이 많이 들어 친환경 제품이 오히려 비쌀 수도 있다. 그러나 이는 우리나라에는 아직은 로하스족들이 별로 없었다는 것을 나타내기도 한다. 친환경 제품을 적극 구매하지 않으면 우리나라는 환경오염에서 벗어날 수 없다. 결국 이것은 소비자의 문제이다. 우리나라도 시차는 나겠지만 로하스족은 향후 시장을 주도하게 될 소비 계층으로 부각될 것으로 전망되고 있다. 국내에서도 이를 표방하는 '자연경영' 바람이 확산되고 있다.

최근 그룹차원에서 자연경영을 선언하는 경우도 있다. 코오롱 그룹은 화학이나 섬유제품 원료에 자연친화적이고 인체친화적인 소재를 도입하는 등 모든 사업분야에서 건강을 최우선으로 하는 '웰니스 플러스' 사업 전략을 발표하고 있다. 그 후 새집증후군과 관련하여 건축물에 대한 친환경 제품의 수요가 증가하고 있는 것이나, 유기화학 농산물의 회피 현상을 볼 때 이미 우리나라에서도 상당한 수의 로하스족이 형성되어 있음을 보여주고 있다. 앞으로 자연적 소재를 통한 삶의 질을 높이는 상품만이 소비자들에게 다가설 수 있을 것이다.

4) 새로운 소비트렌드(삶에 대한 질 향상)

이와 같이 현대인의 가장 큰 관심은 삶의 질 향상Quality of life이다. 몸과 마음의 건강과 여유를 찾아보다 풍요롭고, 아름다운 삶을 추구하고 자기만족적 삶의 추구, 그리고 친환경적 삶의 추구를 소비문화의 확고한 트렌드로 변화되고 있다.

최근 다운시프트족 중에서 주거지를 도시근교로 옮기거나 아예 도시와 동떨어진 전원 지역으로 이사하는 사람도 적지 않다. 사회적 성취를 통해 자아를 실현하기보다는 가족과 함께 자기만족적 삶을 살려는 것이다. 이는 주거지 형태의 변화로서 도심근교와 농촌 지역에의 이동으로 볼 수 있다. 따라서 부동산에 관한 컨설팅이 늘 것이며 주거와 관련된 펜션pension 및 전원주택 등의 수요가 증가할 것으로 예측되고 있다. 또한 가족만족을 위해 가족단위의 단순한 저가격 상품의 수요가 증가될 것이다. 이는 다운시프트 이후 줄어든 가처분 소득으로 인해 생성된 구매 장벽을 낮추어주는 역할을 할 것이다. 일간지 뉴욕타임즈는 미래 소비를 주도할 키워드를 LOHAS를 소개해 눈길을 끌었다. 이는 건강과 환경을 심각하게 생각하는 소비자들의 생활 패턴을 의미한다. 선진국에서는 이미 건강과 환경을 향후 마케팅의 키워드로 인식하고 친환경 상품개발에 몰두하고 있다. 미국의 포드는 2004년형 에스코트 자동차 개발과정에서 로하스LOHAS를 키워드로 삼고 있다. 따라서 앞으로 건강과 환경이 결합된 '자연경영'이 범세계적으로 기업의 핵심적 사업 분야로 떠오르게 될 것이다.

이러한 소비트렌드는 포화 상태에 이른 대부분의 시장에서 신규 수요 창출의 중요한 돌파구가 되고 있다. 웰빙 흐름의 주체는 소비자들이다. 기업 입장에서 무엇보다 소비자 관점에서 실질 가치를 제공하는데 초점을 두어야 한다. 소비자 입장에서 중요한 웰빙 니즈의 키워드는 건강과 환경 그리고 실속으로 압축될 수 있을

것이다. 따라서 심각한 국내 내수 부진이 지속되고 있는 가운데 선풍적인 인기를 끌고 있는 '웰빙문화'가 새로운 라이프스타일lifestyle을 창출하며 새로운 소비트렌드를 이끌어 나갈 것으로 전망되고 있다.

3. 유비쿼터스 시대의 소비자 성향

1) 유비쿼터스 네트워크를 구현하는 디지털 융합의 시대

소위 '포스트-PC 시대'라 일컬어지는 현대의 정보통신 기술의 특징은 디지털 컨버전스Digital Convergence와 4C(Computer · Communication · Consumer Electronics · Contents)의 통합화라 할 수 있다. 이는 점차 하나의 소형 디지털 기기 안에 기존의 컴퓨터 · 통신 · 소비자 가전 및 콘텐츠 매체의 기능이 복합적으로 담겨짐을 의미한다. 소비자는 이러한 새로운 정보가전 기기Information Appliance를 휴대하며 장소에 구애받지 않고 유 · 무선 통합 서비스를 통해 인터넷을 이용하고, 사람들끼리 이메일을 보내고 전화통화를 하며, 사진을 찍어 데이터를 전송하기도 하고, 쇼핑을 하고 금융 업무를 보며, 또한 전자서적을 읽고 영상 콘텐츠를 시청하기도 한다.

이러한 디지털 융합화 현상 중 두드러진 특징은 무엇인가? 첫째, 유 · 무선 네트워크의 광대역화Broadband에 따른 용량과 속도 증가가 유통 콘텐츠를 대용량화하고 있다는 것이다. 둘째, 네트워크에 접속되는 기기의 증가 현상인데, 사람이 소유하거나 휴대하는 컴퓨터 · 휴대전화 · PDA · 정보가전 등과 같은 기기 차원에서 점차 증가하던 네트워크 접속 제품들이 이제는 컴퓨터 칩이 내장된 센서 등의 공간적 사물 차원으로 비약적으로 확대되어 가고 있다는 점이다. 셋째, 사용자와 네트워크 간의 관계성이 매우 다양화되고 있다는 점인데, 과거 소수의 사용자들이 특정한 환경에서만 접속할 수 있었던 네트워크에 접속되는 사용자의 층이 점차 증가하고, 동시에 실시간으로 네트워크에 접속되어 있는 상태 역시 상시화 됨으로써 나타나게 되는 네트워크 이용 패턴의 변화이다. 이 같은 융합화 · 복합화가 컴퓨팅 · 커뮤니케이션 · 콘텐츠의 디지털 네트워크화와 상호 연계로부터 시작해서 수직적, 수평적 산업으로의 확장을 거쳐 궁극적으로 유비쿼터스Ubiquitous 네트워크 환경을 구축하고 있다.

2) 똑똑한 군중Smart Mobs의 등장

인터넷이 채 보급되기도 전인 1993년에 출간되어 화제를 모았던 [가상공동체The Virtual Community]의 저자로 유명한 하워드 라인골드Howard Rheingold는 2002년에 출간한 또 다른 저서 [스마트 몹Smart MOBS : The Next Social Revolution]에서 지구촌 사람들이 통신과 컴퓨터 기술의 융합 현상에 적응해 가는 양상 및 그러한 융합화가 우리 사회에 던지는 의미를 고찰하였다. 그는 '스마트 몹'을, '그들이 휴대하는 통신과 컴퓨터의 복합 기능을 가진 네트워크 기기의 사용을 통해 서로 상대방을 모르는 상태에서도 비슷한 관심사를 가진 사람들을 발견하고, 상호 정보를 교환하고 모이며, 또 네트워크를 형성해서 일치된 협동 행동을 조정할 수 있는 사람들'로 정의한다. 그리고 실제로 진보된 정보통신 기술은 사람들이 일을 계획하고, 정보를 교환하고, 모이고, 교류하며, 의사소통하고, 일을 하고, 시간을 지각하는 방식에 광범위하게 영향을 미치게 되었다. 이처럼 산업화 이후 대량 생산과 대량 소비의 대상으로 전락했던 '군중'이 바로 이런 네트워크 기기로 무장해 똑똑하고 능동적인 주체로 거듭나고 있는 것이다.

자신들에게 필요한 제품 아이디어를 기업에게 제시하는가 하면, 만족스럽지 않은 제품이나 서비스에 대해서는 네트워크를 이용해 혹독한 평가를 내리기도 한다. 경우에 따라서는 온라인과 모바일을 통한 불매운동도 불사하지만, 일단 이들의 취향에 맞는 제품 · 서비스는 엄청난 속도로 확산되는 특성을 가지고 있다. 심지어는 특정 브랜드나 제품에 대해 소비자들끼리 모여 온/오프라인의 커뮤니티를 형성하여 활발히 활동하기도 한다. 또한 백과사전이 제공하는 규격화된 지식에만 만족하던 과거의 군중들과 달리 스마트 몹은 자신들의 경험이나 단편적인 지식을 모아서 지식검색이 가능한 하나의 거대한 데이터베이스를 만들어냈다. '인터넷 일기,' 혹은 '개인 웹 게시판' 정도로 번역할 수 있는 '블로그Blog'도 스마트 몹의 위력을 대변하는 대표적 예라고 할 수 있다.

4. 소비자 트렌드별 유비쿼터스 비즈니스

유비쿼터스 시대의 블루 오션 사업 아이템의 가장 중요한 요건은 고객에게 새로

운 효용 가치를 제공하는 것이다. 대 고객 효용을 적절히 파악하기 위해서는 새로운 환경에서의 인간생활상 조망과 달라진 미래상 예측 등을 통한 고객 니즈 파악을 우선시해야 한다. 즉 미래 수요 트렌드 분석을 통해 순수 고객 니즈를 밝혀내고, 이를 바탕으로 유망 사업 기회를 발굴하는 것이 의미 있는 방법인 것으로 보인다. 더구나 향후 10년간은 인구 구조, 생활양식, 사회가치 등의 수요 환경에 근본적인 변화가 발생할 것으로 보여, 미래 수요 트렌드를 분석하는 것이 더욱 중요하다. 미래 사회의 핵심적인 수요 트렌드별로 분류별로 유비쿼터스 비즈니스 기회에 대하여 살펴보기로 하자.

1) 고령화 사회 진입

한국의 고령화 속도는 OECD 회원국 가운데 가장 빠른 편이다. 노령층의 증가로 안전하고 편안한 생활을 추구하는 경향이 두드러질 것이며, 건강에 대한 관심이 증대하는 가운데 전세대를 포괄하여 노화를 자연 현상이 아닌 질병으로 인식하는 경향이 심화될 것이다. 이에 따라 사전 질병 예방, 노화 방지 식품/화장품, 운동·여가 등에 대한 관심이 증가할 것으로 보인다. 또한 과거에 대한 추억 및 향수가 일시적 신드롬이 아닌 지속적 트렌드로 자리매김하면서 과거의 좋은 기억들을 되살릴 수 있는 디자인, 체험 콘텐츠와 현재의 고기능을 결합한 상품/서비스의 출현도 가속될 전망이다. 시니어 타운, 라이프케어 서비스, 홈 헬스케어 기기 및 서비스, 노인 전문 병원, 노화 방지 센터, 맞품형 리모델링 서비스 등이 유망 사업으로 부상할 것으로 보인다.

2) 핵가족의 재분화

전통적 가족 개념이 해체되면서 2인 이하 가구가 증가하고 4인 이상 가구는 감소하는 등 핵가족의 재분화 현상이 가속될 것이다. 통계청에서는 우리나라 가구당 구성원수가 2000년 3.1명에서 2010년 2.9명, 2020년 2.7명으로 줄어들 것으로 예측하고 있다. 결혼관의 변화, 독거노인 증가 등으로 싱글족이 확산되고, 여성의 경제 활동 증가, 열악한 보육 환경에 따른 DINK(Double Income, No Kids)족, THINKER(Two Healthy Income, No Kids, Early Retirement)족 증가 등으로 No Kids주의가 확산될 것으로 예상된다. 출산율 저하에 따른 Single Kid 가정의 보편화로 하나 뿐인 자식에 대해 정성을 쏟는 소황제 전성시대가 지속될 것으로 보인다. 싱글족의 확산으로 가사 지원, 주택 보안, 인터넷/디지털 엔터테인먼트 등에 대한 관심이 증대할 것이며, 자식에 대한 관심과 연민을 반영한 Kids 비즈니스가 고가화 · 고품질화 되는 방향으로 발전할 전망이다. 지능형 홈 시큐리티 단말/시스템 및 서비스, 유아 및 어린이 Edutainment 사업, 애완동물 전문몰, 인력공급 서비스(베이비시터, 조무사, 간병인, 가정부 등) 등이 유망 사업으로 부상할 것으로 예상된다.

3) 신 모계사회의 도래

여성의 적극적인 사회 진출 노력과 여성 노동력에 대한 수요 증가 등으로 여성의 사회적 지위 및 영향력이 향상되는 신 모계제 사회가 도래할 것으로 보인다. 여성의 구매력 및 여성적 소비 성향이 확대되면서 뷰티 관련 제품이나 문화 · 감성 제품에 대한 소비 지출이 늘어날 가능성이 크다. 여성의 사회 활동 증가에 따라 여성 대상 범죄가 증가하면서 도시 보안의 필요성이 커지고, 가사 및 육아 지원 시장도 확대될 전망이다. 가사용 로봇, 홈네트워킹 기기 및 서비스, 가사 지원 관련 각종 용역 서비스(청소, 장보기, 반찬 공급, 놀이방 등), 도시 시큐리티 관련 제품/서비스, 성형 클리닉, 피부 관리 클리닉(화장품 판매 및 피부 진단/관리) 등이 유망사업 기회로 부각될 것으로 보인다.

4) 삶의 질 향상 추구

생활 속에서 웰빙 실현, Fun 중심의 문화 추구, 다운쉬프트 족의 확산 등 삶의 질 향상 추구가 지배적인 사회 가치로 자리 잡을 것이다. 미래에는 자연 친화적이며 편리한 삶을 중시하는 가치관이 확산되는 가운데, 일상 속에서 보다 자연에 가까운 쾌적한 환경과 건강한 삶을 누리고 싶어 하는 동시에 편안하면서도 지능화된 유비쿼터스 라이프를 동경하는 소비자가 늘어날 것이다. 생활수준 향상으로 적극적으로 Fun을 추구하는 경향이 보편화되면서 보다 편안하게 양질의 엔터테인먼트를 즐기려는 니즈가 늘어나고, 다양한 문화 콘텐츠를 요구하는 소비자도 증가할 것이다. 복합 리조트형 테마파크, 개인용 멀티플렉스 영화관, 아트센터 체인, 개인 맞춤형 · 자가 진단 헬스케어 기기, 수륙 양용 버스 · 택시 등이 유망사업 기회로 부각될 것으로 예상된다.

5) 경험 감성 중시

경험에 대한 구매와 리스의 확산, 감성 중심의 소비 패턴 변화도 두드러질 것으로 보인다. 소유 중심에서 경험 중심으로의 소비 개념 전환으로 구체적인 상품보다는 테마, 상징, 컬트, 체험 등 추상적 가치를 구매하려는 경향이 심화될 것이며, 가상 및 간접 체험, 다양한 문화 융합형 상품 등에 수요가 증가할 전망이다. 3차원 TV, 가상 체험 공간(스포츠, 게임, 놀이공원 등), 디지털 인테리어 서비스, 산업 디자인 아웃소싱, 공연예술, 체험 관광 등이 경험 · 감성 중시 트렌드로 부각될 유망 사업 후보들이다.

6) 유비티즌의 보편화

사이버 인구의 지속적 증가와 생활 전 영역에서의 디지털화 · 온라인화가 심화되면서 디지털 마인드와 활용 역량을 갖춘 유비티즌이 보편화될 전망이다. 온라인 문화가 오프라인 문화를 잠식하는 현상이 심화되면서 온라인으로 문화 콘텐츠를 이전시키는 디지털화가 가속될 것이다. 자신의 개성을 표현하고자 하는 욕구가 온라인상에서도 출현하면서 사이버 공간에서 자아 표현을 위한 소비 지출이 증대할 것으로 보인다. 온라인에서 유행하는 문화 · 콘텐츠를 오프라인을 통해 직접 체험하고자 하는 니즈도 등장할 것이다.

한편, 개인 정보 유출, 사생활 침해, 인격 모독 등 온라인 생활의 확대에 대한 역기능이 사회 이슈화되면서 사이버 서비스나 콘텐츠에 대한 관리 통제의 필요성이 부각될 것으로 예상된다. 이에 온라인 시큐리티, 온라인 폴리스 기능에 대한 소비자들의 요구가 거세어질 것이다. 웨어러블 컴퓨터, 디지털 시네마 솔루션, U-지갑 · 명함, 모바일 블로그, 온 · 오프라인 게임 테마파크, 스마트카드 등이 유망 사업 기회로 부상할 전망이다.

7) 개인주의 만연

전통적 가족 개념이 해체되면서 자기중심적 사고가 팽배해지고 가족 및 집단을 중시하는 의식이 약화되는 등 개인주의적 생활 패턴이 만연해질 것으로 보인다. 유행을 쫓는 모방 소비, 집단 소비와 더불어 타인과의 차별화를 추구하는 자기중심적 소비가 공존할 것이다. 집단적 소비 행태를 추구하는데서 안도감을 느끼면서도 한편으로는 자기만을 위한 제품/서비스를 제공받는 데서 즐거움을 느끼기 때문이다. 반면 시니어 층의 복고풍으로의 회귀 움직임과 더불어 지나친 디지털화 및 개인주의에 반발하는 집단도 나타날 것으로 보여, 문화와 콘텐츠의 다양성을 추구하는 패턴도 하나의 조류로 자리잡을 것이다. 명품 리스, 맞춤형 주택 및 리모델링, 개인별 맞춤식 식단 관리 서비스, U-Learning, 맞춤형 U-레저, 복고풍 유희 콘텐츠, 다문화 퓨전 공간 등이 유망사업 기회로 부상할 전망이다.

5. U-City 구현을 위한 세대별 소비자 군 분류

1) 21세기 소비자의 세대교체

(1) 베이비붐 세대

미국에서는 제2차 세계대전 직후인 1946년에서 1964년 사이에 태어난 세대를 베이비붐세대, 즉 베이비부머(baby boomer)라고 한다. 이들은 전쟁 후 경제가 안정되면서 미국사회에 본격적으로 TV가 보급되기 시작하던 시대의 사람들로 TV세대라고도 부른다. 즉 이들이 자란 시대는 TV가 가장 강력한 커뮤니케이션 도구로 자리잡은 시대였다.

(2) 386세대

우리나라는 1980년대 학번으로 1960년대에 출생하고 30대인 사람들인 386세대를 꼽을 수 있다. 우리나라의 386세대들은 급속한 경제성장과 암울한 정치 환경을 동시에 경험한 세대들로 신세대의 탈 역사적인 가벼움과 대비되는 역사적인 의식을 지닌 세대로 특징지어 질 수 있다. 여기에는 문화적으로는 다소 낡은 세대이지만 정치적으로는 진보적인 세대라는 의미가 내포되어 있다. 가정/가족에 대한 관심 가장 높아 가정을 이루어 정착된 생활을 누리는 만큼 가족과 자녀교육에 대한 관심이 다른 세대 대비 가장 높다. 또한 386세대는 컴퓨터 초창기 세대로서 대학을 나온 사람들 중에서도 극히 소수만이 컴퓨터에 익숙한 세대로 신문에 대한 의존도가 전체적으로 감소추세임에도 불구하고 386세대들의 신문 의존도는 다른 세대들

에 비해 가장 높은 것으로 나타나 있다.

(3) X세대

X세대는 캐나다의 작가 더글러스 쿠플랜드의 소설 'Generation X'에서 유래된 명칭이다. 미국과 한국의 X세대 간에는 상당한 차이점이 있다. 미국의 X세대는 미국역사상 가장 많은 교육을 받은 세대임에도 불구하고 그들이 사회에 진출할 무렵인 1980년대는 실업률이 10%를 넘는 최악의 시기였다. 때문에 이들에게는 저항문화적인 특징이 있다. 이에 반해 한국의 X세대는 1980년대 중반 3가지 호황기에 10대 시절을 보내고 20대 초반에 문민 정부시절을 맞아 정치, 경제적으로 가장 풍요로운 시기에 성장한 행운의 세대이다. 자기중장이 뚜렷하고 소비에 과감하게 'No'라고 말한다는 특징을 보인다.

(4) Y세대(밀레니엄 세대)

Y세대는 베이비붐 세대가 낳은 2세들을 일컫는 말로, 컴퓨터를 자유자재로 다루는 10세 전후의 어린이를 말한다. Y세대는 다른 나라 문화나 다른 인종에 대한 거부감도 적다. 이들은 말을 배우기도 전에 TV에서 흘러나오는 음악을 듣고 모방심리, 호기심, 패션에 관한 관심도 매우 크다. 통신세대, 디지털 세대로 불리는 Y세대는 베이비붐세대가 닦아 놓은 경제적 기반을 바탕으로 유복한 생활을 누려 왔으며 정보화와 경제적 풍요로움, 개성화 등이 이 세대의 주요 특징이다.

(5) Z세대(1318세대)

Z세대는 13세에서 18세까지를 가리키는 '1318'층으로 유행에 극히 민감하다는 점이 강조돼 Z라는 이름을 갖게 되었다. 이들은 자기주장이 강하고 감각적이며 개인주의적인 성향을 가진 연령층이다. 특별히 광고에 친숙하고 구매 시 광고 의존도가 큰 특징을 보이며 현재 소비 시장의 떠오르는 주력 소비계층으로 부상 중이다.

(6) N세대

1977년부터 1997년 사이에 태어난 세대로 디지털 기술과 함께 성장해서 디지털 기기를 능숙하게 다룰 줄 아는 디지털 문명 세대를 말한다. N세대Net Generation는 미국에 8,000만 명 정도 있으며 컴퓨터를 막 배우기 시작한 꼬마에서 컴퓨터를 능수능란하게 다루는 20대까지를 포함한다. 1950~1960년대 베이비붐세대, 1965~1976년에 태어난 X세대가 있었다면 1977년부터 1997년 사이에 태어난 세대를 베이비붐 에코세대, N세대라고 부른다. 집 · 학교 · 공장 · 사무실 등 N세대 주위의 모든 공간에는 컴퓨터가 설치되어 있어, 이들은 디지털 시대의 새로운 미디어인 인터넷을 활용해 일방향이 아닌 양방향의 의사소통을 하며, 또한 TV보다 컴퓨터를 좋아하고 전화보다 E-메일에 더 익숙한 세대이다. N세대가 중심이 되는 미래 사회는 국경도 없는 자유로운 네트워크 사회가 될 것으로 보고 있다.

(7) G세대 · Siver 세대

노인인구의 급격한 증가와 함께 그레이Gray세대도 새로운 소비계층으로 부상하고 있다. 과학 기술의 발달과 생활수준의 행상으로 인구구조가 선진국형으로 변모해 가면서 동시에 소득 수준과 문화 수준이 높은 노인층이 강력한 소비계층으로 등장하게 되었다. G세대는 머리가 희끗희끗한 세대인 50~60대의 계층을 일컫는다. 이들이 G세대라고 불리는 데는 여러 가지 해석이 있는데 우선 머리가 희끗희끗하다Gray는 의미에서 그렇게 칭하기도 하며, 또 늘 푸른 그린Green 세대, 인생의 황금기Golden Age, 세련되고Grace, 온화하며Gentle, 오늘을 일구어 낸 위대한Great 세대라는 의미도 내포하고 있다.

2) U-City 구현을 위한 세대별 소비자 분류

유비쿼터스 City는 인간중심의 세상을 만드는 것이다. 그러기에 유비쿼터스 환경을 설계하는 곳에 인간(최종 서비스 수혜자)이 참여하지 않고 유비쿼터스 전문가들만의 생각으로 만들어 낸 서비스 모델이 사람들에게 적극적인 호응을 얻을 거라는 생각은 그저 착각일 수밖에 없을 것이다.

(1) 소비자들은 RFID, 스마트센서 등 유비쿼터스 관련 기술에 관심이 없다.
(2) 무엇을 하는지 어떻게 쓰이는 지에도 관심이 없다.
(3) 다만 전문가들이 말하는 유비쿼터스 기술이 우리에게 뭘 해줄 수 있는지 삶에서 어떠한 불편을 해소시키고 혜택을 줄 수 있는지 만이 필요할 뿐이다.
(4) 이제 유비쿼터스 전문가들은 각 소비자 트렌드를 우선 알아야 한다.

(5) 소비자가 원하는 것이 무엇인지?

(6) 소비자가 불편해 하는 것이 무엇인지?

(7) 소비자의 생활환경이 어떻게 변화되어 가는지? 우선 파악하여야 한다.

(8) U-City 구현을 위한 유비쿼터스 마케팅은 솔루션이나 서비스를 파는 것에 국한된 것이 아닌 인간중심의 라이프스타일을 설계하고 코디를 해주는 역할을 하여야 한다. 그러기 위해서는 소비자를 동일한 환경으로 볼 것이 아니라 차별적인 환경에 맞게 맞춤형 서비스를 제공하여야 한다.

이와 같이 U-City System 구현을 위해서는 서비스 대상자인 소비자에 대한 이해와 파악이 무엇보다도 중요하다. U-City 구현을 위해서는 소비자를 세대별로 크게 분류하면 1994년 인터넷이 보급된 시점을 기준으로 하여 첫째 From Digital to Digital(386 이후 세대: P세대), 둘째 From Analog to Digital(386세대), 셋째 From Analog to Analog(386 이전 세대: 시니어 세대) 소비자 트렌드 분류를 할 수 있다. 이는 U-City 구현을 위한 서비스 모델 및 서비스 시나리오를 작성할 때 U비즈니스를 준비하는 기업에서 대상별 차별적 U-City 구현을 위해 꼭 필요한 분석이라고 할 수 있다.

제 2 절 유비쿼터스 마케팅과 광고전략

1. 유비쿼터스 마케팅

1) 컨텍스트context, 벤치마킹benchmarking, 협력collaborative 마케팅

유비쿼터스 마케팅이란 유비쿼터스 환경, 기술을 활용하여 고객에게 보다 가치 있는 서비스를 제공할 수 있는 마케팅 기법이다. 예를 들어, 지하철에서 본 광고 속의 제품을 모바일 폰으로 구매하고 집에 오는 길에 근처 편의점에서 물품을 받는다. 집에 들어서자 센서가 작동하여 집안의 온도와 습도가 적당히 조절되며 원격 진단이 가능한 소파에 앉아 TV를 켜보면 본인의 건강 상태가 체크된다. 버튼 하나로 본인이 원하는 서비스를 자동적으로 제공받을 수 있는 것이다. 이는 유비쿼터스 네트워크 환경 하에서 가능한 서비스들의 가상 시나리오이다. 이러한 경험을 할 수 있는 날이 머지않아 현실로 다가오는 것이다. 유비쿼터스 네트워크는 현재 소비자 중심 마케팅에 3가지 새로운 형태를 가져다주고 있다. 구체적으로, 컨텍스트context 마케팅, 벤치마크benchmark 마케팅, 그리고 협력collaborative 마케팅이다.

(1) 컨텍스트Context

컨텍스트 마케팅이란 개별 소비자에게 어떠한 상품이나 서비스에 대한 요구가 생겨나는 시점을 제대로 파악해 그 상황에 맞는 상품이나 서비스를 소구함으로써 소비자의 구매 의욕을 증대시키는 것이다.

고객에게 가장 필요한 시점에 가장 필요한 서비스를 가장 빠르고 편리하게 제공해야 하는 컨텍스트 마케팅의 성공은 주파수 인식시스템인 RFID(Radio Frequency Identification)와 위치추적 시스템인 LBS(Location Based System), 그리고 센서 네트워크 기술 등 유비쿼터스 기술에 달려 있다. 이들 기술이야말로 고객의 시간과 장소 정보, 그리고 고객의 구매 특성과 행동양식을 감지할 수 있게 해주는 비밀 병기이기 때문. 특히 RFID가 부착된 스마트 태그Smart Tag를 활용하면 실시간 위치 파악은 물론, 신속,정확한 운반이 가능해져 물류 관리의 효율성이 획기적으로 높아진다. 다국적 유통업체인 월마트Walmart와 테스코Tesco가 선반의 재고 현황을 자동적으로 알려주는 '지능형 진열대Smart Shelf' 시스템을 도입하여 성공한 것이 그 좋은 예다.

(2) 컬래버러티브Collaborative

컬래버러티브 마케팅이란 상품의 기획 개발단계 등 최종 생산 전 단계에서 소비자의 참여를 높이고, 맞춤제품 등을 공급해서 로열티가 높은 고객을 구축하는 것이다. 즉, 기업의 정보를 공유함으로써 고객에게 제품에 대한 특별한 책임감과 애정을 갖게 하는 것. 따라서 상품의 개발 과정은 소비자의 자기실현 욕구만족의 과정이 되고, 더불어 희소가치에 대한 프리미엄까지 제공함으로써 소비자의 참여에 대한 부가가치를 만들어내는 것이다. 작게는 제품의 이름이나 디자인을 공모하는 것에서부터, 크게는 시제품 사용 품평회를 통해 제품의 생산 여부 및 가격 결정까지도 소비자에게 맡기는 것까지 다양한 컬래버러티브 마케팅 기법이 응용되고 있다.

(3) 벤치마킹Benchmarking

벤치마킹은 온라인 커뮤니티를 적극 활용한 마케팅 기법이다. 유비쿼터스 시대에는 시간과 장소에 구애받지 않고 여러 가지 방식의 인터넷 접속이 가능하다. 또한 네트워크에 접속된 기기가 증가함에 따라 대량 소비자들의 평가가 급속도로 확산되게 된다. 그리하여 소비자들이 제품에 대해 평가를 하면, 그 내용이 공개된 커뮤니티 전문 사이트가 기업의 이익을 실질적으로 좌우하게 되기도 한다. 즉, 이들은 유비쿼터스가 낳은 新 파워 집단이고 유비쿼터스 시대에는 이들의 영향력이 큰 만큼 이들을 염두에 둔 마케팅을 펼쳐야 하는 것이다.

벤치마킹 마케팅은 이런 상황을 거꾸로 활용하여 다수의 사람들이 평가한 상품 순위나 코멘트, 혹은 전문가의 조언을 오히려 소비자에게 적극 제공함으로써 소비자의 구매의도를 촉진하는 것이다. 소비자는 상품에 관련된 벤치마크를 참조함으로써 제품 구매에 대해 안심과 확신을 가질 수 있으며, 이것은 구매율은 물론 구매 후의 만족도 제고에도 큰 영향을 끼치게 된다.

(4) 컨시어즈Concierge

컨시어즈란 '문지기'라는 뜻으로, 원래 호텔에서 고객에게 최상의 서비스를 제공하는 전문가를 일컫는 말이다. 따라서 컨시어즈 마케팅이란 마치 고객의 쇼핑 전문 비서와 같은 역할을 해내는 전문 마케팅 시스템의 도입을 가리킨다. '고객이 원하는 것은 무엇이든 도와 드린다.'는 취지의 개인 비서, 혹은 개인 보좌관 서비스인 셈이다.

컨시어즈 마케팅은 유비쿼터스 환경이 정착되고 네트워크가 자율적으로 고객에게 서비스를 제공하는 환경이 이루어진 연후에야 가능해진다. 그러나 이미 일본의 미츠코시, 이세탄, 다케시마야, 세이부 등과 한국의 명품 백화점들을 중심으로 일부 VIP고객을 대상으로 한 컨시어즈 마케팅이 경쟁적으로 확산되고 있다. 이러한 새로운 형태의 채택은 고객에게 제품과 서비스에 새로운 가치를 제공할 것이고, 따라서 기업은 각 고객들로부터 증가된 이익을 얻는 것이 가능할 것이다.

2) 무선 네트워킹, 스마트 도구, 지능 커뮤니케이션 서비스

향후 몇 년간 사회는 인터액티브 마케팅 풍경으로 전환되는 전례 없는 수준의 연결성을 목격하게 될 것이다. 이미 차세대 마케팅 도구를 실험하고 실행하는 첨단의 기업들이 있다. 그러나 대다수의 마케터들은 미래가 가져다 줄 기회를 이용하기 위해 오늘날 많은 준비를 해야 할 필요가 한다. 다음은 일대일 마케팅의 차세대 진화의 기반을 제공할 개혁적인 3개의 파도를 One to One Interactive사의 CEO인 Ian Karnell(2003)이 제시한 내용을 중심으로 소개하고자 한다. 3개의 파도들은 무선 네트워킹wireless networking, 스마트 도구smart devices, 그리고 지능 커뮤니케이션 서비스intelligent communications services이다.

(1) 무선 네트워킹

무선 피델리티wireless fidelity:Wi-Fi 도구들과 네트워크는 인터넷, 다른 컴퓨터들, 그리고 유선 네트워크에 유비쿼터스 접근에 대한 기초를 제공하고 있다. 오늘날, Wi-Fi 네트워크는 그리 많지 않은 커피숍, 공원, 호텔, 공항, 그리고 집에서 볼 수 있다. 그러나 미국에서 Wi-Fi 접근 장소의 수는 특히 도시지역과 대학캠퍼스에서 급격하게 증가하고 있다. 북미에서 약 2백만 모바일 서퍼들이 이미 Wi-Fi 도구를 사용하고 있고, 그 수는 2004년에 2배 증가할 것과 향후 5년 동안 급속한 증가가 이루어질 것으로 예측되고 있다.

무선으로 작동되는 Wi-Fi인 당신의 PDA로부터 이메일을 받으며 스타벅스 커피를 주문하는 것이 이미 일반화되었다. 스타벅스는 그들의 점포에 무선 연결을 추가함으로써 고객의 경험을 풍부하게 하는 여러 가맹점의 하나이다. T-Mobile과 협력하여 스타벅스는 PDA와 랩탑과 같은 전화를 하여 연결하는 도구들보다 50배까지 빠른 Wi-Fi 접근을 제공하는 서비스인 HotSpot을 통한 접근 장소를 설치하였다. 사실상, 어떤 T-Mobile HotSpot 가입자도 중단 없이 그들의 현존하는 인터넷 도구를 통합하고, 스타벅스 커피숍에 들어가는 순간 연결할 수 있다. 스타벅스와 T-Mobile은 지역 그리고 혹은 전국 광고주에게 그들의 Wi-Fi 인터넷 서비스를 제공할 수 있게 될 것이다. 이러한 모델의 장점은 인터액티브 광고주들이 적절한 시점에 실행 가능한 제안을 갖고 궁극적으로 소비자를 정확하게 집어낼 수 있다는 것이다. 지금으로서는, 이러한 서비스가 고객이 그들의 집이나 혹은 사무실로부터 떨어져 있을 때 인터넷과 연결되어 있는 편안한 환경과 편의 모두를 제공함으로써 보다 큰 스타벅스 경험을 제공한다.

(2) 스마트 도구

둘째, 스마트 도구들이다. 인터넷에 대한 유비쿼터스 접근은 기업, 개인, 그리고 정부가 인터넷에 기반한 정보와 네트워크를 사용하는 새로운 방법들을 탐구하는 것을 가능케 하는 스마트 도구들의 새로운 혁신의 시대를 전개할 것이다. 이러한 도구들은 궁극적으로 모든 것에 삽입될 것이고 또한 인터넷에 영속적인 접근을 가질 것이다. 2003년 라스베거스의 소비자 전자제품 쇼Consumer Electronics Show에서 빌 게이츠는 손목시계와 같은 새로운 라인의 스마트 도구들을 소개하였다. 이 시계는 개인의 희망에 맞춘 시계외관, 개인 메시지와 약속에 대한 접근, 그리고 새로운 뉴스, 교통, 날씨, 그리고 스포츠 정보를 실시간으로 받을 수 있는 능력 등과 같은 강력한 기능들을 가지고 있다. 그러나 일반적으로 스마트 도구들은 정보를 받는 것 이상의 능력을 가지고 있다. 라디오주파수 아이디Radio Frequency Identification 꼬리표tags나 판독기의 형태로서 원거리 감지장치의 발전은 스마트 도구에게 물리적 환경을 관찰하고 데이터를 전송하고 받는데 필요한 눈과 귀를 제공한다. 과학자들은 엄청난 수의 이러한 도구들이 언젠가 다량의 정보를 추출할 디지털 중추backbones에 연결된 풍부한 감각적 네트워크rich sensory networks를 형성할 것이라고 기대하고 있다.

Ernst & Young사는 2010년쯤이면 지구상의 모든 사람에게 개인 당 거의 10,000개 정도의 스마트 도구들이 있을 것으로 예견하고 있다. 그러면 이것은 마케터에게 무엇을 의미하는가? 스마트 도구들은 광고주들이 더 낮은 가격과 제안을 광고하게 함으로써 판매시점에 소비자의 의사결정 과정에 영향을 줄 수 있는 잠재력을 제공한다. 예를 들면, PriceGrabber는 무선 웹 접근을 가지고 시간과 장소에 관계없이 가격비교 정보를 제공한다.

(3) 지능커뮤니케이션 서비스

마케터가 소비자와 도구들을 추적하여 실시간으로, 근접해서, 그리고 초개인적인 지능 마케팅을 전달 가능케 하는 미들웨어 플랫폼이다. 이러한 형태의 기술과 함께, 가까운 장래에 사람들은 전자레인지가 웹으로부터 요리법을 내려 받는 것을 당연한 것으로 여길 것이다. 영리한 냉장고는 꼬리표가 부착된 제품을 모니터하고, 당신이 선호하는 음식물과 쇼핑 일정에 대하여 학습하여, 궁극적으로 당신을 위해 모든 음식물들을 구매하는 것이 가능해 질 것이다. 의약품 캐비닛에 놓여져 있는 꼬리표가 부착된 약품이 들어있는 병은 원격적으로 의사가 처방전대로 환자가 따라 하고 있는지를 모니터하는 것을 가능케 한다. 마케터는 원격적으로 면도기 날부터 참치 캔까지 제품과 제품의 사용을 추적할 것이다. 인터넷에 스마트 도구를 통합하는 것은 지능형 마케팅과 지능 커뮤니케이션 서비스의 새로운 시대를 이끌어 갈 것이다.

4P, 즉 제품, 장소, 촉진 그리고 가격에 대한 마케터의 접근방법은 시간에 기초한 쿠폰, 즉석 경품, 개인화된 꾸러미를 포함하여, 소비자가 결정을 내리기 위한 정보를 사용하는 속도를 맞추기 위하여 전통적인 브랜드 혹은 판매시점 마케팅을 넘어서야 할 것이다. 지능 커뮤니케이션 서비스가 어떻게 사용되는가의 좋은 예는 런던에 있는 테이트 현대 박물관에서 볼 수 있다. 이 미들웨어는 무선 지역 네트워크를 통하여 개인들의 위치를 결정하고 박물관 갤러리 내에서 그들의 움직임에 따라 장소에 기초한 서비스, 정보 그리고 응용법을 유발시킨다. 안테나 오디오사에 의해 개발된 컨텐츠와 함께 이 박물관의 멀티미디어 투어는 유럽에서 처음 시도되는 것이고, 방문자의 경험을 증진시키고 실질적인 방문을 능가하게 하는 오디오, 비디오, 정지 이미지 그리고 다양한 인터액티브 기능들을 포함하고 있다.

또한 이러한 솔루션은 테이트가 어떤 지역이 가장 많은 방문자를 끌고 있고 또한 방문자들이 박물관을 돌아보면서 어떤 전시물에 관한 추가 정보를 요구하는 가를 알아내는 것을 가능케 하고 있다. 지능 커뮤니케이션 서비스는 소비자에게 보다 큰 사용자 경험을 제공할 뿐만 아니라 또한 마케터가 지능 네트워크로부터 수집되는 지능으로부터 학습함으로써 보다 현명하게 시장을 공략하게 해주고 있다.

유사하게, 그리 멀지 않은 미래에, 우리는 조각tablet PC를 장착한 쇼핑 카트를 보게 될 것이다. 지능 커뮤니케이션 서비스 네트워크는 슈퍼마켓이 도구들과 서비스에 연결된 스마트 공간smart spaces이라는 관점에서 보는 것을 가능케 할 것이다. 스마트 공간이란 벽이나 빌딩보다는 비즈니스에 대한 특정한 맥락이나 의미에 의해 규정되어 온 물리적 공간이다. 이러한 서비스는 소비자가 실제로 어떤 쪽의 통로에서 쇼핑을 하는가를 파악하는 능력을 가지고 있다. 소비자의 위치에 기반하여 마케터는 이제 구체적인 제품 혹은 판매를 위해 유혹적인 인터액티브 촉진을 제시할 수 있게 되었다.

2. 유비쿼터스 광고전략

유비쿼터스 비즈니스, 온라인 비즈니스의 근본적인 차이점은 온라인 인터넷이 Web Traffic을 특정 사이트로 유도하는데 그친다면, 유비쿼터스 비즈니스는 그 광고의 효과를 실제 경제활동으로 유도할 수 있다는 점이다. 이는 유비쿼터스 광고에서 유발된 효과는 Call Back URL, Number 등으로 실제 상거래와 구매를 위한 용이한 연결 수단을 제공한다는 점에서 다른 매체와는 차별화된 의미를 갖는다. 향후 도래하게 될 차세대 이동통신 규격 IMT-2000의 상용화와 이에 걸맞는 다양한 멀티미디어 기술, 온라인과 유비쿼터스를 연계하는 다양한 인터페이스 기술, 그리고 이러한 진보된 유비쿼터스 환경을 수용하는 신개념의 유비쿼터스 멀티미디어 디바이스의 출현은 이제 유비쿼터스 광고 시장의 본격화를 예고하기에 충분하다. 본 논문은 초기단계인 유비쿼터스 비즈니스를 위한 광고 기법, 콘텐츠 활용 방법 등에 대한 연구 초기단계인 현 상황에서 급증하는 유비쿼터스 비즈니스의 규모에 적합한 유비쿼터스 컨텐츠를 활용한 광고전략 및 시스템 운영 방법을 제시하고자 한다.

1) 유비쿼터스 광고의 개요

온라인에서 익숙해 있던 각종 광고기법을 무선 인터넷 환경에 적용시키는 것으로 “음악, 문자, 그래픽, 동영상이 담긴 광고를 이동전화, PDA 등 이동 단말기로 전송하는 서비스”이다. 본격적인 활성화 이전 단계로, 1x EVDO 서비스가 본격화됨에 따라 단순한 문자메시지 광고 서비스에서 벗어난 Multimedia Messaging Service가 도입되고 있다.

(1) 유비쿼터스 광고의 특징

① 타겟 마케팅 용이

기존 TV, 라디오, 신문, 잡지 등의 광고는 불특정 다수를 대상으로 일반적인 내용만을 전달하였는데 이동전화를 광고의 플랫폼으로 사용할 경우, 이동전화 구입과 동시에 생성되는 DB에 따라 개인에 맞는 타겟 광고가 가능하다.

② 즉각적인 상호작용

기존 매체를 이용한 광고의 경우, 소비자의 광고에 대한 반응을 파악할 수 있는 방법이 없었지만, 유비쿼터스 광고의 경우, 일단 SMS나 MMS로 전송된 광고를 사용자가 확인한 후 삭제, 또는 추후 수신거부 및 연결 사이트로의 링크를 선택하게 됨으로써 소비자의 반응을 효과적으로 파악할 수 있다.

③ 위치기반 광고의 가능

LBS 기술의 발달로 일반 광고와 달리 사업자의 타겟에 해당되는 소비자만을 대상으로, 그것도 이들이 자신의 사업장 근처에 왔을 때 효과적이고 적극적으로 광고를 시행할 수 있다. 또한, 이에 따라 재벌과 같은 대규모 사업자 이외 중·소형 사업자에게도 보다 저렴한 가격에 보다 효과적인 광고를 할 수 있는 기회가 제공되는 것이다.

(2) 유비쿼터스 광고의 장·단점

① 유비쿼터스 광고의 장점

기존 매체에 비해 1:1 타겟 마케팅 용이하며 즉각적인 상호작용 가능(양방향성)하고 위치기반 을 활용한 광고가 가능하다.

② 유비쿼터스 광고의 단점

기존 광고에 비해 소비자의 동의가 절대적으로 필요하다. 이는 퍼미션마케팅 Permition Marketing의 한 부류로 해석되는 One to One 마케팅의 기법이기 때문이다. 적절한 보상이 없을 시 역효과 발생 가능하다. 광고의 무절제한 남용으로 인한 문제 발생 가능성이 있다. 광고는 관심으로부터 그 효과가 증대되는 것이나, 유비쿼터스 광고는 무분별한 광고로 해석되기 쉽다는 것이다.

2) 유비쿼터스 광고 시스템

무선 인터넷 페이지상의 배너광고, 음성기술을 이용한 음성광고, 페이지와 페이지 사이의 연결광고, 캐릭터/벨소리 다운로드 서비스를 이용한 광고 등 기존 온라인상에서 시행되었던 광고기법들이 그대로 유비쿼터스로 전이되고 있으며, SMS를 활용한 단문광고, 리치 미디어 광고 등 무선 환경에 보다 적합한 광고기법들도 개

발되어 적용되고 있다.

(1) 유비쿼터스과 모바일 광고 기술

① SMS(Short Messaging Service)

휴대전화에 메시지를 최대 160 글자까지 보낼 수 있는 기술로서 SMS 서비스는 GSM방식을 기반으로 시작되었던 만큼 처음에는 유럽에서만 이용할 수 있었다. SMS는 무선호출 서비스와 비슷한 형태이지만, 수신된 메시지가 휴대전화가 꺼져 있거나, 통화 불가능 지역에 사용자가 있는 경우에도, 그 전화가 통화가능한 상태가 될 때까지 며칠 동안 보존된다는 점이 다르다. SMS 메시지는 같은 셀 내에 있거나 또는 로밍서비스를 받고 있는 사람이라면 누구에게라도 전송될 수 있다. 앞으로는 LBS 기술의 접목, Mobile CRM Solution, IMT 2000의 상용화에 따라 철저한 타겟팅 광고가 가능해질 것이며, 단문메시지를 이용한 광고에서 벗어나 휴대폰 상의 배너, 쿠폰, 동영상, 애니메이션 등 다양한 형태의 MMS(Multimedia Messaging Service)를 사용하게 될 전망이다.

② WAPWireless Application Protocol

무선망에서 인터넷 서비스를 효율적으로 제공하기 위해 정의된 무선 인터넷 프로토콜이다. 기존 인터넷표준인 HTML을 통한 인터넷 서비스는 대형화면을 가진 데스크탑 컴퓨터를 위한 것이기 때문에 소형 휴대폰에는 적합하지 않다. 이에 대한 대안으로 WML을 사용하게 되며, 또한 대역 이용 등에서 오는 통신 속도문제를 해결하기 위해서 텍스트 코드를 그대로 송신하는 것이 아니고 인터넷의 데이터를 컴파일한 후 컴팩트한 바이너리 데이터로서 단말기에 송신한다.

③ Push 서비스

서버에서 필요한 정보를 제공하는 Pull 모델과는 다르게 사용자의 요청 없이도 서버에서 등록된 사용자에게 정보를 제공하는 서비스 모델을 Push 모델이라 한다. 이러한 Push 서비스로는 크게 유선 인터넷상에서의 Push 서비스, SMS, WAP 기반의 Push, WAP 2.1에서 표준으로 구현되는 Push 등으로 나눌 수 있지만, 사용자 입자에서 보면 모두 요청하지 않은 상태에서 서비스가 제공되는 것이기에 큰 차이를 느낄 수는 없다. 이러한 Push 서비스의 경우, 이미 유선 인터넷상에서 마이크로 소프트, 네스케이프 등에 의해 활발히 시도되었으나, 몇 가지 이유로 인해 큰 반향을 불러 일으키지는 못했으며, 사실상 실패한 것으로 평가되고 있다. 그러나 무선 인터넷의 경우 이동성과 휴대성, 그리고 즉시성을 바탕으로 하여 Push 서비스가 다시금 주목을 받고 있다.

3) 유비쿼터스 광고의 효용가치

(1) 유비쿼터스 광고의 효용가치

① One to One 매스미디어

휴대전화의 가장 큰 특이점은 개인이 보유하고 있는 개인만의 미디어라는 점이다. 이러한 개인의 미디어는 개별화된 정보를 전달하는 Mass & Interactive Media 라는 유일무이한 매체로서 기존의 미디어를 능가하는 무한한 가능성을 내포하고 있다.

② 유선 인터넷과 차별화된 새로운 미디어

휴대단말기가 가지는 제한된 Display와 메모리 구조에 따라, 최적화된 Contents를 표현하는 간결하고, 주목성이 높은 컨텐츠로 구성되어야만 하는 차세대 미디어로, 변화를 수용할 수 있는 새로운 사용자층으로 구성된 커뮤니티를 가지고 있다.

③ 고객 밀착형 미디어

사용자가 24시간 자신과 밀착되어 있는 유일한 아이템이라는 점에서 주목을 할 수 있다. 이러한 휴대전화는 아침부터 수면에 들기 전까지 자신이 직접 운용하고 관리하는 미디어라는 점에서 의미를 부여할 수 있다. 이러한 밀착된 미디어는 고객이 원하는 ‘Pull’ 형태의 정보와 고객을 일깨우는 ‘Push” 형태의 광고가 공존할 수 있는 공간이 된다.

④ 고객 성향을 대변하는 미디어

수많은 컨텐츠와 정보에서 자유로이 제공되는 사용자 네비게이션 기능은 사용자의 개성과 성향을 정확히 반영하는 미디어로 자격을 갖는다. 이러한 축적된 사용자 성향은 예측된 정보와 맞춤정보를 활용하게 되는 중요한 근거자료를 생성하는 미디어이다.

⑤ 과금이 용이한 미디어

유선의 인테넷이 인증과 보안문제로 문제점을 가지고 있을 때 유비쿼터스 디바이스는 개인 휴대통신라는 태생의 근원적인 문제로 이러한 문제점을 일찌감치 해결하고 있었다. 다양한 안전장치로 무장한 유비쿼터스 인터넷은 확대되는 보안 솔루션과 인증기능으로 독립적인 유비쿼터스 상거래의 수단으로 활용될 수 있다. 또한 이미 사용자에게 익숙해진 휴대전화 과금은 무료에 익숙해진 유선의 인터넷과는 차별화된 비즈니스 모델을 가능하게 한다.

(2) 유비쿼터스 광고의 효용가치

① Mass Market & Target Reach

TV, 신문을 능가하는 보급율과 고객의 확보는 다량의 고객에게 동시게 접근하게 하는 강력한 수단을 제공한다. 또한 다양한 노출방법으로 정제된 정보를 제한된 고객에게 접급시키는 고도의 Targeting 정보의 제공을 가능하게 한다.

② Multi Interactive

사용자의 다양한 반응 형태를 확인할 수 있다는 특징이 있다. 기존의 웹이 제공하는 것이 웹 클릭이라고 한다면, 유비쿼터스 광고에서는 휴대전화의 특성을 살린 '음성통화', '메일' 기능까지 추가되어 양방향의 사용자 내비게이션을 제공한다.

③ Time Marketing

고객과 언제나 함께한다는 휴대기기의 특징으로 24시간을 활용한 적절한 Action을 취할 수 있다는데 가치를 발휘한다. 광고주는 출근시간, 점심시간, 취침시간에 적합한 최적화된 광고를 보낼 수 있어 사용자의 외면을 최소화 할 수 있다.

④ 사용자 유도

이동환경을 고려한 광고를 보낼 수 있다는 특징이다. 적절한 인센티브를 활용하여 사용자는 특정위치에서만 보내지는 광고를 수신하고 사용자의 행동을 유도할 수 있다.

⑤ 결제도구

휴대전화에서 추진 중인 강력한 인증과 결제기능은 전자화폐와 연동되고 신용카드와 연계되어 Mobile Commerce를 활성화하고 매체 간 결재수단으로 확대될 것이다.

⑥ **확장 가능성**

연령, 성별, 직업 등 사용자 개개인의 정확한 정보를 가지고 있는 '나'만의 영원한 소장품이라는 특성과 유비쿼터스만이 가지는 위치확인Position Determination, 정확한 Timing(On Time), 상시 대기모드Always On Line의 특성은 이제 다른 매체가 가지지 못하는 강력한 타겟 마케팅의 인프라로 새롭게 평가될 수 있다. 따라서 이러한 유비쿼터스 광고는 기존의 단순한 배너광고에서 부터 정확한 위치와 대상이 고려되어 가장 정확한 시점에 제한된 사용자에게 광고가 이루어지는 맞춤광고를 가능케 한다.

4) 유비쿼터스에 기반한 효과적인 광고 방법

(1) 유비쿼터스

① **유비쿼터스의 유래 및 정의**

라틴어에서 유래한 유비쿼터스는 '언제 어디서나' '동시에 존재한다'는 뜻이다. 이 용어는 일반적으로 물·공기처럼 도처에 편재한 자연자원이나 종교적으로는 신이 언제 어디서나 시공을 초월해 존재한다는 것을 상징할 때 사용된다. 컴퓨터화의 새로운 패러다임으로 유비쿼터스는 유비쿼터스 컴퓨팅과 유비쿼터스 네트워크를 기반으로 물리공간을 지능화함과 동시에 물리공간에 펼쳐진 각종 사물들을 네트워크로 연결시키려는 노력으로 정의할 수 있다. 인터넷이 책상에 홀로 떨어져 있던 컴퓨터를 연결시켰다면 유비쿼터스화는 환경 속에 떨어져 존재하는 도로·다리·터널·빌딩·건물·화분·냉장고·컵·구두·종이 등과 같은 물리적 사물들을 연결하는 것이다. 따라서 유비쿼터스화는 사물들의 인터넷화를 지향한다. 결국 이는 사람·컴퓨터·사물들을 네트워크로 연결하고 3차원으로 정보를 수발신하게 되는 컴퓨터화의 최종 발전단계를 의미한다. 이런 가운데 새 국가경영전략으로 제안된 '유비쿼터스 코리아(u코리아)' 구상은 오는 2007년까지 유비쿼터스 네트워크 기반을 구축해 세계적인 지식허브국가를 건설하는 것을 주요 골자로 한다. 과거의 '사이버코리아21'과 'e코리아' 계획을 u코리아 비전으로 업그레이드하자는 제안이다. 이를 위해 오는 2007년까지 세계 최초로 전국의 가정과 공공장소, 도시

시설물 등을 연결하는 초고속 유비쿼터스 컴퓨팅 및 네트워킹 기반을 구축해 생산적이고 깨끗한 국가시스템을 운영하자는 장기적인 국가경영전략이다.

UC버클리의 '스마트 먼지(smart dust)' 프로젝트, MIT 미디어랩의 '생각하는 사물 things that think' 프로젝트, 컴퓨터과학연구소Computer Science Lab의 '옥시전oxygen' 프로젝트, MS의 '이지리빙easyliving' 프로젝트, HP의 '쿨타운cooltown' 프로젝트, 도쿄대학의 'TRON(The Realtime Operating System Nucleus)' 프로젝트, 일본 총무성의 '초소형 칩 네트워크' 프로젝트 등 새로운 물결의 도래를 준비하는 선진국의 노력들에 대한 사례에 대한 고찰을 통하여 유비쿼터스에 대한 기본 적인 개념의 이해를 돕고자 한다.

② **유비쿼터스의 활용**

인터넷이 비즈니스 수단으로 이용되면서, 통신망 기술에서 유비쿼터스를 이용하려는 회사들이 급속하게 증가하고 있다. 다수의 회사들은 사무실과 자택을 아우르는 환경에서 생산성과 효율성을 증가시킬 수 있는 방법으로 유비쿼터스 통신 개념을 채택하고 있다. 언제 어디서든 인터넷에 접속하고 음성 및 데이터 전송 서비스를 가능하게 하는 유비쿼터스 통신을 구현할 수 있는 무선통신기술로는 와이파이(Wi-Fi:IEEE 802.11), 3세대(3G) 및 블루투스가 각광받고 있다. 현재 무선랜시장은 미국 기업에서 급격히 성장하고 있으며 아시아 · 태평양지역의 점점 많은 회사들이 사내와 공공장소에서 무선 근거리통신망(LAN) 채택을 본격화하고 있다. 지난해 무선랜시장은 1580만개의 와이파이 디바이스가 판매되면서 18억달러 이상의 시장규모를 형성했다. 무선랜시장의 성장요인은 무선랜을 설치하는 기업의 증가 이외에도 기업환경 수준에서 다양한 활동을 펼치는 소호(SOHO) 및 홈네트워킹 규모가 커지기 때문이다. 그러나 802.11의 서로 다른 기술특징에 대한 보안 및 개념과 관련된 문제는 무선랜시장의 성장을 방해해왔다. 허술한 보안과 완벽한 경영시스템의 부재가 기업들의 와이파이 채택을 늦추고 있지만 와이파이 채택을 가속화하는 과정에서 다양한 혁신과 표준 개발이 진행되고 있다. 개인용 통신수단으로 자리를 확고히 하고 있는 이동전화는 전세계에서 규모가 가장 큰 컨슈머 전자산업을 창출했다. 그러나 최근 이슈화 되고 있는 '글로벌 로밍' 기능을 위해서는 통일된 전세계 표준 개발이 먼저 요구된다. 소비자에게 3G 기술이 기존에 사용하고 있는 이동전화보다 더 합리적인 사용요금과 고성능 통화품질, 영상 및 오디오 다운로드 서비스를 빠른 속도로 제공한다는 것을 확신시켜야 한다. SK텔레콤과 KTF 등은 비디오 스트리밍, 비디오 콘퍼런스, 인터넷 접속, 메시징 및 향상된 통화품질에 이르는 서비스를 갖춘 3G 유비쿼터스 서비스를 제공하고 있다. 그러나 카메라와 스테레오 사운드 규격을 갖춘 3G 이동전화는 단순한 기능만을 갖춘 기존의 이동전화보다 2배 정도 비싼 것이 문제다. 주의 깊게 살펴봐야 하는 또 다른 무선통신기술 표준으로 블루투스가 있다. 블루투스는 새로운 애플리케이션 모델을 제시할 단거리 통신 디바이스의 표준이며 기존 전화서비스의 수준을 훨씬 넘어 이동전화의 역할을 확대시킬 것이다. 삼성전자 · 도시바 · 소니 · 마이크로소프트 · HP · 컴팩 · 자브라 등의 회사는 카메라폰 · 개인휴대단말기(PDA) · 포켓PC · 범용직렬버스(USB) · 디지털카메라 · 헤드세트 등의 블루투스 제품을 출시해서 미국 · 유럽과 아시아 일부 지역에서 판매하고 있다. 그러나 여전히 상호운영성, 전력소모, 비용 및 보안 등의 기술문제가 해결되지 않았다. 유비쿼터스 기술 구현을 위한 무선기술 중에서 단연 주목받는 분야는 무선랜이다. 미국 전역에서 와이파이 핫스폿은 커피숍 · 호텔 · 공항 · 서점 · 기업, 심지어 가정의 거실에 이르기까지 모든 지역에 설치되어 있다. 오는 2007년까지 미국에서 공중 핫스폿 통신망 사용자는 2100만 명에 이를 전망이다. 전세계적으로 무선서비스가 맹위를 떨치는 가운데 핫스폿사업자와 통신사업자가 직면한 가장 큰 문제는 사용자에게 월 사용료 미화 20달러 정도의 합리적인 가격으로 언제 어디서든 연결되는 최고의 통신서비스를 제공하는 것이다. 디바이스 제조업체들은 다른 시장에서 필요한 요구를 충족시키는 알맞은 제품을 정의하고 이해해서 제조하는 것이 필요하다. 계속 발전하는 무선기술은 어떻게 합의점을 도출해야 하는가 하는 화두를 던진다. 사용자들은 사용하기 쉬운 사용자 친화적인 디바이스를 계속 필요로 하는가? 그렇지 않다면 더 많은 비용을 지불하면서 각각 다른 환경에서 요구하는 각각의 디바이스를 사용할 의사가 있는 것인가? 사용자와 기업이 통신기술에서 유비쿼터스의 필요성을 만족시키기 위해 얼마나 많은 비용을 지불해야 할까? 다 함께 생각해볼 문제다.

(2) 유비쿼터스의 산업전반 및 광고계의 활용예

① 물류 기반산업의 적용

미국 셰브로렛사의 미시간주 물류창고에는 별도의 출입관리자가 없다. 대신에 이곳을 출입하는 수송차 3500대에는 무선ID(RFID) 태그가 부착되고 창고 입구와 각 층에는 리더 및 안테나 장치가 설치돼 있다. RFID 태그를 부착한 수송차가 창고

입구에 도착하면 리더는 원격으로 신호를 인식하고 이를 내부 데이터베이스 정보와 비교한다. 신호와 정보가 일치하면 자동으로 '파란불'이 켜지며 문이 열리고 반대일 경우 '빨간불(red light)'과 함께 문이 열리지 않는다. 유비쿼터스 컴퓨팅 기술을 물류산업에 접목시키는 'u로지스틱스 시대'가 오고 있다. 첨단 IT인프라와 정책적 지원이 뒷받침돼야 하지만 이미 물류업계는 향후 u로지스틱스가 몰고 올 물류시장의 변화와 새로운 비즈니스 창출 가능성에 주목하고 있다. 실제로 u라이프(u-life), u케어(u-care), u홈(u-home), u교육(u-education) 등 산업별로 진행되는 유비쿼터스화 추세에 맞춰 'u택배'라는 새로운 용어가 등장했다. 기존의 물류 운송장과 터미널, 차량, 개인휴대단말기(PDA) 등을 유비쿼터스 개념으로 업그레이드한 u운송장 · uPDA · u터미널 등도 더 이상 생소한 단어가 아니다. 따라서 전문가들은 후진성을 면치 못하고 있는 국내 물류산업의 발전을 위해서라도 u로지스틱스의 도입은 필수적이라고 입을 모은다. u택배의 초기단계는 택배업계의 일 마감 실현, 고급형 맞춤서비스 구현이다. 조금 더 발전하면 유동적인 물량과 송 · 수하인 주소를 정확히 확인하고 최적의 인력과 장비 투입으로 물량처리를 지능화하는 작업이다. 궁극적으로는 유비쿼티스 컴퓨팅과 유비쿼티스 네트워크 사례를 통해 널리 알려진 것처럼 '언제 어디서나 어떤 방법으로든' 택배물을 주고받고 심지어 택배서비스 이용자의 건강체크, 금융서비스 등 신개념 생활서비스까지 제공하는 것이다. u택배는 택배사원을 중심으로 u택배차량 · u운송장 · u무인 창구 등 크게 세부분으로 나뉘어 진행된다. 택배사원은 uPDA를 이용해 u터미널로부터 최적의 배달순서를 실시간으로 지시받는다. u무인 창구는 수신된 송 · 수하인 부재 여부를 확인해 알려주며 고객으로부터 화물 집하 요청도 자동으로 받는다. 또 화물의 도착여부도 고객에게 알려준다. u택배차량은 위치측정시스템(GPS) · 지리정보시스템(GIS) · 지능형교통시스템(ITS)과 연결돼 최적의 운송경로를 자체에서 분석, 수행해 제공한다. u터미널에서는 태그가 부착된 택배물의 정보를 읽어 도착지별로 자동 분류한다.

u택배의 고도화는 제품 혁신과도 맞물려 있다. u택배가 정착되면 사물의 일생관리가 가능해지기 때문이다. 유비쿼터스 기술과 물류가 만나 제품 생산 이후부터 폐기되기까지 전과정을 통합 · 관리할 수 있는 고도화된 '물류 전성시대'가 열리는 것이다.

② **미래의 u우체국**

미래 2010년, 어느날 아침. 유비티즌 u씨는 추석을 앞두고 고등학교 시절 선생님께 선물을 보내드리려고 한다. 출근시간이라 시간도 없고 주소록도 오래돼 마음이 찜찜했지만 u에이전트를 믿고 아파트에 있는 자신의 u우편함에 선물을 넣은 뒤 목적지 주소를 등록하고 출근을 한다. u우편함은 목적지 주소정보를 포함해 다양한 정보를 기록한 스마트태그(RFID)를 선물에 부착하고 u에이전트의 지시에 따라 가장 가까이 있는 택배차량에 배달을 요청한다. 택배회사는 u에이전트가 지속적인 학습과 u플랫폼에서 주는 최신정보를 통해 스스로 향상시킨 지능을 통해 찾은 가장 저렴한 택배업체다. 물론 u우편함에서 자동으로 결제가 이뤄지고 은사님 댁으로 배달이 시작된다. 배달물량이 산적해 있지만 택배차량 운전기사는 평소와 다름없이 운전을 한다. 언제부터인지 서두르는 법이 없다. GPS · GIS · ITS로부터 최적경로를 지원받기 때문이다. 더욱이 배달순서가 실시간으로 정렬되고 틀린 주소도 u플랫폼과 통신해 정확한 주소로 수정해 알려줘 틀린 주소로 잘못 배달되거나 허탕을 치는 일도 없다. 마침 택배차량으로 이동중에 u씨 선물의 RFID에 등록된 주소가 틀린 주소라는 것이 판명됐다. 역시 오래된 주소록이 문제였다. 하지만 즉시 u플랫폼은 최신의 정보를 알려줘 문제없이 배달에 성공한다. 퇴근해서 돌아온 유비티즌 u씨는 아침에 보냈던 선물이 은사님께 잘 도착되었다는 것을 알게 된다. 긴급하지 않은 정보는 즉시 알림 통지하지 않아도 된다고 설정을 해놓았기 때문이다. 또 주소를 잘못 등록했지만 잘 배달되었다는 것을 알게 되고 흐뭇한 표정을 지으며 틀린 주소를 수정한다. 이러한 생활모습은 더 이상 공상과학 영화에 나오는 이야기가 아니다. 이미 현실로 다가오고 있고, 우리 몸에서 신체의 각 기관을 순환하며 영양이 필요한 곳에 영양을 공급하고 노폐물을 거둬들이며 세균과 바이러스에 대항하는 백혈구와 항체를 운반하는 혈액과 같이, u우체국은 우리 생활공간의 구석구석을 연결시키는 중추신경 역할을 한다. u우체국 등 물류 · 택배산업이야말로 보이지 않게 인류의 새로운 생활양식을 떠받쳐줄 유비쿼터스 컴퓨팅 기술의 제1호 적용대상인 것이다.

③ **유비쿼터스에 의한 가정내의 변화**

◆ 편리한 가정

원격교육, 재택근무, 원격검침, 원격제어 등 그동안 영화 속에서나 볼 수 있었던

미래의 생활모습이 실제로 가능해진다. 회사에 처리할 일들이 산더미 같이 쌓여있지만 병으로 출근을 못하게 된 직장인이 휴대폰, PDA, 컴퓨터 등을 통해 회사의 정보를 열어보고 업무를 처리한다. 그리고 나서 자신의 주치의와 영상전화를 하며 각종 전자의료기기로 몸상태를 의사에게 알린다. 의사는 전자적으로 진단을 한 뒤 처방을 내리고 택배회사는 30분 내에 조제된 약을 배달해준다. 외부에서 휴대폰으로 전기밥솥에 조리를 지시하면 퇴근 후 집에 들어가 따뜻한 밥을 바로 먹을 수 있다. 전자레인지, 냉장고, 에어컨, 샤워기 등도 원격제어가 가능해진다. 여기에 음성인식 기능이 추가되면 노인, 어린이, 장애인 등도 디지털 공간에 용이하게 발을 들여놓을 수 있다. 산골에 있는 초등학생도 서울의 유수 학원 강사와 일대일로 교육을 받을 수 있다. 또 해외 유학을 가지 않고도 미국의 유명 대학원에 등록해 박사학위에 도전할 수 있다.

◆ 즐거운 가정

휴일에 TV보는 게 유일한 취미인 사람들에게 디지털 홈은 희소식이다. 비디오 가게에 가지 않고도 인터넷으로 DVD급 영화를 다운로드해 대형 TV로 시청할 수 있다. 영화를 보다가 주인공이 찬 시계가 어느 회사 제품인지, 가격은 얼마인지 살펴본 뒤 즉시 구매할 수 있다. 보고 싶은 프로그램이 있어 미리 예약을 하면 시작 시간 10분 전에 휴대폰으로 알려준다. 집 밖에 있으면 디지털 저장장치에 자동으로 녹화가 돼 편리한 때 볼 수 있다. 또 저장한 콘텐츠를 친지, 친구 등에게 보낼 수 있을 뿐 아니라 홈서버 등을 통해 특정인들과 정보를 공유하는 것도 가능하다. 게임 환경도 한층 좋아진다. TV, 오디오, 컴퓨터 등을 모두 이용해 입체 게임을 할 수 있다. 고선명TV로 온라인 게임을 즐기면서 실시간으로 변하는 자신의 순위도 알아볼 수 있다.

◆ 안전한 가정

방범, 방재 등도 디지털 기기가 알아서 처리한다. 외출 후 집안에 이상한 움직임이 포착되면 곧바로 관련 동영상을 사무실 컴퓨터나 휴대폰으로 보내준다. 이용자는 집안 상황을 원격지에서 파악하고 침입자임이 확인되면 단축키 하나로 인근 경찰서에 신고할 수 있다. 도둑을 잡는 것만 아니라 전기누전 등으로 인해 화재가 발생하면 인근 소방서에 자동으로 신고돼 대형 사고를 막을 수 있게 된다. 어린이, 치매노인 등의 위치도 언제 어디서나 확인할 수 있어 유괴, 실종될 가능성을 미연에 방지해준다. 또 어린이, 노인 등의 체온, 혈압 등이 수시로 점검돼 홈서버에 기록되고 이상징후가 발생하면 보호자와 의사에게 즉시 연락된다. 돌발 상황시에는 구급차가 즉시 출동해 불행한 사태를 사전에 막아준다.

◆ 윤택한 가정

디지털 홈이 구현되면 모든 경제활동을 안전하게 집안에서 처리할 수 있다. 은행은 물론 백화점에 갈 일도 크게 줄어들 전망이다. 홈쇼핑의 경우 브로드밴드 통신을 통해 상담원과 얼굴을 보고 대화하며 상품의 동영상을 직접 살펴본 뒤 구입할 수 있게 된다. 가격비교도 쉽다. 일일이 검색하지 않아도 몇번의 클릭으로 전국, 전세계의 상품을 검색해 가장 저렴하고 안전한 상품구매방법을 알려준다. 보험, 은행, 증권, 채권, 부동산 등 개인의 경제정보도 홈서버에 설치된 프로그램이 자동으로 계산해 실시간으로 재산 변동을 알려준다. 새로운 경제 상품이 등장하면 특장점을 보고하고 언제 어디서나 상품 구입이 가능해진다.

◆ 유비쿼터스 가정 구현

집안까지 초고속망이 깔리고 1인당 1대의 휴대폰시대가 왔지만 이 같은 성과는 다분히 양적인 것일 뿐 질적인 측면에서 미흡한 실정이다. 앞으로는 디지털 융합(컨버전스) 기술이 가속화됨에 따라 이에 적극적으로 대비, 언제 어디서나 기기에 구애받지 않고 다양한 서비스를 누릴 수 있는 유비쿼터스 환경을 구현하자는 것이다.

찾아보기

■ 공저자 약력

안 동 규

한국디지털정책학회 이사
(주) 자우미디어 감사
(주) 스카이미디어 감사

송 기 석

생산관리학회 정회원
한국맥도날드(주) 본부장 역임
TI 코리아(주) 대표 역임

오 광 기

인터넷필(주) 금융공학연구소 연구원
건국대학교 산업경영기술지원연구센터 연구원
(주) PMS 컨설턴트

엄 기 수

(주) 영한 컨설팅 팀장
(주) 동강산업 상품개발 팀장
대한설비관리학회 정회원

● 마케팅개론 – 개정판

초　판 1쇄 발행 —— 2014년 3월 5일
개정판 1쇄 발행 —— 2016년 2월 15일
개정판 2쇄 발행 —— 2018년 2월 1일
지은이 —— 안 동 규·송 기 석·오 광 기·엄 기 수
펴낸이 —— 전 두 표
펴낸곳 —— 도서출판 두남
서울시 강동구 성내로6길 34-16 두남빌딩
신 고 : 제25100-1988-9호
TEL : 02) 478-2065~7, 2311
FAX : 02) 478-2068
E-mail : dunam1@unitel.co.kr
http://www.dunam.co.kr

● 정가 29,000원

ISBN 978-89-6414-658-3 93320